Gelegenheitslyrik in der Moderne
Tradition und Transformation einer Gattung

Publikationen zur
Zeitschrift für Germanistik
Neue Folge

Band 33

PETER LANG
Bern · Berlin · Bruxelles · New York · Oxford · Warszawa · Wien

Gelegenheitslyrik in der Moderne
Tradition und Transformation einer Gattung

Herausgegeben von

Johannes Franzen und Christian Meierhofer

PETER LANG

Bern · Berlin · Bruxelles · New York · Oxford · Warszawa · Wien

Bibliografische Information der Deutschen Bibliothek
Die Deutsche Bibliothek verzeichnet diese Publikation in der Deutschen
Nationalbibliografie; detaillierte bibliografische Daten sind im Internet über
‹http://dnb.ddb.de› abrufbar.

Gefördert durch die Deutsche Forschungsgemeinschaft (DFG) – Projektnummern 420559716; 392948579. In Verbindung mit dem DFG-Graduiertenkolleg
„Gegenwart/Literatur. Geschichte, Theorie und Praxeologie eines Verhältnisses"

Herausgegeben von der
Sprach- und literaturwissenschaftlichen Fakultät / Institut für deutsche Literatur
der Humboldt-Universität zu Berlin, D–10099 Berlin

https://www.projekte.hu-berlin.de/zfgerm
Tel.: 0049 30 2093 9609 – Fax: 0049 30 2093 9630

Abbildung auf der ersten Umschlagseite:
Friedrich Bodenstedt: Dichterstimmen aus der Gegenwart.
In: Über Land und Meer, Bd. 41, Nr. 2 (1879), S. 32.

ISBN 978-3-0343-4203-2 (Print)   ISBN 978-3-0343-4436-4 (EPUB)
ISSN 1660-0088 (Print)   ISBN 978-3-0343-4437-1 (E-PDF)
DOI 10.3726/b18954   ISSN 2235-5898 (E-Book)

Diese Publikation wurde begutachtet.

INHALTSVERZEICHNIS

JOHANNES FRANZEN UND CHRISTIAN MEIERHOFER

Gelegenheitslyrik in der Moderne – Annäherungen

I.

Gelegenheitslyrik ist ein Gegenstand mit einer langen konfliktreichen Forschungs- und Rezeptionsgeschichte. Schon die verschiedenen Aspekte der Definition spannen ein Netz an theoretisch und diskurspolitisch umstrittenen Fragen auf. Folgt man der systematischen Definition Wulf Segebrechts, so handelt es sich bei Gelegenheitslyrik um ein „auf ein bestimmtes Ereignis geschriebenes oder aus einer bestimmten Veranlassung heraus entstandenes Gedicht".[1] Erweitern lässt sich diese Definition um den Aspekt des Auftrags, denn die entsprechenden Texte werden, wie Stefanie Stockhorst feststellt, „zumeist auf Bestellung oder aus Verpflichtung" geschrieben.[2] Aufgrund dieser Merkmale wurde Gelegenheitslyrik im Verlauf der Literaturgeschichte zum Inbegriff einer Gattung degradiert, die sich heteronomen Begehrlichkeiten unterwirft. Es handelt sich – so könnte man sagen – um eines der besonders produktiven Probleme der modernen Literaturgeschichte, gerade weil diese Gattung trotz ihres Status als Abgrenzungsphänomen nach ihrer angeblichen Blüte in der Frühen Neuzeit nie – auch das ist charakteristisch für die Moderne – zum Verschwinden kommt, sondern weiterhin ihre eigentümliche Form der Produktivität entwickelt.

Die literatur- und forschungsgeschichtliche Verortung der Gelegenheitslyrik und Kasualdichtung vollzieht sich dabei vor allem unter zwei Prämissen. Zum einen untersteht sie einem Paradigma extremer Auf- und Abwertung, das sich seit der sozialgeschichtlichen Hinwendung zu dieser Gattung in den 1970er Jahren zwischen „Verehrung" und „Verachtung" aufspannt.[3] Hierbei wurde

---

1 SEGEBRECHT (1997, 688).

2 STOCKHORST (2002, 2).

3 SEGEBRECHT (1977, VII).

und wird der Goethe'sche Ausspruch zum dominierenden Ausgangspunkt oder „Grund und Boden"[4] dieses Spannungsverhältnisses, an das sich zahlreiche weitere, mehr oder minder wissenschaftlich begründete Beschreibungs- und Wertungskriterien anlagern: Autonomie und Heteronomie, rhetorische Tradition und geistige Innovation, Nachahmung und Schöpfung, Popularität und Originalität, massenhafte Produktion und individuelles Erlebnis. Die Tauglichkeit solcher semantischen Oppositionen gilt es zu überprüfen.

Zum anderen bleibt die historische Verortung zumeist auf die Frühe Neuzeit begrenzt, mit der die Gelegenheitslyrik auch literaturgeschichtlich stark assoziiert wird. Die Unmasse an Kasualcarmina, wie sie bereits Martin Opitz in seiner Poetik bemerkt und beklagt, bringt zugleich das Ansehen der Autoren, „den gueten nahmen der Poeten" und die Qualität ihrer Texte in Misskredit:

> Es wird kein buch/ keine hochzeit/ kein begräbnüß ohn vns gemacht; vnd gleichsam als niemand köndte alleine sterben/ gehen vnsere gedichte zuegleich mit jhnen vnter. Mann wil vns auff allen Schüsseln vnd kannen haben/ wir stehen an wänden vnd steinen/ vnd wann einer ein Hauß ich weiß nicht wie an sich gebracht hat/ so sollen wir es mit vnsern Versen wieder redlich machen.[5]

Dieses Zitat ist häufig als „summarische Absage Opitz' an die Casuallyrik"[6] gelesen worden, wie Segebrecht in seiner Studie zum Gelegenheitsgedicht zu Recht moniert. Opitz kritisiert hier aber nicht die Gelegenheitsdichtung per se, sondern eine übermäßige, zeit- und terminabhängige Textproduktion, die mit den Bedürfnissen des Autors und mit so etwas wie plötzlicher Inspiration nicht vereinbar ist. Das berühmte Zitat hierzu lautet: „Denn ein Poete kan nicht schreiben wenn er wil/ sondern wenn er kan/ vnd jhn die regung des Geistes welchen Ovidius vnnd andere vom Himmel her zue kommen vermeinen/ treibet."[7]

Der Anlass oder das Ereignis, zu dem ein Gedicht verfasst werden soll, und der Zeitpunkt, zu dem der Dichter die entsprechende Textqualität erzeugen kann, fallen demnach nicht zwingend zusammen. Eine prinzipielle Gelegenheitsbindung von Dichtung steht für Opitz hingegen außer Frage. Auch deshalb herrscht in der Frühneuzeitforschung mittlerweile ein Konsens darüber,

---

4   ECKERMANN (1836, 54).
5   OPITZ (2005 [1624], 18).
6   SEGEBRECHT (1977, 202).
7   OPITZ (2005 [1624], 19).

dass eine breite Textbasis von Gelegenheitsdichtung unterhalb oder jenseits des vermeintlichen literarischen Höhenkamms existiert. Volkhard Wels kommt sogar zu dem Schluss: „Die gesamte Dichtung der Frühen Neuzeit ist ‚Gelegenheitsdichtung‘, insofern diese Dichtung immer in einen konkreten kommunikativen Zusammenhang eingebettet ist."[8]

Zumindest die bildliche Evidenz der Gelegenheit, deren Begriffs- und Konzeptgeschichte sich bis zum griechischen *kairos* und zur lateinischen *occasio* zurückverfolgen lässt, leistet dieser Beobachtung keinen Widerspruch.[9] Denn in der Frühen Neuzeit sind emblematische Darstellungen der *occasio* Legion. Sie stehen in der Tradition von Andreas Alciatus und werden häufig unter dem Motto *a tergo calva est* (‚von hinten ist sie kahl‘) präsentiert, wie in diesem Beispiel aus dem Emblembuch Jean Jacques Boissards von 1588 (Abb. 1). Die dazugehörige *subscriptio* lautet:

> ARripe, se quoties offert occasio: calva est
> A tergo: & volucri labitur illa pede.
> Ponè sequens torto sequitur Metanœa flagello:
> Et tantùm ignavis pœna dolenda venit.[10]
> [Ergreife die Gelegenheit, so oft sie sich bietet: Kahl ist sie
> Von hinten: und jene entschlüpft mit geflügeltem Fuß.
> Dahinter folgend kommt Reue mit geschwungener Peitsche:
> Und nur den Trägen wird eine schmerzhafte Strafe zuteil.]

8   WELS (2010, 20 f.).
9   Vgl. dazu MOOG-GRÜNEWALD (2018, 15–18).
10   BOISSARD (1588, 61). Vgl. auch das Emblem der Occasio bei ALCIATUS (1542, 48 f.).

Abb. 1: Jean Jacques Boissard: Emblematum liber (1588)

Mit der halbkahlen Figur der Occasio wird in zweierlei Hinsicht auf eine Semantik von ‚Gegenwart' angespielt. Sobald sich die Gelegenheit zeigt und gewissermaßen physisch anwesend, gegenwärtig ist, muss sie ergriffen werden. Der Moment des Ergreifens bietet sich aber nur prospektiv, nämlich von vorn an der Stirnlocke. Ist der Moment verstrichen, kann er nicht mehr zurückgeholt werden. Der kahle Hinterkopf lässt ein nachträgliches Erfassen nicht mehr zu und hinterlässt zudem eine semantische Leerstelle, die lediglich noch von der Metanoia, der Reue des Betroffenen gefüllt werden kann. Das Emblem dient sozusagen als ein lehrreicher Hinweis für die Antizipation des rechten Augenblicks, in dem sich zuletzt auch die Produktion des Textes selbst ergibt und in dem sich die metrisch geordneten Füße der Dichtkunst setzen lassen. Zugleich mahnt der Schlussvers vor dem christlichen Laster der Trägheit (*acedia*) und votiert für eine Voraussicht im Sinne der Klugheitslehre (*sapientia, prudentia*).

Dieser Topos hat bis ins 18. Jahrhundert Bestand. Noch um 1750 publiziert der Augsburger Zeichner und Graphiker Jeremias Wachsmuth einen Kupferstich mit der Occasio (Abb. 2), dessen Unterschrift eine erkennbar didaktische Funktion erhält:

Seht die Gelegenheit, die Weißheit, seht ihr Knaben
Sie komt mit vieler Frucht vom Ehren Tempel her
Ergreifft sie ohn Verzug, da ihr sie noch könt haben
Nur fornen hat sie Haar, im Nacken ist sie leer.[11]

Abb. 2: Jeremias Wachsmuth: Die Gelegenheit. Occasio (um 1750)

Dass die Weisheit hier in Gestalt der Minerva auftritt, die zugleich als Schutz-
göttin der Dichtkunst fungiert, ist für den Status und die Legitimation der
Gelegenheitslyrik durchaus bemerkenswert. Die Gelegenheit, die mit ihren
literarischen und gelehrten Früchten vom Musentempel herabsteigt, soll ‚ohne
Verzug' ergriffen werden. Offensichtlich schlägt sich hier also ein Bewusstsein
für eine verzeitlichte Gegenwart nieder, ohne dass damit schon ein Autonomie-
oder Originalitätspostulat verbunden wäre. Die Weisheit kann noch erlernt

---

11 WACHSMUTH (um 1750, o. S.).

werden, sie ist, mit Gottsched gesprochen, „eine Wissenschaft der Glückseeligkeit",[12] die auf Einsicht und Anwendung entsprechender Mittel beruht.

Parallel dazu findet die poetologische Anerkennung der Gelegenheitsdichtung statt. So ist Gottscheds nationalliterarisch orientiertes Reformprojekt nicht nur beim Drama, sondern auch bei der Lyrik auf schlagkräftige deutschsprachige Beispiele angewiesen. Darum ist die „Geschicklichkeit des Dichters" ein wichtiges Kriterium, wie Gottsched in einem Aufsatz von 1746 betont:

> Gute Poeten machen auch dann nichts ganz schlechtes, wenn sie ein flüchtiges Gedichte von der Faust wegschreiben; schlechte aber, würden dennoch nichts Gutes zu wege bringen, wenn sie gleich niemals ein Hochzeit- oder Leichengedichte machten.[13]

Trotz dieser Legitimationsprozesse haftet der Gelegenheitsdichtung ein forschungsgeschichtlich zugeschriebener Makel an. Dieser Makel wird kenntlich über das Gegeneinander einer vermeintlich vormodernen, heteronomen, äußerlich-künstlichen und einer modernen, autonomen, innerlich-natürlichen Dichtung oder kurz: über das Gegeneinander von Gelegenheits- und Erlebnislyrik. Diese literatur- und forschungsgeschichtlich folgenschwere Unterscheidung ist allerdings mit Blick auf die Geschichte der Gelegenheitslyrik nach der Frühen Neuzeit zu hinterfragen.

Der Autonomie- und Originalitätsanspruch und das nicht zuletzt mit Klopstocks ‚freien Rhythmen‘, mit der Empfindsamkeit oder mit Goethe verbundene „Theorem der Erlebniswahrheit" unterliegen, wie Klaus Garber meint, einem literaturwissenschaftlichen „Akt[ ] der Hypostasierung", und das bedeutet: „Eine im Blick auf Alteuropa kurzlebige Phase der Dichtungsgeschichte wurde zur Norm des Dichtens schlechthin erhoben."[14] Garber warnt vor einer beobachtungssprachlichen Überblendung oder Verzerrung literaturgeschichtlicher Entwicklungen, wie sie spätestens mit Wilhelm Diltheys Konzeptualisierung von ‚Dichtung und Erlebnis‘ oder mit der gehaltsästhetischen „Energie des Erlebens"[15] einsetzt. Die Zeit um 1800 – so die recht unverhohlene Polemik – wäre demzufolge nur ein historisches Zwischenspiel, das nicht dazu befugt, alles Vorherige ästhetisch abzuqualifizieren oder außer Acht zu lassen.

---

12 GOTTSCHED (1733, 3).

13 GOTTSCHED (1746, 471 f.).

14 GARBER (2010, 37). Von der Erlebnislyrik als einem „Teilbereich der Poesie" zwischen Andreas Gryphius und Conrad Ferdinand Meyer spricht bereits FELDT (1990, 11).

15 DILTHEY (1922[8], 179).

II.

So treffend dieser Einwand aus Sicht der Frühneuzeitforschung sein mag, um vergessene und ungesichtete Quellenbestände ans Licht zu heben, so wenig scheint er hier geeignet, etwaige literatur- und epochengeschichtliche Zäsuren und Transformationsphasen, die mit dem Autonomiepostulat, dem „Paradigma Goethe"[16] und der „künstlerisch-autonome[n] Ichaussprache"[17] gesetzt werden, einfach nur zeitlich nach vorn zu verlagern. Dieser Band soll vielmehr jenes gängige literaturgeschichtliche Narrativ herausfordern, das die Gelegenheitsdichtung als randständiges, fremdbestimmtes und schematisches Textfeld bestimmt.

Die Beiträge gehen dabei von einem doppelten Befund aus: Erstens lässt sich auch weit nach 1770 oder 1800 eine Kontinuität in der Produktion von Gelegenheitsdichtung beobachten, etwa in der erstaunlichen Anzahl von Geburtstagsgedichten auf Kaiser Wilhelm II. oder im Umfeld des Ersten Weltkriegs.[18] Und zweitens fällt das angebliche Absinken der Kasuallyrik paradoxer- oder womöglich auch logischerweise zusammen mit der begriffs- und konzeptgeschichtlichen Heraufkunft von ‚Gegenwart', die im späten 18. Jahrhundert nicht mehr nur die physische Anwesenheit einer Person oder die lokale Präsenz eines Ereignisses bezeichnet, sondern eine dezidiert zeitliche Konnotation erhält.[19]

An dieser Stelle lässt sich ansetzen und nach den Modi des situativen Gebrauchs von Lyrik unter den Bedingungen einer temporalisierten Gegenwart fragen. Neu zu eruieren ist darum das lexikalisierte Verständnis des Gelegenheitsgedichts, das sowohl „auf ein bestimmtes Ereignis" hin geschrieben als auch „aus einer bestimmten Veranlassung heraus" entstanden sein kann.[20] Es geht also um den Zeitbezug von Gelegenheitslyrik und insofern um das Verhältnis von Potentialität und Aktualität literarischer Kommunikation.

Jenseits der Versuche, die vielfältigen Gelegenheiten wie Hochzeiten, Geburtstage, Todesfälle und die diversen Darstellungsformen bzw. die

---

16 STOCKINGER (2005, 93).
17 DRUX (1996, 664).
18 Vgl. dazu REDL (2016).
19 Vgl. hierzu die Belege bei LEHMANN (2017).
20 SEGEBRECHT (1997, 688).

Opitz'schen „Sylven oder wälder"[21] zu klassifizieren, liegt die Frage nach den zeitlichen und verzeitlichten Konstitutions- und Vollzugspraktiken, die sich zwischen einem Ereignis und einem Gelegenheitsgedicht ergeben. Versteht man ‚Gegenwart' mit Luhmann als eine Ermöglichungsbedingung für die Beobachtung von Temporalität, nämlich „als Differenz von Zukunft und Vergangenheit",[22] dann rücken notwendigerweise die Kategorien von Aktualität, Neuheit und zeitlicher Nähe in den Blick, wobei die lyrischen Formen des Gebrauchs immer schon ihren zeitlichen Verbrauch einkalkulieren müssen. Nicht zu unterschlagen ist zudem das Verhältnis von Aktualität und Singularität eines Ereignisses. Die Darstellungsroutinen von Gelegenheitslyrik lassen sich zwar mit einem langfristig gewachsenen rhetorischen Traditionsverhalten erklären. Aber ebenso ist zu bedenken, dass sich viele Gedichte auf keine einmalige, sondern eine sich wiederholende, kulturell ritualisierte Situation beziehen. Schließlich werden die evaluativen Praktiken beobachtbar, die das Kasualgedicht als typischerweise un- oder vormoderne Form im Sinne ästhetischer Heteronomievorstellungen abwerten. Demnach versteht sich der Band auch als ein Beitrag zur Wertungs- und Konfliktgeschichte der Anlassbezogenheit.

Eine Konzeptualisierung von ‚Gegenwart' kommt über die Kasuallyrik schon deswegen zustande, weil sie in Anthologien und Sammlungen massenhaft verbreitet und insofern vor Augen gestellt und vergegenwärtigt wird. Die bekannte siebenbändige Sammlung Benjamin Neukirchs *Herrn von Hoffmannswaldau und andrer Deutschen auserlesener und bißher ungedruckter Gedichte* (1695–1727) ist nur eines von zahlreichen Projekten am Ende des 17. und zu Beginn des 18. Jahrhunderts, die sich im Umfeld der *Querelle des Anciens et des Modernes* situieren. In dieser quasi räumlichen Anordnung wird dann auch die Konkurrenz von alten und neuen, aus- und inländischen Texten bewusst.[23] Die Anthologien um 1700 übernehmen – jedenfalls ihren programmatischen Selektionsbekundungen zufolge – die Funktion sowohl einer schreib- und darstellungspraktischen Normierung als auch einer frühen kritischen Meinungs- und Geschmacksbildung darüber, was zeitgenössisch als gute und schlechte Dichtung zu gelten hat. Rudolf Drux zufolge geht es

---

21 OPITZ (2005 [1624], 32). Zur traditionsreichen Metapher der *Silvae* vgl. ausführlich ADAM (1988).

22 LUHMANN (1984, 421).

23 Vgl. mit weiteren Hinweisen MEIERHOFER (2019).

dabei nicht zuletzt um die Anerkennung der „repräsentative[n] Leistung"[24] von Kasuallyrik, und gerade in dieser Hinsicht verfügen die Anthologien über ein gegenwartsdiagnostisches Potential, auf das etwa Claudia Stockinger hingewiesen hat.[25]

Am Ende des 18. Jahrhunderts ist der Gegenwartsbezug dann unübersehbar. Bei Johann Christian August Grohmann, einem Wittenberger Privatdozenten und späteren Professor für Logik, zeigt sich, wie durchlässig die Grenze zwischen heteronomer Gelegenheits- und autonomer Erlebnislyrik eigentlich ist. „Nichts ist natürlicher", schreibt Grohmann, „als, daß die erste Empfindung an einzelnen Umständen sich zu entwickeln, zu beleben, zum Dichtungsgeist sich zu erwärmen beginnet".[26] Demnach produziert die Kasuallyrik „Gelegenheitsdenkmale", die sich dadurch auszeichnen, „daß auch noch die besondere Beziehung auf Umstand, Person, welche die Dichtung veranlaßte, in jenem Allgemeinen" des künstlerischen Ausdrucks „gefunden werde."[27]

Dieser Bezug auf Umstände und Personen ist für Grohmann nichts anderes als eine „Beziehung auf das Gegenwärtige",[28] und zwar sowohl in einem räumlichen als auch in einem verzeitlichten Sinne. Gerade mit dieser Doppelcodierung von ‚Gegenwart' lassen sich sozialgeschichtliche oder historisch-praxeologische Entwicklungen nachverfolgen, die etwa mit der Konzeptualisierung von Freundschaft und Patronage angestoßen werden und somit eine Gedichtproduktion für die „Gabenökonomie der frühneuzeitlichen Ständegesellschaft" in Gang setzen.[29]

Bei Grohmann allerdings dient der Gegenwartsbezug eines Gedichtes vor allem als Gradmesser für dessen Kunstfertigkeit, die in der historischen Semantik von Gefühlskultur, Zärtlichkeit und Empfindsamkeit dominant ist. Je

---

24 Drux (1985, 416).

25 Vgl. Stockinger (1999, 448–452).

26 Grohmann (1794, 107).

27 Grohmann (1794, 109 f.).

28 Grohmann (1794, 113). Grohmann bezieht sich hier explizit auf bühnenpraktische Überlegungen von Lessing (1769, 4. St., 28): „Die Moral ist ein allgemeiner Satz, aus den besondern Umständen der handelnden Personen gezogen; durch seine Allgemeinheit wird er gewissermaßen der Sache fremd, er wird eine Ausschweifung, deren Beziehung auf das Gegenwärtige von dem weniger aufmerksamen, oder weniger scharfsinnigen Zuhörer, nicht bemerkt oder nicht begriffen wird."

29 Droste (2010, 131).

expliziter die Referenz auf die eigene Zeit ausfällt und damit Verständlichkeit und eine klar artikulierte Schreibintention bewirkt, desto weniger ästhetische Qualität misst Grohmann einem Text zu:

> Besser, daß das Gelegenheitsgedicht wegen seiner versteckten Einkleidung und Anwendung für manchen verloren gienge, wie der moralische Satz, in dem der weniger zart Empfindende sich nicht erkennen will oder nicht erkennen kann, als daß es wegen seiner allzu sichtbaren Absicht, seinem groben Geradezu, von dem Gebildeten nicht gutiert und als sein hier aufgestelltes Selbst nicht mit Vergnügen gefühlt würde![30]

Grohmann will das einzelne Kasualgedicht also vor einer allzu breiten Rezeption bewahren, weil er sonst ästhetische Einbußen bei den Texten und Reputationsverluste bei der literarischen Autorschaft befürchtet. Solche wertungsgeschichtlichen Vereinnahmungen der Anlassbezogenheit weiter zu verfolgen, ist ein Ziel dieses Bandes. Denn im Bewerten und Umwerten von zeitgenössischer Gegenwart als Darstellungsobjekt einerseits und von literarischen Gegenwartsreferenzen als Darstellungsverfahren andererseits begründet sich überhaupt erst die lange Tradition der Gelegenheitslyrik.

III.

Ein Beispiel dafür, wie sich die Kontroverse über den Wert von Teilaspekten des Konzepts Gelegenheitslyrik produktiv umsetzen ließe, ist die Debatte über den Gegenwartsbezug politischer und massenhaft verbreiteter Lyrik im 19. Jahrhundert.[31] Diese Textmenge wurde entweder als zeitgebunden und trivial abgewertet oder im Sinne eines vitalen Verhältnisses zur Wirklichkeit bzw. zu einem Textaußen aufgewertet. Das konkrete politische Ereignis, auf das sich die Gedichte beziehen, wäre der Anlass, der die Entstehung des Textes überhaupt erst bewirkt – ein Anlass allerdings, dem in den meisten Fällen kein Auftrag vorausgeht. So werden bei der Abwertung dieser Texte zwar jene kritischen Topoi verwendet, die schon zur Verdammung der heteronomen frühneuzeitlichen Literatur beigetragen haben, sie treffen aber auf eine veränderte Form der Anlassbezogenheit.

---

30 GROHMANN (1794, 113 f.).
31 Vgl. bereits den literatursoziologischen Überblick von HÄNTZSCHEL (1982).

Befürworter einer politisch-operativen Lyrik dagegen versuchen, diese Form des Anlasses aus dem Korsett frühneuzeitlicher Heteronomie zu befreien und „in Auseinandersetzung mit dem Konzept einer autonomen Ästhetik"[32] zu profilieren. Robert Prutz etwa positionierte sich in den 1840er Jahren als lautstarker Verfechter einer wirklichkeits- und gegenwartsbezogenen Dichtung, die gerade durch ihren dezidiert außerliterarischen Referenzrahmen eine besondere Vitalität besitzen sollte. So lässt sich die Gattung der Gelegenheitslyrik, die in vielfacher Hinsicht als Paradigma des außerliterarischen Dichtens gilt, auch in einer Wertungsgeschichte der literarischen Gegenwartsbezüge verorten.[33] Dabei wird deutlich, dass Heteronomie im Sinne etwa einer Funktion von Literatur, die sich über einen Anlass, Auftrag oder Adressaten definiert, nie nur rein negativ codiert wurde. Stattdessen wird offensichtlich, dass die Auseinandersetzung um das Gelegenheitsgedicht starken Konjunkturen unterworfen ist.

Kontroversen, die um das Verhältnis von Anlass, Auftrag und Adressat als Komponenten eines literarischen Kommunikationsmodells kreisen, strukturieren die gesamte moderne Literaturgeschichte. Dazu gehört unter anderem die Diskussion über die angebliche Marktförmigkeit der zeitgenössischen Lyrik am Ende des 19. Jahrhunderts, als etwa Arno Holz gegen „Gartenlaubendichter" polemisierte: „Denn die schwarzweissrothen Gelegenheitscarmen | Haben wir endlich dick gekriegt."[34] Der Aspekt der Auftragslyrik wird in dieser Kritik verschoben, von einem mäzenatischen System hin zu einem Markt, der den Gedichten ihre Autonomie nimmt. In diesem Kontext steht auch der Autonomisierungsschub in einigen Bereichen der modernistischen Lyrik um die Jahrhundertwende. Die radikalisierte Programmatik einer reinen Poesie konstituiert sich vor allem über die Abwehr außerliterarischer Einflüsse und Funktionen – eine „Reinigung der Poesie von der praktischen Funktion der Sprache".[35]

Gegen diese Art der Reinheitsprogrammatik richtet sich wiederum die Debatte um den Kampfbegriff ‚Gebrauchslyrik' in den 1920er Jahren, die einem als steril empfundenen Autonomieparadigma gerade die aktive

---

32 STEIN (1998, 486).
33 Vgl. FRANZEN (2018).
34 HOLZ (1886, 345). Das Gedicht richtete sich konkret gegen den Wuppertaler Kaufmann und Dichter Friedrich Emil Rittershaus, den Verfasser des „Westfalenliedes".
35 BROKOFF (2010, 22).

Kommunikation zwischen Autor und Publikum als Auftraggeber und Adressat entgegenstellt. Autoren wie Bertolt Brecht und Erich Kästner nutzen den Begriff, um sich als Erben einer Gelegenheitslyrik in Stellung zu bringen, die das aktive Verhältnis zum Publikum noch nicht verloren hatte. Allerdings muss man nach diesem Erbe nicht unbedingt erst auf der Ebene der modernistischen Polemik suchen. Die Explosion populärer Kriegsgedichte im August 1914 liefert spektakuläre Evidenz dafür, dass die Tradition des anlassgebundenen Gedichts in der Moderne ihren Platz hat – zumal in diesem Fall auch zahlreiche nichtprofessionelle Autorinnen und Autoren zur Feder griffen.[36]

Auf eine besondere Art virulent wurden die Probleme der Gelegenheitslyrik in den totalitären Systemen des 20. Jahrhunderts, die nicht zuletzt eine Renaissance des Herrscherlobs erzeugt haben. Zu nennen wären in diesem Zusammenhang etwa Agnes Miegels „Dem Führer" oder Johannes R. Bechers „Danksagung" (auf den Tod Stalins). Diese Instrumentalisierung literarischer Mittel lastet als problematisches Erbe einer als monströs empfundenen Heteronomie auf den Diskussionen über Anlass, Auftrag und Adressat im 20. Jahrhundert.

Die gattungsgeschichtlichen Kontroversen ziehen sich schließlich bis in die Gegenwart. Im Jahr 2011 forderte die *Zeit* eine Gruppe bekannter Lyrikerinnen und Lyriker unter dem Motto „Macht, Gedichte" dazu auf, politische Gedichte zu schreiben, die im Politikteil der Zeitung veröffentlicht werden sollten.[37] Dieses Projekt stand nicht nur im Zeichen der Forderung nach einer Re-Politisierung der Literatur, sondern bezeichnet auch eine sichtbare Form von Auftragsarbeit. Ähnliche Formen von Auftragsarbeit finden sich auch im Umfeld des mäzenatischen Systems staatlicher Kunstförderung. Wenn Autorinnen und Autoren etwa für eine Zeit auf die dotierten Posten eines Stadtschreibers berufen werden, so ist das oftmals verbunden mit der Anforderung, im Rahmen des städtischen Kulturprogramms aufzutreten.

Auch die Frage nach dem Anlass in Bezug auf die Erlebniskategorie ist derzeit produktiv, wie sich etwa im Rahmen der sogenannten Kessler-Debatte gezeigt hat, als der Kulturjournalist Florian Kessler unter dem Titel *Lassen Sie mich durch, ich bin Arztsohn* in der *Zeit* gegen die Gegenwartsliteratur polemisierte, die angeblich langweilig und unpolitisch sei, weil dort qua bürgerlicher

---

36 Vgl. Meierhofer (2015) und Detering, Franzen (2016).
37 Vgl. Ulrich (10.3.2011).

Biographie nur Menschen vertreten seien, die nichts Interessantes erlebt hätten.[38]

Selbst die klassischen Kasualcarmina erfreuen sich nach wie vor einer ungebrochenen Vitalität. 2010 wurde der Vorstandschef des FC Bayern München, Karl-Heinz Rummenigge, verklagt, weil er bei der Verabschiedung von Franz Beckenbauer ein Gedicht vorgetragen hatte, das er von der Internetseite der Dichterin Anette Pfeiffer-Klärle gestohlen hatte.[39] Auf dieser Homepage werden die „Gedichtsucher" direkt adressiert. Versprochen werden:

> Viele, viele Gedichte zu allen erdenklichen Anlässen, Familienfesten und Feiern. Ganz egal, ob Sie ein Gedicht zum Geburtstag, eine Rede zur Hochzeit, einen Vortrag zum Jubiläum […] suchen, hier finden Sie welche.[40]

Aber auch persönliche individuelle Gedichte können in Auftrag gegeben werden, für einen Preis zwischen 59 und 179 Euro. Heirats- und Liebesgedichte gibt es für 110 Euro (inkl. Druck auf Urkunde und Versand). Der Fall dieses Geschäftsmodells zeigt, dass die Nachfrage nach Kasualcarmina zu festlichen Anlässen nicht nachgelassen hat.

IV.

Damit ist ein Spektrum gelegenheitslyrischer Kontroversen in der Moderne angedeutet, denen sich dieser Band annehmen soll. Auf vier füreinander durchlässige Ebenen gilt es, das Textfeld der Gelegenheitslyrik aus möglichst unterschiedlichen Perspektiven in den Blick zu nehmen: Auf der ersten Ebene soll ein systematischer Zugang ermöglicht und nach der epochenspezifischen, gattungstypologischen und gattungstheoretischen Verortung der Gelegenheitslyrik in der Moderne gefragt werden. Ein Hauptproblem betrifft dabei die Frage nach der definitorischen Kraft der Aspekte Auftrag, Anlass und Adressat. Insbesondere die Frage, was einen Anlass bestimmt, um ein Gedicht zum Gelegenheitsgedicht zu machen, erscheint nach wie vor umstritten. Muss es sich um einen institutionell vorgegebenen Anlass (Geburt, Tod, Promotion, Beförderung etc.)

---

38 KESSLER (16.1.2014).
39 Vgl. HUMMEL (17.5.2010).
40 PFEIFFER-KLÄRLE (o. J.), <http://www.apk-gedichte.de>, zuletzt: 17.2.2021.

handeln, oder kann auch ein politisches oder persönliches Ereignis als Anlass im Sinne der Okkasionalität gesehen werden?

Die zweite Ebene befasst sich mit Institutionen und Praktiken und insofern mit den soziokulturellen Dimensionen der Gelegenheitslyrik. Eine Frage in diesem Zusammenhang betrifft, mit Stefanie Stockhorst gesprochen, „die Vergegenwärtigung von gesellschaftlichen Herrschaftsverhältnissen im repräsentativen Geschehen der Darbietung."[41] Zu klären ist, wie solche Vergegenwärtigungs- und Darbietungsverfahren nicht nur in stratifikatorischen, sondern in funktional ausdifferenzierten Gesellschaften ablaufen.

Auf der dritten Ebene lässt sich ein weiter gattungs- und funktionsgeschichtlicher Bogen spannen. Diesem Bogen folgt auch die Struktur des Bandes. Er reicht von der für das Genre wichtigen Jahrhundertwende 1700 über Klopstocks zeitpolitische Reflexionen in der Folge der Französischen Revolution und den medialen Transformationsprozessen im 19. und 20. Jahrhundert bis zur kulturpolitisch aufgeladenen Gelegenheitslyrik in der DDR und nach 1945.

Schließlich werden auf der vierten Ebene spezifische Darstellungsformen untersucht, die noch einmal den Anlassbezug der Lyrik und verschiedene Optionen von Zeitreflexion und Alltagskultur thematisieren. Neben der Neujahrslyrik sind das die Trost- und Trauerlyrik (in der Tradition der *consolatio*) sowie das Schlaf- und Wiegenlied.

***

Der größte Teil der hier versammelten Beiträge geht auf eine Tagung zurück, die vom 5. bis 7. März 2020 an der Rheinischen Friedrich-Wilhelms-Universität Bonn stattfand.[42] Zu danken haben wir der Deutschen Forschungsgemeinschaft, die dieses Projekt im Rahmen des Heisenberg-Programms großzügig finanziert hat. Wir danken ebenso für die Unterstützung unseres Bonner DFG-Graduiertenkollegs „Gegenwart/Literatur. Geschichte, Theorie und Praxeologie eines Verhältnisses", der Koordinatorin Marlen Arnolds und vor allem unseren studentischen Mitarbeiterinnen und Mitarbeitern, die bei der Vorbereitung und Durchführung der Tagung tatkräftig mitgewirkt haben: Sevin Mat, Sarah Natschke, Johanna Schneider und Paul Zielenbach. Paulien Laeremans und Esther Sophia Diekamp danken wir darüber hinaus für ihr Mitwirken an der Einrichtung und

---

41 Stockhorst (2006, 358).

42 Vgl. den Tagungsbericht von Thelen (2020).

Korrektur der Aufsätze. Für die bereitwillige Aufnahme dieses Bandes in die „Publikationen zur Zeitschrift für Germanistik" danken wir dem Kreis der Reihenherausgeber*innen. Zuletzt danken wir allen Beiträgerinnen und Beiträgern sehr herzlich für die kollegiale Zusammenarbeit.

Literaturverzeichnis

ADAM, Wolfgang (1988): Poetische und Kritische Wälder. Untersuchungen zu Geschichte und Formen des Schreibens ‚bei Gelegenheit'. Heidelberg.

ALCIATUS, Andreas (1542): Emblematum libellus, uigilanter recognitus, & iam recèns per Wolphgangum Hungerum Bauarum, rhythmis Germanicis uersus. Paris.

BOISSARD, Jean Jacques (1588): Emblematum liber. Emblemes Latins. Metz.

BROKOFF, Jürgen (2010): Geschichte der reinen Poesie. Von der Weimarer Klassik bis zur historischen Avantgarde. Göttingen.

DETERING, Nicolas, Johannes FRANZEN (2016, 253–283): Trauer um Helden. Gedichte auf gefallene Söhne im Ersten Weltkrieg. In: A. Aurnhammer, T. Fitzon (Hrsg.): Lyrische Trauernarrative. Erzählte Verlusterfahrung in autofiktionalen Gedichtzyklen. Würzburg.

DILTHEY, Wilhelm (1922[8]): Das Erlebnis und die Dichtung. Lessing – Goethe – Novalis – Hölderlin. Leipzig, Berlin.

DROSTE, Heiko (2010, 129–145): Das Kasualgedicht des 17. Jahrhunderts in sozialhistorischer Perspektive. In: A. Keller u. a. (Hrsg.): Theorie und Praxis der Kasualdichtung in der Frühen Neuzeit. Amsterdam, New York.

DRUX, Rudolf (1985, 408–417): Art.: Casualpoesie. In: H. Steinhagen (Hrsg.): Deutsche Literatur. Eine Sozialgeschichte, Bd. 3: Zwischen Gegenreformation und Frühaufklärung: Späthumanismus, Barock. 1572–1740. Reinbek.

– (1996, 653–667): Art.: Gelegenheitsgedicht. In: G. Ueding (Hrsg.): Historisches Wörterbuch der Rhetorik, Bd. 3. Tübingen.

ECKERMANN, Johann Peter (1836): Gespräche mit Goethe in den letzten Jahren seines Lebens, 1823–1832, Erster Theil. Leipzig.

FELDT, Michael (1990): Lyrik als Erlebnislyrik. Zur Geschichte eines Literatur- und Mentalitätstypus zwischen 1600 und 1900. Heidelberg.

FRANZEN, Johannes (2018, 95–127): Flucht vor der Gegenwart oder Wirklich-keitsenthusiasmus. Überlegungen zum Projekt einer Wertungsgeschichte literarischer Gegenwartsbezüge. In: S. Geyer, J. F. Lehmann (Hrsg.): Aktualität. Zur Geschichte literarischer Gegenwartsbezüge vom 17. bis zum 21. Jahrhundert. Hannover 2018.

GARBER, Klaus (2010, 33–37): Gelegenheitsdichtung. Zehn Thesen – in Begleitung zu einem forscherlichen Osnabrücker Groß-Projekt. In: A. Keller u. a. (Hrsg.): Theorie und Praxis der Kasualdichtung in der Frühen Neuzeit. Amsterdam, New York.

GOTTSCHED, Johann Christoph (1733): Erste Gründe Der Gesamten Welt-weisheit [...], Erster, Theoretischer Theil. Leipzig.

– (1746, 463–480): Untersuchung, ob es einer Nation schimpflich sey, wenn ihre Poeten kleine und sogenannte Gelegenheitsgedichte verfertigen. In: Neuer Büchersaal der schönen Wissenschaften und freyen Künste, Bd. 2, 5. St.

GROHMANN, Johann Christian August (1794, 105–141): Briefe über Gelegenheitsgedichte. In: Der neue Teutsche Merkur, Bd. 2, 6. St.

HÄNTZSCHEL, Günter (1982, 199–246): Lyrik und Lyrik-Markt in der zweiten Hälfte des 19. Jahrhunderts. Fortschrittsbericht und Projektskizzierung. In: IASL, Bd. 7.

HOLZ, Arno (1886): Das Buch der Zeit. Lieder eines Modernen. Zürich.

HUMMEL, Thomas (17.5.2010): Danke, Kalle danke! Rummenigges Dankes-Gedicht für Beckenbauer hat ein Nachspiel [...]. In: Süddeutsche Zeitung, <https://www.sueddeutsche.de/sport/fc-bayern-ode-an-beckenbauer-danke-kalle-danke-1.61093>, zuletzt: 17.2.2021.

KESSLER, Florian (16.1.2014): Lassen Sie mich durch, ich bin Arztsohn! In: Die Zeit, Nr. 14.

LEHMANN, Johannes F. (2017, 110–121): Editorial: ‚Gegenwart‘ im 17. Jahrhundert? Zur Frage literarischer Gegenwartsbezüge *vor* der ‚Sattelzeit‘. In: IASL, Bd. 42, H. 1.

LESSING, Gotthold Ephraim (1769): Hamburgische Dramaturgie, Erster Band. Hamburg, Bremen.

LUHMANN, Niklas (1984): Soziale Systeme. Grundriß einer allgemeinen Theorie. Frankfurt a. M.

MEIERHOFER, Christian (2015, 55–80): Feldgraues Dichten. Mobilität und Popularität der Lyrik im Ersten Weltkrieg. In: M. Seidler, J. Waßmer (Hrsg.): Narrative des Ersten Weltkriegs. Frankfurt a. M.

- (2019, 27–55): Sammlungslyrik. Poetologische und gegenwartsdiagnostische Ausprägungen der *oratio ligata* um 1700. In: D. Niefanger, D. Rose (Hrsg.): „Gesammlet und ans Licht gestellet". Theologie, Poesie und Musik in Anthologien des frühen 18. Jahrhunderts. Hildesheim, Zürich, New York.

MOOG-GRÜNEWALD, Maria (2018, 15–38): Kairos – Occasio – Gelegenheit. In: J. Küpper, P. Oster, C. Rivoletti (Hrsg.): Gelegenheit macht Dicher. L'Occasione fa il poeta. Bausteine zu einer Theorie des Gelegenheitsgedichts. Heidelberg.

OPITZ, Martin (2005): Buch von der Deutschen Poeterey (1624). Studienausgabe. Hrsg. v. H. Jaumann. Stuttgart.

PFEIFFER-KLÄRLE, Anette (o. J.): außergewöhnlich – persönlich – kompetent. individuelle Gedichte – persönlich schreiben lassen, <http://www.apkgedichte.de>, zuletzt: 17.2.2021.

REDL, Philipp (2016, 69–81): Kaiserlob um die Jahrhundertwende. Wilhelm II. in der panegyrischen Kasual-Lyrik zwischen 1888 und 1914. In: N. Detering, J. Franzen, C. Meid (Hrsg.): Herrschaftserzählungen. Wilhelm II. in der Kulturgeschichte (1888–1933). Würzburg.

SEGEBRECHT, Wulf (1977): Das Gelegenheitsgedicht. Ein Beitrag zur Geschichte und Poetik der deutschen Lyrik. Stuttgart.

- (1997, 688–691): Art.: Gelegenheitsgedicht. In: K. Weimar u. a. (Hrsg.): Reallexikon der deutschen Literaturwissenschaft, Bd. 1. Berlin, New York.

STEIN, Oliver (1998, 485–504 u. 680–683): Art.: Operative Literatur. In: G. Sautermeister, U. Schmid (Hrsg.): Hansers Sozialgeschichte der deutschen Literatur vom 16. Jahrhundert bis zur Gegenwart, Bd. 5: Zwischen Restauration und Revolution, 1815–1848. München, Wien.

STOCKHORST, Stefanie (2002): Fürstenpreis und Kunstprogramm. Sozial- und gattungsgeschichtliche Studien zu Goethes Gelegenheitsdichtungen für den Weimarer Hof. Tübingen.

- (2006, 354–362): Art.: Gelegenheitsdichtung. In: F. Jaeger (Hrsg.): Enzyklopädie der Neuzeit, Bd. 4. Stuttgart.

STOCKINGER, Claudia (1999, 436–452 u. 653–657): Art.: Kasuallyrik. In: A. Meier (Hrsg.): Hansers Sozialgeschichte der deutschen Literatur vom 16. Jahrhundert bis zur Gegenwart, Bd. 2: Die Literatur des 17. Jahrhunderts. München, Wien.

– (2005, 93–125): Paradigma Goethe? Die Lyrik des 19. Jahrhunderts und Goethe. In: S. Martus, S. Scherer, dies. (Hrsg.): Lyrik im 19. Jahrhundert. Gattungspoetik als Reflexionsmedium der Kultur. Bern u. a.

Thelen, Julius (2020, 677–679): Anlass – Auftrag – Adressat. Gelegenheitslyrik in der Moderne *(Tagung in Bonn v. 5.–7.3.2020)*. In: ZfGerm NF, 30. Jg., H. 3.

Ulrich, Bernd (10.3.2011): Macht, Gedichte. In: Die Zeit, Nr. 11.

Wachsmuth, Jeremias (um 1750): Die Gelegenheit. Occasio. Augsburg.

Wels, Volkhard (2010, 9–31): Einleitung. ‚Gelegenheitsdichtung' – Probleme und Perspektiven ihrer Erforschung. In: A. Keller u. a. (Hrsg.): Theorie und Praxis der Kasualdichtung in der Frühen Neuzeit. Amsterdam, New York.

JÖRG WESCHE

Jahrhundertwende 1700. (K)eine Gelegenheit barocker Okkasionaldichtung

I. Zur Gelegenheit: Jahrhundertwende- und Neujahrsgedicht

Fällt das Neujahr mit einer Jahrhundertwende zusammen, ist das sicherlich eine besondere Gelegenheit, die in einem Menschenleben, wenn überhaupt, nur ein einziges Mal erlebt werden kann. Es liegt nahe, dass solch ein feierlicher Anlass auch Dichtung auf sich zieht. So weit zu sehen ist, hat es allerdings kein einziges Gedicht zu dieser Gelegenheit – auch jenseits des deutschen Sprachgebiets – in das literarische Gedächtnis des (westlichen) Kanons geschafft. Anders liegt es beim einfachen Neujahrsgedicht, an dem sich, wie etwa Goethes „Das neue Jahr" belegt,[1] durchaus manche literaturgeschichtliche Dichtungsgröße versucht hat. Selbst über den Öffentlichkeitshorizont privater und institutioneller Silvester- oder Neujahrfeiern, die diesbezüglich mutmaßlich manches zu bieten haben, kommt zu diesem Anlass in literarischen Publikationsmedien bemerkenswert wenig in Sicht. Scheint die besondere Gelegenheit als poetisches Sujet also entweder zu selten oder zu abgedroschen, bietet sie einfach zu wenig Dichtungspotential, oder legt die moderne Zeitwahrnehmung mit dem Jahreswechsel als Jahrhundertwende gar ein Betrachtungsschema an, das gerade in der Barockzeit wenig Relevanz hat?

Der folgende Beitrag verfolgt vor allem die letzte Frage, indem er im zweiten Teil auf das Jahr 1700 als prospektive Gelegenheit für Jahrhundertwendedichtung scharfstellt. Vorgeschaltet ist jedoch ein systematisch interessierter und die moderne Lyrik anschließender Teil, der über das Neujahrs- und Jahrhundertwendegedicht einige grundlegende Gattungsprobleme der Gelegenheitspoesie in den Blick nimmt. Die historischen Überlegungen ziehen sodann auch Befunde zur Wahrnehmung von Jahres- und Jahrhundertwechseln in der

---

1 Vgl. hierzu etwa DETERING (2018, 542).

Barockzeit heran und gehen vor diesem Hintergrund schließlich auch dem zeit-reflexiven Potential des Gedichttyps, also etwa der dichtungsgeschichtlichen Tragfähigkeit einer kulturellen Konstruktion von Schwellenbewusstsein und Gegenwärtigkeit um 1700 nach.

Systematisch sind das eingangs kurzerhand kaskadierend zusammenge-nommene Neujahrs- und Jahrhundertwendegedicht zunächst einmal wieder zu unterscheiden. Dies gilt gerade im Blick auf die zeitlichen Aspekte, die mit bei-dem verbunden sind und jeweils nach Anlass und Thema differieren. Der Neu-jahrstag ist ein zeitlich auf 24 Stunden begrenzter Anlass, der natürlich auch das Thema eines Neujahrsgedichts sein kann. Ebenso gut und oft gleichzeitig kann der zeitliche Horizont im Neujahrsgedicht thematisch auch weiter gefasst und entsprechend auf das neue Jahr als maximale Spanne von 365 Tagen bezogen sein. Im Neujahrsgedicht stellt sich der Anlassbezug dabei meist offensichtlich ein. Der Dichtungsvorrat einer der zahlreichen Internetseiten, auf denen Gele-genheitslyrik gesammelt wird, enthält dafür beispielsweise folgenden Beleg:

> Neues Jahr, neues Glück,
> Wochen ohne Missgeschick!
> Ich wünsch Dir zum neuen Jahr,
> ein bessres, als das letzte war.[2]

In diesem Text wird die *occasio* („zum neuen Jahr") explizit benannt, wobei die Präposition das neue Jahr nicht einfach als Gedichtthema bzw. -gegen-stand, sondern klar als Anlass ausweist. Die optative Sprechhaltung, die damit typischerweise verbunden ist, unterstreicht entsprechend den situativen Kom-munikationsbezug des Gedichts als Neujahrswunsch. Folgt man den basalen Genredefinitionen, dass das Gelegenheitsgedicht ein „auf ein bestimmtes Ereig-nis geschriebenes oder aus einer bestimmten Veranlassung heraus entstandenes Gedicht" sei,[3] das auch „auf Bestellung oder aus Verpflichtung" geschrieben und adressiert werden könne,[4] steht der Text neben anderen Formen des Glück-wunschgedichts fraglos im Register der Gelegenheitsdichtung.[5] Zwar ist er

---

2   ANONYM (o. J.), <https://www.neujahrswuensche.co/neujahrsgedichte>, zuletzt: 16.7.2021.

3   SEGEBRECHT (1997, 688).

4   STOCKHORST (2002, 2).

5   STOCKINGER (1999, 443) schreibt den „Topos des ‚Wunsches'" gar allen Formen der Gelegenheitslyrik als Ausdrucksweise zu.

nicht auf ein konkretes Einzelereignis bezogen, doch kann er auf Grund seiner allgemeinen Spruchqualität beliebig zu Neujahrsanlässen gebraucht bzw. adressiert werden. Inhaltlich bedient er gemäß der Logik des Wünschens zudem das Besserungsschema, das in der Polarität von alt und neu grundsätzlich latent ist und den thematischen Blickpunkt in solchen Texten daher in der Regel auf das anbrechende Jahr als Aufbruch und Neuanfang lenkt. Diese stereotype Ausrichtung auf das Zukünftige nutzt literaturgeschichtlich etwa Wilhelm Busch in seiner bekannten Bildergeschichte *Prosit Neujahr* aus der posthumen Sammlung *Hernach* (1908). In diesem Fall wird das Schema allerdings sogleich satirisch invertiert, indem ein fröhlich anstimmender Neujahrsesel einen gehörigen Schuldentritt vom flüchtigen Altjahresel vor die Füße bekommt:

> Das alte Jahr gar schnell entwich.
> Es konnt sich kaum gedulden
> Und ließ mit Freuden hinter sich
> Den dicken Sack voll Schulden.[6]

Systematisch lassen sich die beiden Beispiele nun in ein transgressives Verhältnis setzen: Während das Spruchgedicht gewissermaßen nach dem Postkartenprinzip gebrauchsliterarisch konzipiert und frei adressierbar ist, übernimmt die Bildergeschichte von Wilhelm Busch das Schema in eine poetische Darstellungssituation, die den Kasualbezug abstrahiert, um den Usus konventionalisierter Neujahrswünsche satirisch bloßzustellen. Methodisch ist vor diesem Hintergrund neben dem Dichten zur Gelegenheit stets also auch die poetische Reflexion gelegentlicher Dichtungspraxis einzukalkulieren, selbst wenn diese – so die ernüchternde Pointe im Fall von Buschs Bildergeschichte – jederzeit wieder in die passende gelegenheitsliterarische Kommunikationssituation eingesetzt werden kann.[7]

Bereits an der systematischen Gruppierung von nur zwei Neujahrsgedichten zeigt sich, dass die Gebrauchs- und Reflexionsdynamik solcher Texte die Bestimmung des jeweiligen okkasionellen Gehalts im Einzelfall erheblich erschweren kann. Stellt sich diese Problematik letztlich für das Feld der

---

6   Busch (1959, 366 f.).

7   Eine Empfehlung, den Gedichttext Buschs als Neujahrsgruß zu versenden, gibt z. B. Anonym (o. J.), <https://www.lyrikmond.de/gedichte-thema-9-62.php>, zuletzt: 16.7.2021.

Gelegenheitsdichtung insgesamt,[8] erscheint sie beim Jahrhundertwendegedicht gegenüber dem Neujahrswunsch weiter potenziert. Zwar kann auch die Jahrhundertwende als ephemeres kalendarisches Ereignis aufgefasst werden und folglich gleichermaßen Dichtungsanlass wie -thema sein. Mit dem Jahrhundert ist jedoch eine deutlich größere Spanne markiert, die wiederum eine bestimmte Anzahl von Neujahrswechseln inkludiert. Der sprachliche Kern des Determinativkompositums bildet als ‚Wende' zudem ein thematisches Gelenk zwischen dem alten und neuen Jahrhundert, die in der Übergangsfigur potentiell gleichrangig anwesend sind. Hinzu kommt, dass der Begriff ‚Jahrhundertwende' ebenso ereignis- wie prozesshaft verstanden werden kann und somit das semantische Potential bietet, den Gegenstandsbereich einer *occasio* im strengen Sinn problemlos zu überschreiten.

Wie schwer ein Jahrhundertwendegedicht mitunter in den gängigen generischen Zuschreibungsmustern zu taxieren ist, erhellen nachfolgend exemplarisch Reiner Kunzes „Vers zur Jahrtausendwende" (1998) sowie ein Gedichttext Lutz Seilers. Kurz und bündig formuliert Kunze:

Vers zur Jahrtausendwende

Wir haben immer eine wahl,
und sei's, uns denen nicht zu beugen,
die sie uns nahmen[9]

Die Gnome selbst ist in diesem Fall überhaupt nicht als Jahrtausendwendegedicht erkennbar. Allein durch den Titel wird der konkrete Anlassbezug hergestellt, indem Kunze nicht einfach das Wort ‚Jahrtausendwende' gebraucht, sondern auch die den Definitartikel inkludierende Präposition ‚zur' in den Titel einsetzt. Entsprechend lässt sich der Text als Gelegenheitsgedicht („Vers") beschreiben, das den Schreibanlass zwar nicht zum Gedichtgegenstand macht, ihn aber doch in die Ausdrucksweise eingehen lässt, da die poetische Aussage auf Grund der Adressierung an die Jahrtausendwende eine bilanzierende und – anders als bei Busch – politisch-gebrauchsliterarische Spruchqualität bekommt.

---

8   Entsprechend hat die Forschung die eingeführten Gattungskriterien wieder eindringlich auf den Prüfstand gestellt. Impulsgebend für die neuere Diskussion in der Frühneuzeitforschung ist Wels (2010).

9   Kunze (1998), <https://www.lyrikline.org/de/gedichte/vers-zur-jahrtausendwende-7835>, zuletzt: 18.7.2021. Dort findet sich auch die vom Autor eingesprochene Version.

Auch im Gedicht von Lutz Seiler übernimmt der Titel eine zentrale Rolle, hat dabei jedoch weniger eine anlass- als vielmehr eine gegenstandsbezogene Funktion:

fin de siècle

ich ging im schnee mit den nervösen
nachkriegs peitschen lampen im genick
über die wiener mozart brücke dort
hockte noch an einem strick ein müder
    irish setter er

war tot und wartete auf mich das
heisst ich band den strick
vom sockel des geländers und begann
das tier ein wenig hin & her
zu schwenken haut & knochenleichtes
glocken läuten schnee gestöber
    setzte ein ich sang

ein kleines lied über die donau hin
& z'rück, (ich war ein kind) der tote
setter kreiste jetzt an meinem
rechten arm über die schöne
balustrade er rotierte
leicht & gross in das nervöse
nachkriegs lampen licht ein riss
am hals vertiefte sich ein pfeifen

kam in gang und seine steifen
augen schalen klappten
müde auf & zu: du

hättest die mechanik dieses blicks geliebt
und wärst noch einsamer gewesen
über dem schnee, der brücke & dem alten lied[10]

Als Jahrhundertwendegedicht der Gegenwartsliteratur kann dieser nahezu interpunktionslos durchgeschriebene Text nur aus zwei Gründen gelten. Zum einen wird über den Titel zunächst der entsprechende Gegenstandsbezug gesetzt, zum anderen legt das Publikationsdatum 2000 die Referenz auf die

---

10 SEILER (2001 [2000], 183 f.). Vgl. über die Jahrtausendwende als Zäsur in der deutschen Gegenwartsliteratur insgesamt bereits die tentativen Überlegungen bei ANZ (2000).

Jahrhundert- bzw. Jahrtausendwende nahe, wodurch sich der Text gleichzeitig in Richtung eines Anlassgedichts bewegt. Durch den Titel „fin de siècle" und das Wiener Setting wird zudem die Jahrhundertwende 1900 und mit ihr die ausgeprägte Todesmotivik in der Dekadenzdichtung der Zeit aufgerufen, die das Gedicht gewissermaßen in der schönen Kreisbewegung der angeleinten Tierleiche fortschreibt. So erscheint in dieser Bewegung gewissermaßen die Zyklik von Jahrhundertwenden, in denen sich Verfall auf fatale Weise überlagert. Statt Aufbruch und Neuanfang beim Neujahr kodiert der Jahrhundertwendetext Seilers das ‚Fin de siècle' im Modus eines Erzählgedichts, das von dem surrealen Ereignis berichtet, einen zugleich wartenden und toten Hund spazieren zu führen. Zwar thematisiert die poetische Erzählung somit auch einen Anlass, doch wäre die Ereignishaftigkeit des durchaus aus der Luft gegriffenen Vorgangs nicht einmal mit Goethes erweitertem Gelegenheitsverständnis, das als Maßstab die Bodenhaftung seiner Gedichte setzt, sinnvoll zu fassen.[11] So bleibt auch die durch das Publikationsdatum an sich nicht unwahrscheinliche Referenz auf das Jahr 2000 als Schreibanlass letztlich so vage,[12] dass allenfalls von einem phantasmagorischen Kasualgedicht gesprochen werden kann, in dem die Gelegenheit selbst zum abstrusen Trugbild verschwimmt.

Angesichts der ambigen Befunde zu Busch, Kunze und Seiler ist bei allem Bemühen um eine gelegenheitsliterarische Einhegung von Neujahrs- und Jahrhundertwendegedicht schließlich methodisch zu konzedieren, dass beide Formen variabel zwischen Gelegenheit (*occasio*) und Gegenstand (*materia*) skalierbar sind. Neujahr und Jahrhundertwende können also konkreter Dichtungsanlass oder reiner Gedichtgegenstand sein, und die *occasio* kann ebenso gänzlich als Gegenstand entfallen, wie sie sich als solche zum Gedichtthema

---

11 Vgl. die bekannte Überlieferung von ECKERMANN (1836, 54).

12 Inhaltlich assoziiert der Text mit den „nachkriegs peitschen lampen" etwa auch die Zeit nach 1945 als historische Wende. Wird am Ende zudem ein „du" im Konjunktiv angesprochen, nimmt das Gedicht die Kreisbewegung wieder zurück und lässt den buchstäblichen Augen-Blick, der in der Mechanik des toten Hundes gesehen wird, enden. Eine die ‚Gelegenheit' weiter ausdehnende Funktion hat überdies die Anspielung von „dem alten lied" auf die Varianten des ebenfalls erzählenden „Donaulieds" in der Mitte und am Ende des Gedichts, das gleichsam als die Zeit durchklingende Volksweise aufgerufen wird. Vgl. etwa den Text des „Donauweibchens" im Gelegenheitsdruck von ANONYM (ca. 1820), <https://www.digitale-sammlungen.de/de/view/bsb10113908?page=5>, zuletzt: 22.7.2021 (für diesen Hinweis danke ich Christian Meierhofer).

abstrahieren lässt, die dann als Abstraktion auch wieder in einen Kasualzusammenhang rückführbar ist.

Entsprechend hat die analytische Suchbewegung stets auf die jeweilige poetische Konstellation von Gelegenheit und Gegenstand Acht zu geben. Literaturgeschichtlich sind die skizzierten Unschärfen dabei schon für die deutschsprachige Kasuallyrik des 17. Jahrhunderts grundlegend. Prägnant hat man sich für den Bereich der Gelegenheitsdichtung daher auf Texte bezogen, die auf „konkret benennbare Anlässe hin entstehen" und sich „dennoch nicht auf das bestimmte Ereignis festlegen lassen", weil immer auch „die Formelhaftigkeit der Rede, die Austauschbarkeit der Adressaten, die Übertragbarkeit auf vergleichbare Situationen oder die allgemeine Gültigkeit der transportierten Botschaften" mit im Spiel sei.[13]

II. Über das Jahrhundertwendegedicht in die Barockzeit

Führt nun über das Jahrhundertwendegedicht ein Weg in die deutschsprachige Kasualdichtung der Barockzeit? Um es frei herauszusagen, bis auf wenige Ausnahmen, denke ich, nicht. Diese etwas waghalsige Einschätzung ist zunächst einmal ernüchternd, angesichts der Zielstellung des Beitrags und zumal vor dem Hintergrund der soeben beschworenen Zyklik von Jahrhundertwenden. Dennoch bleibt es lohnend, hier die literaturgeschichtlichen Beobachtungen offenzulegen, auf die sie gestützt ist.

Ein erster Grund liegt zunächst darin, dass gerade die Barockzeit bekanntlich ständig mit der Leitunterscheidung zwischen einer gelehrten (‚rechtschaffenen') Gelegenheitspoesie und der gemeinen (‚leichtsinnigen') Schreibart der Verseschmiede operiert.[14] Auch wenn diese Selbstbeschreibung in der literaturhistorischen Betrachtung letztlich nicht durchzuhalten ist, führt dies dazu, dass in den gelehrten Sammeldrucken der Zeit die Pritschmeisterdichtung nicht repräsentiert ist. Und auch wenn in den Archiven und Bibliotheken noch manches lokale Jahrhundertwendegedicht z. B. als Handschrift oder Einblattdruck aufzubringen sein mag, steht man bei der Sichtung der gelehrten Formen vor der Situation, dass sich kaum einschlägige Belege finden.

---

13 Stockinger (1999, 436).
14 Vgl. für die Zeit um 1700 besonders Neukirch (1697, 6).

Die Sammlung Neukirchs etwa hat nur einen Text, der sich – auf diese Ausnahme komme ich unten zurück – als Jahrhundertwendegedicht klassifizieren lässt. Dies bleibt in der tendenziell ohnehin zum Nachteil der Gelegenheitslyrik auf ‚autonome' Dichtungszeugnisse ausgehenden literaturgeschichtlichen Dokumentation nicht ohne Folgen, und das wohl auch durchgehend über die Jahrhundertwende 1700 hinaus. Das Beispiel Seilers etwa ist der von Walter Killy herausgegebenen zehnbändigen Sammlung *Deutsche Lyrik von den Anfängen bis zur Gegenwart* entnommen, die trotz ihrer annalistischen Anlage nur dieses Jahrhundertwendegedicht enthält. Weder zu den Jahrhundertwenden 1600, 1700 oder 1800 und noch nicht einmal zur bereits zeitgenössisch unter dem Epochenschlagwort ‚Fin de siècle' firmierenden Jahrhundertwende 1900 lässt sich ein Vergleichstext im neuzeitlichen Bestand dieser Sammlung heranziehen.

Ein zweiter Grund liegt in der ausgeprägten historischen Formatierung des Neujahrsgedichts. Diese Form ist in der frühneuzeitlichen Dichtung seit Opitz breit eingeführt und hat entsprechend intensive Forschung auf sich gezogen.[15] Ohne die Befunde hier im Einzelnen zu wiederholen, fällt für die als Seitenaspekt des Neujahrsgedichts in den Blick genommene Jahrhundertwendedichtung zweierlei auf:

Zum einen lässt sich erkennen, wie in Neujahrsgedichten zum Jahr 1700 der Aspekt der Jahrhundertwende nahezu entfällt. Ein Beispiel gibt Johann Jacob Krawats *Christlicher Wunsch zu einem Fried- und Freuden-reichen Neuen Jubel-Jahr*, der als Einblattdruck zwar 1700 erscheint, die Jahrhundertwende selbst jedoch nicht zum Gegenstand macht, sondern im Zeitregime des barocken Neujahrsgedichts vielmehr die „Antithese von Zeit und Ewigkeit" forciert.[16] Die charakteristische Übergängigkeit des Menschen zwischen weltlicher Zeitlichkeit und himmlischer Ewigkeit hält sich dabei noch im Rahmen der generischen Kopplung des Übergangs von Jahr zu Jahr. Eingehen kann hier als erweiterte Variante zudem noch die Vorstellung, dass in der Häufung der Jahreswechsel auch eine Akkumulation der Leiden gesehen wird, wie vor allem

---

15 Vgl. zur barocken Gattungstradition und mit einem Fokus auf das 18. Jahrhundert zuletzt Detering (2018) und seinen Beitrag in diesem Band sowie bereits Fechner (1985).

16 Detering (2018, 526). Dort findet sich auch der Nachdruck von Krawats Text.

rund zehn Neujahrssonette mit „chiliastische[m] Grundton" von Christian Gryphius belegen, die zwischen 1668 und 1689 entstanden sind.[17]

Zum anderen wird die Jahrhundertwende 1700 tatsächlich vereinzelt auch schon als Ablösung und Übergang in ein neues Zeitalter gesehen. Den eindeutigsten gelegenheitspoetischen Beleg hierfür liefert einstweilen Benjamin Neukirch, der in seiner Sammlung auserlesener Gedichte die literaturhistorische Ausnahme macht, indem er als panegyrische Allegorie zum Geburtstagsfest von Friedrich I. im Juli 1701 einen – so der Titel – „Streit des alten und neuen Seculi" aufführt, der mit Friedrichs Krönung die „preußische Rangerhöhung als Anbruch einer neuen Zeit" ins (eigentliche festmusikalische) Werk setzt.[18]

Der dritte und wohl gewichtigste Grund ist schließlich in der barocken Zeitwahrnehmung zu sehen. So wird das Schwellenbewusstsein im christlich geprägten Barockzeitalter über das Neujahrsgedicht hinaus grundsätzlich in der Polarität des Übergangs vom Dies- ins Jenseits verankert und im Zeitverständnis dabei vor allem mit eschatologischen und apokalyptischen Vorstellungen verknüpft, die noch unabhängig von Jahrhundertwenden als Endzeit gedacht werden. Die Jahrhundertwende 1700 wird in der Forschung dabei gerade in dem Sinn als Schwellensituation aufgefasst, dass sich die Zeitwahrnehmung erst jetzt in Richtung einer Säkulumsstruktur zu verschieben beginnt:

> Die allmähliche Akzeptanz des Jahrhunderts als eigenständige, epochale Zeiteinheit war die Voraussetzung dafür, daß um 1700 der Jahrhundertwechsel als solcher von Zeitgenossen erstmals thematisiert und als Zeitenwende beschrieben wurde, dies geschah allerdings noch nicht in einer solchen Quantität und publizistischen Vielfalt wie bei den folgenden Jahrhundertwechseln von 1800 und 1900.[19]

Auch vor diesem ideen- und bewusstseinsgeschichtlichen Hintergrund wird klar, warum die gelegenheitspoetischen Belege zum Anlass bzw. Thema so rar und Dichter wie Neukirch in dieser Hinsicht Pioniere sind.

---

17 So DETERING (2018, 523) mit anschaulichen Textbelegen und weiterführenden Hinweisen.

18 DETERING (2018, 528). Die Dichtung selbst findet sich bei NEUKIRCH (1988 [1709], 272–277).

19 JAKUBOWSKI-TIESSEN (1999, 166). Vgl. grundlegend und mit ähnlichen Befunden zu Neukirch auch BRENDECKE (1999, bes. 140–160).

III. Gattung und Gegenwart. Eine These

Sind damit wesentliche Faktoren für die geringe Verbreitung des Jahrhundert-
wendegedichts um 1700 umrissen, die auch den thematischen Aspekt des
Schwellenbewusstseins in der zeitkulturellen Konstruktion einer ‚Wende‘ inte-
grieren können, seien abschließend noch einige Bemerkungen zur Gegenwärtigkeit im barocken Gelegenheitsgedicht gemacht.

Ähnlich wie Krawats Neujahrsdichtung erscheint 1701 in Danzig der Einzeldruck *Jesus Trost- und Wunder-Nahm, in einem Weyhenacht- und NeuJahrs
Gedicht betrachtet […] beym Ausgang des 1700ten/ und Eingang des 1701sten
HeylJahres Nebst Anwünschung eines glücklichen/ gesunden und gesegneten NeuenJahres […]* von Achatius Filliborn. Der Barocktitel ist hier nahezu vollständig wiedergegeben, da er, wie in dieser Zeit geläufig, prägnant zusammenfasst,
was der Text macht. So veröffentlicht Filliborn ein Langgedicht in Alexandrinern, das sich mit Weihnachten und Neujahr gleich zwei Gelegenheiten
zuwendet. Den größten Raum nehmen dabei Reflexionen auf die Trostfunk-
tion des Namen Jesu ein, die gewissermaßen dem Weihnachtsteil zugeordnet
sind (Ankunft Christi). Der Jahres- oder gar Jahrhundertwechsel wird indessen
auch in diesem Fall nicht thematisiert; vielmehr endet der Text in einer Serie
von Aussegnungen bzw. „Anwünschungen", wie in der Titelei gesagt wird, die
schließlich den Neujahrsteil des Gedichts bilden:

> Gib unser Priest=Schaar dein himmlisches Gedeyen
> Gib weißheit Mund und Geist/ gib Seel und Leibes Stärck
> Laß sie in deiner Krafft von Hertzen sich erfreuen/
> Beschütz ihr gantzes Hauß/ und segne ihre Werck![20]

In der gelegenheitspoetischen Schere von Weihnachts- und Neujahrsgedicht
wird hier besonders deutlich, in welchem Grad sich die generische Funktion
beim Neujahrsgedicht auf das Wünschen zuspitzt. Die Gattung des Neujahrsgedichts erscheint geradezu darauf festgelegt. So wird durch das frühneuzeitlich
wirkmächtige Gattungsschema des Neujahrsgedichts die Jahrhundertwende
gleichsam als Jahreswechsel überblendet und somit übersprungen. Verantwortlich zu machen sind dafür folglich Gattungsbedingungen, namentlich die
im Gelegenheitsgedicht erforderliche gedankliche Kürze sowie der optative

---

20 Auszug aus der ‚Anwünschungs‘-Serie von FILLIBORN (1701).

Aussagemodus, die das Format so konturieren, dass es durch die Gegenwärtigkeit des Neujahrs letztlich auch limitiert wird. Die poetische Kurzform vermag mit ihrer anlassbezogenen Gegenwärtigkeit des Wünschens, die über ein Menschenleben hinaus gedehnte Spanne eines Jahrhunderts kaum zu fassen.[21] Der Gegenstand folgt mehr dem Gattungsmuster als umgekehrt. Nicht zuletzt auf Grund dieser generischen Bedingungen, so also die These, kommt die Jahrhundertwende im barocken Neujahrsgedicht nicht richtig zum Tragen. Was ließe sich einem Jahrhundert auch ernsthaft wünschen?

Literaturverzeichnis

ANONYM (ca. 1820): Vier schöne Neue Lieder. O. O., <https://www.digitale-sammlungen.de/de/view/bsb10113908?page=5>, zuletzt: 22.7.2021.

ANONYM (o. J.): Ein Neujahrsgedicht von Wilhelm Busch, <https://www.lyrikmond.de/gedichte-thema-9-62.php>, zuletzt: 16.7.2021.

ANONYM (o. J.): Neujahrsgedichte, <https://www.neujahrswuensche.co/neujahrsgedichte>, zuletzt: 16.7.2021.

ANZ, Thomas (2002): Jahrhundertwenden und Apokalypsen. Über einige Bücher zum Jahr 2000, <https://literaturkritik.de/id/891>, zuletzt: 20.7.2021.

BRENDECKE, Arndt (1999): Die Jahrhundertwenden. Eine Geschichte ihrer Wahrnehmung und Wirkung. Frankfurt a. M. u. a.

BUSCH, Wilhelm (1959): Werke. Historisch-kritische Gesamtausgabe, Bd. IV. Hrsg. v. F. Bohne. Hamburg.

CORDIE, Ansgar M. (2000, 42–60): Christian Reuters „Graf Ehrenfried" als Zeitdiagnose der Jahrhundertwende um 1700. In: ZfGerm NF, 10. Jg., H. 1.

DETERING, Nicolas (519–543): Lyrik der Lebenszeit. Zeitregime im deutschen Neujahrsgedicht des 18. Jahrhunderts: Brockes – Lessing – Goethe. In: ZfdPh, Bd. 137, H. 4.

ECKERMANN, Johann Peter (1836): Gespräche mit Goethe in den letzten Jahren seines Lebens, 1823–1832, Erster Theil. Leipzig.

FECHNER, Jörg-Ulrich (1985, 88–99): Matthias Claudius' „Neujahrswunsch" – „Des alten lahmen Invaliden Görgel sein Neujahrswunsch" – Literarischer

---

21 Die gattungssystematische Gegenprobe lässt sich mit großformatigeren Formen machen, in denen die Jahrhundertwende wie z. B. in Christian Reuters Drama *Graf Ehrenfried* (1700) durchaus zeitdiagnostisch genutzt wird. Vgl. dazu CORDIE (2000).

Text und mediale Vermittlung. In: J. Kolkenbrock-Netz, G. Plumpe, H. J. Schrimpf (Hrsg.): Wege der Literaturwissenschaft. Bonn.

Filliborn, Achatius (1701): Jesus Trost- und Wunder-Nahm, in einem Weyhenacht- und NeuJahrs Gedicht betrachtet [...] beym Ausgang des 1700ten/ und Eingang des 1701sten HeylJahres Nebst Anwünschung eines glücklichen/ gesunden und gesegneten NeuenJahres [...]. Danzig.

Jakubowski-Tiessen, Manfred (1999, 165–186): Eine alte Welt und ein neuer Himmel. Zeitgenössische Reflexionen zur Jahrhundertwende 1700. In: Ders. (Hrsg.): Jahrhundertwenden. Endzeit- und Zukunftsvorstellungen vom 15. bis zum 20. Jahrhundert. Göttingen.

Kunze, Reiner (1998): Vers zur Jahrtausendwende, <https://www.lyrikline. org/de/gedichte/vers-zur-jahrtausendwende-7835>, zuletzt: 18.7.2021.

Neukirch, Benjamin (1697): Herrn von Hoffmannswaldau und andrer Deutschen auserlesener und bißher ungedruckter Gedichte erster Theil/ nebst einer Vorrede von der deutschen Poesie. Leipzig.

– (1988 [1709]): Herrn von Hoffmannswaldau und andrer Deutschen auserlesener und bißher ungedruckter Gedichte sechster Theil. Hrsg. v. E. Metzger. Tübingen.

Segebrecht, Wulf (1997, 688–691): Art.: Gelegenheitsgedicht. In: K. Weimar u. a. (Hrsg.): Reallexikon der deutschen Literaturwissenschaft, Bd. 1. Berlin, New York.

Seiler, Lutz (2001 [2000], 183 f.): fin de siècle. In: G. Hay, S. von Steinsdorff (Hrsg.): Deutsche Lyrik von den Anfängen bis zur Gegenwart in 10 Bänden, Bd. 10: Gedichte von 1961–2000. München.

Stockhorst, Stefanie (2002): Fürstenpreis und Kunstprogramm. Sozial- und gattungsgeschichtliche Studien zu Goethes Gelegenheitsdichtungen für den Weimarer Hof. Tübingen.

Stockinger, Claudia (1999, 436–452 u. 653–657): Art.: Kasuallyrik. In: A. Meier (Hrsg.): Hansers Sozialgeschichte der deutschen Literatur vom 16. Jahrhundert bis zur Gegenwart, Bd. 2: Die Literatur des 17. Jahrhunderts. München, Wien.

Wels, Volkhard (2010, 9–31): Einleitung. ,Gelegenheitsdichtung' – Probleme und Perspektiven ihrer Erforschung. In: A. Keller u. a. (Hrsg.): Theorie und Praxis der Kasualdichtung in der Frühen Neuzeit. Amsterdam, New York.

„Zwischen dem Alten, | Zwischen dem Neuen": Neujahrslyrik im 17. und 18. Jahrhundert*

Von anderen sozialen Anlässen hebt sich das Neujahrsfest durch drei Merkmale ab: seine nahezu universale Verbreitung über Zeiten, Kulturen und Klassen hinweg, seine temporale Selbstbezüglichkeit und seine soziale Synchronisierungsfunktion. Zunächst erstens zu seiner Universalität: Im Unterschied zu *sozialspezifischen* Anlässen wie den akademischen Feiern oder den höfischen Festen, im Unterschied zu *europäisch-christlichen* Bräuchen wie der Begehung des Namenstags, im Unterschied auch zu spezifisch *modernen* Gelegenheiten wie den diversen Nationalfeiertagen, wird der Jahreswechsel heute wie früher von nahezu allen Schichten begangen, und das seit der Antike und in den meisten Kulturen.[1] Ein Grund dafür dürfte in dem Umstand liegen, dass die meisten kulturellen Zeitregime annalistisch funktionieren, dass ihnen also in aller Regel das Jahr als Basiseinheit zugrunde liegt, und damit auch der ‚natürliche' Wechsel der Jahreszeiten.

Zweitens lenkt der Jahreswechsel den Blick nicht auf die Lebensstationen bestimmter Individuen, wie es bei Geburtstagen oder Hochzeiten der Fall ist, sondern auf Temporalisierungsprozesse selbst. Im Unterschied zu den meisten anderen Anlässen, die nur äußerlich an ein Datum gebunden sind, kennzeichnet ihn eine gewisse Autoreferentialität, denn zelebriert wird der Moment der zeitlichen Transition selbst. Deshalb kennen Neujahrsgedichte anders als andere Casualgedichte oft keinen Adressaten, und wenn es ihn doch gibt, wie in der höfisch-panegyrischen Neujahrsdichtung, ist der Adressat des Gedichts zumindest nicht auch das Subjekt des Anlasses, denn der Anlass des Jahreswechsels ist notwendig subjektlos.

---

* Dieser Beitrag basiert auf und überschneidet sich in Teilen wörtlich mit meiner Untersuchung zu *Lyrik der Lebenszeit. Zeitregime im deutschen Neujahrsgedicht des 18. Jahrhunderts*, d. i. DETERING (2018).

1 Siehe einige Beispiele mit zahlreichen Hinweisen zur althistorischen und ethnologischen Forschung bei MÜLLER (2020, 140–145).

Gerade deshalb, drittens, eignet dem Jahreswechsel eine wesentlich stärkere gesellschaftliche Funktion als individuelle Geburtstage, Tode oder Hochzeiten – er lädt zu kollektiver Andacht ein, inzwischen sogar in globaler Orchestrierung. Jahresrückblicke, wie sie in TV und Zeitung üblich geworden sind, chronographieren nationale wie transnationale Gemeinschaften und ermöglichen ihnen in der Silvesternacht ein mediales Synchronizitätserlebnis, das sie langfristig zu stabilisieren vermag. Denn das Jahr bildet gewissermaßen die Schwelle des Geschichtlichen – anders als etwa der Tag-Nacht-Zyklus oder das Monatsende gestattet es bereits eine weitergespannte Bilanzierung, die Vergangenheit, Gegenwart und Zukunft aufeinander bezieht. Nicht umsonst sind Annalen eine der ältesten Formen der Historiographie. Zugleich bleibt das Jahr im Unterschied zur rein historischen Kategorie des Jahrhunderts noch individuell erfahrbar – die periodische Wiederholung der Jahreswende fungiert zugleich als welt- und als lebenszeitliche Kenngröße.[2] Jahreswechsel schließen den Kreis der Monate (auf zwölf folgt eins) und begründen zugleich den numerischen Kursus der Jahresfolge (auf 2019 folgt 2020), bewegen sich folglich zwischen Binnenzyklus und Außenprogression. Über diese eigentümliche Liminalität von Turnus und Sequenz können soziale Gruppen sich ihrer selbst vergewissern, sie blicken zurück auf das, was künftig wiederkommt, und nach vorn auf die mögliche Überwindung von Vergangenheit.

Wohl aufgrund seiner Bedeutung für die jeweiligen Zeitregime ritualisieren fast alle Kulturen das Neujahrsfest aufwendig. Bereits im antiken Rom war es üblich, sich zum neuen Jahr kleine Geschenke, sogenannte *Strenae*, zu überreichen, zum Beispiel Lorbeerzweige, Datteln oder getrocknete Feigen. Die mittelalterliche Tradition der ständedidaktischen Neujahrspredigt wirkte nach dem Erfolg des Buchdrucks in illustrierten Neujahrsblättern fort, wie sie insbesondere aus Nürnberg bekannt sind.[3] Seit dem Spätmittelalter nutzten auch Schriftsteller den Jahreswechsel für lyrische Rechenschaftsberichte, in denen die Relationsbrüche von Erfahrung und Erwartung, Lebenszeit und Weltzeit, Alter und Neuheit fassbar werden.

---

2   Die relativ junge Geschichte der Jahrhundertwenden hat BRENDECKE (1999) rekonstruiert. Siehe auch JACOBSEN (2001).

3   Zu antiken Jahreswechselbräuchen siehe BAUDY (1987). Über literarische Neujahrswünsche im Mittelalter informiert HOLTORF (1973). Zur Tradition des Neujahrsblattes und der -predigt im 16. und 17. Jahrhundert siehe SCHNABEL (2015); SCHMIDTKE (2002) sowie SCHREYL (1979).

In der facettenreichen Gattung des Neujahrsgedichts übten sich Autoren von Oswald von Wolkenstein über Opitz und Fleming, Droste-Hülshoff und Fontane bis zu Rilke und Brecht. Umso mehr erstaunt es, dass die Forschung eine Gattungsrekonstruktion bislang weitgehend versäumt hat.[4] Ich möchte diese lyrische Gattung im Folgenden versuchsweise skizzieren, in der Konzentration auf nur eine, wenn auch eine wesentliche Umbauphase europäischer Zeitregime, dem 17. und 18. Jahrhundert, von Opitz über Brockes und Lessing bis zu Goethe. Dabei sollen zwei Thesen leitend sein: Erstens möchte ich zeigen, dass die Neujahrsdichtung sich in dieser Zeit durch eine pragmatische Offenheit, eine Art Multifunktionalität auszeichnet, die es ihr ermöglicht, mit allerlei anderen *heteronomen* Gattungen jenseits der Casualpoesie zu interferieren, darunter mit der geistlichen Lyrik, der Panegyrik und dem Lehrgedicht. Dieser pragmatischen Expansionstendenz steht in der Gattungsentwicklung allerdings eine diskursive Verengungstendenz entgegen, so meine zweite These, die Tendenz nämlich, den Gegenwartsbezug der Neujahrsdichtung emphatisch zu stärken, bis er um 1800 im Modell des ästhetischen Augenblicks neu begründet wird. Mit dieser Doppelperspektive auf Pragmatik und Diskurs adressiere ich die von Franzen und Meierhofer dargelegte Leitfrage dieses Sammelbands, wie sich die Heteronomie der Gelegenheitsdichtung zu ihrem Gegenwartsbezug verhält.

I.

Zunächst knapp ein Blick zurück: Im 17. Jahrhundert hatte das Neujahrsgedicht seinen festen Ort in den geistlichen Poemata; es gehörte in den lyrischen Kranz des Kirchenjahrs. Oft lud das Neujahrsfest, das mit dem Tag der Beschneidung

---

4   Je nur einen sehr knappen Gattungsabriss des Neujahrsgedichts bieten MAUSER (2000); SEIDEL (1992) sowie ZIEMER (1991). Immerhin liegt mit NÜRNBERG (2016) neuerdings eine theologische Dissertation vor, die neben der heutigen Praxis auch die Geschichte des geistlichen Neujahrslieds gründlich untersucht und in Seitenblicken auch deren literarhistorische Grundlagen streift. HONOLD (2013) widmet sich u. a. der literarischen Kalendarik bei Karl Philipp Moritz und Johann Peter Hebel, und er streift mit Droste-Hülshoffs *Geistlichem Jahr* auch einen lyrischen Jahreszyklus. Wie wenig mit diesen Studien das sehr breite, alle Epochen und poetologische Fronten übergreifende Korpus bislang erschöpft ist, beweist schon ein Blick in zwei populäre Anthologien: DAMMEL (2003) sowie SCHACHTSIEK-FREITAG (1989).

Christi zusammenfiel, zur geistlichen Andacht und Selbstreflexion ein. Stilbil-
dend wirkten unter anderem Martin Opitz' insgesamt fünf Neujahrsgedichte,
die sich in seinen *Geistlichen Oden* finden:

Auff den ersten Januarij/ 1625
DIe Jahre pflegen zwar jhr rechtes Ziel zu finden/
Vnd werden fortgeführt als eine schnelle Flut/
Die ehe fleucht als kömpt: der Menschen rawer Muth
Wird/ ist vnd bleibt verstockt in mehr als tausend Sünden.
  Der Geist wil offte zwar sich etwas vnterwinden/
Dem Himmel zuzugehn; doch was er macht vnd thut
Ist schwach/ vnd wird gehemmt durch vnser Fleisch vnd Blut.
Der Geist von oben her muß einig vns entzünden
  Mit seiner starcken Brunst/ muß dempffen vnsern Wahn/
Der keine Frömmigkeit vnd Tugend fassen kan.
  O Gott/ nim mit der Zeit des alten Jahres hin
Mein' alte grosse Schuld; gib daß ich Rew vnd Schmertzen
Hierüber tragen mag/ vnd schicke meinem Hertzen
Mit diesem newen Jahr' auch einen newen Sinn.[5]

Opitz' Alexandrinersonett französischen Typs liegt die Spannung von Konstanz und Wandel zugrunde. Die irdischen Jahre bewegen sich unaufhaltsam
in Richtung ‚Ziel', dem ewigen Jenseits, sie werden folglich als dynamisch vorgestellt, scheinen sich unwiederbringlich zu verflüchtigen. Konstant hingegen
bleibt die Sündhaftigkeit des Menschen, der an das Ewige nicht denkt und daher
nur durch Außeneinwirkung, durch die Gnade Gottes erlöst werden kann (*sola
gratia*). Der antithetische Bau des Gedichts unterstützt die Pointe der gebethaf-
ten Gottesansprache, in die das Sonett mit dem Schlussterzett wechselt: Gott
möge dem Ich seine alte Sünde vergeben und mit dem neuen Jahr einen neuen,
ewigkeitsorientierten Herzenssinn geben. Damit teilt Opitz die Parameter von
Alt und Neu gleichsam nach Handlungskompetenzen auf: Der Mensch gehört
ins Reich des Irdischen, das in sich trist wiederholender Gleichförmigkeit auf
sein vorbestimmtes Ende zusteuert, während Gott allein die Veränderungs-
macht und damit die Zukunft gehört.

---

5   OPITZ (1979, 556). Opitz' andere Neujahrsgedichte sind „Auff den Anfang des 1621.
    Jahres" (549–556); „Newjahrs-Getichte" (618 f.); „Am Newen Jahrstage" (OPITZ 1989,
    254 f.) und „Newjahrs-Lied" (OPITZ 1990, 506).

Wie sich hier und bei Opitz allenthalben zeigt, basiert das Zeitregime des 16. und 17. Jahrhunderts auf der kategorialen Trennung von Zeit und Ewigkeit. Die *soziale* Zeiterfahrung gründet auf dem Zyklus des Kirchenjahrs und dem landwirtschaftlichen Turnus der Wochentage und Jahreszeiten, die unabhängig vom Einzelnen und seiner begrenzten Lebenszeit fortdauern. Die *historische* Zeitdeutung, wie sie sich etwa in der lutherischen Chronistik niederschlug, rekurriert auf die Daniel-Prophetie und erklärt die Gegenwart zum vierten und letzten Weltreich.[6] Die Prognostik des 16. Jahrhunderts beäugt die Ereignisvielfalt der Gegenwart daher mit einer Semantisierungsbereitschaft, mit der noch jeder Gräuelmord, jede Sturmflut und jeder Provinzaufstand eine astrologische ‚Berechnung' beweist und als Zeichen für das bevorstehende Weltende zu werten ist. Auf Erden lebenszeitlicher Kreislauf und weltzeitlicher Sog des Untergangs, im Jenseits dann die unbewegte Ewigkeit – diese eschatologische Diskontinuität vermittelt auch Opitz' Sonett.[7]

Noch bis in die ersten Jahrzehnte des 18. Jahrhunderts hielt sich dieses Zeitregime in der Neujahrsdichtung. Wie Opitz stellen auch spätere Beispiele den Menschen als machtlos vor, können sich seine Planungen doch jederzeit zerschlagen. Er wird einem Schiff verglichen, das unlenkbar im Sturm treibt; der Kreislauf der Monate zwingt ihn in einen Strudel, aus dem er selbst sich nicht zu retten weiß, bis Gott ihn durch seinen Tod erlöst oder den Weltenlauf überhaupt beendet.[8] Ein Nürnberger Einblattdruck aus dem Jahr 1700 illustriert diese forcierte Antithese von Zeit und Ewigkeit, indem er zur Rechten die teuflische Weltlichkeit einer schmausenden Festgesellschaft verdammt, um

---

6 Zur Terminologie von sozialer, historischer und innerer Zeit vgl. LUCKMANN (2007).

7 So in etwa bekanntlich auch der Befund bei KOSELLECK (1989 [1968], 17–37).

8 In diese Bresche schlagen die Neujahrsgedichte Salomon Francks, der in seiner „Vergleichung der Zeit mit dem Meere" das Leben ein Schiff nennt, „das sich nicht lencken kan" (FRANCK [1711, 14–16]). Die menschliche Handlungsfähigkeit ist gering: Aus der erbarmungslos raschen Vergänglichkeit des Irdischen – „Schau doch die Flucht der Zeit!" – schließt Franck, jeder „Augenblick" könne „in deinen Sachen" „[d]ie Hoffnungs-Rechnungen zu lauter Nullen machen" (FRANCK [1711, 13 f.]). Ähnlich klingt es bei Francks Zeitgenossen Nicolaus von Bostel und Hans Assmann von Abschatz: Die Zeit bewege sich auf das „auffgesperte Maul" der Ewigkeit hin; diese ‚schleife' die Erdenzeit „im Circul": „Es geht nicht fort in dem endlosem Lauffe/ | Und [ihr] Gesichte ist noch wie es vormahls war" (VON BOSTEL [1708, 9 f.]). Ähnlich bei Abschatz: „Wer ist der uns zu rechnen weiß | Der Woch ohn Ende rundten Kreiß?" Und: „Der Monat/ der nicht wechseln kan/ | Fängt immerdar von neuem an" (VON ABSCHATZ [1704, 34 f.]).

zur Linken den himmlischen Sehnsuchtsort zu beleuchten. „Endlich nimm nach diesen Zeiten", richtet sich das Neujahrsgebet der *subscriptio* an Gottvater, „Uns hinauf zu Deinen Freuden".[9] Der Zeitpunkt des Übergangs steht bereits fest, nur kennt der einzelne Mensch ihn nicht. Deshalb addieren sich die Jahre im Grunde auch nicht, knüpfen sich also nicht zur Kette stolzen Fortschritts, sondern blättern vom Ende her ab wie Kalenderseiten. „[E]in Jahr der Zeit hat abgenommen | Des mir bestimmten Ziels",[10] heißt es in einem Neujahrsgedicht der pietistischen Autorin Henriette Catharina von Gersdorff auf das Jahr 1718 – die Lebenszeit verläuft degressiv, sie ist auszuhalten, nicht zu gestalten.

II.

Bereits im späten 17. Jahrhundert tritt dem eschatologischen Zeitregime ein folgenreicher Progressivismus zur Seite, der subjektive, soziale und historische Zeit neu figuriert. Mit der *Querelle des Anciens et des Modernes*, die um 1700 das gelehrte Europa ergriff,[11] stand die These im Raum, die epochale Gegenwart sei besser als die autoritative Antike.[12] Daraus ließ sich historisch leicht schließen, dass auch die Zukunft möglicherweise der Gegenwart überlegen sein werde.[13]

---

9 KRAWAT (1700).

10 GERSDORFF (1729, 728). Gersdorff hat zwischen 1710 und 1728 vierzehn Neujahrsgedichte verfasst (vgl. GERSDORFF [1729, 631–838]), die eine eingehendere Untersuchung verlohnen würden. Stets ist der „Erden-Kloß" ihr „niedrig und geringe, | Böse, schnöd und gar nichts"; täglich nimmt sie „Noth, Schrecken, Last, Gefahr und Sorgen" wahr (GERSDORFF [1729, 646 u. 652]). Das irdische Dasein bedeutet ein „[H]arren der von dir [d. i. Gott] bestimmten Zeit", in der schließlich „all Arbeit, Müh und Plage" endlich „zur ewig-süssen Ruh" kommen werden (GERSDORFF [1729, 726 f.]).

11 Zur Rezeption der *Querelle* in Deutschland siehe grundlegend PAGO (2003) sowie die Quellendokumentation bei KAPITZA (1981, 23–341).

12 Vgl. JAUMANN (2004, 97), der konstatiert, die *Querelle* sei in Deutschland weniger politisch als kulturtheoretisch gewesen und habe „allenfalls im Sinne [des] kulturpatriotischen Projekts" wirksam werden können.

13 KAPITZA (1981, 342 F.) hält fest, dass „schon lange vor Perrault nicht nur einzelne Gestalten aus Antike und Gegenwart, sondern die Gesamtheit der artes und literae, aber auch praktische Fertigkeiten, Gewohnheiten und Lebenswerte" einander „gegenübergestellt und verglichen" werden. Zur Rolle der *Querelle* im Prozess der „Aufwertung der Gegenwart" siehe LANDWEHR (2014, 182–191, hier 187).

Diskursiv wird dieser Umbruch im Neujahrsgedicht der galanten Zeit wirksam, das nun auffällig oft panegyrisch verwendet wird. So verfasste Johann Ulrich König 1725 eine dialogische Serenade zum höfischen Neujahrsfest des Herzogs von Braunschweig-Lüneburg, in dem die Personifikationen ‚Das neue Jahr‘, ‚Das alte Jahr‘, ‚Die vergangne Zeit‘ und ‚Der zeit-wechsel‘ miteinander wetteifern, soziale und historische Zeitparameter also interagieren. „Macht Platz! eilt fort! und laßt mich auch herzu", mischt sich schließlich die personifizierte ‚Künfftige Zeit‘ ein, „Wie lange zögert ihr, euch zu entfernen? [...] Die zeit, die ietzt noch währt, und du, die schon vorbey, | Es soll mir besser noch, als euch bißher, gelingen. | Ich hoffe gar für Sie [das Herzogspaar] die güldne Zeit zu bringen".[14]

Der schmeichelhafte Optimismus solcher Texte verdankt sich ihrer generischen Tradition und panegyrischen Zweckgebundenheit. So sehr aber Königs Neujahrspanegyrikon auch pragmatisch auf den Anlass bezogen sein mag, deutet sich darin doch diskursiv eine Beschleunigungssemantik an, welche die Divergenz von Weltzeit und Lebenszeit zu verringern sucht.[15] Weil die Zukunft nicht mehr als apokalyptisch gefährdet gilt, muss sie möglichst bald eingeläutet werden, damit sie sich noch in der individuellen Lebenszeit entfaltet. „Wie lange zögert ihr, euch zu entfernen?" – daraus spricht die Ungeduld desjenigen, der um den Primat der Zukunft vor Gegenwart und Vergangenheit weiß. Übrigens versteht König die Zukunft zwar als offen, potentiell aber abschließbar. Sie ist auf ein Optimum ausgerichtet, für das König hier bezeichnenderweise das Erreichen der ‚Goldenen Zeit‘ vorschlägt, d. h. den mythischen Urzustand der Zeitlosigkeit. Folglich wird die christliche Ewigkeitsvorstellung zwar säkularisiert, diesseitige Zukunft aber nicht als unbegrenzt verfügbar konzipiert: Am Ende verbessert die Zeit sich wieder zurück zum Ausgang.

Etwa zeitgleich beginnt Barthold Heinrich Brockes, die Neujahrslyrik didaktisch zu repragmatisieren und sie, statt auf geistliche Andacht oder höfische Festlichkeiten, auf zeitphilosophische Reflexion hin auszurichten, sie also für die Lehrdichtung zu erschließen. Zu jeder Jahreswende von 1717 bis zu seinem Tod 1747 schrieb er rund dreißig didaktische Langgedichte, die er sukzessive in den je aktuellen Band seines *Irdischen Vergnügens in Gott* integrierte.

---

14 König (1991, 305).
15 Vgl. Blumenberg (1986).

Gemeinsam ergeben sie ein fast unerforschtes Korpus von hunderten Seiten.[16] Darin spielt Brockes öfter auf Leibniz' Monadologie an, zeigt sich aber vor allem durch die englische Popularisierung von Newtons Physik beeinflusst, etwa durch Richard Bentleys Newton-Vorlesungen, William Derhams Physiko-Theologie oder Alexander Popes *Essay on Man,* den er 1740 übersetzte. Mit kurios anmutender Präzision errechnet Brockes der „Minut- und der Secunden Schaar", die das vergangene Jahr ausgemacht haben und für die er Gott zu danken habe.[17] Er resümiert jeden Monat und jede Woche mit autobiographischen Alltagsdetails und rekonstruiert so die Mikrostrukturen seiner Lebenszeit. So fromm die Gedichte auch klingen, diese Andacht zum Unbedeutenden führt unter der Hand zu einer radikalen Säkularisierung des Zeitregimes, in deren Folge Brockes sogar den kategorialen Unterschied zwischen Zeit und Ewigkeit nivelliert.

Die Graduierung der Eschatologie kommt insbesondere zum Jahreswechsel 1727 zum Tragen, anlässlich dessen Brockes überlegt, wie das Jenseits beschaffen sein möge. Als Prinzip seiner Spekulation setzt er an, man solle „aus dem, was man hier schönes siehet, | Von künfft'ger Schönheit auch gerechte Schlüsse"[18] ziehen – man müsse also vom irdischen Mikrokosmos extrapolieren und sich den Zustand der Seligen als grundsätzlich vergleichbar vorstellen. Daher vermutet Brockes, nach dem Tod müssten sich die menschlichen Wahrnehmungs- und Verstehensfähigkeiten zwar enorm, im Grunde aber graduell verbessern: Man ermesse dann die Naturschönheiten „auf der Berge Höh'" und „in der tieffen See" viel durchdringender als zuvor, man erkenne „[a]uf welche Art von der Materie | Die Theilchen an einander hangen":

16 Brockes' autobiographische Reihe von Neujahrsgedichten, aufschlussreich in vieler Hinsicht, wurde von der Forschung bislang nicht als Korpus gewürdigt. Gelegentlich verweist KEMPER (1981, 9–26 u. 310–340) auf einzelne Gedichte, nicht aber auf ihren Zusammenhang. Ähnlich sporadisch erwähnen MENNINGHAUS (2002, 135–143) sowie HÄFNER (2003, 488–497) einzelne von Brockes' Neujahrsgedichten. Die einzige eingehendere Behandlung legt MAUSER (2000) vor. An Mausers Tadel, es fehle „eine zusammenfassende Deutung der Neujahrsgedichte […] ebenso wie eine historische Betrachtung der Gattung im ganzen" (MAUSER [2000, 275]), hat sich bis heute nichts geändert.

17 BROCKES (1970b, 431–459, hier 454). Er betont die Vielzahl der Minuten und Sekunden des vergangenen Jahrs öfter; vgl. etwa BROCKES (1970b, 667–693, hier 686 f.).

18 BROCKES (1970c, 627–667, hier 630).

Wann wir sodann, weit höher noch erhoben,
Als der Planeten rege Heere,
Mit einem scharffen Blick von oben,
Recht als im unümschränckten Meere,
Viel tausend Cörper, gleich der Erden,
Voll Wunder schwimmen sehen werden,
Und zwar, weil unsrer Seelen Augen
Viel weiter, als allhier die Cörperlichen taugen
Durch hohl geschliffnes Glas zu sehn;
In eine ungemeßne Ferne
Sodann geschickt sich zu erstrecken;
Was werden wir für Herrlichkeit entdecken![19]

Die ontologische Differenz von Welt und Jenseits wird zunächst verräumlicht –
das Reich der Toten befindet sich hoch erhoben über den Planeten –, um dann mit
den Komparativen ‚weit höher' und ‚viel weiter' abgestuft zu werden. Brockes suggeriert damit, die nachkörperliche Existenz im Himmelreich hänge noch immer
an menschlichen Wahrnehmungsfakultäten und bleibe auf die Erde als Beobach-
tungsobjekt orientiert: Auf diese Weise überträgt er die sozialzeitliche Kontinuität
der Jahre, deren Grenzen sich in der Unendlichkeit winziger Momente verwischen,
auf die nunmehr hinfällige Antithese von Diesseits und Jenseits.

Scharf richtet sich Brockes mehrmals gegen den barocken Pessimismus, für
den die Welt stets nur „ein rechtes Thränen-Thal" sei, das „Unglücks-Disteln,
Sorgen-Hecken | Und Schmertzens-Dornen, ganz bedecken".[20] Es sei die Schuld
des Menschen selbst, wenn ihm sein Leben nicht behage; indem er sich von seiner
Gegenwart abwende, verkenne er die Schönheit der Jetztzeit. Unglücklich werde,
wer, „was künftig ist, fast ohne Gegenwart, | Beständig ans Vergangne bindet".[21]

Mit seinem emphatischen Präsentismus, der zum punktuellen Genuss
des Moments aufruft, formuliert Brockes die deutlichste Absage an das ältere
Modell der Neujahrsdichtung, das Vergangenheit und Zukunft mit den
Dichotomien von Zeit und Ewigkeit, Kreislauf und Ende, Machtlosigkeit und
Erlösung verschränkte. Stattdessen betont die Neujahrsdichtung im progressi-
vistischen Regime die Kontinuität der Zeit, die sich nun in myriadische Klein-
steinheiten abstufen lässt und, auf diese Weise parzelliert, der menschlichen
Handlungsmacht zugänglich wird.

---

19 Brockes (1970c, 649–651).
20 Brockes (1970a, 399–408, hier 399).
21 Ebd.

Pragmatisch in ganz anderem Kontext, diskursiv aber in ähnlicher Tendenz drückt sich diese Auffassung auch in einem panegyrischen Neujahrsgedicht des jungen Lessing aus, das im Unterschied zu Königs Serenade aber nicht am Hofe aufgeführt oder verlesen wurde, sondern in der *Berlinischen Privilegierten Zeitung* abgedruckt wurde. Es richtet sich zum „Eintritt des Jahres 1753. in Berlin" an Friedrich den Großen:

> Wie zaudernd ungern sich die Jahre trennen mochten,
> Die eine Götterhand
> Durch Kränze mancher Art, mit Pracht und Scherz durchflochten,
> Uns in einander wand!
>
> So träg, als hübe sich ein Adler in die Lüfte,
> Den man vom Raube scheucht:
> Noch schwebt er drüber her, und witternd fette Düfte,
> Entflieht er minder leicht.
>
> Welch langsam Phänomen durchstreicht des Äthers Wogen,
> Dort wo Saturn gebeut?
> Ist es? Es ists, das Jahr, das trauernd uns entflogen,
> Es fliegt zur Ewigkeit.
>
> Das trauernd uns entflog, *Dir Friedrich* zuzusehen,
> Kein Sekulum zu sein;
> Mit deinem ganzen Ruhm belast't dann fort zu gehen,
> Und sich der Last zu freun.
> [...][22]

---

22 LESSING (1998, 473 f.). Lessing befasste sich schon als Vierzehnjähriger mit der „Gleichheit eines Jahrs mit dem Andern". In einer Schulrede richtet sich der Jüngling gegen das Vorurteil, die Welt werde immer schlechter und argumentiert dafür, die positiven Seiten des vergangenen Jahres zu sehen, in welchem die „Kräfte der Natur" „auf den Wink der höchsten Vorsehung" „geschäftig" gewesen seien (LESSING [1989, 9–18]). Herder hat über diese Jugendrede bemerkt, Lessing scheine „dieser Jugendphilosophie Zeitlebens treu geblieben zu seyn" (LESSING [1989, Stellenkommentar 973]). In der Tat spiegelt sich die leibnizianische Auffassung von der Kontinuität des Guten noch in dem oben genannten panegyrischen Neujahrsgedicht. Schon zum 1. Januar 1752 hatte Lessing sich mit einem Gedicht an Friedrich den Großen gewendet (vgl. LESSING [1989, 397 F.]). Auch zum Jahr 1754 und 1755 richtete Lessing in der *Berlinischen Privilegierten Zeitung* Neujahrsgedichte an den Preußenkönig (LESSING [2003, 11 f. u. 359 f.]). Von der Forschung wurde diese Textreihe bislang, soweit ich sehe, nicht untersucht.

Hatte Königs ‚künftige Zeit' sich mit „Macht Platz! eilt fort!"[23] dynamisch angekündigt, so betont hingegen Lessing die Trägheit des Jahreswechsels.[24] Im Sinne
des newtonischen Kontinuitätsparadigmas sind die Jahre kaum trennbar miteinander verflochten, eine Einsicht, die Lessing auch metrisch figuriert, indem
er die altmodischen alexandrinischen Langverse mit beschwingteren ‚halben'
Alexandrinern kreuzt: Der Frequenzwechsel von Lang und Kurz, Alt und Neu
entspringt damit dem gleichen Grundrhythmus. Das alte Jahr weicht langsam, so
die etwas verstiegene Metapher, weil es sich wie ein Adler verhält, der sich einen
Raub gerissen hat, dann aber verscheucht wird: Das Jahr nämlich hatte bereits
Teil am Ruhme Friedrichs, hätte aber gern mehr davon profitiert, wäre gern ein
Jahrhundert geworden. Lessing zoomorphisiert die soziale Zeitfolge der Jahre und
stellt sie dadurch als historisch gesättigt vor, als gefüllt mit positiven Entwicklungen, die Friedrich angestoßen hat und die ihm zur Ehre gereichen. Das vergangene
Jahr wird nicht mehr wie bei Opitz öfter als Serie von Zumutungen gedeutet, an
denen sich die christliche *constantia* zu beweisen hat, sondern als anzufütterndes
Raubtier, mithin als ‚leerer Raum', dessen Ausgestaltung in diesem Fall zwar dem
preußischen König obliegt, damit grundsätzlich aber als menschlich prägbar vorgestellt wird.

III.

Zu der progressivistischen Vorstellung des kontinuierlichen Nacheinanders
tritt um 1800 das Modell des Nebeneinanders, der Simultanität vor- und nach-
gelagerter Stufen zu einem bestimmten Zeitpunkt. Kaum ein Autor hat die
Denkfigur des präsentischen ‚Augenblicks' in seinen Werken so variantenreich
durchgespielt wie Goethe. Auch die Jahreswende als das symbolische Datum,
von dem Vergangenheit und Zukunft prismatisch ausstrahlen, beschäftigte
ihn in gewisser Weise ein Leben lang. Goethes poetische Anfänge bestehen in
zwei Neujahrsgedichten, die der Sieben- bzw. Elfjährige für seine Großeltern

---

23 König (1991, 305).
24 Er sehe bei dem neuen Jahr „schon im Voraus so viel Ähnlichkeit mit dem vergangenen
    und zukünftigen", „daß ich fast Bedenken trage, dasselbe ein neues Jahr zu nennen", hatte
    schon der vierzehnjährige Lessing in seiner *Glückwünschungsrede* (Lessing [1989, 16])
    geschrieben.

verfasste.[25] Zu Studentenzeiten hat er diesen Anlass erneut poetisch bedacht –
nämlich 1769 mit einem „Neujahrslied", das die Bänkelsangtradition der
neujährlichen Ständedidaxe wiederbelebt[26] –, aber erst Jahrzehnte später im
Eröffnungsgedicht der *Geselligen Lieder* mit seinem Lebensthema verknüpft.
Für sein ‚Mittwochskränzchen', mit dessen Mitgliedern er die Silvesternacht
1801 feierte, verfasste er „Zum neuen Jahr". Goethes Freund Zelter vertonte es
neben anderen ‚Geselligen Liedern' und ließ es bei seiner Berliner ‚Liedertafel'
singen:

> Zwischen dem Alten,
> Zwischen dem Neuen,
> Hier uns zu freuen
> Schenkt uns das Glück.
> Und das Vergangne
> Heißt, mit Vertrauen,
> Vorwärts zu schauen,
> Schauen zurück.
>
> Stunden der Plage,
> Leider, sie scheiden
> Treue von Leiden,
> Liebe von Lust,
> Bessere Tage
> Sammeln uns wieder,
> Heitere Lieder
> Stärken die Brust.
>
> Leiden und Freuden
> Jener verschwundnen,
> Sind die Verbundnen
> Fröhlich gedenk.
> O! des Geschickes
> Seltsamer Windung!
> Alte Verbindung,
> Neues Geschenk!
>
> Dankt es dem regen,
> Wogenden Glücke,
> Dankt dem Geschicke

---

25 Vgl. GOETHE (1987, 15–17). Zumindest bei dem ersten Gedicht ist zu vermuten, dass
    der Hauslehrer des Kindes hier Hand angelegt hat.
26 Vgl. GOETHE (1987, 81).

Männiglich Gut,
Freut euch des Wechsels
Heiterer Triebe,
Offener Liebe,
Heimlicher Glut!

Andere schauen
Deckende Falten,
Über dem Alten,
Traurig und scheu;
Aber uns leuchtet
Freundliche Treue.
Sehet das Neue
Findet uns neu.

So wie im Tanze
Bald sich verschwindet,
Wieder sich findet
Liebendes Paar;
So, durch des Lebens
Wirrende Beugung,
Führe die Neigung
Uns in das Jahr.[27]

Der anaphorische Parallelismus der ersten beiden Verse („Zwischen dem Alten, | Zwischen dem Neuen") profiliert den Jahreswechsel als ‚Dazwischen'-Zeit, der die raumdeiktische Konkretion des ‚Hier' im dritten Vers entspricht. Wie der Chiasmus von Vorwärts und Zurück im siebten und achten Vers unterstreicht, öffnet sich das janusköpfige Dazwischen sowohl prospektiv als auch retrospektiv: Aus dem Vergangenen blicke man in die Zukunft und von dort auf die Gegenwart als künftige Vergangenheit. Wie die Verse 28 bis 31 liebesbildlich andeuten, changiert das Neujahrsfest zwischen Potentialität, Manifestation und Latenz: In den „Heitere[n] Triebe[n]" ist die Entfaltung dessen angelegt, was in der „Offene[n] Liebe" zutage tritt, während die „Heimliche[ ] Glut" das Verlöschen des Liebesfeuers voraussetzt, das sich als ‚heimliches' doch schnell wieder entfachen kann. Die ‚offene Liebe' bildet hier die Spiegelachse von Vorahnung und Nachleben, so wie Zukunft und Vergangenheit im punktuellen Wendefest koexistieren.

---

27 GOETHE (1988, 70 f.). – Soweit ich sehe, ist dieses ‚Gesellige Lied' bislang lediglich sporadisch erwähnt worden, etwa bei ALBERTSEN (1979, 165 f.).

„Sehet das Neue", lautet die Anweisung am Ende der vorletzten Strophe. Das präsentische Zeitregime des späten 18. Jahrhunderts ist zuvorderst ein ästhetisches, und zwar im Doppelsinn als anschauungs- und als schönheitsbasiert.[28] Die Entpolitisierung der Dichtung, wie sie zeitgleich in Schillers „Antritt des neuen Jahrhunderts" (1801) anklingt,[29] fordert Goethes „Zum neuen Jahr" zwar nicht. Aber auch hier bleibt Prospektion eng auf den ästhetischen Augen-Blick bezogen. Wie die letzte Strophe bekundet, erfährt das ‚lyrische Wir' Verlust und Rückkehr, Abwesenheit und Präsenz im Neujahrstanz. Dessen regelmäßiges Auf und Ab stellt das Gedicht daktylisch-trochäisch vor, wobei die Katalexe des jeweils vierten Verses kurz innehalten lässt, hier sinnfällig auf den Reimwörtern ‚Paar' und ‚Jahr'.

Überhaupt spiegelt das Reimschema diese Idee: Jede Strophe besteht aus zwei syntaktisch autonomen Quartetten; diese eröffnen jeweils mit einer Waise,[30] ruhen auf einem Paarreim und schließen mit einer Scheinwaise, die im vierten Vers des Komplementquartetts überraschend ihre reimische Wiederkunft findet (xaab · xccb). Der Paartanz sowie das Gedicht mit seinem bewegt-stetigen Takt und dem verschwindend-retournierenden Reimmuster dienen so als Kunstmedien einer Momentanschauung, in der die Erfahrung des vergangenen und die Erwartung des kommenden Jahrs zusammenfallen.[31] Im Tanz

---

28 Zum Zusammenhang von Goethes Ästhetik des Auges und dem Zeitkonzept des Augenblicks vgl. WELLBERY (1996, bes. 27–52) (am Beispiel von „Willkomm und Abschied").

29 Vgl. SCHILLER (1992, 189 f.).

30 Außer in der zweiten Strophe mit der optimistischen Opposition von „Stunden der Plage" – „Bessere Tage".

31 Wenige Jahre zuvor hat Goethe dieses Konzept in *Über Laokoon* (1797) kunsttheoretisch ausgearbeitet: In der Marmorgruppe trage der ‚prägnante Moment' des Schlangenbisses die Spur des Zuvor-Geschehenen und die Ankündigung des Folgenden in sich, während zugleich der jüngere Sohn die Vergangenheit, der Vater die Gegenwart und der ältere Sohn die Zukunft repräsentiere. Am Beispiel der Gruppe setzt sich Goethe aber auch von Lessings *Laokoon* (1766) ab, dessen Begriff des ‚fruchtbaren Augenblicks' die plastische Kunst als Medium abgewertet und die Rekonstruktion von Vergangenheit und Zukunft aus dem repräsentierten Moment allein der Einbildungskraft überlassen hatte. Wohl von Diderot beeinflusst, entwickelt hingegen Goethe eine objektivistische Auffassung des ‚prägnanten Moments', der zufolge die Simultanität der Zeitfolgen dem Dargestellten als ‚doppelter Zustand' tatsächlich innewohnt. Siehe dazu eingehend WOLF (2002). Zur Denkfigur des „fixierten Augenblicks" in Goethes *Laokoon*-Aufsatz siehe auch ANGLET (1991, 322–333).

erinnert das Wir sich, wie es Trennung und Wiederkunft erlebt hat – die mittleren Strophen deuten eine längere Krankheit an –, im Tanz erhofft das Wir sich die Neigungskonstanz auch in künftigen Wirren.

IV.

Ich möchte meine Befunde knapp zusammenfassen: Erstens zeichnet sich die Neujahrsdichtung im 18. Jahrhundert durch eine pragmatische Flexibilisierung aus. Sie lässt sich je nach sozialsituativem Kontext ganz verschieden medialisieren – sei es als musikalisch begleitete Aufführung, als Zeitungstext, Einblattdruck oder in der Werkausgabe –, und sie überschneidet sich typologisch auffällig oft mit anderen lyrischen Funktionstexten. Zweitens prägt die jeweilige pragmatische Aktualisierung auch ihre diskursive Reflexion von Zeitstruktur und Handlungsmacht, jedenfalls zu einem gewissen Grade. So steht im geistlichen Andachtskontext die Sündhaftigkeit des Menschen im Vordergrund, während das panegyrische Fest zu herrschernaher Zuversicht einlädt. Mindestens ebenso sehr aber ist die Neujahrsdichtung durch wissenschaftliche und philosophische Diskurse und Zeitparameter geprägt, die sie in ihren Verwendungskontexten durchaus mitpropagiert, ja durchsetzt.

In dieser Hinsicht lässt sich eine Tendenz zur Präsentifikation feststellen, durch alle pragmatischen Verwendungen hinweg – das Zeitregime der eschatologischen Diskontinuität weicht einem kontinuierlichen Progressivismus, um 1800 dann der Isolierung und Ästhetisierung einzelner Augenblicke zur verdichteten Gegenwart. Eventuell reagieren beide Tendenzen, die pragmatische Offenheit und die Vergegenwärtigung, auf die Legitimationskrise des Gelegenheitsgedichts im 18. Jahrhundert. Drittens aber zeigt das Neujahrsgedicht, dass die Casualpoesie keineswegs nur indikativ ist, sondern performativ, sich an der zeremoniellen Synchronisation von sozialer Zeit beteiligt und als wichtiges Instrument ihrer Semantisierung wirkt. Neujahrsgedichte sind in Praktiken des sozialen Abgleichs von persönlichem Jahresresümee und proto-historischer Kontextualisierung eingebunden und stützen damit die Formierung eines annalistischen Zeitbewusstseins jenseits der eigenen Lebenswirklichkeit.

Literaturverzeichnis

ABSCHATZ, Hans Assmann von (1704, 34 f.): Zeit und Ewigkeit. In: Ders.: Poetische Übersetzungen und Gedichte. Hrsg. v. C. Gryphius. Leipzig, Breslau.

ALBERTSEN, Leif Ludwig (1979, 159–173): Gesellige Lieder, gesellige Klassik. In: Goethe-Jahrbuch, 96. Jg.

ANGLET, Andreas (1991): Der „ewige" Augenblick. Studien zur Struktur und Funktion eines Denkbildes bei Goethe. Köln.

BAUDY, Dorothea (1987, 1–28): Strenarum Commercium. Über Geschenke und Glückwünsche zum römischen Neujahrsfest. In: Rheinisches Museum für Philologie, 130. Jg.

BLUMENBERG, Hans (1986): Lebenszeit und Weltzeit. Frankfurt a. M.

BOSTEL, Nicolaus von (1708): Poëtische Neben-Wercke […]. Hamburg.

BRENDECKE, Arndt (1999): Die Jahrhundertwenden. Eine Geschichte ihrer Wahrnehmung und Wirkung. Frankfurt a. M. u. a.

BROCKES, Barthold Heinrich (1970a⁶): Irdisches Vergnügen in Gott, bestehend in Physicalisch- und Moralischen Gedichten, Erster Theil. Neudruck. Bern u. a.

– (1970b): Irdisches Vergnügen in Gott, bestehend in Physicalisch- und Moralischen Gedichten, Fünfter Theil. Neudruck. Bern u. a.

– (1970c): [V]erdeutschte Grund-Sätze der Welt-Weisheit, des Herrn Abts Genest, nebst verschiedenen eigenen theils Physicalischen theils Moralischen Gedichten, als des Irdischen Vergnügens in Gott, Dritter Theil. Neudruck. Bern u. a.

DAMMEL, Gesine (Hrsg.) (2003): Happy New Year: Geschichten und Gedichte zum Jahreswechsel. Frankfurt a. M.

DETERING, Nicolas (2018, 519–543): Lyrik der Lebenszeit. Zeitregime im deutschen Neujahrsgedicht des 18. Jahrhunderts: Brockes – Lessing – Goethe. In: ZfdPh, Bd. 137, H. 4.

FRANCK, Salomon (1711): Geist- und Weltliche Poesien. Jena.

GERSDORFF, Henriette Catharina von (1729): Geistreiche Lieder und Poetische Betrachtungen. Halle.

GOETHE, Johann Wolfgang (1987): Sämtliche Werke, Briefe, Tagebücher und Gespräche (= Frankfurter Ausgabe), Bd. I,1: Gedichte 1756–1799. Hrsg. v. K. Eibl. Frankfurt a. M.

– (1988): Sämtliche Werke, Briefe, Tagebücher und Gespräche (= Frankfurter Ausgabe), Bd. I,2: Gedichte 1800–1832. Hrsg. v. K. Eibl. Frankfurt a. M.

HÄFNER, Ralph (2003): Götter im Exil. Frühneuzeitliches Dichtungsverständnis im Spannungsfeld christlicher Apologetik und philologischer Kritik (ca. 1590–1736). Tübingen.

HOLTORF, Arne (1973): Neujahrswünsche im Liebesliede des ausgehenden Mittelalters. Zugleich ein Beitrag zur Geschichte des mittelalterlichen Neujahrsbrauchtums in Deutschland. Göppingen.

HONOLD, Alexander (2013): Die Zeit schreiben. Jahreszeiten, Uhren und Kalender als Taktgeber der Literatur. Basel.

JAUMANN, Herbert (2004, 85–100): Der *alt/neu*-Diskurs (*Querelle*) als kulturelles Orientierungsschema: Charles Perrault und Christian Thomasius. In: S. Heudecker, D. Niefanger, J. Wesche (Hrsg.): Kulturelle Orientierung um 1700. Traditionen, Programme, konzeptionelle Vielfalt. Tübingen.

JACOBSEN, Dietmar (Hrsg.) (2001): Kontinuität und Wandel, Apokalyptik und Prophetie: Literatur an Jahrhundertschwellen. Bern u. a.

KAPITZA, Peter K. (1981): Ein bürgerlicher Krieg in der gelehrten Welt. Zur Geschichte der Querelle des Anciens et des Modernes in Deutschland. München.

KEMPER, Hans-Georg (1981): Gottebenbildlichkeit und Naturnachahmung im Säkularisierungsprozeß: Problemgeschichtliche Studien zur deutschen Lyrik in Barock und Aufklärung, Bd. 1. Tübingen.

KÖNIG, Johann Ulrich von (1991, 305): Der beglückte Zeit-wechsel, wurde Herrn August Wilhelms, regierenden Herzogs zu Braunschweig und Lüneburg Hochfürstl. Durchl. bey antritt des 1726. jahres in einer Serenate von Ihro Durchl. Hof-Capelle vorgestellt. In: Benjamin Neukirchs Anthologie. Herrn von Hoffmannswaldau und andrer Deutschen auserlesener und bißher ungedruckter Gedichte siebender Theil. Nach einem Druck vom Jahre 1727 mit einer kritischen Einleitung und Lesarten. Hrsg. v. E. Metzger u. a. Tübingen.

KOSELLECK, Reinhart (1989 [1968], 17–37): Vergangene Zukunft der frühen Neuzeit. In: Ders.: Vergangene Zukunft. Zur Semantik geschichtlicher Zeiten. Frankfurt a. M.

KRAWAT, Johann Jacob (1700): Christlicher Wunsch zu einem Fried- und Freuden-reichen Neuen Jubel-Jahr/ so da war nach unsers Erlösers Heil-Geburt/ das 1700ste. Nürnberg.

Landwehr, Achim (2014): Geburt der Gegenwart. Eine Geschichte der Zeit im 17. Jahrhundert. Frankfurt a. M.

Lessing, Gotthold Ephraim (1989): Werke und Briefe in zwölf Bänden, Bd. 1. Hrsg. v. J. Stenzel. Frankfurt a. M.

– (1998): Werke und Briefe in zwölf Bänden, Bd. 2. Hrsg. v. J. Stenzel. Frankfurt a. M.

– (2003): Werke und Briefe in zwölf Bänden, Bd. 3. Hrsg. v. C. Wiedemann u. a. Frankfurt a. M.

Luckmann, Thomas (2007, 165–193): Zeit und Identität. Innere, soziale und historische Zeit. In: Ders.: Lebenswelt, Identität und Gesellschaft. Schriften zur Wissens- und Protosoziologie. Hrsg. v. J. Dreher. Konstanz.

Mauser, Wolfram (2000, 275–301): Bei *Betrachtung des Schlaffs* (1728) eröffnet sich Brockes ein Blick in die „Werkstatt der Seele". In: Ders.: Konzepte aufgeklärter Lebensführung. Literarische Kultur im frühmodernen Deutschland. Würzburg.

Menninghaus, Winfried (2002): Ekel. Theorie und Geschichte einer starken Empfindung. Frankfurt a. M.

Müller, Klaus E. (2020): Verfangen im Fadenkreuz Gottes. Eine kulturanthropologische Fabel. Wiesbaden.

Nürnberg, Ute (2016): Der Jahreswechsel im Kirchenlied. Zur Geschichte, Motivik und Theologie deutscher und schweizerischer Lieder. Göttingen.

Opitz, Martin (1979): Gesammelte Werke. Kritische Ausgabe, Bd. 2.2: Die Werke von 1621–1626. Hrsg. v. G. Schulz-Behrend. Stuttgart.

– (1989): Gesammelte Werke. Kritische Ausgabe, Bd. 4.1: Die Werke von Ende 1626–1630. Hrsg. v. G. Schulz-Behrend. Stuttgart.

– (1990): Gesammelte Werke. Kritische Ausgabe, Bd. 4.2: Die Werke von Ende 1626–1630. Hrsg. v. G. Schulz-Behrend. Stuttgart.

Pago, Thomas (2003): Johann Christoph Gottsched und die Rezeption der *Querelle des Anciens et des Modernes* in Deutschland. München.

Schachtsiek-Freitag, Norbert (1989): Silvester und Neujahr: Ein Lesebuch zum Jahreswechsel. Frankfurt a. M.

Schiller, Friedrich (1992): Werke und Briefe, Bd. 1: Gedichte. Hrsg. v. G. Kurscheidt. Frankfurt a. M.

Schmidtke, Dietrich (2002, 251–278): Ständevögelserien in spätmittelalterlichen und frühneuzeitlichen Neujahrspredigten. Samt Abdruck der Neujahrspredigt, die Johann Rasser 1580 in Ensisheim im Elsaß gehalten hat.

In: C. L. Gottzmann, R. Wisniewski (Hrsg.): Ars et scientia. Studien zur Literatur des Mittelalters und der Neuzeit. FS Hans Szklenar. Berlin.

SCHNABEL, Werner Wilhelm (2015, 23–50): Poetische Neujahrswünsche. Nürnberger Spruchsprecherblätter als Medien nichtakademischer Belehrung im 17. Jahrhundert. In: Morgen-Glantz. Zeitschrift der Christian-Knorr-von-Rosenroth-Gesellschaft, 25. Jg.

SCHREYL, Karl Heinz (1979): Der graphische Neujahrsgruß aus Nürnberg. Nürnberg.

SEIDEL, Robert (1992, 411–435): Neujahrswünsche im Schatten der ‚Pulververschwörung': Eine poetische Epochenbilanz des Späthumanisten Caspar Dornau. In: Daphnis, 21. Jg.

STOCKHORST, Stefanie (Hrsg.) (2006): Zeitkonzepte. Zur Pluralisierung des Zeitdiskurses im langen 18. Jahrhundert. Sonderheft von Das achtzehnte Jahrhundert, 30. Jg., H. 2.

WELLBERY, David (1996): The Specular Moment. Goethe's Early Lyric and the Beginnings of Romanticism. Stanford.

WOLF, Norbert Christian (2002, 373–404): „Fruchtbarer Augenblick" – „prägnanter Moment": Zur medienspezifischen Funktion einer ästhetischen Kategorie in Aufklärung und Klassik (Lessing, Goethe). In: P.-A. Alt (Hrsg.): Prägnanter Moment. Studien zur deutschen Literatur der Aufklärung und Klassik. FS Hans-Jürgen Schings. Würzburg.

ZIEMER, Klaus-Rüdiger (1991, 221–227): Geistliche Lyrik zwischen Barock und Aufklärung: Friedrich Rudolf Ludwig von Canitz: ‚Das neue Jahr'. Interpretation. In: Wissenschaftliche Zeitschrift der Brandenburgischen Landeshochschule, 35. Jg., H. 3.

Olav Krämer

Anlässe des Denkens und Streitens. Kasualpoetische Strukturen im Lehrgedicht des 18. Jahrhunderts

I. Einleitung

Die neuere Forschung zur frühneuzeitlichen Kasualdichtung hat deutlich gemacht, dass diese Dichtung keineswegs nur durch die starre Umsetzung vorgegebener Schemata geprägt war, sondern auch durch das variantenreiche Ausnutzen von Lizenzen und Regulierungslücken.[1] Die vorliegende Untersuchung schließt an diese Forschung an, indem sie ein Beispiel für die Wandlungsfähigkeit der Gelegenheitsdichtung ins Auge fasst, nämlich Mischformen oder Transformationen der Kasualpoesie, die auf einer Verbindung von Strukturen des Gelegenheits- und des Lehrgedichts beruhen. Gattungen, verstanden als konventionalisierte, Produktion und Rezeption von Texten steuernde Muster, können bekanntlich durch Komponenten ganz unterschiedlicher Art definiert sein: durch thematische, strukturelle und stilistische, aber auch durch kontextuelle Eigenschaften.[2]

Die Gattung des Gelegenheitsgedichts wird in der Regel durch Eigenschaften definiert, die die Genese des Gedichts und seine Einbettung in kommunikative Zusammenhänge betreffen, also durch die Momente von Auftrag, Anlass und Adressat.[3] Darüber hinaus sind für Gelegenheitsgedichte aber auch textstrukturelle Merkmale charakteristisch, zu denen insbesondere das gehört, was Stefanie Stockhorst als „Casualdeixis" bezeichnet hat: Hinweise auf den Gedichtanlass und den Adressaten, die sich im Gedicht selbst, im Titel oder

---

1 Vgl. STOCKHORST (2010, 124–127) sowie die bei STOCKHORST (2010, 126 f., Anm. 88) angeführten Studien.

2 Vgl. etwa ZYMNER (2007³, 262).

3 Vgl. die Definitionen bei SEGEBRECHT (1997); DRUX (1996); SEGEBRECHT (1977, 68–72).

anderen paratextuellen Elementen finden.[4] Mit ‚kasualpoetischen Strukturen‘
sind im Folgenden diese für das Gelegenheitsgedicht charakteristischen Text-
verfahren gemeint. Das Interesse der Analyse gilt Lehrgedichten, die diese
Verfahren aufgreifen, und zwar insbesondere den Hinweis auf den Anlass.
Den Ausdruck ‚Lehrgedicht‘ verwende ich als Bezeichnung für eine Gattung,
die in erster Linie durch strukturelle und inhaltliche Merkmale definiert ist,
nämlich durch das Auftreten einer Sprecherfigur, die belehrende Ausführungen an einen gedichtinternen Adressaten richtet. Darüber hinaus sind für diese
Gattung bestimmte formale Mittel zur Gliederung dieser Ausführungen charakteristisch.[5] Das Textmuster des Lehrgedichts ist mit verschiedenen Funktionen verknüpft worden. Zu den besonders charakteristischen, seit der Antike
bezeugten Funktionen gehören die Wissensvermittlung sowie die Aufwertung
eines bestimmten Tätigkeits- oder Wissensbereichs, aber auch die Demonstration formaler Kunstfertigkeit in der poetischen Bewältigung eines spröden
Gegenstands.[6]

Dass sich in der deutschsprachigen Literatur des frühen 18. Jahrhunderts
viele Beispiele für Mischformen zwischen Gelegenheits- und Lehrgedicht finden, ist in der Forschung bereits verschiedentlich vermerkt worden, ohne dass
diese Mischformen systematisch untersucht worden wären. Der vorliegende
Aufsatz versucht nicht, eine solche systematische Untersuchung nachzuholen,

---

4   Vgl. STOCKHORST (2002, 7); STOCKHORST (2006, 357). Wulf Segebrecht bezeichnet
    in seinem Standardwerk als einen der „vier Faktoren, die die Casuallyrik konstituieren“,
    die „*Gelegenheit* als Anlaß und Gegenstand des Gedichts“ (SEGEBRECHT 1977, 68 f.).
    Mit dieser ‚und‘-Formulierung wird die Differenz zwischen kontextuellen und textuellen
    Eigenschaften eher eingeebnet als hervorgehoben; der Umstand, dass die Gelegenheit,
    die den *Anlass* des Gedichts bildet, auf unterschiedliche Weisen und in vielfach abgestuf-
    ten Graden der Explizitheit zum *Gegenstand* des Gedichts gemacht werden kann, wird
    damit eher indirekt angedeutet als hervorgehoben.

5   Für eine nähere Erläuterung und Begründung dieses Lehrgedicht-Begriffs vgl. KRÄMER
    (2019, 6–34). Für eine ähnliche Verwendung des Begriffs, die das Lehrgedicht ebenfalls
    vorrangig anhand textstruktureller Eigenschaften bestimmt, vgl. VOLK (2002, 36–40).
    Dieser Begriff ist zu unterscheiden von dem weiteren Begriff der Lehrdichtung, der in
    erster Linie durch die lehrhafte Funktion bestimmt wird; vgl. KÜHLMANN (2000).

6   Vgl. KRÄMER (2019, 19–25). Im vorliegenden Aufsatz greife ich an vielen Stellen auf
    diese umfangreichere Studie zum Lehrgedicht des 18. Jahrhunderts zurück, wähle aber
    jeweils eine andere Perspektive; der Rekurs auf Strukturen des Kasualgedichts steht in der
    genannten Studie nicht im Fokus.

sondern lediglich, einige Varianten sowie Entwicklungslinien herauszuarbeiten. Genauer gesagt, sollen im Folgenden zwei Varianten kasualpoetischer Strukturen im Lehrgedicht analysiert werden, die durch die Art der im Gedicht oder in Paratexten genannten Gelegenheiten unterschieden sind. Im ersten Fall handelt es sich um herausgehobene Ereignisse im Leben des Adressaten oder des Autors, die traditionelle Anlässe für Kasualgedichte darstellen, so etwa um Hochzeiten, berufliche Erfolge oder Todesfälle. Anhand einiger Beispiele sollen Veränderungen der gedichtinternen Verweise auf die Gedichtanlässe hervorgehoben werden, die sich mit den Begriffen der Entkonkretisierung und Psychologisierung umschreiben lassen. Eine zweite Ausprägung von kasualpoetischen Strukturen, die charakteristisch für Lehrgedichte der Aufklärungsepoche ist, besteht in Hinweisen auf Ereignisse, die hier als diskursive Anlässe bezeichnet werden sollen: auf das Erscheinen von Büchern oder auf von Büchern hervorgerufene Kontroversen.

Die folgende Analyse soll vor allem auf die kasualpoetischen Strukturen in den behandelten Gedichten aufmerksam machen und die angedeutete Unterscheidung sowie Thesen über Entwicklungstendenzen plausibel machen. Die Frage nach den Funktionen dieser Strukturen, also danach, was die Bezugnahmen auf Anlässe mit Blick auf die – im weiten Sinne – belehrenden Zwecke der Gedichte leisten, kann dagegen jeweils nur skizzenhaft erörtert werden.

II. Das ‚Gelegenheits-Lehrgedicht‘ und seine Verinnerlichung

In der deutschsprachigen Literatur der ersten Hälfte des 18. Jahrhunderts finden sich zahlreiche Gedichte, die Gelegenheitsgedichte im engen Sinne sind, aber zugleich den Charakter von Lehrgedichten haben.[7] Es handelt sich um Gedichte, die für Anlässe wie Hochzeiten oder akademische Feierlichkeiten verfasst wurden, deren Sprecher aber die Würdigung dieser Anlässe mit ausführlicheren allgemeinen Darlegungen über Tugend, Weisheit oder die

---

7   Vgl. KEMPER (1991, 25 u. 30–32); SIEGRIST (1974, 48 u. 52). Vgl. auch KRÄMER (2018). Zu Gottfried Wilhelm Leibniz' Epicedium auf den Tod der preußischen Königin Sophie Charlotte als einem Kasualgedicht, das zugleich den Charakter eines philosophischen Lehrgedichts erhalten habe, vgl. STEINER (2000, 10, 149–173).

göttliche Vorsehung verbindet. Hans-Georg Kemper hat Gedichte dieser Art als „*Gelegenheits-Lehrgedichte*" bezeichnet.[8]

Solche Lehrgedichte, die zugleich traditionelle Gelegenheitsgedichte sind, haben etwa Johann Christoph Gottsched, Abraham Gotthelf Kästner und auch Albrecht von Haller verfasst. Die Sammlung der Gedichte Gottscheds enthielt in der zweiten Auflage von 1751 eine Abteilung mit der Überschrift „Lehrgedichte", die dreizehn Gedichte umfasste, elf von ihnen waren Kasual-gedichte im engen Sinne.[9] Die Anlässe, zu denen die Gedichte verfasst wurden, bestanden in Promotionsfeiern, Hochzeiten oder beruflichen Erfolgen, und sie werden so gut wie immer zusammen mit dem Adressaten und sowie einem abs-trakten Thema im Gedichttitel genannt.

Fragt man nach der Funktion dieser Gattungsmischung, so liegt die Ver-mutung nahe, dass Autoren wie Gottsched die schon seit längerem kritisch beurteilte Form des Kasualgedichts[10] aufzuwerten suchten, indem sie ernsthafte philosophische Reflexionen in die Gedichte integrierten. Diese Deutung dürfte in vielen Fällen tatsächlich plausibel sein, doch es finden sich auch Gedichte, in denen die argumentativen Partien eine spezifischere Funktion erfüllte. Gott-sched und Kästner etwa nutzten ihre für akademische Feierlichkeiten verfass-ten ‚Gelegenheits-Lehrgedichte' auch, um zu philosophischen Kontroversen oder zu Konflikten innerhalb der Gelehrtenrepublik Stellung zu beziehen.[11]

Die Gedichte in Albrecht von Hallers Gedichtsammlung *Versuch schwei-zerischer Gedichte* (1732; zunächst: *Versuch Schweizerischer Gedichten*), die Ele-mente des Gelegenheits- und des Lehrgedichts verbinden, zeigen im Vergleich mit den Gedichten Gottscheds eine größere Variation in der Art und Weise, wie sie die Bezugnahme auf Gelegenheiten des Denkens oder Belehrens ausge-stalten. Den von Gottsched verfassten ‚Gelegenheits-Lehrgedichten' ähnelt am ehesten ein frühes, 1728 verfasstes Gedicht mit dem Titel „Ueber die Ehre. Als Herr D. Giller den Doctorhut annahm".[12] In einer später hinzugefügten Vor-bemerkung erklärte Haller, dass nur seine freundschaftlichen Gefühle für den

---

8   KEMPER (1991, 30).

9   Vgl. GOTTSCHED (1751, 557–608).

10 Zur Kritik an der Kasualdichtung im späten 17. und im 18. Jahrhundert vgl. SEGE-BRECHT (1977, 225–286).

11 Vgl. KRÄMER (2018).

12 Vgl. HALLER (1882, 9–19). Hirzels Ausgabe legt die 1777 erschienene 11. Auflage von Hallers Gedichtband und damit die letzte noch von ihm selbst besorgte Ausgabe

Adressaten ihn zur Abkehr von seinem Vorsatz bewogen hätten, „niemals dergleichen Gelegenheits-Gedichte zu schreiben".[13] Zu dieser kritischen Haltung gegenüber der Gelegenheitsdichtung passt es, dass Haller in dem Gedicht die Darstellung der Gelegenheit selbst sowie die Glückwünsche sehr knapp fasste und allgemeine Reflexionen über die Ehre ins Zentrum stellte.

In einem anderen Gedicht hingegen, das er ohne solche distanzierenden Bemerkungen publizierte, gestaltete Haller die Bezugnahme auf den Anlass der Reflexionen ausführlich aus, nämlich in seiner „Antwort an Herrn Johann Jakob Bodmer, Professor und des Großen Raths zu Zürich. 1738". Nach dem Tod von Hallers Ehefrau Mariane hatte Bodmer eine Elegie „Auf das Absterben der Mariane" verfasst, auf die Haller mit seinem Gedicht antwortete.[14] Der Sprecher von Hallers Gedicht schildert eingehend seinen von Trauer und Verzweiflung bestimmten Zustand und berichtet schließlich, wie er kürzlich wieder des Nachts „[m]it Gram und Ungedult im leeren Bette rang", als die „Vernunft" sein „Herz, das allen Trost verwarf", zu ihm getreten sei und ihn gescholten habe.[15] Die folgende Rede der personifizierten Vernunft wird in 45 Versen wörtlich wiedergegeben.

Ein Teil dieses Antwortgedichts an Bodmer wurde von Johann Jakob Engel in seiner Schrift *Anfangsgründe einer Theorie der Dichtungsarten aus deutschen Mustern entwickelt* (1783) als Beispiel für das Lehrgedicht zitiert und eingehend analysiert.[16] Engels Auffassung vom Lehrgedicht ist in der Forschung in die Tendenz einer ,Lyrisierung der Didaktik' im späten 18. Jahrhundert eingeordnet worden, da er den Ausdruck von Empfindungen als zentrale Aufgabe von Gedichten allgemein, aber auch von Lehrgedichten ansieht.[17] Engel bezeichnet die von ihm zitierte Passage aus Hallers Gedicht als eine „unstreitig poetische

zugrunde. Das Gedicht „Ueber die Ehre" war schon in der ersten Auflage der Gedichtsammlung enthalten; vgl. HALLER (1732, 34–45).

13 HALLER (1882, 9). Vgl. zu dieser Vorbemerkung auch LEIGHTON (1983, 345). Dennoch enthält die Sammlung eine Reihe von Kasualgedichten im engen Sinne.

14 Das Gedicht erschien zuerst 1743 in der dritten Auflage von Hallers Gedichtband; vgl. HALLER (1743, 140–146). Für Bodmers Gedicht vgl. HALLER (1743, 134–140). Für Hallers Gedicht in der Hirzel-Ausgabe vgl. HALLER (1882, 176–183). Das Gedicht Bodmers wird von Hirzel im Apparat abgedruckt; vgl. HALLER (1882, 335–340).

15 HALLER (1882, 181).

16 Vgl. [ENGEL] (1783, 91–96).

17 Zur These einer „*Lyrisierung der Didaxe*" im späten 18. Jahrhundert vgl. JÄGER (1970, 569–575, Zitat 571). Zu Engel vgl. JÄGER (1970, 569 f.). Unter diesem Begriff der

Stelle", und er will darlegen, was an dieser Gedichtpassage „poetisch" sei.[18] Als
wesentliches Element dieser Qualität hebt er die eindrückliche Gestaltung des
emotional bewegten Zustands des denkenden Ichs hervor:

> Gleich Anfangs, fühlt man, wird die Aufmerksamkeit in einem sehr hohen Grade
> erregt; nicht bloß durch das Interesse und die Wichtigkeit der Wahrheiten an sich
> selbst, sondern auch vorzüglich dadurch, daß hier ein Mann spricht, der wirklich eben
> jetzt von ihnen erwärmt und durchdrungen ist, ein Mann in einer Situation, wo ihm
> diese Wahrheiten zu seiner eigenen Beruhigung nöthig und wichtig werden.[19]

Was Engel hier als besonders poetisch lobt, ist also gewissermaßen Hallers Ausgestaltung der kasualpoetischen Gedichtkomponente, seine Darstellung der
Gelegenheit, die die philosophischen Darlegungen veranlasst. Diese kasualpoetische Komponente bot hier somit den Ansatzpunkt für eine formale Abwand-
lung der Struktur des Lehrgedichts, die das Gedicht anschlussfähig und sogar
mustergültig für eine Dichtungstheorie des späten 18. Jahrhunderts machte.

Eine Verbindung zur Kasuallyrik weist auch Hallers „Unvollkommenes
Gedicht auf die Ewigkeit" auf, ein Gedicht, das im Gegensatz zu „Ueber die
Ehre" und zum Antwortgedicht an Bodmer in den Kanon der Haller'schen
Gedichte eingegangen und häufig als ein besonders zukunftsweisendes Gedicht
gerühmt worden ist.[20] In diesem Gedicht wird der Anlass der Reflexionen
psychologisch ähnlich differenziert gestaltet wie in dem Gedicht an Bodmer,
zugleich aber entkonkretisiert. Als den Anstoß zu seinen Reflexionen nennt der
Sprecher den Tod eines Freundes, der zum Zeitpunkt des Sprechens erst wenige
Stunden zurückliege: „Mein Freund ist hin! / Sein Schatten schwebt mir noch
vor dem verwirrten Sinn, / Mich dünkt, ich seh sein Bild und höre seine Worte
[...].„[21] Der Sprecher macht sich bewusst, dass auch er jederzeit einem frühen

---

Lyrisierung fasst JÄGER (1970, 571) vor allem zwei Tendenzen zusammen, „Subjektivie-
rung" und einen verstärkten „Rekurs auf die Empfindung".

18 [ENGEL] (1783, 91).

19 [ENGEL] (1783, 92).

20 Vgl. für die erste veröffentlichte Fassung HALLER (1743, 149–153). Für die letzte von
Haller betreute Ausgabe vgl. HALLER (1882, 150–154). Zu der Hochschätzung des
Gedichts durch Leser wie Kant vgl. ACHERMANN (2009[2], 140), KEMPER (1991, 152);
zu dem Gedicht ACHERMANN (2009[2], 140–143), KEMPER (1991, 152–156). Weitere
Belege dafür, dass das Gedicht „vielfach als Hallers großartigste Leistung bezeichnet"
worden ist, finden sich bei SIEGRIST (1967, 32).

21 HALLER (1882, 151).

Tod zum Opfer fallen könnte, und dieser Gedanke initiiert eine ausgedehnte Reflexion über die Ewigkeit, über Gott und über die Hinfälligkeit und vielfache Abhängigkeit des Menschen.

Der verstorbene Freund wird weder im Gedicht noch in einem Paratext namentlich benannt. Für den Leser ist somit nicht nachzuvollziehen, ob das Gedicht tatsächlich anlässlich des Todes einer realen Person verfasst wurde oder ob es sich nur um eine fingierte Sprechsituation handelt. Karl Guthke hat anhand von Briefen Hallers die Vermutung wahrscheinlich gemacht, dass das Gedicht in der Tat durch den Tod eines jungen Freundes Hallers veranlasst wurde, eines aus Bern stammenden Studenten namens Sigmund Jonas Christen, der 1737 einige Zeit bei Haller in Göttingen wohnte.[22] Eine frühe Fassung des Gedichts wird von einem Briefpartner Hallers als „Ode on Mr. Christ's death" bezeichnet.[23] Im Gedicht selbst verzichtet Haller auf solche Konkretisierungen und gestaltet stattdessen das Erlebnis eines namenlosen Sprecher-Ichs.[24]

Eine ähnliche Tendenz zur Entkonkretisierung und Psychologisierung des Reflexionsanlasses findet sich in einem Lehrgedicht der englischen Literatur, das auch auf die Gattungsentwicklung im deutschsprachigen erheblichen Einfluss ausübte, in Edward Youngs umfangreichem Gedicht *The Complaint: or, Night-Thoughts on Life, Death, & Immortality* (1742–1745), das meist mit dem Kurztitel *Night-Thoughts* bezeichnet wird.[25] Als Sprecher tritt hier ein Mann auf, der den Tod gleich dreier ihm nahestehender Personen zu beklagen hat,[26] die die Namen Narcissa, Philander und Lucia tragen. Diese Todesfälle veranlassen

---

22 Vgl. GUTHKE (1975, 304–309).

23 Vgl. GUTHKE (1975, 306).

24 Vgl. auch KEMPER (1991, 152). Für Kemper dominiert in diesem Gedicht – anders als in anderen Lehrgedichten Hallers – „das subjektive, emotionale Engagement des lyrischen Ichs"; es sei unter Hallers Gedichten dasjenige, das „dem Gattungstyp der Gedankenlyrik am nächsten [stehe]". Zur eindringlichen Selbsterforschung des Sprechers in dem Gedicht vgl. auch RICHTER (1972, 98–103). Für Richter werden diese Selbsterforschung und die damit verbundenen religiösen Reflexionen nicht zuletzt durch naturwissenschaftliche Erkenntnisse provoziert, auf die im Gedicht angespielt wird. Generell dürfte die Darstellung der Seelenzustände des Sprechers in diesem und in anderen Gedichten Hallers aber auch mit seinem Streben nach einer ‚rührenden' Schreibart zusammenhängen; vgl. dazu ACHERMANN (2009², 125 f.).

25 Vgl. YOUNG (1989). Zu *Night-Thoughts* als Lehrgedicht vgl. KRÄMER (2019, 309–328); SITTER (2005, 299–302) und ALBERTSEN (1967, 329–333).

26 Vgl. YOUNG (1989, 42–45).

den Sprecher zu nächtlichen Reflexionen über Leben, Tod und Unsterblichkeit, die allerdings großenteils nicht als innere Selbstgespräche des Sprechers
gestaltet werden, sondern an einen jungen Mann namens Lorenzo adressiert
sind. Die Gestaltung der gedichtinternen Kommunikationssituation in Youngs
Night-Thoughts entspricht damit – anders als etwa in Hallers Gedicht über die
Ewigkeit – ganz dem Muster des traditionellen Lehrgedichts. Die Anlässe für
die im Gedicht entwickelten Gedankengänge über Tod und Unsterblichkeit
nun werden von Young im Vorwort als reale Ereignisse präsentiert:

> AS the Occasion of this Poem was Real, not Fictitious; so the Method pursued in it, was
> rather imposed, by what spontaneously arose in the Author's Mind, on that Occasion,
> than meditated, or designed.[27]

John Dolan hat in einer monographischen Studie, die den Wandel poetischer
Okkasionalität in der englischen Dichtung von Milton bis Wordsworth untersucht, diesem Vorwort Youngs eine Schlüsselstellung zugeschrieben. Für Dolan
ist entscheidend, dass die Gelegenheit des Gedichts zugleich als real hingestellt
und ,verinnerlicht' oder in eine „mental occasion" verwandelt werde.[28] Young
behauptet, dass seinem Gedicht tatsächliche Ereignisse zugrunde liegen, aber
die eigentliche Substanz des Gedichts bestehe in der Wirkung, die diese Ereignisse in seinem Geist hervorgerufen haben. Im vorliegenden Zusammenhang
ist festzuhalten, dass bei Young sowohl in einem Paratext als auch im Gedicht
selbst auf Anlässe des Gedichts und der in ihm entfalteten Reflexionen hingewiesen wird, dass diese Anlässe aber hinsichtlich der beteiligten Personen sowie
der Zeit und des Orts weitestgehend unbestimmt bleiben.[29] Elaboriert gestaltet

---

27 YOUNG (1989, 35). Vgl. zu dieser Vorbemerkung auch DOLAN (2000, 165–168). Die
    Annahme, dass die Gedichte durch den Tod realer Personen motiviert worden waren und
    den authentischen Schmerz des Verfassers ausdrückten, scheint das Interesse der zeitge-
    nössischen Leserschaft verstärkt zu haben; darauf deuten jedenfalls die dokumentierten
    Spekulationen über die Identität der in den Gedichten beklagten Narcissa hin. Vgl. zu
    diesen Spekulationen der zeitgenössischen Leser*innen etwa DOLAN (2000, 172–182);
    CORNFORD (1989, 19) und auch KLIMEK (2015, 235 f.).
28 Vgl. DOLAN (2000, 167).
29 Vgl. CORNFORD (1989, 19): „Young says little of Philander, Narcissa, Lucia, Lorenzo,
    Altamount, Calista and others that could not be said of men in general." Cornford weist
    hier auch darauf hin, dass Young dieselben „stock names" auch in anderen Gedichten
    verwendete.

wird im Gedicht hingegen der seelische Zustand des Sprechers, den diese Ereignisse hervorgerufen haben.[30]

Zu den bekanntesten Zeugnissen für die Wirkung der *Night Thoughts* im deutschsprachigen Raum zählt Friedrich Carl Casimir von Creuz' Gedicht „Die Gräber", das allerdings nicht nur dem Vorbild Youngs verpflichtet ist, sondern sich ausdrücklich auch zu dem Muster Hallers bekennt.[31] In diesem Gedicht, das in der ersten Ausgabe von 1753 drei Gesänge, in der vollständigen Einzelausgabe von 1760 sechs Gesänge umfasste, tritt ein Sprecher auf, der nachts auf einem Friedhof ausgedehnte Reflexionen über die Sterblichkeit und das Jenseits entwickelt. Den Anlass für diese Gedanken bildet, wie er in den ersten zwei Gesängen offenbart, der nur kurze Zeit zurückliegende Tod seines Fürsten, dessen Witwe Ulrike er in einer Apostrophe im ersten Gesang auch direkt anspricht.[32] Gemeint ist vermutlich der 1751 gestorbene Friedrich IV. von Hessen-Homburg, für den Creuz seit 1746 als Hofrat tätig gewesen war. Friedrich wird aber im Gegensatz zu seiner Gattin im Gedicht nicht namentlich genannt, so dass man auch hier von einer Entkonkretisierung der kasualdeiktischen Elemente sprechen kann.

Die von Haller, Young und Creuz vollzogenen Umformungen kasualpoetischer Strukturen mögen auch zu den Voraussetzungen für Gedichte der Zeit um 1800 gehören, die man meist nicht mehr dem Lehrgedicht, sondern der philosophischen Lyrik oder Gedankenlyrik zuordnet. So hat Dolan in seiner

---

30 Dass hier in Hallers Gedichten wie bei Young eine solche Tendenz zur Psychologisierung festgestellt wird, legt die Frage nahe, ob diese Gestaltungsweise bei beiden Autoren durch dieselben denk- oder diskursgeschichtlichen Entwicklungen bedingt wurde. Diese Frage kann hier nicht angemessen erörtert werden. Für diese differenzierteren Darstellungen der seelischen Verfassung der Sprecher dürften aber verschiedene Entwicklungen (dichtungstheoretischer, aber auch theologischer Art) als Kontexte relevant sein, die zum Teil für Haller bzw. Young spezifisch sind.

31 Für die erste, noch unvollständige Fassung vgl. CREUZ (1753); für die vollständige Fassung mit sechs Gesängen CREUZ (1760). In einer späteren Ausgabe hat Creuz die Reihenfolge einiger Gesänge verändert; vgl. CREUZ (1769). Für eine positive Bezugnahme auf Haller vgl. den „Vorbericht" bei CREUZ (1760, V). Für Erwähnungen Youngs im Gedichttext vgl. YOUNG (1989, 17 u. 45). Zu Anklängen an die *Night Thoughts* in Creuz' Gedicht vgl. HARTMANN (1890, 65–70). Zu „Die Gräber" als einem Beispiel für das „sentimentalistische Lehrgedicht" vgl. ALBERTSEN (1967, 333–337, hier 329).

32 Vgl. CREUZ (1753, 104, 109 u. 111); CREUZ (1760, 5, 10 u. 12). Zum biographischen Hintergrund vgl. HARTMANN (1890, 6–10).

Studie die These vertreten, dass William Wordsworth die von Young entwickelte Transformation poetischer Okkasionalität aufgreife und radikalisiere.[33] Ein Gedicht, das für Wordsworths Umgang mit Gelegenheiten charakteristisch ist und zugleich in der Tradition des philosophischen Lehrgedichts steht, ist „Lines written a few miles above Tintern Abbey" mit dem Untertitel „On Revisiting the Banks of the Wye during a Tour. July 13, 1798".[34] Auch in der deutschsprachigen Literatur dieser Zeit finden sich philosophische Gedichte, in denen die Erlebnisse oder Gefühlszustände der Sprecherinstanzen, aus denen ihre abstrakten Reflexionen hervorgehen, differenziert gestaltet werden. Beispiele wären etwa Hölderlins Elegien „Der Wanderer" und „Brod und Wein".[35]

Ob diese Gedichte in ihrer Gestaltung der Sprech- und Reflexionssituationen allerdings die oben beschriebenen Tendenzen bei Haller, Young oder Creuz fortsetzen, ist schwer auszumachen, zumal sie offensichtlich auch spezifischen Traditionen der Gattung Elegie verpflichtet sind. Man dürfte aber vorsichtiger sagen können, dass die psychologisierende oder ‚verinnerlichende' Ausgestaltung kasualpoetischer Strukturen, wie sie sich bei Haller, Young und Creuz findet, den Wandel vom Lehrgedicht zur philosophischen Lyrik um 1800 teils mit vorbereitet oder begünstigt hat, teils mit dieser Entwicklung konvergierte.

III. Lehrgedichte mit diskursiven Anlässen

Die zweite Variante kasualpoetischer Strukturen unterscheidet sich von der ersten durch die Beschaffenheit der Gelegenheiten. Hier handelt es sich nicht um Todesfälle, Hochzeiten oder berufliche Erfolge, sondern um das Erscheinen philosophischer, wissenschaftlicher oder auch poetischer Schriften, die als Anlass für die dargebotenen Reflexionen präsentiert werden. Solche Hinweise auf diskursive Anlässe nehmen in den Lehrgedichten des 18. Jahrhunderts sehr unterschiedliche Formen an. Gelegentlich wird nur in Vorreden allgemein auf Kontroversen hingewiesen, die den Hintergrund für die Ausführungen des

---

33 Zu Wordsworth vgl. Dolan (2000, 1–5 u. 191–204). Dolan zufolge greift Wordsworth in den Gedichten sowie in den dichtungstheoretischen Bemerkungen der *Lyrical Ballads* Techniken und Strategien der Selbstdeutung auf, die in der Mitte des 18. Jahrhunderts vor allem von Edward Young und Thomas Gray entwickelt wurden, und radikalisiert sie.

34 Vgl. Wordsworth (2008, 131–135).

35 Vgl. Hölderlin (2005, 184–187, 285–291).

Gedichts bilden. Dies gilt etwa für Alexander Popes *Essay on Man* (1733/34).[36] Andere Gedichte nennen in den Vorreden, in Fußnoten und zum Teil auch im Gedichttext selbst die Autoren, deren Ansichten kritisch diskutiert werden; ein Beispiel hierfür wäre Johann Philipp Lorenz Withofs Gedicht *Die Moralischen Ketzer* (1760).[37] Gelegentlich werden der diskursive Anlass und der anvisierte Gegner gleich im Titel genannt, so etwa in Johann Georg Schlossers *Anti-Pope oder Versuch über den natürlichen Menschen* (1776).[38]

Diese rein paratextuellen Hinweise auf diskursive Anlässe oder Kontexte haben keine große Ähnlichkeit mit traditionellen Formen der Kasualdeixis, und man kann sicherlich in Frage stellen, ob hier die Rede von ,kasualpoetischen Strukturen' angemessen ist. Aber es finden sich auch prominente Lehrgedichte, die im Gedichttext selbst auf solche diskursiven Anlässe verweisen, also die Konfrontation mit Büchern oder anderen Veröffentlichungen als Ereignisse gestalten, die den Anstoß für die Reflexionen des Sprechers und für das Gedicht selbst bilden.

Dies geschieht etwa in Albrecht von Hallers Gedicht „Ueber den Ursprung des Uebels" (1734).[39] Es beginnt mit der narrativen Herleitung einer Situation, in der sich das Sprecher-Ich schließlich vornimmt, eine Antwort auf das Problem des Übels zu entwickeln. Der Sprecher erfreut sich eines Abends am Anblick einer idyllischen Landschaft in der Nähe Berns, bis ihn plötzlich düstere Gedanken aus dieser Freude aufstören. Diese Gedanken beziehen sich auf die moralische Schlechtigkeit der Menschen, vor allem aber darauf, wie diese moralischen Übel in neueren Publikationen erörtert werden. Zunächst wird im Gedicht namentlich Bernard Mandeville erwähnt, der, wie es in einer Fußnote heißt, „die Laster für ebenso nützlich als Tugenden und für die Triebfedern

---

36 Vgl. die Anspielung auf zeitgenössische Kontroversen („*disputes*") in der Vorrede („The Design") in POPE (1958, 7). Die Vorrede findet sich zuerst in der ersten Gesamtausgabe des *Essay on Man* von 1734.

37 Vgl. die nicht paginierte Vorrede in WITHOF (1760²) sowie die Hinweise auf neuere Publikationen in den Fußnoten des Gedichts, etwa WITHOF (1760², 16–22, 35 u. 58 f.). Zu Withofs Gedicht als einem Beitrag zu zeitgenössischen Diskussionen um Fragen der Anthropologie und Ethik vgl. VOLLHARDT (2001, 278–280).

38 Vgl. [SCHLOSSER] (1776).

39 Vgl. HALLER (1882, 118–142). Vgl. zu diesem oft interpretierten Gedicht etwa RICHTER (2013); VOLLHARDT (2001, 275–278); ACHERMANN (2009², 136–139); KEMPER (1991, 148–152); STÄUBLE (1953).

alles unsers Tuns angesehen hat".[40] Den entscheidenden Impuls für die folgenden Reflexionen des Sprechers liefert dann der Gedanke an einen anderen, nicht namentlich genannten „Geist":

> Indessen, wann ein Geist, der Gottes Wesen schändet,
> Die Einfalt, die ihm traut, mit falschem Licht verblendet
> Und aus der Oberhand des Lasters und der Pein
> Lehrt schließen, wie die Welt, so muß der Schöpfer sein,
> Soll Manes im Triumph Gott und die Wahrheit führen?
> Soll Gott verläumdet sein und uns kein Eifer rühren?[41]

Dass der „Geist, der Gottes Wesen schändet", mit der Lehre von Manes in Verbindung gebracht wird, musste für zeitgenössische Leser die Annahme nahelegen, dass der Sprecher hier auf Pierre Bayles Reflexionen zum Problem des Übels hinweisen wollte, die Bayle bekanntlich unter anderem im Artikel „Manichéens" seines *Dictionnaire historique et critique* untergebracht hatte.[42] Haller lässt im zweiten und im dritten Buch des Gedichts seinen Sprecher eine Konzeption der Schöpfungsgeschichte und der menschlichen Natur entwickeln, die als Stellungnahme zu der von Bayle befeuerten Theodizee-Diskussion und zugleich als kritische Auseinandersetzung mit der Anthropologie Mandevilles gedeutet werden kann.

Die Funktion, die die kasualpoetischen Strukturen innerhalb von Hallers „Ueber den Ursprung des Uebels" erfüllen, lässt sich knapp so beschreiben: Das erste Buch gestaltet zum einen das persönliche Erlebnis eines Ichs, das die Reflexionen über dieses Problem motiviert, und verweist zum anderen auf einen zeitgenössischen Debattenkontext, der so gewissermaßen als Adressat der folgenden Ausführungen erscheint. Hallers Gedicht und andere Lehrgedichte, die in ähnlicher Weise auf diskursive Anlässe Bezug nehmen, partizipieren damit

---

40 Zu der Bezugnahme auf Mandeville vgl. auch RICHTER (2013, 528 f. u. 533).

41 HALLER (1882, 124 f.). Obwohl diese Verse den entscheidenden Entschluss des Sprechers zur Erörterung des Problems darstellen, finden sie in den vorliegenden Interpretationen des Gedichts wenig Beachtung.

42 Vgl. BAYLE (1730, 302–307). Für Bezugnahmen auf diesen Artikel in den *Essais de théodicée* vgl. die Abschnitte 145 bis 149 der „Deuxième partie" bei LEIBNIZ (1969, 197–200). Zu Hallers Beschäftigung mit diesem Werk Leibniz' vgl. etwa die Hinweise bei KEMPER (1991, 148).

auch an dem, was man die Diskussions- oder Streitkultur der Aufklärung nennen kann.[43]

Ein Beispiel für eine ganz anders geartete, nämlich ironisch-spielerische Bezugnahme auf diskursive Anlässe bietet Friedrich von Hagedorns Lehrgedicht „Schreiben an einen Freund", das er auf das Jahr 1747 datierte und 1750 in die Sammlung *Moralische Gedichte* aufnahm.[44] Es handelt sich um ein Gedicht mit gut 200 Versen, in dem der Sprecher seinem Freund im Rahmen eines Briefs seine Anschauungen über Tugend, Weisheit und Glückseligkeit, über die Freundschaft und über das Wesen guter Herrscher mitteilt. Das Gedicht beginnt mit Versen, in denen der Sprecher auf gelehrte Schriften zu ganz anderen Themen verweist und sich mit gespielter Bescheidenheit von ihnen distanziert:

> Da die gelehrte Welt itzt recht geschäfftig ist,
> Castel die Töne färbt[1] u. Körber Seelen mißt,[2]
> Klim, nach dem Lucian,[3] belebte Bäum entdecket,
> Wann Hellmund[4] Zeichen merkt und Jachins Kenner schrecket,
> Und jener offenbart, wie Kunst und Traum und Nacht
> Uns bald zu Königen, bald zu Poeten macht:[5]
> So ist es mir genug, an Dich, mein Freund, zu schreiben,
> [...].[45]

Die Projekte, denen sich „itzt" die gelehrte Welt widme, werden in insgesamt fünf Anmerkungen erläutert und mit Quellenangaben versehen, die die betreffenden Verse an Umfang um ein Mehrfaches übertreffen.[46] Bei den Schriften,

---

43 Dass die philosophischen Lehrgedichte der Aufklärung großenteils in diesen Kontext gestellt werden können, also zu Debatten Stellung beziehen und nicht nur eine popularisierende Verbreitung bereits etablierter Lehren anstreben, ist eine zentrale These von KRÄMER (2019, v. a. 4 f., 295–303 u. 561–567).

44 Vgl. HAGEDORN (1750, 42–60).

45 HAGEDORN (1750, 42 f.).

46 Der ausgiebige Gebrauch von Anmerkungen oder Fußnoten, die zahlreiche Verweise auf ältere und neuere Bücher und Aufsätze enthalten, bildet eine Eigenheit der Gedichte Hagedorns, die schon von Zeitgenossen bemerkt, verschiedentlich kritisiert und von ihm selbst ausführlich verteidigt wurde. Vgl. hierzu KRÄMER (2019, 237–244). Für Hagedorns Rechtfertigung seines Gebrauchs von Anmerkungen vgl. die einleitenden Texte („Vorrede" und „Schreiben an einen Freund") in HAGEDORN (1753, III–X u. XI–XXXII).

die in den Fußnoten angeführt werden, handelt es sich unter anderem um Aufsätze, die 1746 in dem Periodikum *Hamburgische freye Urtheile und Nachrich-*
ten erschienen sind. Diese Beschreibungen der gelehrten Bemühungen lassen
diese zwar als originell und reizvoll, aber nur bedingt als ernsthaft und nützlich
erscheinen.

Der Sprecher distanziert sich denn auch unbekümmert von diesem Treiben, um an seinen Freund zu schreiben und sich Fragen des rechten Lebens und
der Politik zu widmen. Indirekt legt das Gedicht mit diesem Eingang nahe,
dass eine solche briefliche Kommunikation unter Freunden einen mindestens
ebenbürtigen Rang beanspruchen kann wie gelehrte Abhandlungen über See-
lenmessung oder gefärbte Töne. Als angemessener Rahmen für die Kultivie-
rung dieser freundschaftlichen Kommunikation erscheint die Dichtung, und
insofern dient die ironische Distanzierung von der gelehrten Welt vermutlich
auch der Verteidigung der an Autoren wie Horaz geschulten Dichtkunst, die
Hagedorn selbst praktiziert.

Die Bezugnahme auf diskursive Anlässe spielt im Lehrgedicht der Aufklärung eine prominente, kaum zu übersehende Rolle. Die Gedichte, in denen
im Gedichttext selbst auf solche Anlässe verwiesen wird, lassen aber nicht so
deutlich bestimmte Muster oder Entwicklungen erkennen wie die oben behandelten Gedichte mit ‚nicht-diskursiven‘ Anlässen. Es handelt sich hier eher um
Einzelfälle, in denen die Bezugnahmen auf die diskursiven Anlässe auf sehr
variable Weise gestaltet werden.

Als weitere Belege für diese Vielfalt seien abschließend zwei Gedichte
aus dem Spätwerk Goethes genannt. Die zwei Gedichte schließen auf unterschiedliche Weise an die Tradition des Lehrgedichts an. Beide Gedichte wurden von Goethe 1827 in seiner Ausgabe letzter Hand in den Zyklus *Gott und*
Welt aufgenommen, der auch als ganzer auf die Tradition des Lehrgedichts
verweist.[47] Das zuerst 1822 veröffentlichte Gedicht „Howards Ehrengedächtnis" wird im Titel, in einem kurzen gedichtförmigen Vorspruch und schließlich in einer der ersten Strophen als ein Gedicht zu Ehren des englischen
Meteorologen Luke Howard ausgewiesen.[48] Howard hatte 1803 einen *Essay*

---

47   Vgl. mit weiteren Literaturhinweisen Krämer (2019, 542–551) sowie Eibl (1988, 1072).

48   Für das Gedicht vgl. Goethe (1988, 503 f.). In dem kurzen Gedicht „Atmosphäre", das
     Goethe als Einleitung oder Vorspruch zu „Howards Ehrengedächtnis" veröffentlichte,
     heißt es: „Drum danket mein beflügelt Lied / Dem Manne, der Wolken unterschied."

on the Modification of Clouds veröffentlicht, der Goethe wohl 1816 bekannt wurde.[49]

Das Gedicht hat zugleich den Charakter eines Lehrgedichts, da es die von Howard unterschiedenen Wolkenformen vorstellt, dabei allerdings diese Typologie auch mithilfe vielfältiger Analogien zum menschlichen Leben in Beziehung setzt.[50] Dagegen bietet das zuerst 1820 publizierte Gedicht, dem Goethe bei der Aufnahme in die Ausgabe letzter Hand 1827 den Titel „Allerdings. Dem Physiker" gab, keine dankbar lobende, sondern eine polemische Bezugnahme auf einen diskursiven Anlass. Diesen Anlass liefern nicht namentlich genannte Wissenschaftler, die sich auf zwei Verse Albrecht von Hallers berufen. Goethe zitiert diese Verse annähernd wörtlich und deutet an, dass sie vor mehr als sechzig Jahren erstmals gedruckt wurden, ohne allerdings Haller zu nennen:

> Allerdings.
> Dem Physiker
>
> *‚Ins Innre der Natur –'*
> O du Philister! –
> *‚Dringt kein geschaffner Geist.'*
> Mich und Geschwister
> Mögt ihr an solches Wort
> Nur nicht erinnern:
> Wir denken: Ort für Ort
> Sind wir im Innern.
> *‚Glückselig! wem sie nur*
> *Die äußre Schale weist!'*
> Das hör' ich sechzig Jahre wiederholen,
> Ich fluche darauf, aber verstohlen;
> Sage mir tausend tausendmale:

(GOETHE [1988, 502]) Die dritte Strophe von „Howards Ehrengedächtnis" enthält die Verse: „Er aber, Howard, gibt mit reinem Sinn / Uns neuer Lehre herrlichsten Gewinn. […] Sei die Ehre dein!" (GOETHE [1988, 503]).

49 Zur Entstehungsgeschichte und zum Hintergrund vgl. EIBL (1988, 1098–1100) sowie NISBET (1996).

50 Vgl. zur generischen Einordnung des Gedichts auch NISBET (1996, 465): *„Howard's Ehrengedächtnis* läßt sich nicht leicht in eine der traditionellen lyrischen Formtypen einstufen. Es gehört zu jenen didaktischen Gedichten mit starkem lyrischem Einschlag und ausgeprägtem Symbolgehalt, die für G.s philosophische Altersdichtung typisch sind. In diesem Zusammenhang ist es zugleich als Lobgedicht auf eine bestimmte Person einmalig."

Alles gibt sie reichlich und gern;
Natur hat weder Kern
Noch Schale,
Alles ist sie mit einemmale;
Dich prüfe du nur allermeist,
Ob du Kern oder Schale seist.[51]

Das Gedicht erschien zuerst – noch ohne Titel – im dritten Heft des ersten Bandes von Goethes Reihe *Zur Morphologie* (1820). Dort bildete es den Abschluss eines kurzen Prosatextes mit der Überschrift *Freundlicher Zuruf,* der den Antwortcharakter des Gedichts und den Bezug zu aktuellen Anlässen herausstrich.[52] Hier äußert sich Goethe über eine „Freude", die ihm „in diesen Tagen wiederholt" zuteil geworden sei, nämlich die Freude darüber, sich „mit nahen und fernen, ernsten, thätigen Forschern glücklich im Einklang" zu wissen. Diese Forscher „gestehen und behaupten: man solle ein Unerforschliches voraussetzen und zugeben, alsdann aber dem Forscher selbst keine Gränzlinie ziehen."[53] Der Anlass wird somit in diesem ‚freundlichen Zuruf' einerseits zeitlich konkret fixiert („in diesen Tagen"), andererseits recht unbestimmt beschrieben, insofern die betreffenden Forscher nicht namentlich genannt werden. Eine ähnliche Verbindung von Konkretheit und Allgemeinheit charakterisiert auch die Art und Weise, wie in dem Gedicht selbst die Adressaten und der Anlass bezeichnet werden: Der Sprecher zitiert Haller wörtlich und datiert den Zeitpunkt seines Sprechens indirekt auf die Jahre um 1800, lässt aber im Ungewissen, ob die Verurteilung als „Philister" sich gegen Haller richtet oder gegen eine Person, die sich auf dessen Verse beruft; auch die Identität der „Geschwister", mit denen er sich gegenüber den ‚Philistern' im Einklang weiß, bleibt offen.

51 GOETHE (1988, 507 f.). Zur Entstehungs- und Druckgeschichte vgl. EIBL (1988, 1103 f.). Bei den zitierten Versen handelt es sich um die Verse 289 f. von Hallers Gedicht „Die Falschheit menschlicher Tugenden"; vgl. HALLER (1882, 74).

52 Vgl. GOETHE (1954, 222 f.).

53 GOETHE (1954, 222). Zu diesem Text und zur mutmaßlichen Identität der genannten Forscher vgl. die Anmerkungen der Herausgeberin Dorothea Kuhn in GOETHE (1995, 832 f.).

IV. Schluss

Dieser Beitrag sollte einige Aspekte der Wandlungen der Kasualpoesie im 18. Jahrhundert beleuchten, indem er auf die wichtige Rolle hinweist, die Bezugnahmen auf Anlässe in Lehrgedichten der Aufklärungsepoche spielen. Wie schon der kursorische Durchgang durch einige Gedichte zeigt, kann die Verbindung zwischen Strukturen des Gelegenheits- und des Lehrgedichts vielfältige Formen annehmen, die etwa durch unterschiedlich konkrete Benennungen von Anlass und Adressat gekennzeichnet sind. Sofern sich aus den hier behandelten Gedichten trotz ihrer geringen Zahl eine Entwicklungsrichtung konstruieren lässt, ist sie am ehesten bestimmt durch eine abnehmende Konkretheit der zeitlichen, räumlichen und personellen Daten und durch eine zunehmende Differenziertheit in der Gestaltung der seelischen Verfassung der Sprechinstanz. Als eine besondere Variante der Verbindung von Lehrgedicht und Gelegenheitsgedicht wurden hier Gedichte analysiert, die diskursive Ereignisse wie das Erscheinen philosophischer oder wissenschaftlicher Abhandlungen als Anlässe des Gedichts und der in ihnen entwickelten Reflexionen gestalten.

Die Frage nach den Funktionen der kasualpoetischen Strukturen konnte hier nur gestreift werden. Was die Gedichte betrifft, die ein Erlebnis oder einen bestimmten seelischen Zustand des Sprechers als Ausgangssituation gestalten, so dürften die Funktionen hier besonders vielfältig sein. Allgemein kann man sagen, dass diese Ausgestaltung des Anlasses dazu dient, den Sprecher als räsonierende oder belehrende Person näher zu konturieren und seine kognitiven Motivationen und Kompetenzen zu profilieren. Die Bezugnahmen auf diskursive Anlässe dienen hingegen in der Regel dazu, die Gedichte als Interventionen in laufende Debatten zu kennzeichnen, wobei die Haltung der Sprechinstanz gegenüber diesen Debatten auf vielfältige Weise stilisiert werden kann, etwa als eine engagiert-apologetische, eine ironisch-distanzierte oder eine aggressiv-polemische Haltung. Jedenfalls bieten die hier untersuchten Lehrgedichte Beispiele dafür, dass textstrukturelle Eigenschaften der Kasualpoesie nicht nur mannigfach abgewandelt, sondern auch von den paradigmatischen sozialen Funktionen der Gelegenheitsdichtung abgelöst und vielfältigen anderen Zwecken dienstbar gemacht werden konnten.

Literaturverzeichnis

ACHERMANN, Eric (2009², 121–155): Dichtung. In: H. Steinke, U. Boschung, W. Proß (Hrsg.): Albrecht von Haller. Leben – Werk – Epoche. Göttingen.

ALBERTSEN, Leif Ludwig (1967): Das Lehrgedicht. Eine Geschichte der antikisierenden Sachepik in der neueren deutschen Literatur. Aarhus.

BAYLE, Pierre (1730): Dictionnaire historique et critique, Tome troisième. Quatrième edition, revue, corrigée et augmentée. Avec la vie de l'auteur par Mr. Des Maizeaux. Amsterdam, Leiden.

CORNFORD, Stephen (1989, 1–32): Introduction. In: S. Cornford (Hrsg.): Edward Young, Night Thoughts. Cambridge u. a.

[CREUZ, Friedrich Carl Casimir von] (1760): Die Gräber, ein Philosophisches Gedicht, in Sechs Gesängen; nebst einem Anhange neuer Oden und philosophischer Gedanken. Frankfurt a. M., Mainz.

– (1753, 102–125): Die Gräber. In: Ders.: Oden und andere Gedichte. Neue u. vermehrte Auflage. Frankfurt a. M., Mainz. [Creuz wird nicht auf dem Titelblatt, aber unter der – nicht paginierten – „Zueignungsschrift an Ihro Churfürstl. Durchl. zu Pfalz" als Verfasser genannt.]

– (1769, 81–152): Die Gräber. In: Ders.: Oden und andere Gedichte auch kleine prosaische Aufsätze, Bd. 2. Neue vermehrte u. geänderte Auflage. Frankfurt a. M.

DOLAN, John (2000): Poetic Occasion from Milton to Wordsworth. Basingstoke u. a.

DRUX, Rudolf (1996, 653–667): Art.: Gelegenheitsgedicht. In: G. Ueding (Hrsg.): Historisches Wörterbuch der Rhetorik, Bd. 3. Tübingen.

EIBL, Karl (1988, 873–1356): Kommentar. In: Johann Wolfgang Goethe: Sämtliche Werke, Briefe, Tagebücher und Gespräche (= Frankfurter Ausgabe), Bd. I,2: Gedichte 1800–1832. Hrsg. v. K. Eibl. Frankfurt a. M.

[ENGEL, Johann Jacob] (1783): Anfangsgründe einer Theorie der Dichtungsarten aus deutschen Mustern entwickelt, Erster Theil. Berlin, Stettin.

GOETHE, Johann Wolfgang (1954): Die Schriften zur Naturwissenschaft. Vollständige mit Erläuterungen versehene Ausgabe, Bd. I,9: Morphologische Hefte. Bearb. v. D. Kuhn. Weimar.

– (1995): Die Schriften zur Naturwissenschaft. Vollständige mit Erläuterungen versehene Ausgabe, Bd. II,10A: Zur Morphologie. Von 1816 bis 1824. Bearb. v. D. Kuhn. Weimar.

– (1988): Sämtliche Werke, Briefe, Tagebücher und Gespräche (= Frankfurter Ausgabe), Bd. I,2: Gedichte 1800–1832. Hrsg. v. K. Eibl. Frankfurt a. M.

GUTHKE, Karl S. (1975, 301–314 u. 400–403 [Anm.]): Hallers „Ode über die Ewigkeit": Veranlassung und Entstehung. In: Ders. (Hrsg.): Literarisches Leben im achtzehnten Jahrhundert in Deutschland und in der Schweiz. Bern, München.

HAGEDORN, Friedrich von (1750): Moralische Gedichte. Hamburg.

– (1753): Moralische Gedichte. Zweyte, vermehrte Ausgabe. Hamburg.

HALLER, Albrecht von (1882): Gedichte. Hrsg. u. eingeleitet v. L. Hirzel. Frauenfeld.

– (1748): Versuch Schweizerischer Gedichte. Vierte, vermehrte u. veränderte Auflage. Göttingen.

– (1734): Versuch Von Schweizerischen Gedichten. Zweyte, vermehrte u. veränderte Auflage. Bern.

HARTMANN, Carl (1890): Friederich Carl Casimir Freiherr von Creuz und seine Dichtungen.

HÖLDERLIN, Friedrich (2005): Sämtliche Gedichte. Hrsg. v. J. Schmidt. Frankfurt a. M.

JÄGER, Hans-Wolf (1970, 544–576): Zur Poetik der Lehrdichtung in Deutschland. In kritischen Zusätzen zu L. L. Albertsens Buch ‚Das Lehrgedicht'. In: DVjs, Bd. 44.

KEMPER, Hans-Georg (1991): Deutsche Lyrik der frühen Neuzeit, Bd. 5/II: Frühaufklärung. Tübingen.

KLIMEK, Sonja (2015, 223–241): ‚I grieve' as Make-Believe. Generating Fictional Truth in Eighteenth-Century Lamentation Poetry (Günther, Haller, Young and Novalis). In: J. A. Bareis, L. Nordrum (Hrsg.): How to Make Believe. The Fictional Truths of the Representational Arts. Berlin, Boston.

KRÄMER, Olav (2018, 53–82): Kasuale Lehrgedichte im Kontext der aufklärerischen Gelehrtenrepublik. Johann Christoph Gottsched und Abraham Gotthelf Kästner. In: Scientia Poetica, Bd. 22.

– (2019): Poesie der Aufklärung. Studien zum europäischen Lehrgedicht des 18. Jahrhunderts. Berlin, Boston.

KÜHLMANN, Wilhelm (2000, 393–397): Art.: Lehrdichtung. In: H. Fricke u. a. (Hrsg.): Reallexikon der deutschen Literaturwissenschaft, Bd. 2. Berlin, New York.

LEIBNIZ, Gottfried Wilhelm (1969): Essais de théodicée sur la bonté de Dieu, la liberté de l'homme et l'origine du mal. Chronologie et introduction par Jacques Brunschwig. Paris.

LEIGHTON, Joseph (1983, 340–358): Occasional Poetry in the Eighteenth Century in Germany. In: The Modern Language Review, Bd. 78, H. 2.

NISBET, Hugh Barr (1996, 463–466): Art.: Howard's Ehrengedächtnis. In: R. Otto, B. Witte (Hrsg.): Goethe-Handbuch, Bd. 1: Gedichte. Stuttgart, Weimar.

POPE, Alexander (1958): An Essay on Man (= Twickenham Edition, Vol. III.i, zuerst 1950). Hrsg. v. M. Mack. London.

RICHTER, Karl (1972): Literatur und Naturwissenschaft. Eine Studie zur Lyrik der Aufklärung. München.

RICHTER, Sandra (2013, 515–546): Metahistorische Aspekte in Albrecht von Hallers *Ueber den Ursprung des Uebels*. In: H. Detering, P. Trilcke (Hrsg.): Geschichtslyrik. Ein Kompendium, Bd. 2. Göttingen.

[SCHLOSSER, Johann Georg] (1776): Anti-Pope oder Versuch über den natürlichen Menschen. Nebst einer neuen prosaischen Uebersetzung von Pope's Versuch über den Menschen. Bern.

SEGEBRECHT, Wulf (1977): Das Gelegenheitsgedicht. Ein Beitrag zur Geschichte und Poetik der deutschen Lyrik. Stuttgart.

– (1997, 688–691): Art.: Gelegenheitsgedicht. In: K. Weimar u. a. (Hrsg.): Reallexikon der deutschen Literaturwissenschaft, Bd. 1. Berlin, New York.

SIEGRIST, Christoph (1967): Albrecht von Haller. Stuttgart.

– (1974): Das Lehrgedicht der Aufklärung. Stuttgart.

SITTER, John (2005, 287–315): Political, Satirical, Didactic and Lyric Poetry (II): After Pope. In: J. Richetti (Hrsg.): The Cambridge History of English Literature, 1660–1780. Cambridge.

STÄUBLE, Eduard (1953): Albrecht von Haller: ‚Über den Ursprung des Übels'. Zürich.

STEINER, Uwe (2000): Poetische Theodizee. Philosophie und Poesie in der lehrhaften Dichtung im achtzehnten Jahrhundert. München.

STOCKHORST, Stefanie (2006, 354–362): Art.: Gelegenheitsdichtung. In: F. Jaeger (Hrsg.): Enzyklopädie der Neuzeit, Bd. 4. Stuttgart.

– (2002): Fürstenpreis und Kunstprogramm. Sozial- und gattungsgeschichtliche Studien zu Goethes Gelegenheitsdichtungen für den Weimarer Hof. Tübingen.

– (2010, 97–128): Fehlende Vorschriften. Zur Normierung der Kasualpoesie in der barocken Reformpoetik und ihrer Verschränkung mit traditionellen

Regelkorpora. In: A. Keller u. a. (Hrsg.): Theorie und Praxis der Kasualdichtung in der Frühen Neuzeit. Amsterdam, New York.

VOLK, Katharina (2002): The poetics of Latin didactic. Lucretius, Vergil, Ovid, Manilius. Oxford u. a.

VOLLHARDT, Friedrich (2001): Selbstliebe und Geselligkeit. Untersuchungen zum Verhältnis von naturrechtlichem Denken und moraldidaktischer Literatur im 17. und 18. Jahrhundert. Tübingen.

WITHOF, Johann Philipp Lorenz (1760²): Die Moralischen Ketzer. Duisburg.

WORDSWORTH, William (2008): The Major Works. Hrsg. v. S. Gill. Oxford.

YOUNG, Edward (1989): Night Thoughts. Hrsg. v. S. Cornford. Cambridge u. a.

ZYMNER, Rüdiger (2007³, 261 f.): Art.: Gattung. In: D. Burdorf u. a. (Hrsg.): Metzler Lexikon Literatur. Begriffe und Definitionen. Stuttgart, Weimar.

MICHAEL AUER

„Der Freyheit Exempelchen". Klopstock und die Amplifikation politischer Anlässe

> Frankreich hat mich durch ihre zweite Nationalversammlung
> zu seinem Bürger gemacht. Die Freude über diese Ehre war
> nicht größer, als die über die neuen Pflichten war, zu denen
> jenes erhabene Bürgerrecht mich aufforderte. Zu dem Thun
> der Pflicht gehört Gelegenheit, welche man entweder finden,
> oder wenn man vergebens sucht, schaffen muß.[1]
>
> (Klopstock an den Präsidenten des Pariser Nationalkonvents, 16.11.1794)

Es gibt hartnäckige Vorurteile der Literaturgeschichtsschreibung. Zu ihnen gehört die Vorstellung, eine literarische Autonomie entstehe erst um 1800 und die Dichtung zuvor sei durch eine durchgehende Heteronomie gekennzeichnet. Während es natürlich stimmt, dass poetische Texte, die kommunikative Funktionen erfüllen, sich bestimmten Rahmenbedingungen fügen müssen, so bedeutet das doch nicht, dass sich diese Texte keine Spielräume erschrieben hätten, die zwar nicht der Autonomie eines gesellschaftlichen Teilsystems zugeschlagen werden können, deshalb aber auch nicht als heteronom abgestempelt werden sollten. Ein Paradigmenwechsel im Umgang mit den Freiheiten der alteuropäischen Literatur wird nicht nur auf die Autonomisierungstendenzen innerhalb der Gelegenheitsdichtung der Vor- und Frühmoderne aufmerksam machen, er wird es erlauben, die literarischen Autonomiebestrebungen seit dem letzten Drittel des 18. Jahrhunderts neu zu perspektivieren. Hier ist die hohe Ode von charakteristischem Interesse, weil ihr *beau désordre* geradezu durch die Lizenz der kühnen Abweichung definiert ist und mithin schon in ihrer

---

1 KLOPSTOCK (1994, 324).

Formbestimmung auf die besonderen „Freiräume" der Gelegenheitsdichtung als solcher verweist.[2]

Zumeist wird die vollzogene Autonomisierung der Literatur am Werk Goethes festgemacht. Doch Goethe selbst ist hier mitunter ein unzuverlässiger Gewährsmann. Immerhin schreibt er noch eine ganze Reihe von Gebrauchsarbeiten und gibt auch gerne für lyrische Stücke, die – anders als jene Arbeiten – dem Vernehmen nach zum ‚Werk' im engeren und ‚eigentlichen' Sinne gehören sollen, Anlässe an.[3] In einem auf das Gedicht „Amyntas" bezogenen Tagebucheintrag etwa heißt es: „Der Baum und der Efeu Anlaß zur Elegie".[4] Das bedeutet nun freilich nicht, dass Goethe hier der alteuropäischen Tradition schlicht integriert werden soll. Vielmehr will ich darauf aufmerksam machen, dass sich das Verhältnis von Anlass und Dichtung um 1800 von Grund auf ändert (und nicht etwa löst) und dass Goethe ein Beispiel für diese Verwandlung ist, wenn auch nicht das einzige. Ein Konkurrenzunternehmen findet sich ungefähr zeitgleich bei Klopstock, der in der Literaturgeschichte – vor allem dank Goethes Erfolg und Deutungshoheit – eine nur marginale Rolle spielt und spätestens seit den freirhythmischen Oden „Prometheus", „Wanderers Sturmlied" und „Harzreise im Winter" zwar als wichtiger Stichwortgeber Goethes gilt, aber auch von ihm bereits zu Lebzeiten überwunden worden sein soll.[5]

Dabei stellen Klopstocks Oden eine Alternative dar, das Verhältnis von Gelegenheit und Gedicht neu zu konfigurieren. Anders als Goethe setzt Klopstock dabei explizit politische Impulse frei. Und er steht damit nicht allein. Denn wenn man den Blick über die deutschsprachige Literatur hinaus erweitert, dann zeichnet sich eine nennenswerte transnationale Tradition ab, die den Aktualitätsbezug anlassbezogener Dichtung mit einer ausgeprägten Schöpfungshöhe in Einklang zu bringen vermag. Sie reicht etwa von der englischen Romantik (v. a. Coleridge und Shelley) über Figuren wie Leopardi, Tennyson und Whitman bis zur russischen Lyrik um 1900 oder der südamerikanischen Lyrik des 20. Jahrhunderts.

---

2 Garber (2010, 35).

3 Auf dieses grundlegende Paradox geht Segebrecht (1977, VII) gleich zu Beginn seiner Studie zum Gelegenheitsgedicht ein. Zu Goethes Gelegenheitsarbeiten für den Weimarer Hof vgl. Stockhorst (2002).

4 Goethe (1987, 1204).

5 Goethes aemulative Überbietung Klopstocks wurde untersucht von Lee (1999).

Im Folgenden will ich diese – goethezeitliche Kategorien erschütternde – Alternative mit Blick auf die politische Lyrik Klopstocks konturieren. Leitend ist dabei die Neudeutung des *decorum* bzw. *aptum* vor dem Hintergrund dessen, was Klopstock als ‚fastwirkliche' Dinge bezeichnet.[6] Unter dem Blickwinkel solcher imaginierten Gegenstände verschiebt sich das Verhältnis von Anlass und Ausdruck. Es geht nicht darum, einer vorausliegenden außertextlichen Gelegenheit möglichst angemessen zu entsprechen. Vielmehr tendiert die Ode bei Klopstock dazu, sich selbst zum Anlass kommender politischer Handlungen zu machen. Sie will mit anderen Worten ‚Gelegenheit schaffen'. Das *aptum* bzw. *decorum* bezieht sich daher auf den innertextlichen Entwurf des fastwirklichen Dings selbst. Besonders deutlich wird das in den „Revoluzionsoden".[7]

I. Fastwirkliche Dinge

Immer schon besteht bei Klopstock eine hohe Affinität von Gelegenheit und Lyrik. Die ersten Oden und Elegien sind zumeist Freunden und geliebten Frauen zugeeignet und werden in Handschriften verschickt oder in Manuskripten für Freunde gedruckt.[8] Erst mit den Jahren spricht Klopstock seinen lyrischen Texten einen Werkcharakter im strengen Sinne zu.[9] Doch ist das nicht gleichbedeutend mit einer Autonomisierung des Œuvre, das sich von äußeren Anlässen ablöst. Denn die letzten Dichtungen wenden sich mit jeder denkbaren Emphase der Feier (und der rettenden Kritik) der Französischen Revolution zu, in der Klopstock schon von Beginn an die „größte Handlung dieses Jahrhunderts" sieht.[10] Seine ausgeprägten republikanischen Neigungen sind gut dokumentiert.[11] In der Forschung zu den Oden spielt die Revolutionslyrik indes zumeist kaum eine Rolle. Dabei erfüllt sich hier in ausgezeichneter Weise das,

---

6 Auf die Bedeutung des *decorum* für Klopstocks freirhythmische Oden verweist schon KOHL (1990, 9).

7 Diesen Ausdruck gebraucht Klopstock in einem Brief an Christian August Heinrich Clodius vom 26.3.1796, abgedruckt in KLOPSTOCK (1993, 62).

8 Aufgearbeitet wird diese soziale Medienpraxis bei SPOERHASE (2018, 169–362).

9 Vgl. hierzu den Kommentar von Hurlebusch und Gronemeyer in KLOPSTOCK (2015, 3–19).

10 KLOPSTOCK (2010, 455, V. 13).

11 Vgl. etwa PAPE (1989).

was Klopstock als seine besondere Form der ‚Darstellung' versteht. In gewisser Hinsicht kann man also in den Revolutionsoden – noch vor den Gedichten über den Eislauf[12] – die radikalste Ausprägung und damit auch den Höhepunkt von Klopstocks lyrischem Schaffen überhaupt sehen.

Der kurze theoretische Text, der „Von der Darstellung" handelt, führt eingangs den Begriff des fastwirklichen Dings ein:

> Es gibt wirkliche Dinge, und Vorstellungen, die wir uns davon machen. Die Vorstellungen von gewissen Dingen können so lebhaft werden, daß diese uns gegenwärtig, und beinah die Dinge selbst zu sein scheinen. Diese Vorstellungen nenn ich *fastwirkliche* Dinge. Es gibt also wirkliche Dinge, fastwirkliche, und bloße Vorstellungen.[13]

Die Kraft der Darstellung beruht auf diesen fastwirklichen Dingen. Denn der Dichter kann nicht nur solch lebendige Vorstellungen bei sich selbst erwecken, sondern „stellt sie" auch den „andern dar."[14] Klopstock greift hier auf Horaz' *se vis me flere* zurück, demzufolge der Dichter die Affekte, die er hervorrufen will, zuvor selbst spüren müsse.[15] Denn nur so vermöge er es, den „Zweck der Darstellung" zu erreichen: eine „Täuschung" hervorzurufen, zu der er „den Zuhörer so oft er kann, hinreißen, und nicht hinleiten" müsse.[16] Die Lebendigkeit der vorgestellten Sache hat mit außertextlichen Wirklichkeiten wenig gemein. Vielmehr ist hier an das Suggestionspotential eines Sprachgeschehens gedacht, das die Bewegungskräfte (das *movere*) einer – namentlich erhabenen – Rhetorik für die Selbstaffektion seiner Leserschaft einzusetzen weiß.

Damit wandelt sich auch die Funktion des *decorum* bei Klopstock. Herkömmlicherweise verhandelt der Begriff des *aptum* die Abstimmung eines Textes auf seinen Gegenstand. Bestimmte Gegenstände – und das gilt ebenso für Anlässe – fordern eine spezifische Darstellungsart. Neben Bestimmungen zur Wahl der Gattung und des rhetorischen Registers zählen hierzu auch Überlegungen zur Form und zur Metrik. Bei Klopstock nun passt sich das *aptum* der Evokation fastwirklicher Dinge an, statt durch voranliegende wirkliche Dinge geregelt zu sein. Wie seine theoretischen Ausführungen zum Silbenmaß

---

12   Vgl. dazu insbesondere Amtstätter (2005).

13   Klopstock (1989, 166).

14   Klopstock (1989, 167).

15   Vgl. Horaz (1993, 546).

16   Klopstock (1989, 167).

belegen, liegt dabei ein besonderer Akzent auf den metrischen Entscheidungen. Bei ‚bloßen Vorstellungen' „verwandeln wir das Zeichen erst in das Bezeichnete; hier" – bei ‚fastwirklichen Dingen' – „dünkt uns die Bewegung geradezu das durch sie Ausgedrückte zu sein. Diese Täuschung muß dem Dichter ebenso wichtig sein, als sie ihm vorteilhaft ist."[17] Weil Klopstocks Darstellung also dazu tendiert, sich selbst an die Stelle der Gegenstände zu setzen, wird sie auch zum Medium, Gegenstände überhaupt erst hervorzubringen.[18]

Freilich kann es prinzipiell von allen wirklichen Dingen fastwirkliche Abbildungen geben. Die Darstellung bleibt aber nicht auf eine solche Präsentation beschränkt, sie kann – unter Bezug auf Ciceros Konzeption der *argumenta* – auch nur möglichen, aber (noch) nicht-wirklichen Dinge eine rhetorische Lebendigkeit verleihen, dank der sie gleichsam Gestalt anzunehmen scheinen. Und genau solche Dinge interessieren Klopstocks Dichtungen von jeher. Berühmt ist, wie die frühen Freundschafts- und Liebesoden den Tod der Freund*innen vorwegnehmen und damit die unfassliche Zukunft eines (angeblichen) Lebens nach dem Tod in einer besonders bewegenden Weise vergegenwärtigen wollen. Markant ist hierfür der Fall der Liebeselegie „Die künftige Geliebte". Anders als es die Gattungsgewohnheiten fordern, hat es dieser Text nicht mehr mit der Vergangenheit zu tun, sondern visiert die kommende Begegnung mit einer geliebten Figur an, die der elegischen Sprachinstanz noch nicht einmal bekannt ist. Der aus der Tradition stammende Gebrauch eines dichterischen Codenamens, der etwa schon bei Ovid und Properz belegt ist, nimmt damit eine neue Funktion an. Er steht nicht mehr für einen Klarnamen, sondern bestimmt eine Rolle, die die gesuchte Adressatin ausfüllen muss.[19] So wird die titelgebende ‚künftige Geliebte' vom Text vorgedacht. Gleichermaßen zum (vorweggenommenen) Anlass und zur (unbekannten) Adressatin des Gedichts geworden, eignet ihr eine Fastwirklichkeit, der in der Realität noch nichts entspricht. Die von Texten wie dieser Elegie erzeugte „Illusion" zeichnet sich, wie auch Inka Mülder-Bach betont

---

17   KLOPSTOCK (1989, 148).

18   Als „mediale Ereignisse" werden Klopstocks Dichtungen auch bei BERNDT (2013, 133) gefasst.

19   HAVERKAMP (2018, 177) macht auf das in dieser „Antizipation" angelegte „Schema der Wiederholung" aufmerksam, welches die besondere Rezeptionsästhetik Klopstocks (v. a. zwischen 1750 und 1770) auszeichnet.

hat, also durch „ein Nachbeben oder Nachzittern" aus, das zugleich ein „‚Perspektiv' des Affekts" eröffnet.[20] Auch Klopstocks Rückgriff auf die petrarkistische Tradition steht unter der Ägide des Künftigen. Eine „Petrarcha und Laura" überschriebene Epode wendet sich abschließend „Enkel und Enkelin" zu, denen die Nachahmung der „Muster" Laura und Petrarca eine „goldne Zeit" bescheren werde.[21]

Auf diese Weise erschreibt sich „Die künftige Geliebte" – und das gilt in ähnlicher Weise auch für die Freundschaftsoden – nicht nur seine Adressatin, sondern auch den eigenen Anlass, der dem Text folglich nicht vorgeordnet ist, sondern vom Text (mitsamt seinem Inhalt im Vorgriff auf die Zukunft) erzeugt wird. Damit autonomisiert sich Dichtung von ihr äußerlich bleibenden Anlässen.

II. Politische Perlokutionen

Die Darstellung ist bei Klopstock also nicht selbstzweckhaft. Ebenso wenig geht es seinen Gedichten um eine reine Beschleunigung um der Beschleunigung willen.[22] Vielmehr wird die Darstellung fastwirklicher Dinge gezielt eingesetzt, um die Rezipientinnen und Rezipienten dazu zu bewegen, diese Dinge in möglichst lebhafter Weise zu imaginieren und das, was diese von ihnen fordern, umzusetzen. Die Wirkungsästhetik zielt geradezu auf eine Realisierung des Fastwirklichen. Wie erfolgreich Klopstock damit sein konnte, belegt die Beliebtheit des Eislaufens in den 1770er Jahren. Dieser Hype kann durchaus als perlokutionärer Effekt begriffen werden, der durch die illokutionäre Darstellungskraft der Schlittschuhoden ausgelöst wurde. Noch in *Dichtung und Wahrheit* feiert Goethe den Schlittschuhlauf als „neue frohe Tätigkeit" in einer „neue[n] Welt", die durch den „Enthusiasmus" von Klopstocks „Oden" eröffnet wurde.[23] Das A und O des Eistanzes bleibt deshalb auch die Ode selbst, die nicht nur die jugendliche Sportbegeisterung veranlasst, sondern den Bewegungen

---

20 Mülder-Bach (1998, 198).

21 Klopstock (2010, 56, VV. 84, 94 u. 85).

22 Bis zu dieser Konsequenz treibt Menninghaus (1989, 259 f.) seine eingestandenermaßen tendenziöse Lektüre der ‚Bewegung' bei Klopstock.

23 Goethe (1986, 568).

auf dem Eise „eine immer neue Schwungkraft" zu verleihen vermag, die sie zudem wie eine Art Soundtrack begleitet: „Bald dieser bald jener Freund ließ in deklamatorischem Halbgesange eine Klopstockische Ode ertönen".[24] Ins Werk gesetzt wird eine positive Rückkopplungsschleife von Gedicht und Sport: Die Ode motiviert zum Schlittschuhlaufen, das wiederum an die Ode denken lässt, die rezitiert wird und damit wiederum zum Schlittschuhlaufen animiert etc. Deshalb treten auch keine Ermüdungserscheinungen auf: „Denn wie andere Anstrengungen den Leib ermüden, so verleiht ihm diese eine immer neue Schwungkraft".[25]

Besonders wichtig sind Klopstock solche Perlokutionen indes, wenn es um Politik geht, wie das insbesondere seit der Einberufung der Generalstände durch Ludwig XVI. der Fall ist. Klopstocks erste Revolutionsode entsteht auf Veranlassung dieser Einberufung und ist „Die Etats Generaux" überschrieben. Der „kühne Reichstag Galliens"[26] erfordert die gleichfalls kühne Form der alkäischen Ode, deren „Silbenmaß" Klopstock zufolge, „selbst für den Schwung eines Psalms, noch tönend genung wäre."[27] Denn hier vollziehe sich – so „Die Etats Generaux" weiter – das wichtigste Ereignis des gesamten Jahrhunderts, das selbst noch die zu Herkulestaten verklärten Kämpfe Friedrichs II. mit den anderen europäischen Herrschern und Herrscherinnen in den Schatten stelle. So werden die Deutschen denn auch eigens aufgerufen, die Franzosen darin „nachzuahmen".[28] In einer später hinzugefügten Fußnote zum Text verteidigt Klopstock das Wort ‚kühn' gegen Kritiker, indem er darauf hinweist: „Die Franzosen sind meine Ausleger geworden. Sie haben noch viel mehr getan, als ich ihnen zutraute; und ich traute ihnen damals, da mir die Absicht ihres Reichtags kühn vorkam, doch gewiß nicht wenig zu."[29] Was hier ‚Auslegung' der Ode heißt, ist nicht als eine textimmanente Interpretation zu verstehen, sondern als perlokutionärer Effekt. In diesem Sinne waren schon die jugendlichen Eisläufer seine Ausleger geworden. Nun spricht sich Klopstock offenbar auch im

---

24 GOETHE (1986, 569). Zum Eislauf vgl. ausführlicher HILLIARD (1989).
25 GOETHE (1989, 569).
26 KLOPSTOCK (2010, 455, V. 1).
27 MENNINGHAUS (1989, 18).
28 KLOPSTOCK (2010, 455, V. 12).
29 KLOPSTOCK (2010, 455).

Politischen die Macht zu, zukünftige Ereignisketten anstoßen und sie mithilfe odischer Rückkopplungen mitbestimmen zu können.

Ein zwei Jahre später entstandenes, aber erst in der *Hamburger Klopstock-Ausgabe* veröffentlichtes Gedicht skizziert die „Träume", die die Ereignisse in Frankreich für die politische Ode erwecken, und hilft, das Kalkül hinter Klopstocks recht unbescheidenem Anspruch besser zu fassen. Ein Untertitel nennt den August 1790 als Entstehungsdatum. Damit verortet sich der Text in einer Zeit relativer Ruhe und Zukunftshoffnung. Seit 1789 erarbeitet die Konstituante eine schriftliche Verfassung, die zu Beginn des Jahres 1791 verabschiedet werden wird, und schafft in diesem Zuge schon alle feudalen Vorrechte ab. Am 14. Juli 1790 wird auf dem Pariser Marsfeld das Föderationsfest gefeiert, das der Erstürmung der Bastille ein Jahr zuvor gedenkt. Am selben Tag findet in der Nähe von Hamburg das Harvestehuder Freiheitsfest statt, bei dem Klopstock zwei Gedichte (vermutlich „Kennet euch selbst" und „Der Fürst und sein Kebsweib") laut vorliest.

Und auch sonst herrscht im Reich eine Aufbruchsstimmung. Im Februar 1790 ist Kaiser Joseph II. gestorben, dessen radikalreformerisches Programm (der sogenannte Josephinismus) auf starke Widerstände stieß. Sein Bruder und Nachfolger Leopold ist – wie man an seiner Umgestaltung des Großherzogtums Toskana zu einem vielbeachteten Modellstaat schon sehen konnte – ebenso reformerisch gesinnt, gilt darüber hinaus aber auch als geschickter (und bereiter), die Reformen in den Ständen zu legitimieren. Leopold ist es denn auch, der im Juli den drohenden Krieg zwischen Preußen und Österreich durch die Reichenbacher Konvention vermeidet, obwohl sie für Habsburg weitreichende territoriale Zugeständnisse und eine Anerkennung Preußens als gleichberechtigte Macht bedeutet. Zugleich sichert dieser Vertrag Leopold die Kaiserwahl, die im September abgehalten wird und zur Krönung im Oktober führt. Außerdem steht der designierte Kaiser (der auch Bruder der französischen Königin Marie-Antoinette ist) der Revolution zu dieser Zeit wohlwollend gegenüber. Die Pillnitzer Deklaration, die zum ersten von insgesamt sieben Koalitionskriegen zwischen Frankreich und den alteuropäischen Mächten führt, wird er erst ein Jahr später unterzeichnen.

Das sind also die Zeiten, die Klopstock träumen machen. Die dabei entstehende freirhythmische Ode bindet sich an einen Anlass, wenn sie zu Beginn auf die Zerstörung der Bastille und die Festlichkeiten anspielt, die diesen Schlag gegen das *Ancien Régime* feiern: „Geworden sind zu Ebenen des Tanzes Gefängnisse / Herrscher zu Menschen!"[30] Wie Winfried Menninghaus zeigen

---

30 KLOPSTOCK (2010, 466, VV. 3 f.).

konnte, ist die Imagination des Tanzes zentral für Klopstocks Verständnis einer bewegten und bewegenden Darstellung.[31] Hier schwingt sich die lyrische Verlaufsform[32] zu einem veritablen Freiheitstanz auf. Und da sich die neue Freiheit noch keine Form gegeben hat, wählt der Text die ‚Unform' freier Rhythmen. Dahinter steht immer noch Boileaus berühmte Definition der Ode als einer schönen Unordnung („beau desordre"[33]), auf die Klopstock etwa auch in „Von der Darstellung" anspielt, wenn er von der „scheinbare[n] Unordnung" der Darstellung spricht.[34] Das Wort ‚scheinbar' wird hier wohl im Sinne der Täuschung fastwirklicher Dinge zu verstehen sein.

Für das Folgende ist es jedoch wichtiger darauf hinzuweisen, dass die Unordnung der Ode auf eine zukünftige, völlig beispiellose Ordnung hin orientiert ist. Ihr gelten die Träume, die einem die „Wißbegier" eingibt.[35] Denn obwohl die Freiheit wie eine neue Athene in voller Wehr zur Welt gekommen ist, liegt ihr „erstes Himmelskind" noch „verborgen in Nacht".[36] Die Suche nach dem „wo"[37] und „wenn"[38] dieser Geburt einer neuen, freiheitlichen Grundordnung führt von der Elbe (an dessen Ufer das Harvestehuder Freiheitsfest stattfand) und der Oder nach Süden zum Rhein und zur Donau, also (geographisch) durch das Heilige Römische Reich und (textlich) zur Versammlung der deutschen „Landstände", die abschließend im altgermanischen Bardenton verklärt werden.[39] Klopstock denkt hier sicherlich an die bevorstehende Kaiserwahl, zu der die Reichsstände sich bereits versammeln, um im Kurfürstenkollegium den Nachfolger des Franken Karls des Großen zu bestimmen. Etwas verklausuliert gesellt ihnen Klopstock die Reichsstädte zu, die bei der Wahl zwar keine Stimme haben, die aber ganz offenbar die im Entstehen begriffene bürgerschaftliche Zivilgesellschaft vertreten sollen.

---

31 Vgl. insbesondere MENNINGHAUS (1991).

32 Zu Klopstocks „Verlaufskunst" vgl. nun auch POLASCHEGG (2020, 260–279).

33 BOILEAU (1966, 164).

34 KLOPSTOCK (1989, 168).

35 KLOPSTOCK (2010, 466, V. 13).

36 KLOPSTOCK (2010, 466, VV. 10 f.).

37 KLOPSTOCK (2010, 466, V. 10).

38 KLOPSTOCK (2010, 466, V. 15); gemeint ist: ‚wann'.

39 KLOPSTOCK (2010, 467, V. 25).

Immer schon hatte Klopstocks Begeisterung für die „hermannischen Urvölker"[40] eine antityrannische Pointe.[41] Hier leistet sie einem „vielleicht weissagende[n] Traum"[42] Vorschub, der auf dem von Gefängnissen freigeräumten Tanzplatz neue Fundamente einlassen will, auf denen die reichsdeutschen Landstände – wie zuvor ihr französisches Pendant, die *États Généraux* – gemeinsam ein neues politisch-theologisches Gebäude errichten können. Wie trügerisch sich diese Hoffnung freilich erweisen könnte, weiß nicht nur der Autor, der in einer Marginalie schreibt: „Hier wird (freylich etwas sehr unwahrscheinlich) vorausgesetzt, daß der Adel, aus dem fast überall die Landstände allein bestehn, nicht bloß auf sich selbst sehn werde."[43] Auch die Ode selbst sieht im kommenden Reichstag nur „Der Freyheit Exempelchen", ein „Miniaturgemälde", an dem sich ein „Genius" zu „Ewigen Wundergemälden entflam[men]" kann.[44] So bestimmt der Text das Verhältnis zum politischen Anlass neu: Durch kleinste Anzeichen lässt er sich zu einem Großentwurf begeistern.[45] Klopstocks Ode greift dafür die Tradition der Exemplarik auf und verbindet sie mit dem *genus demonstrativum*, der sie rhetorisch zugehört.

Exempla sind Beispiele, die zur Nachahmung (oder zur Abschreckung) gedacht sind. Hier ist die Aufstellung der *exempla* als Eigenleistung des epideiktischen Textes ausdrücklich gemacht. Denn nur dank seiner erhaben-bewegenden *amplificatio* wächst sich die Miniatur der ‚Exempelchen' zu einem nachzuahmenden ‚Wunder' aus. Die tendenziell übertreibende Funktion der Amplifikation wird hier zum Stilmittel einer Geschichtsprophetie, der es in erster Linie nicht um die Feier eines politischen Ereignisses (wie hier der Versammlung der Landstände) geht, sondern um die Imagination einer ganz neuen Architektonik politisch-theologischer Macht. An die Stelle der „Gefängnisse"[46] sollen „Tempel" der Freiheit errichtet werden, bei denen sich „der Ferne Stimmen" versammeln

---

40 KLOPSTOCK (2010, 467, V. 25).

41 Vgl. etwa die Ode „Weissagung" von 1772, die prophezeit, dass „Deutschland" in einem „Jahrhundert" nicht mehr vom „Schwertrecht" der Tyrannen, sondern von „Der Vernunft Recht" beherrscht werden wird (KLOPSTOCK [2010, 341, VV. 13–16]).

42 KLOPSTOCK (2010, 467, V. 26).

43 KLOPSTOCK (2010, 467).

44 KLOPSTOCK (2010, 467, VV. 28–32).

45 Auch das Wort ‚begeistern' fällt; vgl. KLOPSTOCK (2010, 467, V. 31).

46 KLOPSTOCK (2010, 466, V. 3).

können.[47] Doch sind diese Tempel (in den Worten der Ode) eben noch Träume –
oder (noch einmal in Klopstocks Terminologie) fastwirkliche Dinge, die es noch
zu realisieren gilt. Wie auch die anderen zeitgleich entstehenden Revolutionsoden belegen, will Klopstock ebensolchen perlokutiven Prozessen mithilfe der
Amplifikation politischer Anlässe einen Weg bahnen.

Auf welche Weise der Oden-Tanz einer neuen politischen Ordnung den
Weg bahnen will, wird in der 1789 entstehenden und (wie schon die alkäische
Ode „Die Etats Generaux") auf die Einberufung der Generalstände zurückge-
henden asklepiadeischen Ode „Ludewig, der Sechzehnte" (oder wie sie zunächst
hieß: „Ludewig, der Grössere") greifbar. Hier ist von einem neuen „weisen
Bund" die Rede, den der König mit seinen Untertanen, vor allem mit dem Dritten Stand schließen will.[48] Doch bleibt es in der Schwebe, welchen Charakter
diese Übereinkunft annehmen soll: ob es sich nur um eine mündliche Vereinba-
rung mit Präzedenzcharakter handeln wird oder gar um eine geschriebene und
ratifizierte Verfassung. Die Bindekraft, die ihr allerdings zukommt, wird im
Wort „Verhalt" ausdrücklich, welches auf das „Lieblingskind"[49] von Klopstocks
Verstheorie anspielt, auf den Tonverhalt:

> Aber Ludewig ruft Männer des Volks, daß sie
> Ihm die Lasten des Volks leichten, und weisen Bund
> Zwischen Vätern und Kindern
> Fest ihm setzen, Verhalt, gestimt
>
> Wie in Göttermusik […].[50]

Seine Legitimität bezieht dieser Generationenvertrag aus einer quasi-musika-
lischen, mithin lyrischen Stimmung, die sich durch einen besonderen (Ton-)
Verhalt auszeichnet. Weil „Tonverhalt" die berechnete Folge betonter und unbe-
tonter Silben (von „Längen und Kürzen") meint, die „gewisse Beschaffenheiten
der Empfindung und der Leidenschaft" nach sich zieht,[51] klärt sich die Wahl der

---

47 Klopstock (2010, 466, VV. 21 f.).

48 Klopstock (2010, 458, V. 6).

49 Mit diesem Ausdruck unterstreicht Mülder-Bach (1998, 163) die Prominenz des Ton-
    verhalts gegenüber der Überbetonung seines Pendants, des Zeitausdrucks bei Menning-
    haus (1989, 302–306).

50 Klopstock (2010, 458, VV. 5–9).

51 Menninghaus (1989, 126 f.).

asklepiadeischen Ode, die durch ihre auffällige Häufung von betonten Silben einen geradezu architektonischen Eindruck erweckt.[52] In der Folge der Betonungen entfaltet sich hier ein auf Emphase setzendes Sprachgeschehen, das den eigenen Verhalt seinen Hörerinnen und Hörern, Leserinnen und Lesern mit aller Nachdrücklichkeit zur fastwirklichen Vorwegnahme eines kommenden politischen Verhalts aufdrängt. Die Suggestionskraft des lyrischen Verhalts will politische Verhalte perlokutionär erwirken. Lyrik fungiert mithin als Legitimationsinstanz gesellschaftlichen Zusammenhalts. Und so apostrophiert sie fortan die Öffentlichkeit.[53]

Deshalb sucht Klopstock nicht nur die Möglichkeit, bei Festlichkeiten wie dem Harvestehuder Freiheitsfest als Lautsprecher seiner eigenen Oden aufzutreten, obwohl diese öffentliche Darbietung sicher der symbolische Höhepunkt seines lyrischen Einsatzes für die Sache der Revolutionäre war. Immerhin hat er hier wohl die Epode „Kennet euch selbst" verlesen, die die Deutschen aufruft, einen reinigenden Sturm zu entfachen, an dessen Ende „die bläuliche Heitre" eines politischen Idylls vorhergesagt wird.[54] Rainer Nägele hat gezeigt, dass dieser Text Hölderlins asklepiadeische Kurzode „An die Deutschen", die fragmentarisch bleibende Erweiterung der Ode (die dieselbe Überschrift trägt) und ihre ebenfalls fragmentarisch bleibende alkäische Umarbeitung unter dem Titel „Rousseau" bis in die Wortwahl hinein nachdrücklich beeinflusst hat.[55]

Über den mündlichen Vortrag bei Feierlichkeiten hinaus zieht es Klopstock auch zur Publikation in Zeitschriften wie auch zur Korrespondenz mit führenden Köpfen in Paris. Von den Plänen, die ‚Verhalte' der Ode „Ludewig, der Grössere" zu veröffentlichen, war bereits die Rede. Zu weiteren publizistischen Anstrengungen fühlt sich Klopstock seit der Verleihung der französischen Staatsbürgerschaft, die er anders als viele seiner Zeitgenossen auch nie niedergelegt hat, umso berechtigter.[56] Noch 1794 – also nach dem Thermidor – spricht er in einem (nicht abgeschickten) Brief an den Präsidenten des Pariser Nationalkonvents von seinen Oden als von Arbeiten seiner „Bürgerpflicht": Sie sind ihm

---

52 Vgl. ALTHAUS (1998/99, 253).

53 Schon KAUSSMANN (1931, 102) hat die Apostrophe als Grundgeste der Klopstock'schen Ode herausgearbeitet. Vgl. hierzu auch KOHL (1995).

54 KLOPSTOCK (2010, 460, V. 17).

55 NÄGELE (2005, 12 f.).

56 Die Umstände der Verleihung der Staatsbürgerschaft sind dokumentiert bei PAPE (1989).

die „Gelegenheit" zum „Thun der Pflicht", die er nicht „finden" kann, aber auch anders nicht zu „schaffen" vermag.[57]

III. Apostrophen des (lesenden) Publikums

Wegen dieses Engagements für die Sache der Revolution wurde Klopstock schon von Max Kommerell als „Zeitdichter" verunglimpft, der „gleichsam nach der Zeitung" dichtet.[58] Diese Kritik klingt auch noch in Terence Thayers Benennung der Revolutionsdichtung als „journalistic" statt „occasional" durch.[59] Für Kommerell wiegt die Zeitdichtung umso schwerer, als Klopstock „das erste Gedicht in neudeutscher Sprache" geschaffen,[60] eine in-group um sich geschart habe und damit über Goethe und Hölderlin auf den Georgekreis vorausweise. Dass ausgerechnet Klopstock seine Lyrik zum Instrument der bürgerlichen Revolution macht, muss Kommerell als Hochverrat am angeblichen ‚Führertum' des klassischen deutschen Dichters vorkommen, der sich an die Spitze einer ausgewählten neuen Elite zu stellen habe.

Gegen den Vorwurf einer Dichtung von nur journalistischem Wert ist auf die Spezifik von Klopstocks Anlassdichtung zu verweisen. Selbst wenn er nach der Zeitung schreibt, geht es ihm nicht um die Meldungen allein. Amplifiziert wird vielmehr die Eröffnung einer ganz neuen Geschichte, einer Geschichte, in der nicht mehr die Herrscher, sondern Prinzipien namensgebend werden. In einer Marginalie zu den Versen: „So bald einst die Geschichte, / Was ihr obliegt, thut: so begräbt sie durch Schweigen, und stellt / Die Könige dann selbst nicht mehr als Mumien auf" heißt es:

> Wenn die einst wahre, und viel kürzere Geschichte selbst aus dem Wahren nur das Wissenswürdige heraus nimmt; so bedarf sie nicht immer, zur Benennung der verschiedenen Zeitperioden, des Namens der Könige. Z. E. Ludewig, der Despot, die Revoluzion.[61]

Bei ‚Ludewig, dem Despoten' hat Klopstock höchstwahrscheinlich Ludwig XIV. vor Augen, dessen Zeitalter gerne als *siècle de Louis le Grand* gefeiert wurde.

---

57 KLOPSTOCK (1994, 324).
58 KOMMERELL (1982 [1928], 58).
59 THAYER (1970, 183 u. 205).
60 KOMMERELL (1982 [1928], 11).
61 KLOPSTOCK (2010, 384).

Was Kommerell so stört, ist Klopstocks Gang in die Öffentlichkeit der bürgerlichen Gesellschaft, wo er mithilfe des Oden-Tons, für den er seit den 1750er Jahren gefeiert wurde, einen Einfluss auf aktuelle Geschehnisse nehmen will. Daher werden nicht nur lyrische Anlassdichtungen an wichtige Politiker verschickt (wie sie früher an Freunde und Geliebte gingen), sondern auch in öffentlichen Auftritten verlesen oder ganz absichtsvoll in Zeitschriften publiziert. Klopstocks (Oden-)Stimme spekuliert auf die mitreißende Wirkung (*movere*) ihrer Amplifikationen, die Zukunftsentwürfe freisetzen sollen. Die Wortbewegung inszeniert einen Tanz, der inauguralen Charakter hat.

„Die Etats Generaux" erscheinen erstmals im Juli 1789 zu Beginn der ersten Ausgabe des *Neuen Deutschen Museums*, einer von Heinrich Christian Boie ins Leben gerufenen Zeitschrift,[62] und stehen am Anfang der publizistischen Offensive. Dabei kommt es mitunter vor, dass die tatsächlichen Ereignisse mit den Oden-Träumen, die sie veranlassten, in Widerspruch geraten. So ist „Ludewig, der Sechzehnte" unter dem ursprünglichen Titel „Ludewig, der Grössere" für eine prominente Veröffentlichung in Voß' *Musen Almanach auf das Jahr 1790* vorgesehen. Als Klopstock jedoch erfährt, dass sich der französische König im Juni 1789 für die Wiederherstellung des Standesunterschiedes zwischen Adel, Klerus und Bürgertum stark gemacht hat, zieht er die Ode zurück.[63] Doch zeigt die Publikation – nun unter dem zurückhaltenderen Titel „Ludewig, der Sechzehnte" – in der Gesamtausgabe von 1798, dass etwaige Diskrepanzen zur Realgeschichte hier noch keinen prinzipiellen Einwand gegen das odische Zukunftsprojekt liefern. Die Texte wissen offenbar, dass ihre Amplifikationen auf den Anlass von Exempelchen angewiesen sind, die ihren Transport nur unzureichend motivieren.

Den Höhepunkt der Begeisterung erreichen die Revolutionsoden mit der Ächtung des Eroberungskriegs, die in der französischen *Constitution* von 1791 sogar einen verfassungsrechtlichen Status erhält. Die dem französischen Innenminister zugesandte Elegie „Sie, und nicht Wir" (in dieser Apostrophe werden wiederum die Deutschen im Kontrast zu den Franzosen angesprochen) beginnt mit den Worten:

---

62 Vgl. Klopstock (2015, 606).
63 Vgl. dazu die Briefe vom 3. Juli und 14. August 1789, die Klopstock an Voß schickte, abgedruckt in Klopstock (1994, 136 f. u. 137 f.).

Hätt' ich hundert Stimmen; ich feyerte Galliens Freyheit
Nicht mit erreichendem Ton, sänge die göttliche schwach.
Was vollbringet sie nicht! So gar das gräßlichste aller
Ungeheuer, der Krieg, wird an die Kette gelegt![64]

Wie schon bei der „zukünftigen Geliebten" ist die Elegie hier zukunftsorien-
tiert. Dass die Form für politische Gehalte geeignet ist, betont Klopstock in
einer Fußnote, die darauf hinweist, dass „Tyrtäos Kriegsgesänge" auch „das elegische Silbenmaß" haben.[65]

Zugleich benennt „Sie, und nicht Wir" ein Lebensthema Klopstocks.
Schon von Friedrich II. hat er sich (anders als so viele andere Dichter*innen
seiner Tage) wegen der Eroberungen der Schlesischen Kriege abgewandt. Wie
intensiv sich Klopstock im Kontext der Französischen Revolution und Konstitution mit Fragen des *ius ad bellum* beschäftigt, belegt ein Brief an den Politiker
Louis-Alexandre de La Rochefoucauld (einen Nachkommen des Moralisten),
in dem er davor warnt, der König, der in der konstitutionellen Monarchie von
1791/92 noch Chef der Exekutive bleibt, könne durch aufreizende Manöver in
Grenznähe eine Kriegserklärung der gegnerischen Seite provozieren.[66] Als es
dann tatsächlich zur Kriegserklärung Frankreichs an Franz II. kommt (der auf
seinen plötzlich verstorbenen Vater Leopold gefolgt ist), schlägt sich Klopstock
auf die Seite der Franzosen, die in diesem Krieg nur ihre revolutionäre Freiheit
verteidigen, also eine ganz neue Art von Krieg führen sollen.

Die Epode „Der Freyheitskrieg", die dieser Überzeugung Ausdruck verleiht,
publiziert Klopstock im Januar 1793 zu Beginn des fünften Bands von *Minerva*,
einer Zeitschrift mit hoher Auflage, die das deutsche Publikum seit Anfang
1792 mit den Ereignissen in Frankreich bekannt machen will. Der Herausgeber Johann Wilhelm von Archenholz hält sich zu dieser Zeit in Paris auf und
veröffentlicht fortlaufende Reiseberichte und historische, aber auch literarische
Nachrichten, die „unpartheyisch" und objektiv über „ein ganz neues aber hoch
cultivirtes Volk" berichten, das hier plötzlich „den Schauplatz der Welt" betreten habe.[67]

---

64 KLOPSTOCK (2010, 468, VV. 1–4).
65 KLOPSTOCK (2010, 468).
66 Vgl. KLOPSTOCK (1994, 196–198).
67 ARCHENHOLZ (1792, 2).

Klopstocks Gedicht muss sich im Kontext der Zeitschrift recht ungewöhnlich ausgenommen haben. Es heizt das Medium ganz im Sinne von Marshall
McLuhan auf. Statt zu einer kalten, weil distanzierten Auseinandersetzung mit
der Zeitgeschichte einzuladen, wird hier zu einer intensiven, parteinehmenden
Teilnahme an den Ereignissen aufgerufen.[68] Im Text heißt es, Frankreich, das
„die belorberte Furie, Krieg der Erobrung verbannend, / Aller Gesetze schöns-
tes sich gab",[69] habe sich zur Kriegserklärung einzig und allein aus Selbstver-
teidigung gezwungen gesehen. Abschließend „weissagt" das Gedicht – einmal
mehr auf die Täuschung fastwirklicher Dinge anspielend – „donnernden
Gang."[70] Diese Täuschung („täuschen"[71]) soll die deutsche Öffentlichkeit gegen
die konterrevolutionäre Kriegspartei einnehmen. Das ist die Kehrseite der legi-
timatorischen Emphasen der Lyrik. Sie sieht sich ebenso in der Lage, Handlungen zu diskreditieren. Dasselbe Ziel verfolgt die Abschrift und Versendung der
Epode an den designierten Oberbefehlshaber der Reichstruppen, den Herzog
Carl Wilhelm Ferdinand zu Braunschweig und Lüneburg. Klopstock ist über-
zeugt, die Gedichtlektüre könne ihn dazu bewegen, das Regiment abzulehnen.
Eine solche perlokutive Kraft denkt er auch seinen Apostrophen des lesenden
Publikums zu.

IV. Trümmer eines Engagements

Was den „Freyheitskrieg" angeht, täuscht sich Klopstock indes grundlegend und
zwar nicht nur, weil der Herzog seinem militärischen Auftrag sehr wohl nach-
kommt. Denn fern davon, nur die eigene Freiheit zu verteidigen, verleibt sich
Frankreich nach den Erfolgen des Ersten Koalitionskriegs Territorien ein. Die
Entrüstung, die dieser Verfassungsbruch bei Klopstock hervorruft, verändert
den Ton der folgenden kritischen Revolutionsoden radikal. Weil sie „das hehre
Gesetz" übertraten, das sie ihrem eigenen Staatswesen zugrunde gelegt haben,
werden die Franzosen für Klopstocks Elegie „Der Erobrungskrieg" „Hochver-
räter der Menschheit".[72] Der Text bietet eine Palinodie des „Freyheitskriegs"

---

68 Für die Unterscheidung von kalten und heißen Medien vgl. McLUHAN (2001, 24–35).
69 KLOPSTOCK (2010, 472, VV. 17 f.).
70 KLOPSTOCK (2010, 473, VV. 43 f.).
71 KLOPSTOCK (2010, 473, V. 43).
72 KLOPSTOCK (2010, 489, VV. 27 f.).

und wird ebenfalls prominent veröffentlicht, dieses Mal in Voß' *Musen Almanach für das Jahr 1794* sowie als Beilage zur *Kaiserlich-privilegierten Hamburgischen Neuen Zeitung* vom 13.9.1793. Das Engagement für die Revolution, die mit den Eroberungen des Ersten Koalitionskriegs und der zeitgleichen Terrorherrschaft unter Robespierre und Marat die hohen Ziele verraten hat, verlagert sich von der enthusiasmierten Vorwegnahme einer kommenden Ordnung zur paränetischen Einforderung der Einhaltung verfassungsrechtlicher Selbstverpflichtungen. Und da die Eroberungen auch nach dem Sturz Robespierres weitergehen, verfasst Klopstock bis in seine letzten Lebensjahre hinein Gedichte, die das schmachvolle „Gemorde" inkriminieren.[73]

Noch die auf November 1800 datierte Ode „Die Unschuldigen" lässt sich vom „Schmerz" der „Kriegserinrung" nachhaltig „trüben".[74] Sie steht unter dem Eindruck der französischen Siege im Zweiten Koalitionskrieg – allen zuvor der Schlachten von Marengo und Höchstädt im Juni 1800 – und des aufstrebenden Generals Bonaparte, der im Vorjahr durch den Staatsstreich vom 18. Brumaire (9.11.1799) zum Ersten Konsul avanciert war: „Dem korsischen Jünglinge" steht Klopstock schon zwei Jahre zuvor tief ablehnend gegenüber, weil er den anderen Staaten „Freiheit aufjocht" und damit die in der Revolution errungene „Freiheit" der Völker, sich eine eigene Staatsform zu geben, „in den Staub tritt".[75] Die Geschichte hat ihm recht gegeben. 1804 krönt sich Napoleon zum Kaiser und begründet damit eine bonapartistische Herrschaftsform.[76]

Die antinapoleonische Ode, die in ihrem Titel „die rheinischen Republikaner" apostrophiert, um sie vor leeren Freiheitsversprechen zu warnen, plant Klopstock zunächst, „in den Zeitungen abdrucken zu lassen."[77] Doch nimmt er bald von der Publikation Abstand, weil er befürchtet, dass ihr kein Gehör geschenkt werden wird, und es ihn „widert", „die Menschenstimme vergebens hören zu lassen."[78] Stattdessen veröffentlicht er mit „Die öffentliche Meinung" eine Ode, in der nicht nur – wie er in einer Fußnote schreibt – „meine Stimme", sondern gleich „die Stimme Europa's" verlauten soll.[79] Wie zuvor

---

73 So wörtlich die Ode „Losreissung" bei KLOPSTOCK (2010, 586, V. 25).

74 KLOPSTOCK (2010, 587, VV. 1–3).

75 So in „An die rheinischen Republikaner" bei KLOPSTOCK (2010, 555, VV. 5–12).

76 Zum Bonapartismus ist immer noch MARX (2007) einschlägig.

77 KLOPSTOCK (1993, 160).

78 KLOPSTOCK (1993, 195).

79 KLOPSTOCK (2010, 559).

für den „Freyheitskrieg" wird als Publikationsort die politische Zeitschrift *Minerva* gewählt. Das auf März 1798 datierte Gedicht ruft die „Gallier" als eine „Nazion" an, um sie gleichsam vor das Tribunal der versammelten europäischen „Nazionen" rufen zu können.[80] Hintergrund ist die für den 9.–18. April (am *20–29 germinal an VI*) angesetzte Parlamentswahl. Im Vorjahr haben gemäßigte Republikaner und Neojakobiner einen Staatsstreich (den *coup d'État du 18 fructidor an V*) gegen die wiedererstarkenden Monarchisten durchgeführt, welche bei einem Wahlgang im März 1797 einen Sieg errungen hatten. Nach dem Coup wurde eine Neuwahl anberaumt. Klopstocks Befürchtungen, dass sich die Eskalation der Jahre 1789 bis 1793 wiederholen könnte, sind durchaus begründet. Aus der neuerlichen Abstimmung werden die Neojakobiner als Sieger hervorgehen. „Die öffentliche Meinung" ist durch die doppelte Ablehnung der Reaktion und der radikalen Revolution charakterisiert und appelliert in diesem Sinne an die französische Nation, „stolz" zu bleiben und sich keinem „Wahne" hinzugeben; ausdrücklich gewarnt wird vor der „Täuscherkunst" der „Herscher" und auch anderer „Gebietenden".[81] Das Gedicht arbeitet durchweg mit einem negativen Täuschungsbegriff und suggeriert auch, dass das „Gefühl" von einem „Wahne" befreit werden muss, der es geradezu „entehrt".[82]

So signalisiert sich eine Wendung Klopstocks im Umgang mit der Darstellung fastwirklicher Dinge. Statt wie zuvor die kommende Ordnung hoffnungsfroh herbeizuwünschen, wird jetzt vor einer solchen Naivität eindringlich gewarnt. Welche Folgen das für die Dichtung selbst hat, zeigt sich in einer poetologischen Wendung, mit der Klopstock auf eine der Römeroden des Horaz anspielt. „Zwar lahmet die Rüge, / Doch nie steht sie still",[83] heißt es in Anlehnung an dessen „raro antecedentem scelestum / deserunt pede Poena claudo" („Und selten wohl bleibt lahmen Fußes / Hinter dem Sünder zurück die Strafe").[84] Mit dem Fuß (*pes*) ist auch der Versfuß und seine Macht, zu strafen, gemeint. Auch Klopstocks Rügeode sieht ein, dass sie nicht unbedingt den Dingen voraneilt, sondern ihnen hinterherhinken kann (wenn sie ihr auch nicht entgehen werden).

---

80 KLOPSTOCK (2010, 558, VV. 21 u. 4).

81 KLOPSTOCK (2010, 558, VV. 25–28 u. 10–16).

82 KLOPSTOCK (2010, 558, V. 25).

83 KLOPSTOCK (2010, 558, VV. 18 f.).

84 HORAZ (1993, 110 f., VV. 30 f.).

Dieser Tonwechsel, der die politische Wirkkraft lyrischer Dichtung überhaupt betrifft, ist bereits 1793 unüberhörbar. Dazu gehört auf der Ebene der Rhetorik die Schaffung ungestalter Wortungetüme wie des Namens der französischen Staatsform in dem sarkastischen Vivat: „Lebe die Klubbergmunizipalgüllotinoligokra- / Tierrepublik".[85] Weitaus wichtiger ist jedoch die neue Strategie des Tonverhalts, die nicht mehr – wie zum Beispiel in „Ludewig, der Sechzehnte" – auf eine lyrische Legitimation des politischen Zusammenhalts aus ist, sondern ganz im Gegenteil in der metrischen auch eine politische Zäsur setzen will. Dafür ist das soeben angeführte Beispiel der französischen ‚Tierrepublik' besonders markant. Denn der vorangehende Hexameter („Lebe die Klubbergmunizipalgüllotinoligokra-") fordert seine Leserinnen und Leser geradezu auf, zu entscheiden, wo die wandernde Zäsur zu setzen ist. Dass im Kompositum auch die Guillotine aufgenommen wird, unterstreicht die politische Funktion des in der Lektüre zu vollziehenden metrischen Schnitts. Wie schon in der paränetischen Ode „Die Jakobiner" wird der „Jakoberklub" als „Riesenschlang'" imaginiert, dessen „Schlängelung [...] sich durch ganz Frankreich" windet.[86] Ihm müsse der Kopf im Symbolischen und im Reellen abgeschlagen werden.

Hier finden sich vielleicht sogar die modernsten Aspekte von Klopstocks später Revolutionslyrik. Denn in ihnen wird angesichts der irregehenden Revolution ein Verstummen ins Werk gesetzt, das sicher nicht zufällig an Hölderlins späteren Umgang mit der Zäsur erinnert und damit auch an dessen parataktische Strategien überhaupt. Wo Hölderlin jedoch „kunstvolle Störungen" wie die „Parataxe" einsetzt, um (geschichts-)philosophische Synthesen einer „konstitutiven Dissoziation" zuzuführen,[87] dienen sie Klopstock der Dissoziation der Einsätze einer revolutionären Zeit, sind mithin weit stärker in der Gegenwart

---

85 So in „Das Neue" bei KLOPSTOCK (2010, 496, VV. 13 f.). Hinzu kommt eine von rassistischen Ausfällen charakterisierte Sprache.

86 KLOPSTOCK (2010, 475, VV. 6, 13 u. 8).

87 ADORNO (2003 [1964], 471). Adorno will die Tradition, die auf Klopstock zurückführt, nicht anerkennen, und das, obwohl Hölderlin „dem Klopstockschen Modell [...] wider die Gelegenheitsdichtung und den dinghaften Reim, das Ideal des hohen Stils abgelernt" habe. Dennoch sucht Adorno das Festhalten an den antiken Odenstrophen aus den „zerrütteten" „Wirkungen" herzuleiten, die durch Formen wie dem „Hiatus" erzeugt werden, und nicht „literarhistorisch" von Klopstock her (ADORNO [2003 (1964), 470]). Für Hölderlins Umgang mit der Zäsur vgl. v. a. LACOUE-LABARTHE (1986).

verstrickt und für sie engagiert. Nun, da „der goldne Traum" eines neuen politisch-theologischen Baus verraten ist, irrt seine politische Dichtung durch eine „Öde", in der sich kaum einmal mehr die kleinsten ‚Exempelchen' als Anlass einer Ode bieten.[88] Es ist nur folgerichtig, dass auf formaler Ebene der (Ton-) Verhalt in Trümmer auseinanderbricht. Schon der Titel, der auch als Verb lesbar ist, unterstreicht, dass es um den Prozess des Auseinanderfallens selbst geht:

TRÜMMERN

Traum vor dem Tag' ist ein nur verkündeter Plan; Ausführung
    Ist der erwachte, goldene Tag.
Schon begann für die Franken die Morgenröthe zu dämmern,
    Wehete Schauer die Frühe; da ward
Selber der Grund des menschlichsten Plans zerstöret! Von der Nacht
    Rede, wer kann.[89]

An dieser Stelle bricht der sechste Vers abrupt in einer den Inhalt metrisch beglaubigenden Aposiopese ab. Welche neuen Verhalte sich unter den Bruchstücken der so zerschlagenen Grundordnung finden werden, bleibt offen. In diesen Ruinen suchen sich Klopstocks Revolutionsoden fortan einen Weg, der den Gedanken von 1789 und dem Gelingen von 1790 – dieser ‚Exempelchen' einer gesetzgebenden und -haltenden ‚Freyheit' – die metrische und die politische Treue halten könnte.

Literaturverzeichnis

ADORNO, Theodor W. (2003 [1964], 447–491): Parataxis. In: Ders.: Noten zur Literatur. Hrsg. v. R. Tiedemann. Frankfurt a. M.

ALTHAUS, Thomas (1998/99, 247–280): Poetischer Konzeptualismus. Oden von Klopstock bis Hölderlin. In: Hölderlin-Jb., Bd. 31.

AMTSTÄTTER, Mark Emanuel (2005): Beseelte Töne. Die Sprache des Körpers und der Dichtung in Klopstocks Eislaufoden. Tübingen.

ARCHENHOLZ, Johann Wilhelm von (Hrsg.) (1792): Minerva. Ein Journal historischen und politischen Inhalts, Januar, H. 1. Berlin.

---

88 KLOPSTOCK (2010, 486 f., VV. 10 u. 38).
89 KLOPSTOCK (2010, 500, VV. 1–6).

BERNDT, Frauke (2013): Poema/Gedicht. Die epistemische Konfiguration der Literatur um 1750. Berlin, New York.

BOILEAU, Nicolas (1966): Œuvres complètes. Hrsg. v. A. Adam. Paris.

GARBER, Klaus (2010, 33–37): Gelegenheitsdichtung. Zehn Thesen – in Begleitung zu einem forscherlichen Osnabrücker Groß-Projekt. In: A. Keller u. a. (Hrsg.): Theorie und Praxis der Kausaldichtung in der Frühen Neuzeit. Amsterdam, New York.

GOETHE, Johann Wolfgang (1986): Sämtliche Werke, Briefe, Tagebücher und Gespräche (= Frankfurter Ausgabe), Bd. I,1: Gedichte 1756–1799. Hrsg. v. K. Eibl. Frankfurt a. M.

– (1987): Sämtliche Werke, Briefe, Tagebücher und Gespräche (= Frankfurter Ausgabe), Bd. I,14: Aus meinem Leben. Dichtung und Wahrheit. Hrsg. v. K.-D. Müller. Frankfurt a. M.

HAVERKAMP, Anselm (2018): Klopstock/Milton – Teleskopie der Moderne. Eine Transversale der europäischen Literatur. München.

HILLIARD, Kevin (1989, 145–184): Klopstock in den Jahren 1764–1770. In: Jb. der deutschen Schillergesellschaft, Jg. 33.

HORAZ (1993): Sämtliche Werke. Lateinisch und deutsch. Hrsg. v. H. Färber, W. Schöne. München.

KAUSSMANN, Ernst (1931): Der Stil der Oden Klopstocks. Leipzig.

KLOPSTOCK, Friedrich Gottlieb (1989): Gedanken über die Natur der Poesie. Dichtungstheoretische Schriften. Hrsg. v. W. Menninghaus. Frankfurt a. M.

– (2010): Werke und Briefe. Historisch-kritische Ausgabe (= Hamburger Klopstock-Ausgabe), Bd. I,1: Oden, Bd. 1: Text. Hrsg. v. H. Gronemeyer, K. Hurlebusch. Berlin, New York.

– (2015): Werke und Briefe. Historisch-kritische Ausgabe (= Hamburger Klopstock-Ausgabe), Bd. I,1: Oden, Bd. 2: Kommentar. Hrsg. v. H. Gronemeyer, K. Hurlebusch. Berlin, New York.

– (1993): Werke und Briefe. Historisch-kritische Ausgabe (= Hamburger Klopstock-Ausgabe), Bd. II,9: Briefe 1795–1798, Bd. 1: Text. Hrsg. v. R. Schmidt. Berlin, New York.

– (1994): Werke und Briefe. Historisch-kritische Ausgabe (= Hamburger Klopstock-Ausgabe), Bd. II,8: Briefe 1783–1794, Bd. 1: Text. Hrsg. v. H. Riege. Berlin, New York.

KOHL, Katrin (1990): Rhetoric, the Bible, and the Origins of Free Verse. The Early „Hymns" of Friedrich Gottlieb Klopstock. Berlin, New York.

– (1995, 7–32): „Sei mir gegrüßet!" Sprechakte in der Lyrik Klopstocks und seiner deutschen Zeitgenossen. In: K. Hilliard, dies. (Hrsg.): Klopstock an der Grenze der Epochen. Berlin, New York.

KOMMERELL, Max (1982 [1928]): Der Dichter als Führer in der deutschen Klassik. Frankfurt a. M.

LACOUE-LABARTHE, Philippe (1986, 39–69): La césure du spéculatif. In: Ders.: L'imitation des modernes (Typographies II). Paris.

LEE, Meredith (1999): Displacing Authority. Goethe's Poetic Reception of Klopstock. Heidelberg.

MARX, Karl (2007): Der achtzehnte Brumaire des Louis Bonaparte. Kommentar v. Hauke Brunkhorst. Frankfurt a. M.

McLUHAN, Marshall (2001): Understanding Media. The Extensions of Man. London, New York.

MENNINGHAUS, Winfried (1989, 259–361): Klopstocks Poetik der schnellen Bewegung. In: F. G. Klopstock: Gedanken über die Natur der Poesie. Dichtungstheoretische Schriften. Hrsg. v. W. Menninghaus. Frankfurt a. M.

– (1991, 129–150): Dichtung als Tanz. Zu Klopstocks Poetik der Wortbewegung. In: Comparatio, Bd. 2, H. 3.

MÜLDER-BACH, Inka (1998): Im Zeichen Pygmalions. Das Modell der Statue und die Entdeckung der „Darstellung" im 18. Jahrhundert. München.

NÄGELE, Rainer (2005): Hölderlins Kritik der poetischen Vernunft. Basel.

PAPE, Helmut (1989, 160–195): Friedrich Gottlieb Klopstock und die Französische Revolution. In: Euphorion, Jg. 83.

POLASCHEGG, Andrea (2020): Der Anfang des Ganzen. Eine Medientheorie der Literatur als Verlaufskunst. Göttingen.

SEGEBRECHT, Wulf (1977): Das Gelegenheitsgedicht. Ein Beitrag zur Geschichte und Poetik der deutschen Lyrik. Stuttgart.

SPOERHASE, Carlos (2018): Das Format der Literatur. Praktiken materieller Textualität zwischen 1740 und 1830. Göttingen.

STOCKHORST, Stefanie (2002): Fürstenpreis und Kunstprogramm. Sozial- und gattungsgeschichtliche Studien zu Goethes Gelegenheitsdichtungen für den Weimarer Hof. Tübingen.

THAYER, Terence K. (1970, 181–208): Klopstock's Occasional Poetry. In: Lessing Yearbook, Bd. II.

CHRISTOPH JÜRGENSEN

Auf den Augenblick berechnet? Formen und Funktionen des gelegenheitslyrischen Sängerwettstreits um Königin Luise im Zeichen der Befreiungskriege

I. Kleists Anlässe oder Werkpolitische Fehlzündung

„Wie steht's, mein theuerster Freund, mit der Hermannsschlacht?", fragt Kleist im Frühjahr 1809 bang bei seinem Freund Heinrich von Collin nach: „Sie können leicht denken, wie sehr mir die Aufführung dieses Stückes, das einzig und allein auf diesen Augenblick berechnet war, am Herzen liegt. Schreiben Sie mir bald: es wird gegeben."[1] Auf den Augenblick berechnet: das waren letztlich alle politischen Texte Kleists während der Jahre 1808 und 1809, vor allem sein Zeitschriftenprojekt *Germania*. Lesen lassen sie sich als werkpolitisch motivierter, sozusagen ästhetischer Feldzug gegen Napoleon, der einerseits der nationalen Erhebung, andererseits und vor allem aber auch seiner Positionierung im literarischen Feld dienen sollte – sei es der *Katechismus der Deutschen*, das *Lehrbuch der französischen Journalistik* oder die legendär agonale Ode *Germania an ihre Kinder*. „Dämmt den Rhein mit ihren Leichen",[2] lautet dort die Handlungsanleitung, eine Form des Splatter *avant la lettre*.

Mehr noch: Diese Moment- oder, mit der Bandkonzeption gesprochen, Anlassorientierung gilt nicht nur für Kleists werkpolitischen Feldzug, sondern vielmehr (eingestanden: *cum grano salis*) für den gesamten Federkrieg gegen Napoleon, für die insurrektionellen Texte Arndts, für Görres als ‚vierter Alliierter' fungierende Zeitschrift *Rheinischen Merkur* oder Kotzebues textuelle Offensive mit seinen Theaterstücken um ‚Noch Jemand' gleichermaßen.[3]

---

1 KLEIST (1997, 432).
2 KLEIST (1990, 430). Vgl. hierzu u. a. BERG (1979) sowie VON ESSEN (2005).
3 Vgl. hierzu grundsätzlich WEBER (1991) sowie JÜRGENSEN (2018).

Vor allem aber gilt diese auf den Augenblick rechnende Haltung für die bellizistische Lyrik jener Jahre. Den Strukturen der (politischen) Öffentlichkeit
einerseits und der auf sie gerichteten Funktion der Literatur andererseits entsprechend artikulieren die Federkrieger sich vor allem in/mit Lyrik, und dies
schlicht deshalb, weil diese Darstellungsform sich am schnellsten produzieren,
distribuieren und rezipieren lässt. Strukturlogisch folgerichtig ist daher, dass
die antinapoleonische Lyrik zumeist in Zeitschriften und auf Flugblättern publiziert wurde, seltener in Gedichtbänden, weil diese mehr Zeit brauchten, in der
Entstehung wie in der Verbreitung und Lektüre.[4]

Kleists antinapoleonische Texte waren vor allem deshalb erfolglos, weil sie
zwar resonanzorientiert, aber nicht resonanzsensibel konzipiert waren. Sie trafen auf eine politik-, militär-, sozial- und geistesgeschichtliche Konstellation,
die noch keinen ertragreichen Resonanzboden für antinapoleonische Agitation
bot. Einfach gesagt: Er war schlicht zu früh dran. Viele andere literaturpolitische Bündnispartner (oder, je nach Perspektive: Konkurrenten) hingegen waren
wenig später mit ihrer alle Schichten der Bevölkerung adressierenden Literatur
derart erfolgreich, dass eine veritable erste Form der Massenliteratur entstand,
wenn man der Definition Gerhard Lauers folgt:

> Massenkunst setzt auf konventionalisierte Inferenzbildungen, nicht auf elaborative
> Schlußverfahren der Bedeutungsbildung. Die Gedichte bedürfen nicht der Anstren-
> gung der Interpretation. Sie sprechen in einer Hermeneutik der Unmittelbarkeit, weil
> ihre Inhalte und ihre Formen den sozialisierten Wissensmustern ihrer Zeit entsprechen
> und sie ostentativ bestätigen wollen.[5]

Mit einem fakturiell dieser Bestimmung entsprechenden lyrischen Programm
also rückten die Autoren (bei allen Unterschieden *en gros* und *en détail*) während der Befreiungskriege zu einer äußerst breitenwirksamen Instanz im Prozess der öffentlichen Willensbildung auf. Erst jetzt verstanden Schriftsteller sich
und ihre Literatur als kollektivierendes Instrument der Agitation. Nirgendwo
in der deutschen Geschichte hatte es zuvor eine Literatur gegeben, die in einem
so großen Umfang produziert und rezipiert wurde, und nie zuvor hatten die
Schriftsteller ein derart hohes, weit über die Grenzen der Gelehrtenrepublik
hinausreichendes Renommee, wie während ihres Federkrieges gegen Napoleon.

---

4   Zur weiteren Rezeption der Kriegslyrik vgl. auch FOHRMANN (1996, 394–461).
5   LAUER (2005, 201).

Um die Konturen dieser gelegenheitslyrischen Diskursformation ist es mir im Folgenden zu tun. Ich werde in drei Schritten vorgehen: Zunächst werde ich einen weit perspektivierten Blick auf das literarische Feld in Zeiten der (Befreiungs)Kriege werfen, dann wiederum im Drüberflug die lyrischen Einlassungen zum Teildiskurs ,Opferheldin Königin Luise' überschauen und schließlich eine interpretatorische Tiefenbohrung vornehmen, an Arnims Kantate *Nachtfeier nach der Einholung der hohen Leiche Ihrer Majestät der Königin*, dem wohl komplexesten Text des Sängerwettstreits, der alle Topoi des ereignisgeschichtlichen wie literarischen Zusammenhangs aufruft und zu seiner spezifischen Faktur zusammenfügt.

II. Feld-Züge

Es ist eine seltsame Feldkonstellation, die den Ermöglichungszusammenhang für die Produktion und Distribution all der bellizistischen Gedichte während der frühen 1810er Jahre bietet. Wenn man so will, ist das Feld im Ausnahmezustand. Einerseits bildet es sich ja spätestens seit den literaturrevolutionären Popstars des Sturm und Drang im Zeichen der Autonomie überhaupt erst aus und etabliert eigene Ordnungsregeln, denen sich die Teilnehmer am Spiel ,Literatur' unterwerfen müssen, wenn sie vom Aushandlungsprozess nicht ausgeschlossen werden wollen. Zudem suchen die Protagonisten dieser Auseinandersetzung um die wirklich wahre Literatur nun nicht mehr in der Realhistorie, sondern stattdessen in „Mährchen und Gedichten" nach den wahren Weltgeschichten, damit vor einem geheimen Wort das ganze verkehrte Wesen fortfliegen möge, um Novalis zu beleihen.[6]

Andererseits unterwerfen die Autoren sich mehr oder minder plötzlich bereitwillig erneut externen Zwängen, namentlich einem politischen Diskurs, der doch gerade zu überwinden war. Denn sicher, kein Autor der Zeit ist ausschließlich antinapoleonischer Federkrieger. Selbst der notorische Bellizist Arndt schreibt nicht ausschließlich gegen Napoleon an, sondern findet Zeit für andere Sujets. „Wandelt ihr, liebe Sterne am Himmel, / Herauf so licht und hehr? / Ich weiß zwei schönere Sterne, / Die brennen mein Herz so sehr".[7]

---

6 So heißt es bekanntlich in Novalis' programmatischem Gedicht „Wenn nicht mehr Zahlen und Figuren". NOVALIS (1978, 395).

7 ARNDT (1912, 137).

So klingt es etwa süßlich aus dem „Sternengruß" von 1813. Kaum ein Autor jedoch entzieht sich vollständig der Drift des Feldes weg von der Autonomie und hin zur Heteronomie, weder der waldselige Eichendorff noch der ritterliche de la Motte Fouqué oder der in „Meeren von Entwürfen" schwimmende Rückert, dem „Lustspiele und Trauerspiele, Sonette und Vaterlandsgesänge [...] durcheinander [fluten] wie Schaumberge Abgrund und Spiegelflächen".[8] Und ausgerechnet der gerade noch ironiefixierte Schlegel fordert in „An die Dichter" programmatisch: „Buhlt nicht länger mit eitlem Wortgeklinge" und mahnt: „Unedle laßt in Hochmut sich aufblähen / Sich um den eignen Geist bewundernd drehen, / Beseligt, daß so Einzigs ihm gelinge".[9]

Die Autoren der Zeit nehmen demgemäß in verschiedenen Handlungsrollen am Kampf gegen Napoleon teil, sei es sozusagen auf eigene Rechnung nur mit der Feder agierend, sei es als offiziell für den Kriegsdienst angeworbene Literaturpolitiker eingesetzt oder buchstäblich im Feld stehend. Entsprechend produzieren sie auch eine Vielzahl von dezidiert anlassbezogenen Texten, sprich: Gelegenheitslyrik.[10] Es handelt sich um einen Umstand, der sich zunächst als heteronomer Sündenfall identifizieren lässt, so dass es erscheinen mag, als wäre das vergleichsweise neue Konzept der Autonomie noch nicht resistent genug, um den Forderungen oder Versuchungen literaturferner Felder widerstehen zu können. Aus inszenierungslogischer bzw. inszenierungspraxeologischer Sicht betrachtet ist die anlassbezogene Dichtung gegen Napoleon allerdings gerade ein Ausdruck der Entwicklung des Feldes hin zur Autonomie, insofern die zunehmende Konkurrenz zu Positionierungs- und Visibilisierungshandlungen zwingt – und Kriege bieten naturgemäß große Mengen der raren Ressource Aufmerksamkeit. Sie provozieren gewissermaßen Positionsnahmen im doppelten Sinne, politische wie literaturpolitische gleichermaßen.

Anlassbezogen: das kann in literaturbellizistischen Zeiten natürlich vieles heißen. So werden etwa Schlachten literarisiert, proleptisch erwartungsvoll oder analeptisch historisierend, es werden lyrisierte Tugendkataloge aufgestellt, wie in Arndts *Katechismus für den deutschen Kriegs- und Wehrmann* (1814), der Gegner wird wahlweise ridikülisiert oder dämonisiert,[11] es werden Opfer

---

8   Friedrich Rückert an Christian Stockmar, Ebern, 8.3.1813. In: RÜCKERT (1977, 27).

9   SCHLEGEL (1962, 297).

10 Zur Begriffsbestimmung vgl. SEGEBRECHT (2007 [1997], 688–691).

11 Vgl. hierzu JÜRGENSEN (2012, 301–308).

beklagt bzw. besungen ebenso wie Heldenfiguren – und gelegentlich fällt beides zusammen, und zwar in der wirkungsgeschichtlich besonders starken Figur des Opferhelden. Noch einmal mit dem Konzept zu diesem Band perspektiviert: Diese Opfergesänge haben meist weniger oder nur vordergründig mit gegenwärtiger oder rückschauender Trauer zu tun, als vielmehr mit einer vorausblickenden Handlungsmotivation. Leicht erkennbar ist dies im Fall derjenigen Autoren, die mit ihrer Feder als offiziell für den Kriegsdienst eingezogene Staatsdiener fungieren, wie der in meinem Zusammenhang unvermeidliche Arndt, der 1812 nach Petersburg reist, wo er im Reichsherrn vom und zum Stein einen kongenialen Bündnispartner für sein publizistisches Aktionsprogramm findet. Nur zwei Tage nach Arndts Ankunft schreibt vom Stein an den Zaren:

> Herr Arndt muß sogleich mit Nutzen gebraucht werden a) um Schriften und Lieder u.s.w. abzufassen, welche unter den Deutschen verbreitet werden sollen, um ihre Ansichten zu berichtigen; b) er wird bei der deutschen Legion angestellt, um ihr – durch seine Schriften [...] Begeisterung und volle Hingabe einzuflößen [...].[12]

Aber auch die inoffiziell agierenden Autoren sind gewissermaßen beauftragt, wenn auch nicht ausdrücklich. Implizit jedoch sind sie im Auftrag des Volkes unterwegs – oder andersherum, im Auftrag des Herrn, insofern die Deutschen als auserwähltes Volk entworfen werden. Auf intrikate wie kreisförmige Weise fallen dabei also (impliziter bzw. behaupteter) Auftraggeber und Adressat zusammen.

Die solcherart kalibrierte Literatur ruft meistens männliche Heldenfiguren auf und nennt Beispiele für männlichen Mut und männliche Opferbereitschaft, um zum Kampf gegen den Usurpator Napoleon bzw. die Franzosen zu motivieren. Viel besungen ist etwa der am 20. Februar 1810 auf Befehl Napoleons exekutierte Freiheitskämpfer Andreas Hofer, dessen militärische Niederlage wiederholt zum moralischen Sieg umgedeutet wird. Denn, heißt es beispielsweise bei Theodor Körner, es „fangen dich die Sklaven des Tyrannen": „Doch wie zum Siege blickst du Himmelwärts / Der Freiheit Weg geht durch des Todes Schmerz! / Und ruhig siehst Du ihre Büchsen spannen, / Sie schlagen an, die Kugel trifft in's Herz, / Und deine freie Seele fliegt von dannen."[13]

---

12 Vom Stein zit. n. WEBER (1999, 292).
13 KÖRNER (1814, 3).

Eine mindestens ebenso unumgängliche Figur der Zeitgeschichte ist der Husarenmajor Schill, wenn eine bellizistische Poesiologie verfolgt wird, jener Soldat also, der zunächst in den Jahren 1807/08 vor den Toren Kolbergs einen partisanischen Kleinkrieg gegen die Truppen Napoleons geführt hatte, der spätestens zum Leitbild des Widerstands avancierte, als er nach Ausbruch des Fünften Koalitionskrieges angeblich ohne Rücksprache mit seinen Vorgesetzten in den Kampf zog, und endgültig sakrosankt wurde, als er am 31. Mai 1809 im Kampf um Stralsund fiel. Arndt, Körner, Rückert, Staegemann, Schenkendorf oder Blomberg, sie alle schrieben in der Folge an einer appellativen Verklärungsgeschichte Schills mit.[14]

Und nicht zuletzt lässt sich auch Theodor Körner selbst in diese Phalanx stellen. Erst besingt er sich nämlich todessehnsüchtig selbst, rückblickend fast antizipatorisch und tendenziell psychopathologisch in einem. Aus der „Zueignung" etwa, adressiert an all diejenigen, „die ihr noch mit Freudestreue / An den verwegnen Zitherspieler denkt", tönt es dunkel-emphatisch:

> Laut tobt der Kampf! – lebt wohl, *Ihr* treuen Seelen,
> *Euch* bringt dies Blatt des Freundes Gruß zurück,
> Es mag *Euch* oft, recht oft von ihm erzählen,
> Es trage sanft sein Bild vor Euren Blick. –
> Und sollt' ich einst im Siegesheimzug fehlen, –
> Weint nicht um mich, beneidet mir mein Glück,
> Denn was berauscht, die *Leyer* vorgesungen,
> Das hat des *Schwerdtes* freie That errungen.[15]

Nur folgerichtig ist, dass Körners Vater dieses Gedicht wie ein programmatisches Vorwort an den Anfang der Sammlung *Leyer und Schwert* gestellt hat, nachdem sich diese Verse lebensgeschichtlich als gewissermaßen prophetisch erwiesen hatten und sein Sohn tatsächlich gefallen war – ob aus überschießendem Heldenmut oder weil er nur derart schlecht reiten konnte, dass er vom Pferd fiel und Opfer seiner Ungeschicklichkeit wurde, muss hier nicht interessieren.[16] Und ebenso folgerichtig muss erscheinen, dass Körner fast unmittelbar nach dieser unüberbietbaren Beglaubigung der Einheit von Wort und Tat ebenso besungen und zum Helden verklärt wurde, wie es vor ihm Hofer oder Schill

---

14 CLARK (2007[3], 404).
15 KÖRNER (1814, IV).
16 Vgl. SZÈPE (1975).

widerfahren war. All diese lyrisierten Opfermythen sind wichtig, zeitgenössisch für die Mobilisierungsagenda (nicht nur) der Federkrieger wie literarhistorisch für die Frage nach Formen und Funktionen antinapoleonischer Gelegenheitslyrik. Aber wichtig sind diese topischen Figuren eben auch als Hintergrund- oder Kontrastfolie für das Bild der einzigen Frau im Diskurs: Königin Luise.

II. Sängerwettstreit 1: Überbietungsrhetorik

Wenn man so will, hat der ständig scheiternde Feldtaktiker Kleist ausgerechnet im Sängerwettstreit um Königin Luise einen resonanzstrategischen Erfolg erzielt, mag er auch eine minimale Reichweite gehabt haben: und zwar auf die Adressatin selbst. Denn Kleist will der verehrten Königin ein Gedicht zur Feier ihres 34. Geburtstages am 10. März 1810 überreichen, und so schreibt er eine erste Fassung, ausdrücklich „in der Voraussetzung", wie er dem Titel „An die Königin Luise von Preussen" beifügt, „dass an diesem Tag Gottesdienst sein würde".[17] Diese dreistrophige Ode entwirft ein feierliches Bild des Volkes, in Erwartung derjenigen, wie die zweite Strophe erläutert, „die das Unglück, mit der Grazie Tritten / Auf jungen Schultern, herrlich jüngsthin trug, / Als einzge Siegerin vom Platz geschritten; / Da jüngst des Himmels Zorn uns niederschlug."[18] Wie schon im Fall von Andreas Hofer wird hier die militärische Niederlage offenkundig in einen moralischen Sieg umgedeutet, fast schon allegorisch verkörpert durch die bewunderte Königin. Die dritte Strophe schließlich bietet geradezu eine Apotheose Luises, sie wird zur Symbolfigur des ‚Sieges' (wohlgemerkt in Anführungszeichen) und des Widerstandes emporgeschrieben – entsprechend erscheint sie dort „Gelagert still, auf goldner Wolken Rand."[19]

Der Gottesdienst fand allerdings nicht statt, und damit war auch die anlassorientierte Organisation des Textes hinfällig, der ja gleichsam zwei Gottesdienste in einem feiern wollte. Mindestens eine zweite Fassung geriet Kleist ebenfalls nicht zufriedenstellend. Eine dritte konnte er dann der Königin überreichen, ein dichtes Sonett, das zurückblickt auf „jene Schreckenstage / Still

17 KLEIST (1990, 440).
18 KLEIST (1990, 441).
19 KLEIST (1990, 441).

deine Brust verschlossen, was sie litt"[20] (erstes Quartett), als „Wie von des Krieges zerrißnem Schlachtenwagen / Selbst oft die Schar der Männer zu dir schritt" (zweites Quartett), und diese Männer „sahn dich Anmut endlos niederregnen" (erstes Terzett), und das vorausblickt auf eine bessere Zukunft, für deren Erreichen Luise einsteht (zweites Terzett): „Dein Haupt scheint wie von Strahlen mir umschimmert; / Du bist der Stern, der voller Pracht erst flimmert, / Wenn er durch finstre Wetterwolken bricht!"[21] Luise soll geweint haben, als sie diese Verse noch auf der Geburtstagsfeier liest, einen Moment inmitten des Trubels in Poesie versunken.

Fouqué gibt dieses Widmungsgedicht 1812 heraus, in der Zeitschrift *Die Musen*, für Kleist bekanntlich zu spät, für den Luise-Gedenkdiskurs aber gerade zur rechten Zeit. Denn wie man an Kleists lyrischen Bemühungen sieht, war Luise schon zu Lebzeiten Objekt fast schon kultischer, in jedem Fall aber hyperbolischer Adoration, die sich mit ihrem frühen Tod am 19. Juli 1810, also nur kurz nach der eben aufgerufenen Geburtstagsfeier vom März desselben Jahres noch einmal erheblich steigerte. Im Zentrum des geschichts- oder gelegenheitslyrischen Sängerwettstreits um Luise standen dabei Eigenschaften wie Güte, Milde und Schönheit, aber vor allem das ereignisgeschichtlich ‚verhaltensauffällige' Treffen mit Napoleon 1807 in Tilsit, bei dem sie dem Sieger in stolzer Würde begegnet und für ihr Volk eingetreten sein soll – so will es der Mythos wissen. Von einem Sängerwettstreit um die ‚höchstmögliche' Darstellung dieser Symbolfigur lässt sich sprechen, weil mehr oder minder alle Akteure des Diskurses, oder altmodisch formuliert: alle beteiligten Dichter, mindestens ein taktisches *doublebind* zu beachten hatten: Auf der einen Seite waren sie Parteigänger im Federkrieg gegen Napoleon und verfolgten entsprechend ein Ziel mit reichlich ähnlichen persuasiven Strategien. Auf der anderen Seite blieben sie dabei naturgemäß Autoren, die je für sich einen Platz beziehen wollten oder mussten und daher distinktiv zu agieren hatten. Diese Distinktion ereignete sich qualitativ in einem rhetorischen Überbietungswettbewerb, und er ereignete sich auch quantitativ. Kaum ein Autor beließ es bei nur einem Gedicht auf Luise – auch deshalb freilich, weil die Ereignisgeschichte um die Königin ja genug Dichtungsanlässe bot. Um diese Steigerungslogik akteursbezogen und

---

20 KLEIST (1990, 442).
21 KLEIST (1990, 443).

nicht entlang der Chronologie zumindest anzudeuten – so lässt es Fouqué aus seinem ,Rittergedicht' „Corona" in typischer Panegyrik feierlich erklingen:

> Glückliche Seelen, die voran geflogen,
> Aus Siegerschlachten, ihr den Sieg zu künden,
> Wie sah't ihr sie mit Himmelsglanz umzogen,
> Und Stern' ihr Licht an ihren Augen zünden!
> Und vor ihr schwebte wohl als Regenbogen,
> Ein Abbild dessen, was in Erdengründen
> Sie uns zu Lieb' an manchen schweren Tagen
> Mit Engelsmuth und Engelshuld getragen.[22]

Körner wiederum hat Luise gleich in zwei Gedichten als weibliches Gegenstück zu den männlichen Hoffnungsträgern dargestellt. Zunächst sinniert die Sprechinstanz in „Vor Rauch's Büste der Königin Louise" über ihre „stillen Züge", die noch „deines Lebens schöne Träume" wiederhauchen, und prognostiziert: „Kommt dann der Tag der Freiheit und der Rache, / Dann ruft *Dein* Volk, dann, *Deutsche Frau*, erwache, / Ein guter Engel für die gute Sache."[23] Kurzerhand erfüllte Körner diese Prognose selbst, als die ,gute Sache' mit Kriegsausbruch tatsächlich in Gang kam, indem er sich erneut „An die Königin Luise" richtete:

> Du Heilige! Hör' *deiner* Kinder Flehen,
> Es dringe mächtig auf zu *deinem* Licht.
> Kannst wieder freundlich auf uns niedersehen,
> Verklärter Engel! länger weine nicht!
> Denn Preußens Adler soll zum Kampfe wehen,
> Es drängt *dein* Volk sich jubelnd zu der Pflicht,
> Und jeder wählt, und keinen siehst *du* beben,
> Den freien Tod für ein bezwungnes Leben.[24]

Max von Schenkendorf schließlich widmete der verehrten ,Heiligen' fast schon einen eigenen Werkkomplex. Er begegnete ihr übrigens wiederholt, weil sie bei dem Landhofmeister von Auerswald verkehrte, bei dem er nach Ablegung seines Examens Aufnahme gefunden hatte. Ähnlich wie bei Kleist ist der

---

22 FOUQUÉ (1814, 124).
23 KÖRNER (1814, 6).
24 KÖRNER (1814, 41).

dichterische Impuls also durchaus lebensgeschichtlich motiviert, ist kein ‚reines' Diskursphänomen. Wollte man psychologisch argumentieren, dann ließe sich hier zumindest ein Grund für den ausgeprägt royalistischen Charakter seines Beitrags zur Befreiungskriegslyrik identifizieren. Gleich zwei dieser Huldigungstexte Schenkendorfs wollen nach ihrer Datierung am „16. Jänner 1808" entstanden sein, und zwar „An ein Gemach", in dem „Wohl tausend Ritter möchten dich bewahren, / Dein beßrer Hüter ist der Geist in dir. / Es fliehen fern die Schrecken, die Gefahren – / Des Ortes Heiligkeit versagt sie hier",[25] sowie „Die Rosenknospen an ihre Königin", das einen fast schon Eichendorff'schen Dreiklang aus Natur, Leben und Religion anspielt: „O Wesen, gesendet / Von himmlischer Au, / Dein Vaterland spendet / Dir Sonne, dir Thau."[26]

Ebenso wie in die Lobpreisung Luises zu Lebzeiten stimmt Schenkendorf naturgemäß auch in die allgemeine Dichterklage ein, als Luise stirbt, praktisch unmittelbar mit dem „Eintreffen der Schrecksekunde".[27] Und ebenso naturgemäß ist wohl, dass das Gedicht „Auf den Tod der Königin" dabei nicht nur eine ‚authentische' Totenklage sein, sondern noch ausdrücklicher als die eben angeführten Texte an einer Verklärungsgeschichte mitschreiben will. In diesem Sinne ist das Gedicht mit einem Motto aus Klopstocks Ode „Die Königin Luise" von 1752 überschrieben, in der der ebenfalls früh verstorbenen und schnell weithin glorifizierten Louise von Großbritannien, Königin von Dänemark und Norwegen, ein literarisches Denkmal gesetzt wird: „Nicht diese Stunde nur, sie starb viele Tage / Und jeder war des Todes wert", borgt sich Schenkendorf vom literarhistorischen Ahnen und setzt dann rhetorisch fragend mit der Würdigung ‚seiner' Luise ein: „Rose, schöne Königsrose, / Hat auch dich der Sturm getroffen? / Gilt kein Beten mehr, kein Hoffen / Bei dem schreckenvollen Loose?"[28]

25 SCHENKENDORF (1912, 16).
26 SCHENKENDORF (1912, 17).
27 JONAS (1890, 78).
28 SCHENKENDORF (1912, 17).

III. Sängerwettstreit 2: Arnims Kantate (mit Seitenblick auf Brentanos
Parallelaktion)

Nirgendwo deutlicher aber sieht man wohl die, bellizistisch formuliert, doppelte Frontstellung des Luise-Diskurses als an Achim von Arnims Einmischung.
Wobei Arnim zu der Zeit ja fast nur im Bündnis zu haben ist. Nicht verwun-
dern kann daher, dass Brentano eine Parallelaktion vorlegt. Dass die eingeübten
literaturpolitischen Bündnispartner hier allerdings einmal auseinanderstreben,
wird ebenfalls keinen Zeitgenossen überrascht haben. Denn Brentano flieht
angesichts der drohenden Kampfhandlungen in den Süden, nach Wien, und
seufzt von dort brieflich dem Freund vor, wie „ewig, wie immer habe ich in allen
Zeiten der Noth an dich gedacht, wie beneidet ich deine Landsturmscompag-
nie, wie gerne wäre ich drunter gewesen",[29] und schickt, man mag ein schlechtes
Gewissen dafür verantwortlich machen, wenig später nunmehr aus Wien „eine
Menge ziemlich gelungene Kriegslieder"[30] (so die suggestive Selbsteinschät-
zung) hinterher. Arnim repliziert jedoch nüchtern: „Hättest Du Dich so sehr
danach gesehnt in meiner Compagnie zu dienen, so hättest Du so leicht hieher
wie nach Wien kommen können, jetzt ists zu spät, ich war schon Vize-Batail-
lions Chef, als der Landsturm der Städte aufgelöst ward."[31] Mehr noch: Bei aller
Einsicht in die Schrecken des Krieges war er zum Zeitpunkt dieser brieflichen
Zurechtweisung bereits seit einigen Jahren von der Notwendigkeit des militärischen Kampfes überzeugt, war dem preußischen Königshof nach den Niederla-
gen von Jena und Auerstädt gefolgt und hatte dort im Kreis um vom Stein eine
Reihe von Aufsätzen verfasst, die Vorschläge zur Neuorganisation von Staat
und Militär machten, ebenso wie er nach dem Muster ‚Fliegender‘ Blätter schon
im Jahr 1806 eine Sammlung *Kriegslieder* verantwortet, vermutlich als erster
Autor.[32]

Entsprechend dieser Haltung zum Federkrieg wie buchstäblichem Kampf
fallen die Gelegenheitsdichtungen der sonst so häufig einigen Freunde aus.
Zu Brentanos „Cantate auf den Tod Ihrer Königlichen Hoheit, Louise von
Preußen" nur so viel: Sie weist gewissermaßen eine private Imprägnierung auf.

29 ARNIM/BRENTANO (1998, 675).
30 ARNIM/BRENTANO (1998, 685).
31 ARNIM/BRENTANO (1998, 678).
32 Vgl. RÖLLEKE (1971, 73–80).

Angesichts der Erfahrungen beim Tod seiner Frau Sophie geht es Brentano (mit Anklängen an Novalis' *Hymnen an die Nacht*) um Leben, Tod und Überwindung des Todes durch Christus im ‚unsterblichen Leben', von Politisierung kann keine Rede sein, und erst recht von keiner, die motivational wirken könnte. Brentano war diese resignative Grundierung seines Textes durchaus bewusst, wie sich einem Brief an die Brüder Grimm vom 2. November 1810 ablesen lässt:

> Reichardt ist hier [...], er hat meine Cantate auf die Königin componirt, und mir bereits vorgesungen und genasenschniebt, das Ganze wird einen grosen Effeckt machen, obschon einiges ungemein elend ist, anderes recht gut, nichts wie ich es gedacht [...]. Ich habe sie aus Curiositaet, wie ich mich bei gleichem Stoffe von Arnim unterschiede, in der Hinterstube zugleich mit ihm geschrieben, und es giebt vielleicht kein besseres Beispiel, zu zeigen, wie sehr wir divergiren, er so freudig, rührend, tief und hoch, ich in armer ebner dunkler trüber Bahn.[33]

Gut strukturalistisch sind damit die zentralen Oppositionen zwischen beiden Trauergesängen genannt, in emotionaler Hinsicht vor allem, zeichenhaft verdeutlicht durch den Gegensatz von vertikaler Ausrichtung (bei Arnim) gegenüber horizontaler Bewegung (bei Brentano). Nicht genannt sind bei Brentano allerdings die fast ebenso diametral auseinanderstrebenden Adressierungen, denn es geht natürlich nur vordergründig um Luise – wenn man so zuspitzen darf, geht es Brentano um sich selbst, und Arnim dagegen um das Volk. An dieses 1811 ja im eigentlichen Sinne nicht existierende, sondern allererst durch Literatur herbeizuschreibende Volk also richtet sich Arnim mit einem zugleich in der Bildsprache einfach gehaltenen, aber kompositorisch komplex organisierten Textgefüge. Bis der Leser oder Hörer nämlich bei der Kantate anlangt, die ausufernd als „Nachtfeier nach der Einholung der hohen Leiche ihrer Majestät der Königin" betitelt ist, muss er gleich drei paratextuelle, mithin rezeptionslenkende Rahmenstücke passieren: Zunächst wendet sich ein Textstück „An die Leser", anschließend binnenkommunikativ „Die Sänger an die Zuhörer", dann folgt noch ein „Prolog". Artikuliert ist mit diesem geradezu überschießenden Ensemble von Rahmenstücken, dass Armin nicht, wie es sich für die Romantik gehören sollte, auf Mehrdeutigkeit abzielt, sondern in diesem spezifischen Diskurskontext auf Eindeutigkeit.

Von wünschenswerter Klarheit in Sicht auf Anlass, Auftrag und Adressierung ist dabei gleich die Anrede „An die Leser", die wirkt, als hätte sie Arnim

---

33 Brentano zit. n. STEIG (1914, 131).

vorausschauend für unseren Zusammenhang geschrieben. Die Kantate sei, erläutert er dort,

> in wenigen Stunden durch die ehrenvolle Aufforderung des Königl. Kammermusikus Herrn Schneider entstanden; die Aufführung drängte, es konnte wegen dieser Eile so wenig erschöpfend sein, daß es sehr bald von mehreren Gedichten übertroffen worden; inzwischen hat es durch die frühe Bekanntmachung und musikalische Aufführung ein gewisses öffentliches Dasein erhalten. Es drückt die Volksgesinnung am nächsten aus: fremdartiger Kirchenstyl und poetische Eigenthümlichkeit sind darin vermieden und so mag es wohl als musikalisches Gelegenheitsgedicht einigen Werth behalten.[34]

Eine Auftragsarbeit will der Text folglich sein, also: heteronom motiviert, aber dieser Verstoß gegen das Autonomiepostulat der Romantik ist in diesem Fall kein Malus, sondern ein produktionsästhetischer Bonus, weil so eben die ‚Volksgesinnung' ausgedrückt werde, und nicht die Individualität des Dichters. Dazu passt, wie Arnim ergänzt, dass er seine Kantate hätte überarbeiten können, d.h. die Gefühle ästhetisch überformen, im Sinne von Schillers Forderung: „[E]in Dichter nehme sich ja in Acht, mitten im Schmerz den Schmerz zu besingen".[35] Arnim gesteht: „Ruhige Zeiten werden tausend bessere Lieder hervorbringen",[36] gewissermaßen ohne ein Geständnis zu machen, aber hier und jetzt ginge es eben nicht um Ästhetik, sondern um Ethik, nicht um Distanz, sondern um Unmittelbarkeit.

Die Sänger sekundieren dieser Einführung oder Einstimmung anschließend mittels einer Reflexion über die Funktion von Kunst in Zeiten der Trauer: „Die Kunst versucht, die allgemeine Trauer / Durch uns in Melodien zu verkünden, / Wir gäben gern dem flücht'gen Troste Dauer, / Wir möchten edle Liebe ewig binden",[37] definiert der Auftakt. In diesem besonderen Fall aber sei der Gesang ‚gehemmt', aus gleich zwei Gründen: Zum einen sei die ‚Rede' der Königin die wahre Kunst. ‚Rede' wohlgemerkt metonymisch gemeint, denn, wie es klagend fragt: „Wohin ist ihrer Töne schönes Leben?"[38] Man kann hier Tomaševskijs Unterscheidung zwischen der amtlichen Biographie und der biographischen Legende zu Hilfe nehmen:[39] Analog zum Leben ‚heißer' Dichter wird das

---

34 ARNIM (1970, 322).
35 SCHILLER (1962[3], 981).
36 ARNIM (1970, 322).
37 ARNIM (1970, 322).
38 ARNIM (1970, 322).
39 Vgl. TOMAŠEVSKIJ (2003, 49–61).

Leben Luises zur wahren Kunst verklärt. Zum anderen leiten die Sänger mit einer rhetorischen Frage zum Prolog über, habe Luise die Kunst geschützt, und wer übernehme diese Aufgabe nun, nachdem die Schutzherrin sie nicht mehr erfüllen könne?

Der auktoriale Prolog will sich dann erst sprachlos geben: „Das erste Wort wird einem tiefen Schmerze / So schwer zu denken, – schwerer noch zu sagen, / Unendlich scheint der Schmerz, kein Wort genügt".[40] Er kann sich in der Folge jedoch durchaus wort- und kunstreich artikulieren, er umfasst immerhin 91 Verse und spricht, präludierend, alle Themen und Ziele der folgenden Kantate an: Trauer natürlich über den Tod derjenigen, die an den Glanz der Vergangenheit erinnert habe, zudem und damit unmittelbar verbunden die schreckliche Gegenwart sowie in der gemeinsamkeitsstiftenden Trauer und der bewahrenden bzw. verklärenden Erinnerung die Hoffnung auf eine bessere Zukunft. Angedeutet ist somit, dass der textuellen Trauerfeier das triadische Geschichtsbild der Romantik unterlegt ist. Luise fungiert dabei als Symbolfigur, an der sich diese Konzeption ausrichtet oder in der sie sich verkörpert. Sie steht auch oder gerade nach ihrem Tod im doppelten Sinne für die Nation ein. Denn mit Luise sei zwar gleichsam alles emphatische Leben aus dem Volk gewichen: „Es schien die Stadt erstorben überall/Und alles Leben zu der Leiche hingebannt"; aber zugleich gibt „[d]as todte Bild [...] mehr als alle Worte, / Es wird zum Denkmal, heilig ist's dem Schmerz, / Es lebet uns, es scheinet uns zu trösten, / Und nichts ist Schein, was unser Herz gefühlt".[41] Es spendet also Trost, besonders, wenn gemeinschaftlich getrauert werde: „Der Schmerz macht menschlich schwach und göttlich stark, / Was alle trifft, schlägt keinen ganz darnieder."[42] Luise rückt dergestalt zur ausdrücklich christlich konturierten Heiligen auf, die auch fortan als Leitbild fungieren und damit eine ‚goldene' Zukunft sichern helfen soll. Diesem Ziel also widmet sich die Kunst, d. h. hier: Arnims Text, wie der Prolog ausdrücklich bekennt: „So sei die Feier dieser Nacht zur Feier / Der hohen Todten von uns angestimmt: – / Zu aller Armen Trost schallt unser Lied, / Daß Sie auch nach dem Tode Segen spende, – / Es giebt ihr Geist uns dazu Kraft und Muth."[43]

40 Arnim (1970, 323).
41 Arnim (1970, 325).
42 Arnim (1970, 323).
43 Arnim (1970, 325).

Die lyrische „Nachtfeier", die nach diesem langen paratextuellen ‚Vorspiel' dann endlich anhebt, setzt dieses gleichermaßen poesiologische wie, wenn das große Wort hier passt, geschichtsphilosophische Programm um, und der Unendlichkeit der Trauer gemäß gerät diese Umsetzung ausufernd: In der Ausgabe der Sämtlichen Werke von 1970 nimmt sie gut 20 Druckseiten ein. In einem komplexen Wechselspiel aus einzelnen Stimmen, dreistimmigem Gesang, Halbchor, Chor und Gegenchor sowie einem Chor der Engel, der Stimme der Königin und zwei Himmelsstimmen führt diese „Nachtfeier" gewissermaßen von der zeichenhaften Nacht in den ebenso bildlichen Tag. Etwas genauer und dennoch angesichts der puren Textfülle grob zusammenfassend: Eingangs ist mit dem Tod der Königin gleichsam die Welt untergegangen, es herrscht Stille bzw. Stillstand des Lebens: Die ‚hohen Häuser' liegen „nachts wie Felsen auf dem Herzen", und „kein heller Stundenschlag" verkündet den Morgen.[44] Wie im Prolog findet sich dann eine Gemeinschaft der Trauernden zusammen („Langsam ziehn die schwarzen Stunden, / Einsam schweigend weint das Herz, / Bis es Herzen hat gefunden, / Die erfüllt von gleichem Schmerz"[45]), die in bestätigender Wechselrede wie im Chor die Tugenden Luises besingt, im Einzelnen Schönheit, Güte, Milde und Mut. Mittels dieser Vorbildhaftigkeit habe die Königin, wie das dreischrittige Geschichtsbild um eine doppelte Schleife modifiziert wird, emphatisches Leben für die sieche Nation gestiftet, d. h. den Krieg vergessen lassen: „Es schien ein Traum die dunkle Schlacht / Die unsrer Brüder Blut vergossen / Des blauen Himmels Freudenmacht / Ließ erste Frühlingsblumen sprießen."[46] Mit ihrem Tod verdunkele sich die Gegenwart jedoch wieder, das Bewusstsein der blutigen Niederlage kehrt zurück, und so stirbt mit der Königin metaphorisch die gesamte Welt: „Wo strahlt ein Trost der Seele, / Da alle Sterne sich verhüllen, / Des Himmels schwarze Höhle / Will sich mit Wolken ganz erfüllen."[47]

Aber bei diesem Bild der zeichenhaften Verfinsterung bleibt die Kantate natürlich nicht stehen, ihre Wirkungsabsicht erschöpft sich ja nicht im Ausdruck der Klage, sondern ist funktional viel stärker zukunfts- als augenblicksorientiert perspektiviert. Sie will eine hellere Zukunft gewissermaßen

---

44 ARNIM (1970, 326).
45 ARNIM (1970, 326).
46 ARNIM (1970, 329).
47 ARNIM (1970, 331).

herbeisingen. In rhetorischer Wechselrede spielt die Kantate daher die Unentschiedenheit zwischen Zweifel und Zuversicht durch, die sie bei den realen Rezipienten vermuten wird, um mit dem text*internen* zugleich einen möglichen text*externen* Zweifel zu widerlegen. Während im dreistimmigen Gesang also Gottes Wille beklagt bzw. die eschatologische Dimension dementiert wird („Er hat sie uns geraubt, / Wir haben, ach umsonst! an ihn geglaubt"[48]), glaubt der Chor unbeirrt an den Heilsplan („Er hat sie gegeben, / Er hat sie genommen, / Der Name des Herrn sei gelobt"[49]). Und natürlich haben die Gläubigen im Sinnzusammenhang des Textes Recht, die Wiederbelebung auf höherer Stufe bestätigt sie unmittelbar: „Sie ruhet still, die Farbe kehrt zurück / In Ihres Lebens höher Genesung", zeigt sich am offenen Sarg, und „Farbig wie ein Regenbogen / Haben Engel sie umzogen, / Mondesschimmer Sie umwall / Und Gesang der Engel schallt".[50] Und nur folgerichtig ist nach dieser Chronik einer angekündigten Auferstehung, dass sich die Königin selbst nun an das Volk und den König zugleich wendet, aus der Höhe, in die sie die Apotheose versetzt hat, auf diese Weise ihre Rolle als Schutzheilige aktualisiert und ihr Volk segnet. „Singen kann der Schwan im Sterben, / Segnen kann die Lieb' im Sterben, / Seid gesegnet / Mit dem Glauben, mit dem Hoffen, / Seht den goldnen Himmel offen."[51] In diesen offenen Himmel also wird die Königin versetzt, während das Volk „mit neuer Zuversicht / Harr[t] wie auf Tageslicht."[52] Entsprechend kann der Schlusschor überzeugt jubilieren und dabei Gebet und Kampf kurzschließen, und selbst der naivste Hörer sollte nun verstanden haben, dass unter dem Schutz der Himmelskönigin ein heiliger Krieg zu führen ist, der Kampf gegen Napoleon als religiöse Aufgabe in Gottes Sinne – und dass dieser Krieg gewonnen werden muss und wird, weil er Gottes Willen folgt:

> Uns umstrahlet die Entfernte,
> Frisch zur Arbeit, frisch zur Erndte,
> Wie die Sonne kehret wieder,
> Blickt die Herrscherin hernieder.
> Triumph, Triumph! Sie bleibt uns nah!

48 Arnim (1970, 331).
49 Arnim (1970, 331).
50 Arnim (1970, 334).
51 Arnim (1970, 343).
52 Arnim (1970, 344).

Singt dem Herrn Halleluja.
Unser Adler dringt
Durch die hohe Luft,
Und die Lerche singt
Durch den Morgenduft,
Triumph, Triumph, sie bleibt uns nah,
Singt dem Herrn Halleluja.[53]

*

Bekanntlich wurde der Kampf gegen Napoleon tatsächlich gewonnen, auch wenn unsicher bleiben muss, ob nun mit oder eher ohne Gottes Hilfe. Sicher ist hingegen, dass die Anrufung Luises ihren motivationalen Anteil an diesem Sieg hatte, auch wenn er sich nicht genau berechnen lässt. Von heute aus mag es scheinen, als habe sich diese antinapoleonische Literatur auch in ‚ihrem' Moment erschöpft, als würde sie über ihre unmittelbare gelegenheitslyrische Bezogenheit nicht hinausreichen. Und so zeigt die Literaturwissenschaft wenig Interesse für sie, noch weniger wohl als für den gesamten Bereich der Gelegenheitslyrik. Diesem Desinteresse ist aber entgegenzuhalten, dass die dezidiert heteronome Literatur jenseits moralischer und ästhetischer Wertungen eine erhebliche Rolle in der Funktionsgeschichte der Lyrik gespielt hat oder sogar noch spielt. Um hierzu abschließend nur einige Stichworte zu geben: Man denke an die Revivals, die die Befreiungskriegslyrik im Speziellen und eine funktionsanaloge Literatur im Allgemeinen im Zuge der deutschen Einigungskriege ‚gefeiert' hat, mit Luise als Symbolfigur immer mittendrin statt nur dabei,[54] oder die strukturell vergleichbaren gelegenheitslyrischen Gebrauchszusammenhänge während der Zeit des Faschismus. Und überlegen ließe sich, ob nicht generell die Ereignisse der Gewaltgeschichte eine hohe Affinität oder Attraktivität für die Produktion augenblicksbezogener lyrischer Sprachzeichengebilde aufweisen. Die hohe Konjunktur solcher Texte anlässlich der Anschläge auf die Twin Towers vom 11. September 2001 etwa weist auf einen solchen produktionskausalen Nexus hin.[55] Aber das sind andere Geschichten, die hier nicht zu erzählen sind.

---

53 ARNIM (1970, 346).

54 Zur Funktionsgeschichte des Mythos ab 1860 vgl. FÖRSTER (2011).

55 Vgl. hierzu TRILCKE (2008, 89–113).

Literaturverzeichnis

ARNDT, Ernst Moritz (1912): Werke, Teil 1: Gedichte. Berlin u. a.

ARNIM, Achim von (1970, 321–346): Nachtfeier nach der Einholung der hohen Leiche Ihrer Majestät der Königin. In: Ders.: Sämtliche Werke, Bd. 22: Gedichte, Teil 1. Bern.

–, Clemens BRENTANO (1998): Freundschaftsbriefe II. 1807 bis 1829. Vollständige kritische Edition v. H. Schulz. Frankfurt a. M.

BERG, Rudolf (1979, 193–253): Intention und Rezeption von Kleists politischen Schriften des Jahres 1809. In: K. Kanzog (Hrsg.): Text und Kontext. Quellen und Aufsätze zur Rezeptionsgeschichte der Werke Heinrich von Kleists. Berlin.

CLARK, Christopher (2007³): Preußen. Aufstieg und Niedergang 1600–1947. Aus dem Engl. v. R. Barth, N. Juraschitz, T. Pfeiffer. München.

ESSEN, Gesa von (2005, 101–132): Kleist anno 1809: Der politische Schriftsteller. In: M. Haller-Nevermann, D. Rehwinkel (Hrsg.): Kleist – ein moderner Aufklärer? Göttingen.

FOHRMANN, Jürgen (1996, 394–461 u. 784–792): Art.: Lyrik. In: E. McInnes, G. Plumpe (Hrsg.): Hansers Sozialgeschichte der deutschen Literatur vom 16. Jahrhundert bis zur Gegenwart, Bd. 6: Bürgerlicher Realismus und Gründerzeit, 1848–1890. München, Wien.

FÖRSTER, Birte (2011): Der Königin Luise-Mythos. Mediengeschichte des „Idealbilds deutscher Weiblichkeit" 1860–1960. Göttingen.

FOUQUÉ, Friedrich Baron de la Motte (1814): Corona. Ein Rittergedicht in drei Büchern. Stuttgart, Tübingen.

JONAS, Fritz (1890, 74–82): Art.: Schenkendorf, Gottlob Ferdinand Maximilian Gottfried von. In: Allgemeine Deutsche Biographie, Bd. 31.

JÜRGENSEN, Christoph (2012, 297–315): Dichtung als Kriegsdienst – Strategien der Mobilisierung in der Lyrik der Befreiungskriege. In: S. Fauth, J. Süselbeck (Hrsg.): Krieg – Literatur, Medien, Emotionen. Göttingen.

– (2018): Federkrieger. Autorschaft im Zeichen der Befreiungskriege. Stuttgart.

KLEIST, Heinrich von (1990): Sämtliche Werke und Briefe in 4 Bänden, Bd. 3: Erzählungen / Anekdoten / Gedichte / Schriften. Hrsg. v. K. Müller-Salget. Frankfurt a. M.

– (1997): Sämtliche Werke und Briefe in 4 Bänden, Bd. 4: Briefe von und an Kleist 1793–1811. Hrsg. v. K. Müller-Salget, S. Ormanns. Frankfurt a. M.

KÖRNER, Theodor (1814): Leyer und Schwerdt von Theodor Körner. Lieutenant im Lützow'schen Freikorps. Einzige rechtmäßige, vom Vater des Dichters veranstaltete Ausgabe. Berlin.

LAUER, Gerhard (2005, 183–204): Lyrik im Verein. Zur Mediengeschichte der Lyrik des 19. Jahrhunderts als Massenkunst. In: S. Martus, S. Scherer, C. Stockinger (Hrsg.): Lyrik im 19. Jahrhundert. Gattungspoetik als Reflexionsmedium der Kultur. Bern u. a.

NOVALIS (1978): Werke, Tagebücher und Briefe Friedrich von Hardenbergs, Bd. 1: Das dichterische Werk, Tagebücher und Briefe. Hrsg. v. R. Samuel. Darmstadt.

RÖLLEKE, Heinz (1971, 73–80): Kriegslieder. Achim von Arnims Imitation eines fliegenden Blattes im Jahr 1806. In: Jahrbuch für Volksliedforschung, Bd. 16.

RÜCKERT, Friedrich (1977): Briefe, Bd. 1. Hrsg. v. R. Rückert. Schweinfurt.

SCHENKENDORF, Max von (1912): Gedichte. Hrsg. u. mit Einl. u. Anm. vers. v. E. Groß. Berlin u. a.

SCHILLER, Friedrich (1962³, 970–992): Sämtliche Werke, Bd. 5: Erzählungen; Theoretische Schriften. Hrsg. v. G. Fricke, H. G. Göpfert. München.

SCHLEGEL, Friedrich (1962): An die Dichter. In: Ders.: Kritische Friedrich-Schlegel-Ausgabe, Bd. I,5: Dichtungen. Hrsg. u. eingel. v. H. Eichner. Paderborn u. a.

SEGEBRECHT, Wulf (2007 [1997], 688–691): Art.: Gelegenheitsgedicht. In: K. Weimar u. a. (Hrsg.): Reallexikon der deutschen Literaturwissenschaft, Bd. 1. Berlin, New York.

STEIG, Reinhold (1914, 123–137): Clemens Brentano und die Brüder Grimm. Stuttgart, Berlin.

SZÈPE, Helena (1975, 291–304): Opfertod und Poesie: Zur Geschichte der Theodor-Körner-Legende. In: Colloquia Germanica, Bd. 9.

TOMAŠEVSKIJ, Boris (2003, 49–61): Literatur und Biographie. In: Ders.: Texte zur Theorie der Autorschaft. Hrsg. u. komm. v. F. Jannidis u. a. Stuttgart.

TRILCKE, Peer (2008, 89–113): Der 11. September 2001 in deutschen und US-amerikanischen Gedichten. Eine Sichtung. In: I. Irsigler, C. Jürgensen (Hrsg.): Nine Eleven. Ästhetische Verarbeitungen des 11. September 2001. Heidelberg.

WEBER, Ernst (1991): Lyrik der Befreiungskriege (1812–1815). Gesellschaftspolitische Meinungs- und Willensbildung durch Literatur. Stuttgart.

– (1999, 285–325): Der Krieg und die Poeten. Theodor Körners Kriegsdichtung und ihre Rezeption im Kontext des reformpolitischen Bellizismus der Befreiungskriegslyrik. In: J. Kunisch, H. Münkler (Hrsg.): Die Wiedergeburt des Krieges aus dem Geist der Revolution. Studien zum bellizistischen Diskurs des ausgehenden 18. und beginnenden 19. Jahrhunderts. Berlin.

„[…] und einfach Freude machen wollen". Merkmale, Verfahren, Formen und Funktionen okkasionellen Dichtens im 19. Jahrhundert

I. ‚Zunftmäßige Liederfabrikation'. Massenlyrik des 19. Jahrhunderts

Das 19. Jahrhundert ist ein Jahrhundert okkasionellen Dichtens. Gelehrt und erprobt in Schulen, gepflegt in Familien und Vereinen, gefordert und eingeholt in politischen, ein Gemeinwesen als Ganzes adressierenden Kontexten gehört es zu den gängigen poetischen Praktiken der Zeit. Diese betreffen, bestimmen und gestalten gleichermaßen private, halbprivate wie semiöffentliche und öffentliche Räume, Orte, Situationen und Anlässe – und bringen eben diese Räume und Situationen gerade dadurch überhaupt erst (mit) hervor. Sie archivieren sie nicht nur, sondern halten sie präsent, machen sie also (bis heute) erfahrbar. Poetische Funktionen, die das literarische Leben des 17. Jahrhunderts regulieren, stellen demnach (so meine These) noch im 19. Jahrhundert keinesfalls die Ausnahme dar. Im Gegenteil: ‚Gelegenheitslyrik im engeren Sinn' hat im ‚Zeitalter des Realismus' den Status von Massenlyrik. Sie wird in großer Zahl, gleichsam ‚von jedermann' produziert und – wie Hans-Henrik Krummacher an den Reaktionen auf den Tod von Königin Katharina Pawlowna Romanowa gezeigt hat[1] – zu bestimmten Anlässen einer mindestens lokalen Öffentlichkeit zur Kenntnis gegeben, sei es (wie im genannten Fall) durch Abdruck in aktuellen Zeitschriften, sei es durch Vortrag auf offiziellen Fest- und Gedenkveranstaltungen.

Gleichwohl scheint zeitgleich zu dieser Praxis sowohl aufseiten der Autor*innen und poesiologischen Programme als auch in der sich institutionalisierenden Literatur- und Gattungsgeschichtsschreibung Konsens darüber zu bestehen,

---

1 KRUMMACHER (2013, 361–382). – Zur Funktion der Panegyrik im 19. Jahrhundert vgl. ANDRES (2005); KIRJUCHINA (2014).

dass das Gelegenheitsgedicht zu den „künstlerisch niedrigen" poetischen Ausdrucksformen zu zählen sei.[2] 1909 unterscheidet der Bonner Germanist Carl
Enders unter Berufung auf Goethe zwischen „Gelegenheitsdichtung der alten
Art" (gemeint ist jene Darstellungsform, die ich als ‚Gelegenheitsdichtung im
engeren Sinn' in meinem Beitrag behandle), „Wirklichkeitsdichtung" (wie Enders' Vorschlag für Goethes spezifische Vorstellung von erlebnisorientierter und
erfahrungsgesättigter Dichtung lautet, die Goethe selbst als ‚Gelegenheitsdichtung' bezeichnet hatte) und einer eigentlichen, „„echten'" Dichtung, die sich
v. a. dadurch auszuzeichnen scheint, nicht zu den beiden anderen gerechnet
werden zu müssen.[3]

Für ‚Gelegenheitsdichtung im engeren Sinn' verheißt diese Unterscheidung
nichts Gutes. In der Folge fällt okkasionelles Dichten so gut wie ganz aus dem
Raster der professionellen Aufmerksamkeit auf Literatur heraus, die (bei aller
systemisch bedingten Unübersichtlichkeit von Zuständigkeiten)[4] für Kanonisierungsprozesse bis mindestens ins ausgehende 20. Jahrhundert verantwortlich
zeichnet. 1977 stellt Wulf Segebrecht entsprechend fest:

> Das spätere 19. Jahrhundert hatte mit dieser allegorischen Figur [der Göttin Occasio,
> C. S.] [...] offenbar nichts mehr im Sinn. Die Gelegenheit erscheint ihm vielmehr [...]
> als unerwünschter Eindringling in den geschlossenen Raum (‚Dichterhain') der Poesie,
> in dem sie nichts zu suchen hat.[5]

Seit sich „von sterblichen Lippen [...] kein erhabneres Wort vom Schönen sagen"
lässt „als: *es ist!*",[6] haben künstlerische Artefakte, die nicht vordergründig dieses Schöne bedienen, sondern ihre Entstehung anderen Interessen verdanken,
keine Chance – z. B. auf literaturgeschichtliche Kanonisierung, auf nachhal-
tige Archivierung oder/und auf einen Eintrag ins kulturelle Gedächtnis eines
Sprachraums. Was sich seit den 1970er Jahren mit Blick auf die Kasuallyrik der
Barockzeit massiv geändert und in dieser Hinsicht auch unbedingt verbessert

---

2   ENDERS (1909, 306).

3   ENDERS (1909, 306).

4   Vgl. WINKO (2002); BEILEIN (2010). – Ob Kanonisierungsprozesse im digitalen Zeit-
     alter mit seinen ausgeweiteten Zuständigkeitsverhältnissen ‚demokratischer' oder gar
     ‚gerechter', jedenfalls ‚populärer' ablaufen, wird diskutiert. Vgl. z. B. BACKE (2015).

5   SEGEBRECHT (1977, 1).

6   MORITZ (1788, 52).

hat, steht für das 19. Jahrhundert immer noch aus: dem Genre in der Forschung zu einer historisch angemessenen Sichtbarkeit zu verhelfen.

Dies kann geschehen, indem man sich ihm als einem zeitgenössischen Ordnungsbegriff in jenen zwei Fassungen nähert, die (wie noch das Enders-Beispiel zeigt) im 19. Jahrhundert selbst diskutiert werden: zum einen *gegen* Goethes umfassendes Verständnis des Genres ‚Gelegenheitsgedicht', zum anderen in dessen Übernahme. Davon sehe ich in meinem Beitrag weitgehend ab. Stattdessen möchte ich einen Vorschlag für eine präzisere Erforschung okkasionellen *als anlassbezogenen* Dichtens im 19. Jahrhundert machen und bediene mich dafür der ‚Gelegenheitsdichtung im engeren Sinn' als eines literaturwissenschaftlichen Beobachtungsbegriffs.

Dass „zunftmäßige Liederfabrikation" (und damit nicht zuletzt Gelegenheitslyrik) das literarische Leben regelrecht dominierte, betonte bereits Paul Heyse 1882 im Rahmen einer von ihm veranstalteten Auswahl von Gedichten Julius Grosses. Er beklagte dabei zutiefst, dass „echte Poesie heutzutage überhaupt ein Anachronismus" sei und „(mehr als genug!)" Lyrik „nach fertigen Schablonen", in Form eines „krausen Singsang[s]", „unter die Leute" gebracht werde.[7] Zum Bildungsbestandteil wie Freizeitvergnügen aller Schichten gehörte es, zu dichten.[8] Die Geringschätzung des Genres durch hauptberufliche, sich in dieser Zeit etablierende und (wenigstens zum Teil) bis heute kanonisierte Autor*innen leitete sich nicht zuletzt genau daraus ab. Aber auch diese dichteten – und zwar ebenfalls *en masse* – ‚auf Gelegenheiten hin'; auch für sie blieb ‚Gelegenheitsdichtung im engeren Sinn' eine zentrale poetische und soziale Praxis.

Geleitet von der Beobachtung dieses Spannungsverhältnisses möchte ich einen Baustein zur Transformationsgeschichte einer ‚typischen' Darstellungsform des 17. Jahrhunderts im 19. Jahrhundert liefern, um zugleich deren Historisierung voranzutreiben. Im zweiten Abschnitt meines Beitrags werde ich mich dafür zunächst den Merkmalen von Gelegenheitsdichtung im 19. Jahrhundert zuwenden, mit Schwerpunkten auf den okkasionellen Produktionen Mörikes, Droste-Hülshoffs und Meyers (*II. ‚Auf einen Anlass hin'. Zur Genrebestimmung*).

---

7 HEYSE (1882, VI u. IX).
8 Vgl. SCHNEIDER (2004, 181 f., 203, 229–231 u. 259–265).

Insgesamt fokussiere ich aus pragmatischen Gründen auf lyrische Produkte, klammere also Vorreden, dramatische und erzählende Texte u. a. an dieser Stelle aus. Eine umfassende Bestandsaufnahme müsste außerdem Vereins- und Schularchive, Privatbibliotheken und Nachlässe erschließen. Ein solches Vorhaben aber ist nur in konzertierter Aktion zu bewerkstelligen. Nicht zuletzt deshalb verfolgt mein Beitrag in erster Linie das Ziel, Merkmale, Formen, Verfahren und Funktionen okkasionellen Dichtens im 19. Jahrhundert *als Effekt* jenes bereits kurz skizzierten Spannungsverhältnisses zu rekonstruieren, das den Umgang professioneller (und kanonisierter) Autor*innen mit dem Genre im ‚Zeitalter des Realismus‘ charakterisiert.

Auffällig ist dabei, dass nicht nur die Autor*innen von dieser Spannung umgetrieben werden, wenn sie zuverlässige wie sichtbare Akteur*innen in einem Bereich sind, den sie eigentlich ablehnen, sondern auch die Literaturwissenschaft. Das lässt sich etwa am Beispiel der Mörike-Forschung sehen, die Mörikes auffällig entspannten Umgang mit dem Genre erstens verharmlost, indem das Gelegenheitsgedicht als etwas Nebensächliches, als etwas ausgestellt Nicht-Besonderes, als das Einfache, ‚Bescheidene‘, Kindliche abgetan wird.[9] Zweitens wird versucht, eben diese okkasionelle Produktion implizit oder explizit aufzuwerten, indem Elemente von Mörikes Ästhetik der Plötzlichkeit, der „sinnlichen Evidenz“ des Augenblicks daran entdeckt und nachgewiesen werden.[10] Die „bescheidenen Verschen“ [!] gelten dann gerade nicht als „‚banal‘ “, sondern als „lebensklug“.[11] Sie werden, wiewohl „konkrete Gebrauchslyrik“, „zum überzeitlich gültigen Geschenk und zum Bild der Erinnerung“. Nicht nur für Mörike seien diese „‚poetischen Gaben‘ “ deshalb ‚von Wert‘.[12]

Drittens findet sich die Tendenz, z. B. ein mit Blick auf dessen literarhistorische Position hochkanonisches Gedicht wie „Auf eine Äolsharfe“ ebenfalls zur Gelegenheitslyrik Mörikes zu zählen – einen Text, der (wenn man eine solche biographische Kontextualisierung überhaupt für aufschlussreich hält) als „Gedächtnisgedicht auf den verstorbenen Bruder August“[13] gelesen werden

---

9 Das ‚Harmlosigkeitsverdikt‘ findet sich auch andernorts, z. B. in der Freiligrath-Forschung; vgl. LANGHANKE (2012, 335), hier v. a. bezogen auf das dezidiert Unpolitische dieser Texte.

10 BRAUNGART (2015, 48; vgl. z. B. auch 60).

11 BRAUNGART (2015, 50).

12 WILD (2004, 92).

13 MAYER (1998, 22). Vgl. auch BRAUNGART (1999, 108 f. u. 116–128).

kann, als lyrische Verarbeitung eines individuellen Erlebnisses also. Die generische Zuordnung mag u. a. davon motiviert sein, auch die ‚echte' okkasionelle Produktion Mörikes für die Forschung interessant zu machen; für eine Genrebestimmung der ‚Gelegenheitsdichtung im engeren Sinn' selbst aber ist dieses Vorgehen m. E. nicht zielführend.

Mörikes Gelegenheitsdichtung wird längst unterstellt, ihre zeitgenössisch vergleichsweise weite Verbreitung und spezifische Popularität einer Art familialem Interesse zu verdanken: Auch diese „breitere Leserschaft" sei als „eine Gruppe Vertrauter" zu charakterisieren, „die gerade dem reizvoll Privaten einen poetischen Wert abzugewinnen bereit ist".[14] Folgt man Segebrecht, erlaubten die Texte v. a. einen Blick ‚hinter die Kulissen' der Dichterexistenz, bedienten also nicht zuletzt, wiewohl in poetischer Form, die voyeuristische Neugier des Publikums. Das Problem der ‚Privatheit' gelegenheitlichen Dichtens möchte ich – am Beispiel (v. a.) Freiligraths – im dritten Abschnitt meines Beitrags behandeln (*III. Das Private ist öffentlich*). Dass sich die Autor*innen der meist wenig geliebten, aber offensichtlich unausweichlichen Aufgabe okkasionellen Dichtens mitunter doch mit einer gewissen Lust entledigten, indem sie ihre medialen Logiken (deren Mechanismen sie genau kannten) nicht nur bedienten, sondern auch subvertierten, möchte ich im vierten Abschnitt am Beispiel Fontanes zeigen (*IV. ‚bei Gelegenheit' sich selbst ironisch werden*). Ich schließe mit einem vorläufigen Resümee in Abschnitt V, wiederum mit Blick auf Fontane und Meyer.

II. ‚Auf einen Anlass hin'. Zur Genrebestimmung (Mörike, Droste-Hülshoff, Meyer)

Vor dem Hintergrund des bisher Gesagten jetzt zur Gegenstandsbestimmung: Was verstehe ich im Folgenden unter ‚Gelegenheitsdichtung des 19. Jahrhunderts im engeren Sinn'? Die Übergänge sind, wie so oft, fließend: Einerseits sind alle künstlerischen Produkte in vielfältige Produktions-, Rezeptions- und Distributionsbedingungen eingebunden, auch die sog. kanonischen. Andererseits kann ein zur spezifischen Gelegenheit entstandener Text (insbesondere dann, wenn Kontextinformationen fehlen oder ausgeblendet werden) die

---

14 SEGEBRECHT (1977, 69 f.); ebenso, in enger Anlehnung an Segebrecht, DRUX (2009, 333).

Autonomie des künstlerischen Gebildes ebenfalls sowohl abbilden als auch nachvollziehbar machen. Wie lässt sich dennoch vermeiden, dass die Grenze zwischen den poetischen Genres allzu durchlässig wird und dadurch die spezifische Okkasionalität der Gelegenheitslyrik unscharf?[15] ‚Ästhetische Heteronomie' als historisch wirkmächtige generische Kategorie jedenfalls genügt aus den genannten Gründen nicht zur Abgrenzung eines gelegenheitlichen von einem nicht-gelegenheitlichen Gedicht (das, wie angedeutet, mit einer Aura des Überzeitlichen versehen wurde).

Fürs Textverstehen ebenso wie für die Genrezuweisung konstitutiv notwendig und somit grundlegend ist das Merkmal der Okkasionalität. Der je spezifische Anlass wird dabei in Text und/oder Paratexten explizit benannt oder lässt sich epitextuell rekonstruieren. Er umfasst raumzeitliche Gelegenheiten (Prototyp ‚Festveranstaltung als gesellschaftliches Großereignis oder im privaten Rahmen') ebenso wie Jubiläumsausgaben z. B. einer Zeitschrift. Meist prägt der Anlass nicht nur die Inhalte des Gedichts, sondern auch die Verfahren, indem etwa die (mögliche, für die Gattungsdefinition selbst aber nicht hinreichende) öffentliche Präsentation darin abgebildet wird. Dies geschieht in den gesichteten Texten des 19. Jahrhunderts regelmäßig v. a. dann, wenn der Textproduktion ein Auftrag von dritter Seite (allein allerdings nicht hinreichend) mit Blick auf eine (semi-)öffentliche Veranstaltung (ebenfalls nicht hinreichend) vorausgeht.

Ein Beispiel: Conrad Ferdinand Meyers spätes offizielles Kausaldebüt für den seinerzeit stadtbekannten Chorliederkomponisten und Musikdirektor Ignaz Heim, „Zur Heim-Feier", ist als „ein kurzes Monodrama"[16] konzipiert. Das Gelegenheitliche wurde dem Gedicht explizit-selbstreferentiell eingeschrieben. Eine prologartige Einleitung ruft zunächst die eigene Anlassbezogenheit auf, spricht das Zielpublikum direkt an („ihr Tausende, / Die ihr gekommen

---

15　Ansätze in der Forschung, ausgehend von Goethe, Literatur an sich als Gelegenheitsliteratur zu verstehen, ließen sich auch damit, also mit Blick auf die vielfältigen Entstehungsvoraussetzungen eines literarischen Textes, begründen: „[…] zugespitzt formuliert: Der mentale Akt des Konzipierens eines Textes und die Motivation zur Textproduktion überhaupt stellten im extremsten Fall bereits die Gelegenheiten bzw. Anlässe dar, auf welche das Gedicht oder auch jeder andere zu einer *occasio* produzierte Text zurückgehe"; Dunsch (2014, 250). Dadurch wird, wie Dunsch (2014, 251) zu Recht feststellt, „der Begriff des Kasualen, des Okkasionellen, über jedes erträgliche Maß hinaus entleert".

16　Meyer (1991, 431). Zum Gelegenheitsdichter Meyer vgl. Stockinger (2022).

seid"[17]) und ruft dann sowohl die Auftragssituation („Wer lud mich ein zu euch?", V. 10) als auch den Aufführungskontext explizit auf.

In weiteren Fällen dienen paratextuelle Markierungen als Verständnishilfe und erleichtern so die spätere literatur- und gattungsgeschichtliche Einordnung von Texten, die demnach kaum rein für den Augenblick entstanden sein können, weil sie (wenigstens implizit) bereits die Nachwelt zu adressieren erlauben. Das ist bekanntermaßen bei Eduard Mörike der Fall, der die sonst nur mäßig gelittene Gattung engagiert bediente.[18] Seinen Texten hat er regelmäßig kleine Vorspanne beigefügt, die, bis heute, unterschiedliche Funktionen übernehmen: Sie dokumentieren den Anlass ebenso wie sie zu Archivierungszwecken herangezogen werden können und ein Deutungsangebot für den Text machen. Anlass, Adressat*in und Kommunikationssituation werden dabei ebenso aufgerufen („Nannys Traum // Der Mutter zum Geburtstage / Mit einer roten Rose"[19]) wie Informationen zur Datierung und Lokalisierung („Auf Erlenmeyers Tod, 2. Juni 1820 // Bei einer Trauerfeier der Uracher Promotion"[20]). Dass zwischen Anlassbezug und „Gelegenheit"[21] in der Begriffsverwendung des 19. Jahrhunderts *nach* Goethe zu unterscheiden ist, deutet sich in den paratextuellen Hinweisen ebenfalls an: „Nannys Traum" als Geburtstagsgedicht und „Auf Erlenmeyers Tod" als Begräbnisgedicht wurden jeweils *auf einen bestimmten Anlass hin* geschrieben, wobei der Paratext in manchen Fällen zudem die Auftragssituation aufruft, mit Hinweisen auf die Auftraggeber und den Verfasser: „Dem lieben Altvater / Georg Balthasar Hermann / zu seinem 74. Geburtstag // Cleversulzbach am 21. Februar 1842 im Namen der Enkel gewidmet / von seinem aufrichtigen Freunde / E. Mörike / Pfarrer".[22]

Wurde dagegen ein lyrischer Text *aus einem bestimmten Anlass heraus* verfasst, wie das beim (Widmungs-)Gedicht „An Clara. // Cleversulzbach 1837.

---

17 MEYER (1991, 39, VV. 1 f.).

18 Gelegenheitliches Dichten ist für Mörike „in besonderem Maße eine ständig genutzte, gänzlich unverächtliche Möglichkeit poetischer Artikulation"; KRUMMACHER (2013, 382). Vgl. dazu den instruktiven Beitrag von BRAUNGART (2015); außerdem WILD (2004).

19 MÖRIKE (1970, 359).

20 MÖRIKE (1970, 403).

21 „Scherz // bei Gelegenheit daß ich im Pfarrhause zu W. in einer Kammer zu schlafen hatte, wo Zwiebeln aufbewahrt wurden"; MÖRIKE (1970, 385).

22 MÖRIKE (1970, 439).

Als sie ein wenig kurz angebunden gegen mich / war"[23] der Fall ist, lässt er sich dem Genre ‚Gelegenheitsgedicht im engeren Sinn' m. E. gerade *nicht* zuordnen.[24] Der Anlass geht diesem Genre zeitlich ja nicht voraus.[25] Subsumiert also ein zeitgenössisches Lexikon, Erschs/Grubers *Allgemeine Encyklopädie der Wissenschaften und Künste*, unter „Gelegenheitsgedicht" zum einen „die für ein bestimmtes Ereigniß, zu dessen Feier", zum anderen aber auch die „in Veranlassung desselben" geschriebenen Texte,[26] ist dies für eine klare Grenzziehung zur universalistischen Auffassung des Genres im Gefolge Goethes nur eingeschränkt hilfreich. ‚In Veranlassung' kann sich ja auch auf ein zeitliches Nachhinein der poetischen Produktion beziehen, die dann in der Regel *unter dem Eindruck eines* persönlichen *Erlebnisses* (und davon *veranlasst*) geschieht, nicht aber *auf ein Ereignis hin*.

Ein Zwischenfazit: Das ‚Gelegenheitsgedicht im engeren Sinn' (ent-)steht in einem Gebrauchszusammenhang, der sich zugleich als ein Beziehungsgeschehen zwischen einem/einer Verfasser*in und einem/einer Adressat*in (bzw. einer Gruppe) darstellt. Es wird *für einen bestimmten Anlass* und *auf diesen hin* geschrieben, ist diesem also zeitlich vorgelagert. Dabei sind diese Anlässe nicht fiktiv. Dass sie aber stets auf „herausgehobene Fälle des menschlichen Lebens" referierten, wie Segebrecht vorschlägt,[27] leuchtet für die Bestände des

---

23 MÖRIKE (1970, 378).

24 Segebrechts lexikalische Definition des „Gelegenheitsgedichts" von 1997 umfasst dagegen beide Komponenten, neben dem ‚engeren' Verständnis (das mich hier allein interessiert) die auf Goethes Gebrauch zurückgehende Verwendung: „Ein für bzw. auf ein bestimmtes Ereignis geschriebenes oder aus einer bestimmten Veranlassung heraus entstandenes Gedicht"; SEGEBRECHT (2007 [1997], 688). – Zur näheren Erläuterung ein weiteres Beispiel aus dem Mörike-Korpus, das – entgegen BRAUNGART (2015, 49 f.) – m. E. ebenfalls nicht zu den Gelegenheitsgedichten (im engeren Sinn) zu zählen ist: „Impromptu an Joli", versehen mit dem Hinweis „als er, nach einer Edeltat der Bescheidenheit, von mir, von Clärchen u. Mutter wechselweise auf den Arm genommen und, bis zu seinem Überdruß, geliebkost wurde"; MÖRIKE (1970, 435).

25 Vgl. dazu SEGEBRECHT (1977, 3). – Mit Blick auf die Genreprofilierung im 19. Jahrhundert danke ich den Teilnehmer*innen meines Masterseminars „Gelegenheitsdichtung" (Humboldt-Universität zu Berlin, WiSe 2018/19).

26 ERSCH, GRUBER (1853, 411).

27 Segebrechts „Arbeitsdefinition" in der Habilitationsschrift von 1977 bestimmt das auf die Gelegenheitsdichtung des 17. Jahrhunderts fokussierte Forschungsfeld bis heute zu Recht. Dieser zufolge „konstituieren" „vier Faktoren […] die Casuallyrik […]: die

19. Jahrhunderts nicht ein. Darüber hinaus sind für das 19. Jahrhundert außerdem die bei Segebrecht genannten Kategorien der ‚Publizität' (vom Einzel- bis zum Sammeldruck – und darüber hinaus)[28] und der ‚engeren' oder „weitere[n] (nicht unmittelbar beteiligte[n]) Öffentlichkeit"[29] dieser Texte zu historisieren und zu differenzieren.[30] Auch für die Genrebestimmung sind diese Kategorien interessant.

Dies möchte ich vergleichend an zwei Beispielen illustrieren: „Die Mutter am Grabe",[31] von Annette von Droste-Hülshoff als „reine[s] Gelegenheitsgedicht[ ]"[32] bezeichnet, bezieht sich auf einen ganz persönlichen Trauerfall, den Verlust eines Kindes (Constantia von Droste-Hülshoff). Nach eigenem Bekunden hatte die Autorin den Text so genau dem „Geschmack" der davon Betroffenen (Julie Droste von Droste-Hülshoff) „angepaßt",[33] dass sie ihm – und zwar mit dieser Begründung – keinen Platz in der Ausgabe *Gedichte* von 1844 einräumte. Die Autorin stellt mit dem Hinweis auf die stilistische ‚Anpassung' nicht nur ihre hohe Sensibilität für die rhetorischen Angemessenheitsforderungen an okkasionelles Dichten unter Beweis. Sie gibt sich außerdem als Expertin in Sachen Gelegenheitsdichtung zu erkennen, deren Mechanismen sie zu bedienen weiß, und zwar mit Erfolg: Der Überlieferung zufolge hat das Gedicht für

---

‚herausgehobenen Fälle des menschlichen Lebens' repräsentieren dabei – erstens – die Gelegenheiten (*casus*) selbst, für die gedichtet und gewünscht wird; daß diese Wünsche – zweitens – ‚in Gedichtform' erscheinen, unterscheidet sie zunächst äußerlich von Wünschen anderer Art [...]; setzt jeder Wunsch ohnehin schon immer denjenigen voraus, der ihn äußert, so erscheint der Wünschende in der Casuallyrik darüberhinaus – drittens – als derjenige, der die spezifisch poetische Form des Wunsches persönlich verantwortet [...]; und ebenso gehört – viertens – derjenige dazu, an den sich der Wunsch richtet und vor dem er ‚publiziert' wird [...]. Das Casualgedicht ist darüber hinaus ‚öffentlich' [...]"; SEGEBRECHT (1977, 68 f.).

28 SEGEBRECHT (1977, 191 f.).

29 SEGEBRECHT (1977, 71).

30 Vgl. in diesem Sinne auch SEGEBRECHT (1977, 69): „Qualität und Intensität jedes einzelnen dieser vier Faktoren sind nun selbst im Laufe der Zeit ganz erheblichen Schwankungen unterworfen".

31 DROSTE-HÜLSHOFF (1994, 39–41).

32 Annette von Droste-Hülshoff an Levin Schücking, 17. Januar 1844. In: DROSTE-HÜLSHOFF (1992b, 147).

33 Annette von Droste-Hülshoff an Levin Schücking, 17. Januar 1844. In: DROSTE-HÜLSHOFF (1992b, 147); zum Kontext vgl. DROSTE-HÜLSHOFF (1998, 415).

seine Adressatin eine wirksame therapeutische Funktion.[34] Ob eine bestimmte Situation (etwa das – sei es reale, sei es imaginierte – Erlebnis einer ‚Mutter am Grab ihres Kindes') der Produktion des Textes vorausgegangen oder der Akt des poetischen Produzierens dem konkreten Anlass (etwa der Beerdigung des Kindes) vorgelagert war, lässt sich nur mit genauerem Kontextwissen entscheiden. Sollte Letzteres der Fall gewesen sein und das Gedicht in diesem engeren Sinn zur Gelegenheitsdichtung gezählt werden können, würde daraus in der Tat eine rein private, genauer eine familiäre Angelegenheit – die von der Autorin nicht intendierte postume Publizität des Gedichts bis hin zu dessen aktueller Verhandlung im literaturwissenschaftlichen Diskurs einmal ausgeklammert.

Mit ähnlichem Gespür für die Erwartungen an die Gattung bediente sich Annette von Droste-Hülshoff in „Am letzten Tage des Jahres (Sylvester)"[35] einer auch im 19. Jahrhundert äußerst beliebten Form gelegentlichen Dichtens (die, bevorzugt in der Form des Neujahrsgedichts, regelmäßig genutzt wurde, etwa um die Jahrgänge von sog. Familienblättern einzuleiten).[36] Das Jahreswechselgedicht bezieht sich auf einen konkreten Anlass im Nachhinein zu seiner Entstehung; in diesem Fall soll es (wiewohl erst im Januar 1840 vollendet) auf die Jahreswende 1839/40 hin konzipiert gewesen sein.[37] Beauftragt dazu wurde die Dichterin aber nicht, lässt man einmal Selbstbeauftragung und Gattungskonventionen – den in seinen ursprünglichen Formationen das Kirchenjahr abbildenden Gedichtzyklus, der hier nach eigenen Darstellungsinteressen transformiert wird – als vermittelt Auftrag gebende Instanzen außen vor. Vielmehr beschließt der Text Droste-Hülshoffs poetischen Zyklus *Das*

---

34 An Jenny von Laßberg betont Annette von Droste-Hülshoff am 23. September 1840, sie habe das Gedicht im Auftrag der trauernden Mutter, genauer „auf ihre Bitte" hin, verfertigt und diese „findet wirklich Trost darin"; DROSTE-HÜLSHOFF (1998, 416). – Ich danke Kathrin Ritzka für ihre Anregungen („‚Reine' Gelegenheitsdichtung? Annette von Droste-Hülshoffs Totengedichte in und um die *Abteilung vermischten Inhalts* der Sammlung von 1844". Hausarbeit im Masterseminar „Gelegenheitsdichtung"; Humboldt-Universität zu Berlin, WiSe 2018/19; Abgabe am 15.7.2019).

35 DROSTE-HÜLSHOFF (1980, 165 f.).

36 Beispiele im Familienblatt *Die Gartenlaube*: Emil Rittershaus, „Zum neuen Jahr!" (*Die Gartenlaube* 1872, [I]); Ernst Ziel, „Zum neuen Jahr" (*Die Gartenlaube* 1875, [I]); oder Hans Hopfen, „Sylvesternacht" (*Die Gartenlaube* 1883, 15 f.). – In einer zeitgenössischen Anthologie von Gelegenheitsgedichten bilden die „Neujahrs-Gedichte" eine eigene „Abteilung"; vgl. LÖHNER (o. J., 103–125).

37 WOESLER (1983, 148).

Geistliche Jahr. Anders als bei „Die Mutter am Grabe" steuert die Idee zu dessen (von der Autorin intendierten postumen)[38] Veröffentlichung bereits den Produktionsprozess; okkasionelle und nicht-okkasionelle poetische Praxis bilden sich in diesem Fall aufeinander ab und lassen sich kaum voneinander trennen. Von solchen Beispielen ausgehend wird deutlich, dass der Analyse großer Textmengen (deren Betrachtung allein, wie gesagt, den vielfältigen Beständen gerecht würde) ein differenzierter Merkmalskatalog vorausgehen sollte, der es erlaubt, graduelle Gewichtungen vorzunehmen und den ‚generischen Faktor' als Rahmenbedingung für eine Funktionsanalyse von ‚Gelegenheitsdichtung im 19. Jahrhundert' möglichst konstant zu halten.

Expertise im Metier gelegenheitlichen Dichtens (wie Droste-Hülshoff) attestiert sich Conrad Ferdinand Meyer gerade nicht. Zu einem „Sängergruss" für das (wie der Untertitel ausweist) „Sängerfest der Männerchöre am Zürichsee in Meilen, 13. Brachmonat 1881"[39] beauftragt, ziert er sich zunächst, als gelte es, ein öffentliches Parkett zu betreten, dessen soziale Regeln er nicht kennt:

> [...] ich habe mir die Sache ein bischen [!] überlegt u: finde mich noch nicht darin zurecht. Könnten Sie mir nicht zur Orientirung [!] einen frühern „Sängergruß" mittheilen oder ein populäres *Motiv* bezeichnen. Auf diesem Boden habe ich eben gar keine Praxis u: könnte mich leicht im Ton vergreifen.[40]

Tatsächlich aber hat auch Meyer sich bereits im Kindesalter in die für Gelegenheitsdichtung gängigen Maßstäbe eingearbeitet und entsprechende Erfahrungen gesammelt.[41] Dass er die Erwartungshaltung seiner Auftraggeber und des Publikums an die angemessene poetische Würdigung eines bestimmten Anlasses sehr erfolgreich bediente, zeigt seine reichhaltige Gelegenheitsdichtung, die nach 1877 entstand, in der Kilchberger Zeit des bereits etablierten Autors also.[42] Gerade dieses Konvolut macht deutlich, dass nicht zuletzt persönliches Renommee und Wohnumfeld wichtige Kontexte okkasioneller

---

38 DROSTE-HÜLSHOFF (1851). Die Veröffentlichung erfolgte im Auftrag der Autorin; vgl. DROSTE–HÜLSHOFF (1992a, 283); vgl. auch GRYWATSCH (2018, 32 f.); WORTMANN (2018, 127); NUTT-KOFOTH (2018, 685).

39 MEYER (1991, 435).

40 An Pfarrer Johann Jakob Wißmann, 16. Februar 1881. In: MEYER (1991, 434).

41 „Poetische Versuche, bei Gelegenheit häuslicher Feste oder durch die Anlässe der Schule hervorgerufen, reichen in die Knabenjahre zurück"; NUSSBERGER (1919, 14).

42 Vgl. STOCKINGER (2022).

Textproduktion bilden. Meyers „Sängergruss" etwa ist geschrieben worden, um sowohl vertont und öffentlich aufgeführt als auch in der „Festzeitung" publiziert zu werden. Darüber hinaus wurde der Text in einer Art kollaborativem Prozess verfasst[43] und gibt sich insgesamt, bis in das die drei Stanzen-Strophen vorantreibende ‚kollektive Wir' hinein („ersehnte Brüder im Gesang" / „bieten lodernd wir"[44]), als Teil eines öffentlichen Kommunikationszusammenhangs zu erkennen, zu dessen wichtigsten Repräsentanten Meyer als „Ehrenmitglied des Seevereins" selbst gehörte.[45] Zugleich trägt das Wir (wie in Meyers Dichten zu öffentlichen Gelegenheiten üblich, s. o., „Zur Heim-Feier") die gattungskonstitutiven performativen Elemente in den Text selbst ein, der aussagt, was sich vor den Ohren des Publikums gerade vollzieht – ein ‚gesungener Gruß' des lokalen Männerchors eben. Das Beispiel Meyers zeigt es: Wie alle populäre Lyrik im 19. Jahrhundert übernahm demnach auch Gelegenheitsdichtung ‚gemeinschaftsbildende' Funktionen,[46] und sie wurde nicht selten regelrecht ‚zelebriert'.[47]

Wie der „Sängergruss" entstanden auch andere von Meyers okkasionellen Dichtungen im Umfeld von Vereinen: Das fünfzigjährige Bestehen des Männergesangsvereins *Harmonie* am 2./3. Mai 1891 feierte Meyers „Zur Fahnenübergabe". Für den Festakt wurde das Lied als Sonderdruck publiziert; dort verteilt, konnte es während der Aufführung mitgelesen werden. Ein Wiederabdruck erfolgte zeitnah in der *Neuen Zürcher Zeitung* am 5. Mai 1891,[48] wodurch das Ereignis einem weiteren Publikum (das im engeren Sinn nicht Teil des kollektiven Wir des Gedichts ist)[49] zur Kenntnis gegeben wurde. Vereine

---

43 Jedenfalls erklärt sich Meyer „zu jeder Änderung oder auch zu etwas ganz Anderm erbötig"; an Wißmann, 1. März 1881. In: MEYER (1991, 434).

44 MEYER (1991, 44, VV. 1 u. 20).

45 Vgl. dazu die paratextuellen Hinweise: „Festzeitung / für das / Sängerfest der Männerchöre am Zürichsee in Meilen, / 13. Brachmonat 1881. // Ohne Verantwortlichkeit des Fest-Comite's, aber zu Gunsten der Festkasse herausgegeben von einem Freunde des Seevereins. Preis 20 Cts. // Sängergruss, / gedichtet von Dr. C. F. Meyer, Ehrenmitglied des Seevereins, und komponiert für den / Männerchor Meilen von Karl Attenhofer, Direktor des Seevereins"; MEYER (1991, 435).

46 Vgl. FOHRMANN (1996, 443).

47 Zur ritualisierten Geselligkeitskultur des 19. Jahrhunderts vgl. BRAUNGART (1998).

48 MEYER (1991, 462).

49 „Festlich betreten wir den Saal / Zu schöner Feier! […]"; MEYER (1991, 55, V. 1).

wie die Zürcher *Harmonie* stellten auf diesem Weg – nicht zuletzt mittels der Gelegenheitsdichtung – jene bürgerliche Öffentlichkeit zuallererst her, die sie (re-)präsentierten.[50] Die Gelegenheitsdichtung des 19. Jahrhunderts ist nicht weniger als deren Ausdruck, Katalysator und Stabilisator.

Was heißt das konkret? Mit welchen Mitteln erfolgte hier ,Vergesellschaftung'? „Zur Fahnenübergabe" leitet – darin mustergültig – mit einer Beschreibung der Szenerie ein; der Festakt wird zum Thema. Gezeigt wird, was geschieht: Die Fahne als Produkt der *ganzen* Gesellschaft („was durch Frauenthat entstand", V. 7) ,tritt auf', dann wird sie aufgerichtet („Festlich betreten wir den Saal", V. 1; „Ihr helft es mit entfalten / Und mächtig in die Höhe halten", VV. 13 f.). Das Gelegenheitsdichten selbst bringt sich ins Spiel und als konstitutiven Teil des Prozesses in Erinnerung („Mit kurzem Spruch will ich begleiten [...]", V. 15), bevor die Fahne in einer ausführlichen Bildbeschreibung vor Augen kommt und so auch für die Nachwelt festgehalten wird – im Bildgedicht-Teil des Textes bewegte sich Meyer auf sicherem, ihm vertrautem Terrain.

Zugleich belegen die Stickereien auf der Fahne nicht nur die Besonderheit des Ereignisses für den Verein (auf der Rückseite ist eine „Lyra" abgebildet, V. 27), sondern zeigen auch dessen Relevanz für die Stadt Zürich an; der „Zürcherleu" (V. 17) auf der Vorderseite steht dafür. In den lyrischen Text integrierte szenische Hinweise übernehmen die Funktion von Regiebemerkungen („Wendet das Banner!", V. 25). Eine entsprechende Funktion hat im Text auch die Hervorhebung einzelner Wörter durch gesperrte Lettern (VV. 57 u. 75). Wenn aber die typographische Semantik als Deutungshilfe fürs Textverstehen fungiert, zielt die Publikation von vornherein auf die Eigenständigkeit eines Textes, der eben nicht auf körperliche Präsenz setzt, sondern den festlichen Anlass aus zeitlicher wie räumlicher Distanz nachvollziehbar machen möchte. Dazu passt, dass das Gedicht den Festakt selbst zu einem alle Zeiten und Räume überdauernden Lob des Liedes und der Musik verallgemeinert (V. 29–74) – eine Verallgemeinerung der okkasionell produzierten Aussage, die den Vereinsnamen doch geschickt einfügt („Das ist die Harmonie im Menschengeist", V. 68), um dann mit einer Laudatio auf die Fahne als Zeichen und Symbol des im Lied sowohl Vorgetragenen als auch Vorgeführten abzuschließen (V. 75–80).

---

50 Vgl. dazu Lauer (2005, 188 f.), unter Berufung auf Otto Dann und Friedrich H. Tenbruck.

Allerdings finden sich auch in Meyers Beständen gelegenheitliche Produktionen, die der Autor nicht zur Publikation vorgesehen hatte. Bei „Du hast, o Herr, das Schwert gebracht"[51] etwa handelt es sich um ein auf das Jahr 1856 verfertigtes Neujahrsgedicht Meyers für eine Verwandte. Inwiefern weist dieser rein private kommunikative Vorgang das für ‚Gelegenheitsgedichte im engeren Sinn' je zu diskutierende Merkmal der ‚Öffentlichkeit' auf? Er vollzog sich vor den Augen von Meyers Schwester Betsy, die den bereits von Meyers Hand notierten Anlass („Zum Neuen Jahr") und den Namen der Adressatin („Luise v. Wyß-Meyer") handschriftlich bestätigte.[52] ‚Öffentlichkeit' meint in diesem Fall demnach das engere Familienumfeld. Durch Aufnahme in die historisch-kritische Ausgabe wurde aus dem konkret gewidmeten Text ein zugeeignetes Werk, das für den literatur- wie gattungshistorischen Blick insbesondere als Beispiel für eine (weit verbreitete) Sonderform des Gelegenheitsgedichts, das Widmungsgedicht, von Interesse ist. Dass die Herausgeber der historisch-kritischen Meyer-Ausgabe den Text nicht unter die ‚Widmungsgedichte' rechneten, weil dieser „zwar aus einem solchen persönlichen Anlaß entstanden" sei, „aber allgemeinen Charakter" habe,[53] blendet nicht nur den Gelegenheitscharakter des anlassbezogenen Gedichts an eine konkrete Adressatin aus; zudem wurde nicht bedacht, dass die an Meyers „Zur Fahnenübergabe" gezeigte Referenz aufs Allgemeine zu den herausragenden Merkmalen des Dichtens zu Gelegenheiten gehört. Ich komme sowohl auf die Sonderform des Widmungsgedichts als auch auf die Frage der Verallgemeinerbarkeit noch zurück.

Die Kategorien ‚Publizität' und ‚Öffentlichkeit' – das sollten die genannten Beispiele kurz illustrieren – reichen von ‚privat-familiäre Öffentlichkeit, nicht publiziert' bis ‚öffentlich, in mehrerlei Gestalt publiziert'.[54] Einem Autor wie Meyer stand die Publizität seiner Texte stets vor Augen, selbst derjenigen, die

---

51 Als Titel firmiert hier die erste Zeile des titellosen Gedichts; MEYER (1991, 67).

52 MEYER (1991, 476).

53 MEYER (1991, 618).

54 Der Vorschlag, unterschiedliche Grade des Öffentlichen anzunehmen, reagiert zum einen auf Segebrechts (bereits zitierten) Hinweis auf die „weitere (nicht unmittelbar beteiligte) Öffentlichkeit" kasualer Produktion; SEGEBRECHT (1977, 71). Zum anderen orientiere ich mich an Roland Berbigs Versuch, mit dem „private[n]", dem „öffentliche[n]" und dem ‚geselligen' drei „Bereiche" von „Gelegenheiten" zu unterscheiden (BERBIG [2001, 9 f.]), wobei die hier vorgenommene Unterscheidung von ‚privat' / ‚öffentlich' und ‚gesellig' etwas irritiert, weil sie zwischen den typologischen Ebenen zu wechseln scheint. Dass später die Gelegenheitsdichtung „als eine Art ‚Scharnierstelle' zwischen Privatem und

er auf einen bestimmten Anlass hin verfasste. Wenngleich er nicht viel von seinen Gelegenheitsgedichten hielt und ihnen mit wenigen Ausnahmen deshalb
die Aufnahme in die unterschiedlichen Auflagen seiner *Gedichte* verweigerte,[55]
wurden Texte zu eindeutig privat-familiären Ereignissen dennoch in teils kost-
baren Schmuckausgaben an Angehörige und Freunde verteilt; das „Carmen
eines uralten Zieglers zur Hochzeit des Herrn Carl Ziegler und des Fräuleins
Mathilde Wegmann. 5. April 1883" z. B. „mit goldgeprägter Einfassung".[56]
Zugleich bediente er vom Geburts(tags)gedicht übers Hochzeitsgedicht bis
zum Beerdigungsgedicht viele Formen gelegenheitlichen Dichtens und hatte
überhaupt eine klare Vorstellung von dessen Funktion: Es seien Gedichte,
„die keine Kritik ertragen und einfach Freude machen" wollen, so Meyer am
24. April 1883 in einem Brief an Hermann Friedrichs.[57]

Wenn aber etwas „einfach Freude machen" soll, will es viele andere Dinge
nicht, etwa erbauen, belehren oder überwältigen. Dass eine solche Haltung zur
Gelegenheitsdichtung, die damit dem Unterhaltungsfach zugeschlagen wird,
deren gesellschaftliche Nutzungsmodalitäten verkleinert, liegt auf der Hand.
Von einer sehr vielfältigen, universell einsetzbaren Dichtungsform ist demnach
lediglich eine Art Schwundstufe übriggeblieben, die, wie Wilhelm Wackernagel bereits in den 1830er Jahren über die „Gelegenheitsdichterei" (oder auch
„niedere[ ] Gelegenheitspoesie") dekretierte, „das grosse Publicum nichts
angehn noch ihm verständlich sind": „Dergleichen Gedichte verbleiben, wo sie
hingehören, im Hause und im Kreise der Freunde".[58] Gelegenheitsdichtung im
19. Jahrhundert – eine rein private Angelegenheit also? Dies möchte ich im Folgenden exemplarisch am Beispiel (v. a.) Freiligraths überprüfen.

Öffentlichem bei wechselseitiger Einwirkung" bezeichnet wird (BERBIG [2001, 12]),
geht aber sicherlich in die auch von mir eingeschlagene Richtung.
55 MEYER (1991, 420).
56 MEYER (1991, 227–230, 659 u. 657).
57 MEYER (1991, 657); bezogen auf das genannte „Carmen eines uralten Zieglers" und
auf das „Fest-Gedicht / zur / Eröffnung der Schweizerischen / Landes-Ausstellung" vgl.
MEYER (1991, 45–48).
58 WACKERNAGEL (1873, 151).

III. Das Private ist öffentlich (Freiligrath, Storm)

Dass Freiligrath sich physisch wie existenziell in die Nachfolge Goethes begeben habe, indem er es sich angelegen sein ließ, in Goethes höchsteigenem Sterbesessel aus dem Leben zu gehen, gehört in den Bereich der Anekdoten, die, wie Robert Langhanke nachweist, über Fehllektüren zustande kommen.[59] Wenn Langhanke in diesem Rahmen aber zugleich behauptet, „Freiligraths Werk besteht [...] hauptsächlich aus Gelegenheitsgedichten", denn es stelle sich „als abhängig von äußeren Ereignissen" und damit von „Gelegenheiten" dar, auf die Freiligrath „mit Lyrik zu reagieren hatte",[60] schließt auch sein Beitrag an eine für die Forschung zur Kasuallyrik des 19. Jahrhunderts insgesamt gebräuchliche Praxis an: Ein Werk wird – nolens volens –[61] auf Goethes Diktum vom Gelegenheitscharakter der eigenen Lyrik[62] hin beleuchtet und im Ganzen auf das Genre Gelegenheitsdichtung hin transparent gemacht. Die Lyrik des 19. Jahrhunderts und ihre Rezeption stehen unter einem „Goethe-Bann"[63] – das ist das eine.

Für unseren Zusammenhang aufschlussreicher ist dagegen etwas anderes: Auch Langhankes Beitrag bestätigt das gängige Bild der Gelegenheitsdichtung im 19. Jahrhundert. Es heißt hier weiter:

> In Freiligraths Spätwerk jedoch verschieben sich die Ereignisse und Gelegenheiten vor allem in den privaten Erlebnisraum, oder die Ereignisse werden in Form von

59 Vgl. LANGHANKE (2012, 309 f.).

60 LANGHANKE (2012, 328 u. 323).

61 Mitunter wird durchaus differenziert, ohne dass dies Auswirkungen auf die grundlegende These hätte, Freiligraths Lyrik im Ganzen sei ‚Gelegenheitsdichtung' im Sinne Goethes: „Freiligrath bediente sich sehr wohl von außen einwirkender Anlässe und Aufträge für seine Texte"; LANGHANKE (2012, 328).

62 Goethes Überlegungen zur ‚Abhängigkeit' oder ‚Gelegenheitsgebundenheit' allen Dichtens im Gespräch mit Eckermann am 17. September 1823 geht die Aufwertung des (als historische Form verstandenen) Gelegenheitsgedichts in Dichtung und Wahrheit voraus, wie Segebrechts bis heute uneingeholt erhellende Ausführungen zum Verhältnis von ‚Gelegenheit' und ‚Erlebnis' bei Goethe belegen; SEGEBRECHT (1977, 289–299 u. 315–324).

63 „Wir sind in einem Goethe-Bann und müssen draus heraus, sonst haben wir unser ‚Apostolikum' in der Literatur"; Theodor Fontane an Julius Rodenberg, 18. Februar 1896. In: FONTANE (1969, 82). Vgl. genauer dazu STOCKINGER (2005).

Feierlichkeiten von außen vorgegeben, so dass das allgemeine Interesse an der Aussage der Texte eingegrenzt sein muss.[64]

Bezogen v. a. auf das „Spätwerk" des Dichters, bemüht Langhanke also sowohl die seit dem 19. Jahrhundert virulente Privatisierungsthese (Wackernagel, s. o.) als auch die Vorstellung, *veranlasste Lyrik* – mithin Lyrik, die an ein bestimmtes öffentliches (meist eher lokal situiertes) Ereignis gebunden ist – habe keinen ‚eigentlich poetischen' (,überzeitlichen', ‚anthropologisch verallgemeinerbaren') Wert.

Wie verhalten sich die Texte selbst zu diesen Thesen, die eine zeitlich begrenzte oder/und bloß private Reichweite des anlassbezogenen Dichtens behaupten? Wie sieht es in diesem Zusammenhang etwa mit dem „privaten Erlebnisraum" in der mittleren Werkphase Freiligraths vor den Exiljahren aus? Eindeutig dafür ausgewiesen scheint das Gedicht „Ein Weihnachtslied für meine Kinder. Vor der Ausweisung, 1850" zu sein. Allerdings zeigt schon der Publikationsort an, dass hier familiärer Anlass bzw. Adressatenkreis und öffentliche Ausrichtung ineinander übergehen: Das Gedicht finalisiert das „zweite Heft" der Sammlung *Neuere politische und soziale Gedichte*.[65] Es ruft die (bis dato) vier Kinder des Dichters ins Weihnachtszimmer,[66] um in der Rückblende auf den Standort von früheren „Weihnachtsbäumen" (V. 16) der Familie deren Existenzweise als Geschichte von „Nomaden" (V. 12) in ein ‚weiches' „Lied" (V. 15) zu fassen und über künftige Exilorte (sei es in England, sei es in den USA)[67] zu spekulieren und eine neue „Heimat" (V. 103) jenseits des „Vaterland[s], das uns verbannt" (V. 111), in Zuversicht beschwörenden Farben auszumalen. Das Gedicht kommentiert den Akt der Ausweisung und politische Gegner wie Gesinnungsgenossen im „Vaterland" gehören ebenso zu seinen Adressaten wie die eigene Familie. Sein Darstellungs- wie Aussageinteresse übersteigt eindeutig die besondere zeitliche Situation und das private Umfeld des Dichters.

Darüber hinaus lohnt zur Beantwortung der aufgeworfenen Frage v. a. ein Blick auf Gedichte, die im dritten Teil der Werkausgabe Freiligraths u. a. unter

---

64 LANGHANKE (2012, 323). In diesem Sinne auch FREUND (2010, 40).

65 FREILIGRATH (o. J. [Werke, Zweiter Teil], 151–154).

66 „Die Schelle klingt, der Riegel springt: / Herein, mein Kleeblatt-Viere! // Herein, ihr Froh'n"; FREILIGRATH (o. J. [Werke, Zweiter Teil], 151 f., VV. 7–9).

67 Vgl. FREILIGRATH (o. J. [Werke, Zweiter Teil], 153, VV. 53–56).

„Gelegentliches" subsumiert werden. Sie stehen insofern quer zu den frühen sowie mittleren Gedichten des ersten[68] und denjenigen des zweiten Teils, der die politischen Gedichte bis 1852 versammelt, als sie sich weder thematisch noch zeitlich einem ‚Spätwerk' ab 1868 zuordnen lassen, wiewohl sie, zwischen 1840 und 1870 situiert, auch dieses umfassen.[69] Hier wird z. B. der Tod der Komponistin und Frauenrechtlerin Johanna Kinkel, die wie Freiligrath nach London emigriert war, zum Anlass für ein Epicedium in Liedform (im Wechsel von vier- und dreihebigen Jamben regelmäßig akzentuiert und kreuzgereimt).[70] In gattungstypischer Weise[71] versammelt der Text laudatorische Elemente – Kinkel starb als „deutsche Frau" (V. 4), die ihre Trauergäste als „Waisen" zurücklässt (V. 20) –, Elemente der Trauer – „Und mancher schluchzte leise" (V. 12) – und konsolatorische Elemente. Indem Kinkel mit einer Soldatin auf dem „Schlachtfeld" des „Exil[s]" verglichen wird,[72] gehen alle drei Elemente ineinander über und bereiten die Verklärung von Kinkels „Grab" als einer Art ‚Pilgerstätte' der ‚Freiheitsidee', die auch den Trauergästen als ‚festes' „Ziel" stets vor Augen stehe (VV. 39 f.), in der letzten Strophe vor:

> Fahr, wohl! und daß an mut'gem Klang
> Es deinem Grab nicht fehle,
> So überschütt' es mit Gesang
> Die frühste Lerchenkehle!
> Und Meerhauch, der dem Freien frommt,
> Soll flüsternd es umspielen,
> Und jedem, der hier pilgern kommt,
> Das heiße Auge kühlen! (VV. 73–80)

Der Text verallgemeinert Anlass und Aussage auf ein Sinnbild der Exilsituation an sich – eine Tendenz, die an den meisten Gelegenheitsgedichten Freiligraths

---

68 Vgl. FREILIGRATH (o. J. [Werke, Erster Teil]).

69 Vgl. FREILIGRATH (o. J. [Werke, Dritter Teil], 7–97).

70 Vgl. FREILIGRATH (o. J. [Werke, Dritter Teil], 9–11): „Nach Johanna Kinkels Begräbnis. 20. November 1858".

71 Grundlegend dafür KRUMMACHER (1974).

72 FREILIGRATH (o. J. [Werke, Dritter Teil], 10, VV. 35–38): „Du liegst auf diesem fremden Rain, / Wie jäh vom Feind erschossen; / Ein Schlachtfeld auch ist das Exil – / Auf dem bist du gefallen / […]".

dieser Jahre zu beobachten ist.[73] Ihr korrespondiert der paratextuelle Hinweis im Titel, demzufolge das Lied den ‚klassischen' Rahmen von Gelegenheitsdichtung übersteigt, weil es weniger – sei es im eigenen Auftrag, sei es auf Ersuchen Dritter – *auf das Ereignis hin* als vielmehr *unter dessen Eindruck* entstanden zu sein angibt: „*Nach* Johanna Kinkels Begräbnis. 20. November 1858".[74] Dagegen wurde der im Anschluss daran abgedruckte Text laut Titelei „*Zur* Schillerfeier. 10. November 1859"[75] gedichtet, dann von Ernst Pauer vertont und schließlich im Rahmen eines entsprechenden Festakts im Londoner Stadtteil Sydenham von ortsansässigen, offensichtlich exildeutschen „Männergesang-Vereinen"[76] zu Gehör gebracht. Im ersten Fall ist das Ereignis als Anlass des Textes diesem zeitlich vorgelagert, im zweiten Fall geht die Produktion dem Ereignis voraus. Ein das spezifische Ereignis übersteigendes Darstellungsinteresse aber haben beide Texte.

Das gilt ebenso für die ‚gelegenheitliche' Produktion Freiligraths nach seiner Rückkehr aus dem Exil im Juni 1868, die, wie angedeutet, das eigentliche Spätwerk einleitet. Dieses umfasst dem *Lexikon Westfälischer Autorinnen und Autoren* zufolge ohnehin „fast nur noch Gelegenheitsgedichte";[77] auf rein privatistische Interessen beschränkt es sich deshalb aber keinesfalls. Das in leicht sangbarer, dreihebig jambischer und kreuzgereimter Form gebaute Geleitgedicht „An Wolfgang im Felde. 12. August 1870"[78] lässt sich als eine Art lyrischer Segen (V. 60) für den im medizinischen Dienst am Deutsch-Französischen Krieg beteiligten Sohn beschreiben. Zunächst betont es die Legitimation der Auseinandersetzung, um die persönlichen Motive einer freiwilligen

---

73 Weitere Beispiele: das Genethliacon „Aus der englischen Apfelblüte. Zu Ludwig Uhlands fünfundsiebzigstem Geburtstage. 26. April 1862", FREILIGRATH (o. J. [Werke, Dritter Teil], 16 f.); das Widmungsgedicht für einen erkrankten Gesinnungs- und Dichtergenossen „Für Julius Mosen. Eine Stimme aus dem Exil. Februar 1863", FREILIGRATH (o. J. [Werke, Dritter Teil], 17–19); oder das für den „Fortbildungsverein für Buchdrucker und Schriftgießer in Leipzig" verfasste Festgedicht „Zur Feier von Gutenbergs 400jährigem Todestage. 24. Februar 1868", FREILIGRATH (o. J. [Werke, Dritter Teil], 24 f.).

74 FREILIGRATH (o. J. [Werke, Dritter Teil], 11), Hervorh. C. S.

75 FREILIGRATH (o. J. [Werke, Dritter Teil], 11), Hervorh. C. S.

76 FREILIGRATH (o. J. [Werke, Dritter Teil], 11 [Fußnote]).

77 <https://www.lexikon-westfaelischer-autorinnen-und-autoren.de/autoren/freiligrath-ferdinand/#biographie>, zuletzt: 17.1.2020.

78 FREILIGRATH (o. J. [Werke, Dritter Teil], 50–52).

Partizipation in ein bestimmtes Licht zu rücken („Du wolltest im heil'gen Kampfe / Mitkämpfen, Deutschlands wert", VV. 9 f.), noch dadurch verstärkt, dass der Sohn dafür eigens „[a]us England" (V. 18) gekommen und, wiewohl im Exil sozialisiert, dennoch ‚Gefühlsdeutscher' geblieben ist. Dann würdigt es die Leistungen eines Sanitäters und die „Freund und Feind" (V. 53) verbindende, mithin versöhnende Funktion seines Tuns, bestätigt die offizielle Kriegsschuldthese („Und fluche nur dem einen, / Der uns zum Schlachten zwang!", VV. 55 f.) und schließt mit Hinweisen auf die sichere wie ‚siegreiche' (V. 62) Heimkehr. Dass diese spezifische ‚Vater-Sohn-Beziehung' den Erlebnis- wie Wertehorizont der meisten Leser*innen des Gedichts stellvertretend abbilden soll, sich also nicht auf die rein private Kommunikation beschränkt, liegt auf der Hand. Das Gedicht wurde dementsprechend zeitnah (am 18. August 1870) u. a. in der *Augsburger Allgemeinen Zeitung* veröffentlicht.[79]

Überhaupt werden die (implizit oder explizit beauftragten) okkasionellen Texte Freiligraths *zu* einem bestimmten Anlass oftmals zeitnah publiziert, also einer zeitgenössischen Allgemeinheit ausgesetzt. Zugleich nehmen sie so immer bereits die Nachwelt mit in den Blick. Die Veröffentlichung erfolgt in der Regel unter dem Klarnamen Freiligraths, darüber hinaus auch einmal, selbstbeauftragt, unter ‚fremdem Namen' („Otto zu Wolfgangs Hochzeit, 5. Juni 1873").[80] In der Durchführung erweitern diese Texte, wie wenigstens ansatzweise gezeigt, ihren Skopus über den konkreten Anlass hinaus, indem sie sich etwa für erweiterte Adressatenkreise interessant machen oder/und diese ansteuern. Sie überschreiten also die tradierten Grenzen des Genres ‚im engeren Sinn' bzw. transformieren dieses gemäß den Anforderungen, Bedürfnissen sowie poesiologischen und poetologischen Erwartungen des 19. Jahrhunderts. Die o. g. Privatisierungsthese kann deshalb für diese Form der Gelegenheitslyrik kaum aufrechterhalten werden.

Die Texte Freiligraths und anderer Autor*innen wurden in einer und für eine Gesellschaft produziert, die sich als bürgerliche, auch im Öffentlichen als familiär zu verstehende Gemeinschaft beschreibt[81] und zu deren Selbstverständigungspraktiken es u. a. gehörte, politische, kulturelle oder religiöse Ereignisse

---

79 Vgl. FREILIGRATH (2010, 229).

80 FREILIGRATH (o. J. [Werke, Dritter Teil], 70–73).

81 Aufschlussreich dafür ist die in zeitgenössischen Massenmedien, insbesondere den Familienblättern, betriebene Selbstverständigung; vgl. dazu STOCKINGER (2018a).

bzw. *role models* mit anlassbezogenen Gedichten zu bedenken, sich als Gemeinschaft darüber zu stabilisieren, zu reflektieren, zu spiegeln und beobachtbar zu machen. Dafür wurden die daran Beteiligten von Schulzeit an ausgebildet,[82] sie wurden dazu beauftragt, oder sie beauftragten sich selbst dazu. Als *conditio sine qua non* für eine literatur- und gattungshistorische Zuweisung eines Textes zum Genre ‚Gelegenheitsdichtung im engeren Sinn' hat das Wissen um die entsprechenden Kontexte zu gelten, denn der Anlass gehört nicht notwendig zugleich zu den in den Texten verhandelten Gegenständen,[83] lässt sich also nicht zwingend daraus erschließen, sondern gelegentlich allein über Para- oder Epitexte.

Ein Text wie „Im Teutoburger Walde. Bielefeld und Detmold. 18./ 20. Juli 1869"[84] mag vom Titel her eine Veranstaltung in Erinnerung an die Varus-Schlacht im Jahr 9 n. Chr. nahelegen. Das Lied selbst aber stellt sich als Dankgedicht in zehn jambischen Achtversern dar, gerichtet an jene Unterstützer*innen, deren finanzielle Hilfen Freiligrath nach Jahrzehnten der Flucht die Rückkehr in die Heimat ermöglicht hatten – initiiert und moderiert durch das Familienblatt *Die Gartenlaube*.[85] Wenn also der Sprecher in der letzten Strophe sein Glas erhebt, wird zwar die Funktion des Gedichts deutlich, das einen Toast ebenso thematisiert wie erzeugt und vollzieht. Allerdings stößt er dann nicht etwa auf Auftraggeber und Anlass an, sondern aufs *„Vaterland!"*.[86] Eine valide generische Zuordnung allein auf den genannten Ebenen ist nicht möglich; dafür erforderliche Informationen müssen recherchiert werden. Tatsächlich war dem Gedicht ein Auftrag zu einem konkreten Anlass vorausgegangen: Der Bielefelder Gesangsverein *Arion* veranstaltete am 18. Juli 1869 einen Festakt zu seinem 10-jährigen Bestehen.[87] Im Text ist davon mit keinem Wort und an

---

82 Am Beispiel der „Geschichte des Bildungswesens" in Württemberg vgl. KRUMMACHER (2013, Zitat 368).

83 Diesen Sachverhalt berücksichtigt die o. g. „Arbeitsdefinition" von Segebrecht nicht; SEGEBRECHT (1977, 69).

84 FREILIGRATH (o. J. [Werke, Dritter Teil], 38–40).

85 Vgl. den Aufruf „Auch eine Dotation. An alle Deutsche im Vaterland und in der Ferne" (in: *Die Gartenlaube* [1867, 272]), dem weitere Initiativen folgten.

86 „Wohlan, ich greife froh zum Becher, / Und gieße voll ihn bis zum Rand, / Und heb' ihn, ein bewegter Zecher, / Und halt' ihn hoch mit fester Hand; / Und ruf' hinaus in alle Gauen, / So weit ich deutsches Land mag schauen, / Laut ruf' ich's von den Berges Brauen: / *Ich danke dir, mein Vaterland!*"; FREILIGRATH (o. J. [Werke, Dritter Teil], 50–52, VV. 81–88).

87 Vgl. FREUND (2010, 37 f.).

keiner Stelle die Rede, und dennoch gehört er zur ‚Gelegenheitsdichtung im engeren Sinn'.

Konkret ist nicht selten auch Wissen über die Autor- und Werkbiographie im Besonderen erforderlich, um eine Gattungsbestimmung vornehmen zu können – entweder (wie die bisher genannten Beispiele zeigen) des dichtenden Akteurs oder des poetischen Objekts. Beide Seiten hängen im Kommunikationsmodell ‚Gelegenheitsdichtung des 19. Jahrhunderts' eng – gelegentlich bis zur Austauschbarkeit, ja Ununterscheidbarkeit – miteinander zusammen, wie sich ebenfalls an Freiligraths Beispiel zeigen lässt. Im Familienblatt *Die Gartenlaube*, dem seinerzeit meistgelesenen Massenblatt des 19. Jahrhunderts, erscheint 1866 ein Gedicht von Friedrich Hofmann, der zu den Hausautoren (und zeitweiligen Chefredakteuren) des Journals gehört. Es heißt „Dichters Jubeltag. Heimathsgruß der Gartenlaube an F. Freiligrath in London", nennt seinen Adressaten also explizit bereits im Untertitel. Eine Fußnote auf derselben Seite notiert zudem den Anlass: „Zu seiner silbernen Hochzeit am 20. Mai".[88] In einer auch für Freiligraths Gelegenheitsgedichte typischen Liedform (in achtversigen kreuzgereimten Strophen, regelmäßig jambisch akzentuiert) wird die Liebesgeschichte des Jubelpaars in den ersten drei Strophen über die Werk- und Exilgeschichte Freiligraths in den restlichen sechs Strophen mit der politischen Geschichte Deutschlands verknüpft.

In fürs okkasionelle Dichten insgesamt typischer Weise bedient sich der Text eines klassischen *locus topicus*, des *locus circumstantiarum temporis*,[89] indem er das im Ehejubiläum der Freiligraths enthaltene Liebesmotiv mit dem Abschieds- und Trennungsmotiv der Exilsituation verknüpft und dafür wiederum Anleihen bei einer der prominentesten Trennungsszenen der Lyrikgeschichte nimmt, bei Goethes „Willkommen und Abschied" in der ersten Fassung von 1775. In Goethes Gedicht verlässt die liebende Frau den Geliebten, der – in der Rolle des Sprecher-Ichs – weinend zurückbleibt: „Du giengst, ich stund, und sah zur Erden / Und sah dir nach mit nassem Blick".[90] Hofmann setzt an die Stelle des männlichen Parts den exilierten Dichter, an die Stelle

---

88 HOFMANN (1866, 318). Zwei Wochen später ergänzt um eine ‚Homestory' über den Dichter und seine Familie; vgl. [ANONYM] (1866, S. 351 f.) und dazu STOCKINGER (2018a, 268–272).

89 Vgl. dazu SEGEBRECHT (1977, 123 f.).

90 GOETHE (1887, 384).

des weiblichen Parts ‚das deutsche Volk', das zurückbleiben muss. Er bricht die Vorlage damit ebenso chiastisch auf, wie er die Exilsituation ins Gegenteil verkehrt: „Doch sieh, des Volkes treue Trauer, / Sie sah Dir nach; Du gingst, sie blieb".[91] Das ‚Volk' hält Freiligrath die ‚Treue', die ‚Trauer' ‚bleibt'. Der Text erzeugt auf diese Weise eine ideelle Vorstellung von Heimat, die nicht räumlich, sondern an bestimmte Personen, dieselbe Sprache und einen gemeinsamen Wertehorizont gebunden ist.

Das letztgenannte Beispiel macht auch deutlich, dass Gelegenheitsdichtung im 19. Jahrhundert nicht zuletzt in zeitgenössischen Literatur- und Kulturzeitschriften eine populäre Plattform findet. Auch etablierte und bis heute kanonisierte Autoren wie Theodor Storm nutzten dieses Publikationsangebot dann, wenn sie möglichst viele Leser*innen erreichen wollten. Ging es darum, eine konkrete politische Überzeugung zu verbreiten, war Storm sogar bereit, einige Vorbehalte hintanzustellen. Zum einen hatte er sich sonst strikt gegen eine Funktionalisierung von Lyrik für außerliterarische Zielsetzungen verwahrt: Seine Lyrikologie des Erlebnisgedichts lehnte zweck- wie anlassgebundenes Dichten programmatisch ab.[92] Zum anderen hatte er nach massiveren redaktionellen Eingriffen in seine Novelle *Im Schloß* mit der *Gartenlaube* und deren Herausgeber Ernst Keil nichts mehr zu tun haben wollen.[93] Gleichwohl veröffentlichte er Anfang Dezember 1863 das Gedicht „Schleswig-holsteinische Gräber" in der *Gartenlaube*.[94] Ausnahmen wie diese bestätigen in Storms Fall zwar die selbstgegebene Regel. Die derzeit noch unübersehbaren Bestände von in Periodika publizierten Gelegenheitsgedichten des 19. Jahrhunderts aber müssten erst noch gehoben, digital zur Verfügung gestellt, klassifiziert, kontextualisiert und interpretiert werden.

---

91 HOFMANN (1866, 318, VV. 43 f.).

92 Vgl. dazu STOCKINGER (2018b).

93 Vgl. STORM (1987, 1112 f.).

94 Vgl. *Die Gartenlaube* (1863, 813). Der Tod König Friedrichs VII. am 15. November 1863 drängte kurzfristig zum lyrisch-politischen Engagement für die Loslösung der Herzogtümer Schleswig und Holstein von Dänemark, die der Waffenstillstand zwischen Preußen und Dänemark 1850 ausgesetzt hatte.

IV. „bei Gelegenheit" sich selbst ironisieren (Fontane, Freiligrath)

Die Zeitschriften stellen nicht nur Publikationsforen für Gelegenheitsdichtung bereit; sie werden selbst zu deren Adressatinnen – im 19. Jahrhundert wechseln sich die (im Sinne der *Akteur-Netzwerk-Theorie* die ‚menschlichen' wie „nicht-menschlichen"[95]) Akteure bei der Besetzung der Rollen im Kommunikations-modell ‚Gelegenheitsdichtung im engeren Sinn' miteinander ab. 1885 wurde Theodor Fontane, der mit *Grete Minde*, *L'Adultera* und Teilen der *Wanderungen durch die Mark Brandenburg* zu den Beiträgern der Zeitschrift *Nord und Süd* gehörte,[96] von dessen Herausgeber Paul Lindau genötigt, zum hundertsten Heft des Organs einige Verse beizusteuern, was der seinerzeit schon namhafte Autor bereitwillig tat. Dabei unterlief Fontane allerdings mutwillig die für das Genre bestehende Regel, dem *aptum*-Gebot nicht nur mit Blick auf den Anlass hin zu genügen, sondern (und zwar v. a.) das Interesse des eigentlichen Adressa-ten zu bedienen, in diesem Fall des Herausgebers Lindau.

Dass seine „Reime" als nicht recht „passend befunden" werden könnten, weil sie „allerlei kleine Spitzen" gegen die Jubilarin *Nord und Süd* einerseits und das Gelegenheitsdichten andererseits enthalten, vermutete Fontane zu Recht.[97] Die Genrelogik selbst ist es, die den Text vorantreibt, wenn in der ersten Stro-phe vom Überdruss an kasualer Produktion im Allgemeinen zur ‚Jubilarin' im Besonderen übergeleitet wird; die zweite Strophe sich, dem *locus notationis* fol-gend und hart an der Grenze zur Unsinnspoesie, von der Anlassgeberin *Nord und Süd* zu den Himmelsrichtungen „Ost und West" aufmacht – die, und darin eben besteht eine jener ‚Spitzen', vom Organ offensichtlich nur unzureichend bedient werden oder/und nicht zu dessen Einzugsgebieten gehören –; um in der dritten Strophe den *locus circumstantiarum temporis* mit dem Hinweis zur Geltung zu bringen, wie weit der Weg vom hundertsten bis zum „Hefte von *drei* Nullen" sei; und schließlich in der vierten Strophe, wiederum mithilfe des *locus notationis*, den Herausgeber Lindau in einer (ebenso unsinnigen) Wendung mit realen Orten am Bodensee zu assoziieren: „Aber Lindau? Lindau blieb, / Lindau, Bregenz, Friedrichshafen".

---

95 LATOUR (2010, 25).

96 Vgl. das Inhaltsverzeichnis in <https://de.wikisource.org/wiki/Nord_und_Süd>, zuletzt: 7.2.2020; vgl. außerdem BERBIG (2000, 234–242).

97 Theodor Fontane an Paul Lindau, 17. Mai 1885. In: FONTANE (1989a, 544).

Ach, ich bin der Verse müd
Aus dem Album-Stammbuch-Fache,
Doch für *dich*, o „Nord und Süd", –
Das ist eine andre Sache.

Was du hast, das halte fest;
Aber nie dir selbst genügen,
Eh nicht weithin Ost und West
Auch sich deinem Banne fügen.

Denke, daß es nimmer frommt,
Sich in sichren Traum zu lullen,
Vorwärts, bis die Stunde kommt
Mit dem Hefte von *drei* Nullen.

Ach, der Arme, der dies schrieb,
Wird dann längst vergessen schlafen,
Aber Lindau? Lindau blieb,
Lindau, Bregenz, Friedrichshafen.[98]

Die finale ‚Spitze' des Textes deutet es an: So wenig wie der Autor des Glück-
wunschgedichts wird mit ihrem Herausgeber die Zeitschrift selbst überdau-
ern – im Unterschied zu den genannten Städten eben.

Warum wurde nicht dieses Gratulationsgedicht in *Nord und Süd* veröffentlicht, sondern eine Neufassung, die kaum mehr Ähnlichkeiten zur Vorlage aufweist? Die Quellenlage erlaubt m. E. zwei Erklärungen: 1. Paul Lindau ließ es
schlichtweg nicht zu, dass Fontane sein Ansinnen auf diese ‚spielerische' Weise
bediente, weil das Gedicht Auftraggeber, Jubilarin und Anlass gleichermaßen
satirisiert. Er verweigerte demnach die Annahme, und Fontane musste nach-
legen.[99] 2. Aus Sicht Paul Lindaus verhielt sich die Sache ganz anders. Seiner
Darstellung nach hat Fontane ihm aus eigenem Antrieb eine Neufassung ange-
boten, und zwar bereits „zwei Tage" später: „Die Befürchtung, daß sein anmu-
tiger Scherz in zierlichen Reimen mißverstanden werden könne, veranlaßte ihn,
[!] zwei Tage darauf zu einem zweiten Briefe, dem er einen zweiten poetischen
Beitrag beilegte".[100] Zu einer Intervention an Fontane wäre Lindau also kaum
Zeit geblieben. Als er die erste Gedichtfassung dann in der Jubiläumsausgabe

---

98   FONTANE (1989a, 544 f.).

99   So die Einschätzung des Kommentars in der Werkausgabe; vgl. FONTANE (1989a, 545).

100 LINDAU (1910, 270; Fontanes Brief vom 17. Mai 1885 und die erste Fassung finden sich
     auf 271).

zum 400. Heft von *Nord und Süd* (1910) veröffentlichte, ging es ihm weniger darum, die frühere Entscheidung zu revidieren. Vielmehr nutzte er diese Gelegenheit, um ein „Redaktionsgeheimnis" zu lüften:

> Es hat mich oft gewurmt, daß das *erste*, das ursprüngliche Gedicht für unsere Nummer 100 der Öffentlichkeit bis jetzt vorenthalten geblieben ist; denn es ist ein Fontane vom reinsten Wasser. Und nun bietet sich mir die günstige Gelegenheit, das Manuskript mit der schönen schwungvollen Handschrift aus seiner 25jährigen Dunkelhaft zu erlösen und ihm in Freiheit Licht und Leben zu geben.[101]

Mit Tenor und satirischer Tendenz von Fontanes Gedicht hatte Lindau demnach keinerlei Probleme. Er bediente sich des Materials sogar, um seinerseits der Bitte seines Nachfolgers Max Osborn um einen Gelegenheitsbeitrag für ein Jubiläumsheft nachkommen zu können und seiner „anhänglichen Sympathie bei diesem Anlaß" für das Organ (das er immer noch als *„unsere"* Zeitschrift bezeichnet) „Ausdruck" zu verleihen.[102] Ich neige deshalb der zweiten Erklärungsmöglichkeit zu. In jedem Fall aber, ob aus eigenen Stücken oder dazu explizit aufgefordert, fühlte sich Fontane bemüßigt, einem spezifischen, okkasionell motivierten Kommunikationszusammenhang möglichst angemessen zu genügen. Offensichtlich spielte das Gelegenheitsgedicht eine so bedeutsame Rolle in der literarischen Öffentlichkeit des 19. Jahrhunderts, dass sich auch etablierte Autor*innen dem mit dem Genre verbundenen gesellschaftlichen Druck nicht entziehen konnten.

Dazu passt, dass Fontane damit nur als einer unter einer Vielzahl von Gratulanten im 100. (i. e. dem Jubiläums-)Heft von *Nord und Süd* im Juli 1885 auftauchte, das alles versammelte, was im zeitgenössischen Literatur-, Kultur- und Wissenschaftsbetrieb Rang und Namen hatte: von Ludwig Anzengruber, Eduard von Bauernfeld, Johannes Brahms, Felix Dahn, Georg Ebers, Karl Goedecke und Rudolph von Gottschall über Hermann von Helmholtz, Paul Heyse, Gottfried Keller, Hermann Lingg, Adolf Menzel, Ludwig Pietsch, Emil Rittershaus, Ferdinand von Saar, Leopold von Sacher-Masoch bis zu Friedrich Spielhagen, Johann Strauß, Friedrich Theodor Vischer, Ernst Wichert, Ernst von Wildenbruch oder Émile Zola.[103] Die alphabetische Reihung, die Fontanes Beitrag in die paratextuelle Umgebung zu „Kuno Fischer in Heidelberg" und „P. W. Forchhammer in Kiel" stellt,[104] markiert ein intellektuelles Selbstverständnis,

---

101 LINDAU (1910, 270).
102 LINDAU (1910, 270).
103 Vgl. *Nord und Süd* (1885, [2]).
104 *Nord und Süd* (1885, 27 f.).

das eine hierarchiefreie, demokratische und – mit wenigen Ausnahmen wie die
Autorin und Berliner Gesellschaftsgröße Marie von Bunsen oder die unter dem
Pseudonym Carmen Sylva schriftstellernde Königin Elisabeth von Rumänien –
überwiegend männliche Ordnung für sich in Anspruch nimmt, wenigstens
bezogen auf ein bestimmtes Milieu.

Die zweite Gedichtfassung, von Roland Berbig als „ein seinem Wesen nach
geradezu mustergültiges Gelegenheitsgedicht" bezeichnet,[105] hat weniger das
Organ zum Besten (das sich ja nun einmal als einigermaßen humorlos erwiesen
hatte) als vielmehr Fontanes eigene darin publizierten Texte:

> Du brachtest, eh ich mir's noch versah,
> Den Graus meiner ‚Grete Minde‘,
> Du brachtest sogar ‚L'Adultera‘,
> Was ich mit Rührung empfinde.[106]

Die Kategorie ‚Gelegenheit‘ wird explizit in den Titel integriert, wie das Gratulationsgedicht überhaupt jenes Genre, das es bedient, mehrfach metapoetisch
aufruft, indem es dabei außerdem noch Anlass und Adressatin paratextuell
benennt („Gratulation an ‚Nord und Süd‘ / bei Gelegenheit seines hundertsten
Heftes") und so *nolens volens* zugleich die gattungssystematische Zuordnung
erleichtert. Das Lob der Jubilarin steht jetzt im Vordergrund, die als „sanft"
und „gut" (V. 1), „launig" und „übermütig" (V. 3), ausgewogen und wohlwollend („Nie [...] drakonisch", V. 9), v. a. aber als „geduldig" (V. 11) charakterisiert
wird. Die Andeutungen über die Sterblichkeit alles Irdischen in der Schlussstrophe der ersten Fassung werden jetzt durch den textsortenangemessenen
Wunsch nach einem langen Leben ersetzt und nur noch insofern mit der Werkbiographie des Verfassers in Verbindung gebracht, als das eigene Nachleben
vom Fortbestand des Organs abhängig gemacht wird. Das Medium überdauert
alle an ihm beteiligten Akteure, insbesondere die menschlichen (s. o.):

> Ergeh es dir gut durch alle Zeit,
> In Wachen, Traum und Schlummer,
> Und denke meiner in Freundlichkeit
> Bei deiner *tausendsten* Nummer. (VV. 13–16)

---

105 BERBIG (2001, 8).

106 „Gratulation an ‚Nord und Süd‘ / bei Gelegenheit seines hundertsten Heftes / Juli
1885"; FONTANE (1989a, 92, zit. VV. 5–8).

Der Ausgang des Gedichts stellt eine einseitige Abhängigkeit aus: Weil die Zeitschrift den Autor überleben wird, bleibt er nicht etwa eigenständig, mit seinem Werk, im Gedächtnis, sondern vermittelt nur dann, wenn das Organ als dessen ‚Archiv' fungiert.[107] Für okkasionelles Dichten kann es demnach, so die für ein Festgedicht typische Rhetorik, keinen geeigneteren Gegenstand geben als die Zeitschrift *Nord und Süd*.

Bei allen Unterschieden zeigen beide Fassungen des Gratulationsgedichts an *Nord und Süd*, dass Selbstironisierung und Metaisierung (Metareferentialisierung) zu den herausragenden Merkmalen von Fontanes Gelegenheitsdichtung gehören.[108] Dies gilt fürs 19. Jahrhundert insgesamt: Okkasionelles Dichten wird sich selbst regelmäßig zum Thema. Das betrifft die Textsorte mit ihren formalen Anforderungen und gesellschaftlichen Zwängen ebenso wie die Anlässe, die Auftraggeber, Adressat*innen, die Autor*innen oder zeitgenössisch virulente Themen, deren (u. a. mediengemachte) Relevanz auf diesem Weg befragt werden kann. Den Anlass, den Auftraggeber und den Adressaten eines Festgedichts markiert z. B. auch Ferdinand Freiligraths Lied in dreizehn jambischen Achtzeilern mit dem sprechenden Titel „Zur Feier der abermaligen Aufweichung des berühmten / Afrikareisenden Gerhard Rohlfs / in der Neckarsulmer Aufweichungs-Anstalt / für eingetrocknete Wüstenpilger, Februar 1875".[109] Für den seinerzeit populären Forschungsreisenden und Reiseschriftsteller Rohlfs gehörten Vorträge über seine Expeditionen zu den wichtigsten Einnahmequellen; nachweislich sprach er auch in Neckarsulm über seinen Aufenthalt in der Libyschen Wüste 1873/74,[110] und zwar am 11. Februar 1875.[111] Freiligraths Festgedicht interessiert sich augenscheinlich nicht für die Begegnungen mit fremden Kulturen und für die wissenschaftlichen Erkenntnisse, sondern lässt sich über Assoziationen (von Wasserarmut, Wüste und Durst über Austrocknen und Mumifizieren zu Aufweichen nach Rückkehr und Gelage)[112] zu einem

---

107 Zur Zeitschrift als ‚Archiv' vgl. SCHERER, STOCKINGER (2016).

108 Mit Blick u. a. auf Fontane vgl. BERBIG (2001); WRUCK (2001).

109 FREILIGRATH (o. J. [Werke, Dritter Teil], 76–78).

110 Vgl. ROHLFS (1875).

111 Vgl. BOLTE (2019, 114, 257); FREILIGRATH (o. O. u. J., [1875]).

112 In Auszügen: „Man nennt das Wüstenei" – „Da fällt kein Tau, kein Regen" – „Der Durst ihr einzig Teil" – „Sie verdorren, sie verledern" – „Ja, Mumien schier geworden" – „Aufweicht euch, unweit Ulm" – „Schon stach ich, euch zum besten, / Zwei neue Fässer an" etc.; FREILIGRATH (o. J. [Werke, Dritter Teil], 76 f., VV. 6, 17, 36, 43, 45, 50, 67 f.).

Trinklied animieren. Ob dies als ein der zeitgenössischen Vortragskultur angemessener Umgang mit dem Ereignis bezeichnet werden kann, müsste genauer
untersucht werden.

V. Vorläufiges Resümee (Fontane, Meyer)

Wie Freiligraths, Droste-Hülshoffs, Mörikes oder Meyers Gelegenheitsgedichte
adressieren auch Fontanes okkasionelle Produktionen die eigene Familie, weit-
läufigere Verwandte, Freunde, Bekannte, (Vereins-)Kollegen und Größen des
literarischen („Toast auf Schiller. Zum Schillerfest des ‚Tunnel' am 8. November 1859"[113]) wie politischen Lebens („Toast auf Friedrich Wilhelm IV.
Zum Stiftungsfest des ‚Tunnel' am 3. Dezember 1859"; „An Bismarck. Zum
1. April 1890"[114]), und zwar zu Geburtstagen, Polterabenden, Hochzeitstagen,
Beerdigungen, Gedenktagen, Jubiläen, kurz: zu allen Anlässen, die das Port-
folio von ‚Gelegenheitsdichtung im engeren Sinn' verzeichnet. Fontanes Texte
mögen an dieser Stelle deshalb exemplarisch dafür einstehen, was für alle anderen professionellen Autor*innen im 19. Jahrhundert ebenso gilt. Wie oben (etwa
für Mörike und Meyer) bereits angedeutet, ist der Großteil dieser Arbeiten als
‚Zueignung' oder ‚Widmung' zu kategorisieren.[115] Dadurch kommt insofern
eine Teilpraxis anlassbezogenen Dichtens aufs gattungssystematisch zu unter-
suchende Tableau, als diese Form zugleich eine der spezifischen Funktionen von
‚Gelegenheitsdichtung im engeren Sinn' bezeichnet und sich grundlegend dem
gattungskonstitutiven Kommunikationsgefüge zuordnen lässt. ‚Zueignungen'
bzw. ‚Widmungen' erfolgen aus Gründen, die sich in Anlässen abbilden; sie
adressieren eine Person oder/und Sache, der sich der*die Dichtende in spezifischer, je zu differenzierender Weise verpflichtet weiß;[116] und sie vollziehen sich

---

113 FONTANE (1989a, 90).

114 FONTANE (1989b, 109 f. u. 282).

115 Unterschieden wird in der Forschung dabei bevorzugt zwischen dem konkreten Text,
in dem sich die Widmung „als Ehrengabe" materialisiert, und der „ideelle[n] Wirklichkeit des Werks selbst, dessen Besitz [...] natürlich nur symbolisch sein kann" – für
letztere Form wie Funktion reserviert Gérard Genette die Bezeichnung ‚Zueignung',
erstere nennt er ‚Widmung'; GENETTE (2001 [1989], 115); vgl. auch WAGENKNECHT
(2003, 842).

116 Vgl. BROWN (1913, 3).

in der Regel vor den Augen einer (wie auch immer gearteten) Öffentlichkeit.[117] Ob aus privaten Anlässen entstanden oder nicht, die Texte wurden verbreitet, meist sogar gedruckt und sind bis heute überliefert. Dass die Ereignisse, auf die sie sich beziehen, ‚herausragend' sein müssen, halte ich, wie gesagt, für wenig hilfreich; sie lassen sich aber jeweils einem je besonderen institutionellen Rahmen und sozialen Gefüge zuordnen, indem darüber Ehe oder Familie, Schule oder Verein und städtische wie ländliche, regionale wie überregionale soziale Räume gleichermaßen angesteuert werden können.[118]

Die unterschiedlichen, je zu differenzierenden Öffentlichkeiten des okkasionell begründeten Darstellungsinteresses verweisen auf die wichtigste Tendenz des ‚Gelegenheitsgedichts im engeren Sinn': Es zielt auf die Verallgemeinerbarkeit seiner Aussagen – das gilt auch für die Teilpraktik oder Sonderform des Widmungsgedichts (das selbst, wie angedeutet, keineswegs immer ein ‚Gelegenheitsgedicht im engeren Sinne' darstellt). Das Gelegenheitsgedicht will, auch als Widmungsgedicht, im Gebrauch meist mehr sein als flüchtige Tagespoesie, strikt beschränkt auf den konkreten Anlass oder/und die spezifische Person, auf den hin/für die es geschrieben wurde. Texte wie Meyers „Zur Fahnenübergabe" oder Freiligraths Weihnachtsgabe an seine Familie (s. o.) sollten dies exemplarisch verdeutlichen. Dass Gelegenheitsdichtung strukturell wie programmatisch auf multiplen Gebrauch geradezu angelegt ist, erlaubt es, die Dimensionen dessen, was ‚Verallgemeinerbarkeit' in der Ästhetik und Poetologie des 19. Jahrhunderts heißen kann, genauer auszuloten – es geht dabei eben nicht nur um überzeitliche, auf Kanonisierung hin angelegte Formen und Themen, auch wenn beides nicht einmal für die Gelegenheitsdichtung der Zeit ausgeschlossen ist.

---

117 „In der Widmung, eigentlich: im Widmungsvermerk, wird eine Person oder auch eine Sache bezeichnet, der ein Text zugeeignet ist, und zwar öffentlich"; ROTHE (1986, 365).

118 Die im Fall Conrad Ferdinand Meyers versuchte Kategorisierung von „aus privatem Anlaß entstandenen, gegebenenfalls gedruckten und an einen begrenzten Teilnehmerkreis abgegebenen, aber nicht veröffentlichten" (MEYER [1991, 419]) Texten bemüht ein differenziertes, wiewohl nicht näher definiertes, insgesamt sehr eingeschränktes Verständnis von ‚Öffentlichkeit'. Sinnvoll ist es m. E. nicht. Auch wenn ein Text allein im Familien- und Freundeskreis oder unter Gleichgesinnten etc. verbreitet werden soll, so wird er doch (erst dort, dann ggf. darüber hinaus, ggf. bis heute) öffentlich wahrgenommen.

Ein bemerkenswertes Beispiel hierfür stellt Conrad Ferdinand Meyers „Brautgeleit" dar, als Nr. 13 Teil der Sammlung *Gedichte* seit deren vierter Auflage von 1891.[119] Das Epithalamium in Liedform (bestehend aus acht regelmäßig jambisch akzentuierten, kreuzgereimten Vierzeilern) kam 1890 auf der Hochzeit von Anna Wilhelmina Schwarzenbach und Otto von Fleischl-Marxow am 17. Juni 1890 – oder in deren Umfeld – zum Einsatz; es wurde dort vermutlich als Einzeldruck verteilt. Zugleich soll Meyer den Text bereits kurz zuvor als Brautgabe verwendet haben, und zwar für Bertha Elisabeth Burkhard anlässlich ihrer Eheschließung mit Rudolf Hirzel am 12. Juni 1890.[120] Diese (doppelte) okkasionelle Kommunikationssituation, auf die hin der Text entweder entsteht oder auf die hin er ,zugerichtet' wird, weist ihn einerseits als ,Gelegenheitsgedicht im engeren Sinn' aus. Dass anlassbezogenes Dichten regelgebunden und mit Topoi arbeitet, die zur Wiederverwendung einladen, widerspricht dem ebenfalls nicht, versteht sich doch das Gelegenheitsdichten selbst als Praxis der reproduzierenden Produktion, die sich aus Rezeption und Studium eben von Gelegenheitsgedichten speist – in diesem Sinne ist das Publikum „selbst ein wenigstens potentieller Autor eines solchen Gedichtes".[121] Dazu passt, dass auch im 19. Jahrhundert Anthologien wie Ludwig Löhners *Vollständige Sammlung von Gelegenheitsgedichten* kursieren, die sich als Beitragshilfen für allerlei Gelegenheiten verstehen und dafür Texte bekannter (namentlich aufgeführter) wie unbekannter (nicht namentlich aufgeführter) Autor*innen bereitstellen – seien diese nun ursprünglich tatsächlich auf einen Anlass hin verfasst worden oder eben nicht.[122]

---

119 MEYER (1963, 33 f.); MEYER (1964, 176–182).

120 Vgl. MEYER (1964, 176).

121 SEGEBRECHT (1977, 76). Vgl. ähnlich BERBIG (2001, 22): „In keiner literarischen Gattung rücken Dichter und Dilettant, Literat und Laie in eine so nahe Nachbarschaft wie bei der Gelegenheitsdichtung"; dass deshalb aber „[v]or den Gelegenheiten [...] alle gleich" gewesen sein, geht m. E. zu weit. Die Kilchberger Bürger kürten (v. a. nach Gottfried Kellers Tod; MEYER [1991, 470 f.]) Conrad Ferdinand Meyer „zum Localdichter" (MEYER [1991, 431]), beauftragten jedenfalls nicht irgendeinen ,Laien'; für die 100. Jubiläumsnummer von *Nord und Süd* sprach Herausgeber Paul Lindau ,Mitarbeitende' an seiner Zeitschrift an, nicht jedermann (*Nord und Süd. Eine deutsche Monatsschrift* [1885, (1)]: „Zum hundertsten Heft. Von unseren Mitarbeitern"); etc.

122 Die zeitgenössische Anthologie Löhners führt z. B. Texte von Friedrich Hebel, Eduard Mörike, Friedrich Schiller, Friedrich Rückert, Nikolaus Lenau u. a. auf (LÖHNER

Für die gattungssystematische Frage nach Merkmalen, Formen und Funktionen von ‚Gelegenheitslyrik im engeren Sinn' macht das Beispiel zweierlei deutlich: Eine Klassifizierung ist auch mediologisch zu begründen – nicht nur die Grade der Publizität sind zu berücksichtigen, sondern auch die jeweilige Ausgabenpolitik; und der*die Klassifizierende hat damit zu rechnen, auf (wie im Fall von Meyers „Brautgeleit") mehrfachcodierte Texte zu treffen – auf Texte, die als ‚Gelegenheitsgedichte im engeren Sinn' entstanden sind oder/und so auch verwendet oder/und in ganz andere Publikationskontexte integriert wurden. Wer „Brautgeleit" in Meyers *Gedichten* liest, hat kein ‚Gelegenheitsgedicht im engeren Sinn' vor Augen. Der Text führt einer nur über den Titel und metonymisch im ersten Vers („Kranz im Haar"[123]) als Braut erkennbaren Frau die bisherigen Lebensjahre vor: vom „Kindlein" (V. 13) bis zu den „still verklärten Zügen" (V. 26) einer Frau, die im „Genügen" ihre ‚Seligkeit' findet (V. 28). Hochzeitsfreude sieht anders aus, möchte man meinen; gut nur, dass die letzte Strophe all diese Erinnerungsbilder „[v]ergehen" lässt (V. 32). Der resignative Tenor des Textes, der den versammelten Festgästen einen raschen Wechsel vom „frische[n] minnige[n]" (V. 21) zum „blassen innigen" (V. 23), „ernsten" „Antlitz" zumutet (V. 24), deutet zugleich auf die erst vor der Frau liegenden Jahre voraus.[124] Dass der Akt der Verehelichung selbst dieses eher düstere, an *Memento-Mori*-Topik angelehnte Bild schließlich zum „[V]erschwinden' (V. 32) bringen soll, obwohl er doch – *als* ‚Gelegenheitsgedicht im engeren Sinn' – nur eigentlich einen *rite de passage* in die vorab lyrisch beschworene Zukunft der Braut bilden kann, evoziert Deutungsbedarf. Die Aufhebung des Festakts im zeitlichen Paradox gehört demnach zu den Privilegien poetischer Rede, die den vordergründigen, eigentlichen Anlass des Gedichts konterkariert. Man möchte den eher düsteren Text eigentlich keinem Brautpaar wünschen, und dennoch hat ihn Meyer, wie gesagt, gleich zweimal bei entsprechenden Gelegenheiten

---

[o. J., 125, 138 f., 233, 249, 250 f. u. ö.]) – allerdings bevorzugt in der „Abtheilung" „Stammbuchverse"; LÖHNER (o. J., 225–286).

123 MEYER (1963, 33, V. 1).

124 In den anlassgebundenen Fassungen von 1890 ist diese Tendenz der oben auszugsweise zitierten *Gedichte*-Fassung des Textes bereits angelegt: „[Hier]/Bald seh' ich eine minnige / Gestalt und zart beros'te, / Dort/[ ]/Bald eine [bleiche]/blasse, sinnige – / [Wie]/ Was just das Jahr erlos'te"; MEYER (1964, 179, VV. 21–24). In den *Gedichten* lautet die Strophe im Ganzen: „Dann ist ein frisches, minniges / Lenzangesicht zu schauen, / Und dann ein blasses, inniges / Antlitz mit ernsten Brauen"; MEYER (1963, 33, VV. 21–24).

eingesetzt. Zur ‚Gelegenheitslyrik im engeren Sinne' gehört im 19. Jahrhundert auch diese Facette.

Eine weitere aufschlussreiche Wendung in die mit „Brautgeleit" eingeschlagene Richtung nimmt Meyers Gedicht „Hochzeitslied", seit der ersten Auflage von 1882 Bestandteil der Sammlung *Gedichte*.[125] Wie „Brautgeleit" wirft dieser Text ebenfalls Deutungsfragen auf, wenn das genrekonforme Thema ‚Ehe' der „züchtge[n] Braut" (V. 2) hier zwar „Lust" (V. 9) und Reichtum verspricht („Blitzendes Geschmeide", V. 11), v. a. aber ein Leben in Abhängigkeit („unterjocht", V. 5) und „Schmerz" (V. 14) in Aussicht stellt. Diese Aussage wird in den vier Strophen liedhaft variiert, bis hin zur refrainartig wiederholten letzten Verszeile jeder Strophe: „Geh und lieb und leide!" (VV. 4, 8, 12, 16) Das Gedicht beruht nicht etwa auf einem vorgängigen Erlebnis, es wurde aber ebenfalls nicht ursprünglich *auf einen Anlass hin* verfasst. Vielmehr verwendete Meyer einen erstmals im zehnten Band der *Deutschen Dichterhalle* (1881) bereits publizierten Text, um diesen dann zu einem passenden Anlass selbst vorzutragen, hier zur Hochzeit von Mathilde Burkhard mit Carl Staub am 21. Juni 1887.[126] Anlassbezogen und damit okkasionell im engeren Sinn ist in diesem Fall also nicht der gedruckte, sondern der auf den Anlass hin vorbereitete und dort performierte Text, dessen Präsenz während des Festakts und dessen Wirksamkeit auf die Zuhörenden sich zugleich eng mit der Person des renommierten Vortragenden selbst verbinden, mit Conrad Ferdinand Meyer. Dass der Inhalt des Gesagten unter diesen Umständen der Mehrfachverwertung unspezifisch bleiben muss, versteht sich.

Der je zu differenzierende, aber offensichtliche Gelegenheitscharakter sowohl von Meyers „Brautgeleit" als auch von „Hochzeitslied" wird damit aus dreierlei Gründen befragbar: Zum einen sind die Texte (wiewohl – textextern – spezifischen Personen gewidmet) im Ganzen prinzipiell uneingeschränkt verwertbar, weil sie textintern jede spezifische Adressierung (etwa mit Mitteln der gattungsspezifischen *loci topici*) vermeiden. Zum anderen stellt sich die Verallgemeinerbarkeit von Gegenstand und Aussage nicht nur, wie

---

125 MEYER (1963, 35). Gattungstypologisch handelt es sich bei „Hochzeitslied" um einen Grenzfall – um einen Text, der, wie Roland Berbig mit Blick auf politisch-patriotisch motivierte Gedichte Fontanes feststellt, nicht als ‚Gelegenheitsdichtung im engeren Sinn' entstanden ist, sondern der ‚seine Gelegenheit' „im Nachhinein" ‚fand'; BERBIG (2001, 18).

126 Vgl. MEYER (1964, 182).

bei einem ‚klassischen‘ Gelegenheitsgedicht, ohnehin als eine Art ‚Nebenbei-Effekt‘ ein, sondern rückt je nach Veröffentlichungsformat mehr (nämlich in der Sammlung *Gedichte*) oder weniger (nämlich im Einzeldruck oder Vortrag auf einer privaten Feier) in den Vordergrund. Drittens ‚adelte‘ der Autor diese Texte mit der Aufnahme in das ‚Kunstwerk‘ seiner *Gedichte* – jedenfalls aus seiner Sicht, klammerte Meyer doch sonst die okkasionelle Produktion strikt aus, weil sie „die Verhältnisse der Sammlg [!]“ zu „zerstören“ drohte.[127] ‚Lyrik im Gebrauch‘ bezieht all die genannten unterschiedlichen Veröffentlichungs-formate mit ein, von der ganz privaten Widmung bis zu einem Aushängeschild des dichterischen Selbstverständnisses, das Meyers *Gedichte* abbilden. Den Ter-minus „Gebrauchslyrik“ für Gelegenheitslyrik im engeren Sinn zu reservieren (nicht zuletzt um diese mehr oder weniger explizit von so etwas wie ‚eigentli-cher Lyrik‘ abzugrenzen),[128] leuchtet deshalb nicht ein.

Ein weiteres fundamentales Merkmal bezieht die Dimension der Tempo-ralität und damit das zeitliche Verhältnis von Textproduktion und Ereignis in die Gattungsbestimmung ein. Das ‚Gelegenheitsgedicht im engeren Sinn‘ ist ein Gedicht zu einem bestimmten Anlass oder/und für eine bestimmte Person (auch als Widmungsgedicht). Es entsteht im Vorfeld des Ereignisses, geht die-sem also zeitlich voraus. (Im Unterschied dazu ist das Erlebnisgedicht in der Regel dadurch charakterisiert, dass der Text dem Ereignis zeitlich nachgelagert ist.) Um die Gattungszuweisung abschließend vornehmen zu können, muss man über (die Adressat*innen, Anlässe, ggf. auch Auftraggeber*innen betref-fendes) Kontextwissen verfügen.

Zu den zentralen Merkmalen und Funktionen des professionellen Umgangs mit okkasioneller Lyrik im 19. Jahrhundert gehören mithin 1. die Anlassbe-zogenheit (die Archivierungsfunktionen einschließt und Hilfen zur Genre-bestimmung bereithält), 2. die zeitliche Vorgängigkeit des Gedichts zu diesem Anlass, 3. die (wenigstens implizite) Adressierbarkeit, 4. unterschiedliche Grade von a. ‚Öffentlichkeit‘, b. Selbstironisierung, c. Metaisierung (Metareferentiali-sierung) und d. Performierung, 5. die Mehrfachverwertung und 6. die katalysa-torischen wie stabilisierenden Effekte in gesellschaftspolitischer Hinsicht. Dass

---

127 MEYER (1991, 420).

128 Vgl. bereits HALLER (1958², 547) im Sinn von „Zweck- und Gebrauchskunst“; weitere Belege: BRAUNGART (2015, 54), mit Blick auf Mörikes Gelegenheitsdichtung; oder SPRENGEL (2001, 198), mit Blick auf Meyers Gelegenheitsdichtung.

die Rezeptionsgeschichte, wie eingangs ausgeführt, der ‚Gelegenheitsdichtung im engeren Sinn' einen prekären Status zuweist, beruht auf verqueren Voraussetzungen. Dem Genre werden dabei ästhetische Forderungen unterstellt, die dafür so ohne weiteres gar nicht gelten. Vielmehr untersteht okkasionelle Lyrik den Gesetzen der „mass art".[129] Diese macht niedrigschwellige Angebote und benutzt z. B. serielle, bilderreich-illustrative, erzählende oder/und szenische Darstellungsverfahren, die dem Anlass angemessen und dem Publikum verständlich sind. Erfolgreich ist ein Gedicht dann, wenn es den Erwartungen der Auftraggeber*innen und Rezipient*innen sowie den Erfordernissen des Ereignisses gerecht wird. Je besser dies gelingt, desto klarer qualifiziert sich ein Text als ‚hochwertiges' Gelegenheitsgedicht. Für die hier exemplarisch betrachteten Beispiele aus den Werkzusammenhängen professioneller Autor*innen des 19. Jahrhunderts trifft dies zweifelsohne zu.

Literaturverzeichnis

[ANONYM] (1866, 351 f.): Freiligrath's silberne Hochzeit. In: Die Gartenlaube, H. 22.

ANDRES, Jan (2005): „Auf Poesie ist die Sicherheit der Throne gegründet". Huldigungsrituale und Gelegenheitslyrik im 19. Jahrhundert. Frankfurt a. M., New York.

BACKE, Hans-Joachim (2015, 1–31): The Literary Canon in the Age of New Media. In: Poetics Today, 36. Jg., H. 1–2.

BEILEIN, Matthias (2010, 221–233): Kanonisierung und ‚invisible hand'. In: M. Bierwirth, O. Leistert, R. Wieser (Hrsg.): Ungeplante Strukturen. Tausch und Zirkulation. München.

BERBIG, Roland (unter Mitarbeit v. Bettina HARTZ) (2000, 234–242): Theodor Fontane im literarischen Leben. Zeitungen und Zeitschriften, Verlage und Vereine. Berlin, New York.

– (2001, 7–23): Die Gelegenheiten im Gelegenheitsgedicht des 19. Jahrhunderts. In: Berliner Hefte zur Geschichte des literarischen Lebens, Bd. 4.

BOLTE, Günter (2019): Gerhard Rohlfs. Anmerkungen zu einem bewegten Leben. Bremen.

---

129 Vgl. dazu CARROLL (1998).

BRAUNGART, Georg (1999, 104–129): Poetische ‚Heiligenpflege'. Jenseitskontakt und Trauerarbeit in *An eine Äolsharfe*. In: M. Mayer (Hrsg.): Gedichte von Eduard Mörike. Stuttgart.

BRAUNGART, Wolfgang (1998, 210–227): Zur Ritualität der ästhetischen Moderne. Eine kleine Polemik und einige Beobachtungen zur Kunst der Mittellage bei Eduard Mörike. In: A. Schäfer, M. Wimmer (Hrsg.): Rituale und Ritualisierungen. Opladen.

– (2015, 47–62): Lyrik – Lebenswelt – soziale Welt. Zu einem grundlegenden Zusammenhang in den Gelegenheitsgedichten Eduard Mörikes. In: B. Potthast, K. Rheinwald, D. Till. (Hrsg.): Mörike und sein Freundeskreis. Heidelberg.

BROWN, Mary Elizabeth (1913, 1–8): Dedications. Introduction. In: Dies. (Hrsg.): An anthology of the forms used from the earliest days of bookmaking to the present time. New York, London.

CARROLL, Noël (1998): A Philosophy of Mass Art. Oxford.

DROSTE-HÜLSHOFF, Annette von (1851): Das geistliche Jahr. Nebst einem Anhang religiöser Gedichte. Stuttgart, Tübingen.

– (1980): Historisch-kritische Ausgabe, Bd. IV,1. Bearb. v. W. Woesler. Tübingen.

– (1992a): Historisch-kritische Ausgabe, Bd. IV,2. Bearb. v. W. Woesler. Tübingen.

– (1992b): Historisch-kritische Ausgabe, Bd. X,1. Bearb. v. W. Woesler. Tübingen.

– (1994): Historisch-kritische Ausgabe, Bd. II,1. Bearb. v. B. Kortländer. Tübingen.

– (1998): Historisch-kritische Ausgabe, Bd. II,2. Bearb. v. B. Kortländer. Tübingen.

DRUX, Rudolf (2009, 325–333): Art.: Gelegenheitsgedicht. In: D. Lamping (Hrsg.): Handbuch der literarischen Gattungen. Stuttgart.

DUNSCH, Boris (2014, 243–282): Topisch (oder) ephemer? Zur Ambivalenz der Gelegenheit in der Gelegenheitsdichtung. In: C. Uhlig, W. R. Keller (Hrsg.): Europa zwischen Antike und Moderne. Beiträge zur Philosophie, Literaturwissenschaft und Philologie. Heidelberg.

ENDERS, Carl (1909, 292–307): Deutsche Gelegenheitsdichtung bis zu Goethe. In: Germanisch-Romanische Monatsschrift, 1. Jg.

ERSCH, J. S., GRUBER, J. G. (1853): Allgemeine Encyklopädie der Wissenschaften und Künste. Erste Section. Sechsundfunfzigster [!] Teil. Gefühl–
Gellenau. Leipzig.

FOHRMANN, Jürgen (1996, 394–461 u. 784–792): Art.: Lyrik. In: E. McInnes, G. Plumpe (Hrsg.): Hansers Sozialgeschichte der deutschen Literatur
vom 16. Jahrhundert bis zur Gegenwart, Bd. 6: Bürgerlicher Realismus und
Gründerzeit, 1848–1890. München, Wien.

FONTANE, Theodor (1969, 81–83): Theodor Fontane an Julius Rodenberg,
18. Februar 1896. In: Briefe an Julius Rodenberg. Eine Dokumentation.
Berlin, Weimar.

– (1989a): Gedichte, Bd. II. Hrsg. v. J. Krueger, A. Golz. Berlin, Weimar.

– (1989b): Gedichte, Bd. III. Hrsg. v. J. Krueger, A. Golz. Berlin, Weimar.

FREILIGRATH, Ferdinand (o. J.): Freiligraths Werke in sechs Teilen, Erster Teil.
Hrsg. v. J. Schwering. Berlin u. a.

– (o. J.): Freiligraths Werke in sechs Teilen, Zweiter Teil. Hrsg. v. J. Schwering.
Berlin u. a.

– (o. J.): Freiligraths Werke in sechs Teilen, Dritter Teil. Hrsg. v. J. Schwering.
Berlin u. a.

– (o. O. u. J. [1875]): Zur Feier des Besuchs des Afrika Reisenden Gerhard
Rohlfs in Neckarsulm am 11. Februar 1875.

– (2010): Im Herzen trag' ich Welten. Ausgewählte Gedichte. Zusammengestellt u. hrsg. v. W. Freund, D. Hellfaier. Detmold.

FREUND, Winfried (2010, 15–41): Ferdinand Freiligrath. Ein Porträt. In: Ferdinand Freiligrath: Im Herzen trag' ich Welten. Ausgewählte Gedichte.
Zusammengestellt u. hrsg. v. W. Freund, D. Hellfaier. Detmold.

GENETTE, Gérard (2001 [1989], 115–140): Widmungen. In: Ders.: Paratexte.
Das Buch vom Beiwerk des Buches. Mit einem Vorwort v. H. Weinrich.
Aus dem Franz. v. D. Hornig. Frankfurt a. M.

GOETHE, Johann Wolfgang von (1887): Werke (= Weimarer Ausgabe), Bd. 1.
Weimar (Nachdruck München 1987).

GRYWATSCH, Jochen (2018, 30–33): Art.: Christoph Bernhard Schlüter.
In: C. Blasberg, ders. (Hrsg.): Annette von Droste-Hülshoff Handbuch.
Berlin, Boston.

HALLER, Rudolf (1958², 547–549): Art.: Gelegenheitsdichtung. In: W. Kohl-
schmidt, W. Mohr (Hrsg.): Reallexikon der deutschen Literaturgeschichte,
Bd. 1. Berlin.

HEYSE, Paul (1882, V–IX): Statt des Vorworts. An Julius Grosse. In: J. Grosse: Gedichte. In neuer, durchgesehener und vermehrter Auswahl, mit einer Zuschrift von P. Heyse. Berlin.

HOFMANN, Friedrich (1866, 318): Dichters Jubeltag. Heimathsgruß der Gartenlaube an F. Freiligrath in London. In: Die Gartenlaube, H. 20.

KIRJUCHINA, Ljubow (2014, 285–302): „Singt unserm großen Kaiser Ehre!" Herrscherlob und Herrschaftsverständnis in der Petersburger deutschen Gelegenheitsdichtung des 19. Jahrhunderts. In: N. P. Franz (Hrsg.): Das literarische Lob. Formen und Funktionen, Typen und Traditionen panegyrischer Texte. Berlin.

KRUMMACHER, Hans-Henrik (1974, 89–147): Das barocke Epicedium. Rhetorische Tradition und deutsche Gelegenheitsdichtung im 17. Jahrhundert. In: Jahrbuch der Deutschen Schillergesellschaft, 18. Jg.

– (2013): Lyra. Studien zur Theorie und Geschichte der Lyrik vom 16. bis zum 19. Jahrhundert. Berlin, Boston.

LANGHANKE, Robert (2012, 309–337): Ruhm des Alters. Der späte Freiligrath zwischen überhöhter Konstruktion einer Autorpersönlichkeit und unangepasster Gelegenheitsdichtung. In: M. Vogt (Hrsg.): Karriere(n) eines Lyrikers. Ferdinand Freiligrath. Bielefeld.

LATOUR, Bruno (2010): Eine neue Soziologie für eine neue Gesellschaft. Einführung in die Akteur-Netzwerk-Theorie. Aus dem Engl. v. G. Roßler. Frankfurt a. M.

LAUER, Gerhard (2005, 183–203): Lyrik im Verein. Zur Mediengeschichte der Lyrik des 19. Jahrhunderts als Massenkunst. In: S. Martus, S. Scherer, C. Stockinger (Hrsg.): Lyrik im 19. Jahrhundert. Gattungspoetik als Reflexionsmedium der Kultur. Bern u. a.

LINDAU, Paul (1910, 269–272): Vor dreihundert Heften. Mit einem unveröffentlichten Gedicht von Theodor Fontane. In: Nord und Süd vereint mit Morgen. Deutsche Halbmonatsschrift, 34. Jg., Bd. 132, H. 400.

LÖHNER, Ludwig (Hrsg.) (o. J. [ca. 1840]): Vollständige Sammlung von Gelegenheitsgedichten, enthaltend: alle Arten Geburtstags-, Namenstags-, Hochzeits-, Jubiläums-, Neujahrs-, Abschieds- und Trauer-Gedichte; ferner acrostische Liebeskränze, Toaste und Trinksprüche, sowie eine reiche Auswahl Stammbuch-Verse etc. Nürnberg.

MAYER, Mathias (1998): Eduard Mörike. Stuttgart.

MEYER, Conrad Ferdinand (1963): Sämtliche Werke. Historisch-kritische Ausgabe, Bd. 1. Besorgt v. H. Zeller, A. Zäch. Bern.

- (1964): Sämtliche Werke. Historisch-kritische Ausgabe, Bd. 2. Besorgt v. H. Zeller, A. Zäch. Bern.
- (1991): Sämtliche Werke. Historisch-kritische Ausgabe, Bd. 7. Besorgt v. H. Zeller, A. Zäch. Bern.
MORITZ, Karl Philipp (1788): Ueber die bildende Nachahmung des Schönen. Braunschweig.
MÖRIKE, Eduard (1970): Sämtliche Werke. Mit Anm. v. H. Unger, Bd. 2. München.
NUTT-KOFOTH, Rüdiger (2018, 681–692): Art.: Druck- und Textgeschichte. Editionen und ihre Prinzipien. In: C. Blasberg, J. Grywatsch (Hrsg.): Annette von Droste-Hülshoff Handbuch. Berlin, Boston.
NUSSBERGER, Max (1919): Conrad Ferdinand Meyer. Leben und Werke, Frauenfeld.
ROHLFS, Gerhard (1875): Drei Monate in der libyschen Wüste. Cassel.
ROTHE, Arnold (1986, 365–385): Widmung. In: Ders.: Der literarische Titel. Funktionen, Formen, Geschichte. Frankfurt a. M.
SCHERER, Stefan, Claudia STOCKINGER (2016, 255–277): Archive in Serie. Kulturzeitschriften des 19. Jahrhunderts. In: D. Gretz, N. Pethes (Hrsg.): Archiv/Fiktionen. Verfahren des Archivierens in Literatur und Kultur des langen 19. Jahrhunderts. Freiburg i. Br., Berlin, Wien.
SCHNEIDER, Jost (2004): Sozialgeschichte des Lesens. Zur historischen Entwicklung und sozialen Differenzierung der literarischen Kommunikation in Deutschland. Berlin, New York.
SEGEBRECHT, Wulf (1977): Das Gelegenheitsgedicht. Ein Beitrag zur Geschichte und Poetik der deutschen Lyrik. Stuttgart.
- (2007 [1997], 688–691) Art.: Gelegenheitsgedicht. In: K. Weimar u. a. (Hrsg.): Reallexikon der deutschen Literaturwissenschaft, Bd. 1. Berlin, New York.
SPRENGEL, Peter (2001, 191–203): Zwischen Ästhetizismus und Volkstümlichkeit. Conrad Ferdinand Meyers Gedichte für Rodenbergs *Deutsche Rundschau*. In: M. Ritzer (Hrsg.): Conrad Ferdinand Meyer. Die Wirklichkeit der Zeit und die Wahrheit der Kunst. Tübingen, Basel.
STOCKINGER, Claudia (2005, 93–125): Paradigma Goethe? Die Lyrik des 19. Jahrhunderts und Goethe. In: S. Martus, S. Scherer, dies. (Hrsg.): Lyrik im 19. Jahrhundert. Gattungspoetik als Reflexionsmedium der Kultur. Bern u. a.

– (2018a): An den Ursprüngen populärer Serialität. Das Familienblatt *Die Gartenlaube*. Göttingen.

– (2018b, 61–86): Lyrik im Gebrauch. Zum Stellenwert und zur Funktion von Gedichten in massenadressierten Periodika nach 1850 am Beispiel der *Gartenlaube*. In: C. Begemann, S. Bunke (Hrsg.): Lyrik des Realismus. Freiburg i. Br., Berlin, Wien.

– (2022 [in Vorb.]): Art.: Kasuallyrik. In: W. Lukas, S. Landshuter (Hrsg.): Conrad Ferdinand Meyer-Handbuch. Stuttgart.

STORM, Theodor (1987): Sämtliche Werke in vier Bänden, Bd. 1. Hrsg. v. D. Lohmeier. Frankfurt a. M.

WACKERNAGEL, Wilhelm (1873): Poetik, Rhetorik und Stilistik. Academische Vorlesungen [1836/37]. Hrsg. v. L. Sieber. Halle.

WAGENKNECHT, Christian (2003, 842–845): Art.: Widmung. In: J.-D. Müller u. a. (Hrsg.): Reallexikon der deutschen Literaturwissenschaft, Bd. 3. Berlin, New York.

WILD, Inge (2004, 90–95): Art.: Gelegenheitsgedichte. In: Dies., R. Wild (Hrsg.): Mörike-Handbuch. Leben – Werk – Wirkung. Stuttgart, Weimar.

WINKO, Simone (2002, 9–24): Literatur-Kanon als invisible hand-Phänomen. In: H. L. Arnold, H. Korte (Hrsg.): Text und Kritik. Sonderband „Literarische Kanonbildung". München.

WOESLER, Winfried (1983, 145–156): Religiöses Sprechen und subjektive Erfahrung. Annette von Droste-Hülshoffs *Am letzten Tage des Jahres (Sylvester)*. In: G. Häntzschel (Hrsg.): Gedichte und Interpretationen, Bd. 4: Vom Biedermeier zum Bürgerlichen Realismus. Stuttgart.

WORTMANN, Thomas (2018, 123–133): Art.: Geistliches Jahr in Liedern auf alle Sonn- und Festtage. Einleitung. In: C. Blasberg, J. Grywatsch (Hrsg.): Annette von Droste-Hülshoff Handbuch. Berlin, Boston.

WRUCK, Peter (2001, 36–59): Gelegenheitsdichtung und literarische Geselligkeit. Das Beispiel der *Berliner Mittwochsgesellschaft* und des *Tunnel über der Spree* und ihrer Liederbücher. Im Anhang Moritz Gottlieb SAPHIR: „Der Gelegenheitsdichter". In: Berliner Hefte zur Geschichte des literarischen Lebens, Bd. 4.

Gebrauchslyrik. Zur Konfliktgeschichte eines modernen Kampfbegriffs

I.

Man kann mit der Beobachtung einsteigen, dass der Begriff ‚Gelegenheitslyrik‘ in den meisten Fällen eine explizite oder implizite Wertung der gemeinten Texte transportiert. Das gilt natürlich streng genommen für jeden Gattungsbegriff, allerdings in unterschiedlichem Maße: ‚Bildungsroman‘, ‚Liebeslyrik‘ oder ‚Versepos‘ erscheinen intuitiv weniger (ab)wertend als Bezeichnungen wie ‚Schundliteratur‘, ‚Krimi‘, ‚Frauenliteratur‘ oder ‚Schlüsselroman‘. Wo aber lässt sich die Bezeichnung ‚Gelegenheitslyrik‘ auf dem Wertungsspektrum von Gattungsbegriffen verorten? Mit Sicherheit handelt es sich um einen konfliktbeladenen und konfliktbelasteten Begriff, der zum Schauplatz zahlreicher literaturhistorischer Kämpfe um große Fragen wie ‚Was ist Literatur‘ und ‚Was sollte sie sein‘ geworden ist.[1]

Wulf Segebrecht hat das historische Konstrukt einer Dichotomie von Werten zum Ausgangspunkt seiner grundlegenden Studie *Das Gelegenheitsgedicht* gemacht. Diese Dichotomie wird exemplifiziert „an dem Gelegenheitsgedicht, das als Casualgedicht ein Machwerk ist, und an demjenigen Gelegenheitsgedicht, das als Erlebnisgedicht ein Kunstwerk ist".[2] Obwohl Goethe, auf den Segebrecht sich im letzten Teil seiner Studie bezieht, versucht hatte, diese Dichotomie wieder aufzulösen, war ein „Gattungsverfall im Zeichen der Erlebnisdoktrin", wie Stefanie Stockhorst ihn benennt, im Verlauf der Moderne

---

1 Vgl. etwa auch den Beitrag von Rudolf Drux in diesem Band, wo es darum geht, dass Autoren wie Günter Grass oder Helmut Heißenbüttel den Assoziationsbereich der Gelegenheitslyrik vor allem in den Dienst poetologischer Polemik gestellt haben.
2 Segebrecht (1977, 4).

nicht mehr aufzuhalten.[3] Segebrecht evoziert diese literaturgeschichtliche Entwicklung in aller Deutlichkeit im letzten Kapitel seines Buches:

> In immer krasserer Weise wurde, was sich dem Gegenwärtigen, Handgreiflichen, Gelegenheitlichen in der Lyrik verschrieb, als Nicht-Kunst in Mißkredit gebracht, zumal dann, wenn es zugleich öffentlichkeitszugewandt, wirkungsbedacht und „dienlich" war.[4]

Die Tatsache, dass die Geschichte der Gelegenheitslyrik eine Geschichte von poetologischen Konflikten ist, macht die historische Analyse gleichzeitig so schwierig und so attraktiv und stellt die Literaturwissenschaft vor die Aufgabe, die Geschichte eines Phänomens zu schreiben, das durch sein Potential, zum Gegenstand poetologischer Polemik zu werden, gattungstheoretisch oftmals äußerst instabil erscheint. Im Folgenden möchte ich dafür plädieren, die Geschichte der Gelegenheitslyrik in der Moderne zunächst als Konfliktgeschichte zu betrachten, als Geschichte der Kontroversen, die über und mit diesem Begriffskomplex geführt wurden. Eine Konfliktgeschichte würde ansetzen bei den gattungstheoretischen Aushandlungsprozessen, die sich um das Konzept herum abspielen.

An der Kontroverse um den Begriff der ‚Gebrauchslyrik' lassen sich die Vorteile eines solchen Ansatzes gut veranschaulichen. Es handelt sich dabei um einen Begriff, der zwar bei weitem nicht deckungsgleich mit der geläufigen Bedeutung von ‚Gelegenheitslyrik' ist, in dem sich allerdings zahlreiche Probleme verdichten, die in Kontroversen um Aspekte der Gelegenheitslyrik aufkommen. Der Begriff lässt sich klar historisch verorten – in den 1920er Jahren – und spielte eine wichtige Rolle in Bezug auf die Frage nach der angemessenen Modernität und Gegenwärtigkeit von Lyrik in dieser Zeit.

Natürlich unterscheidet sich die Lyrik, über die hier gestritten wird, maßgeblich von Kasualgedichten, die der Dekoration und symbolischen Grundierung einer höfischen Repräsentationskultur dienen. Allerdings werden, wie schon die Bezeichnung *Gebrauchs*lyrik andeutet, mit Segebrecht gesprochen, Aspekte des Gegenwärtigen, Handgreiflichen, Gelegenheitlichen und vor allem Dienlichen verhandelt. Im Aspekt des ‚Gebrauchs' artikuliert sich die

---

3   STOCKHORST (2002, 14).
4   SEGEBRECHT (1977, 326).

Forderung nach einem Kommunikationsmodell von Lyrik, das den Austausch von Autor und Publikum in Bezug auf die eigene Gegenwart zugrunde legt. Die von Segebrecht angedeutete Verfallsgeschichte, die das Gelegenheitsgedicht geradezu zum Paradigma der modernen „Nicht-Kunst" macht, muss im Blick auf ein diskursives Phänomen wie Gebrauchslyrik relativiert werden. Zwar wird der Komplex der Gelegenheitsdichtung seinen negativen Beiklang nie ablegen können, allerdings werden diese negativen Konnotationen immer wieder zur Waffe in einem Kampf um den Status von Lyrik in der Moderne gemacht.

Im Mittelpunkt dieses Kampfes steht dabei oftmals das Verhältnis der Texte zu der sie umgebenden Gesellschaft. Die Untersuchung von Gelegenheitslyrik erfordert dementsprechend, wie etwa Stockhorst gezeigt hat, eine Perspektive, die den sozialen Kontext der Gedichte immer mitbedenkt und sich die Frage nach der „sozialen Logik" stellt, die den Texten eingeschrieben ist: Gelegenheitslyrik verweist demnach „auf Strukturen und Positionen in der sozialen Wirklichkeit und kann durch deren Aktualisierung zum symbolischen Machtfaktor werden."[5] Damit steht sie in einem gewissen Gegensatz zu anderen Gattungen, die sich „mitunter den Anschein der Referenzlosigkeit geben".[6]

Bei dieser „Referenzlosigkeit" handelt es sich bekanntermaßen um eine der wichtigsten poetologischen Argumentationsfiguren der literarischen Moderne, die in der poetologischen Forderung nach der ‚reinen Poesie' ihren Höhepunkt findet. Jürgen Brokoff hat dieses Konzept unter anderem bestimmt als Forderung nach der Reinigung der Poesie von der praktischen Funktion der Sprache.[7] Allerdings ist die Geschichte der literarischen Moderne eben auch der Kampf gegen diese sich immer weiter radikalisierende Manifestation des Autonomieparadigmas. Im Begriff der ‚Gebrauchslyrik' werden Aspekte der Diskussion um die Gelegenheitslyrik aktualisiert, um dem modernen Mythos der Referenzlosigkeit ein alternatives Konzept moderner Lyrik entgegenzusetzen.

---

5   STOCKHORST (2002, 8).
6   STOCKHORST (2005, 58).
7   Vgl. BROKOFF (2010, 22).

II.

In der Forschung werden mit dem Begriff ‚Gebrauchslyrik' vor allem Namen wie Kurt Tucholsky, Erich Kästner, Bertolt Brecht und Walter Benjamin assoziiert, die mit und gegen den Begriff Konflikte um poetische Programme ausgefochten haben. Bekannt geworden ist in diesem Zusammenhang etwa die folgende Aussage Erich Kästners aus seiner *Prosaischen Zwischenbemerkung* von 1929:

> Zum Glück gibt es ein oder zwei Dutzend Lyriker – ich hoffe fast, mit dabei zu sein –, die bemüht sind, das Gedicht am Leben zu erhalten. Ihre Verse kann das Publikum lesen und hören, ohne einzuschlafen; denn sie sind seelisch verwendbar. Sie wurden im Umgang mit den Freuden und Schmerzen der Gegenwart notiert; und für jeden, der mit der Gegenwart geschäftlich zu tun hat, sind sie bestimmt. Man hat für diese Art von Gedichten die Bezeichnung ‚Gebrauchslyrik' erfunden, und die Erfindung beweist, wie selten in der jüngsten Vergangenheit wirkliche Lyrik war. Denn sonst wäre es jetzt überflüssig, auf ihre Gebrauchsfähigkeit wörtlich hinzudeuten. Verse, die von den Zeitgenossen nicht in irgendeiner Weise zu brauchen sind, sind Reimspielereien, nichts weiter.[8]

Kästner nutzt den Begriff der ‚Gebrauchslyrik' für eine umfassende und konfrontative Abrechnung mit der Lyrik seiner Zeit: „wirkliche Lyrik" sei selten geworden, stattdessen herrschten „Reimspielereien". Kästner verweist explizit auf den Status von ‚Gebrauchslyrik' als Kampfbegriff. In der gespielten Verwunderung darüber, dass man eine solche Bezeichnung überhaupt ‚erfinden' musste, kommt die zeitdiagnostische Prognose einer allgemeinen Misere der Lyrik zum Ausdruck, vor deren Hintergrund sich Kästner als Ausnahmeerscheinung der Gegenwartsdichtung inszenieren kann. Ähnlich wie in Bertolt Brechts polemischer Bestandsaufnahme *Kurzer Bericht über 400 (vierhundert) junge Lyriker* (1927) ist der Aspekt des Gebrauchs bei Kästner als Provokation einer Poetik zu verstehen, die in einer falsch verstandenen kunstreligiösen Autonomie erstarrt ist.

Vor allem aber zeigt das Zitat, dass der Begriff der ‚Gebrauchslyrik' im Dienst einer poetologischen Polemik steht, der es um die Auf- und Abwertung bestimmter Formen von Lyrik zu tun ist. Kästner aktualisiert Aspekte der Gelegenheitslyrik, insbesondere was die Funktionalität von Gedichten angeht,

---

8 KÄSTNER (1998a, 88). Zum Komplex der Gebrauchslyrik bei Kästner vgl. zudem HUG (2006).

um eine bestimmte Spielart des Autonomieparadigmas herauszufordern. Diese implizite Rückbesinnung, die sich im Begriff ‚Gebrauchslyrik' verdichtet, steht im Dienst der Provokation und hat keineswegs die Absicht, eine verbindliche Gattungsdefinition zu liefern. Es erscheint vor diesem Hintergrund problematisch, die Bezeichnung ‚Gebrauchslyrik' als literaturwissenschaftlichen Gattungsbegriff zu operationalisieren. Denn als Kampfbegriff ist die Bezeichnung immer schon kontaminiert mit dem polemischen Potential, das sie als Instrument im Konflikt um die historische Verortung einer bestimmten Literatur akkumuliert hat.

Versuche, die Bezeichnung als Gattungsbegriff zu fassen, hat es immer wieder gegeben. Die Diskussion über Gebrauchsliteratur in den 1970er Jahren etwa stand im Zeichen einer Ausweitung des Gegenstandsbereichs der Literaturwissenschaft. Der Aspekt des Gebrauchs hatte – im Kontext einer literatursoziologischen Wende – die Aufgabe, Texte auch außerhalb des rigiden gattungspoetischen Rahmens als wissenschaftswürdig zu klassifizieren. Allerdings wurden in diesem Fall die wertenden Implikationen der Bezeichnung mitgetragen. So definiert Horst Belke in seinem Band zu literarischen Gebrauchsformen die Gebrauchsliteratur als die Menge solcher Texte, die „primär durch außerhalb ihrer selbst liegende, d. h. pragmatische Zwecke bestimmt werden."[9] Die Trennung von autonomer echter Literatur und den zweckgebundenen Gebrauchstexten wird dadurch bestätigt.

Dietrich Naumann zitiert in seinem Beitrag „Trivialliteratur und Gebrauchsliteratur" (1976) eine Äußerung Walter Höllerers über den Begriff der ‚Trivialliteratur': „Es gerät manchmal eine pejorisierende Zwangsvorstellung in die Argumentation hinein, weil man sich von vorneherein dieses perjorisierenden Begriffs bedient."[10] Die Forschungsgeschichte hat gezeigt, dass ein Begriff wie ‚Trivialliteratur' sich nicht von seiner Herkunft als Schimpfwort reinigen lässt. Höllerers Versuch, als Alternativbegriff ‚Gebrauchsliteratur' einzuführen, sagt eher etwas über die unterschwelligen Wertsetzungen gegenüber dem Aspekt des Gebrauchs von Literatur aus, als dass er zu einer wertfreien Operationalisierung des Begriffs beiträgt. ‚Gebrauchsliteratur' ist zwar von seiner Herkunft her kein Schimpfwort wie ‚Trivialliteratur' – allerdings, wie ich im Folgenden zeigen werde, mit Sicherheit ein wertungsbezogener Kampfbegriff.

---

9   BELKE (1973, 11).
10 NAUMANN (1976, 1).

Die Probleme, die damit einhergehen, zeigen sich auch in Stefan Neuhaus'
grundlegendem Aufsatz zur „Gebrauchslyrik als Gattungsbezeichnung" von
2001. Dort definiert er ‚Gebrauchslyrik' durch die Aspekte Popularität, Didaxe
und literarische Qualität. Neuhaus geht es dabei um das wichtige Projekt der
Rettung einer ganzen Gruppe von Texten, die unter dem Rubrum ‚Gebrauchslyrik' aus dem Kanon wissenschaftswürdiger Texte verdrängt worden seien.
Dem soll eine positive Verwendung der Bezeichnung entgegengesetzt werden:

> Dennoch hat die Fixierung auf nach autonom-ästhetischen Kriterien ausgewählte
> hochliterarische Texte dazu geführt, daß selbst solche Texte von vorneherein als min-
> derwertig eingestuft werden, die *nicht nur*, aber *auch* als Gebrauchstexte gelesen werden
> können.[11]

Damit stellt sich allerdings die grundsätzliche Frage, wer darüber entscheiden
darf, welchen Texten die nötige Qualität zukommt, um Einlass in den Kanon
der hochwertigen ‚Gebrauchslyrik' zu erlangen. Diese Frage ist eine Frage der
Bewertung, wogegen zunächst einmal nichts einzuwenden ist. Dann aber handelt es sich eher um Kanonarbeit, die nicht unbedingt zur Stabilität eines gattungsgeschichtlichen Korpus beiträgt.

Dagegen geht die konfliktgeschichtliche Perspektive auf eine diskursive
Metaebene, um diese Wertungsprobleme zu vermeiden. Aus dieser Perspektive
wird zunächst einmal deutlich, dass die poetologischen Texte, die im Mittelpunkt der Kontroverse um den Begriff ‚Gebrauchslyrik' in den 1920er Jahren
stehen, keine kohärenten theoretischen Einlassungen sind. Vielmehr handelt
es sich um Texte aus dem kulturpolitischen Nahkampf, Rezensionen und
Artikel, selbst also schon – so könnte man sagen – Texte aus dem Bereich der
Gebrauchspoetologie. Vor allem aber verdeckt der Versuch, den Kampfbegriff
‚Gebrauchslyrik' in einen Gattungsbegriff zu überführen, die Tatsache, dass in
und mit den verschiedenen Texten sehr unterschiedliche Dinge gemeint und
intendiert sind, wenn vom ‚Gebrauch' von Gedichten die Rede ist.

Bei Kurt Tucholsky etwa ist der Begriff stark zweckmäßig politisch besetzt
und steht in seiner Abkoppelung des Ästhetischen vom Politischen sogar in
einem gewissen Gegensatz zu Kästners kämpferischem Postulat, die Gebrauchslyrik sei die ‚wirkliche' Lyrik ihrer Zeit. Tucholsky entwickelt diese Gedanken
in einer im November 1928 in der *Weltbühne* veröffentlichten Rezension der

11 NEUHAUS (2001, 100).

Gedichtsammlung *Straße frei* des kommunistischen Dichters Oskar Kanehl. Diese Rezension ist mit *Gebrauchslyrik* betitelt: „Es hat zu allen Zeiten", schreibt Tucholsky, „eine Sorte Lyrik gegeben, bei der die Frage nach dem Kunstwert eine falsch gestellte Frage ist: ich möchte diese Verse ,Gebrauchs-Lyrik' nennen."[12] Die Verse dieser Lyrik finden demnach ihren vornehmsten und einzigen Zweck in der politischen Wirkung; sie sind „gereimtes oder rhythmisches Parteimanifest." Kanehls Gedichte nun verkörpern die beste, weil wirksamste Lyrik dieser Art:

> Alles, was Kanehl schreibt, ist glasklar in der Diktion, ohne weiteres verständlich, die Worte sind aus der Zeitung und dem täglichen Leben genommen, prägen sich leicht ein und kommen der Vorstellungswelt des Arbeiters weit entgegen.[13]

Tucholskys eigentümliche Bescheidenheit in Bezug auf den ästhetischen Anspruch an Lyrik steht im Kontext der zeitgenössischen Diskussion innerhalb der Linken über die Rolle von Dichtung und Intellektuellen im Klassenkampf. Unterschwellig ist eine gewisse Selbstkasteiung angesichts der eigenen bürgerlich geprägten Maßstäbe zu erkennen. Tucholsky beteuert:

> Ich glaube nur, dass Kanehl und seine Zuhörer mit vollem Recht darauf pfeifen, ob diese Verse ästhetischen Ansprüchen genügen oder nicht. Eine literarische Prüfung solcher Gedichte liefe darauf hinaus, zu sagen: „Der Mann, der dort auf dem Marterbett angeschnallt ist, schreit eine Oktave zu hoch!" Man soll ihn losschnallen und seine Peiniger unschädlich machen – darauf kommt es an.[14]

Der Aspekt des Gebrauchs verweist in diesem Fall also auf eine kontextuelle Dringlichkeit. Die Gegenwart braucht die Dichtung, um ein wichtiges politisches Ziel zu erreichen. Das Konzept der ,Gebrauchslyrik' dient in diesem Zusammenhang vor allem dazu, die Nützlichkeit von Intellektuellen und Dichtern im politischen Kampf zu reflektieren und zu legitimieren, um die peinliche Dichotomie von Tat und Wort in Zeiten politischer Kämpfe einzuebnen. Tucholskys Polemik steht im Zeichen einer zeitgebundenen Transformation der Diskussion um die Gelegenheitslyrik. Der Auftrag ergeht an den Dichter durch die Gesellschaft, deren politische Probleme er bekämpfen muss, der Anlass ist die politische Not und die Adressaten sind Kanehls Zuhörer als

---

12 TUCHOLSKY (1976, 317).

13 TUCHOLSKY (1976, 317).

14 TUCHOLSKY (1976, 317).

politische Gemeinschaft. So wird diese Lyrik im Sinne der sozialen Logik ihrer kommunikativen Funktion aufgewertet. Und diese Funktion ist Aktivierung und Vergemeinschaftung. Die Unterscheidung von Kunstwerk und Machwerk wird aktualisiert und in ihrer traditionellen Wertsetzung umgekehrt. Dafür wird allerdings der ästhetische Anspruch als Bestandteil der Gedichte explizit verabschiedet: entweder Gegenwart und Kommunikation oder Autonomie und Schönheit. Die formale Faktur der Texte („glasklar in der Diktion", Nähe zur „Vorstellungswelt der Arbeiter") muss sich der kommunikativen Funktion unterordnen.

Gleichzeitig erfolgt, eher unterschwellig, eine Wertsteigerung von Kanehls Werk im Zeichen des Erlebnisparadigmas. Den Gedichten wird im Sinne der politischen Betroffenheit von Autor und Publikum eine besondere Authentizität zugewiesen. Die authentische Marter des Singenden kompensiert die Tatsache, dass er eine Oktave zu hoch singt. Diese Argumentation steht in einer Tradition, die den Aspekt des politischen Gebrauchs von Lyrik mit dem Erlebnis des Lyrikers verbindet, und die etwa vor allem auch im Bereich moderner Kriegslyrik seit den Befreiungskriegen anzutreffen ist.[15]

Im Gegensatz dazu steht das Konzept bei Erich Kästner und Bertolt Brecht im Zeichen der vor allem ästhetischen Aufwertung der entsprechenden Gedichte. Die Frage nach dem politischen Zweck tritt dagegen in den Hintergrund. In Kästners bereits zitierter *Prosaischer Zwischenbemerkung* etwa ist keine Rede von der Unterwerfung der Lyrik unter einen politischen Zweck oder gar davon, dass auf ästhetische Ansprüche ‚gepfiffen' werden soll. Stattdessen werden solche Gedichte, die keine „Gebrauchslyrik" sind, als „Reimspielereien" abgewertet. ‚Gebrauch' erscheint in diesem Fall explizit als eine Kategorie der *ästhetischen* Aufwertung. Das wird noch deutlicher in Bertolt Brechts berühmtem *Bericht über 400 (vierhundert) junge Lyriker*, der 1927 in *Die Literarische Welt* erschien. Brecht begründete darin, dass er als einziger Preisrichter eines Lyrikwettbewerbs unter den zahlreichen Einsendungen keinen würdigen Gewinner gefunden habe.

Es handelt sich um einen Rundumschlag gegen die Lyrik der eigenen Zeit in Form einer transparenten kulturpolitischen Geste: „[...] gerade Lyrik", schreibt Brecht, „muß zweifellos etwas sein, was man ohne weiteres auf den Gebrauchswert untersuchen können muß."[16] Er wisse aber, dass „ein Haufen

---

15 Vgl. JÜRGENSEN (2018) und für die Lyrik des Ersten Weltkriegs DETERING (2016).
16 BRECHT (1977, 55).

sehr gerühmter Lyrik keine Rücksicht nimmt, ob man ihn brauchen kann." Genannt wird „die letzte Epoche des Ex- und Impressionismus" sowie Autoren wie Rilke, George und Werfel. Deren Gedichte bestünden aus „hübschen Bildern und aromatischen Wörtern", die man weder singen noch „jemand zur Stärkung überreichen" könne.[17] Brecht verlieh den Preis dann an Hannes Küppers „He! He! The Iron Man", das gar nicht Teil der Einsendungen gewesen war und das er in einer Radsportzeitschrift gefunden hatte.

Im Vordergrund stehen in Brechts und Kästners ästhetischer Polemik vor allem zwei Aspekte: der kommunikative Wert von Gedichten und ihr Gegenwartsbezug. So lobt Brecht an dem von ihm gekürten Gedicht „He! He! The Iron Man!", dass es zum „Gegenstand eine interessierende Sache" habe, nämlich den „Sechstage-Champion Reggie McNamara".[18] Ein gegenwärtiges, ein aktuelles Thema – der konkrete Bezug auf die zeitgenössische Wirklichkeit – wird hier als Qualitätskriterium einer angemessenen modernen Dichtung stark gemacht; vor allem im Gegensatz zu dem als abgehoben, als unwirklich und bourgeois empfundenen Weltschmerz der 400 Einsendungen zum Lyrikwettbewerb.

Vor diesem Hintergrund ist auch Erich Kästners Ärger über die Dichter zu verstehen, die „noch immer von der ‚Herzliebsten mein' und von dem ‚Blümelein auf der Wiesen'" singen würden.[19] Verabschiedet werden hier die Sujets einer Gefühls- und Naturlyrik, die sich von der Gegenwart abgewendet habe. Diese Abwertung ist mit einer Aufwertung der eigenen Lyrik verbunden, eine Aufwertung, die vor allem über die Kategorie der Gegenwärtigkeit vollzogen wird. In einer Rezension der Gedichte Joachim Ringelnatz' findet Kästner dann ein originelles Bild zur Aktualität seiner eigenen Gedichte:

> Es ist wirklich keine Schande, Verse zu schreiben, die den Zeitgenossen begreiflich erscheinen! Die ‚reinen' Dichter dichten Konservenlyrik, nur zum Aufheben, für die Ewigkeit und für noch spätere Doktorarbeiten. Die Gebrauchslyriker schreiben aber für heute, zum Sofortessen; wahrscheinlich halten ihre Produkte nicht sehr lang und verderben rasch.[20]

---

17 Brecht (1977, 227).
18 Brecht (1977, 56).
19 Kästner (1998a, 87).
20 Kästner (1998b, 227).

Im Bild des ‚Sofortessens', das die Gebrauchslyrik gegen Gedichte ausspielt, die für spätere Doktorarbeiten geschrieben seien, mokiert sich Kästner über eine Wertsetzung, die dem Kriterium der Überzeitlichkeit folgt und Gegenwartsbezüge abwertet. Mit den ‚reinen' Dichtern dagegen ist das Feindbild, das in Kästners Verwendung des Begriffs ‚Gebrauchslyrik' impliziert wird, deutlich benannt. Diese Dichtung sei bereinigt von Gegenwartsbezügen, geschrieben für eine sterile „Ewigkeit". Es handele sich eben um „Konservenlyrik", die zwar länger haltbar sein mag, der es aber aus Mangel an Aktualität auch – das wird durch das Bildfeld des Essens suggeriert – an Frische fehlt. Kästners Gedichte dagegen sind, wie er in *Prosaische Zwischenbemerkung* schreibt, „seelisch verwendbar", weil sie im „Umgang mit den Freuden und Schmerzen der Gegenwart notiert" wurden.[21]

Damit steht diese Polemik im Kontext einer historischen Auseinandersetzung über den Wert oder Unwert konkreter Wirklichkeitsbezüge von Lyrik. Die Kontroverse ist Teil einer Wertungsgeschichte literarischer Gegenwartsbezüge, die – um nur ein Beispiel zu nennen – auch in den 1840er Jahren um die Wirklichkeitsbezüge politischer Lyrik geführt wurde. Robert Prutz etwa polemisierte damals gegen die autonome Abwehr von Gegenwartsbezügen und für eine lebensnahe und damit lebendige Dichtung.[22]

Neben der Forderung nach Gegenwärtigkeit von Lyrik wird in Kästners und Brechts Konzept des ‚Gebrauchs' ein damit verbundenes literarisches Kommunikationsmodell entworfen. „‚Rein' lyrische Produkte", schreibt Brecht in seinem *Bericht*, würden überschätzt: „Sie entfernen sich einfach zu weit von der ursprünglichen Geste der Mitteilung oder einer auch für Fremde vorteilhaften Empfindung."[23] Ich möchte an dieser Stelle einen Satz aufgreifen, der in der Einleitung dieses Bandes schon zitiert wurde, nämlich aus Volker Wels' Einleitung zum Band *Theorie und Praxis der Kasualdichtung in der Frühen Neuzeit*: „Die gesamte Dichtung der Frühen Neuzeit ist ‚Gelegenheitsdichtung', insofern diese Dichtung immer in einen konkreten kommunikativen Zusammenhang eingebettet ist."[24]

---

21 KÄSTNER (1998a, 87 f.).
22 Vgl. dazu FRANZEN (2018).
23 BRECHT (1977, 55).
24 WELS (2010, 20 f.).

Die Polemik, die im Konzept des ‚Gebrauchs‘ mitschwingt, richtet sich auf diesen Aspekt des „konkreten kommunikativen Zusammenhangs". Alle Lyrik ist demnach eingebettet in einen solchen Zusammenhang; allerdings gibt es Lyrik, die sich dieser Tatsache verweigert, die sich – mit Brecht gesprochen – von der „ursprünglichen Geste der Mitteilung", der kommunikativen Funktion von Sprache, abwendet, sich über die Leser*innen als Teil des literarischen Systems erhebt. ‚Reine‘ Lyrik ist aus dieser Perspektive eben nicht das Paradigma des Lyrischen in der Moderne, sondern Ausdruck einer verfehlten Poetik. ‚Gebrauchslyrik‘ als ‚Gelegenheitslyrik‘ dagegen wäre dann kein anachronistischer Sonderfall mehr, kein Überbleibsel der vormodernen Literaturgeschichte, sondern der Normalfall einer Lyrik, die ihren kommunikativen Zusammenhang als Herausforderung annimmt und sich auf ihre Gegenwart und die Bedürfnisse ihrer Leser*innen einstellt.

Die Polemik, die in der provokativen Forderung nach einem Gebrauchswert von Lyrik enthalten ist, richtet sich gegen ein als leblos empfundenes Konzept von literarischer Autonomie. Mit dem Aspekt des Gebrauchs ist vor allem auch ein Rollenbild des Dichters verbunden, der sich als professioneller Dienstleister im Austausch mit seinem Publikum begreift und eben nicht als inspiriertes Genie. Kästner spottet zu Beginn von *Prosaische Zwischenbemerkung* über Lyriker, die die Falschmeldung verbreiten würden, „die Fähigkeit des Gedichteschreibens sei eine göttliche Konzession."[25] Dieser kunstreligiös geprägten Genieästhetik wird das Dichten als Beruf im Sinne eines Handwerks gegenübergestellt.

III.

Der Begriff ‚Gebrauchslyrik‘ diente also auch der Legitimation handfester sozioökonomischer Faktoren des eigenen Schreibens. Das Konzept des Gebrauchs wird dazu verwendet, um die Rolle des Autors als Publizist zu begründen, als jemand, der mit dem Schreiben für Alltagsmedien wie Zeitungen sein Geld verdient. Damit steht das Rollenbild der ‚Gebrauchslyriker‘, die ihre Gedichte auch als Ware begreifen, in einem erbitterten Gegensatz zu den kunstautonomen Bestrebungen etwa eines Stefan George, dessen Autorinszenierung ja gerade darauf beruhte, den Warencharakter seiner Lyrik zu leugnen. Hier

---

25 KÄSTNER (1998a, 87).

zeigt sich auch auf der Ebene der Rollenbilder, dass der Unterschied zwischen den Konzepten einer ‚Gebrauchslyrik' und einer ‚reinen' Lyrik vor allem unterschiedliche Kommunikationsmodelle bezeichnet: Autonomie von den Bedürfnissen des Marktes signalisiert Distanz und Elitismus im Umgang mit den Rezipient*innen. Der Warencharakter dagegen, der auf Gebrauch abzielt, ist mit der Hoffnung eines möglichst breiten Absatzes der Gedichte verbunden. Er zielt auf die Nachfrage – das heißt die expliziten Bedürfnisse des Publikums – und damit auf ein äußerstes Nahverhältnis zu den Leser*innen.

Darauf bezieht sich auch Walter Benjamins maliziöser Hinweis zu Beginn seiner berühmten Rezension von Kästners Gedichten von 1931, die den Titel *Linke Melancholie* trägt. Dort heißt es:

> Wer aber dem Charakter dieser Strophen nachgehen will, hält sich besser an ihre ursprüngliche Erscheinungsform. In Büchern stehen sie gedrängt und ein wenig beklemmend, durch Tageszeitungen aber flitzen sie wie ein Fisch im Wasser. Wenn dieses Wasser nicht immer das sauberste ist und mancherlei Abfall darin schwimmt, desto besser für den Verfasser, dessen poetische Fischlein daran dick und fett werden konnten.[26]

Das Bild der durch unsauberes Wasser flitzenden Fische steht im Zeichen einer zunächst konventionell ästhetischen Abwertung. Die Gedichte sind demnach nicht buchfähig, sondern entwickeln ihre Qualität nur in der Nachbarschaft von „mancherlei Abfall" in der Tagespresse. Zwar wird der Begriff ‚Gebrauchslyrik' in diesem Text nicht explizit genannt, die Abwertung richtet sich aber direkt gegen die Programmatik, die bei Kästner im Konzept des Gebrauchs vermittelt wurde. Der Warencharakter von Kästners Lyrik bezieht sich auf den Austausch mit dem Publikum, das nicht, im Sinne einer (von Benjamin geforderten) gesellschaftskritischen Didaxe belehrt, sondern verführt werden soll, um mehr von der Ware zu kaufen. Hier werden also zwei Arten von Gebrauch gegeneinander ausgespielt. Die politische Wirkung, die zu Aufklärung und verändernder Tat führen soll (und die Benjamin in der Literatur Brechts verwirklicht sieht), steht in einem strikten Widerspruch zur Wirkung der Ware, die ihr positives Verhältnis zum Publikum nur um den Preis der Affirmation erreichen kann.

Benjamins vernichtende Kritik an Kästner zeigt noch einmal, wie umkämpft das Konzept des Gebrauchs in den literaturtheoretischen Kontroversen der 1920er und Anfang der 1930er Jahre war und wie stark die Aspekte Anlass, Adressat und Gebrauch in diesen Kämpfen verhandelt wurden. Man hat es

---

26 BENJAMIN (1977, 279).

bei Benjamins Kritik an der Marktförmigkeit von Kästners Lyrik mit einer Transformation des etablierten Abhängigkeitsvorwurfs gegen die vormodern geprägte Gelegenheitslyrik zu tun. Heteronomie wird allerdings nicht mehr erzeugt durch die Abhängigkeit des Dichters von einem höfischen Mäzenatensystem, sondern durch die Abhängigkeit vom kapitalistischen Buchmarkt. Der Vorwurf der Dekoration feudaler Macht weicht dem Vorwurf, die Gedichte würden eine apolitische Form der bürgerlichen Innerlichkeit dekorieren. Hier wird auch der Aspekt des Gegenwartsbezugs (des ‚Sofortessens‘), den Kästner noch polemisch für die Apologie der eigenen Texte in Stellung brachte, in eine Kritik an den Gedichten als schnell verderbliche Fischlein verkehrt, die nur im Moment der tagesmedialen Aufmerksamkeit lebensfähig sind.

Der widersprüchliche und konfliktreiche Komplex poetologischer Polemik, der sich um den Begriff ‚Gebrauchslyrik‘ verdichtet, vermittelt einen Eindruck davon, wie die moderne Geschichte der Gelegenheitslyrik vor allem auch eine Geschichte der kämpferischen Auseinandersetzung um Aspekte der Beziehung zwischen Literatur und Gegenwart darstellt. Für diese Konflikte liefert die Gattung ein Spielfeld, ohne dabei wirklich gattungstheoretisch greifbar zu sein. Das erscheint in gewisser Hinsicht auch unbefriedigend, denn es ergibt sich keine Antwort auf die Frage, wie in eine solche Perspektive die Analyse der Texte und ihre Rezeption miteinbezogen werden können. Zwar lassen sich etwa bei den Dichtern, die mit dem Begriff assoziiert werden – Tucholsky, Kästner, Brecht –, auch formale Gemeinsamkeiten feststellen (Transparenz des ästhetischen Ausdrucks, Humor, umgangssprachliche Anleihen etc.), allerdings sind die Gedichte wiederum so unterschiedlich und die Programmatiken, die mit dem Begriff ‚Gelegenheitslyrik‘ aufgerufen werden, so widersprüchlich, dass eine heuristische Operationalisierung nicht wirklich sinnvoll erscheint. Jedoch lassen sich vielleicht die individuellen ästhetischen Visionen dieser Autoren produktiv in diesen Kontroversen verorten, denn auch – und gerade – in diesem Fall sind die Gedichte selbst Kampfmittel in der Auseinandersetzung um die angemessene Lyrik.

Literaturverzeichnis

BELKE, Horst (1973): Literarische Gebrauchsformen. Düsseldorf.

BENJAMIN, Walter (1977, 279–283): Linke Melancholie. Zu Erich Kästners neuem Gedichtbuch. In: Ders.: Gesammelte Werke, Bd. 3. Hrsg. v. H. Tiedemann-Bartels. Frankfurt a. M.

Brecht, Bertolt (1977, 54–59): [Lyrik-Wettbewerb 1927]. In: Ders.: Gesammelte Werke in acht Bänden, Bd. 8: Schriften 2: Zur Literatur und Kunst. Zur Politik und Gesellschaft. Hrsg. v. E. Hauptmann. Frankfurt a. M.

Brokoff, Jürgen (2010): Geschichte der reinen Poesie. Von der Weimarer Klassik bis zur historischen Avantgarde. Göttingen.

Detering, Nicolas (2016, 435–450): Zeiterlebnis. Zur textuellen Authentifizierung in der deutschen Frontlyrik (1914–1918). In: DVjs, 90. Jg., H. 3.

Fähnders, Walter (2017, 237–257): Erich Kästner und die linke Literaturkritik. Walter Benjamin und die anderen. In: S. Becker, S. Hanuschek (Hrsg.): Erich Kästner und die Moderne. Baden-Baden.

Franzen, Johannes (2018, 95–127): Flucht vor der Gegenwart oder Wirklichkeitsenthusiasmus. Überlegungen zum Projekt einer Wertungsgeschichte literarischer Gegenwartsbezüge. In: S. Geyer, J. F. Lehmann (Hrsg.): Aktualität. Zur Geschichte literarischer Gegenwartsbezüge vom 17. bis zum 21. Jahrhundert. Hannover.

Hug, Remo (2006): Gedichte zum Gebrauch. Die Lyrik Erich Kästners. Besichtigung, Beschreibung, Bewertung. Würzburg.

Jürgensen, Christoph (2018): Federkrieger. Autorschaft im Zeichen der Befreiungskriege. Stuttgart.

Kästner, Erich (1998a, 87–88): Prosaische Zwischenbemerkung. In: Ders.: Werke in neun Bänden, Bd. 1. Hrsg. v. F. J. Görz. München.

– (1998b, 226–228): Ringelnatz und Gedichte überhaupt. In: Ders.: Werke in neun Bänden, Bd. 6. Hrsg. v. F. J. Görz. München.

Naumann, Dietrich (1976, 1–18): Trivialliteratur und Gebrauchsliteratur. Vermutungen über einige Bedingungen der Ausweitung des literaturwissenschaftlichen Gegenstandsbereichs. In: L. Fischer, K. Hickethier, K. Riha (Hrsg.): Gebrauchsliteratur. Methodische Überlegungen und Beispielanalysen. Stuttgart.

Neuhaus, Stefan (2001): Gebrauchslyrik. Vorüberlegungen zum Studium einer vernachlässigten Gattung. In: Literatur in Wissenschaft und Unterricht, 34. Jg., H. 2.

Segebrecht, Wulf (1977): Das Gelegenheitsgedicht. Ein Beitrag zur Geschichte und Poetik der deutschen Lyrik. Stuttgart.

Stockhorst, Stefanie (2002): Fürstenpreis und Kunstprogramm. Sozial- und gattungsgeschichtliche Studien zu Goethes Gelegenheitsdichtungen für den Weimarer Hof. Tübingen.

– (2005, 55–72): Feldforschung vor der Erfindung der Autonomieästhetik? Zur relativen Autonomie barocker Gelegenheitsdichtung. In: M. Joch, N. C. Wolf (Hrsg.): Text und Feld. Bourdieu in der literaturwissenschaftlichen Praxis. Tübingen.

TUCHOLSKY, Kurt (1976, 216–320): Gebrauchslyrik. In: Ders.: Gesammelte Werke in zehn Bänden, Bd. 6. Hrsg. v. M. Gerold-Tucholsky, F. J. Raddatz. Reinbek b. Hamburg.

WELS, Volkhard (2010, 9–31): Einleitung. ,Gelegenheitsdichtung' – Probleme und Perspektiven ihrer Erforschung. In: A. Keller u. a. (Hrsg.): Theorie und Praxis der Kasualdichtung in der Frühen Neuzeit. Amsterdam, New York.

Augenblick und Anlass. Überlegungen zu einer poetologischen Interferenz in der deutschsprachigen Lyrik nach 1945

Wie verhält sich die Tradition der Gelegenheitslyrik zu dem gattungsgeschichtlich seit Mitte des 18. Jahrhunderts dominanten Paradigma einer autonomieästhetisch bestimmten Lyrik? Dieser Frage soll hier mit Blick auf ein poetologisches Phänomen der Lyrik des 20. Jahrhunderts diskutiert werden: Gedichten, die plötzliche und in irgendeiner Weise charakteristische Anlässe thematisieren, die in der Regel mit dem Bereich des Alltäglichen verknüpft sind und in sprachlich inszenierten Augenblicken fixiert werden. Diese lyrischen Epiphanien gehören in den Bereich der in ästhetizistischer Tradition entwickelten Poetiken des Augenblicks.

Poetologisch gesehen wird den Augenblicksgedichten das Potential einer besonderen ästhetischen, aber zugleich eben auch lebensweltlichen Erfahrung zugeschrieben, die Bereiche jenseits des Ästhetischen einschließt. Diese poetologische Interferenz von Aspekten und Kennzeichen von Kasuallyrik mit letztlich autonomieästhetischen Konzepten ist Gegenstand der folgenden Überlegungen, und zwar mit einem Schwerpunkt auf Beispielen aus der deutschsprachigen Lyrik nach 1945. Die Vielfalt solcher Augenblicksgedichte in der Nachkriegslyrik hat Irmela Schneider umrissen. Sie reichen von Gottfried Benn („Ein Wort"), Günter Eich („Inventur"), Walter Höllerer („Formeln, Feste" oder „Der lag besonders mühelos am Rand") über Günter Grass („Unfall"), Paul Celan („Augenblicke, wessen Winke" aus *Fadensonnen*) bis zu Jürgen Theobaldy, Günter Kunert und Rolf Dieter Brinkmann, mit dessen „Einer jener klassischen" Schneiders aus dem Jahr 1984 stammende Skizze endet.[1]

In den folgenden Ausführungen geht es weniger um konzeptionelle Ähnlichkeiten, sondern um die vergleichende Konfrontation zweier lyrischer

---

1 SCHNEIDER (1984).

Phänomene. Gelegenheitsgedichte und lyrische Augenblicke gehören verschiedenen Genres an, weisen aber doch bei aller Verschiedenheit gewisse Berührungen auf, die auf aussagekräftige Weise interferieren.

Diese Interferenzen münden, so der Argumentationsgang in diesen Überlegungen, nicht in eine Öffnung oder Erweiterung von Gegenstand und Begriff der Gelegenheitslyrik – etwa in Analogie zu dem Versuch Wulf Segebrechts, die Tradition der barocken Gelegenheitslyrik mit dem erlebnislyrisch veränderten Konzept des Gelegenheitsgedichts der Goethezeit zu versöhnen.[2] Vielmehr können die hier vorgetragenen Überlegungen ein Konzept von Gelegenheitslyrik profilieren, in dem ein bestimmter pragmatischer – sozialer oder familialer – Anlass des Gedichts im Mittelpunkt steht. Die diskutierten Fälle von Texten, die bestimmte funktionale Kennzeichen von Gelegenheitslyrik beanspruchen oder implizieren, sind vielmehr im Horizont einer Problematisierung der Gattungstradition einer autonomieästhetischen Lyrik zu sehen. Unter der Oberfläche der vielgestaltigen Tradition moderner Lyrik mit ihren zentralen Anliegen des Bruchs mit ästhetischen Traditionen (der gelegentlich auch in der Kontinuität erreicht wird) gibt es also eine Auseinandersetzung mit den nach wie vor populären Traditionen der Kasuallyrik.[3]

Man kann solche Überschneidungen von Aspekten der Gelegenheitslyrik mit einem Blick auf mögliche Funktionen der Lyrik reformulieren und präzisieren. Interne Funktionszuschreibungen, mit denen Lyrik als Gattung umschrieben wird, die möglichst exklusiv ästhetischen Kriterien gehorcht oder stark von Eigenreferenzen bzw. von einer Konzentration auf interne Funktionen (wie Traditionsbildungs- und Innovationsfunktion, Reflexions- und Überlieferungsfunktion) geprägt ist, werden mit externen Funktionen (wie kommunikativen, dispositiven, sozialen, kognitiven, mimetisch-mnestischen und dekorativen Funktionen so verschränkt, dass beide Zuschreibungen potentiell aktiviert werden können.[4]

Lyrische Gedichte, in denen Augenblicke herausgehobener Erkenntnis gestaltet werden, können für die Diskussion dieser Fragestellung hilfreich sein. Denn hier findet ein gezieltes Ausspielen der Ambivalenz zwischen Anlässen

---

2   Vgl. SEGEBRECHT (1977).

3   Zur modernen Lyrik vgl. LAMPING (2008).

4   Vgl. ZYMNER (2013, 113–291) und ZYMNER (2016).

autorfaktualer Art und möglichen kommunikativen oder sozialen Funktionen statt, die mit einem gewissen Anspruch auf Allgemeingültigkeit verknüpft sind.

Im Folgenden werden zunächst Vorüberlegungen zu dieser Ambivalenz von Anlass und Allgemeinheitsanspruch (I.), dann einige Hinweise zur Tradition der Augenblickslyrik in der Moderne gegeben (II.). Dem folgen eine erste Versuchsreihe mit Beispielen aus der deutschsprachigen Lyrik nach 1945 (III.) und ein Resümee (IV.).

I. Anlass und Allgemeinheitsanspruch

Die Grundspannung zwischen konkret formuliertem Anlass und einem Anspruch auf allgemeine Gültigkeit ist in der Gelegenheitslyrik angelegt. Bereits mit Bezug auf die barocke Kasuallyrik gilt, dass – so die Formulierung Claudia Stockingers – „Texte [...] auf konkret benennbare Anlässe hin entstehen [...] und sich dennoch nicht auf das bestimmte Ereignis festlegen lassen."[5] Texte mit konkretem Anlass können also durchaus auch eine Verallgemeinerungsfunktion aufweisen. Die Ambivalenz zwischen biographischen oder autorfaktualen Anlässen und einem solchen Anspruch, eine allgemeine Aussage zu machen, gehört zur Tradition der Gelegenheitslyrik.

Paul Flemings berühmtes „Grabschrifft"-Sonett greift Gattungskonventionen des Epitaphium und des Epicedium auf und ist insofern der barocken Kasuallyrik zuzurechnen.[6] Zugleich ist in dem Gedicht der Anspruch erkennbar, aus der spezifischen Sprechsituation heraus verallgemeinerbare Aussagen über den Tod und ein gelungenes Leben zu machen.

Seit dem frühen 18. Jahrhundert, so eine der Annahmen der Herausgeber dieses Bandes, begännen sich die Konventionen einer heteronom bestimmten Kasualpoesie zu verschieben, der Gegenwarts- und Aktualitätsbezug bekomme einen anderen Stellenwert. Die für die Lyrik der Frühen Neuzeit und des Barock geltende Auffassung von Kasuallyrik als einer sozialen Praxis und ihre selbstverständliche Bindung an einen konkreten Anlass würden dadurch nicht obsolet, sondern erführen eine Verschiebung.

---

5   STOCKINGER (1999, 436).
6   Vgl. MACHÉ, MEID (1980, 56 f.).

Ob das Gelegenheitsgedicht aufgrund einer Neukonzeption von Gegenwart im 18. Jahrhundert eine Art von Transformation erfährt, ist eine offene Frage. Die Vermutung der Herausgeber geht dahin, dass veränderte Bedingungen einer temporalisierten Gegenwart in Texten inszeniert werden können. Die Stilisierung des alltäglichen Augenblicks als Anlass für eine besonders herausgehobene Erfahrung wird hier als ein Fall verstanden, an dem eine solche behauptete Verschiebung des Spektrums von Gelegenheitslyrik überprüft werden könnte. Allerdings läuft man dabei Gefahr, den Begriff zu weit zu dehnen. Deshalb halte ich letztlich am Kriterium eines konkreten lebensweltlichen Anlasses für Gelegenheitslyrik fest, der in den Augenblicksgedichten in der Regel fehlt. Interessant ist aber, dass lyrische Augenblicke eine solche Anlassgebundenheit simulieren, zumindest in ihrer poetologischen Fundierung.

Folgt man Zymner und Segebrecht, müsste eine Erweiterung bestimmter Funktionen des Gelegenheitsgedichts nach bestimmten Kriterien stattfinden. Segebrechts Modell für den Formen- und Funktionswandel der Kasuallyrik wird entlang von vier konstituierenden Komponenten entwickelt: Gelegenheit, Gedicht, Autor und Adressat. Es müsse

> die Aufgabe eines Geschichtsschreibers der Casuallyrik sein, diejenigen Komponenten ausfindig zu machen und zu beschreiben, die jeweils an der Veränderung von Gewicht und Bedeutung eines der Faktoren beteiligt sind. So sei es möglich, den Formen- und Funktionswandel der Casuallyrik in seinem historischen Ablauf zu ermessen.[7]

Zymner, der dieses Modell als Beispiel für den Funktionswandel lyrischer Texte aufgreift, fügt kommentierend hinzu, dass die Kasuallyrik grundsätzlich polyfunktional sei, denn ihre Funktionen seien „veränderlich und jeweils an konkrete pragmatische Kontexte gebunden".[8] Demzufolge habe ein Casualcarmen „nicht einfach eine oder mehrere Funktionen, sondern es gewinnt sie […] erst in bestimmten pragmatischen Kontexten."[9] Die letzte Bemerkung scheint mir entscheidend. Auch unter den Bedingungen des Funktionswandels ist Gelegenheitslyrik an pragmatische Kontexte gebunden.

Die hier vorgetragene Vermutung oder Intuition läuft darauf hinaus, dass zwar in Augenblicksgedichten der Nachkriegsjahre ein Funktionswandel

---

7 SEGEBRECHT (1977, 69).

8 ZYMNER (2013, 50).

9 ZYMNER (2013, 50).

angestrebt wird, der dahin geht, dass für lyrische Texte über die Betonung ihres okkasionellen Charakters soziale oder gesellschaftlich-politische Funktionen aufgerufen werden könnten. Allerdings findet diese funktionale Erweiterung in der Regel nur potentiell statt. Die Texte behalten ihre internen Funktionen bei, allerdings ist erkennbar, dass externe Funktionen, etwa kommunikative oder soziale Funktionen, angedeutet werden. Man könnte vermuten, dass bestimmte pragmatische Kontexte – wie Kriegs- oder Nachkriegserfahrungen – im Hintergrund impliziert oder konnotiert sind, aber eben in den Texten nicht realisiert werden. Insofern findet eine Interferenz zwischen erkennbaren und intendierten Funktionen statt.

Dieses interferierende Nebeneinander verschiedener Funktionen oder mindestens angelegter Funktionszuschreibungen soll nun mit Blick auf die Integration der Augenblicksgedichte im zweiten und dritten Teil meiner Ausführungen weiterverfolgt werden, wobei zunächst an die diskursiven Qualifizierungen erinnert wird, die mit den poetologischen Konzeptualisierungen des Augenblicks um 1900 in Verbindung stehen, um dann einige Beispiele aus der deutschsprachigen Lyrik nach 1945 zu betrachten.

II. *Ästhetisierung als Erfahrungssteigerung: Poetiken des Augenblicks in der Moderne*

Im Zuge der klassischen Moderne und forciert in Poetiken der modernen Lyrik spielt die Vorstellung der Steigerung kognitiver Wahrnehmung durch ästhetische Erfahrung eine wichtige Rolle. Poetologisch wird dieses Konzept im säkularisierten Epiphanie-Begriff auf die intensive Wahrnehmung eines unscheinbaren, in der Regel alltäglichen Augenblicks vor allem von James Joyce entwickelt. Das Zusammenspiel aus alltäglichem Anlass und möglicher ästhetischer Funktionalisierung ist in seinen vieldiskutierten Bemerkungen zur Epiphanie angelegt.[10]

Joyce versteht unter ‚epiphany', folgt man seinem fiktiven Alter Ego Stephen Dedalus in *Stephen Hero*, „a sudden spiritual manifestation, whether in the vulgarity of speech or of gesture or in a memorable phase of the mind itself".[11]

---

10 Zu Joyces Epiphanie-Konzept vgl. Zaiser (1995, 15–50) und Anglet (2019).

11 Joyce (1977, 188).

Solche Erkenntnis-Augenblicke müsse der Künstler aufzeichnen, seien sie doch „the most delicate and evanescent of moments".[12] Diese Erhebung des Augenblicks zu einer besonderen Instanz der Erkenntnis ist mit einer Verabsolutierung ästhetischer Wahrnehmung verbunden, die Joyce aus dem Ästhetizismus von Walter Paters Renaissance-Studien und von D'Annunzio adaptierte, vor allem aus dessen Roman *Il fuoco*.[13]

Die Epiphanie ist ein poetologischer Leitbegriff, der es erlaubt, die Wahrnehmung konkreter Anlässe aus dem alltäglichen Erleben ästhetisch zu funktionalisieren. Der Akzent des alltäglichen Anlasses ist von Anfang an stark im Konzept angelegt. Für Stephen Dedalus wird gerade die Trivialität einer Alltagsszene zum Anlass, solche Gelegenheiten der „sudden spiritual manifestation" zu sammeln: „This triviality made him think of collecting many such moments together in a book of epiphanies."[14] Auch andere Autoren der lyrischen Moderne wie etwa Baudelaire betonen diesen Akzent der konkreten Alltagsgelegenheit,[15] wobei der Anlass dann in der Regel von ästhetischen Wahrnehmungen überlagert wird.

Das Konzept der Epiphanie wird in der Literatur der Jahrhundertwende immer wieder aufgegriffen – besonders die Betonung des flüchtigen Eindrucks und Gegenwart-Augenblicks. Das berühmteste deutschsprachige Beispiel wären die „guten" oder „belebende[n] Augenblicke" in Hofmannsthals *Chandos*-Brief, in denen ein Vorgang inszeniert wird, der der bei Joyce angedeuteten säkularen Erfahrung zumindest verwandt ist:

> Es wird mir nicht leicht, Ihnen anzudeuten, worin diese guten Augenblicke bestehen: die Worte lassen mich wiederum im Stich. Denn es ist etwas völlig Unbenanntes und auch wohl kaum Benennbares, das, in solchen Augenblicken, irgend eine Erscheinung meiner alltäglichen Umgebung mit einer überschwellenden Flut höheren Lebens wie ein Gefäß erfüllend, mir sich ankündet.[16]

Auch in Poetiken der modernen Lyrik spielen solche aus dem Alltäglichen entwickelten Augenblicke konzentrierter Gegenwärtigkeit eine Rolle. Die berühmtesten Fälle dürften Ezra Pounds ‚images' und William Carlos Williams

---

12 JOYCE (1977, 188).
13 Vgl. ECO (1975).
14 JOYCE (1977, 188).
15 Vgl. HEROLD (2017, 391–411).
16 HOFMANNSTHAL (2019, 14).

,glimpses' sein. Nach Ezra Pounds Verständnis von Imagismus ist die Wahrnehmung der besonderen Augenblicke mit einer Steigerung der Präsenz-Erfahrung
verbunden:

> An ,Image' is that which presents an intellectual and emotional complex in an instant
> of time [...]. It is the presentation of such a ,complex' instantaneously which gives that
> sense of sudden liberation; that sense of freedom from time limits and space limits;
> that sense of sudden growth, which we experience in the presence of the greatest works
> of art.[17]

Der berühmte „In a Station of the Metro"-Zweizeiler folgt wohl ungefähr diesem Programm: „The apparition of these faces in the crowd; / Petals on a wet,
black bough."[18] Eine Alltagsbeobachtung wird Anlass möglicher Metaphorisie-
rung, die beiden miteinander konfrontierten Bereiche sind so angeordnet, dass
die Alltagsbeobachtung in einem kommentierend-komplementären Wechsel-
verhältnis zum Bild im zweiten Vers steht.

Während Pound die ästhetische Erfahrungsqualität der Augenblicksbilder
betont, die in etwa der Betrachtung eines Kunstwerks gleichen soll, wird bei
William Carlos Williams die Konzentration auf Alltags-Wahrnehmungen und
Alltagsobjekte als poetologisches Prinzip hervorgehoben. Den Begriff ,glimp-
ses' verwendet er explizit in seiner Autobiographie: „We catch a glimpse of
something, from time to time, which shows us that a presence has just brushed
past us, some rare thing [...]."[19] Anders als bei Pound ist für Williams' lyrische
Augenblicke ein Verständnis der wahrgenommenen Objekte charakteristisch,
bei dem diese nicht als Bilder für etwas anderes verstanden werden, sondern
als sprachlich konstituierte Teile der Wirklichkeit. Daher rührt wohl auch die
Konzentration auf Alltagsgegenstände und -objekte in seiner Lyrik.

Das Verhältnis zwischen einem Anlass, der Alltagswahrnehmungen
entlehnt ist, und einer mit der ästhetischen Wahrnehmung verbundenen
kommunikativ-kognitiven Funktion wird offenbar in Poetiken der Moderne
neu austariert. Der Anlass für solche sprachlich verarbeiteten Beobachtungen
ist in erster Linie ästhetisch bestimmt. Allerdings verschiebt sich die Spannweite des Ästhetischen und kann Alltagswahrnehmungen einschließen, die in
anderen Kontexten als ,sozial' oder gar ,politisch' markierbar wären. Gerade

---

17 POUND (1974 [1954], 4). Vgl. dazu LINK (1984, 52–66) und PERKINS (1976, 333–336).
18 POUND (1975, 53).
19 WILLIAMS (1967, 360).

Williams' Lyrik ist ein Beispiel für die Entdeckung der Alltagsästhetik und hat seit den 1950er Jahren auch entsprechende Impulse generiert, sowohl im angloamerikanischen Raum in Richtung der Pop-Lyrik als auch in der deutschsprachigen Literatur.

III. Augenblicke in der deutschsprachigen Lyrik seit 1945

Die Augenblickspoetiken erfahren eine gewisse Konjunktur in der deutschsprachigen Lyrik nach 1945.[20] Ein erkennbares Muster besteht darin, dass trotz oder sogar aufgrund der Privilegierung ästhetischer Aspekte Faktoren sozialer oder politisch-historischer Art implizit angesprochen werden. Die jeweiligen Kontexte solcher Versuche, die Ästhetik des Augenblicks zugleich als Anlass zu verstehen, kann man dabei nur am Einzelfall bestimmen.

In Poetiken der 1950er Jahre wird die unmittelbar zurückliegende Katastrophen- und Kriegsgeschichte, sicher auch in der Mentalitätsgeschichte der Nachkriegsjahre begründet, zunächst eher indirekt reflektiert. Mir scheint auffällig, dass neben einer Konzentration auf eine als krisenhaft empfundene Sprache als problematisches Medium auch Versuche zu finden sind, so etwas wie die Authentizität oder den Gegenwartscharakter von Augenblicken zu retten. Dabei werden Anleihen aus der ersten Phase der modernen Lyrik um 1900 für die Nachkriegssituation produktiv gemacht.

Ein markantes Beispiel für diese Umdeutung der Nachkriegszeit als Ausgangspunkt einer neuen Poetik findet sich, durchaus mit realistischem Blick auf die Trümmerlandschaften der zerstörten Städte, in Walter Höllerers Anthologie *Transit*. Die Anthologie, 1956 erschienen, sollte eine Bestandsaufnahme der neuen Tendenzen in der deutschsprachigen Lyrik sein. In der Einleitung findet sich das poetologische Postulat einer sozialen Funktionalisierung ästhetischer Augenblicke. Nach Höllerers Überzeugung produziere die Nachkriegssituation in ihrer Befreiung von historischen Lizenzen kreative Potentiale. Den Momenten wird dabei eine wichtige Funktion zugeschrieben:

> Momente der Klarsicht inmitten der Städte und Landschaften ringsum, in den Jahren 1950 bis 1955, suchten Verbindung mit den Gestaltmomenten moderner Gedichtlandschaften als mit ihren Brüdern. Die Ahnung davon verstärkte sich, dass diese Gedichtlandschaften unser Selbst wiedergeben, wie es sich in solchen entblößten und

20 Vgl. SCHNEIDER (1984).

versteckten Momenten aus der Uniformität dessen drängt, der sich Zeitgenosse nennt. Der Moment 1945, der dem Ich ein wahreres Gegenüber befreite, der Bestand und Nichtbestand erwies bei verbrannten Versicherungskarteien und Organisationslisten, stehen gebliebenen Fahrstühlen und entmythisierten Uniformstücken, musste weiterwirken als ein moment créateur. Die Wahrheit des lyrischen Moments will kein verschlafenes, unverwandeltes Zurück zulassen, keinen Ausverkauf an die Vergangenheit. Das Gedicht stößt sich dabei an entgegenstarrenden Vorgängen ringsum.[21]

Skizziert wird eine Poetik der besonderen Augenblicke, die durch die Nachkriegswelt erst ermöglich werden. Wichtig ist einerseits das Postulat einer fast geschichtslosen Gegenwart, die zu einer absoluten Gegenwart der „entgegenstarrenden Vorgänge[ ] ringsum" stilisiert wird. Andererseits ist die sprachliche Gestaltung dieser Gegenwart offenbar an Poetiken der Moderne mit ihren Augenblicks-Wahrnehmungen gebunden und nimmt diese wieder auf – sie suchen „Verbindung mit den Gestaltmomenten moderner Gedichtlandschaften". Es ist vielleicht kein Zufall, dass Höllerer die Metapher ‚Gedichtlandschaft' einsetzt, um eine gewisse Distanz von der in den 1950er Jahren noch so prominenten naturlyrischen Tradition auszudrücken. Der an Poetiken der Moderne orientierte Höllerer sucht die Entfernung vom subjektiven Erleben; ein Schritt dahin ist die Vereinnahmung der Landschaft als Bild für Texte und Gedichte.

Höllerer reklamiert eine ästhetische Funktion – der Augenblick als Ursprungsort lyrischer Kreativität nach dem Krieg –, bindet diese aber an den pragmatischen Kontext der zerstörten Nachkriegswelt. Sprachlich wird eine Verschränkung von Nachkriegsrealität und einer Poetik des Nachkriegsgedichts postuliert, indem ein pragmatischer Kontext suggeriert wird. Dieser bleibt in den Gedichten als potentieller Hintergrund erhalten. Die postulierte Annäherung an die konkreten Anlässe wird zur produktiven Interferenz.

Manche der Texte in der Anthologie lassen diese intendierte Funktionalisierung des Augenblicks – ästhetisch und sozial – bis zu einem gewissen Grad erkennen. Als Höllerers eigener Beitrag zu einer solchen Epiphanie könnte sein berühmtes Kriegsgedicht „Der lag besonders mühelos am Rand" gesehen werden. Das Grauen des Krieges wird in den Moment übersetzt, in dem die gefrorene Hand des Soldaten den Pferdemist gefasst hat:

---

21 HÖLLERER (1956, X). Vgl. auch LAMPART (2013, 73–77, bes. 75).

Der lag besonders mühelos am Rand

Der lag besonders mühelos am Rand
Des Weges. Seine Wimpern hingen
Schwer und zufrieden in die Augenschatten.
Man hätte meinen können, daß er schliefe.

Aber sein Rücken war (wir trugen ihn,
Den Schweren, etwas abseits, denn er störte sehr
Kolonnen, die sich drängten) dieser Rücken
War nur ein roter Lappen, weiter nichts.

Und seine Hand (wir konnten dann den Witz
Nicht oft erzählen, beide haben wir
Ihn schnell vergessen) hatte, wie ein Schwert,
Den hartgefrorenen Pferdemist gefaßt,

Den Apfel, gelb und starr,
Als wär es Erde oder auch ein Arm
Oder ein Kreuz, ein Gott: ich weiß nicht was.
Wir trugen ihn da weg und in den Schnee.[22]

Der Text beschreibt den Tod eines Soldaten und die ungerührte Gewöhnung der Überlebenden an die Schrecken des Krieges. Gleichzeitig wird der historische Kontext lakonisch ästhetisiert. Auch wenn in den ersten beiden Strophen die nüchterne Beschreibung des verstorbenen Soldaten im Mittelpunkt steht, finden sich bereits Anklänge bildhaften Sprechens, etwa in der metaphorischen Bezeichnung des Rückens als „roter Lappen". In den folgenden beiden Strophen verstärkt sich dieser Eindruck, indem die religiöse Symbolik der Hand des Erfrorenen, die den Pferdemist wie einen Apfel hält, zwar bemerkt und ausgespielt – nicht zuletzt verweist der Apfel auch auf die Vertreibung aus dem Paradies –, aber dann auch als gleichgültig-zufällige Beobachtung verworfen wird: „[...] ein Kreuz, ein Gott: ich weiß nicht was."

Das Gedicht umschreibt den Anlass – den Tod des Soldaten –, verfolgt diesen Bezug dann aber im Textverlauf nicht weiter, wohl auch, weil Höllerer, wie in der Randbemerkung in *Transit* vermerkt, das Stocken der Sprache angesichts des Todes im Sinn hatte.[23] Der Text konzentriert sich auf die lakonische Erfassung der scheinbaren Beiläufigkeit, mit der der Tote behandelt wird. Das zufällig entstandene Bild wird als schnell vergessener Witz abgetan, der aber im Gedicht wiedererinnert und

22 HÖLLERER (1982, 23).
23 Vgl. HÖLLERER (1956, 171).

als eine Möglichkeit präsentiert wird, seinen Anlass zu umschreiben und zu versprachlichen. Der Witz ist in seiner Kürze – im Gedicht in die entsprechende Rahmung eingebettet – eine Textform, die der Augenblickspoetik entgegenkommt und zugleich die Distanz zur Tradition der Erlebnislyrik markiert.[24]

In diese Richtung weisen auch Höllerers Bemerkungen im Essay *Wie entsteht ein Gedicht?*. Der biographische Anlass als möglicher Erklärungskontext wird aufwändig zurückgewiesen, denn das Wissen um die konkreten Umstände des Anlasses schränke den Interpretationsspielraum bei der Lektüre eher ein. Zugestanden wird allerdings, dass das Gedicht „[v]on einem einzelnen Fall [...], von einer ‚Epiphanie' [...] in Bewegung gesetzt werden" könne. Umgekehrt bedeutet das, dass Rückstände und semantische Spuren der ursprünglichen, konzeptionellen Anlassgebundenheit für den Text funktional sind, dass also das – in Höllerers Worten – auf der Grundlage seines Erlebnisanlasses „stilisierte[ ], metamorphische[ ] Gedicht" eine Bedingung für seine Rezeption als Epiphanie darstellt.[25]

Ungefähr parallel zu *Transit* entstanden Brechts späte *Buckower Elegien* – poetologisch in manchen Texten eine Fortführung der Augenblicks-Gedichte und auch in dieser Hinsicht wegweisend für nachfolgende Lyriker. Viele von ihnen kann man als Versuche verstehen, im Modus der Augenblickslyrik konkrete Anlässe mitzudenken. Als Beispiel führe ich „Der Radwechsel" an:

Der Radwechsel

Ich sitze am Straßenhang.
Der Fahrer wechselt das Rad.
Ich bin nicht gern, wo ich herkomme.
Ich bin nicht gern, wo ich hinfahre.
Warum sehe ich den Radwechsel
Mit Ungeduld?[26]

Eine konkrete Beobachtung wird so dargestellt, dass das daraus entstehende Bild einen Anlass aus dem Erfahrungsbereich des Autors betrifft, aber auch einen allgemeinen Adressaten implizieren kann. Ein wichtiger pragmatischer Kontext der *Buckower Elegien* ist der 17. Juni 1953, mit Brechts ambivalenten eigenen Einschätzungen, die den Aufstand als einen fehlgeleiteten Versuch der

---

24 Vgl. FELDT (1983, bes. 419 u. 423).
25 HÖLLERER (1964, 81).
26 BRECHT (2000, 296).

Arbeiterklasse verstehen, bei dem auch die DDR-Regierung nicht immer richtig gehandelt habe.

Bei „Der Radwechsel" geht es um eine zufällige Wartesituation, die zugleich als Chiffre für eine private oder kollektive Entscheidungssituation verstanden werden kann. Die Inszenierung des gedehnten Augenblicks – Sitzen am Straßenhang – bietet Anlass für eine Reflexion, die im Gestus einer allgemeinen Wahrheit über die konkrete Situation hinausweist, zugleich aber diese konkrete Situation thematisiert. Die ästhetische Zuspitzung des Augenblicks wird hier mit einem politischen Anlass verschränkt, und es spricht ein Autor, der dafür bekannt ist, sich politisch zu äußern. Dieser mögliche pragmatische Rahmen der Texte wird in den *Buckower Elegien* mitgedacht als Möglichkeit einer mehrfachen Funktionalisierung. Brecht deutet ihn selbst in der 1953 gebrauchten Anspielung auf den ‚bukolischen' Charakter der Elegien an; auch die selektive Publikation einzelner Gedichte durch Brecht in *Sinn und Form* (1953) und *Versuche* (1954) sprechen dafür, dass die Ambivalenz von konkretem biographischen Anlass und Verallgemeinerung hier Programm ist.[27]

Ein Aspekt der Interferenz von Aspekten der Gelegenheitslyrik mit der Ästhetik der Augenblicksgedichte ist im Konzept der Gebrauchslyrik angelegt.[28] Brechts Formulierung aus den 1920er Jahren, ein Gedicht solle einen ‚Gebrauchswert' haben,[29] hinterlässt einen nicht unerheblichen Nachhall bei den Lyrikern der jüngeren Generation. Enzensberger formuliert in den „Gebrauchsanweisungen", die er seinen ersten Gedichtbänden beilegt, ganz explizit diesen Gebrauchscharakter der Texte als vom Autor präferierten Zugang. Als situativer Kontext ist die Alltagsrealität impliziert.

Auf dem losen Zettel, der der *verteidigung der wölfe* aus dem Jahr 1957 beiliegt, geht es um eine mögliche soziale Funktion der Texte. Sie sollen als Mitteilungen im öffentlichen Raum verstanden werden – „als Inschriften, Plakate, Flugblätter, in eine Mauer geritzt, auf eine Mauer geklebt, vor einer Mauer verteilt"; sie sollten „vor den Augen vieler, und vor allem der Ungeduldigen, […] stehen und leben, […] wirken wie das Inserat in der Zeitung, das Plakat auf der Litfaßsäule, die Schrift am Himmel".[30] In der Gebrauchsanweisung zu

---

27 Alle Informationen beziehen sich auf JOOST (2001). Vgl. auch KITTSTEIN (2012, 314–340).

28 Vgl. den Beitrag von Johannes Franzen in diesem Band.

29 Vgl. BRECHT (2005, 49–51): Kurzer Bericht über 400 (vierhundert) junge Lyriker.

30 ENZENSBERGER (1957, Beilagenzettel o. S.).

landessprache (1960) wird diese soziale Funktion der Gedichte politisch erweitert.[31]

In beiden Fällen sind die Anlässe der Gedichte Vorkommnisse, Beobachtungen, Wahrnehmungen aus dem öffentlichen Raum, die Gelegenheit zum situativen Kommentar geben. Im öffentlichen Raum sollte das Gedicht dann auch pragmatisch angesiedelt sein. Die Gebrauchsanweisungen sind Hinweise zur Generierung von pragmatischen Kontexten, Hinweise zum Gebrauch der Lyrik. Solche Interferenzen mit Funktionen der Gelegenheitslyrik liefern die Grundlegung für eine als politisch-gesellschaftlich verstandene Lyrik.

Im Gegenzug zu dieser eindeutig politisch-gesellschaftlichen Rahmung inszeniert Rolf Dieter Brinkmann Augenblicke als konkret-allgemeinen Anlass, die Alltagswelt zu überschreiten. Das Musterbeispiel dafür ist sicherlich „Einen jener klassischen" – die Inszenierung eines aus dem Alltagserleben gegriffenen Moments, der über das Alltägliche hinausweist, das in der Gegenwelt des Tangos aufleuchtet und dann wieder verschwindet. Gerade die Bindung an die Alltagswirklichkeit wird zum Anlass für eine Erfahrung, die eine Distanzierung von dieser Alltagswirklichkeit erlaubt:

Einen jener klassischen

schwarzen Tangos in Köln, Ende des
Monats August, da der Sommer schon

ganz verstaubt ist, kurz nach Laden
Schluß aus der offenen Tür einer

dunklen Wirtschaft, die einem
Griechen gehört, hören, ist beinahe

ein Wunder: für einen Moment eine
Überraschung, für einen Moment

Aufatmen, für einen Moment
eine Pause in dieser Straße,

die niemand liebt und atemlos
macht, beim Hindurchgehen. Ich

schrieb das schnell auf, bevor
der Moment in der verfluchten

dunstigen Abgestorbenheit Kölns
wieder erlosch.[32]

---

31 Vgl. Enzensberger (1963 [1960], Beilagenzettel, 97).
32 Brinkmann (2005, 35).

Formal bietet der Text eine Inszenierung des besonderen Moments entlang der Spannung zwischen Vers- und Satzrhythmus; Verszäsuren übergehen konsequent Satzmarkierungen. Der Moment wird in einem einzigen langen Satz präsentiert, der sich vom überschriftartigen ersten Vers bis kurz vor das Ende des sechsten strophenartigen Abschnitts zieht. Der zweite Satz (Abschnitt 6–8) thematisiert das nachträgliche Aufschreiben des zuvor erlebten Moments. Syntaktische Zusammengehörigkeit („Ende des / Monats", „schon / ganz", „eine / Überraschung", „atemlos /macht") wird durch Versgrenzen bzw. Enjambements konterkariert, was insgesamt den Eindruck eines vielfach gedehnten Satz-Augenblicks generiert, der ganz im Sinn von Brechts Lyriktheorie im Gedicht versprachlicht wird.

Eine letzte Station dieser Versuchsreihe sind Augenblicks-Gedichte, in denen die ästhetische Funktion betont wird, um eine klar bestimmbare soziale Funktion zu negieren und damit implizit doch zu postulieren. Vor allem in *Grauzone morgens*, Grünbeins 1988 erschienenem ersten Gedichtband wird DDR-Wirklichkeit indirekt und aus Sicht eines sich in moderner Zerrissenheit inszenierenden Ich reflektiert. So verweigert sich bereits die getrübte Wirklichkeit in *Grauzone morgens* als kontingent geschichtetes Konglomerat „[u]ndurchdringliche[r] Augenblicke"[33] einer „Grauzonenlandschaft am Morgen", in der „vorerst alles ein / toter Wirrwarr abgestandener Bilder" ist.[34] In Wahrnehmungen, die Grünbein selbst als „glimpses"[35] bezeichnet, soll augenblicksweise so etwas wie Sinnhaftigkeit entdeckt werden, allerdings entziehen sich die Augenblicke diesen Sinnstiftungsversuchen:

MonoLogisches Gedicht No. 4

Du verfolgst deine eigen-
sinnigen Pläne du stellst

die Bilder um ordnest die
Augenblicke aber du hörst

ihnen nicht zu wie sie
ganz anders ordnend ihre

---

33 GRÜNBEIN (1988, 42).
34 GRÜNBEIN (1988, 22).
35 GRÜNBEIN (1992, 446).

eigensinnigen Pläne ver-
folgen wie sie die Bilder

umstellen zufällige Gesten
zeigen in denselben Räumen

sich anders bewegen bemüht
dir nicht zuzuhören. Das

ist der springende Punkt.[36]

Die Augenblicke sind ihrer Gegenwärtigkeit eigenmächtig, sie verfolgen ihre
„eigensinnigen Pläne" und verschließen sich einer anlassbedingten Einordnung. Gerade darin besteht der pragmatische Kontext dieser Poetik. Hier
wird so etwas wie eine Widerständigkeit poetischer Sprache inszeniert, die
sich – eigensinnig, unplanbar, zufällig – eben nicht politisch funktionalisieren lässt, sondern eine Autonomie der Augenblicke postuliert. Es sind nicht
die Anlässe aus dem urbanen Alltag, sondern – im Anschluss an Poetiken der
Moderne – durch die Sprache momentweise generierte sinnähnliche Wahrnehmungen, die Anlass zur Verweigerung einer Funktionalisierung der Sprache bieten. Das Postulat, Lyrik sozial zu funktionalisieren, wird mit Bezug
auf die ästhetischen Augenblicke angedeutet, aber der Text belässt es dabei,
die Interferenz produktiv zu machen, und bleibt im Gestus der Negation der
Gelegenheit.

IV. Resümee

Will man den Versuch unternehmen, im Anschluss an poetologische Konzepte des Augenblicks entstandene Texte unter der Prämisse der Aktivierung
bestimmter Traditionselemente der Gelegenheitslyrik zu lesen, dann könnte
man von einer Strategie der poetologischen Refunktionalisierung sprechen.
Für die Lyrik nach 1945 kann man – das zeigt der Präzedenzfall Höllerer – verfolgen, wie der Versuch unternommen wird, Augenblicke poetologisch umzu-
werten und zum Ausgangspunkt für eine Lyrik zu machen, bei der Anlass
und Gegenwartsbezug eine wichtige Rolle spielen. Beide interferieren mit der

---

36 GRÜNBEIN (1988, 85).

ästhetischen Gestaltung des Textes. Gleichzeitig scheinen die für Gelegenheitslyrik zentralen sozialen Funktionen als Möglichkeit im Text aufrufbar zu sein
und könnten in einem entsprechenden performativen Kontext aktiviert werden.

Gegenüber der kasuallyrischen Tradition führt die Konzentration auf den
Augenblick zu einem relativierten Gegenwartsbezug, der aber zugleich eine
soziale Funktionalisierung als möglich erscheinen lässt. Brechts lyrische Augenblicke verbinden biographisch verallgemeinerbare Meditationen mit einem
erkennbaren und in anderen Texten derselben Sammlung explizit gemachten politischen Rahmen. In Enzensbergers Gedichten der 1950er und frühen
1960er Jahre setzt der Anlass aus dem Alltagsleben den pragmatischen Rahmen politischer Relevanz. Bei Brinkmann steht der Augenblick für punktuelle
Gelegenheiten der Befreiung von Konventionen und damit für eine neue, aber
kaum anders als in zufälligen Alltagsanlässen zu entdeckende Authentizität der
Wahrnehmung.

Eine poetologische Qualität lyrischer Augenblicke scheint darin zu bestehen, dass sie trotz des Anliegens, sie in die Nähe von sozialen oder politischen
Kontexten zu rücken, eine gewisse ästhetische Autonomie bewahren und sich
Ordnungsversuchen entziehen. Grünbeins Texte in *Grauzone morgens* inszenieren, in einer Verschränkung von Traditionen der modernen Lyrik vor dem
Hintergrund der DDR-Kulturpolitik, durchaus auch so etwas wie eine ästhetische Widerständigkeit gegen soziale Zwänge und Einschränkungen.

Haben Überlegungen wie die hier vorgetragenen Sinn, wenn es darum
geht, das Genre der Gelegenheitslyrik historisch präziser zu bestimmen und
systematisch zu profilieren? Ziel dieser Ausführungen war es nicht, den Gegenstandsbereich der Gelegenheitslyrik auszuweiten. Es ging darum, über die
Konfrontation mit dem in der lyrischen Moderne auffälligen poetologischen
Konzept des Augenblicks zu untersuchen, ob und wie Aspekte von Gelegenheitslyrik aktiviert und anders funktionalisiert werden können.

Für die Nachkriegslyrik, die Ausgangspunkt meiner Überlegungen war,
kann man konstatieren, dass doppelte oder ambivalente Funktionsmodelle
dort eine gewisse Prominenz erfahren, vermutlich, weil den Texten so neben
ästhetischen auch soziale Funktionen zugeschrieben werden können. Die explizite Aufarbeitung der lyrikintern ‚versäumten' Moderne und Forderungen nach
Reflexion der lyrikextern unmittelbaren politischen Vorgeschichte, verbunden
mit Fragen nach politischem Engagement in der Lyrik, können als historische
Motivation einer solchen Funktionsüberlagerung gesehen werden.

Grundsätzlich scheinen lyrische Augenblicke poetologisch von einem Spannungsverhältnis zwischen konkret pragmatischem Anlass und ästhetisch-kognitiv verstandenem Augenblick geprägt zu sein. Der ästhetisch fundierten Intensivierung kognitiver Wahrnehmung steht als Postulat eine durchaus mit Blick auf gesellschaftliche oder soziale Realitäten und Anlässe intendierte Lyrik gegenüber, die freilich angesichts der – in erster Linie in literaturwissenschaftlich-germanistischen Diskursen der Nachkriegszeit zu beobachtenden – Privilegierung von kognitiven oder ästhetischen Funktionen nur andeutungs- oder teilweise realisiert werden. Die hier versammelten Beobachtungen legen einige aufschlussreiche Interferenzen zwischen ästhetischer Nachkriegs- und anlassbezogener Gelegenheitslyrik frei – auch wenn diese Gelegenheiten in „einem weiteren" und mitunter „gegensätzlichen Sinne" verstanden werden können.[37]

Literaturverzeichnis

ANGLET, Andreas (2019, 161–198): Modelle des Augenblicks als ästhetische Epiphanie in der Erzählprosa des frühen 20. Jahrhunderts. In: A. Bellebaum, R. Hettlage (Hrsg.): Der Augenblick. Kulturwissenschaftliche Erkundungen. Wiesbaden.

BRECHT, Bertolt (2005, 49–51): Kurzer Bericht über 400 (vierhundert) junge Lyriker. In: Ders.: Ausgewählte Werke in sechs Bänden, Bd. 6: Schriften. Frankfurt a. M.

– (2000): Die Gedichte. Frankfurt a. M.

BRINKMANN, Rolf Dieter (2005): Westwärts 1 & 2. Gedichte. Erw. Neuausgabe. Reinbek b. Hamburg.

ECO, Umberto (1975, 279–289): Joyce und d'Annunzio. Die Quellen des Begriffs der Epiphanie. In: K. Reichert, F. Senn (Hrsg.): Materialien zu James Joyces „Ein Porträt des Künstlers als junger Mann". Frankfurt a. M.

ENZENSBERGER, Hans Magnus (1957): verteidigung der wölfe. Frankfurt a. M.

– (1963 [1960]): landessprache. Frankfurt a. M.

GRÜNBEIN, Durs (1988): Grauzone morgens. Gedichte. Frankfurt a. M.

– (1992, 442–449): „Poetry form the Bad Side". Gespräch mit Thomas Naumann. Berlin, Oktober/1991. In: Sprache im technischen Zeitalter, 30. Jg., H. 124.

37 SEGEBRECHT (1997, 688).

HEROLD, Milan (2017): Der lyrische Augenblick als Paradigma des modernen Bewusstseins. Göttingen.

HOFMANNSTHAL, Hugo von (2019): Der Brief des Lord Chandos. Hrsg. v. F. Lönker. Stuttgart.

HÖLLERER, Walter (Hrsg.) (1956): Transit. Lyrikbuch der Jahrhundertmitte. Frankfurt a. M.

– (1964): Gedichte. Wie entsteht ein Gedicht. Frankfurt a. M.

– (1982): Gedichte 1942–1982. Frankfurt a. M.

JOOST, Jörg Wilhelm (2001, 439–452): Art.: Buckower Elegien. In: J. Knopf (Hrsg.): Brecht-Handbuch, Bd. 2: Gedichte. Stuttgart, Weimar.

JOYCE, James (1977): Stephen Hero. London u. a.

KITTSTEIN, Ulrich (2012): Das lyrische Werk Bertolt Brechts. Stuttgart, Weimar.

LAMPART, Fabian (2013): Nachkriegsmoderne. Transformationen der deutschsprachigen Lyrik 1945–1960. Berlin, Boston.

LAMPING, Dieter (2008): Moderne Lyrik. Göttingen.

LINK, Franz (1984): Ezra Pound. München, Zürich.

MACHÉ, Ulrich, Volker MEID (Hrsg.) (1980): Gedichte des Barock. Stuttgart.

PERKINS, David (1976): A History of Modern Poetry. From the 1890s to the High Modernist Mode. Cambridge (MA), London.

POUND, Ezra (1974 [1954]): Literary Essays. Hrsg. v. T. S. Eliot. London.

– (1975): Selected Poems 1908–1959. London, Boston.

SCHNEIDER, Irmela (1984, 434–451): Von der Epiphanie zur Momentaufnahme. Augenblicke in der Lyrik nach 1945. In: C. W. Thomsen, H. Holländer (Hrsg.): Augenblick und Zeitpunkt. Studien zur Zeitstruktur und Zeitmetaphorik in Kunst und Wissenschaften. Darmstadt.

SEGEBRECHT, Wulf (1977): Das Gelegenheitsgedicht. Ein Beitrag zur Geschichte und Poetik der deutschen Lyrik. Stuttgart.

– (1997, 688–691): Art.: Gelegenheitsgedicht. In: K. Weimar u. a. (Hrsg.): Reallexikon der deutschen Literaturwissenschaft, Bd. 1. Berlin, New York.

STOCKINGER, Claudia (1999, 436–452 u. 653–657): Art.: Kasuallyrik. In: A. Meier (Hrsg.): Hansers Sozialgeschichte der deutschen Literatur vom 16. Jahrhundert bis zur Gegenwart, Bd. 2: Die Literatur des 17. Jahrhunderts. München, Wien.

WILLIAMS, William Carlos (1967): The Autobiography of William Carlos Williams. New York.

ZAISER, Rainer (1995): Die Epiphanie in der französischen Literatur. Zur Entmystifizierung eines religiösen Erlebnismusters. Tübingen.

ZYMNER, Rüdiger (2013): Funktionen der Lyrik. Münster.

– (2016^2, 112–118): Art.: Funktionen der Lyrik. In: D. Lamping (Hrsg.): Handbuch Lyrik. Theorie, Analyse, Geschichte. Stuttgart.

Wo liegt die „Höhe 317", und wann starb Gottfried Benns Bruder Siegfried? „In memoriam Höhe 317" als Grenzfall eines Anlassgedichts

I. In den Grenzregionen des Kasualgedichts

Gottfried Benn ist wohl kaum derjenige Dichter, dessen Auftauchen man in einer Sammlung von Studien zur Gelegenheitslyrik in der Moderne zuallererst erwarten würde. Vor allem die vor und im Zweiten Weltkrieg entstandenen und dann 1947/48 zuerst in der Schweiz und dann in Deutschland veröffentlichten *Statischen Gedichte* gelten geradezu als Muster einer abstrakten und klassizistischen Zeit- und Situationsenthobenheit. Und Benns Ausführungen zur Dichtkunst als Artistik in den *Problemen der Lyrik*[1] aus dem Jahr 1951 taten ihr Übriges, um seine lyrischen Texte als nachgerade ideale Anwendungsfälle für Interpretationen nach dem Modell der Textimmanenz zu etablieren.

Nun mag es den einen oder anderen Interpreten trotzdem oder gerade deshalb reizen, auch in so gearteten Texten nach ‚Spuren des Lebens' zu suchen – oft nicht ohne Erfolg. Üblicherweise wird dabei dem Muster der Erlebnislyrik folgend nach dem Widerhall persönlicher Erfahrungen oder Begegnungen gefahndet. Dem beliebten Spiel etwa, Liebesgedichte einer konkreten amourösen Beziehung des Autors zuzuweisen, entgeht auch Benn nicht.[2]

Nun hat banalerweise ein erheblicher Teil all der Gedichte, die überhaupt einmal geschrieben wurden, einen irgendwie biographischen Anlass gehabt. Dieser kann näher liegen oder ferner, er kann sehr konkret sein oder stärker abstrahiert auftauchen, subjektiv getreu oder stark modifiziert erscheinen. Eine

---

1 Benn Bd. 4 (2001, 9–44). Im Folgenden wird auf diese Werkausgabe mit der Sigle „SW" und Bandangabe im laufenden Text hingewiesen.

2 Beispielhaft genannt sei hier das durchaus rätselhafte „Auf deine Lider senk ich Schlummer" (SW I, 133). Vgl. dazu Werckshagen (1987, 13–20).

auch nur einigermaßen trennscharfe Grenze, von der an man es bei diesen Ska-
len mit ‚echter Erlebnislyrik' zu tun haben mag, existiert dabei selbstredend
nicht. Darüber hinaus liegt die letzte Entscheidung, ob man einen gegebenen
Text vor einer Folie von Erlebnissen seines Urhebers liest, bekanntlich beim
Rezipienten selbst. Dieser kann den Bezug fokussieren, nebenher wahrnehmen
oder auch ignorieren – letzteres wiederum aus einfachem Desinteresse oder auch
theoretisch begründet. Und vielleicht hat er ihn auch einfach nicht bemerkt.

Die willkommene Möglichkeit, einen solchen Aspekt bei der Lektüre eines
Textes ein- und auch wieder auszublenden, ist bei anlassbezogener Lyrik im
vollausgeprägten Fall, wenn auch nicht kategorisch unmöglich, so doch zumindest erschwert. Denn üblicherweise sind diese Gelegenheiten konkret benannt
oder ergeben sich aus dem Präsentationszusammenhang eindeutig. Man wird
zumeist textuell, para- oder peritextuell dazu genötigt, das Gedicht in einem
konkreten, lebensweltlichen Kontext wahrzunehmen. Der Bezug selbst scheint
damit insgesamt deutlich weniger ambivalenzfähig, was mit dafür gesorgt
haben mag, dass die Kasualdichtung im Rahmen der avancierten Moderne
gemeinhin einen schweren Stand hat.

Aber auch hier gibt es bei genauerem Hinsehen natürlich Misch- und
Grenzformen. Besonders häufig scheint mir dies bei privaten Anlässen der Fall
zu sein, insofern sie sich an der Textoberfläche nicht oder nur in kryptischen
Andeutungen manifestieren. Wahrscheinlich bleibt der entsprechende Charakter eines derartigen Anlasstextes nicht selten gänzlich verborgen, vor allem
wenn mögliche begleitende Kommentare des Autors ebenfalls auf den privaten
Rahmen beschränkt sind. Allerdings – und hier erhält die ganze Angelegenheit
noch einen weiteren Dreh – muss das ja nicht ein für alle Mal so bleiben. Gerade
bei verstorbenen kanonisierten Autoren wird die überlieferte private Kommunikation in Form von Briefen, Tagebüchern und Notizen postum zumeist doch
noch zu einem Teil des Werkes und damit der öffentlich wahrgenommenen
Person. Goethe etwa ist in unseren Augen mindestens so sehr der Liebhaber
von Christiane Vulpius wie der Minister von Herzog Carl August.

II. Benn als Kasualdichter? Benn als Nachrufdichter!

Wie bereits angedeutet wurde, ist Benn als Verfasser von Anlasslyrik weitestgehend unbekannt – und das größtenteils auch zu Recht. Es gibt keine Gedichte
zu politischen oder gesellschaftlichen Feierlichkeiten, im Privaten auch keine

Verse zu Hochzeiten, Kindstaufen und kaum einmal zu Geburtstagen.[3] Gelegentlich ist der ein oder andere handschriftliche Widmungsvers in einem überreichten Band überliefert[4] oder etwa die vor einigen Jahren entdeckte komische Bierode für Elinor Büller.[5]

Von alldem, was hier entweder gar nicht vorhanden ist oder – wie Frieder von Ammon es treffend formuliert hat – fast durchgehend im zu Lebzeiten nicht publizierten „Unterholz"[6] des Werkes verbleibt, gibt es allerdings eine durchaus gewichtig zu nennende Reihe von Ausnahmen. Benn verfasste gleich mehrfach Erinnerungsgedichte auf Verstorbene, die ihm teils sehr nahestanden, wie überhaupt das regelmäßige Totengedenken in seinem Leben einen festen Platz einnahm.[7] Diese Texte sind zudem keinesfalls Nebenprodukte, sondern haben es mehrfach durchaus in den Benn-Kanon geschafft, teils auch in den sehr engen. Besondere Berühmtheit erlangt haben dabei das frühe „Mutter" (SW I, 22) auf den Krebstod von Caroline Benn und „Orpheus' Tod" (SW I, 182 f.) auf den Suizid seiner zweiten Ehefrau Hertha Benn im Jahre 1945.

Zwei weitere höchst interessante Fälle reflektieren – zueinander geradezu spiegelbildlich angeordnet – selbst bereits das Muster des Nachrufgedichts in seiner von Benn durchaus wahrgenommenen Fragwürdigkeit. Anders als in „Mutter" und „Orpheus' Tod", die den konkreten Anlass kaum an die Oberfläche dringen lassen, werden hier auch die konkreten Namen derjenigen genannt,

---

3   Eine Ausnahme bilden die postum gedruckten Geburtstagsverse an Wilhelm von Scholz (SW VII/1, 365). Denkbar ist natürlich, dass es noch weitere entsprechende Gedichte gibt, die sich unentdeckt in Privatbesitz befinden. Benn bewahrte sie jedenfalls selbst nicht auf.

4   U. a. „Mein lieber Herr" (SW II, 98) an Wolf Przygode aus dem Jahr 1919, „Man denkt, man dichtet" (SW II, 99) an Gertrud Zenzes aus dem Jahr 1922 und „Widmung" (SW II, 107) an Oskar Loerke aus dem Jahr 1934 – allesamt zu Lebzeiten nicht publiziert. In einer Festschrift zu Ernst Jüngers 60. Geburtstag im Jahr 1955 wurde ein Widmungsgedicht Benns an ihn aus dem Jahr 1949 veröffentlicht: „An Ernst Jünger" (SW II, 79).

5   Erstmals veröffentlicht in der *Frankfurter Allgemeinen Zeitung* vom 25. September 2010.

6   Thelen (2020, 677). Vgl. auch den Beitrag von Frieder von Ammon in diesem Band.

7   Regelmäßig finden sich etwa in Benns im DLA in Marbach aufbewahrten Kalendern und Notizheften Hinweise auf Besuche an Grabstellen von Verwandten. Vgl. beispielhaft für sein Pflegen des Totengedenkens auch den weiter unten zitierten Brief an Friedrich Wilhelm Oelze vom 1. November 1936 in Benn, Oelze Bd. 1 (2016, 217).

um die es geht. 1926 veröffentlichte Benn in einem Themenheft des *Simplicissimus* zu „Höchstleistungen" ein satirisches Nachrufgedicht auf den im selben Jahr gestorbenen Industriemagnaten „Fürst Kraft" (SW I, 88 f.) zu Hohenlohe-Öhringen, das die Nachrufkonventionen in einer grotesken Übererfüllung karikierte:

> Fürst Kraft ist – liest man – gestorben.
> Latifundien weit,
> ererbte, hat er erworben,
> eine Nachrufpersönlichkeit:

Weiter geht es mit allerlei Attribuierungen. Fürst Kraft erscheint als in seiner Zeit höchst wirksam, wobei zugleich nichts darauf hindeutet, dass seine Prominenz signifikant über den Tod hinausreichen wird. Er

> „übte unerschrocken Kontrolle,
> ob jeder rechtens tat,
> Aktiengesellschaft Wolle,
> Aufsichtsrat."

Eine persönliche Beziehung zwischen Benn und dem Verstorbenen bestand nicht.

Kontrastiv hierzu steht ein Gedicht, das Benn zu Lebzeiten gar nicht publizierte[8] und das erst 1960 in der von Dieter Wellershoff besorgten Ausgabe der *Gesammelten Werke* erschien.[9] „Herr Wehner" (SW II, 149) ist ein Hauslehrer in Sellin bei der gräflichen Familie von Finckenstein-Trossin gewesen und hat auch diejenigen unter den Geschwistern Benn mit unterrichtet, die die Dorfgrundschule schon hinter sich gebracht hatten. Er starb früh an Schwindsucht und riss dabei durch Ansteckung auch einen Bruder Benns mit sich. Anders als Christian Kraft zu Hohenlohe-Öhringen ist dieser sowohl vornamen- als auch kinderlose Herr Wehner das genaue Gegenteil einer „Nachrufpersönlichkeit". Außer Benn und vielleicht dessen noch lebenden Geschwistern wird sich um 1955, als das Gedicht entstanden ist, wohl niemand mehr an ihn erinnert

---

8   Benn hatte überlegt, es in die Sammlung *Aprèslude* des Jahres 1955 aufzunehmen, verzichtete dann aber doch darauf. Vgl. den Brief an Ursula Ziebarth vom 5. Mai 1955 in BENN (2001, 333).

9   Vgl. BENN Bd. III (1960, 471 f.).

haben. Man erfährt einige äußere, recht beliebig klingende Umstände seines kurzen und schlichten Lebens, aber eigentlich nichts über seine Persönlichkeit und seinen Eigenwert als Mensch. Stattdessen wird er von Benn vor allem als ein gelegentliches Menetekel auf das schnelle Dahinschwinden und unaufhaltsame Vergessenwerden der Verstorbenen genutzt:

Dieser Herr Wehner
ist insofern meiner
als er irgendwo begraben liegt,
vermodert in polnischem Kombinat,
keiner der Gemeindemitglieder
wird seiner gedenken,
aber vor mir steigt er manchmal auf
grau und isoliert
unter geschichtlichen Aspekten.

Auch dies ist damit natürlich ein Gedenkgedicht, das seine Funktion angesichts des allgemeinen und über die jüngste Historie weit hinausreichenden Verhängniszusammenhangs implizit negiert und damit Zweifel an der Gattung selbst anmeldet.

III. Wo liegt die „Höhe 317"?

Ich möchte mich im Folgenden auf einen dritten Weg konzentrieren, den Benn zumindest in einem Fall beschritten hat. Sein Gedicht „In memoriam Höhe 317" (SW I, 163) steht gegenüber dem abstrahierten Gedenken an Mutter und Ehefrau auf der einen und den beiden schon im Titel als solche angekündigten Nachrufgedichten, die zugleich ihre eigene Fragwürdigkeit ausstellen, auf verschiedenen Ebenen in einem ‚Dazwischen'. Benn hat hier wie bei einem Eisberg öffentlich immerhin die Spitze eines Anlasses sehen lassen und zugleich das unter der Oberfläche befindliche Massiv privat auf das Eindringlichste beschworen. Hierbei liegt – dies sei als These vorausgeschickt – aber keineswegs ein Mittelweg oder Kompromiss vor, sondern vielmehr ein Bemühen um eine parallele Steigerung dieser gegensätzlichen Strategien, die durch ein mehrfaches Hin- und Herschalten zwischen den Perspektiven erreicht wird.

„In memoriam Höhe 317" ist nicht so berühmt wie die beiden zunächst genannten Gedichte, steht aber auch nicht so sehr am Rande des schon erwähnten ‚Unterholzes' wie die beiden anderen hier vorgestellten. In Benns Werk immerhin hat es seine Karriere gemacht. Nach einer erst 2007 der Forschung bekannt gewordenen[10] Zeitungspublikation aus dem Jahre 1927 erschien es 1934 erneut in der literarischen Monatsschrift *Eckart*, 1936 gleich zweimal in den *Blättern für die Dichtung* und in den *Ausgewählten Gedichten*, 1948 in den *Statischen Gedichten* und 1956 in der letzten großen Gedichtausgabe zu Lebzeiten.[11] Und 1948 wurde es von Benn selbst für den Süddeutschen Rundfunk auf Band gesprochen.[12] Ihm war es offenbar kein ganz unwichtiger Text.

Von der Forschung ist das Gedicht hingegen bislang nur gestreift worden. Vor der knappen Behandlung in einer monographischen Studie zu Benns Aufsatz über die Hinrichtung der britischen Spionin Edith Cavell von Jörg Döring und Erhard Schütz[13] gab es lediglich einige Überlegungen von Hans Blumenberg,[14] die allerdings daran kranken, dass seine an das Gedicht angeknüpften historischen Spekulationen von einem Entstehungsdatum um 1933/34 ausgehen. Durch den Fund des früheren Druckes von 1927 sowie durch Umstände, die hier im Weiteren präsentiert werden, sind diese weitgehend obsolet geworden.[15]

Aber nicht nur in der Selbst- und Fremdwahrnehmung, sondern auch in Entstehung, Inhalt und Gestalt hat man es mit einem seltsamen Text zu tun. Am Sonntag, den 30. Oktober 1927 erschien er erstmals im liberal orientierten *Berliner Tageblatt* unter dem schlichten Titel „In memoriam" und damit noch ganz ohne das rätselhafte und später so notorische „Höhe 317":

> Auf den Bergen, wo
> Unbekannte nachten
> nicht auf Sarg und Stroh:
> Opfer aus den Schlachten –

---

10 Vgl. DÖRING, SCHÜTZ (2007, 34–36).

11 Vgl. zu den Drucknachweisen bis auf den Erstdruck SW I, 424.

12 Vgl. BENN (2007, Track 16, 9–12).

13 Vgl. DÖRING, SCHÜTZ (2007, 34–36).

14 Vgl. BLUMENBERG (1997, 249–251).

15 Zusätzlich zu nennen ist hier noch ein Poster zu diesem Gedicht, das im Rahmen eines vom Verf. geleiteten Projektseminars zu Benn und dem Ersten Weltkriegs an der Universität Würzburg von Studierenden entwickelt und in einer interdisziplinären Gemeinschaftsausstellung präsentiert worden ist. Vgl. BALLIN, ROTH, THEILACKER (2019). Auch hier finden sich allerdings Stellen, die nach den neuesten Materialfunden zu korrigieren sind.

wie die Stunde rinnt,
spürst du's nicht im Ohr,
eine Spinne spinnt
Netze vor das Tor.

Auf den Bergen, die
Art von Leben tragen,
daß man schauert, wie
nah die Quellen lagen –
wie die Stunde rinnt,
spürst du's nicht im Ohr,
von den Bergen spinnt,
rinnt ein Aschenflor.

Ach, dem Berge, den
Frucht und Sommer kränzt,
ist nicht anzusehn
all das Ungeglänzt –
wie die Stunde rinnt,
spürst du's nicht im Ohr,
wie vom Berg im Wind
schluchzt ein Schattenchor.[16]

Benn nutzte diese und sehr ähnliche lyrische Formen in den 1920er Jahren regelmäßig – Strophen à acht, meist eher kurzen Versen mit doppeltem Kreuzreim. Die verwendeten Metren wechseln dabei häufiger, wobei es oftmals festgelegte Zahlen von Hebungen mit Füllungsfreiheit bei den Senkungen gibt. Im vorliegenden Fall liegen allerdings strikt durchgehaltene dreifüßige Trochäen vor, was in Kombination mit den zumeist maskulinen Versenden zu einem monoton-abgehackten Sprachduktus führt, wie es in Benns eigener Lesung des Textes aus dem Jahr 1948 gut zu hören ist.[17] Seine auch ansonsten wenig lebhaft-akzentuierende Vortragsweise kommt hier angesichts von Thema und Metrum gewissermaßen zu sich selbst.

Das Gedicht ist durch seinen Titel eindeutig als Memorialtext angekündigt, ohne dass sogleich ersichtlich würde, welchem Individuum oder welcher Gruppe hier gedacht wird. Im vierten Vers ist von den „Opfer[n]" aus den Schlachten" die Rede, was angesichts der zeitlichen Nähe einen Bezug auf den

---

16 BENN (30.10.1927, 3). In den SW ist diese Fassung des Erstdrucks im *Berliner Tageblatt* noch nicht berücksichtigt.

17 Vgl. BENN (2007, Track 16, 9–12).

Ersten Weltkrieg nahelegt. Auch dass in diesem Zusammenhang anonyme Massenbestattungen stattgefunden haben, passt ins Bild. Etwas weniger erwartbar ist, dass von Bergen die Rede ist. Auf den prominenten Kriegsschauplätzen im Westen, wo Benn ja auch selbst stationiert war, gab es allenfalls Hügel, und auch der nördliche Teil der Ostfront lag weitestgehend im Flachland. An der Alpenfront wiederum spielten deutsche Truppen lediglich eine Nebenrolle, so dass als Bezugspunkt eigentlich nur die Karpatenfront im Südosten bleibt.

Ansonsten liegen hier aber keine weiteren Konkretisierungen vor. Es wird kein Individuum fokussiert, sondern die Trauer gilt einer Gruppe von Toten, die in einer verlassenen Höhle liegt, die nie besucht wird, so dass eine Spinne ihr Netz vor den Eingang spannen kann. Über dieses Spinnen wird auch der Bogen zu den Moiren oder Parzen geschlagen, die antiken Schicksalsgöttinnen, die auch über das Ende der Menschen bestimmen, deren Lebensfaden von Atropos beziehungsweise Morta abgeschnitten wird.

Eine weitere Reminiszenz an das Altertum findet sich im Abschlussvers „schluchzt ein Schattenchor", der die antike Vorstellung des Weiterexistierens der Verstorbenen als Schatten aufnimmt.[18] All diese Momente dienen hier dazu, ein mögliches konkretes Geschehen, das den Hintergrund bilden mag, auf eine allgemein-abstrakte und dabei nicht nur unpersönliche, sondern auch überzeitliche Perspektive zu beziehen.

Wann genau das Gedicht entstanden ist, ist nicht bekannt. Bis auf den Titel und einige kleinere Differenzen vor allem bei der Groß- und Kleinschreibung sowie der Interpunktion sind die zu Benns Lebzeiten gedruckten Fassungen weitestgehend textgleich. Eine im Deutschen Literaturarchiv in Marbach überlieferte handschriftliche Fassung weicht hiervon an einer Reihe von Stellen ab und bietet eine schon recht weit gediehene Vorstufe.[19] Dieses undatierte Blatt ist darüber hinaus mit einer Widmung versehen:

> in Erinnerung an einen armseligen kleinen gefallenen Bruder von mir, der als kommuner Fussoldat in einem Massengrab auf den galizischen Höhenzügen liegt. (zit. n. SW I, 425)

---

18 Ähnliche antike Hadesvorstellungen rücken dann in Benns späterem Totengedenkgedicht „Orpheus' Tod" noch expliziter in den Vordergrund.

19 Vgl. den Kommentar in SW I, 424 f. Signatur im DLA Marbach: A: Benn, Gottfried, D 86.92.

Es handelt sich bei dem hier namentlich nicht Genannten um Benns 1892 gebo-
renen und damit sechs Jahre jüngeren Bruder Siegfried, der am 21. August 1916
in den Waldkarpaten fiel. Seine Todesumstände lassen sich ungewöhnlich genau
rekonstruieren, da die Kampfhandlungen, denen er zum Opfer gefallen ist, in
einem 1926 publizierten Erinnerungsbuch zur *Geschichte des Reserve-Jäger-Bataillons Nr. 17* ausführlich nachgezeichnet werden.[20]
Siegfried Benn gehörte zum Zeitpunkt seines Todes dessen 4. Kompanie an
und stand im Unteroffiziersrang eines Oberjägers. Seine Einheit war erst kurz
zuvor von der West- an die Südostfront verlegt worden und wurde eingesetzt, um
eine russische Offensive in dem heute zur Ukraine gehörenden gebirgigen Waldge-
biet abzuwehren. Die nur dünn besiedelte Gegend liegt etwa 100 Kilometer west-
lich von Czernowitz. Siegfried Benns Kompanie hatte dabei das Pech, dass sie im
Moment des gegnerischen Angriffs eine viel zu lange Frontlinie zu sichern hatte,
weswegen die Soldaten zumeist als Einzelposten im Wald ausharren mussten und
so gegen die russischen Angreifer praktisch keine Chance hatten, wie im Gefechtsbericht geschildert wird, der sich im Erinnerungsbuch abgedruckt findet:

> Ein Teil der dort an das Jäger-Batl. 5 anschließend liegenden Mannschaften unter Füh-
> rung des Leutnant Oldenburg konnten sich noch zur Kompanie durchschlagen. Der
> Rest wurde im Bajonettkampf niedergemacht. Bei Feststellung der Toten zeigte sich
> später, daß kein einziger dieser Posten von seinem Platze gewichen war, sondern auf den
> befohlenen Stellen ausharrte, bis er im Nahkampf niedergemacht wurde.[21]

In den preußischen Verlustlisten vom 20. September 1916, in denen auch Siegfried Benns Name auftaucht, werden insgesamt 73 Männer aus seiner Kompanie in diesem Gefecht als gefallen, vermisst oder verwundet gemeldet,[22] was
etwa die Hälfte der Sollstärke einer derartigen Einheit ausmachte.
Welche konkreten Informationen Gottfried Benn über die Todesumstände
seines Bruders hatte, wissen wir nicht. Eventuell hat die Familie, das heißt vor
allem der Vater, über die reine Meldung und die im Folgejahr ausgestellte Todes-
urkunde[23] hinaus eine Schilderung der Geschehnisse durch einen Kameraden

---

20 Vgl. EHRENFORT, BURKART (1926, 34–36).

21 EHRENFORT, BURKART (1926, 35).

22 Vgl. die entsprechende *Deutsche Verlustliste* (Pr. 638, 14946), veröffentlicht im Anhang
    zum *Armee-Verordnungsblatt* vom PREUSSISCHEN KRIEGSMINISTERIUM (20.9.1916).

23 Beurkundet wurde der Tod Siegfried Benns erst am 15. Januar 1917 vom Standesamt
    Charlottenburg unter der laufenden Nummer 57.

oder Vorgesetzen erhalten, oder es befand sich gar der gedruckte Bericht in seinen Händen.[24] Denkbar ist auch, dass Siegfried Benn kurz vor seinem Tod noch einen Brief geschrieben hat, in dem er seine Lebensumstände am neuen Einsatzort schilderte. Einige treffende Bezüge zur konkreten Realität gibt es im Gedicht durchaus, wie etwa den Umstand, dass es sich beim Schlachtfeld um eine einsame Gebirgsgegend gehandelt hat, in der die Massengräber unbeachtet zurückgeblieben sind. Die Spinnen können deshalb auf oder vor ihnen in Ruhe ihre Netze spinnen. Doch bleibt all dies recht allgemein, und man hätte es sich auch mit einigen problemlos zugänglichen geographischen Informationen leicht erschließen können.

Für ein Element gilt dies allerdings nicht – das dem Titel ab dem zweiten Druck im Jahr 1934 beigefügte rätselhafte „Höhe 317", das in der Zeitungsfassung von 1927 noch fehlt. In der handschriftlichen Version findet sich hinter dem „In memoriam" lediglich ein nachträglich eingefügtes „Höhe", hier aber noch ohne Zahl. Einen Schlüssel für das Rätsel bietet wiederum das Erinnerungsbuch des Bataillons, in dem in den Berichten aus den Waldkarpaten immer wieder von verschiedenen ‚Höhen' und ‚Tiefen' mit beigefügten Zahlen operiert wird, um konkrete Orte des Kriegsgeschehens zu bezeichnen. Dies geschieht bunt gemischt mit Angaben von geographischen Namen, wie etwa „Baba Ludowa" oder „Kreta".

Hans Blumenberg hatte spekuliert, dass es sich bei der „317" um eine Feldmarkierung gehandelt habe. Auf militärischen Karten der Zeit seien Geländeauffälligkeiten mittels einer Durchnummerierung eindeutig identifizierbar gemacht worden.[25] Tatsächlich ist es in dieser menschenarmen Gegend aber bis heute so, dass keinesfalls jede Anhöhe ihren eigenen Namen hat. Nur die markanteren Landmarken genießen diese Ehre, während dazwischen allerlei namenlose Gipfel auf den topographischen Karten nur durch ihre Höhenlage über dem Meeresspiegel bezeichnet sind.[26]

---

24 In Gottfried Benns Nachlass ist der Band nicht enthalten.

25 Vgl. BLUMENBERG (1997, 249).

26 Vgl. etwa die entsprechenden Kartenausschnitte im kollaborativen Kartenprojekt <www. openstreetmap.org>, zuletzt: 11.2.2021, wobei es sich empfiehlt, nach der im Gefechtsbericht genannten, heute ukrainischen Ortschaft Yavirnik zu suchen. Dasselbe Prinzip greift übrigens auch bei der im Stellungskrieg an der Westfront heftig umkämpften und ungleich bekannteren ‚Höhe 304' bei Verdun. Benn mag diese parallele Bezeichnung im Ohr geklungen haben.

Im konkreten Fall heißt der Berg, um den hauptsächlich gekämpft wurde, Kreta. Er ist 1351 Meter hoch und liegt einige Kilometer nördlich des bekannteren und strategisch wichtigeren Baba Ludowa in der Nähe der heutigen ukrainisch-rumänischen Grenze. Der zweite topographische Punkt, der in dem bereits zitierten Gefechtsbericht des Todestages von Siegfried Benn eine größere Rolle spielt, wird dort als „Höhe 1312" bezeichnet und liegt damit knapp 40 Höhenmeter tiefer als der Hauptgipfel.

Die Indizien lassen die folgenden Schlüsse zu: Der Familie Benns war mehr bekannt, als auf der Sterbeurkunde vermerkt ist, die nur den Berg Kreta namentlich nennt. Benn muss sich eingeprägt haben, dass sein Bruder auf oder bei einem namenlosen, nur mit einer Zahl bezeichneten Berg gestorben ist. Konkreter erinnerte er sich bei der handschriftlichen Niederschrift aber offenbar nicht mehr – deshalb das dort eingefügte „Höhe", das im Erstdruck dann auch wieder weggefallen ist. Benn war es aber anscheinend doch wichtig, so dass er im zweiten Druck von 1934 an dieser Stelle ein vages Erinnerungsbild einfügte, wobei aus einer 1312 nun eine 317 wurde. Die erste Eins fällt weg und hätte auch das Zahlwort im Titel um ganze drei Silben verlängert und rhythmisch im Vortrag gestört. Am Ende wiederum sind eine Zwei und eine Sieben vor allem handschriftlich durchaus leicht verwechselbar.

Der Effekt dieser höchst eigenartigen, halbfiktiven Ortsbestimmung ist frappierend. Auf der einen Seite suggeriert sie mit der so genau wirkenden Zahl eine große Exaktheit und gar Einzigartigkeit, die den Verallgemeinerungstendenzen im Text selbst diametral entgegenstehen. Statt irgendwelcher Berge, auf denen anonyme Massen von Soldaten sterben, um dann einen antikischen „Schattenchor" zu bilden, ist es jetzt ein konkreter Ort, um den es gehen soll. Allerdings ist es zugleich ein Ort, den eigentlich niemand kennt. Was mag das sein, eine „Höhe 317"? Es handelt sich gewissermaßen um einen landschaftsförmigen Kameraden des ‚Unbekannten Soldaten', der zwar ein einzelner war, doch im Gedenken für alle stehen soll.

Wie schon erwähnt, weiß man nicht, ob Benn das Erinnerungsbuch des Bataillons und den darin enthaltenen Bericht kannte, doch findet sich die hier angedeutete Kippfigur dort gleich mehrfach wieder. Neben diesem barbarischen Ort und Nicht-Ort zugleich ist von einer Vielzahl von Soldaten die Rede, die je als Einzelne im Wald stehend niedergemacht wurden, wobei dies wiederum mitten im hochtechnisierten Ersten Weltkrieg auf die denkbar altertümlichste Weise mit Bajonettstößen geschah. Die Archaik, die das Gedicht Benns durchzieht, trägt damit nicht nur zur Transzendierung der Geschehnisse bei, sie fußt zugleich auf dessen realhistorischer Basis.

IV. Wann starb Gottfried Benns Bruder Siegfried?

Im endgültigen Titel des Gedichts spielt Gottfried Benn, wie gezeigt wurde, mit der Kategorie des Ortes, der gegenüber der dominanten Abstraktion im Text ein gegenläufiges Moment des Konkreten und Persönlichen etabliert. In der Erstpublikation von „In memoriam" (noch ohne „Höhe 317") wurde hierfür die Kategorie der Zeit genutzt.

Hier ist nochmals kurz auf das Allgemeine zu schauen. Der Tod einer Person ist ein durchaus gängiger und anerkannter Anlass für das Verfassen von Kasuallyrik, jedoch in mindestens einer Hinsicht auch ein besonderer. Während Gelegenheitslyrik im Allgemeinen auf einen zukünftigen Anlass hingeschrieben wird, zumeist um bei diesem präsentiert zu werden, liegt der Tod eines Menschen als Auslöser bei Memorialgedichten üblicherweise schon in der Vergangenheit.[27] Es wäre also im Einzelfall zu überlegen, ob gerade bei einem privat gehaltenen Gedenken das Ganze nicht doch eher als eine besondere Form von Erlebnislyrik zu klassifizieren sein könnte. Eindeutiger in den Bereich der Anlasslyrik gehörte es wiederum, wenn das Gedicht bestimmten, etablierten Formen folgt, wie dies etwa bei „Fürst Kraft" oder „Herr Wehner" der Fall ist. Weiterhin wäre dies eher der Fall, wenn es auf ein sekundäres Ereignis hingeschrieben worden ist, das selbst bereits auf den Tod reagiert – etwa die Beerdigung der betreffenden Person, eine Gedächtnisfeier oder den Jahrestag des Versterbens.

Bei „Mutter" und „Orpheus' Tod" gibt es meines Wissens keine konkreten Hinweise auf eine solche Orientierung an einem sekundären Memorialdatum. Beide sind auch zeitnah nach den Ereignissen 1912/13 und 1946 entstanden und reagieren noch primär verarbeitend auf diese selbst. Bei „In memoriam

---

27 Ich folge hiermit der Definition des Gelegenheitsgedichts „in einem engeren Sinne" von SEGEBRECHT (1997, 688). In der Moderne dürften Totengedichte höchst selten wie Zeitungsnachrufe auf Vorrat produziert werden. Und selbst wenn dies einmal geschehen sollte, wäre es unter dem hier fokussierten Aspekt unproblematisch, da es sich ja letztlich nur um die Aufhebung der Ausnahmeposition von Trauergedichten als ‚nachträglichen Kasualgedichten' handelte.

(Höhe 317)" ist dies deutlich anders. 1927 liegt es immerhin schon elf Jahre zurück, dass Siegfried Benn gefallen ist.[28] Das Gedicht wird am 30. Oktober dieses Jahres abgedruckt, so dass es durchaus um den Todestag Siegfrieds herum im August entstanden sein könnte. Allerdings ist das Manuskript nicht datiert, so dass auch dies Spekulation bleiben muss. Der Volkstrauertag als allgemeiner Gedenktag an die Toten des Weltkriegs ist zu dieser Zeit zwar bereits etabliert, fällt aber in der Weimarer Republik und der NS-Zeit auf den fünften Sonntag vor Ostern und kommt somit als Ankerpunkt nicht in Betracht. Bis zum evangelischen Totensonntag dauert es wiederum noch einige Zeit. Dieser liegt am Wochenende vor dem ersten Advent.

In einem Brief Benns an seinen langjährigen, engen Korrespondenzpartner Friedrich Wilhelm Oelze vom Sonntag, dem 1. November 1936, könnte sich die Frage nach der zeitlichen Verortung des ersten Erscheinens dieses Gedichts klären:

> Lieber Herr Oelze, Dank für gütigen Gruss. Erfreute mein einsames Herz sehr. Grauer Sonntag –, Allerheiligen. Grauer Sonntag, – Allerheiligen, 1915, traf ich mich zum letzten Mal mit einem kleinen Bruder von mir in Brügge, ich kam von Brüssel, er aus der Flandernfront: Kriegsfreiwilliger, 140 Schlachten u. Gefechte, darunter Langemarck, die Yserkämpfe, 22 Jahre, stiller Junge, schwarz, sehr französisch aussehend, weder E. K. noch Unteroffizier geworden, zu einfach, bescheiden; sass mit mir in einem verdunkelten Café, schweigsam, hoffnungslos, vertiert, sämtliche Kameraden von 1914 tot, kein Tag Urlaub bisher, von einer unsäglichen Traurigkeit wir beide. Kurz darauf kam er nach Galizien u. fiel auf „Höhe 317." Immer an diesem Tag, grauer Sonntag, Allerheiligen: »La Toussaints«, sagten die Belgier u. Franzosen, denke ich an ihn u. diesen dunklen Nachmittag in Brügge. Ach, es ist ja alles unausdenkbar.[29]

Im Fall des Bruders liegt der private Gedenktag Benns also offenbar nicht auf dem urkundlichen Todestag, sondern auf Allerheiligen, das dem evangelischen Pastorensohn als ein relevantes Datum ja eigentlich fernliegen sollte. Er verbindet ihn aber mit einem gemeinsamen Erlebnis während seines Aufenthalts im katholischen Belgien während des Krieges.

Nun ist das Gedicht aber nicht am 1. November, sondern schon am 30. Oktober erschienen. Nimmt man dies als Hinweis ernst, werden die

---

28 DÖRING, SCHÜTZ (2007) stellen ihre kurze Betrachtung zum Gedicht in den Kontext des Edith Cavell-Komplexes, der Benns Blick ab 1927 allgemein wieder verstärkt auf den Ersten Weltkrieg gelenkt habe.

29 BENN, OELZE Bd. 1 (2016, 217).

Überschneidungen geradezu unheimlich. Der 1. November 1915 war nämlich in Wirklichkeit gar kein Sonntag, wie Benn 1936 aus der Rückschau meint, sondern ein Montag. Der Sonntag davor fiel mithin auf den 30. Oktober. Und genau diese Korrespondenz von Wochentag und Datum wiederholt sich ausgerechnet im Jahr 1927. Der 30. Oktober, an dem das Gedicht erscheint, ist ein Sonntag, und Allerheiligen fällt auf den folgenden Montag.

Nun ist Benn nicht als Zahlenmystiker oder Exaktheitsfanatiker bekannt, wie bereits das Ausweichen ins rhythmisch passendere Ungefähr bei der Benennung des Berges hinreichend gezeigt haben mag. Selbst ob sich Benn 1936 wirklich an den genauen Wochentag seines Besuchs in Brügge über zwanzig Jahre zuvor erinnert hat, sei dahingestellt. Ein Feiertag war es allemal.

Wahrscheinlicher ist, dass die mögliche Differenz auf die Unwägbarkeiten bei einer Zeitungspublikation zurückzuführen ist, bei der das exakte Datum kaum zu treffen ist. Das Gedicht findet sich auf der Seite drei der Sonntagsausgabe des *Berliner Tageblatts* an einem Plätzchen, das wohl zufällig noch frei geblieben war, weil die Kurzgeschichte der beliebten Zeitungsschriftstellerin Maria Seelhorst *Traum vom Himalaja* eine gute Spalte im dafür reservierten und abgetrennten, unteren Zeitungsviertel nicht mehr benötigt hatte.[30] Hierhin platzierte man ein paar Kurznachrichten aus dem Kulturbereich sowie Benns Gedicht. Genauso gut hätte „In memoriam" als Lückenfüller wohl auch genau am 1. November oder mit einer kleinen Verspätung erst am 2. November erscheinen können.

In beiden Fällen – dem wohl überexakten auf der einen und einem Ungefähr, das dem Zufall des Zeitungslayouts geschuldet ist, auf der anderen Seite – scheint mir das Erscheinen um den 1. November herum doch höchst signifikant. In den späteren Drucken geht dieser Bezug allerdings notwendig verloren und wird durch die nun ergänzte Ortsmarke supplementiert und zugleich überboten. Tritt doch an die Stelle eines Privathinweises, den wohl zunächst niemand bemerkt haben wird, ein weitaus öffentlicherer. Keinesfalls, so lautet seine Botschaft, darf dieser Text ganz auf die Seite des Allgemein-Anonymen rutschen – aber eben auch nicht zu weit auf die Seite des Persönlichen. Schaut man noch einmal genauer auf Benns Brief an Oelze, so erkennt man bald, wie

---

30 Vgl. das von der Staatsbibliothek zu Berlin bereitgestellte Digitalisat des *Berliner Tageblatts* von diesem Datum <http://zefys.staatsbibliothek-berlin.de/kalender/auswahl/date/1927-10-30/27646518/>, zuletzt: 11.2.2021.

hier aus Wirklichkeitsbruchstücken ein den Individualfall erneut transzendierendes Narrativ gebaut wird.

Der Schauplatz der Szene ist mit Brügge eine spätestens seit dem Roman *Bruges-la-Morte* von Georges Rodenbach aus dem Jahr 1892 geradezu sprichwörtlich ‚tote' Stadt. Brügge hatte sich seit dem Spätmittelalter, als es aus dem historischen Fokus geriet, kaum noch weiterentwickelt. Auch die industrielle Revolution war an der Stadt vorbeigegangen. Eine Fahrt dorthin konnte schon von daher den Charakter einer Hadesreise gewinnen. Weiterhin lag Brügge kaum 35 Kilometer von der damaligen Frontlinie entfernt. Auch das entsprechend verdunkelte Café, in dem sich die Brüder trafen, zeigt an, dass es sich bei der Reise von Brüssel nach hierhin um eine Fahrt in eine Todeszone handelte.

Bei der Beschreibung Siegfrieds selbst und ihrer Begegnung steigern sich die entsprechenden Zeichen dann nochmals. Über sein französisches Aussehen wird er mit der erst drei Jahre zuvor qualvoll gestorbenen Mutter assoziiert. Er war durch 140 mörderische Schlachten gegangen, und keiner seiner ursprünglichen Kameraden lebte mehr. Das Schicksal hatte ihn wohl irgendwie vergessen. Dafür wirkt er auf seinen Bruder wie ein innerlich bereits toter Mann, „schweigsam, hoffnungslos, vertiert" – ein entindividualisierter Hadesbewohner, der schon vorab dem Schattenchor aus dem Schlussvers von „In memoriam Höhe 317" anzugehören scheint.

Um dieses Bild eines in Brügge eigentlich schon längst nicht mehr zu den Lebenden gehörenden Bruders zu unterstreichen, dreht Benn auch in seinem Brief – bewusst oder unbewusst – an den Fakten. Die Einheit von Siegfried Benn wurde tatsächlich erst acht Monate später nach Galizien verlegt, und er wurde in der Zwischenzeit doch noch zum Unteroffizier befördert. Ganz so tot, wie er im Schreiben an Oelze im Rückblick erscheint, war Siegfried Benn also doch noch nicht.

Der 1. November als ein ikonisches und mit dem Tod des Bruders für Benn fest verbundenes Datum wird damit hingegen eindrücklich bestätigt. Der Brief an Oelze aus dem Jahr 1936 ist eben an einem sonntäglichen 1. November geschrieben worden, und nichts anderes als das nackte Datum in Verbindung mit dem (wohl falsch) erinnerten Wochentag hat dafür gesorgt, dass diese Geschichte genau hier wieder auftaucht. In den insgesamt 1349 überlieferten Schreiben des Briefwechsels zwischen Benn und Oelze findet er nur dieses einzige Mal Erwähnung – und auch das, ohne dass dabei sein Name fällt. Auch im höchsten Präsenzmoment bleibt Siegfried Benn als benannte Person absent, wie dies ja auch schon in der Widmung auf dem Gedichtmanuskript der Fall gewesen ist. Selbst in der privaten Äußerung tritt die reale Person also keinesfalls vollständig hinter dem Schleier der Abstraktion hervor.

V. Ein kurzes Fazit

Das Totengedenken hält sich bei Benn als ein letztes Residuum des Anlassgedichts. Dabei wird der lebensweltliche Bezug meist entweder zur Unkenntlichkeit verwischt oder in der Übererfüllung persifliert beziehungsweise an seine Grenze geführt. Beides sind geradezu erwartbare Optionen für einen Autor der forcierten Moderne, wie Benn es ist. Interessant ist dabei, dass er als Dichter nicht nur einen dieser beiden Wege geht, sondern sie beide abwechselnd einschlägt.

Eine Steigerung dieser Parallelaktion findet sich, so sollte hier gezeigt werden, im Gedicht „In memoriam Höhe 317", das zwischen dem distanzierenden und dem privatisierend Nähe suchenden Modus nun selbst hin- und herpendelt und dabei die Aspekte nicht etwa ausgleicht, sondern sie sich vielmehr im Miteinander nochmals steigern lässt: Die „Höhe 317" ist genau genommen gar kein existierender und doch zugleich ein sehr bestimmter, poetischer Ort. Und Siegfried Benn starb am 21. August 1916, während Gottfried das intensive Gedenken an seinen in diesem gesamten Kontext konsequent unbenannt bleibenden Bruder am Tag Allerheiligen beging, unser aller zweitem Namenstag.

Literaturverzeichnis

BALLIN, Katrin, Veit-Luca ROTH, Marion THEILACKER (2019, 23 f.): mythisch – persönlich – vielschichtig: „In memoriam Höhe 317". In: G. Fackler (Hrsg.): Krieg | Frieden. Der Erste Weltkrieg und die Nachkriegszeit. Begleitheft zur Ausstellung. Würzburg, <https://opus.bibliot hek.uni-wuerzburg.de/opus4-wuerzburg/frontdoor/deliver/index/docId/ 17498/file/Museologie_Heft7_Krieg_Frieden_Begleitheft_zur_Ausstell ung.pdf>, zuletzt: 11.2.2021.

BENN, Gottfried (30.10.1927, 3): Höhe 317. In: Berliner Tageblatt, <http:// zefys.staatsbibliothek-berlin.de/kalender/auswahl/date/1927-10-30/ 27646518/>, zuletzt: 11.2.2021.

– (1960): Gesammelte Werke in vier Bänden. Hrsg. v. D. Wellershoff. Wiesbaden.

– (1986–2003): Sämtliche Werke, Bd. I–VII/2. Hrsg. v. G. Schuster, H. Hof. Stuttgart. [Sigle SW].

– (2001): Briefe an Ursula Ziebarth. Hrsg. v. J. Meyer. Göttingen.

– (2007²): Das Hörwerk 1928–1956. Hrsg. v. R. Galitz, K. Kreiler, M. Weinmann. Frankfurt a. M.

–, Friedrich Wilhelm OELZE (2016): Briefwechsel 1932–1956, 4 Bde. Hrsg. v. H. Steinhagen, S. Kraft, H. Hof. Göttingen, Stuttgart.

BLUMENBERG, Hans (1997, 245–262): Erinnerungen an das verlorene Ich. In: Akzente 44.

DÖRING, Jörg, Erhard SCHÜTZ (2007): Benn als Reporter: „Wie Miss Cavell erschossen wurde". Siegen.

EHRENFORT, Fritz, Adolf BURKART (1926): Geschichte des Reserve-Jäger-Bataillons Nr. 17. Berlin.

PREUSSISCHES KRIEGSMINISTERIUM (Hrsg.) (20.9.1916): Deutsche Verlustliste (Pr. 638, 14946). Im Anhang von: Armee-Verordnungsblatt 1165. Berlin, <https://des.genealogy.net/search/show/4597163>, zuletzt: 11.3.2021.

SEGEBRECHT, Wulf (1997, 688–691): Art.: Gelegenheitsgedicht. In: K. Weimar u. a. (Hrsg.): Reallexikon der deutschen Literaturwissenschaft, Bd. 1. Berlin, New York.

THELEN, Julius (2020, 677–679): Anlass – Auftrag – Adressat. Gelegenheitslyrik in der Moderne (Tagung in Bonn v. 5.–7.3.2020). In: ZfGerm NF, 30. Jg., H. 3.

WERCKSHAGEN, Carl (1987): Streit mit Schott. Zwei oder drei? Erinnerungen an Gottfried Benn. Remagen-Rolandseck.

„Das Gelegenheitsgedicht oder…"? Eine gattungspoetische Kontroverse zwischen Günter Grass und Helmut Heißenbüttel[*]

Dass sich zwei Schriftsteller zur Bestimmung ihres dichterischen Selbstverständnisses auf ein und denselben Gattungsbegriff beziehen, ist an sich nicht bemerkenswert, erstaunt aber doch, wenn jene als Exponenten gegensätzlicher Richtungen anzusehen sind – wie Helmut Heißenbüttel und Günter Grass in der bundesrepublikanischen Literaturszene der 1960er und 1970er Jahre: Heißenbüttel galt als Vertreter und hauptsächlicher Verfechter der experimentellen Literatur, während Grass den Autoren zugerechnet wurde, deren Dichtung am Realgeschehen ausgerichtet ist.[1] Und noch verwunderlicher ist, dass sich beide dabei auf eine Kategorie der Gattungspoetik, nämlich das Gelegenheitsgedicht, berufen, die seit Ende des 19. Jahrhunderts aus dem ästhetischen Gedächtnis verschwunden und seriöser Literaturproduktion entzogen zu sein schien.

Dieser doch recht merkwürdige Befund legt es nahe zu eruieren, wie Günter Grass und Helmut Heißenbüttel den Begriff des Gelegenheitsgedichts (Kasualpoems) jeweils verstehen und auf welche historische Vorlage sie rekurrieren. Damit ist eine exemplarische Betrachtung solcher Gedichte eng verbunden, in denen sich der ausdrückliche Bezug auf diese Gattungsart als Bestandteil ihrer lyrischen Praxis wiederfindet.

---

[*] Der Aufsatz geht auf einen Vortrag zurück, den ich 1987 in Münster gehalten habe: Drux (1993, 402–414); ich habe ihn für diesen Band stark überarbeitet und auf den Kontext des Kongresses hin ausgerichtet.

1 Vgl. Knörrich (1983, 566), der in Heißenbüttels Texten „die konsequenteste Reduktion der Poesie auf den methodischen Umgang mit der Materialität der Sprache zum Zwecke der Gewinnung ‚neuer' Inhalte, bislang unbekannter Ausdrucks- und Bedeutungswerte" vollzogen sieht und Grass eine (mit Peter Rühmkorfs Worten) „willentliche Offenheit gegenüber Weltstoff und Wirklichkeit" bescheinigt.

I.

In seinem Beitrag zur „Lyrik-Diskussion 77" erläutert Helmut Heißenbüttel, warum er „den Terminus Gelegenheitsgedicht, zunächst versuchsweise
und dann immer stärker und kontinuierlicher" verwendet habe.[2] Angeregt
habe ihn dazu gerade das negative Prädikat „Machwerk", mit dem das Gelegenheitsgedicht seit der Frühaufklärung in literaturtheoretischen Debatten
belegt wurde. Er hebt also explizit auf das absichtsvolle Machen eines Textes
ab; ein Poem, das „bewußt gemacht worden ist und sich seines Gemacht-
seins nicht schämt, es nicht mit dem Schleier des Höheren und Inspirierten
umkleidet",[3] – ein solches Werk laufe nicht Gefahr, als Ausdruck überwälti-
gender Eingebung zu erscheinen, sondern gebe zu erkennen, dass es sich einer
gezielten Umsetzung oder Durchbrechung bestimmter sprachlich-poetischer
Regeln verdanke.

Dem Vorwurf uninspirierten Konstruierens und lyrischen Werkelns sah
sich Heißenbüttel etliche Jahre zuvor ausgesetzt, als Günter Grass 1961 in
einem Vortrag über das Gelegenheitsgedicht die fantasielosen „Labordichter"
anprangerte; sie widmeten sich, „die Zettelkästchen griffbereit" und „Max
Bense im Rücken", unendlichen Experimenten mit dem Sprachmaterial. Er,
Grass, setze sich hingegen den Launen der Muse aus, warte – oft monatelang –
bis sie ihn „mit etwas Fünfstrophigem, Dreizeiligem heimsuchen" werde. Er
schreibe, wenn sich eine Gelegenheit ergibt, und dass er diese Gelegenheit als
einen individuellen, nicht von anderen Kollegen wahrzunehmenden Anlass
ansieht, das wird aus seinem Bekenntnis deutlich, die Keimzelle eines Gelegenheitsgedichtes sei „immer ein Erlebnis".[4] Indem Grass so Gelegenheit und
Erlebnis als Synonyme auffasst, ordnet er das Gelegenheitsgedicht der Erlebnislyrik zu; Heißenbüttel versteht es hingegen als Resultat einer bewussten
Spracharbeit, als Erzeugnis des *poiein* im ursprünglichen Sinne des Wortes
‚machen'.

Der offensichtliche Dissens über die Tätigkeit des Lyrikers hat allerdings
seinen Ursprung nicht in der Beschäftigung dieser beiden Kontrahenten mit

2   Heissenbüttel (1978, 440).
3   Heissenbüttel (1978, 441).
4   Grass (1968, 63–65).

dem Kasualpoem; das wird schon mit einem kurzen Blick auf die Tradition der
Gattungspoetik ersichtlich:[5]

In seinem *Buch von der deutschen Poeterey* von 1624 bezeichnete Martin
Opitz nach spätantikem und humanistischem Vorbild die Gelegenheitsgedichte (*Casualcarmina*) als „Sylven oder wälder“, umfassten sie doch, wie ein
Wald eine Vielzahl unterschiedlicher Baumsorten, „allerley [...] getichte/ als da
sind Hochzeit= vnd Geburtlieder“ sowie „Glückwündtschungen“ zu den ver-
schiedensten Anlässen wie der Erlangung eines akademischen Grades oder dem
„Einzug“ einer hochgestellten Persönlichkeit in eine Stadt.[6] Nimmt man noch
die Gedichte zu Beerdigungen, die *Epicedien*, hinzu, dann wird klar, was die
späthumanistischen Poetiker unter *Gelegenheit* (*occasio*) verstehen: ein tatsächliches, datierbares Ereignis, das aus dem alltäglichen Leben herausragt und das,
obgleich es den einzelnen betrifft, aufgrund dieser Exzeptionalität doch von
öffentlichem Interesse und zumeist institutionalisiert ist.[7]

Indem der Dichter den Casus (z. B. Geburtstag, Hochzeit, Examen oder
Ankunft) aufgreift, einem bestimmten Adressaten zuordnet und ihm seine
regelgerechte sprachliche Fassung gibt, entsteht ein Gelegenheitsgedicht.[8] Dieses wird zum Paradigma barocken Dichtens: Es setzt ein auf Wechselseitigkeit
angelegtes wirksames Verhältnis von Autor und Rezipient voraus und wird
durch den systematischen Gebrauch rhetorischer Regeln realisiert. Die kasualpoetischen Aufträge, die ca. 80 Prozent der gesamten lyrischen Produktion
des Barockzeitalters ausmachen,[9] wurden von den Dichtern – trotz der topischen Klage über die zeitraubende Arbeit in ‚Nebenstunden‘ – keineswegs als

---

5   Vgl. hierzu SEGEBRECHT (1977). Mit diesem „umfangreichen und bei aller wissenschaft-
    lichen Ausführlichkeit sehr lesenswerten Buch“ hat sich HEISSENBÜTTEL (1978, 440)
    bei seinen Recherchen zur Tradition des Kasualpoems intensiv befasst.

6   OPITZ (1966², 22).

7   Das erlaubt eine gründliche, kunstvolle Ausgestaltung des jeweiligen Anlasses, der ja
    konventionalisiert und deshalb erwartbar ist – was im Grunde dem bei OPITZ (1966²,
    22) formulierten und von QUINTILIAN (*Institutio oratoria* X, 3, 17) übernommenen
    programmatischen Anspruch, das Kasualpoem werde „ohne arbeit von der hand weg
    gemacht“, also gleichsam improvisiert, widerspricht. Und dass das Gedicht aufgrund sei-
    ner genretypischen Kürze und Pointiertheit der *Okkasionalität* des darzustellenden Ereig-
    nisses entgegenkomme, wird durch die zumeist recht epische Breite seiner Darstellung ad
    absurdum geführt.

8   Vgl. DRUX (1996, 654 f.).

9   Vgl. SEGEBRECHT (1977, 523–535).

Zumutung betrachtet, und das lag nicht nur an dem materiellen Gewinn, den sie einbrachten und der ihre beruflichen Einkünfte nicht selten erheblich überstieg.[10] Darüber hinaus verschaffte die Wahrnehmung herausragender Gelegenheiten dem Poeten vor allem gesellschaftliche Legitimation; denn er vermochte im Dichterwort einen Augenblick des hinfälligen Lebens festzuhalten, und die dauerhafte Aufbewahrung im Gedächtnis der Nachwelt war aus dem alles beherrschenden Vanitas-Bewusstsein heraus ein dringliches Anliegen.

Darauf hebt auch Günter Grass ab, wenn er in seiner Erzählung *Das Treffen in Telgte* über die dort „versammelten" Dichter berichten lässt, dass sie angesichts ihrer politischen, ökonomischen und auch moralischen Ohnmacht wenigstens

> mit Hilfe der Poesie mächtig zukünftig sein und ihr Ansehen der Ewigkeit versichern [wollten]. Diese kleine, ein wenig lächerliche Macht gab ihnen sogar die Möglichkeit, zu ordentlich bezahlten Aufträgen zu kommen. Ahnend, daß sie sterblicher seien als die Poeten, hofften die reichen Bürger und etliche Landesfürsten, mit Hilfe von Hochzeitsgedichten, Huldigungspoemen und gereimten Leichabdankungen, also auf dem Rücken zumeist schnell geschriebener Verse, in die Ewigkeit getragen zu werden, und zwar namentlich.[11]

Allerdings erschöpft sich das Interesse der Empfänger an Gelegenheitsgedichten nicht darin, durch sie dem „Rost der Zeit" zu trotzen, wie es u. a. Paul Fleming und Simon Dach betonten;[12] außer der Hoffnung auf poetischen Korrisionsschutz verband sich mit ihnen das Bedürfnis nach Reputation, was die komplexe Vorstellung vom *theatrum mundi* verdeutlichen kann:[13] Wer seine

---

10 Dabei wurde das Honorar bisweilen auch mit Gebrauchswerten beglichen: Simon Dach bedankte sich z. B. am 20. Juli 1653 für ein „Tönchen Bier", das ihm seine Dichtkunst bescherte; vgl. DACH Bd. 2 (1937, 13).

11 GRASS (1979, 165).

12 In der Tradition der berühmten Ode des Horaz „Exegi monumentum aere perennius" (*carmina* III, 30, 1) stellt Paul Fleming kurz vor seinem Tod in seiner „Grabschrifft/ so er ihm selbst gemacht", 1640 fest: „Man wird mich nennen hören. | Biß daß die letzte Glut diß alles wird verstören". Und Simon Dach verfasst eine gereimte „Unterthänigste letzte Fleh-Schrifft an Seine Churfürstl. Durchl. meinen gnädigsten Churfürsten und Herrn", in der er den Kurfürsten Friedrich Wilhelm von Brandenburg-Preußen um ein Stückchen Land bittet – mit dem Argument, dass er doch „mit berühmter Zungen | Deinem Haus' und Dir gesungen, | Was kein Rost der Zeit verzehrt". Zitiert wird die Ausgabe von MACHÉ, MEID (Hrsg.) (1980, 56 f. u. 88).

13 Vgl. BARNER (1970, 100–105).

ihm zugewiesene Rolle auf der Bühne der Welt beizubehalten weiß, bewährt sich zum einen vor Gott als dem Chefdramaturgen des Daseins, zum anderen behauptet er seine Stellung unter seinen Mitspielern. Anhand eines herausragenden Einzelfalls aus dem Leben des Besungenen dokumentiert das Gelegenheitsgedicht, dass dieser an der universellen Ordnung Gottes teilhat, die sich auf poetischem Gebiet in der regelhaften Dichtung, auf politischem im Staat absolutistischer Prägung manifestiert.

Diese Repräsentationsfunktion wurde schon im ersten Drittel des 18. Jahrhunderts nicht mehr erkannt; so ihrer weltanschaulichen Basis beraubt, wurden die Kasualgedichte im Auftrag ökonomisch potenter, zumeist bürgerlicher Geldgeber massenhaft produziert[14] und landeten schließlich in der Trivialität, vornehmlich zur gut gemeinten Unterhaltung bei runden Geburtstagen, Silberhochzeiten oder Berufsjubiläen angefertigt. Zugleich mussten sie sich mit dem Verlust ihrer repräsentativen Aufgabe die bekannten negativen und bis heute haftenden Etikette aufkleben lassen, die sie als ‚gekünstelt', ‚unecht' und in hohem Maße ‚opportunistisch' auswiesen. Da sie einer Dichtung zuzuzählen seien, die sich in Dienst nehmen und „die idealistische Reinheit" vermissen lasse, hat sie Schiller „Bastardtöchter der Muse" gescholten.[15] An ihrer um 1800 schon gänzlich vollzogenen Diskreditierung vermochte auch Goethes Bekenntnis nichts mehr zu ändern: „Alle meine Gedichte", teilte er 1823 Eckermann mit, „sind Gelegenheitsgedichte, sie sind durch die Wirklichkeit angeregt und haben darin Grund und Boden."[16] Seine Umdeutung des institutionalisierten Kasualpoems zum individuellen Erlebnisgedicht kam vielmehr der Tendenz entgegen, Lyrik zum Medium der Innerlichkeit zu erklären und auf den subjektiven Gefühlsausdruck festzulegen.[17]

Mit Goethe konnte das echte Erlebnis als „Grund und Boden" des lyrischen Werks gefeiert und die Gelegenheit, so Gero von Wilpert in seinem vor der Verfügbarkeit digitaler Medien viel benutzten Sachwörterbuch der Literatur, „als Anstoß eines individuellen, verinnerlichten und ins Gültige erhobenen

---

14 Vgl. KETELSEN (1976, 89–107).

15 SCHILLER (1958 [1791], 257).

16 ECKERMANN (1980, 44).

17 In letzter Konsequenz erscheint dann das lyrische Gedicht, wie bei STAIGER (1959⁴, 46), in anthropologischer Kategorisierung als besinnungs- und bedingungslos, unbegründbar und „unmittelbar verständlich".

Erlebnisses" beschrieben werden.[18] Äußerlich und ungültig ist demnach der negative unpoetische Widerpart des Erlebnisgedichts, das Gelegenheitsgedicht. Während aber Goethe, von der „Wirklichkeit" eines Phänomens oder Geschehens als Bedingung lyrischer Produktion ausgehend, neben dem persönlich gestimmten Erlebnisgedicht durchaus noch das öffentlich vermittelte Gelegenheitsgedicht gelten ließ, greift Günter Grass dessen gattungspoetische ‚Zweideutigkeit' polemisch auf, wenn er dem wahren, erlebten das *elaborierte*, das im Labor erstellte entgegenhält.

II.

Was aber sagt der von Grass erneut akzentuierte Gegensatz und Heißenbüttels Rekurs auf die Kasualpoesie des 17. Jahrhunderts über die lyrische Arbeit der beiden Autoren aus? Grass führt in seinem Vortrag einen Vierzeiler, das „Urgelegenheitsgedicht", wie er meint, an. Dabei fällt auf, dass der berichtete Anlass mit seiner poetischen Fassung im Gedicht nicht übereinstimmt; zwar behauptet Grass noch mit Goethe: „Am Anfang steht immer ein Erlebnis", und er schildert, dass er auf die Frage seines Maß nehmenden Schneiders, auf welcher Seite er trage, „links" geantwortet habe,[19] aber im Vierzeiler hat sich die Seitenangabe verändert:

> *Die Lüge*
>
> Ihre rechte Schulter hängt,
> sagte mein Schneider.
> Weil ich rechts die Schultasche trug,
> sagte ich und errötete.[20]

Das Erlebnis beim Schneider wird umgeformt zu einem Gleichnis über pädagogische Deformation; die Rechtslastigkeit seiner Erziehung prägt noch den Erwachsenen, der die hängende Schulter ‚errötend' auf das einseitige Tragen der Tasche schiebt. Aus der Gelegenheit, d. h. dem Maßnehmen des Schneiders und seiner dabei gemachten Bemerkung über eine physische Auffälligkeit des lyrischen Ichs, wird also eine überindividuelle Erkenntnis gezogen. In Bezug auf

---

18 WILPERT (1969[5], 290).
19 GRASS (1968, 64). Zum Gedicht „Die Lüge" vgl. auch JURGENSEN (1974, 56 f.).
20 GRASS (1968, 65).

das beschriebene „Erlebnis" erweist sich das im Gedicht dargestellte allerdings als gelogen oder – weniger hart – als erfunden: Das von Grass selbst als Produktionsbeispiel ausgewählte Gelegenheitsgedicht offenbart so schon mit der fiktiven Variation des auslösenden Geschehens die bearbeitende Hand seines Autors, das oftmalige Wenden des Griffels, wie es Horaz forderte.[21]

Diese Metapher erinnert an die Werkstatt des Bildhauers oder Grafikers, in der ja Grass zu Hause ist und ohne die die Gedichte des kleinen Zyklus „Mein Radiergummi" nicht denkbar wären. Dessen Verlust löst – als Text generierender Anlass – Mitteilungen über die Arbeit des Künstlers aus, der ohne seinen Radiergummi „hilflos" ist: das Instrument, welches das in einer Zeichnung Erfasste verändert, es teilweise oder ganz auslöschend (*radieren* von lat. radere = auskratzen, ausstreichen, tilgen), und dadurch die Korrektur des grafischen Entwurfs ermöglicht: „Ich und mein Radiergummi, wir sind sehr fleißig, / arbeiten Hand in Hand".[22] Im fünften Gedicht, einem Vierzeiler wiederum („Am Nachmittag"), veranschaulicht ein lyrisches Bild, was die Entstehungsgeschichte des Kasualpoems „Die Lüge" ausführt: Der ruhelose Radiergummi (er „schläft nur selten") indiziert ein ständiges Bemühen um selbstkritische Überarbeitung des „mit beiden Händen" Geschaffenen;[23] sie geht mit der inspiratorischen Gestaltung eine zur Vervollkommnung des Kunstwerks notwendige Verbindung ein.

Damit wird aber Grass' literaturtheoretisch forciertes und literaturgeschichtlich belastetes Bekenntnis zum persönlichen Erlebnis, dessen poetische Wiedergabe doch ‚fleißige Arbeit' verlange, merklich relativiert und der konkrete lyrische Text dem angenähert, was Heißenbüttel unter Gelegenheitsgedicht versteht. Dass dieser darunter „zu allererst Texte" begreift, die er „für bestimmte Personen zu bestimmten Anlässen […] gemacht habe",[24] also die Okkasionalität und den Adressaten hervorhebt, verrät seine Orientierung an der frühneuzeitlichen Poetik; aber es kommt Entscheidendes hinzu: Das Gelegenheitsgedicht heute kann nicht mehr wie in der Frühen Neuzeit aus einem

---

21 Vgl. HORAZ (*Saturae* I, 10, 80): „saepe vertas stilum".

22 GRASS (1988, 372). Die Gedichte des Zyklus haben die Titel: „Mein Radiergummi", „Verlust", „Gefunden", „Teamwork", „Am Nachmittag", „Ungläubig", „Nachts" und „Abschied".

23 GRASS (1988, 373).

24 HEISSENBÜTTEL (1978, 442).

„intakten grammatischen System", dem sprachlich-ästhetischen Ausdruck unumstößlicher Ordnungsgewissheit, abgeleitet werden. Deshalb müsse „aus der „Vorgabe der Daten", d. h. „aus dem Sprachfeld", so Heißenbüttel, „das ich mir mit den Bezügen meiner Gelegenheitsadressen vorgebe", ein „Bezugszusammenhang" stets aufs Neue erstellt werden. Das „Gelegenheitsgedicht als Machwerk" verlangt die Probe auf die Möglichkeiten „literarischen Machens".[25]

Den Modus des Möglichen hat Heißenbüttel in seinem Werk des Öfteren thematisiert, z. B. im Abschnitt „c (konjunktivisch)" seiner „Einfache[n] grammatische[n] Meditationen" von 1955, wo er in acht Zeilen Morpheme der Modalität aneinanderreiht:

c – (konjunktivisch)
Bis zur Mitte der Hälfte
weniger als zu wenig
am wenigsten
als ob als ob
wahrscheinlich wahrscheinlich
auf sich genommen nicht auf sich genommen
unentschieden
unentschieden
vorläufig vorläufig[26]

In einer asyndetischen Reihe werden ausschließlich Funktionsausdrücke aufgeführt: Adverbiale Bestimmungen, Steigerungsformen, Adverbien und Konjunktionen nehmen in Texten die Aufgabe der lokalen, temporalen und modalen Differenzierung und logischen Strukturierung wahr. Bei Ausdrücken, die – vereinfacht gesagt – die Modalitäten/Beziehungen angeben, unter denen sich eine Aussage vollzieht, ist es nicht sinnvoll, ja zum großen Teil unmöglich, nach den Wirklichkeitskorrelaten ihrer Eigenbedeutung zu suchen. Was in den Zeilen präsentiert wird, könnte als Material sprachlicher Möglichkeitsrelationen bezeichnet werden: das Präpositionalsyntagma einer räumlich-zeitlichen Annäherung, die Potenzialität anzeigende Partikel, die einen irrealen Vergleich einleitende Konjunktion, Adverbien der Indifferenz. Ihr Unbestimmtheitsgrad wird mitunter durch Verdoppelung oder Verneinung noch gesteigert. Die gereihten Ausdrücke als freie Morpheme konjunktivischer Rede zu betrachten

---

25 Heissenbüttel (1978, 443).
26 Heissenbüttel (1960, 35). Vgl. hierzu Drux (1983, 20–28).

ist also durchaus möglich, aber nicht notwendig, da sie alle – bis auf die Konjunktion „als ob“ – auch in indikativischer Rede verwendet werden können. So erweist sich die „Aussageform der Vorstellung“ (Duden) auch als der angemessene Modus dieser Texterklärung.

Aus dieser metasprachlichen Etüde gewinnt Heißenbüttel nun einen Markierungspunkt für sein „drittes Gelegenheitsgedicht auf mich selbst im Konjunktiv 1980 Ernst Jandl gewidmet“, wie der lange (auch hierin barockaffine) Titel lautet.[27] Bei dem selbstbezüglichen Kasualpoem, in dem der Verfasser seine eigene „Adresse“ ist („in meiner momentanen Verfassung, über die ich so rücksichtslos wie möglich Auskunft gebe“), geht es ihm darum, „Sätze fest zu machen, die meiner Verfassung standhalten“.[28] Den „Bezugszusammenhang“ konstituieren außerdem die Person, der das Gedicht gewidmet ist (Jandl), und die angegebene Jahreszahl: 1980. Inhaltsmomente des Textes liefern Wendungen und Wörter, die in diesem Jahr, das von einer Bundestagswahl (mit Helmut Schmidt und Franz Josef Strauß als den Konkurrenten um das Kanzleramt) und dem Boykott der Olympischen Spiele in Moskau politisch beherrscht wurde, im Schwange waren. Und Ernst Jandl mit dem Konjunktiv in Verbindung zu bringen ergibt sich daraus, dass dieser 1979 ein ganzes Schauspiel, die über den Tagesablauf eines Schriftstellers komponierte Sprechoper *Aus der Fremde*,[29] bloß in indirekter Rede mit dem unpersönlichen Er als Subjekt schrieb, um das Gefühl der Fremdheit auszudrücken und Selbstdistanzierung zu erreichen. Als strukturelle Basis für sein „drittes Gelegenheitsgedicht“ schließlich wählt Heißenbüttel ein Modell irrationaler Bedingungen, wie die erste Strophe zeigt:

---

27 Vgl. HEISSENBÜTTEL (1980, 55–57). Zum „dritten Gelegenheitsgedicht“ vgl. auch LINDEMANN (1981, 60–71).

28 HEISSENBÜTTEL (1978, 442). Dass der Adressatenbezug die Struktur des Kasualpoems prägt, zeigt KÜHN (1997, 80, Anm. 47) am Beispiel von Heißenbüttels Gedicht „der heilige Hain“ (1970), das dem Maler und Grafiker Rupprecht Geiger gewidmet ist. Zu dessen Arbeiten weise der Heißenbüttel'sche Text deutliche „Affinitäten“ auf: „So entspricht etwa den von Geiger favorisierten geometrischen Formen von Kreis und Viereck der streng mathematisch gehandhabte Auf- und Abbau der Zeilenreihe, den für Geiger charakteristischen Farbmodulationen die Verwendung eines einzigen *Vollworts*; den Modulationen des Farb*tons* korrespondieren *klangliche* Veränderungen, die sich durch die unterschiedliche Anzahl der Bestimmungswörter von Vers zu Vers ergeben, usw.“

29 Vgl. JANDL (1980).

wäre ich Ringer geworden oder General
wäre mir möglicherweise wie jenem anderen alles egal
ich wäre vorzeitig pensioniert oder hätte eine ein bißchen aus dem Leim gegangene
    Modellfigur
ich würde mich ohne nachzudenken und ohne zweifel schmeißen in Positur.[30]

In neun Strophen werden spruchartig weitere Möglichkeiten für das Ich erwogen, bis die letzten Verse mit einer asyndetischen Reihe von Modalverben in der ersten (oder dritten) Person des Konjunktivs II den Irrealis deutlich exponieren:

möchte wollte hätte könnte wäre wäre gewesen
anders herum auch weder falscher noch richtiger zu lesen
Möglichkeit ausgesprochen ohne Dimension
was wäre wäre auch nicht schon

langsam der Flügelschlag einer Möve durch nebligen Ferienmorgen
in die Radiomusik aus Blockflöte und Cembalo Couperin verborgen
hätte und wäre gehören lächerlich mir im Konjunktiv
weil was anders gelaufen wäre sowieso nicht lief[31]

Die vorgestellten Möglichkeiten sind also rein sprachlicher Natur, für den Autor in seiner augenblicklichen „Verfassung" bieten sie keine Alternativen zur bestehenden Wirklichkeit, bleiben „lächerlich" ihm „im Konjunktiv" – „ausgesprochen ohne Dimension." Dass sich diese Aussage selbst nur noch in Versatzstücken kundtut, erschwert durch holprige Verse und unsaubere Reime, verstärkt die Indirektheit der konjunktivischen Rede, in der das Ich als ein potenziell Anderes im reinen Sprachspiel verschwindet. Damit verliert aber auch die besondere Gelegenheit, das individuelle Erlebnis referentielle Qualität: Nicht, was es im geschichtlichen und gesellschaftlichen Raum bedeutet, wird mitgeteilt, sondern die Vermittelbarkeit selbst thematisiert. Erst in ihrer sprachlichen Fassung wird die Gelegenheit, die als wirkliches Ereignis ja einmalig und nicht zu wiederholen ist, „rekapitulierbar"; „ich frage", ist im „Lehrgedicht über Geschichte 1954" zu lesen, „ob dieses Sprachliche nicht das einzige ist mit dem so etwas wie Erinnerung festzuhalten ist oder auch nur zu vermitteln".[32] Unter dieser Voraussetzung muss die poetische Darstellung eines Geschehens immer auch Reflexion auf ihre sprachliche Materialität sein, oder

---

30 HEISSENBÜTTEL (1980, 55).
31 HEISSENBÜTTEL (1980, 57).
32 HEISSENBÜTTEL (1974, 225 f.). Vgl. dazu DRUX (1982, 160–167).

anders gesagt: Die Sprache ist als Medium des Dichters auch zugleich sein poetischer Gegenstand.

III.

Gerade das lehnt Günter Grass ab; über die sprachlichen Bedingungen lyrischen Hervorbringens sollte sich ein Gedicht möglichst nicht auslassen – eine Meinung, die auch im metaphorischen Titel des zitierten Vortrags von 1961 anklingt, der vollständig lautet: „Das Gelegenheitsgedicht oder – es ist immer noch, frei nach Picasso, verboten, mit dem Piloten zu sprechen". Mag auch Grass, was seine zahlreichen poetologischen Verse zeigen, dieses Verbot nicht immer strikt befolgt haben, er besteht jedenfalls auf dem „Individualismus" des Dichters, der nicht erklärt werden muss, auf die nur ihm eigene Gelegenheit, selbst wenn sie in einer so banalen Erfahrung aufgeht wie der plötzlichen Erkenntnis „beim Schlüsselsuchen, / daß ich einen Schlüssel brauche, / um bei mir einkehren zu können."[33] Nachdem ihm dieser Umstand bewusst geworden ist, merkt das Ich des Grass'schen Gedichtes „Saturn" auch bei anderen täglichen Verrichtungen auf, bei der Nahrungsaufnahme, beim Auskleiden oder – in einer Phase der Erholung nach derart irritierenden Beobachtungen – beim Zigarettenrauchen:

> Waagerecht lag ich,
> rauchte die Zigarette
> und war im Dunkeln gewiß,
> daß jemand die Hand aufhielt,
> als ich meiner Zigarette
> die Asche abklopfte.
>
> Nachts kommt Saturn
> und hält seine Hand auf.
> Mit meiner Asche
> putzt seine Zähne Saturn.
> In seinen Rachen
> werden wir steigen.[34]

---

33 GRASS (1988, 128). Auch in „Mein Radiergummi" gibt es offensichtlich Schlüsselprobleme: „Meine Taschen sind voller Eintrittskarten – / ich kann den Schlüssel nicht mehr finden" (1988, 372). Zur Vergänglichkeitsthematik bei Grass, insbesondere im „Saturn"-Gedicht, vgl. NEUHAUS (1985, 27 f.).

34 GRASS (1988, 128 f.).

Die Zigarette, eigentlich nur ein Genussmittel zur Entspannung vor dem Einschlafen, avanciert zum Sinnbild der Vergänglichkeit. Wie jetzt seine Zigarette
wird später das Ich selbst zu Asche werden – „ist Morgen Asch und Bein",
mahnt Andreas Gryphius 1637 in seinem Sonett „Es ist alles Eitel" angesichts
der „schlechte[n] Nichti[g]keit" des menschlichen Daseins.[35] Grass unterläuft
zwar – und das macht den nonchalanten Ton seines Gedichtes aus – das barocke Vanitas-Pathos durch die Profanität des Bildes; dem aber weist er eine inter-
subjektive Bedeutung zu. Saturn, der des Nachts den melancholischen Grübler
heimsucht, fängt die Asche der Zigarette zum ‚Zähneputzen' auf. Letztlich aber
wird im „Rachen" dieses todbringenden Kinderfressers nicht nur der ihn ima-
ginierende Raucher verschwinden: Das plurale „wir" des Schlussverses umfasst
die ganze Menschheit.

In der Art des sinnbildlichen, bisweilen sogar traditionelle Embleme auf-
greifenden Sprechens wird Grass' Vorliebe für die barocke Dichtung spürbar,
eine Neigung, die er mit Heißenbüttel teilt. Während aber Grass vornehmlich
an thematischen Einheiten der Barockliteratur interessiert ist, auf die er Erfahrungen seiner Lebenswirklichkeit zurückblenden kann: z. B. die ökonomischen
und kulturellen Auswirkungen eines verheerenden Krieges im vierten Kapitel
seines Romans *Der Butt* oder die Situation der Literatur in einer zerrissenen
Nation in seiner Erzählung *Das Treffen in Telgte* – während also Grass inhaltliche Gemeinsamkeiten entdeckt, geht es Heißenbüttel um Parallelen im Sprach-
bewusstsein.

Dem vorsubjektiven des Barock stehe, schreibt er in der Einleitung zu einer
Auswahl von Gedichten des schlesischen Lyrikers Christian Hoffmann von
Hoffmannswaldau, das postindividuelle der Gegenwart gegenüber, wie es sich
in der Anonymität der Mediengesellschaft entwickelt habe. Wie im Barock ein
Ich, das subjektive Erlebnisse ausspricht, noch nicht gedacht wird, so sind wir
heute „der individuellen Erfahrungsmöglichkeiten entfremdet. Nur stehen wir,
unorientiert, neu versuchend, uns zu orientieren, auf der anderen Seite." Heute
haben wir ein Stadium erreicht, in dem „wir über den Zustand, in dem wir uns
befinden, nur da etwas erfahren können, wo wir ausdrücklich auf das Wesen
der Sprache zurückgehen."[36] Die Gelegenheit ist Heißenbüttel deshalb nichts
anderes als ein experimenteller Akt der Selbstvergewisserung über das für ihn

---

35 MACHÉ, MEID (Hrsg.) (1980, 114).
36 HEISSENBÜTTEL (1968, 28).

sprachlich Machbare; Grass hingegen beharrt auf ihrem außersprachlichen Status.[37]

Insgesamt offenbart der Blick auf die lyrische Praxis der beiden Autoren den grundlegenden Charakter ihrer Kontroverse um das Gelegenheitsgedicht, der sich aus dem Bemühen um eine Konturierung divergenter literarischer Positionen ergibt. Sie wird im Wesentlichen durch den Rückgriff auf die alte gattungstheoretische Auseinandersetzung geleistet, die mit der Abgrenzung des ‚wahren' Erlebnisgedichts vom ‚unechten' Kasualpoem ausgelöst wurde. Jenes ist dabei auf das textexterne Geschehen bzw. den realen (Vor-)Fall, also die Kategorie der Okkasionalität konzentriert, während für dieses eher das gesamte „gattungsspezifische Wirkungsgefüge" konstitutiv ist, das sich im poetischen „Austausch über ein konkretes, datierbares Ereignis zwischen dem Autor und dem/den Adressaten aufbaut".[38] Jedenfalls zeigt der historisch entwickelte Doppelsinn dieses Gattungsbegriffs (ganz ohne Polemik) die große Spannweite moderner Lyrikproduktion an, die die Gestaltung eines persönlichen Erlebnisses ebenso aufweist wie die Reflexion auf das sprachliche Material.

37 Vgl. auch Kühn (1997, 81, Anm. 48), die darauf hinweist, „dass Heißenbüttel erst nach Grass auf das Gelegenheitsgedicht rekurriert" und auch sonst gegen ihn gerichtete Angriffe „in für ihn konstruktiver Weise aufgreift", d. h. kritische Wendungen wie Hans Magnus Enzensbergers „Gedichte, in denen nichts steht", produktiv zu nützen weiß. Das wird durch Heissenbüttels ‚Statement' zum Gelegenheitsgedicht (1978, 441 f.) bestätigt: „Gegen Günter Grass, der um 1960 die Bezeichnung Gelegenheitsgedicht wieder aufgegriffen hat, um seine Art von Erlebnisgedicht zu verteidigen, und der lediglich die Poetisierung des Alltags, der Alltagsgebräuche meinte, meine Gedichte damals […] als unpoetisch kritisierte, gegen Günter Grass habe ich mich an Adressen gehalten. Gelegenheitsgedichte waren für mich zu allererst Gedichte, die ich für bestimmte Personen zu bestimmten Anlässen, Geburtstagen, Todestagen, Katalogen, Grafikmappen […] gemacht habe".

38 Drux (2005, 1062). Von daher darf bezweifelt werden, dass der monokategoriale Gebrauch des Gelegenheitsgedicht-Begriffs im gegenwärtigen Literaturbetrieb überhaupt noch die Gedichte zu erfassen vermag, die in Antike und Früher Neuzeit darunter subsumiert wurden.

Literaturverzeichnis

BARNER, Wilfried (1970): Barockrhetorik. Untersuchungen zu ihren geschichtlichen Grundlagen. Tübingen.

DACH, Simon (1937): Gedichte, Bd. 2. Hrsg. v. W. Ziesemer. Halle a. d. S.

DRUX, Rudolf (1982, 160–167): Historisches als Sprachmaterial. Helmut Heißenbüttels „Lehrgedicht über Geschichte 1954". In: W. Hinck (Hrsg.): Gedichte und Interpretationen 6: Gegenwart. Stuttgart.

– (1983, 20–28): Sprachpräsentation in Gedichten der sechziger Jahre. Zu Texten von Handke, Heißenbüttel, Jandl und Mon. In: Literatur für Leser, H. 1.

– (1993, 402–414): Das Gelegenheitsgedicht bei Grass und Heißenbüttel. Aktualität und Tradition einer poetologischen Kontroverse. In: L. Jordan, W. Woesler (Hrsg.): Lyrikertreffen Münster. Gedichte und Aufsätze 1987 – 1989 – 1991. Bielefeld.

– (1996, 653–667): Art.: Gelegenheitsgedicht. In: G. Ueding (Hrsg.): Historisches Wörterbuch der Rhetorik, Bd. 3. Tübingen.

– (2005, 1061–1078): Vom „Amt der rechten Poesie". Johann Christian Günthers kasualpoetischer Kampf gegen Sohn und Vater Männling. In: K. Garber (Hrsg.): Kulturgeschichte Schlesiens in der Frühen Neuzeit. Bd. 2/VII. Tübingen.

ECKERMANN, Johann Peter (1980): Gespräche mit Goethe, Bd. 1. Hrsg. v. F. Bergemann. Frankfurt a. M.

GRASS, Günter (1968, 63–66): Das Gelegenheitsgedicht oder – es ist immer noch, frei nach Picasso, verboten, mit dem Piloten zu sprechen. In: Ders.: Über meinen Lehrer Döblin und andere Vorträge. Berlin.

– (1979): Das Treffen in Telgte. Darmstadt, Neuwied.

– (1988): Die Gedichte 1955–1986. Mit einem Nachwort v. V. Neuhaus. Darmstadt.

HEISSENBÜTTEL, Helmut (1960): Textbuch 1. Olten.

– (1968): Vorwort zu: Christian Hofmann von Hofmannswaldau: Gedichte. Ausgewählt v. H. Heißenbüttel. Frankfurt a. M.

– (1974): Das Durchhauen des Kohlhaupts. Dreizehn Lehrgedichte. Projekt Nr. 2. Darmstadt, Neuwied.

– (1978, 440–443): Zum Gelegenheitsgedicht. In: J. Hans, U. Herms, R. Thenior (Hrsg.): Mit gemischten Gefühlen. Gedichte: Biographien: Statements. München.

- (1980): Ödipuskomplex made in Germany – Gelegenheitsgedichte, Totentage, Landschaften 1965–1980. Stuttgart.

JANDL, Ernst (1980): Aus der Fremde. Sprechoper in 7 Szenen. Darmstadt, Neuwied.

JURGENSEN, Manfred (1974): Über Günter Grass. Untersuchungen zur sprachbildlichen Rollenfunktion. Bern.

KETELSEN, Uwe-Karsten (1976, 89–107): Poesie und bürgerlicher Kulturanspruch. Die Kritik an der rhetorischen Gelegenheitspoesie in der frühbürgerlichen Literaturdiskussion. In: Lessing Yearbook, Bd. VIII.

KNÖRRICH, Otto (1983, 551–575): Bundesrepublik Deutschland. In: W. Hinderer (Hrsg.): Geschichte der deutschen Lyrik vom Mittelalter bis zur Gegenwart. Stuttgart.

KÜHN, Renate (1997): Der poetische Imperativ. Interpretationen experimenteller Lyrik. Bielefeld.

LINDEMANN, Gisela (1981, 60–71): Unterwegs zwischen zwei Situationen. Zu Helmut Heißenbüttel: drittes Gelegenheitsgedicht auf mich selbst im Konjunktiv 1980. Ernst Jandl gewidmet. In: H. L. Arnold (Hrsg.): Text + Kritik, H. 69/70: Helmut Heißenbüttel. München.

MACHÉ, Ulrich, Volker MEID (Hrsg.) (1980): Gedichte des Barock. Stuttgart.

NEUHAUS, Volker (1985, 20–45): Das Chaos hoffnungslos leben. Zu Günter Grass' lyrischem Werk. In: M. Durzak (Hrsg.): Zu Günter Grass. Geschichte auf dem poetischen Prüfstand. Stuttgart.

OPITZ, Martin (1966²): Buch von der Deutschen Poeterey (1624). Nach der Edition v. W. Braune neu hrsg. v. R. Alewyn. Tübingen.

SCHILLER, Friedrich (1958 [1791], 246–264): Über Bürgers Gedichte. In: Ders.: Werke. Nationalausgabe, Bd. 22. Hrsg. v. J. Petersen u. a. Weimar.

SEGEBRECHT, Wulf (1976, 523–535): Zur Produktion und Distribution von Casualcarmina. In: A. Schöne (Hrsg.): Stadt – Schule – Universität – Buchwesen und die deutsche Literatur im 17. Jahrhundert. München.

- (1977): Das Gelegenheitsgedicht. Ein Beitrag zur Geschichte und Poetik der deutschen Lyrik. Stuttgart.

STAIGER, Emil (1959⁴): Grundbegriffe der Poetik. Zürich.

WILPERT, Gero von (1969⁵): Sachwörterbuch der Literatur. Stuttgart.

Kerstin Stüssel

„Wenn wir schon wackeln". Gelegenheitslyrik der DDR

I.

Am Gelegenheitsgedicht scheiden sich traditionell die Geister, weil sich am Gelegenheitsgedicht zu entscheiden scheint, wie modern ein Text oder auch ein Literatursystem ist, wenn nicht gleich gar die ganze Gesellschaft. Im Rahmen der Differenzierungs- und Autonomisierungsrhetorik der Moderne[1] bzw. der Modernisierung wird Gelegenheitsdichtung der Vormoderne zugeordnet und tendenziell abgewertet, weil sie abhängig ist von nichtliterarischen kollektiven Situationen, Aufträgen und Routinen. Eine Gesellschaft, in der ein hohes Aufkommen von Gelegenheitsdichtung zu beobachten ist, gehört demzufolge noch nicht oder nicht mehr der Moderne an.

Ein geringes Aufkommen von Gegenwartslyrik hingegen kann nach dieser Logik nur noch als vormoderner Restbestand beschrieben werden, der durch allmähliches Verschwinden oder das Abgleiten von Gelegenheitslyrik in nichtliterarische, private Bereiche die Autonomie intakt lässt oder bestärkt. Die externe Motivation und Funktionalisierung passt nicht zur Autonomie der Literatur, Gelegenheitslyrik ist ausdrücklich keine „reine Poesie", sie vertraut vielmehr der praktischen Funktion der Sprache und steht gerade nicht in „Opposition zur Pragmatik des Lebens".[2] Damit ist sie nicht autonom, lässt sich nicht ausdifferenzieren bzw. als ausdifferenziert betrachten. Diesen Vorwurf aber teilt die Gelegenheitslyrik mit einem Großteil der Lyrik in der zweiten Hälfte des 19. Jahrhunderts,[3] weshalb die Gleichsetzung von Autonomieästhetik und Moderne seit geraumer Zeit mit Recht in Frage gestellt wird, abgesehen davon, dass bereits die vormoderne Gelegenheitsdichtung Momente

---

1 Vgl. Graevenitz (1999).
2 Brokoff (2010, 33).
3 Vgl. Martus, Scherer, Stockinger (2005).

von „ästhetische[r] Emanzipation" und „künstlerische[r] Autonomisierung" aufweisen konnte.[4]

Hinzu kommt, dass auf semantisch-textimmanenter Ebene die Attribution ‚Gelegenheitslyrik' mehr als fraglich erscheint: Es gibt keine eindeutigen, trennscharfen Kriterien oder Marker, die einen einzelnen, kontextlos betrachteten Text zu einem Gelegenheitsgedicht machen. Daher gilt es, den Blickwinkel vom einzelnen Text zu lösen und zu erweitern. Die Rekonstruktion von Publikationspraktiken und Okkasionalitätsdiskursen sowie die lyrikologische Pluralisierung und Differenzierung von Funktionen können die gegenstandsnahe Forschung anleiten, auch wenn eine literaturwissenschaftliche ‚Theorie der Funktion' noch immer fehlt.[5]

Lyrische Texte gewinnen in der Moderne seit dem 19. Jahrhundert[6] ihre Funktionen im Zusammenhang variabler soziokultureller Kasualien[7] und quasi-liturgischer Rituale in institutionellen Sprachräumen,[8] die ihre Praktiken als Formulare für erst noch zu schaffende oder bereits vorliegende lyrische Texte bereitstellen. Gelegenheitslyrik dient der Ausgestaltung von Geselligkeit und Feiertäglichkeit, aber auch der Tradierung von Anlässen, die zwischen Singularität und Ritual vermitteln. Die Gliederung des menschlichen Lebenslaufs und die Etablierung kultureller Zeitordnungen koevoluiert und konkurriert in der Moderne in wechselnden, „graduellen Dominanzen"[9] mit den Disruptionspraktiken emphatisch moderner Kunstautonomie. Zentral bleiben das Postulat und die Zuschreibung der Situationsangemessenheit, des *aptum*, welche prospektiv und retrospektiv, auf der Seite der Produktion und der Rezeption, lyrischen Texten Funktionen in den Praktiken eines geselligen, festtäglichen Lebens zuweist.[10]

Die DDR-Literatur folgt bis in die 1980er Jahre in ihren dominanten Teilen einer abstrakt-geschichtsphilosophischen und konkret institutionalisierten

---

4 STOCKHORST (2019 [2006]).
5 Vgl. ZYMNER (2013), ZYMNER (2016[2], 112–118).
6 Vgl. LAUER (2005).
7 Vgl. SEGEBRECHT (1977).
8 Vgl. MARTUS, SCHERER, STOCKINGER (2005, 24).
9 ZYMNER (2019, 38).
10 Vgl. FOHRMANN (1996). Gegenüber dem verallgemeinerten Alltagsbegriff bei LAUER (2005) muss hier m. E. die Differenz Alltag-Feiertag eingetragen werden.

Auftragslogik, die Affirmation fordert und unterstellt.[11] Daraus entstehen die Aufmerksamkeit für kleinste Abweichungen und mehr oder weniger subtile programmatische Kontroversen. Die DDR-Literatur ist programmatisch, medial und institutionell höchst voraussetzungsreich: Nicht nur realistische Schreibweisen rekurrieren auf das 19. Jahrhundert und die Zwischenkriegszeit, sondern gerade die gesellschaftlich-institutionelle Lyrik der DDR greift auf diese Traditionen zurück.[12] Dies zeigt sich insbesondere auch bei der Frage nach der Rolle der Gelegenheitslyrik in der DDR und nach jenen Institutionen, Praktiken und Situationen, durch die sie produziert und rezipiert wird.

Lyrik in der DDR ist mithilfe einer strengen Modernitätsmatrix nicht zu erfassen. Notwendig ist ein erweitertes Verständnis, das Literatur als tendenziell massenhafte soziokulturelle Kommunikation begreift. Wenn es gilt, über die Gelegenheitslyrik der DDR zu arbeiten, dann hat man sich von der Logik autonom-moderner Literatur genauso zu verabschieden wie von etablierten literaturhistorischen Narrativen: Solche, die vom Generationen- und Subjektivitätsparadigma abhängen, erfassen eigentlich nur die Lyrik zwischen 1961, von der massenkulturellen ‚Lyrikwelle', bis 1976, der Ausbürgerung Wolf Biermanns; diese gilt als moderner und qualitativ akzeptabler im Sinne einer „arbeitende[n] Subjektivität".[13] Grob gesagt gilt dann vor 1961 das Paradigma „Umerziehung der Nation",[14] nach der Biermann-Ausbürgerung das Narrativ: Auflösung der DDR-Lyrik in den Dekonstruktionslaboren des Prenzlauer Bergs, durch Akteure, die sich der DDR-Matrix entziehen, indem sie sogar auf dissidentische Widerstandsakte verzichten.[15]

Wenn man indes gegen diese Grammatik einer modernistischen Parenthese die DDR-Literatur von ihren Extremata und von den Publikationsformen her zu erschließen versucht, stellt sich die Frage nach der Gelegenheitslyrik etwas zwangloser. Man hätte dann an die verfemte[16] wie auch an die affirmativ-offiziöse Lyrik zu erinnern und den kanonisierten Texten des Höhenkamms beizugesellen. Mit der Gelegenheitslyrik soll im Folgenden ein Gegenstand in der

---

11 Vgl. STÜSSEL (2004, 250–259).
12 Vgl. auch den Beitrag von Claudia Stockinger in diesem Band.
13 EMMERICH (2001[2], 576).
14 EMMERICH (2001[2], 578).
15 Vgl. MANN (1996).
16 Vgl. etwa GEIPEL, WALTER (2015).

Nähe des Affirmationspols untersucht werden. Um in die Beschreibung und Analyse der DDR-Gegenwartslyrik in ihrer Fülle und in angemessener Breite einzutreten, muss man den Blick von den kanonischen Texten und Namen lösen und sollte sich auch von den eingespielten Routinen, etwa der modernistischen Parenthese lösen. Berühmt-berüchtigte Gelegenheitslyriker wie Kurt Barthel (Kuba) oder Korpora wie die Stalin-Hymnen Johannes R. Bechers und Stefan Hermlins sollen hier genauso wenig im Mittelpunkt stehen wie die Fahndung nach peinlichen Ergebenheitsadressen, linientreuen Bekenntnissen und Aufrufen, nach Manifestationen von Personenkult in den Werkbiographie-Tiefen vermeintlich unverdächtiger oder gar dissidentischer Autoren (z. B. Reiner Kunze). Die hermeneutisch ohnehin trügerische Hoffnung, an einem großen Korpus von Texten vielleicht sogar quantitativ fixieren zu können, wie die Relation zwischen eindeutig heteronomer und autonomerer Lyrik in der DDR beschaffen ist, bleibt letztlich ebenfalls in einem Zugriff befangen, der auf den einzelnen Text oder auf die einzelne Autorschaft fixiert ist. Es gilt stattdessen, stärker am buchgeschichtlichen Material und an den daraus erschließbaren Praktiken zu arbeiten, um tatsächlich die DDR-spezifischen Gelegenheiten zu beschreiben. Diese sind wiederkehrende, festtägliche Situationen, für die literarische Texte neu produziert oder aber bereits vorliegende Texte rezipiert und publizistisch aufbereitet werden.

Vorgeschlagen wird – am Gegenstand der DDR-Gelegenheitsdichtung – damit auch die Lösung von einer Autonomie-Logik, die der Gelegenheitslyrik anachronistische Züge zuweist. Es gilt, die in der fortwährenden Aktualität von Kasualdichtung[17] liegende Provokation ernst zu nehmen. Zu prüfen ist, ob die Differenz von sich selbst funktionalisierenden Texten einerseits, die für eine Gelegenheit produziert werden, und solchen Texten andererseits, die jenseits von Gelegenheiten entstanden, aber für eine Gelegenheit publiziert, rezipiert und funktionalisiert werden, tragfähig ist. Vermutlich liegt auch hier eine Differenzierungspraxis vor, die graduelle Unterschiede und Dominanzen erzeugt. Damit entsteht eine Art von ‚Aspektsehen' im Sinne Wittgensteins, das Gedichte als janusköpfige Vexierbilder, je nach Publikationsumfeld und Fokussierung, eher als Textartefakte oder eher als kommunikative Elemente einer Massenkultur auffasst.[18]

---

17 Vgl. aktuell Amanda Gormans Gedicht „The Hill We Climb" zur Amtseinführung von US-Präsident Biden.

18 Vgl. WITTGENSTEIN (1984 [1953], 518–528).

II.

Die literaturgeschichtliche Blickverengung auf die modernistisch-autonome Parenthese scheint sich dadurch zu bestätigen, dass in der wichtigsten und programmatischen Lyrik-Anthologie der DDR aus den ‚modernen' 1960er Jahren, die kasual dem 15-jährigen DDR-Jubiläum zugeordnet wird, nur ein einziges Gelegenheitsgedicht zu finden ist: 1966 erscheint im Mitteldeutschen Verlag die berühmte, inzwischen kanonische Anthologie *In diesem besseren Land*, herausgegeben von Adolf Endler und Karl Mickel. Dass es sich dabei um eine Auftragspublikation, eine Jubiläumsanthologie handelt,[19] wird in keinem der Paratexte explizit gemacht. Die „Vorbemerkung" verspricht immerhin, die „gelungensten Gedichte" der in der DDR lebenden Dichter zu präsentieren, denen bereits die 20 Jahre nach Kriegsende „auf dem Territorium der DDR" einen „Stempel" aufgedrückt hätten.[20] Im gleichen Atemzug folgt der halb entschuldigende, halb anreizend-ironische Hinweis auf die Verständnisschwierigkeiten, die die avancierten Gedichte den Lesern womöglich aufgeben werden:

> Wir setzen volles Vertrauen auf die Entwicklung zur gebildeten Nation, die dazu führen wird, daß mehr Leser als bisher sich das nötige Rüstzeug zur Gedichtlektüre aneignen werden. In diesem Sinne ist unsere Anthologie eine betonte Aufforderung. Wir müssen unsere Leser bitten, nicht zu verzweifeln, wenn sie Gedichten begegnen, die ihnen auch beim dritten oder fünften Lesen noch nicht verständlich scheinen.[21]

Die Referenz auf eine erst im Entstehen begriffene qualifizierte Leserschaft ist ein geschickter Umgang mit den immer noch virulenten Formalismusvorwürfen und der Moralisierung von Ästhetik (11. Plenum), und sie erlaubt ein geschicktes Umschiffen zentraler literarisch-ästhetischer Imperative der DDR, der Volkstümlichkeit, des Realismus und der Repräsentation. Man hält auf ästhetischen Anspruch, auf Komplexität, auf Moderne und setzt sich damit, im Anschluss an die massenmedial gestützten, 1962 begonnenen Lyrik-Debatten,[22] von manchen Banalitäten der 50er Jahre ab. Die „weitgehende Absenz des politischen Gedichts" wird in einem komplizierten Druckgenehmigungsprozess

---

19 Vgl. Barck, Langermann, Lokatis (1997, 298).

20 Endler, Mickel (1966, 7 f.).

21 Endler, Mickel (1966, 8).

22 Zur einschlägigen Leser-Diskussion im *Sonntag* und zur *Forum*-Lyrik-Diskussion vgl. Barck, Langermann, Lokatis (1997, 290 ff., 297 u. 307–317).

denn auch moniert,[23] wodurch sich das für 1964 geplante Erscheinen um zwei Jahre verzögert – eine verpasste Gelegenheit also. Indem die Anthologie ihre eigene Okkasionalität folgerichtig fast vollständig kaschiert, können die abgedruckten Texte als Ausweis von unpolitisch-autonomer Qualität rezipiert werden. Aber ein explizites Gelegenheitsgedicht muss auffallen.

Es handelt sich um Peter Hacks' „Prolog zur Wiedereröffnung des Deutschen Theaters", das seine situativ-okkasionelle Verankerung auch paratextuell markiert. Das Gedicht attackiert die kurzfristig-ephemere Gegenwartskunst der „Kleinigkeiten", des „kurzen Irrtum[s]" und der „wohlfeiln Mode":

> Wir bitten Sie nun nicht zu uns herein,
> Um zu erleben, was Sie draußen auch
> Erleben können. Was Sie bei uns sehn,
> Sehn Sie nicht in der S-Bahn, und Sie lesen's
> Nicht im Journal. Nämlich wir haben hier
> Die allgekannte Wirklichkeit verändert
> Durch Beimischung von Schönem, Wunderbarem
> Und Unwirklichem, dergestalt, daß sie
> Erhöhten Wert und Wichtigkeit gewinnt.
> [...]
> Wir wolln aufs Ganze und aufs Innerste.[24]

Dieses Gelegenheitsgedicht setzt sich offensiv von einer realistischen Gegenwartsdramatik ab, die hier als bloße Aktualitätsverarbeiterin dargestellt wird und an der sich Hacks selbst kurz zuvor bis zur Absetzung seines Stückes *Die Sorgen und die Macht* abgearbeitet hatte. Das Gedicht verkündet nun, der poetologischen Wende Hacks' entsprechend und Hacks' persönliche ‚Wiedereröffnung' *seines* ‚Deutschen Theaters' proklamierend, eine sozialistische Kunst, die die Schönheit reinigt von den Zumutungen des Alltags und der Gegenwart und die so die Realität verändert: Sozialistische Klassik.[25] Somit kehrt sich das Gedicht ab von den Impulsen alltäglich-gegenwärtiger Anlässe, ohne aber die Potentiale festtäglicher Gelegenheitslyrik aufzugeben. Und: Es macht das Vexierbild der Gelegenheitslyrik in der DDR habhaft.

---

23 BARCK, LANGERMANN, LOKATIS (1997, 300).

24 ENDLER, MICKEL (1966, 297–301, hier 297 f.).

25 Vgl. WEBER (2018, 115–256).

Eine andere, etwas frühere Anthologie innerhalb derselben Parenthese ist der von Gerhard Wolf herausgegebene und aufwendig illustrierte Band *Sonnenpferde und Astronauten. Gedichte junger Menschen.* Sie bestätigt die Hypothese von der Janusköpfigkeit gelegenheitslyrischer Praktiken in der DDR. Die Anthologie beginnt mit neun Gedichten des jungen Volker Braun, der bis dahin noch keine Buchveröffentlichung vorweisen konnte. Das erste lautet programmatisch „Unsere Gedichte": Die dort in einer Anaphernhäufung insistierend entwickelte Poetologie distanziert sich nicht nur vom poetischen „Nachruhm", sondern auch von der Vorstellung, dass Gedichte als politische „Wegzeichen" fungieren müssten.[26] Der Text propagiert stattdessen in technizistischer Metaphorik die Vermittlung von Empfindungen, die Vermittlung zwischen Natur und Intellekt, die Vermittlung von Tag und Nacht, von nächtlichen Träumen und Zukunftsvisionen sowie die Bekämpfung der Angst und die Abwehr der Dunkelheit: „Unsere Gedichte sollen die Brüste mit Sonne panzern".[27]

Das dann folgende Gedicht ist Brauns „Jugendobjekt", aus dem das Titelzitat dieser Arbeit stammt. Es bildet wiederum eine Kippfigur zwischen dem lyrischen Rekurs auf einen vergangenen Anlass, womöglich auf ein persönliches Erlebnis, der Verfertigung für eine zukünftige Kasualie, eine feiertägliche gemeinschaftsstiftende Gelegenheit und ambitionierter Kunstautonomie:

Jugendobjekt

Blaßrot ziehn sie die Sonnscheibe hoch über dem Rhinluch,
Blaßrot und rund schwimmt sie in der Himmelssuppe,
Blaßrot und rund und spät, wenn wir schon wackeln,

Wenn wir schon wackeln in der unnachgiebigen Erdsuppe,
Wenn wir schon wackeln und schwitzen an diesen lumpigen Handbaggern
Unter der blauen Sonnenfahne, wenn wir schon schwitzen,

Eh sie die Sonne hochziehn und für die paar Piepen,
Für den versengten Rücken und Dreck im Ohr und billige Blutwurst
Und für getrocknete Felder und Butter, Leute, Butter!

Ja, für Butter, mit diesen erbärmlichen Handbaggern schaufeln wir
Uns die Brust voll Ruhm und Hoffnung, schaufeln ein Vaterland her,
Eh sie noch richtig hochkommt, die Sonne, über den Gräben im Rhinluch,

---

26 WOLF (1964, 6).
27 WOLF (1964, 6).

Eh sie noch richtig gelb und bunt durch den blauen Himmel schwingt,
Schwingen wir unsere lumpigen Suppenschaufeln unter der Sonnenfahne,
Eh sie noch gelb und bunt wie blanke Butter hochschwingt, die Gute![28]

Die fünf Strophen mit je drei Langversen sind durch Epanalepsen und Anadiplosen eng verfugt und erinnern vage an die traditionellen Formen des Ritornells und der Villanelle mit ihren kürzeren Versen und strengen Reimschemata.

Wegen der Ortsangabe („Rhinluch"), wegen der Morgenrötetopik,[29] der FDJ-Sonnen- und Farbsymbolik und wegen der wiederholten 1. Person Plural fungiert der Text als Gelegenheitsgedicht, welches die Mühen und Anstrengungen der sozialistischen Aufbau- und Optimierungsprozesse halbironisch besingt und feiert, ein Gelegenheitsgedicht, das auch die potentielle Peinlichkeit von moderner Gelegenheitsdichtung in seine Form integriert. Den wirtschafts- und kulturhistorischen Kontext des Gedichts bilden die Trockenlegungs- bzw. Bodenmeliorisierungsmaßnahmen, die um 1960 die landwirtschaftliche Nutzfläche der DDR vergrößern und verbessern sollten und die zum Teil als sogenannte „Jugendobjekte", als Projekte der FDJ, organisiert wurden. Volker Braun hat als Student selbst an solchen kollektiven Aktivitäten teilgehabt.[30] Brauns Gedicht mit dem „Wenn wir schon wackeln" als Anadiplose und Anapher ironisiert die offizielle Propaganda des standhaften, wachen Arbeiters, der sich im kollektiven „Wir" für den Aufbau des Sozialismus verausgabt: „Wackeln" ist bis heute im Sächsischen unter Arbeitern und Handwerkern auch ein Synonym für „(bis zur Erschöpfung) arbeiten".[31] Zugleich aber wird das Pathos des sozialistischen Aufbaus gänzlich unironisch präsentiert: Kurzfristig arbeiten „wir […] für die paar Piepen, / Für den versengten Rücken und Dreck im Ohr und billige Blutwurst", langfristig aber für grundstürzende Verbesserungen und Fortschritte in der Landwirtschaft und in den Lebensbedingungen generell. Dafür stehen synekdochisch und metonymisch „getrocknete Felder und Butter, Leute, Butter!" Und selbst die dürftigsten Arbeitsbedingungen können nicht verhindern, dass hier etwas Größeres, Zukunftsträchtiges in der Bündelung von

---

28 WOLF (1964, 7).

29 Vgl. STÜSSEL (2007).

30 Vgl. SCHEPERS (2015).

31 So LASKE (9.4.2021, 18) in einem Artikel über einen schwererkrankten Mann: „Jahrzehntelang hatte er ‚immer nur gewackelt', wie er sagt. Arbeiten ohne zu klagen und zu hinterfragen." Vgl. auch die Antworten auf eine Twitter-Anfrage unter <https://twitter.com/KerstinStuessel/status/1382313152478597120?s=20>, zuletzt: 15.4.2021.

nationalen und persönlichen Zukunftsaussichten entsteht: „Ruhm", „Hoffnung" und „Vaterland".

Dem Gedicht kann man formale wie propagandistisch-gelegenheitslyrische Qualität attestieren,[32] weil sich Ironie und Buchstäblichkeit die Waage halten. Das Gelegenheitsgedicht vermittelt aber auch, wie Hacks' „Prolog", dass Gelegenheitslyrik in der DDR der 1960er Jahre schon tendenziell peinlich ist, aber noch einen ‚Sitz im Leben' hat. Belegt wird dies durch die spätere Aufnahme von „Jugendobjekt" in anthologische Sammlungen von Texten, die explizit für Gelegenheiten des sozialistischen Lebens publiziert werden und die eine kasualliturgische Praxis generieren. Hier findet jene Okkasionalisierung statt, die einen Text zum Gelegenheitsgedicht macht, und diese Publikationsgattung soll nun stärker in den Blick kommen.

III.

Unter Rekurs auf Anneli Hartmanns Bestandsaufnahme und Simone Barcks Thesen zur ‚Anthologitis' des DDR-Verlagswesens wird das Quellenkorpus nun ausdrücklich auf Anthologien eingeschränkt, die im DDR-Verlagswesen nicht nur wegen der Effekte des Bitterfelder Weges eine prominente Rolle gespielt haben.[33] Damit erreicht man eine buchgeschichtlich-materielle Ebene, die schließlich noch weiter zu verengen ist, um zuletzt eine literaturhistorische Erweiterung zu bewirken: In der „stark ritualisierten DDR-Gesellschaft"[34] gilt es, markierte Feiertagsanthologien im Hinblick auf die in ihnen sedimentierte oder wenigstens rekonstruierbare gelegenheitslyrische Praxis genauer in den Blick zu nehmen.

Auf diese Weise gelingt es, die offizielle Literaturpolitik, die Indienstnahme von Literatur, die Gelegenheitslyrik an einer Quelle aufzusuchen, die für die DDR und ihre Literatur spezifisch ist.[35] Nicht die mehr oder weniger

---

32 Volker Brauns Gedicht „Jugendobjekt" wird im Kontext der Berichterstattung über eine Ost-West-Lyriklesereihe „im Westberliner Studentenheim Siegmunds Hof" und einer Diskussion in der „Westberliner Akademie der Künste" in *Die Zeit* vom 12. Februar 1965 veröffentlicht und von Dieter E. Zimmer als eines der „fünf gute[n]" unter 25 vorgetragenen Gedichten bewertet. Vgl. BRAUN (12.2.1965) und ZIMMER (12.2.1965).

33 Vgl. HARTMANN (1983) und BARCK (2004, 4–6).

34 BARCK (2004, 7).

35 Vgl. BÜLOW (2014).

angepassten, die mehr oder weniger autonomen Produzenten (samt ihrer Texte), sondern die Vermittlungsinstanzen zwischen Produktion und Rezeption rücken dann ins Zentrum der Aufmerksamkeit: Institutionen und Akteure wie der Schriftstellerverband, die Akteure der Verlage, die Instanzen der Zensur,[36] Partei- und Kulturfunktionäre in Betrieben und gesellschaftlichen Einrichtungen und zuletzt einzelne Autoren definieren in und mit ihren Schreib- und Publikationspraktiken, was in der DDR-Kultur als Gelegenheit und was als dazu passende Lyrik gilt.

Mit dieser Katabase, mit einem ersten Schritt in die Tiefen der Bibliotheksmagazine und der Archive, hinein in das staubige Material, ist zwar noch immer nicht die reale Praxis erreicht, aber immerhin zeigen sich die Spuren bzw. ‚Protokolle‘ der Gelegenheitslyrik der DDR im doppelten Sinn und im doppelten Genitiv. Dass es weiterer Archiv- und Oral History-Studien bedarf, um den faktischen Gebrauch der untersuchten Anthologien zu rekonstruieren, sei hier bereits als Desiderat der Forschung angemerkt. Im Rahmen dieses Beitrags kann lediglich eine chronologische Reihe von Feiertagsanthologien in kursorischer Betrachtung präsentiert werden: Der Blick auf Paratexte wie etwa die Titel, die häufig die Zeit selbst thematisieren, oder die Vorworte, Einleitungen und Inhaltsverzeichnisse müssen vorläufig für ein umfassendes *close* und *distant reading* einstehen.

Den Anfang macht eine Anthologie, die 1952 vom Schriftstellerverband der DDR im Aufbau-Verlag herausgegeben und von Günter Caspar redigiert wurde: *Menschen und Werke. Vom Wachsen und Werden des neuen Lebens in der Deutschen Demokratischen Republik*. Sie enthält Texte aus der traditionellen literarischen Gattungstrias, und sie ordnet sich mit den einführend-rahmenden Texten leitender Funktionäre des Schriftstellerverbandes (Alexander Abusch, Bodo Uhse) ein in den ersten 5-Jahres-Plan, der 1950 vom 3. Parteitag der SED vorgelegt wurde. Damit ist der Auftrag verbunden, den „Übergang zur Gestaltung des Neuen in großen literarischen Formen zu erreichen".[37] Die in der Anthologie versammelten literarischen Texte werden als Effekte und Urheber des politischen Prozesses gedeutet. Sie zeugen „vom Wachsen und Werden unseres neuen Lebens",[38] von den Träumen und Vorstellungen der Menschen,

---

36 Vgl. BARCK, LANGERMANN, LOKATIS (1997).
37 SCHRIFTSTELLERVERBAND (1952, 10).
38 SCHRIFTSTELLERVERBAND (1952, 9).

die „Symptome" des gegenwärtigen Zustands sind und zugleich „Motoren",[39] die bei dessen Veränderung mitwirken und „Bausteine"[40] des Aufbaus einer neuen Gesellschaft werden. Auf diese Weise sind alle Texte, auch die vor Kriegsende und vor Gründung der DDR entstandenen, performativ in die Aufbau- und in die entstehenden Praktiken der DDR eingebunden. Insbesondere Bodo Uhses Essay *Träume, Pläne, Wirklichkeit* entwirft eine soziopolitisch-ökonomische Situationsbeschreibung, die alle abgedruckten Texte paratextuell zu Kasualtexten erklärt. Die großen Aufbaustandorte und -praktiken der frühen DDR bilden die generische Matrix nicht nur für die Gliederung dieses Bandes, sondern auch für die Koevolution von staatlich-ökonomischer Aufbauarbeit und einer proleptischen literarischen Praxis, die dessen vergangene Zukunft avisiert: An ihn wird man sich erinnern müssen und können.

Ein zweites Beispiel ist eine noch ganz dem stalinistischen Personenkult verpflichtete Anthologie. Zum 80. Geburtstag Wilhelm Piecks am 3. Januar 1956 erscheint im Aufbau-Verlag die Textsammlung *Wilhelm Pieck. Schriftsteller und Künstler zu seinem 80. Geburtstag.* Sie wurde vom Ministerium für Kultur herausgegeben und ebenfalls von Günter Caspar zusammengestellt. Es handelt sich um einen aufwendig gestalteten Band mit Illustrationen (Porträts des Jubilars), Handschriftenfaksimiles (Glückwunschbriefe) und Liedern samt Noten. Das Geleitwort stammt von Johannes R. Becher, dem damaligen Kulturminister. Alle Beiträge hätten sich „wie von selbst" eingestellt, für alle Autoren sei ihr Beitrag ein „inneres Herzensbedürfnis", „[f]ür jeden schien es eine Ehre zu sein, an diesem Buch mitarbeiten zu dürfen." Wilhelm Pieck verkörpere den „kollektive[n] Arbeitsstil" und dessen welthistorische Überlegenheit, so dass alle, die am Kollektivprojekt der Anthologie mitgewirkt haben, so dass alle, die am Kollektivprojekt der Anthologie mitgewirkt haben, von „einem Gefühl des Glücks und des Stolzes ergriffen" seien, „daß ein solcher Mann unser ist."[41]

Der gesamte Band verfolgt die Logik eines Ineinander von Individual- und Kollektivpanegyrik: Weil Pieck seine Klasse, sein Volk und seine Partei repräsentiert,[42] lobt man nicht nur ihn, sondern stets das Kollektiv der Klasse, der Partei und der Nation. Als Geburtstagsgeschenk an den Jubilar versammelt der Band in Lyrik, Prosa und Essays alles, was in der DDR Rang und Namen hat.

39 SCHRIFTSTELLERVERBAND (1952, 12).
40 SCHRIFTSTELLERVERBAND (1952, 10).
41 MINISTERIUM FÜR KULTUR (1956, 14).
42 Vgl. MINISTERIUM FÜR KULTUR (1956, 313).

Hedda Zinner liefert mit dem Gedicht „Verbundenheit" die programmatische Mitte des Bandes; der Text etabliert in etwas ungeschickter, auch der Anapäst-Problematik geschuldeten Manier eine Gegenwartspraxis der Geburtstagsfeier *und* der Gratulation, in der Jubilar und Parteikollektiv ineinander aufgehen:

Verbundenheit

Wie könnte seinen Namen je man trennen
von der Partei?
In guten Tagen und in schweren Stunden
war er aufs engste mit ihr stets verbunden.
Wie könnte seinen Namen je man nennen –
ohne die Partei?

Und will man nun von seinem Leben schreiben,
schreibt man von der Partei.
Denn ist nicht, was er tat, Parteigeschichte?
Sein Wirken singen die Parteiberichte.
So wird er stets mit ihr verbunden bleiben:
mit der Partei.

Und wenn wir seinen Festtag feiern, ehren
wir die Partei.
Sie gab ihm ihre Kraft, er ihr die seine;
so wuchs die Kraft in mächtigem Vereine.
Sein Werk – es wird als Vorbild viele lehren:
Seht die Partei![43]

Ebenfalls ein Geburtstagsgeschenk ist die Anthologie *Glück auf, du neues, junges Leben*, die im Jahr 1959 vom Kulturbund herausgegeben wird. Sie begrüßt[44] und gratuliert tropisch der DDR als *totum pro partes* zum 10-jährigen Geburtstag. Sie will den „bereits vorhandene[n] Reichtum unserer neuen, sozialistischen Literatur und Kunst [...] widerspiegeln" und zugleich „Hinweise und Anregungen für die Gestaltung von Feierstunden zu Ehren des Jubiläums unserer Republik" geben.[45] Seine praktische Verwendbarkeit wird durch „beigegebene [...] Programmvorschläge", eine „Musikbibliographie" und „Zitate

---

43 Ministerium für Kultur (1956, 127).
44 *Glückauf* ist der traditionelle Gruß der Bergarbeiter.
45 Kulturbund (1959, 5).

aus kulturpolitischen Beschlüssen und Reden" markiert, die für die jeweiligen Redner und Referenten als „Gedächtnisstütze" dienen sollen.[46]

Die Programmvorschläge unterscheiden sich durch die vermutlich adressierte HörerInnenschaft: Die Vorschläge I–III sind recht allgemein adressiert und widmen sich vor allem dem großindustriellen Aufbau des Sozialismus, der Rolle der Partei, der Kollektivierung, den bewaffneten Streitkräften und der Kooperation von Arbeitern und Ingenieuren generell.[47] Vorschlag IV mit dem Titel *Ein neuer Tag steht über dem Feld* hingegen zielt spezifischer auf die Landwirtschaft,[48] Programmvorschlag V *Wir hüten die Heimat, den Frieden* adressiert die Soldaten der NVA und alle Anlässe in ihrem Umfeld.[49] Zwar leidet die praktische Verwendbarkeit unter fehlenden Seitenzahlangaben, deutlich erkennbar jedoch ist das Prinzip des *aptum*, das die Textauswahl von einer konkreten Feiersituation abhängig und die einzelnen Gedichte zu Gelegenheitslyrik *macht*.

Damit begründet diese Anthologie nicht nur die an vielen Beispielen erkennbare Geburtstags- und Geschenkmetaphorik, die die DDR als *Nation* im emphatischen Sinne auffasst,[50] sondern sie steht auch am Anfang einer Reihe weiterer Anthologien zur Ausgestaltung von sozialistischen Festtagen und -stunden, sogenannten ‚Populareditionen'.[51]

Während 1959 noch eine Sammlung für einen einzigen, den zentralen nationalen Feiertag publiziert wurde, erscheint 1961 im Gewerkschaftsverlag Tribüne unter dem Titel *Sieh, das ist unser Tag* eine umfassende Anthologie für *sozialistische Feier- und Gedenkstunden*, wie der Untertitel verdeutlicht. Die Herausgeber sind Kulturfunktionäre[52] und die Anthologie antwortet auf Anregungen und Wünsche von „Kulturfunktionären in Betrieben, Kultur- und Klubhäusern".[53] Durch die Programme sollen die

---

46 KULTURBUND (1959, 5).

47 Vgl. KULTURBUND (1959, 198–200).

48 Vgl. KULTURBUND (1959, 201).

49 Vgl. KULTURBUND (1959, 202).

50 Vgl. STÜSSEL (2007, 292) und GRIES, GÜNTER (1997).

51 BARCK (2005, 8).

52 So hat Ursula Langspach eine Monographie zur Gestaltung von Brigadetagebüchern vorgelegt; vgl. LANGSPACH (1961).

53 FISCHER, LANGSPACH, SCHELLENBERGER (1961, 5).

Werktätigen und ihre Angehörigen den Sinn und den Inhalt unseres sozialistischen Lebens vor allem auch fühlen, also ergriffen und dadurch zum Nachdenken angeregt werden. Diese Stunden sollen ihnen ein tiefes Erleben vermitteln.[54]

Die Anthologie zielt also weniger auf Darstellung der eigenen Zeit als vielmehr auf ihre Gestaltung, auf die Etablierung von sozialistischen Ritualen und von nationalem Gedächtnis an Feier- und Gedenktagen, die auch das persönliche Leben des Individuums umfassen und sich daher mit der christlichen Tradition als Konkurrenzressource auseinandersetzen müssen: „Eine neue, sozialistische Volkskultur entsteht vor unseren Augen, und wir alle müssen daran mitarbeiten."[55]

In der Gliederung, die nicht streng chronologisch organisiert ist, entsteht ein liturgisches Jahr DDR-sozialistischer Prägung sowie eine Reihe von sozialistischen Kasualhandlungen:

Tag der Republik
Ehrung unserer Aktivisten
Tag des Bergmannes (1. Sonntag im Juli)
Tag des Eisenbahners (2. Sonntag im Juni)
Tag des Lehrers (12. Juni)
Erster Mai
Internationaler Frauentag (8. März)
Tag der Befreiung (8. Mai)
Gedenktag für die Opfer des Faschismus (2. Sonntag im September)
Jahrestag der Großen Sozialistischen Oktoberrevolution
Jahrestag der Novemberrevolution
Feierstunden zum Gründungstag der Kommunistischen Partei Deutschlands und
    zu Ehren ihrer großen Führer Karl Liebknecht, Rosa Luxemburg, Ernst Thälmann und Wilhelm Pieck
Sozialistische Eheschließung
Sozialistische Namensgebung
Internationaler Kindertag
Jugendweihe[56]

Das Vorwort verweist auf eine Vielzahl von vorhergehenden Materialsammlungen und betont die eigene Vorläufigkeit angesichts von stets neu erscheinender

---

54 Fischer, Langspach, Schellenberger (1961, 6).
55 Fischer, Langspach, Schellenberger (1961, 7).
56 Inhaltsverzeichnis bei Fischer, Langspach, Schellenberger (1961, 631–640).

Literatur, aber auch angesichts der zunehmenden Bildung der sozialistischen Gesellschaft,[57] ein Motiv, das bekanntlich etwas später von Endler und Mickel wieder aufgegriffen wird und die Vorwürfe mangelnder Volkstümlichkeit aushebelt.

1966 erscheint im Mitteldeutschen Verlag, also dort, wo gleichzeitig und schwerpunktmäßig die avanciertere Lyrik publiziert wird, erneut eine Anthologie für das DDR-Festjahr: *Unser der Tag, unser das Wort. Lyrik und Prosa für Gedenk- und Feiertage.* Herausgeber ist Heinz Czechowski, der Lektor und professioneller Autor mit Lyrik-Schwerpunkt ist, zur sogenannten *Sächsischen Dichterschule*[58] zählt und in der Anthologie *In diesem besseren Land* mit drei Gedichten vertreten ist. Das Projekt kann als liberale Absetzbewegung von den vorliegenden orthodoxen Textsammlungen gedeutet werden: Es ist vor allem der internationalen Erweiterung und der Einbindung des kulturellen Erbes in die neu entstandene und sich etablierende sozialistische Feierkultur verpflichtet und hat offenbar erhebliche Probleme mit der Zensur zu bewältigen gehabt.[59]

Im Klappentext wird zunächst das mangelhafte „ästhetische Niveau" von Texten kritisiert, die man bislang zur Vorbereitung von Feiern ausgewählt habe. Explizit genannt wird im Herausgebervorwort die Anthologie *Sieh, das ist unser Tag* von 1961; sie genüge weder im literarischen Niveau noch im Hinblick auf situative „Rezitierbarkeit".[60] Deswegen gelte es nun,

> nur solche Gedichte aufzunehmen, die es wert sind, in die Tradition aufgenommen zu werden und in ihr fortzuleben. Es ergab sich daher von selbst, daß die Gedichte des Türken Nazim Hikmet, des Ungarn Attila Jószef, die Oden des großen chilenischen Dichters Pablo Neruda oder die revolutionären Rhythmen Majakowskis ebenso in dieses Buch gehörten, wie die Gedichte Bertolt Brechts, Georg Maurers, Erich Arendts oder anderer zeitgenössischer deutscher Dichter. Gedichte von Klopstock, Goethe u. a. weisen darüber hinaus auf die Quellen des nationalen Erbes hin.[61]

---

57 Vgl. FISCHER, LANGSPACH, SCHELLENBERGER (1961, 5 u. 7).

58 Vgl. BERENDSE (1990).

59 Die Anmerkungen dazu in BARCK (2005, 8) bleiben jedoch kryptisch, weil die dort erwähnte Ausgabe von 1967, für die neben Czechowski auch Werner Liersch, Ursula Steinhaußen und Rudolf Fischer als Herausgeber verantwortlich zeichnen sollen, bibliographisch nicht ermittelt werden konnte.

60 CZECHOWSKI (1966, 5).

61 CZECHOWSKI (1966, 5 f.).

Diese literaturhistorische Auswahl sei Material für individuelle „Phantasie und Gestaltungsfreude". Deshalb auch werde zugunsten „größere[r] thematische[r] Zusammenhänge" auf das „Schubladensystem der alten Anthologie" verzichtet.[62] Ziemlich lapidar wird eine kasuale Lücke der älteren Anthologie geschlossen, die bezeichnend ist für den in den 60er Jahren allmählich skeptisch betrachteten demonstrativen Optimismus der DDR-Kultur: „Es wurden in diesen Teil auch einige Gedichte über den Tod eingefügt."[63]

Die Gliederung ist abstrakter als in den vorhergehenden Anthologien: Zwei Großkapitel „Das zwanzigste Jahrhundert" und „Der Mensch" liefern die Matrix für Teilkapitel mit den Titeln „Das zwanzigste Jahrhundert", „Lob der Partei", „Der große Oktober", „Rebell", „Widerstand", „Befreiung", „Arbeit" sowie „Der Mensch", „Das Geheimnis der Jugend", „Gedanken der Liebe", „Der Reigen des 8. März", „Erinnerung", „Jahreskreis", „Der neue Stern".[64] Die etwas liberaler und weltläufiger anmutende Gestaltung wird jedoch zurückgenommen durch ein recht rigides kasualistisches „Feiernregister" am Ende, das erneut die Feiertage als Gliederungselemente aufgreift und die einzelnen Gedichte den Kasualhandlungen und dem sozialistischen liturgischen Jahreskreis zuordnet:

Aufnahme in die sozialistische Einheitspartei Deutschlands
Große Sozialistische Oktoberrevolution
Gedenktag für die Opfer des Faschismus
Weltfriedenstag: Antikolonialer Befreiungskampf
Festtage der Arbeit (Tag des Eisenbahners, Tag des Aktivisten, Tag des Bergmanns
    etc.), Erntefest, Feiern in Instituten
Tag des Lehrers
Internationaler Tag des Kindes
Tag der Republik
Tag der Befreiung
1. Mai
Internationaler Frauentag
Lenin
Novemberrevolution, Gründung der Spartakusgruppe, Luxemburg-Liebknecht-Feiern
Namensgebung
Jugendweihe
Eheschließung
Totensonntag, Begräbnisse, Gedenkfeiern für Verstorbene

62 CZECHOWSKI (1966, 6).
63 CZECHOWSKI (1966, 7).
64 Inhaltsverzeichnis bei CZECHOWSKI (1966, 605–614).

Jahreswechsel
Advent, Weihnacht[65]

Volker Brauns zuvor analysierter Text „Jugendobjekt" verwandelt sich durch den Abdruck in dieser Anthologie[66] und die Zuordnung zu den „Festtage[n] der Arbeit"[67] endgültig in ein Gelegenheitsgedicht.

1978 und schon 1979 in zweiter Auflage erscheint, erneut im Verlag Tribüne, eine weitere Festtagsanthologie, die die Fokus-Erweiterungen der von Czechowski gestalteten Sammlung vorsichtig aufgreift, aber wieder stärker an die Anthologie *Sieh, das ist unser Tag!* (1961) anknüpft. Wie diese richtet sie sich unter dem Titel *Sieh, das ist unsere Zeit* direkt an „Kulturfunktionäre eines Betriebes, eines Arbeitskollektivs, eines Kultur- oder Klubhauses" sowie an Lehrer: Sie wird von Helmut Preißler herausgegeben, der 1960 die Anthologie *Wir ändern die Zeit, gewidmet den Brigaden der sozialistischen Arbeit* besorgt hatte und später Kulturfunktionär im Eisenhüttenkombinat Ost (Eisenhüttenstadt) gewesen war. Es bleibt zwar bei der internationalen und historischen Ausrichtung, doch findet sich wieder eine strenge Gliederung nach Anlässen, selbst wenn diese explizit nur im Klappentext des Bandes auftauchen. Durch die Nummerierung wird wieder eine eindeutige Zuordnung von Anlässen und Gedichten erzeugt. Im Anthologieteil selbst werden für die durchnummerierten Kapitelüberschriften Zitate aus den gedruckten Texten verwendet, die die Zuordnung zu den Anlässen etwas lockerer markieren.

Das Vorwort macht eine doppelte Verwendungspraxis der Anthologie geltend: Sie liefere zum einen eine „Hilfe bei der würdigen Ausgestaltung von Feierstunden", zum anderen sei sie eine „Sammlung sozialistischer Weltpoesie", die als „Gedicht-Lesebuch" dienen könne.[68] Diese auffällige Ambivalenz, mit der die Okkasionalität zugunsten individueller Rezeption („die Phantasie des Lesers") reduziert wird, findet sich auch im Kommentar zur Gliederung: Einerseits wird die Bindung an den sozialistischen Jahreskreis und die sozialistische Lebensetappengestaltung gelockert, andererseits wird „eine thematische Gliederung nach gesellschaftlichen und kulturpolitischen Aufgaben" angekündigt.[69]

---

65 CZECHOWSKI (1966, 564–585).
66 Vgl. CZECHOWSKI (1966, 314).
67 CZECHOWSKI (1966, 570).
68 PREISSLER (1979², 21).
69 PREISSLER (1979², 22).

Es wäre eine interessante buchhistorische Frage, ob diese deutlich erkenn-
bare Unsicherheit eine Reaktion bzw. eine vorweggenommene Antwort auf
Kritik ist, die aus dem Adressatenkreis oder von Verlagsseite geäußert oder
erwartet wurde. Postuliert werden kann jedenfalls, dass die Publikation von
Gelegenheitslyrik in der DDR immer stärker mit einer Art ‚unglücklichem
Bewusstsein‘ vonstatten geht: Die Gelegenheiten und ihre Akteure scheinen
ihre Strahl- und Bindungskräfte zu verlieren, kurz nachdem und weil sie mit
Propaganda und diktatorisch-autoritären Methoden etabliert und durchgesetzt
wurden. Ein Indiz dafür ist u. a., dass auch in dieser Anthologie Volker Brauns
„Jugendobjekt“ veröffentlicht wird. Es steht im Kapitel 15 „Mehr, als verlangt
war, tat ein Mann“; dieses versammelt dem Klappentext zufolge Gedichte, die
für die „Festtage der Arbeit“ und für die „Aktivistenehrung“ vorgesehen sind,[70]
also dort, wo nicht nur die ideologischen, sondern auch die ganz praktischen
Dilemmata des ‚sozialistischen Wettbewerbs‘ deutlich zum Tragen kommen.

IV.

Den Abschluss dieses Kapitels in der Anthologie bildet Peter Hacks’ „Auf
dem Bergarbeiterball in Bitterfeld“ (1974). Hier präsentieren sich simultan
eine ironisch abgeklärte Haltung zur Okkasionalität der DDR-Lyrik und ihre
Integration in die offizielle gelegenheitslyrische Praxis. Zwar hat Bitterfeld eine
montanistische Tradition, die Stadt ist aber zu DDR-Zeiten von der Elektroche-
mieindustrie geprägt. Das fünfstrophige Gedicht ist also eher ein Formeffekt –
um der Alliteration willen – und um der entautomatisierenden Explikation
impliziten Wissens in und über die Rituale sozialistischer Feierkultur:

> Auf dem Bergarbeiterball in Bitterfeld
>
> Auf dem Bergarbeiterball in Bitterfeld
> Tanzt die ganze Welt für ihr gutes Geld
> Ins Wochenend hinüber,
> Je länger, je enger, je lieber.
>
> Auf dem Bergarbeiterball in Bitterfeld
> Der Max die Hede in den Armen hält
> Beim Tango und beim Schieber,
> Je länger, je enger, je lieber.

70 PREISSLER (1979², Klappentext, o. S.).

Das Klavier,
das stand schon früher hier.
Das gehörte dem Herrn Baron,
Aber nicht mehr seinem Sohn.
Auf dem Klavier,
Da spielen heute wir,
Wir aus Grube und Fabrik
Unsre eigne Bumsmusik.

Auf dem Bergarbeiterball in Bitterfeld
Wird die ganze Welt auf den Kopf gestellt,
Und die Nacht geht nie vorüber.
Je länger, je enger, je lieber.

Wars schön?
Wunderschön.
Wars voll?
Wundervoll.
Auf dem Bergarbeiterball in Bitterfeld.[71]

Mit dem Refrain, der zugleich auf die populäre Pflanze wie auf ein Gedicht Friedrich Rückerts in den *Persischen Vierzeilen* verweist,[72] in den Stereotypen sozialistischer Feierkultur und durch die Integration DDR-spezifischer Geschichtsnarrative in die exponierte dritte Strophe vollzieht das Gedicht so etwas wie eine ‚Übererfüllung' gelegenheitslyrischer Planvorgaben, die den Text letztlich aus realen situativen Bindungen und *aptum*-Erwägungen löst und in eine Sphäre des Wundervollen, mithin des Ästhetischen überführt. Der Publikationsort Feiertagsanthologie jedoch holt den Text zurück in die Sphäre pragmatischer Okkasionalität und bändigt ihn – durch rekursive Ironisierung der Ironie.

Statt diesen Text nun aber nur in die Werkbiographie und das poetische Programm des Autors einzubinden, können an seinem Beispiel und an den anderen analysierten Quellen abschließend Desiderate der Forschung zur DDR-Gelegenheitslyrik entwickelt werden: Es gilt zunächst die historisch-philologische Katabasis fortzusetzen und weitere Quellenkorpora zu den realen Okkasionalitäten und zur Praxis der Feiertagsanthologien zu erschließen, z. B. Betriebsarchive, Brigadetagebücher,

---

71 PREISSLER (1979², 546 f.).

72 Vgl. RÜCKERT (1844, 274).

Ego-Dokumente und Zeitzeugeninterviews.[73] Von dort ausgehend wären unter Einbezug von text- und paratextbezogenen Verfahren des *close* und des *distant reading* die Textverfahrensmuster, die Publikationsformen, die Okkasionalitäten und die Akteur-Netzwerke der DDR-Gelegenheitslyrik zu rekonstruieren.

Literaturverzeichnis

BARCK, Simone (2005, 1–14): Die ‚Anthologitis' – ein Phänomen des Literaturbetriebes in der DDR. In: G. Häntzschel (Hrsg.): Literatur in der DDR im Spiegel ihrer Anthologien. Ein Symposion Wiesbaden.

–, Martina LANGERMANN, Siegfried LOKATIS (1997): „Jedes Buch ein Abenteuer". Zensur-System und literarische Öffentlichkeit in der DDR bis Ende der sechziger Jahre. Berlin.

BRAUN, Volker (12.2.1965): Jugendobjekt. In: Die Zeit, Nr. 7, <https://www.zeit.de/1965/07/jugendobjekt/komplettansicht>, zuletzt: 6.2.2021.

BERENDSE, Gerrit-Jan (1990): Die „Sächsische Dichterschule". Lyrik in der DDR der sechziger und siebziger Jahre. Frankfurt a. M. u. a.

BROKOFF, Jürgen (2010): Geschichte der reinen Poesie. Von der Weimarer Klassik bis zur historischen Avantgarde. Göttingen.

BÜLOW, Ulrich von (2014, 92–113.): Typisch ostdeutsch? Strukturelle Merkmale von Archivalien aus der DDR. In: Ders., S. Wolf (Hrsg.): DDR-Literatur. Eine Archivexpedition. Leipzig.

CZECHOWSKI, Heinz (Hrsg.) (1966): Unser der Tag, unser das Wort. Lyrik und Prosa für Gedenk- und Feiertage. Halle a. d. S.

DEUTSCHER KULTURBUND (Hrsg.) (1959): Glück auf, du neues, junges Leben! 10 Jahre Deutsche Demokratische Republik. Berlin.

EMMERICH, Wolfgang (2001², 576–604): Deutsche Demokratische Republik. In: W. Hinderer (Hrsg.): Geschichte der deutschen Lyrik. Vom Mittelalter bis zur Gegenwart. Würzburg.

ENDLER, Adolf, Karl MICKEL (Hrsg.) (1966): In diesem besseren Land. Gedichte der Deutschen Demokratischen Republik seit 1945. Halle a. d. S.

FISCHER, Rudolf, Ursula LANGSPACH, Johannes SCHELLENBERGER (Hrsg.) (1961): Sieh, das ist unser Tag! Lyrik und Prosa für sozialistische Gedenk- und Feierstunden. Berlin.

---

73 Vgl. HARTMANN (19.3.2019).

FOHRMANN, Jürgen (1996, 394–461 u. 784–792): Art.: Lyrik. In: E. McInnes, G. Plumpe (Hrsg.): Hansers Sozialgeschichte der deutschen Literatur vom 16. Jahrhundert bis zur Gegenwart, Bd. 6: Bürgerlicher Realismus und Gründerzeit, 1848–1890. München, Wien.

GEIPEL, Ines, Joachim WALTHER (2015): Gesperrte Ablage. Unterdrückte Literaturgeschichte in Ostdeutschland 1945–1989. Düsseldorf.

GRAEVENITZ, Gerhard von (1999, 1–16): Einleitung. In: Ders. (Hrsg.): Konzepte der Moderne. Stuttgart, Weimar.

GRIES, Rainer, Cordula GÜNTHER (1997, 241–253): „Jeden Tag ein neues Geschenk". Gedanken zum Geschenkgestus in der DDR. In: D. Vorsteher (Hrsg.): Parteiauftrag: ein neues Deutschland. Bilder, Rituale und Symbole der frühen DDR. Berlin, München.

HARTMANN, Anneli (1983): Lyrik-Anthologien als Indikatoren des literarischen und gesellschaftlichen Prozesses in der DDR (1949–1971). Frankfurt a. M. u. a.

HARTMANN, Jan-Paul (19.3.2019): Tagungsbericht: Es ist nicht alles gesagt. Ein Workshop zur DDR-Forschung, 30.11.2018–1.12.2018 Berlin. In: H-Soz-Kult, <www.hsozkult.de/conferencereport/id/tagungsberichte-8176>, zuletzt: 7.2.2021.

LANGSPACH, Ursula (1961): Das Brigadetagebuch. Halle a. d. S.

LASKE, Nadja (9.4.2021, 18): Kügelchen gegen Krebs. In: Sächsische Zeitung, <https://www.saechsische.de/dresden/lokales/dresden-leberkrebs-patient-schicksal-5417172-plus.html>, zuletzt: 14.4.2021.

LAUER, Gerhard (2005, 183–203): Lyrik im Verein. Zur Mediengeschichte der Lyrik des 19. Jahrhunderts als Massenkunst. In: S. Martus, S. Scherer, C. Stockinger (Hrsg.): Lyrik im 19. Jahrhundert. Gattungspoetik als Reflexionsmedium der Kultur. Bern u. a.

MANN, Ekkehard (1996): Untergrund, autonome Literatur und das Ende der DDR. Eine systemtheoretische Analyse. Frankfurt a. M. u. a.

MARTUS, Steffen, Stefan SCHERER, Claudia STOCKINGER (2005, 9–30): Einleitung. Lyrik im 19. Jahrhundert – Perspektiven der Forschung. In: Dies. (Hrsg.): Lyrik im 19. Jahrhundert. Gattungspoetik als Reflexionsmedium der Kultur. Bern u. a.

MINISTERIUM FÜR KULTUR DER DDR (Hrsg.) (1956): Wilhelm Pieck. Schriftsteller und Künstler zu seinem 80. Geburtstag. Red. G. Caspar. Berlin.

PREISSLER, Helmut (Hrsg.) (1960): Wir ändern die Zeit. Eine Anthologie, gewidmet den Brigaden der sozialistischen Arbeit. Berlin.

– (Hrsg.) (1979^2): Sieh, das ist unsere Zeit! Lyrik für sozialistische Festtage und Feierstunden. Berlin.

RÜCKERT, Friedrich (1844): Liebesfrühling. Frankfurt a. M.

SCHEPERS, Hannah (2015): Volker Braun. Leben und Schreiben in der DDR. Halle a. d. S.

SEGEBRECHT, Wulf (1977): Das Gelegenheitsgedicht. Ein Beitrag zur Geschichte und Poetik der deutschen Lyrik. Stuttgart.

SCHRIFTSTELLERVERBAND, Deutscher (Hrsg.) (1952): Menschen und Werke. Vom Wachsen und Werden des neuen Lebens in der Deutschen Demokratischen Republik. Red. G. Caspar. Berlin.

STOCKHORST, Stefanie (2019 [2006]): Art.: Gelegenheitsdichtung. In: F. Jaeger (Hrsg.): Enzyklopädie der Neuzeit Online. Stuttgart, <http://dx.doi.org.wwwdb.dbod.de/10.1163/2352-0248_edn_COM_270181>, zuletzt: 7.2.2021.

STÜSSEL, Kerstin (2004): In Vertretung. Literarische Mitschriften von Bürokratie zwischen früher Neuzeit und Gegenwart. Tübingen.

– (2007, 277–304): ‚Dem Morgenrot entgegen‘? oder ‚…dass die Sonne schön wie nie über Deutschland scheint‘? Aurora in der DDR-Kultur, nach ihrem Ende. In: C. O. Mayer, E. Tiller (Hrsg.): Aurora – Indikator kultureller Transformationen. Heidelberg.

WEBER, Roland (2018): Peter Hacks – Leben und Werk. Berlin.

WITTGENSTEIN, Ludwig (1984 [1953], 225–618): Philosophische Untersuchungen. In: Ders.: Werkausgabe, Bd. 1. Neu durchgesehen v. J. Schulte. Frankfurt a. M.

WOLF, Gerhard (Hrsg.) (1964): Sonnenpferde und Astronauten. Gedichte junger Menschen. Halle a. d. S.

ZIMMER, Dieter E. (12.2.1965): Lyrik zwischen Ost und West. Versuch einer Diskussion in der Westberliner Akademie. In: Die Zeit, Nr. 7, <https://www.zeit.de/1965/07/lyrik-zwischen-ost-und-west/komplettansicht>, zuletzt: 6.2.2021.

ZYMNER, Rüdiger (2013): Funktionen der Lyrik. Münster.

– (2016^2, 112–118): Art.: Funktionen der Lyrik. In: D. Lamping (Hrsg.): Handbuch Lyrik. Theorie, Analyse, Geschichte. Stuttgart.

– (2019, 25–50): Begriffe der Lyrikologie. Einige Vorschläge. In: C. Hillebrandt u. a. (Hrsg.): Grundfragen der Lyrikologie, Bd. 1: Lyrisches Ich, Textsubjekt, Sprecher? Berlin, Boston.

„so gesehen sind alle Gedichte Gelegenheitsgedichte". Robert Gernhardts gelegenheitslyrisches Werk

Robert Gernhardt ist ein unmoderner Dichter. Zumindest, wenn man mit dem Begriff der modernen Dichtung, wie einst Hugo Friedrich in seiner *Struktur der modernen Lyrik*, jene wirkmächtigen europäischen Strömungen bezeichnet, die wesentlich hermetisch und anti-mimetisch verfahren.[1] Moderne Lyrik und der ihr anhaftende Geniekult waren Gernhardt stets suspekt und er war daher sehr darum bemüht, weniger die Aura des mit Genialität geschlagenen Dichters als die eines poetischen Handwerkers zu verströmen, was ihm nicht selten den Vorwurf einbrachte, unoriginell und beliebig zu verfahren.[2] Das literarische Werk Gernhardts ist dabei in Programmatik und Popularitätsanspruch stark beeinflusst von seinen verschiedenen Rollen im außerliterarischen Feld: Als Bildender Künstler, als Satiriker für die Zeitschrift *Pardon*, als Mitbegründer der Zeitschrift *Titanic* sowie Mitglied der satirisch-kulturkritischen *Neuen Frankfurter Schule* war Gernhardt in seinem Schaffen stets verwoben in kulturelle und politische Diskurse seiner Gegenwart, auf die er reflexiv Bezug nahm, die er mitgestaltete und deren Prämissen er nicht selten humoristisch dekonstruierte.[3] Poetik und dichterische Praxis des Gelegenheitsgedichts gelten Gernhardt daher als Mittel, Lyrik als mimetische, rhetorisch-dialogische und zeitdiagnostische Gattung gegenüber monologisch-zeitenthobenen Konzeptionen moderner Lyrik zu verfechten, so die These dieses Beitrags.

Auch wenn Gernhardt sich nie systematisch zum Stellenwert der Gattung des Gelegenheitsgedichts für seine Poetik geäußert hat, werde ich zeigen, dass sich hinter den verstreuten Äußerungen Gernhardts mehr Systematik verbirgt, als es zunächst den Anschein hat. Hierzu wird zunächst Gernhardts Kritik an der ‚modernen' Lyrik der 1980er und 1990er Jahre skizziert. Demgegenüber

---

1 Vgl. Friedrich (2006).
2 Vgl. Kling, Küchemann (2002). Kling nennt dort Gernhardt einen „Nichts- und Alleskönner" ohne „Personalstil", der in allem „handwerksmeisterlich herumpfusche[ ]".
3 Vgl. Hagestedt (2003, 403) sowie Detering (2009, 40).

wird seine gelegenheitslyrische Poetik als Forderung nach der Gegenwärtigkeit gelungener Lyrik erwiesen, die dichterische Inspiration durch die Wirklichkeit gleichermaßen umfasst wie die Etablierung einer subjektiven Perspektive darauf. Rhetorizität und Kommunikativität der Gernhardt'schen Gelegenheitsdichtung stehen im letzten Teil dieses Beitrags im Zentrum. Dabei ist wesentlich, dass sich weniger dichterische Expressivität als gemeinschaftsstiftende, dispositive und persuasive Funktionen der Gernhardt'schen Lyrik aus seiner gelegenheitslyrisch orientierten Poetik ergeben.

Da sich die Forschung vermehrt mit den Form- und Traditionsbezügen Gernhardts, etwa dem intertextuellen Dialog mit dem Werk Heinrich Heines[4] und dem Stellenwert der Komik in seinem Œuvre[5] beschäftigt hat, stellt dieser Beitrag zugleich den Versuch dar, Gernhardts gelegenheitslyrisches Werk erstmalig zu erschließen.

I. „allzuviel Dunkelheit“: Gernhardts Kritik an der modernen Lyrik

Als im 18. Jahrhundert die Idee einer Literatur aufkommt, die in Form und Zwecksetzung autonom von der gesellschaftlichen Realität und vom „Nachahmungszwang“[6] sein sollte, wendet sich Johann Wolfgang von Goethe mit seinem „programmatischen Rückverweis auf die Gelegenheitsgedichte“[7] gegen diese Entwicklung. Nach seiner Ansicht treibt die Etablierung einer kunstvollen, aber dem Leben abgewandten Dichtung gegenüber einer als kunstlos verächtlich gewordenen Gelegenheitslyrik eine zu verhindernde Zweiteilung des literarischen Feldes voran. Der Begriff des Gelegenheitsgedichts wird von Goethe in diesem Zuge programmatisch gesetzt, um eine Poetik zu etablieren, die sich gegen die als lebensfern wahrgenommenen Tendenzen der damals zeitgenössischen Poesie in Stellung bringt.[8]

Gernhardt, der, obwohl „er sich der Moderne nicht zurechnet oder verpflichtet fühlt“, dennoch „auf sie bezogen [bleibt]“,[9] findet sich knapp 200 Jahre

---

4   Vgl. exemplarisch STEINECKE (2004).
5   Vgl. exemplarisch EILERS (2009).
6   EINFALT (2000, 445).
7   SEGEBRECHT (1991, 136).
8   Vgl. SEGEBRECHT (1991, 135).
9   HAGESTEDT, MÖLLER (2014, 578).

später, in der Zeit zwischen den späten 1980er und den frühen 2000er Jahren, in einer ähnlichen Situation wieder. Trotz einiger gewichtiger Ausnahmen wird der lyrische Diskurs dieser Zeit von Dichter*innen dominiert, die in der Tradition der autonomen Dichtung und der Avantgarden stehen.[10] Als ein wichtiger Vertreter dieser Strömung sei an dieser Stelle Thomas Kling genannt, der sich auch selbst als Antipode Gernhardts positioniert[11] und wiederum von Gernhardt als den zeitgenössischen „Standards am idealtypischen entsprechen[d]"[12] beschrieben wird.[13] Gewohnt polemisch kritisiert Gernhardt Anfang der 1990er Jahre den sakralen Geniekult und die Hermetik des zeitgenössischen lyrischen Mainstreams in seinen *Gedanken zum Gedicht*:

> Dichter gleich Seismographen gleich Seher gleich Prophet gleich vom heiligen Wahnsinn Geschlagener. Zugleich setzten Dichter durch, daß in der Lyrik Eigenschaften geschätzt wurden, die in anderer sprachlicher und sonstiger Mitteilung nicht so gern gesehen und schon gar nicht honoriert werden: Unverständlichkeit und Privatheit im Inhalt und Dunkelheit und Maßlosigkeit im Ausdruck. [...] Nur daß der Bedarf an solchen Konzentraten offenbar gering ist: Wer will sich schon – außer in sehr bedürftigen Momenten – mit allzuviel Dunkelheit, Schwierigkeit und Schicksal befassen?[14]

Die Lyrik des späten 20. Jahrhunderts habe ein Verständigungsproblem,[15] das zugleich die Unpopularität der Gattung erkläre: „Während überall die Würze der Kürze gesucht und geschätzt wird" und „Werbung und Journalismus jenes Arsenal suggestiver Mitteilungsformen hemmungslos ausbeuten, die einst von den Dichtern [...] entwickelt und verfeinert worden sind", sei davon in den „Absatzzahlen der Gedichtbände" nichts zu spüren.[16]

Zu diesem Vorwurf gesellt sich sein Missmut angesichts der vorgeblichen Formlosigkeit moderner Dichtung. In einer Poetik-Vorlesung ist diesbezüglich zu lesen: „Der Fachmann wundert sich darüber, daß das ‚moderne Gedicht' seit

---

10 Vgl. zu Gernhardts Kritik an der Moderne HAGESTEDT, MÖLLER (2014, 576 f.).

11 Vgl. KLING, KÜCHEMANN (2002).

12 Vgl. GERNHARDT (1999).

13 Klings Lyrik bezog sich hinsichtlich Inhalten und Verfahren allerdings durchaus auf die zeitgenössische Wirklichkeit und wurde auch so rezipiert. Vgl. etwa TRILCKE (2012, 86).

14 GERNHARDT (1990, 10 f.).

15 Zu seiner Kritik an den Lyrik-Anthologien der 1980er und 90er Jahre vgl. GERNHARDT (1990, 13–17); GERNHARDT (1999).

16 GERNHARDT (1990, 9).

rund fünfzig Jahren im Fahrwasser von Formarmut bis Formlosigkeit dahin-treibt."[17] Zeitgenössische Gedichte seien so austauschbar in Tonfall und Inhalt, dass Gernhardt parodistische Collagen aus verschiedenen Gedichtschnipseln anfertigte, die sich nach eigener Aussage bruchlos zu einem neuen Gedicht zusammenfügten.[18]

Die von ihm verschiedentlich zum Ausdruck gebrachte Abneigung richtet sich gegen jene Strömungen der modernen Lyrik, die Andreotti als „entpersön-licht[ ]" bezeichnet.[19] Auf Strukturebene zeichnet sich entpersönlichte Lyrik durch ein anonymes, dissoziiertes oder kaum mit Subjektivität in Erscheinung tretendes Ich aus. Diese Lyrik will die Welt nicht vermittelt durch eine subjek-tive Ordnungsinstanz erklären. Zeitliche und räumliche Dekontextualisierung etwa durch Collage und Montage[20] verhindern zusätzlich die rezeptionsseitige Konstruktion eindeutiger Textwelten[21] und tragen dazu bei, dass Lyrik insge-samt mehr als unpersönliche Wortkunst denn als sprachliche Mitteilung an eine*n Adressaten*in erscheint. Sozialhistorisch verbinden sich mit diesen Ten-denzen seit dem späten 18. bzw. frühen 19. Jahrhundert der Verlust des Glau-bens an „die anthropozentrische Position des Ich" sowie das Schwinden der „Vorstellung vom harmonischen Einklang aller Dinge".[22]

Gernhardts Vorwurf der Privatheit im Inhalt ist darüber hinaus dem mono-logischen Zug moderner Lyrik geschuldet, also der poetologischen Prämisse, dass „die Autoren vorgeblich nicht auf ein Publikum [...] und Wirkung hin schreiben, sondern nur für sich selbst, einem gleichsam einsiedlerischen Dienst an der Schrift".[23] Die Preisgabe der lyrischen Aussage korrespondiert dabei mit dem dichterischen Bestreben, die Form selbst zur Aussage werden zu lassen.[24] Gernhardt empfindet diese ‚Privatheit' der modernen Lyrik als Anmaßung:

> Je privater die mitgeteilten Erfahrungen, desto unpersönlicher droht das sprach-liche Produkt zu werden, je zurückgenommener der Gestus der Mitteilung, desto

---

17 GERNHARDT (2014c, 116).

18 Vgl. GERNHARDT (1990, 13 f.); GERNHARDT (1999).

19 ANDREOTTI (2014⁵, 281).

20 Vgl. ANDREOTTI (2014⁵, 319 u. 358–364).

21 Vgl. ZYMNER (2017, 153).

22 ANDREOTTI (2014⁵, 282). Vgl. auch KREMER (2007³, 89).

23 BURDORF (2015, 202).

24 Vgl. ANDREOTTI (2014⁵, 318).

anmaßender wirkt häufig die Mitteilung selber: Warum erzählt er mir das alles? Und wieso erwartet er von mir, ich würde das alles lesen?[25]

Doch, so meint Gernhardt, eine Lyrik, die nichts mitteilen will, die sich „zeitentrückt"[26] gibt, muss sich nicht über den erlittenen enormen Bedeutungsverlust wundern. Gernhardts wesentlicher Vorwurf an die Lyrik der 1980er und 90er Jahre ist also, dass sie nicht hinreichend auf die zwischen Dichter*in und Leser*innenschaft geteilte Wirklichkeit bezogen sei, sondern in hermetischem Monolog und Selbstreferenzialität verharre und so die emphatische Identifikation vonseiten der Rezipierenden erschwere. Sein poetologischer Gegenentwurf zu diesen Ausprägungen moderner Lyrik ist jedoch nicht die Reetablierung der erlebnislyrischen Kategorie dichterischer Subjektivität.[27] Vielmehr setzt er auf das Potenzial des Gelegenheitsgedichts, geteilte Wirklichkeit sowohl poetisch abzubilden als auch rhetorisch zu überhöhen und damit die Verführungskraft der Dichtung zu reaktivieren.

II. „Alles hat seine Zeit": Die gelegenheitslyrische Poetik

Während moderne Lyrik also tendenziell dekontextualisiert und zeitenthoben erscheint, ist Zeitbezogenheit wesentlicher Anspruch des Gernhardt'schen Œuvres,[28] den er unter Rekurs auf eine gelegenheitslyrische Poetik vertritt. In einem kurzen Essay, der den Titel *Schön und gut* trägt, entfaltet er seine Gedanken zum gelungenen Gedicht als Gelegenheitsgedicht anhand des Textes „Juni" von Marie Luise Kaschnitz, den sie im Jahr 1937 verfasste. Evoziert wird darin die idyllische Schönheit der Erde im Frühsommer. Gernhardt befindet, dies sei ein „in vieler Hinsicht schönes Gedicht",[29] doch verweist er auf die Befremdung, die es bei zeitgenössischen Leser*innen auslöse. Es habe geschichtlich bedingt eine Entfremdung von idyllischen Stoffen stattgefunden, die Kaschnitz selbst bereits einige Zeit nach Verfassen des Gedichts empfand.[30] Nach den Schrecken

---

25 GERNHARDT (1990, 15).

26 GERNHARDT (1999).

27 Vgl. EILERS (2009, 523).

28 Vgl. HAGESTEDT, MÖLLER (2014, 573 f.).

29 GERNHARDT (2014e, 375).

30 Vgl. GERNHARDT (2014e, 376).

des Zweiten Weltkriegs sei es ihr nicht mehr möglich gewesen, ein Gedicht über die wohlgeordnete und heile Natur zu verfassen. Lakonisch kommentiert er:

> Alles hat seine Zeit; so gesehen sind alle Gedichte Gelegenheitsgedichte, auch jene, die sich so zeitlos und unpersönlich geben wie „Juni". Schön, daß es einmal Dichter gegeben hat, die von Wolke, Regen oder Ozon reden konnten, ohne an Tschernobyl, sauer oder Loch denken zu lassen.[31]

Als Leser*in der 1990er Jahre könne man dieses Gedicht zwar nach wie vor genussvoll rezipieren, doch geschehe dies stets im Modus der Alterität. Denn es ist Gernhardt immer auch Hinweis auf ein geschichtlich bedingtes Weltverhältnis, das sich in der Produktion und Rezeption von Gedichten nicht unterlaufen lässt. Nicht zufällig erinnert diese Passage an den berühmten Ausspruch Goethes zum Gelegenheitsgedicht, dessen Stoff stets die Wirklichkeit sein müsse.[32] Das Argument Gernhardts, der sich vielfach mit dem Werk Goethes befasste,[33] alles, auch das Verhältnis des Menschen zur Natur, habe seine Zeit, und daher seien alle Gedichte Gelegenheitsgedichte, offenbart ein Verständnis von (guter) Lyrik als zeit- und somit situationsbezogener Kunst, die sich mit dem Anspruch Goethes deckt, seine Kunstproduktion durch die ihn umgebende Wirklichkeit anregen zu lassen.

Aus produktionsästhetischer Sicht bedarf es dabei nicht einmal notwendigerweise des Vorsatzes des*r Dichters*in, die Situationsbezogenheit textuell zu kennzeichnen. Stattdessen sei es der heteronome, situative Moment der Inspiration, die *occasio*, die Dichter*innen die Texte eingebe.[34] In einer Poetik-Vorlesung meint Gernhardt etwa, es sei „das durchaus zweischneidige Vorrecht des Dichters, jede sich bietende Gelegenheit zum Dichten beim Schopf zu ergreifen, ob sie nun zu besingen ist oder zu beklagen"[35], und aktualisiert damit die Verbindung aus *Occasio*- und Inspirationslehre, innerhalb derer die mythologische

---

31 Gernhardt (2014e, 376).

32 Vgl. Eckermann (1836, 54): „Alle meine Gedichte sind Gelegenheitsgedichte, sie sind durch die Wirklichkeit angeregt und haben darin Grund und Boden. Von Gedichten, aus der Luft gegriffen, halte ich nichts."

33 In einer Poetik-Vorlesung zitiert Gernhardt etwa auch Goethes Rat an Hölderlin, „kleine Gedichte zu machen und sich zu jedem einen menschlich interessanten Gegenstand zu wählen". Gernhardt (2014a, 35).

34 Vgl. Gernhardt (2014e, 376).

35 Gernhardt (2014c, 139).

Göttin der Gelegenheit emblematisch mit einer Stirnlocke und kahlem Hinterkopfe dargestellt wird; sobald sie dem Menschen ihr Angesicht zuwendet, gilt es, sie am Schopfe zu fassen, noch bevor es zu spät ist.[36] Als einmaliges Ereignis im Leben eines Dichters, und somit gebunden an eine einmalige historische Situation, sind Gedichte, die sich der Inspiration durch die Wirklichkeit verdanken, Zeugnisse ihrer Zeit – und zugleich der besonderen Perspektive des*r Dichters*in darauf.[37] Auf diese Weise kann auch topischen Inhalten wie der Natur oder dem Sterben immer wieder eine neue Facette abgerungen werden.

Neben diesem universellen Verständnis aller gelungenen Lyrik als zeitlich bedingter Gelegenheitslyrik kennt Gernhardt zudem einen engeren Begriff des Gelegenheitsgedichts: das Gedicht, das textuell stärker orts- und zeitgebunden[38] sowie oft durch eine konkrete autobiographische Situation motiviert ist, ohne dabei in einem übergreifenden Werkzusammenhang zu stehen.[39] Es sei gerade der Vorteil des Gedichts, dass es im Unterschied etwa zum Roman unmittelbar auf verschiedene Gelegenheiten reagieren und diesen bisweilen eine sinnvolle, gar tröstliche Form geben könne.[40] Eine für die Rezipierenden erkennbare Situiertheit des poetischen Gebildes erscheint Gernhardt also nicht als Manko, sondern vielmehr als wesentliches Qualitätsmerkmal von Lyrik. Für ihn hat die poetologische Kategorie der Gelegenheit programmatischen Charakter und dient implizit einer Abgrenzung zur autonom-hermetischen Lyriktradition mit ihrem Anspruch, zwecklos und zeitlos zu sein.

Ein wiederholt eingesetztes Verfahren, das sich als textuelle Umsetzung dieser gelegenheitslyrischen Poetik deuten lässt, ist die Titelgebung seiner Gedichte, denn die Gedichttitel markieren und inszenieren häufig initiale Gelegenheiten. Bei einer Durchsicht des umfangreichen Gernhardt'schen Gesamtwerks wird

---

36 Vgl. SEGEBRECHT (1982, 140 f.).

37 Vgl. GERNHARDT (1990, 92).

38 Vgl. GERNHARDT (2018[6] [2008], 1071): Dort beschreibt er, wie sein Aufenthalt als *poet in residence* in Berlin und die zeitgleiche Anfrage der *Frankfurter Allgemeinen*, jeden Monat „poetisch Bilanz zu ziehen", zusammen zwei „Helfer" waren, die „Gelegenheiten" für die Gedichtproduktion schufen, die „so ortsgebunden wie möglich und so zeitgebunden wie nötig" sein sollte.

39 So meint er über seine lyrische Produktion nach seinem Krebsbefund: „Hier und da entstanden Gelegenheitsgedichte zum Thema, doch da war kein Gedanke an einen übergreifenden Zusammenhang." GERNHARDT (2018[6] [2008], 1081).

40 Vgl. GERNHARDT (2014c, 139).

zudem deutlich, dass sich bestimmte Typen initialer Gelegenheiten als titelge-
bend wiederholen. Wohl einer der am häufigsten präsentierten Anlässe ist die
Rezeption des Werks und die Auseinandersetzung mit dem Leben bestimmter
Künstler*innen. Davon zeugen Titel wie „Zu Peter Breughels Bild ‚Bauern-
hochzeit' ", „Zu Leonardo da Vincis ‚Mona Lisa' ", „Zu einem Satz von Mörike",
„Zu zwei Sätzen von Eichendorff" oder „Nachdem er am Abend zuvor lange
in der roten Gesamtausgabe der Joachim-Ringelnatz-Gedichte gelesen hatte".[41]

Die Markierung der Anlassbezogenheit kann hierbei unterschiedliche
Funktionen erfüllen, zu denen die ostentative Markierung des Textes als Parodie oder Pastiche für die Rezipierenden im Sinne der „Kommunikativität"[42]
der intertextuellen Bezugnahme zählt. Dies dient der Verminderung von
Verständnishürden, insofern die Bezugnahme auf den referierten Text mit
dem Titel bereits benannt ist, wie im Falle des Gedichts „Zu zwei Sätzen von
Eichendorff", in dem die besagten Sätze zudem im Gedichttext enthalten und
kursiv gesetzt sind. Gernhardt versucht somit seine Stellung als *poeta doctus*[43]
und seinen poetologischen Anspruch, allgemeinverständliche, populäre Lyrik
zu schaffen, miteinander zu vereinbaren. Indem literarhistorisches Vorwissen bei den Rezipient*innen weniger stark vorausgesetzt wird, als es in den von
ihren Anlässen sowie den bearbeiteten Wissenssystemen dekontextualisierten
autonomen Gedichten der Fall ist, wird die inszenierte initiale Gelegenheit zu
einem Verbindungsglied zwischen dem Wissenssystem des (impliziten) Autors
und dem der (realen) Leser*innen.

Wird ein Gedicht mit der Information „Nachdem er am Abend zuvor"[44]
eröffnet, evoziert es zugleich die vorgeblichen Entstehungsbedingungen des
vorliegenden Gedichts als dessen Sprechsituation. Ferner wird in der Form der
Titelgebung die lyrische Rede als explizit subjektiv perspektivierte Rede ausgewiesen, deren Adressant auf die Dichterpersona Gernhardts verweist,[45] ohne

---

41 Vgl. GERNHARDT (2018[6] [2008], 29, 97 f. u. 996).

42 EILERS (2009, 253).

43 Vgl. EILERS (2009, 597–601).

44 GERNHARDT (2018[6] [2008], 996).

45 Oft trägt das artikulierte Ich deutlich markierte Züge des realen Dichters Gernhardt,
    i.d.R. ist es etwa eine männliche, heterosexuelle, gelehrte Sprechinstanz mit zur Schau
    gestelltem Sprachwitz. In Publikationen wie *Herz in Not*, *Die K-Gedichte* oder *Später
    Spagat* sind zudem Erlebnisse und Betrachtungen anlässlich seiner realen Erkrankungen
    fast durchweg Gegenstand der Gedichte. Somit sind sie für die Rezipierenden durch

dass notwendig die Referenzialität des Ausgesagten mit impliziert wird. Bei Parodien oder Pastiches, die oft zentral Formspielereien und Nonsens enthalten, ist die Nichtreferenzialisierbarkeit des Ausgesagten wohl eindeutiger als in den Gedichten, die vorgeblich reale Erlebnisse Gernhardts thematisieren und poetisieren. Grundsätzlich haben diese peritextuellen Hinweise zunächst „die Disposition", von den Leser*innen als auf „konkrete Stationen des Lebensweges de[s] empirischen Verfasser[s]" verweisend wahrgenommen zu werden.[46] Ohne hier näher auf die komplexe Frage nach der Autorfiktionalität oder Autorfaktualität des Gernhardt'schen Werks eingehen zu können, sei zumindest betont, dass die Gedichte zwar häufig eine starke Nähe zum paratextuell bezeugten Leben Gernhardts aufweisen. Zumindest im Lichte seines Arbeitsprozesses muss jedoch angenommen werden, dass die inszenierten Gelegenheiten, so sie denn im Einzelnen referenzialisierbar sind, zuvörderst aufgrund ihrer poetischen Exemplarität zum Gegenstand gemacht werden.

So auch, wenn es vage lokalisierte bedeutsame Ereignisse sind, die als zu bedichtende Gelegenheit fungieren, etwa in „Dunkle Vorgänge auf einer Terrasse in schwachem Mondlicht", „Unpassende Erinnerung während eines Klassentreffens" oder „Als er sich auf einem stillen Örtchen befand".[47] Konkreter anlassgebunden werden die Gedichte, wenn Gernhardt den vermeintlichen Aufenthalt zu bestimmten Zeiten an bestimmten Orten als Produktionsanlass und Gegenstand des Gedichts präsentiert, was Gedichttitel wie „Sonntag in Lübeck", „Ballade vom großen Möbelhaus am Montagvormittag" oder „Was und wer alles ihm am 13. Dezember 2000 durch den Kopf ging" belegen.[48] Ähnlich wie die Funktion eines Filmanfangs darin besteht, „für Orientierung des Zuschauers zu sorgen",[49] indem das *setting* erst einmal etabliert werden muss, dient die einführende Nennung des Entstehungsdatums und/oder -ortes der Orientierung der Leser*innen. Anlassbezogene Titel begünstigen die

---

autobiographische Hintergrundinformationen besser kontextualisierbar. Es ist letztlich im Einzelfall durch sorgsame Analyse unter Einbezug der verfügbaren Paratexte zu entscheiden, welche faktualen und welche fiktionalen Anteile die Gedichte jeweils aufweisen. Vgl. auch LAMPART (2019, 118).

46 KLIMEK (2019, 190).

47 Vgl. GERNHARDT (2018[6] [2008], 199, 452 u. 550 f.).

48 Vgl. GERNHARDT (2018[6] [2008], 547 f. u. 797 f.).

49 HARTMANN (2007, 53).

Konstruktion kohärenter Textwelten durch die Leser*innen, insofern sie die räumliche und/oder zeitliche Situation, die den Text (vermeintlich) initiierte, zugleich als Ort der lyrischen Rede des Adressanten sowie als zu erwartenden Gegenstand der lyrischen Rede ausweisen.[50] Sie dienen überdies dem abstrakten poetologischen Grundsatz der Situationsgebundenheit, die sich bestimmten persönlichen und historischen Entstehungsbedingungen verdankt und in deren Kontext gelesen werden will.

III. „Leben im Labor": Von der individuellen Gelegenheit zum geselligen Kunstprodukt

Trotz der Disposition der Gernhardt'schen Gedichte, aufgrund des gelegenheitslyrischen Verfahrens als autorfaktual rezipiert zu werden, sind sie intendiert als fiktionale und rhetorisch-persuasive Gebilde. Auch das frühneuzeitliche Kasualgedicht zielt darauf, zu überzeugen (*persuasio*).[51] Daher sind Verständlichkeit, Rhetorizität und didaktische Wirksamkeit wichtige Elemente auch historisch späterer Formen des Gelegenheitsgedichts. Zentral für die gelegenheitslyrische Tradition sind zudem literarische Vorbilder und Wissensbestände sowie der gekonnte Gebrauch des Systems rhetorischer Regularien. Der bedichteten Gelegenheit soll mittels rhetorischer Strategien überzeitliche Geltung verschafft werden,[52] wobei etwa im Falle der frühneuzeitlichen Kasualpoesie eine Gelegenheit in einem aufwändigen rhetorischen Verfahren mit den Wissensbeständen der Zeit (religiöses Wissen, Mythologie etc.), das mit Hilfe der *loci* auffindbar war, in Beziehung gesetzt wird.[53]

Der Arbeitsprozess Gernhardts, den er ausführlich in seinen Frankfurter Poetik-Vorlesungen darstellt, entspricht in mancherlei Hinsicht diesem gelegenheitslyrischen Verfahren, das in den fünf Produktionsstadien der Rede (*partes artis*) eine konkrete Gelegenheit rhetorisiert. Mit dem Titel seiner Vorlesung *Leben im Labor*, die mit dem Verhältnis von poetischen Einfällen und dem Leben entstammender Inspiration befasst ist, wird bereits ein zentraler

---

50 Vgl. KLIMEK (2019, bes. 195–203).

51 Vgl. STOCKINGER (1999, 441).

52 Vgl. SEGEBRECHT (2009, 70). Der frühneuzeitlichen Kasualdichtung ist diese Tendenz „auf sekundärer Ebene *per definitionem* inhärent", so STOCKINGER (1999, 440).

53 Vgl. zu den einzelnen Produktionsstadien SEGEBRECHT (1977, 111–145).

produktionsästhetischer Grundsatz angedeutet: Für den Dichter ist das Leben stets Labor. Oder: Formwillen und okkasionelle Inspiration stehen nicht in Opposition zueinander, sondern bedingen sich im Produktionsprozess wechselseitig – wodurch zugleich die Gegenwartsbezogenheit des Gedichts verbürgt ist.

Aus seinen Beschreibungen, die er programmatisch als „Werkstattberichte"[54] bezeichnet, wird dennoch deutlich, dass das Verhältnis von realen Gelegenheiten und sprachlichen Regeln im Produktionsprozess recht unterschiedlich ausfallen kann: So kann bereits die *inventio* ein formaler Einfall sein, dem die Fiktion nachgeordnet wird. Ein Gedicht wie das *Sonett im Krebs* verdankt sich etwa der Idee, die Strophenform des italienischen Sonetts zu invertieren.[55] Oder aber die *inventio* kann einem bedeutsamen Erlebnis des Dichters folgen. So beschreibt Gernhardt in seiner Vorlesung, wie das Sterben seiner toskanischen Katze einen eindeutig biographischen Anlass für die Produktion eines Gedichts bot. An diesem zeigt sich, wie im Vorgang der Rhetorisierung einer realen Gelegenheit ein Kunstprodukt entsteht.

Noch während das Tier verstarb, hatte Gernhardt die Idee für ein Gedicht: „Als der Arzt das sich trotz der schweren Verletzung zur Wehr setzende Tier eingefangen und in seine Florentiner Praxis gebracht hatte, schrieb ich die ersten vier Zeilen eines Gedichts, von dem ich nicht die geringste Vorstellung hatte, welchen Verlauf es nehmen würde."[56] Doch nicht das schmerzliche Ereignis allein, sondern auch die Form des Gedichts steht zu Beginn des Arbeitsprozesses fest. Gernhardt wählt „die ungereimte vierzeilige metrisch anspruchslose Strophe, die sich – allerdings kreuzgereimt – schon beim ‚Nibelungenlied' für eine längere Verserzählung bewährt hatte", sowie eine zunächst simple, ihm selbst zunächst verborgene „Regel, die fortan zu berücksichtigen" er sich vornahm: der Gebrauch des Wortes „Stunde" in jeder Strophe.[57] „[I]n berichtenden Versen"[58] verfasste Gernhardt im Laufe des Tages zehn Strophen, die das Sterben des Haustiers dokumentierten.

Das Gedicht, das nach Vollendung den Titel „Die Katze" erhielt, ist also anlassbezogen *par excellence*. Es entstand, sofern man Gernhardts Bericht

54 GERNHARDT (2014c, 140).

55 Vgl. GERNHARDT (2014c, 137 f.).

56 GERNHARDT (2014c, 140).

57 GERNHARDT (2014c, 141).

58 GERNHARDT (2014c, 141).

Glauben schenkt, ergebnisoffen und quasi ‚live'. Es verdankt sich der Inspiration durch die Wirklichkeit. Dennoch ist das Gedicht kein Tatsachenbericht, sondern folgt einer Leitlinie, die Gernhardt an anderer Stelle formuliert: „dem Fund muß die Erfindung folgen".[59] Ob sich die dargestellte Wirklichkeit der ‚Stunden'-Regel beugen musste, um den formalen Grundsatz zu bewahren, lässt Gernhardt zwar offen. Es spricht jedoch einiges dafür, dass er den realen Vorgang fiktionalisierte. Während er in seiner Poetik-Vorlesung die Gegebenheiten, die den Produktionsprozess initiierten, aus der Perspektive der ersten Person schildert („Nachdem *uns* der bedauernde Anruf des Tierarztes erreicht hatte, schrieb *ich* eine weitere Strophe"[60]), wechselt er in die dritte Person, wenn es um die Beschreibung des Gedichtinhalts geht und distanziert sich damit von der gedichtinternen Fiktion:

> Der ‚Mittagsstunde' der ersten und den ‚drei Stunden' der zweiten folgen in zehn weiteren Strophen zehn vergleichbare Hinweise, ob sich *das Paar* nun ‚stundenlang' der mittlerweile unter die Erde gebrachten Katze erinnert oder ob *der Erzähler* in der letzten Strophe solo Bilanz zieht [...].[61]

Regelsysteme sind für Gernhardt „Voraussetzung dafür [...], jedem Gefühl und jedem Gedanken sprachlich gewachsen zu sein und aus jedem Einfall das Beste zu machen."[62] Auch wenn der Stoff sich der Wirklichkeit verdankt, ist somit aus poetologischer Perspektive der potenzielle Kunststatus seines gelegenheitslyrischen Schaffens durch die Künstlichkeit des sprachlichen Produkts verbürgt.

Die Rhetorizität des Gedichts ist jedoch nicht reiner Selbstzweck, sondern dient der sprachlichen Suggestion,[63] durch die das Gedicht eine Wirkung bei seinen Rezipient*innen erzielen möchte. Denn ebenso wie man für historische Ausprägungen des Gelegenheitsgedichts, allen voran für das frühneuzeitliche Kasualpoem „[d]as Publikum" als „entscheidende[n] Faktor der ‚Gelegenheit' begreifen" muss, da es „mitbeteiligt werden [will], sei es durch Unterhaltung oder durch die der Gelegenheit entsprechende Formulierung seiner Anteilnahme",[64] ist auch Gernhardts Werk Adressat*innenorientierung als

59 GERNHARDT (2014d, 168).
60 GERNHARDT (2014c, 141), Hervorh. A. S.
61 GERNHARDT (2014c, 141), Hervorh. A. S.
62 GERNHARDT (2014b, 108).
63 Vgl. EILERS (2009, 143).
64 SEGEBRECHT (1977, 76).

wesentliches Merkmal inhärent. Für ihn sei das Gedicht die Mitteilungsform, die der durch Informationsdichte geprägten Zeit der 1990er Jahre im globalen Norden entspreche.[65] Aus poetologischer Sicht ist dabei nicht die expressive Qualität der Mitteilung von Bedeutung, sondern der gemeinschaftsstiftende Wert der Gelegenheit – sei es, indem das Gedicht seine Leser*innen spielerisch unterhält, tröstet oder melancholisch stimmt, also dezidiert dispositive Funktionen erfüllt,[66] anstatt einen tendenziell monologisch-reflexiven Gestus zu pflegen.

Wenn auch im mittleren Werk mit Gedichten wie „Rondo" bereits angelegt,[67] werden Gernhardts Gedichte mit dem Spätwerk zunehmend ernster und erfüllen darin, mal humoristisch grundiert, mal lakonisch, auch konsolatorische Funktionen, indem sie der beängstigenden Wahrheit des Alterns und Sterbens eine poetische Gestalt geben. In den *K-Gedichten*, die sich nach eigener Aussage Gernhardts Erfahrungen mit Krankheit und Tod verdanken, ohne strikt autorfaktual zu sein,[68] nimmt er etwa seine eigenen Erfahrungen mit Krebs und Chemotherapie zum Anlass für Betrachtungen zu den Themen „Vergänglichkeit und Vergeblichkeit".[69] Auch viele Gedichte des *Standbein*-Zyklus im Band *Später Spagat* (2006) verdanken ihren Stoff der damals erneut akuten Darmkrebskrankheit Gernhardts und enthalten dezidiert autorfiktionale Gedichte wie „Aus dem Lieder und Haderbüchlein des Robert G".[70] Das ebenfalls darin enthaltene Gedicht „Welt im Wandel" zeigt exemplarisch die vom individuellen zum allgemeinen Fall strebende Denkbewegung, die im Gedicht performiert wird, indem die ersten Verse die Situation der Dichterpersona Gernhardts reflektieren, um dann in den letzten beiden Versen eine allgemeine *conclusio* zu vollziehen, die in humoristisch-konsolatorischer Absicht an die Leser*innen gerichtet ist:

---

65 Vgl. GERNHARDT (1990, 9).

66 Zum Begriff vgl. ZYMNER (2013, 227).

67 Vgl. GERNHARDT (2018[6] [2008], 428).

68 Vgl. GERNHARDT (2018[6] [2008], 1078). Darauf besteht Gernhardt vehement, wenn er sich gegen Kritiker wehrt, die aus seinen Gedichten Rückschlüsse auf sein Leben zogen und schreibt, seine Krankheit sei lediglich „Raum" und „Stoff" gewesen. GERNHARDT (2018[6] [2008], 1080).

69 GERNHARDT (2018[6] [2008], 1079).

70 Vgl. GERNHARDT (2018[6] [2008], 938).

Ich bin nicht mehr, der ich mal war.
Das wird mir täglich schmerzhaft klar.
Doch daß ich weiß, wer ich mal war,
verdank ich dem, der ich heut bin:
Die Zeit macht dich nicht nur zur Sau,
sie macht auch schlau, macht sogar Sinn.[71]

Letztlich geht es also um die Exemplarität des bedichteten Anlasses, in diesem Fall die Krankheit Gernhardts. Vermittelt durch das Gedicht kann somit eine menschliche Leidens- und/oder Lach-Gemeinschaft gestiftet werden. Eilers verweist auf Gernhardts Rede vom Gedicht als „Gesellungsmedium"[72] zwischen Dichter*innen einerseits, das aber andererseits dem „Zusammenführen von Menschen, Händen, Herzen"[73] der Leser*innen dienlich sei. Diese könnten Gedichte als „Kommunikationsbeschleunigung"[74] für den Ausdruck ihrer geteilten Empfindungen und Wahrnehmungen nutzen. Wenn es dem Dichter Gernhardt darum geht, einen Ausschnitt der Wirklichkeit subjektiv zu besetzen, ist es also zugleich sein Anliegen, dass die Rezipierenden diese poetische Perspektive inkorporieren und memorieren, sie wiedererzählen und sich über die Rezitation von Lyrik miteinander verbinden.

Insbesondere das komische Gedicht habe es auf ein „zuhörendes Du, wenn nicht sogar ein mitmachendes Wir abgesehen".[75] Hermann Korte führt denn auch den „große[n] Aufstieg und späte[n] Ruhm Robert Gernhardts […], der […] ein größeres Publikum vor allem auch mit performance-artigen Auftritten begeisterte und das Ritual tradierter Dichterlesungen durchbrach", auf die durch ihn bewirkte Renaissance des komischen Gedichts mit Unterhaltungsanspruch zurück.[76] Er sei gar ein Vorläufer der „jungen deutschsprachigen *Poetry Slam*-Szene" gewesen und fördere „die Beliebtheit auditiver Lyrikmedien".[77]

71 GERNHARDT (2018[6] [2008], 946).

72 EILERS (2009, 133).

73 GERNHARDT (2014a, 69).

74 GERNHARDT (2014a, 69).

75 GERNHARDT (2014f, 554).

76 KORTE (2012, 92).

77 KORTE (2012, 93).

IV. Sonette mit „Widerhaken": Gelegenheitslyrik als aufklärerische Praxis

Dass Gernhardt nicht nur persönliche Beobachtungen in seinem Alltag als Anlass für seine poetischen Mitteilungen nutzt, zeigen stärker auf die jeweilige tagespolitische Gegenwart bezogene Gelegenheitsgedichte. Herausgegriffen sei an dieser Stelle der Sonettzyklus *Krieg als Shwindle*, den Gernhardt teilweise 2003 für „die von Denis Scheck moderierte und von der ARD ausgestrahlte Literatursendung *Druckfrisch*"[78] verfasste und der zuerst in den *K-Gedichten* publiziert wurde. Der Auftrag der Redaktion an Gernhardt bestand darin, „allmonatlich ein Gedicht zu einem möglichst aktuellen Anlaß"[79] zu schreiben und für die Sendung als audiovisuell distribuierten Vortrag zu inszenieren.

Als durchgängige Gattung wählte Gernhardt im Vorhinein das Sonett, um die Leistungsfähigkeit dieser althergebrachten Form für die Gegenwart, für „neueste, geradezu heiße Themen"[80] zu erproben, wie es im ersten Einspieler Gernhardts für die Sendung heißt. Ähnlich dem beschriebenen gelegenheitslyrischen Vorgehen führt er die Inspiration für den entstandenen Sonettzyklus auf die durch den Auftrag geschaffenen zeitlichen und somit auch inhaltlichen Bedingungen zurück: Er koinzidierte mit den Vorbereitungen der amerikanischen Regierung zum Irak-Krieg, sodass Gernhardt dies als sein Thema für die kommenden Monate wählte, ohne zu wissen, wie sich die Dinge entwickeln würden. Schließlich fielen die Ausstrahlungen der vier kurzen GedichtrezitationsClips mit bedeutenden tagespolitischen Entwicklungen zusammen, die von Gernhardt in Gedichtform kritisch kommentiert wurden.

Ebenso wie er die selbst gewählte Beschränkung auf die Sonettform als förderlich für den Arbeitsprozess betrachtet,[81] erscheint ihm das Dichten nach institutionalisierten Vorgaben dabei nicht als Einschränkung. Stattdessen beschreibt er die Zusammenarbeit mit der ARD-Sendung als „List der Musen, mir die Sonette zu entlocken",[82] wie es als Kommentar zu der Reihe heißt – nicht ohne zugleich das Visionäre seines Sonettzyklus hervorzuheben und damit implizit den Widerspruch zwischen Auftragswerk und genialisch

---

78 GERNHARDT (2018[6] [2008], 1084).

79 GERNHARDT (2018[6] [2008], 1084).

80 GERNHARDT (9.2.2003, TC: 10:08:58:06–10:09:00:21).

81 Die Limitation durch das Sonett beschreibt er als „erzieherisch". GERNHARDT (2005).

82 GERNHARDT (2018[6] [2008], 1085).

inspirierter Dichtung zu negieren: „Hinterher ist man immer gescheiter – im Falle des Irak-Kriegs jedoch glaube ich mir die Feder an den Hut stecken zu können, es bereits vorher gewesen zu sein: Das, was dichtet, ist manchmal klüger als das, was regiert."[83]

Aus produktionsästhetischer Sicht scheint Gernhardt das Dichten nach Aufträgen für tagesaktuelle Distributionsmedien wie das Fernsehen ein besonderer Anlass zu sein, seinen poetologischen Anspruch umzusetzen, das Gelegenheitsgedicht als kunstvolle und relevante Kommunikationsform zwischen Poet und Publikum zu etablieren. Denn, auch wenn der Wirkungsradius der Sonette angesichts ihrer Ausstrahlung „zu sehr später Stunde" und vor „belastbarem Publikum" begrenzt war,[84] nutzte er die *Druckfrisch*-Sonette als lyrisch-aufklärerische Interventionen. Dieter Lamping beschreibt diese aufklärerischen Potenziale politischer Lyrik, insofern sie trotz aller Begrenztheit „Einstellungen oder Haltungen, Bewusstsein also" verändern könne: „Dabei gewinnt sie ein eigenes Recht vor allem dann, wenn sie sich als das Andere der professionellen Politik begreift, also deren Korrektiv."[85] Als politisches Korrektiv können auch die *Druckfrisch*-Gedichte angesehen werden. Das erste ausgestrahlte Sonett widmet sich etwa dem Konflikt zwischen dem „jungen Amerika" und „den alten Europäern"[86] – eine Wendung, die der US-amerikanische Verteidigungsminister Donald Rumsfeld im Anschluss an die Weigerung einiger europäischer Staaten prägte, sich an kriegerischen Handlungen gegen den Irak zu beteiligen.[87] Satirisch entlarvt Gernhardt dieses rhetorische Manöver, indem er es nutzt, um zugleich ironisch-überspitzt die eigentliche Absicht der US-amerikanischen Intervention auszustellen, die ‚Erlösung' des irakischen Erdöls:

> Der am'rikanische Aar spreizt seine Schwingen
> zu jugendfrohem Flug ins Land des Bösen.
> Das gute Öl von Saddam zu erlösen:
> Jetzt oder nie muss dieser Streich gelingen.[88]

---

83 GERNHARDT (2018[6] [2008], 1084 f.).

84 GERNHARDT (2018[6] [2008], 1084).

85 LAMPING (2008, 122).

86 GERNHARDT (2018[6] [2008], 915).

87 Im *Spiegel* wird Rumsfeld mit den Worten zitiert: „Sie denken bei Europa an Frankreich und Deutschland. Ich nicht, das ist das alte Europa." BESTE u. a. (24.3.2003, 52).

88 GERNHARDT (2018[6] [2008], 915, VV. 1–4).

In barockem Pathos klagt der Adressant zudem: „Ach, daß wir abseits stehn bei diesem Ringen! / Wir alten Europäer sehn entgeistert, / wie feurig junges Volk solch Wagnis meistert", um daraufhin die Widersinnigkeit der Invasion eines Gegners auszustellen, der offenbar keine kriegerischen Absichten hegt: „Zwar macht der Feind beim Kriegsspiel nicht recht mit – / doch daß ein Krieg wird, ward mit Gott beschlossen: / Wenn keiner schießt wird halt zurückgeschossen".[89]

Mit derlei rhetorisch grundierter Satire fungieren die monatsaktuell distribuierten Sonette als persuasive Mitteilungsformen, die auf die Einstellungen ihrer Zuhörer*innen im Hinblick auf die Ereignisse rund um den Irak-Krieg einzuwirken versuchen. Gernhardt tritt also an, um mit den Mitteln der mediatisierten Gedicht-Performance aufklärerisch tätig zu werden: „Und ich wollte mich wehren gegen die massive Verbreitung von Unwahrheiten kurz vor Beginn des Irak-Kriegs. Wenn einem das so brachial und niveaulos zugemutet wird wie damals von der US-Regierung, dann kann man die Edelform des Sonetts auch mit kleinen Widerhaken versehen."[90] So beschreibt er seinen Vorsatz in einem Interview mit dem *Hamburger Abendblatt*. Der Dichter als Aufklärer, das Gedicht als gelegenheitslyrische Intervention: Seine programmatische Rede vom Gedicht, das buchstäblich alles kann,[91] offenbart sich damit nicht als inhaltsleere Rhetorik, sondern als poetologischer Grundsatz, den er in Unternehmungen wie der Zusammenarbeit mit *Druckfrisch* unter Beweis zu stellen gedenkt. An der Produktion und der Distribution dieses Zyklus zeigt sich einerseits die Offenheit Gernhardts für vermeintlich heteronome Auftragswerke, andererseits veranschaulichen diese die Umsetzung des poetologischen Grundsatzes der Gegenwärtigkeit des dialogischen Gelegenheitsgedichts, das beabsichtigt, sein Publikum aufzuklären und rhetorisch-persuasiv einen Einstellungswechsel zu bewirken.

---

89 GERNHARDT (2018[6] [2008], 915, VV. 5–7 u. 12–14).
90 GERNHARDT (2005).
91 Vgl. den Obertitel der Texte zur Poetik bei GERNHARDT (2014[3]): „Was das Gedicht alles kann: Alles".

V. Resümee

Es wurde gezeigt, dass Gernhardts gelegenheitslyrischer Anspruch zunächst darin besteht, „welthaltige, kulturell anschlußfähige"[92] Gedichte zu verfassen. Wenn Gernhardt verlautbart, dass gelungene Gedichte stets Gelegenheitsgedichte seien, ist damit zugleich gemeint, dass sie einer zwischen Autor und zeitgenössischen Leser*innen geteilten Wirklichkeit erkennbar entstammen und auf diese Wirklichkeit zurückwirken sollten – mittels rhetorischer Techniken, zu denen insbesondere verborgene Regeln und die Etablierung einer eigenständigen Perspektive des Dichters zählen. Um potenziell identifikations- und gemeinschaftsstiftende Gedichte zu verfassen, ließ Gernhardt sich daher stets durch die Ereignisse, Bedingungen und Sprechweisen der mit seiner Rezipient*innenschaft geteilten Gegenwart inspirieren und schreibt diese Gedichtanlässe zugleich in seine mimetisch verfahrende Lyrik ein. Damit ergibt sich im Gedicht eine Spannung zwischen Zeitverfallenheit und Zeitenthobenheit, die insbesondere dann entstehe, wenn Dichter*innen „lachend die Wahrheit"[93] sagten, so Gernhardt. Zielt es trotz Verankerung in der Wirklichkeit auf universelle Wahrheiten, kann das Gedicht, das sich einer historischen Gelegenheit verdankt, auch künftige Leser*innen berühren.

Gernhardts gelegenheitslyrische Poetik der Gegenwarts- und Adressat*innenzugewandtheit steht dabei in engem Zusammenhang mit einer ostentativen Zurückweisung poetischer Modernität sowie moderner Autonomie- und Geniekonzeptionen. Damit dient seine Positionierung als Gelegenheitsdichter auch der dichterischen Standortbestimmung innerhalb des literarischen Feldes seiner Zeit, also wesentlich von den 1980er bis zu den frühen 2000er Jahren: Sie ist zugleich eine Kampfansage an die dominierende ästhetisch-autonome Tradition der poetischen Moderne.

Literaturverzeichnis

ANDREOTTI, Mario (2014[5]): Die Struktur der modernen Literatur. Bern.

BESTE, Ralf u. a. (24.3.2003, 52): „Du musst das hochziehen". Eine Chronik der deutsch-amerikanischen Zerrüttung. In: Der Spiegel, Nr. 13.

BURDORF, Dieter (2015[3]): Einführung in die Gedichtanalyse. Stuttgart.

---

92 HAGESTEDT, MÖLLER (2014, 574).

93 GERNHARDT (2014f, 556).

DETERING, Heinrich (2009, 32–55): Gelächter und Lamentationen. Paro-
distisch, seriell, barock: Robert Gernhardts Gedichte. In: T. Steinfeld
(Hrsg.): Der große Dichter sieht die Dinge größer. Der Klassiker Robert
Gernhardt. Frankfurt a. M.

ECKERMANN, Johann Peter (1836): Gespräche mit Goethe in den letzten Jahren seines Lebens. 1823–1832, 1. Theil. Leipzig.

EILERS, Tobias (ehem. Glodek) (2009): Robert Gernhardt als Theoretiker und
Lyriker – erfolgreiche komische Literatur in ihrem gesellschaftlichen und
medialen Kontext. E-Diss, online: <https://repositorium.uni-muenster.de/
document/miami/71354691-ba2d–4d84-b6b4–7118591788b6/diss_glo
dek.pdf>, zuletzt: 7.10.2020.

EINFALT, Michael (2000, 431–479): Art.: Autonomie. In: K. Barck (Hrsg.):
Ästhetische Grundbegriffe, Bd. 1: Absenz – Darstellung. Stuttgart, Weimar.

FRIEDRICH, Hugo (2006): Die Struktur der modernen Lyrik (1956). Neuausg.
Mit einem Nachw. v. J. von Stackelberg. Reinbek.

GERNHARDT, Robert (1990): Gedanken zum Gedicht. Zürich.

– (1999): Aufgeladenes Rauschen. Fragen zum Gedicht. In: Literaturkritik.de,
online: <https://literaturkritik.de/id/316>, zuletzt: 7.10.2020.

– (9.2.2003): Sonett vom jungen Amerika und den alten Europäern. In: ARD
Druckfrisch – Neue Bücher mit Denis Scheck [TV-Sendung].

– (2005): „Oblate ißt man nicht mit Mayo". Interview mit Robert Gernhardt. Hamburger Abendblatt, online, <https://www.abendblatt.de/
kultur-live/article106948243/Oblate-isst-man-nicht-mit-Mayo.html>,
zuletzt: 18.11.2019.

– (2014[3]): Was das Gedicht alles kann: Alles. Texte zur Poetik. Hrsg. v. L.
Hagestedt, J. Möller. Frankfurt a. M.

– (2014a[3], 35–71): Die mit dem Hammer dichten. In: Ders.: Was das Gedicht
alles kann: Alles. Texte zur Poetik. Hrsg. v. L. Hagestedt, J. Möller. Frankfurt a. M.

– (2014b[3], 72–111): Ordnung muß sein. In: Ders.: Was das Gedicht alles
kann: Alles. Texte zur Poetik. Hrsg. v. L. Hagestedt, J. Möller. Frankfurt a. M.

– (2014c[3], 112–151): Leben im Labor. In: Ders.: Was das Gedicht alles
kann: Alles. Texte zur Poetik. Hrsg. v. L. Hagestedt, J. Möller. Frankfurt a. M.

– (2014d[3], 152–182): Schläft ein Lied in allen Dingen. In: Ders.: Was das Gedicht alles kann: Alles. Texte zur Poetik. Hrsg. v. L. Hagestedt, J. Möller. Frankfurt a. M.

– (2014e[3], 374–376): Schön und gut. In: Ders.: Was das Gedicht alles kann: Alles. Texte zur Poetik. Hrsg. v. L. Hagestedt, J. Möller. Frankfurt a. M.

– (2014f[3], 554–558): Zehn Thesen zum komischen Gedicht. In: Ders.: Was das Gedicht alles kann: Alles. Texte zur Poetik. Hrsg. v. L. Hagestedt, J. Möller. Frankfurt a. M.

– (2018[6] [2008]): Gesammelte Gedichte. 1954–2006. Frankfurt a. M.

HAGESTEDT, Lutz (2003, 403–405): Art.: Gernhardt, Robert. In: D.-R. Moser (Hrsg.): Lexikon der deutschsprachigen Gegenwartsliteratur seit 1945, Bd. 1. München.

–, Johannes MÖLLER (2014[3], 573–600): „Scheiden, Sieben, Machen". Robert Gernhardts Poetologie der Praxis. In: R. Gernhardt: Was das Gedicht alles kann: Alles. Texte zur Poetik. Hrsg. v. dens. Frankfurt a. M.

HARTMANN, Britta (2007, 53–69): Diegetisieren, Diegese, Diskursuniversum. In: montage AV, Jg. 16, H. 2, online: <https://doi.org/10.25969/mediarep/274>, zuletzt: 7.10.2020.

KLIMEK, Sonja (2019, 177–206): Lyrik und Autobiographik. In: C. Hillebrandt u. a. (Hrsg.): Grundfragen der Lyrikologie, Bd. 1: Lyrisches Ich, Textsubjekt, Sprecher. Berlin, Boston.

KLING, Thomas, Fridtjof KÜCHEMANN (2002): Interview. Dichter Thomas Kling: Gegen die Lehrer-Lempelhaftigkeit. In: FAZ online, <https://www.faz.net/aktuell/feuilleton/interview-dichter-thomas-kling-gegen-die-lehrer-lempelhaftigkeit-180153.html>, zuletzt: 14.11.2019.

KREMER, Detlef (2007[3]): Romantik. Lehrbuch Germanistik. Stuttgart, Weimar.

LAMPART, Fabian (2019, 105–123): Plädoyer für die Skalierung. Vorüberlegungen und Fallbeispiele zum Problem autorfaktualer Lyrik. In: C. Hillebrandt u. a. (Hrsg.): Grundfragen der Lyrikologie, Bd. 1: Lyrisches Ich, Textsubjekt, Sprecher. Berlin, Boston.

LAMPING, Dieter (2008): Wir leben in einer politischen Welt. Lyrik und Politik seit 1945. Göttingen.

SEGEBRECHT, Wulf (1977): Das Gelegenheitsgedicht. Ein Beitrag zur Geschichte und Poetik der deutschen Lyrik. Stuttgart.

– (1982, 137–147): Rede über die rechte Zeit zu lieben. In: V. Meid (Hrsg.): Gedichte und Interpretationen, Bd. 1: Renaissance und Barock. Stuttgart.

– (1991, 129–136): Goethes Erneuerung des Gelegenheitsgedichts. In: Goethe-Jahrbuch, H. 108.

STEINECKE, Hartmut (2004, 447–466): „Auf dich berufen sich Dichter …". Robert Gernhardt und Heine. In: B. Kortländer, S. Singh (Hrsg.): „… und die Welt ist so lieblich verworren". Heinrich Heines dialektisches Denken. Bielefeld.

STOCKINGER, Claudia (1999, 436–452 u. 653–657): Art.: Kasuallyrik. In: A. Meier (Hrsg.): Hansers Sozialgeschichte der deutschen Literatur vom 16. Jahrhundert bis zur Gegenwart, Bd. 2: Die Literatur des 17. Jahrhunderts. München, Wien.

TRILCKE, Peer (2012): Historisches Rauschen. Das geschichtslyrische Werk Thomas Klings. E-Diss., online: <http://hdl.handle.net/11858/00–1735-0000-0006-AEDE–3>, zuletzt: 7.10.2020.

ZYMNER, Rüdiger (2017, 149–160): Lyric and Its ‚Worlds'. In: JLT, 11. Jg., H. 1.

CHRISTIAN MEIERHOFER

Atomkraft als Anlass. Zur kulturpolitischen Funktion von ökologischer Gelegenheitslyrik seit den 1980er Jahren

I. 1981 – Konzeptualisierung der ökologischen Lyrik

Um 1980 erscheint eine Reihe von Gedichtanthologien, die den gattungsge-schichtlichen Status der Naturlyrik neu befragen. Eine dieser Sammlungen wird unter dem Titel *Im Gewitter der Geraden* (1981) publiziert und in der Ein-leitung mit einem sich „verdichtende[n] ökologische[n] Krisenbewußtsein" legi-timiert, das in „der gegenwärtigen Phase unserer zivilisatorischen Entwicklung" bemerkbar sei.[1] Im Zuge dieser durchaus modernetypischen Gegenwarts- und Krisendiagnose prägt der Herausgeber Peter Cornelius Mayer-Tasch, Professor für Politikwissenschaft in München, Leiter der 1984 gegründeten Forschungs-stelle für Politische Ökologie und bereits seit den 1970er Jahren erfolgreicher Sachbuchautor zum Umweltschutz, den Begriff der ‚ökologischen Lyrik' bzw. der ‚Ökolyrik'. Mayer-Tasch, der wohlweislich „germanistisch interessiert, aber kein Germanist" ist, will damit solche Gedichte bezeichnen, die einen „Pro-zeß der Rückführung" und eine „Artikulation des Unbehagens" gegenüber sozialpolitischen Fehlentwicklungen ermöglichen können.[2] Die Anthologie bezweckt also die diametrale Umkehrung oder dialektische Aufhebung eines verfallsgeschichtlichen, kriseologischen Narrativs, das sich aus einer Semantik von Umweltzerstörung, Ressourcenverbrauch und Lebensbedrohung speist. Hierzu zieht die Anthologie nicht nur die „Kreationen von weitbekannten Alt-meistern der Lyrik" wie Brecht, Eich oder Enzensberger heran, sondern „auch

---

1   MAYER-TASCH (1981, 9).
2   MAYER-TASCH (1981, 13 u. 11). Zum ökologischen Sachbuch vgl. KLING, MEIERHO-FER (2021).

einige lyrische Gebilde von Gelegenheitsdichtern, deren Arbeiten bislang (wenn überhaupt) nur in Zeitschriften oder Zeitungen publiziert wurden."[3]

Obwohl er sich als literaturwissenschaftlicher und literarischer Laie ausgibt, kennt und bedient der Herausgeber die wirkmächtige gattungstypologische Unterscheidung zwischen einer enger gefassten, ,engagierten' ökologischen Lyrik, die die Anthologie als eigene Subgattung der politischen Lyrik konturieren soll, und jener weiter gefassten Naturlyrik, die unter mehr oder minder direkter Berufung auf die Chiffre ,Goethe' „ein tatsächliches Erleben" und eine „unmittelbare Gefühlsaussprache" des modernen Subjekts suggeriert.[4] Demnach markiert die in der Anthologie versammelte Ökolyrik einen definitorischen Grenzbereich zwischen einer heteronomen, konkret anlassbezogenen Notwendigkeit der Gesellschaftskritik – oder wenigstens einer bewusstseinsgeschichtlich auszumachenden Gelegenheit zur Kritik – und jener unpolitischen Erlebnislyrik, die in „einem weiteren" und „gegensätzlichen Sinne"[5] von einer (vermeintlich) individualisierten ,Natur' handelt und eine „anthropozentrische Perspektive"[6] einnimmt. Dieses gattungstypologische Spannungsverhältnis ergibt sich aus dem je unterschiedlich akzentuierten Anlass- und Adressatenbezug, den die Ökolyrik herstellen und explizit machen soll und insofern eine zwar kunstferne, aber kulturpolitische Affinität zur eigenen Gegenwart aufbaut.

Mit diesem poetologisch und funktionsgeschichtlich akzentuierten Gegeneinander entsteht eine Leitdifferenz, die den zeitgenössischen literaturwissenschaftlichen und literaturkritischen Diskurs über die Naturlyrik in den 1980er Jahren insgesamt organisiert und nicht zuletzt zeitsemantisch auskleidet.[7] Naturlyrik wird konzeptualisiert im Rückgriff auf „das romantische Natursprachenkonzept"[8] und damit auf Narrative der funktionalen Ausdifferenzierung, der Komplexitätssteigerung und der Verlust- oder Entfremdungserfahrungen seit dem ausgehenden 18. Jahrhundert. In diesem langfristigen Prozess der

3   MAYER-TASCH (1981, 13).

4   HÄNTZSCHEL (2000, 691). Zur Problematisierung des Engagement-Begriffs vgl. ausführlich GEITNER (2016).

5   SEGEBRECHT (1997, 688).

6   ZEMANEK, RAUSCHER (2018, 92).

7   Vgl. auch die Belege bei KOPISCH (2012, 33–50) und KRÜGER (2001, 141–152).

8   GOODBODY (1984, 363).

Moderne kontrastiert die alte, auch gehaltsästhetisch motivierte „Ewigkeits-Behauptung" mit der „immer rascheren Natur-Veränderung",[9] auf die letztlich kulturpolitisch und anlassbezogen zu reagieren sei. Die allein stofflich-motivische „Füllung"[10] des Naturlyrik-Begriffs reiche nicht mehr aus, um die literaturhistorischen Voraussetzungen ebenso wie die aktuellen Entwicklungen der Gattung und die Dringlichkeiten ihres Bezugs auf die eigene Zeit zu erfassen.

Insofern zeigt die Ökolyrik einen gattungs- und konzeptgeschichtlichen Erneuerungsbedarf an, weshalb sich Mayer-Taschs Einleitung zur Anthologie über diverse intertextuelle Referenzen zu anderen Gewährsleuten absichert. Neben den literaturkritischen Reaktionen, die das Naturgedicht angesichts „der ökologischen Verwüstung" vom „Odium der Rückständigkeit" zu befreien suchen,[11] sind das insbesondere andere Sammelunternehmen in der Tradition der ‚Gebrauchslyrik‘, nämlich mit einer „appellativen Ausrichtung" und einer Wirkungsabsicht von „apokalyptischen Szenarien".[12] Die bei Reclam publizierte Anthologie *Moderne deutsche Naturlyrik* (1980) ordnet die Gedichte in der Einführung des Herausgebers Edgar Marsch einem bewusstseinsgeschichtlichen Prozess der Umarbeitung zu. Mit ‚Natur‘ sei nicht mehr die „ursprüngliche Schöpfungswelt" im Verständnis des frühen 18. Jahrhunderts gemeint, sondern „eine menschliche Schöpfung", für die poetologisch zunächst „mit einer bewußt defensiven Parole ‚Umwelt‘ operiert wird."[13] Für die Lyrikproduktion bedeutet das dennoch eine klare funktionale Umstellung. Geschrieben werden nun vermehrt „Warngedichte an die Gesellschaft".[14] Demzufolge steht der Naturbegriff ganz „im Zentrum der Ökologie-Diskussion", mit der „eine lebenswerte menschliche Zukunft" angestrebt wird,[15] und „die rote ist durch die grüne Revolution verdrängt worden".[16]

---

9   HAUPT (1983, 2).

10   HAUPT (1983, 10).

11   HEISE (17.4.1981).

12   KLING (2018, 35). Zur Gebrauchslyrik vgl. den Beitrag von Johannes Franzen in diesem Band.

13   MARSCH (1980, 267).

14   MARSCH (1980, 268).

15   VON BORMANN (1984, 466 u. 473).

16   BUCH (1977, 7).

Die sich daraus ableitende kulturpolitische und appellative Funktion der Ökolyrik kann auf der Sachebene unabhängig von den Spezifika der einzelnen kritisierten Umweltprobleme zustande kommen. Auf der Zeitebene dagegen stellt die militärische und zivile Nutzung der Atomenergie eine besondere Herausforderung dar, weil ihre physikalischen Effekte jedwede Zukunftsprognose verunmöglichen. Der ebenfalls von Mayer-Tasch aufgerufene Hans Christoph Buch schreibt schon 1977 im zwölften Heft des *Tintenfisch* dazu: „ein Atomreaktor muß nach 15–20 Jahren stillgelegt werden, das darin erzeugte Plutonium aber hat eine Halbwertzeit von 24 000 Jahren – länger als jede menschliche Gesellschaft existiert."[17] Daher brauche es „Wut und vor allem Phantasie",[18] um in der Gegenwart einen verlässlicheren Zukunftsentwurf anzubieten. Das verschafft einer dezidiert literarischen Perspektive nicht unerhebliche Wahrnehmungs- und Bewertungsvorteile gegenüber ausschließlich naturwissenschaftlichen und politischen Positionen. Außerdem wird so die Paradoxie erklärlich, dass zwar durch die menschlichen Eingriffe auch „die Bedingung von Naturgedichten, Natur nämlich, zunehmend verschwindet",[19] aber dennoch entsprechende Texte produziert werden. Gerade unter der negativen Voraussetzung einer drohenden Natur- und Umweltkatastrophe entsteht ein kulturpolitischer Widerstand, der sich im Begriff der Ökolyrik verdichtet.

Unabhängig von diesen literarischen und anthologischen Legitimationsversuchen lässt sich bemerken, dass die typologische Untergliederung von Naturlyrik und Ökolyrik mit literaturwissenschaftlichen Wertungspraktiken einhergehen kann. Bisweilen wird nämlich die Ökolyrik als zweckgebundene Gebrauchslyrik abgewertet oder zumindest als solche vernachlässigt: „Ihre ästhetische Halbwertszeit war funktional gebunden an die Dauer der Protestaktionen", und sie war „handwerklich und gedanklich eher grobschlächtig."[20] Anders gesagt, die Ökolyrik sei nur dort literaturwissenschaftlich von Belang, wo sie nicht nur als anlassbezogen und gegenwartsaffin auftritt und also nicht in den Verdacht gerät, lediglich Gelegenheitslyrik zu sein.

Ohnehin gehört die Abwendung von der Alltäglichkeit, der eigenen Gegenwart zu den traditionellen Gattungsmerkmalen der Naturlyrik, die sich leicht

---

17 BUCH (1977, 10).
18 BUCH (1977, 12).
19 ROTHSCHILD (1977, 198).
20 EGYPTIEN (1998, 51).

mit der Funktion der offenen politischen Parteinahme der Ökolyrik kontrastieren lässt. Somit wird die Ästhetizität oder Literarizität der Gedichte als Qualitätskriterium gegen ihre Okkasionalität ausgespielt, und das obwohl der sprach- und literaturtheoretische, auf die Polyvalenz und Polyfunktionalität von künstlerischen Kommunikationsangeboten zielende Gegenentwurf in den 1980er Jahren längst bereitliegt: „Die Ästhetizität des Textes" meint demnach eben nicht eine autonome, von gesellschaftlichen Prozessen geschiedene Bedeutungssphäre, sondern „zwingt den Rezipienten zu einer schöpferisch-produktiven, zugleich kritischen und selbstkritischen Einstellung."[21]

Aus einer gattungs- und funktionsgeschichtlichen Perspektive, der an einer angemessenen Rekonstruktion dieses Textfeldes und seiner zeitgenössischen kulturpolitischen Wirkungs- und Popularisierungsabsichten gelegen ist, bleibt jene Abwertung und selektive Vorentscheidung allerdings unbegründet. Dass die Ökolyrik „oft nur Gelegenheitspoesie für Bürgerinitiativen" ist, führt übrigens schon in der Gegenwartsliteraturforschung der 1980er Jahre weniger zu einer Vorverurteilung als vielmehr zu differenzierten Fragen nach den textuellen Verfahrensweisen und der Stilistik, die „deklamatorisch, pathetisch und agitatorisch und zuweilen auch von einer penetranten Larmoyanz" geprägt sein kann.[22] Mit Zymner gesprochen wären dies alles „externe[ ] Funktionen", die sich „auf Relationen zwischen lyrischen Gebilden und pragmatischen Kontexten" und somit „auf die ‚Außenseite' der Lyrik" richten.[23] Gerade diese Außenseite ist aber – wenn man so will – anfällig für Kritik an der Gattung und für die Abwertung der Gelegenheits- als Ökolyrik.

II. Vor 1986 – Ökologisches Krisenbewusstsein und literarischer Appell

Parallel zu diesen gattungspoetologischen und literaturkritischen Einordnungsbemühungen reagiert die geschichtswissenschaftliche und soziologische Begriffsbildung der 1980er Jahre ebenfalls auf das von ihr beobachtete ökologische Krisenbewusstsein. Dieses Bewusstsein speist sich zum einen aus dem grundsätzlichen Problem der Umweltzerstörung und zum anderen aus jener

---

21 SCHMIDT (1971, 76).

22 SCHEUER (1989, 68).

23 ZYMNER (2013, 211).

breiten rüstungs- und energiepolitischen Diskussion, die vor dem Hintergrund
der Atombombenabwürfe auf Hiroshima und Nagasaki geführt und von der
Anti-Atomkraft-Bewegung maßgeblich befördert wird. Joachim Radkaus
bekanntes populärwissenschaftliches Sachbuch *Aufstieg und Krise der deutschen
Atomwirtschaft* (1983) dokumentiert die „Phasen der entstehenden Opposition
gegen Atomanlagen" und steht zugleich für die narrativ-syntagmatische Umsetzung jener Krisensemantik.[24]

Niklas Luhmann hingegen erwähnt die gegenwärtigen „atomaren Gefahren" in seiner Abhandlung über *Ökologische Kommunikation* (1986) vor allem
deshalb, weil sich an ihnen eine „Rhetorik der Angst" nachvollziehen ließe, die
„die Entwicklung zum Schlimmeren betont und die vielen bemerkenswerten
Fortschritte [...] verschweigt."[25] Luhmann geht es um die Plausibilisierung von
selektiven Beobachtungsprozessen, die als Grundlage kritischer Selbstreflexion
von modernen Gesellschaften nötig seien. Forderungen nach einer allzu rigiden umweltethischen „Bewußtseinsänderung" führten demnach, wenn sie ausschließlich als streng „moralisierte Kommunikation" für das gemeinhin Gute
auftreten, in die Paradoxie, gesellschaftlich missachtet oder missbilligt zu werden.[26]

Während Luhmanns systemtheoretische Problembeschreibung recht abs-
trakt bleibt, eröffnet Ulrich Becks Bestseller *Risikogesellschaft* (1986) mit einem
Vorwort „Aus gegebenem Anlaß", das die „geschichtlichen Katastrophen" des
20. Jahrhunderts auflistet und sie metonymisch an Ortsnamen knüpft: „zwei
Weltkriege, Auschwitz, Nagasaki, dann Harrisburg und Bhopal, nun Tschernobyl."[27] Obwohl alle Orte historische Zäsuren und kulturelle Einschnitte
repräsentieren, käme mit dem Reaktorunglück von Tschernobyl ein neuer
Wertmaßstab unter den Bedingungen des modernen Atomzeitalters zustande.
Denn das Ereignis verweigere grundsätzlich die Option auf soziokulturelle Differenz zwischen Alter und Ego. Es erzeuge stattdessen eine fatalistische Logik
nach dem „Fallbeil der Allbetroffenheit" und führe somit „das Ende all unserer
hochgezüchteten Distanzierungsmöglichkeiten" herbei.[28] Die Gefährdungslage

---

24 RADKAU (1983, 438).
25 LUHMANN (2004⁴ [1986], 243 f.).
26 LUHMANN (2004⁴ [1986], 259 f.).
27 BECK (1986, 7).
28 BECK (1986, 7).

durch Verseuchung von Landschaft, Mensch und Tier sei allgegenwärtig und könne immer und überall eintreten.

Demnach kann die Potentialität der atomaren oder ökologischen Bedrohung jederzeit in die Aktualität einer Katastrophe umkippen. Das Reaktorunglück von Tschernobyl – so lässt sich aus Luhmanns und Becks Überlegungen schlussfolgern – konstituiert sich als ein Medienereignis, das nicht nur global oder transnational wahrgenommen und mit großen sozialpolitischen Effekten eingeschätzt wurde. Es wurde auch rhetorisch und zeitdiagnostisch überhaupt erst als Katastrophe, Unglück, Havarie, Unfall oder Tragödie zugerichtet.[29]

Der literaturwissenschaftliche Befund, der sich hieraus ableiten lässt, betrifft vor allem die zeitliche Codierung dieses geschichtswissenschaftlich und soziologisch artikulierten Krisenbewusstseins. Dieses macht sich bemerkbar bei der literarischen Aneignung und Verarbeitung vor und nach den Ereignissen vom 26. April 1986, die zu einer breiten Textproduktion veranlassen. Zumeist konzentriert sich die Forschung dabei auf Romane und Erzähltexte und weniger auf die Lyrik.[30] Im Übrigen werden dabei Darstellungsroutinen sichtbar, die zur Mythisierung des Unfalls als einem populären Phänomen der Moderne mindestens seit dem ausgehenden 19. Jahrhundert etabliert sind.[31] Insbesondere aber soll hier die These verfolgt werden, dass sich jenes Krisenbewusstsein niederschlägt in einer funktionalen Nähe von Gelegenheits- und Ökolyrik.

Für viele der Gedichte, die vor der Katastrophe von Tschernobyl entstehen, lässt sich eine übergreifende Kritik gegen die zahlreichen vom Menschen verursachten Umweltprobleme beobachten. In der literarischen Umsetzung ergibt sich dann keine Anklage einer einzelnen Person oder eines einzelnen Sachverhalts, sondern eine listenförmige Dokumentation, bei der entsprechende Signalwörter aus der Alltags- und Nachrichtenkultur zu- oder aneinander gefügt werden und so den Vers- und Strophenbau organisieren. Bei Ludwig Fienhold, der in Mayer-Taschs Anthologie aufgenommen wird, dient Goethes „Ein gleiches", die zweite Fassung von „Wandrers Nachtlied", als Vorlage für eine politisierende Umschrift:

---

29 Vgl. GERSTENBERGER, NUSSER (2015, 1).

30 Häufig untersucht wurden etwa Christa Wolfs *Störfall* und Gabriele Wohmanns *Der Flötenton* (beide 1987). Vgl. exemplarisch HEISE (2006).

31 Vgl. dazu jüngst HAUPT (2021).

Ewige Ruh'

Keine Ruh' mehr über den Wipfeln
spricht die harte Hand
des Holzfällers
während langsam das Gas
durch mein Hirn strömt

ich habe schon lange aufgehört
tief durchzuatmen

schäl' die Apfelsine gut ab
mahnt die Mutter ihr Kind

ein Östrogen-Kalb oder ein
Antibiotika-Schwein fragt
der Wirt lachend seinen Gast

keine Ruh' für mich
wenn ich an Brokdorf denke
die strahlenden Gesichter
der Atomindustrie

zwischengelagerte Hoffnungen
brüten über Kernfragen
wie alt dürfen wir noch werden
rufen die Söhne

ich schnappe nach Luft
und fühle mich so munter
wie ein toter Fisch
im Mainwasser

und bald die ewige Ruh'
über den wipfellosen
Schlacht-Feldern[32]

Mit diesem Gedicht stellt sich Fienhold in die lange Reihe von literarischen Verballhornungen, aber auch von „politischen Aktualisierungen"[33] des prominenten Goethe-Textes, die von Christian Morgenstern über Joachim Ringelnatz bis zu Karl Kraus und Bertolt Brecht reichen. Fienhold partizipiert und verlängert ein Traditionsverhalten, das mit der mythopoetisch aufgeladenen

---

32 FIENHOLD (1981, 69).
33 SEGEBRECHT (1978, 127).

Entstehungs- und Rezeptionsgeschichte von „Wandrers Nachtlied" nahezu beliebig gesteuert werden kann. Hierzu tragen der Anlass, das Trägermedium des Gedichts und dessen Sensationierungspotential bei: die Holzwand der Jagdhütte auf dem Kickelhahn bei Ilmenau, auf die Goethe vermutlich am Abend des 6. September 1780 „mit Bleistift"[34] schreibt, von der August Linde 1869 eine Fotografie anfertigt, die wiederum 1872 für einen Artikel in der *Gartenlaube* abgedruckt wird, der an den Brand dieser „Erinnerungsstätte deutscher Poesie" vom 11. August 1870 erinnert, der durch die „Fahrlässigkeit" dreier übernachtender „Beerensucher" ausgelöst wurde.[35]

Fienholds Text kehrt den originären Bedeutungsanspruch eines Natur-, Schlaf- oder Liebesgedichts radikal um, bleibt dabei aber nicht, wie Kopisch meint, auf das Thema der „Waldrodung" und „einer Landschaft der Vernichtung" beschränkt.[36] Stattdessen problematisiert jede Strophe einen anderen Verstoß gegen den Umwelt- und Artenschutz. Neben der Waldrodung sind das Luft- und Wasserverschmutzung, Pestizideinsatz für Lebensmittel, Tiermast und Atomkraft. Die Sprechinstanz agiert hierfür als gleichberechtigter Dialogpartner, der sich als ein Ich nicht epigonal, sondern agonal und selbstbestimmt zur textinternen „harte[n] Hand / des Holzfällers" sowie zu seinem intertextuell bekannten apersonalen Vorredner, dem Sprecher bei Goethe, ins Verhältnis setzt: „keine Ruh' für mich", lautet die mittlere Zeile, mit der eine „ewige Ruh' / über den wipfellosen / Schlacht-Feldern" eines möglichen Atomkriegs oder Super-GAUs angebahnt wird.

Die Agonalität der Sprechposition wird unterstützt von einer Ambiguität attributiver Wortverbindungen aus dem gemeinsprachlichen Bedeutungsspektrum, das die Atomtechnologie generiert. Die „strahlenden Gesichter / der Atomindustrie" und die „zwischengelagerte[n] Hoffnungen" auf ein langes Leben der nächsten Generation produzieren die „Kernfragen" einer unverlässlichen und bedrohten Gegenwart. Neben dem „Mainwasser", das auf den Abwasserskandal des Chemiekonzerns Hoechst AG, die 1980 im *Spiegel* kritisierte „leblose Jauche"[37] und offensichtlich auch auf Frankfurt als den Wohnort des Autors anspielt, rekurriert der Text mit dem metonymischen „Brokdorf"

---

34 KESSLER (1872, 657).
35 KESSLER (1872, 657 f.). Zum Entstehungskontext vgl. auch REED (1996, 191 f.).
36 KOPISCH (2012, 112).
37 ANONYM (24.2.1980, 44).

zudem auf die Ereignisse rund um das dortige Kernkraftwerk, die Demonstrationen der Anti-Atomkraft-Bewegung, den vorläufigen Baustopp 1976 und den
Weiterbau im Frühjahr 1981, der trotz einer weiteren Großdemonstration am
28. Februar durchgesetzt wird.[38]

Fienholds Gedicht nutzt den berühmten Prätext zur Mahnung vor einer
Umweltkatastrophe. Markant ist hierbei, dass der Wechsel zwischen der schweigenden Natur (Gipfel, Wipfel, Vögel) und dem bald schon ewig ruhenden
Du bei Goethe in letzter Konsequenz bei Fienhold aufgenommen wird. Alle
Umweltbelastungen, die zur Sprache kommen, führen ebenfalls in die „ewige
Ruh'", die allerdings keinerlei naturreligiöse, pantheistische oder sonst eine
metaphysische Erlösung mehr in Aussicht stellt. Wo bei Goethe das Schweigen zur Einswerdung zwischen Mensch und Natur gerät und das Nachtlied
außerdem einen zeitlichen Kreislauf und einen ständigen Erneuerungsprozess
impliziert, führen die menschlichen Verfehlungen bei Fienhold direkt in einen
desaströsen irreversiblen Endzustand.

Gattungsgeschichtliche Subversion oder Pervertierung ist ein häufiges Verfahrensmerkmal ökologischer Lyrik, auch dort, wo die thematische Fokussierung auf die Atomtechnik enggeführt wird. Hans-Christoph Buch etwa schreibt
ein Dedikationsgedicht für den US-amerikanischen und auch in Deutschland
erfolgreichen Sachbuchautor Barry Commoner, das explizit *„kein Gedicht"* sein
will und das in jeder Strophe chemische und atomare Unglücksfälle „seit 1945"
in den Vereinigten Staaten protokolliert.[39] Commoner, der 1980 sogar für die
grüne Citizens Party als Präsidentschaftskandidat antritt, warnt schon früh vor
der Gefahr radioaktiver Kontamination, die von den Testversuchen der Siegermächte ausgeht. Die Verbreitung von Radioaktivität durch Wind und Regen sei
„a potential hazard to everything alive", wie Commoner in *The Closing Circle*
(1971) schreibt.[40]

Vor diesem Bedrohungspotential verweigert Buchs Text den eigenen literarischen Anspruch, doch weniger wegen eines etwaigen Barbarismus-Vorwurfs,
wie ihn Adornos Diktum für die Lyrik nach 1945 nahegelegt hätte, als vielmehr
wegen Commoners argumentativer Schlagkraft. Das ‚Gedicht' übernimmt beinahe wort- und in jedem Fall sinngetreu die statistischen und kalendarischen

---

38 Zur Chronologie vgl. auch VON APPEN, STORIM, ZABEL (28.10.2006, 27).
39 BUCH (1981 [1977], 146).
40 COMMONER (2020 [1971], 45).

Angaben aus diesem und wohl auch anderen Sachbüchern. Damit ist es jedoch keine private Widmung oder Huldigung, selbst wenn es 1977 recht passend in Commoners 60. Geburtsjahr erstmals im *Tintenfisch* erscheint, sondern eine öffentlichkeitswirksame und populärwissenschaftlich begründete Dedikation.[41] Jenseits von Gattungs- oder Formgrenzen zwischen Gedicht und Sachbuch, Vers und Prosa zielt der Text auf „eine besorgniserregende Zunahme der Radioaktivität" und auf die Langzeitfolgen der Atomtechnik.[42]

III. 26. April 1986 – Tschernobyl als historische Zäsur und dichterischer Anlass

Der Reaktorunfall in Tschernobyl am 26. April 1986 aktualisiert dieses Bedrohungspotential schlagartig und gilt als Beleg für den Eintritt der lange schon angemahnten Katastrophe und der negativen Zukunftsprognosen. Die von Walter Jens herausgegebene Anthologie *Leben im Atomzeitalter* (1987) repräsentiert einerseits diese Aktualisierung als Zäsur und eine Zeit ‚nach' dem Unglück. Andererseits kennt der Philologe Jens freilich nicht nur die gattungsgeschichtlichen Traditionslinien der Ökolyrik, sondern auch die historische Semantik des Apokalyptischen und „die Vision des Endgerichts", mit der literarische Aneignungsversuche „[i]mmer wieder" ansetzen.[43]

Jens sucht aber auch einen kulturpolitischen Kontrapunkt zu seinen ehemaligen Tübinger Studierenden Bernward Vesper und Gudrun Ensslin, deren Anthologie *Gegen den Tod* (1964) von der politischen Radikalisierung „zu Zeiten der Roten-Armee-Fraktion" überlagert wird und beide Herausgeber posthum zu „Komplizen des Todes" mache.[44] Das Paar trennte sich, als Ensslin im Februar 1968 Andreas Baader kennenlernt und die RAF mitbegründet. Neben dem späteren Suizid seiner beiden Schüler und diesseits von literaturhistorischen Erwägungen beklagt Jens insbesondere die „Militarisierung der – in ein potentielles Gefechtsfeld verwandelten – Bundesrepublik", die „gegen den Willen der Bevölkerungsmehrheit zustande" gekommen sei und auf das eigene

---

41 Zur Unterscheidung zwischen Widmung und Dedikation vgl. auch WAGENKNECHT (2003, 843).

42 BUCH (1981 [1977], 146).

43 JENS (1987, 10).

44 JENS (1987, 9).

Anthologieprojekt zurückwirke: „Wäre die Affäre friedlicher verlaufen, dann, so steht zu erwarten, hätten, an meiner Stelle, Gudrun Ensslin und Bernward Vesper auch den vorliegenden Band herausgegeben."[45]

An diesem auch autobiographisch geprägten Fall lassen sich die zeithistorische Gemengelage und das enzyklopädische Wissen aufzeigen, das sich mit Tschernobyl als Metonymie verbindet. Das aktuelle Ereignis des Reaktorunfalls veranlasst die Anthologie, verweist aber unmittelbar auch auf die gesamte Historie politischer, technischer und kultureller Entwicklungen seit dem Zweiten Weltkrieg. Die Anthologie erfüllt dabei zunächst eine Doppelfunktion von Vergegenwärtigung und Historisierung, sofern sie neue Gedichte, Kurzprosa und Handzeichnungen zusammenstellt, außerdem jedoch Vespers und Ensslins Sammlung vollständig als Faksimile in einem Anhang enthält. Hieraus ergibt sich eine dritte Funktion des vielstimmigen literarischen Protests, der sozusagen generationenübergreifend von einem Band auf den anderen übergeht und darüber hinaus das kulturpolitische Selbstverständnis der jeweiligen Autor*innen publik macht.

Einer der Wortführer der Protestbewegung ist Erich Fried, dessen anerkannter sprachkritischer „Eulenspiegelwitz"[46] und versuchte „Wiederversöhnung von Poesie und Rhetorik"[47] sich auch in seinem Beitrag zu Jens' Anthologie niederschlagen. Hier werden zwei Gedichte nebeneinandergerückt:

Sicherheit	**Unsicherheit**
Die Zeit	„Die Kernspaltung
der Verwertung	ist ein Triumph
der Kernspaltung	unserer Wissenschaft
durch den Menschen	Das ist todsicher"
findet	sagte Till Eulenspiegel
ein Ende	
	„Nur eines stört mich
Das ist sicher	dass ich nicht wissen werde
Unsicher ist nur noch	ob es ein Kernkraftwerk war
welches:	oder nur die Bombe
	wenn ich krepiere"[48]

45 JENS (1987, 10).

46 HECKMANN (1986, 10). Zu Frieds Beteiligung an der Anti-Atomkraft-Bewegung vgl. KIM (1991, 178–189).

47 VON BORMANN (1986, 7).

48 FRIED (1987a, 46).

Entweder Abschaffung
der Kernspaltung
durch den Menschen
oder Abschaffung
des Menschen
durch die Kernspaltung

Beide Gedichte überkreuzen die Bedeutungsfelder von zeitlicher oder fatalistischer Gewissheit und technischer Sicherheit. Doch während der erste Text noch zwei kausallogische Optionen und somit Handlungsmöglichkeiten zur Wahl stellt – das Ende der Menschheit oder des Atomzeitalters –, negiert der zweite Text zumindest auf der propositionalen Ebene jedweden optimistischen Ausgang. Der lakonische Sprachwitz des Eulenspiegel, bei dem der „Triumph / unserer Wissenschaft" durch die wörtliche Bedeutung von „todsicher" pervertiert wird, lässt keine aktive Wahlmöglichkeit mehr zu. Die eigentlich existentielle Unsicherheit, die in der Potentialität der atomaren Bedrohung liegt, wird über die sprachkomische, gewitzte Rede semantisch und zeitlich distanziert. Eulenspiegel wird nicht wissen, woran er künftig ‚krepiert'. Zugleich aber kann sich sein Ausspruch nicht von einer ernsthaften Konsequenz lossagen. Der konkrete Anlass des Reaktorunglücks reaktualisiert im modernen Eulenspiegel-Zitat ein allgemeines vormodernes *memento mori*, ohne die dazugehörige vormoderne Erlösungshoffnung in Aussicht zu stellen. Allerdings leistet der Sprachwitz wenigstens für den Moment des lyrischen Sprechaktes einen Rettungsversuch vor der „allgegenwärtigen Todes-Präsenz".[49]

Unabhängig von der sprachlichen Konstitution der Einzeltexte darf nicht vernachlässigt werden, dass die zur Ökolyrik gezählten Gedichte in der Regel über keinen personalisierten Auftraggeber verfügen. Sie gehen hervor aus den Alltagsroutinen der politischen „Bewegungskultur", die unter dem Rubrum der Ökologie „eine Sammelbezeichnung für umweltverträgliche, ‚sanfte', dezentrale, basisdemokratische, gewaltfreie, oft handwerklich-nostalgisch geprägte Entwicklungsperspektiven" etabliert.[50] In diesem Diskurs, der sich

---

49 JENS (1987, 13). Zur Unterscheidung von Erlösung und Rettung vgl. LEHMANN, THÜRING (2015, 14 f.).

50 ENGELS (2006, 377).

über Praktiken des Popularisierens, Mobilisierens und der Vergemeinschaftung
organisiert, produzieren zahlreiche semiprofessionelle und laienhafte Autorinnen und Autoren das Gros der Textmenge.

Die Sprachformel „Nach Tschernobyl" sorgt dabei sowohl für eine zeitliche und epochengeschichtlich verstehbare Begründungslogik als auch für eine
Zurückweisung elitärer und kanonisierender Wertungsmaßstäbe. Die „Lebens-
bedeutsamkeit" des Reaktorunglücks ist ein wirkungsbezogener axiologischer
Wert, der alle formalen Werte wie ästhetische Stimmigkeit, Dichte oder Originalität verdrängt.[51] Auch deshalb ist das Format der Anthologie so geeignet für
die Verbreitung der Ökolyrik, weil sich mit ihr die Emergenz und der Selbstauf-
trag der literarischen Protestbewegung am ehesten niederschlagen und kanonisierte und unbekannte Namen zueinander bringen kann. In Jens' Anthologie
macht die freiberufliche Englischlehrerin, Übersetzerin und Dichterin Claudia
Hahm von der zäsursetzenden Sprachformel Gebrauch:

Nach Tschernobyl

Der Wind weht von Tschernobyl
und er weht von Harrisburg
Er weht von La Hague
und er weht von Sellafield
das vor seinem mittelgroßen Unfall
noch Windscale hieß
Er wird nicht mehr wehen
von Zwentendorf
aber vielleicht bald
von Wackersdorf

Der Wind weht von denen her
die jetzt
die größere Sicherheit
westdeutscher Atomkraftwerke
als ihr Verdienst ausgeben
und nicht als das ihrer Gegner
die Vorsichtsmaßnahmen erwirkten

Er weht von denen
die nach den Demonstrationen

---

51 So die Typologie produktions- und wirkungsbezogener Werte bei VON HEYDEBRAND,
    WINKO (1996, 115).

in Wackersdorf wieder verschärftes
Demonstrationsrecht fordern
den Einsatz von Gummigeschossen
Gasgranaten
Schußwaffen
auch den Einsatz der GSG 9

Der Wind weht von denen her
die immer noch sagen
daß sie nicht wissen
woher der Wind weht[52]

Anders als die hermetische Lyrik nach 1945 hat die ökologische Lyrik ‚nach Tschernobyl' keinerlei Sprachnot zu bewältigen, weil sie sich nicht gegen ihre Kontextualisierung, gegen „aufschlüsselnde Diskurse"[53] stellt. Ihr Anlassbezug bringt sie in die Nähe zur politisierten, agitatorischen Rede. Dadurch lässt sich der oftmals große Textumfang erklären. Hahms Gedicht steht paradigmatisch für die Querverbindung von Okkasionalität und Rhetorizität. Die Klage über das Reaktorunglück und die Anklage gegen die politischen Entscheider sind zwei komplementäre Umsetzungen der rhetorischen *petitio*, die das Gedicht auch noch über ein Wiederholungsmuster, über die *repetitio* – hier der Windmetapher – organisiert. Hinzu kommt die in der Ökolyrik oft verwendete Aufzählung von metonymischen Ortsnamen und der mit ihnen verbundenen Krisenphänomene. Dadurch wird die Nutzung der Atomenergie als internationales Problem (Tschernobyl, Harrisburg, La Hague) identifiziert.

Außerdem wird der Wind als Metapher für den politischen Kampf, den ‚Gegenwind' einer jungen, auch literarisch aktiven Protestbewegung verwendet. In der editorischen Notiz zu einer zeitgleich in Rowohlts *Literaturmagazin* erschienenen Anthologie mit dem Titel *Warum sie schreiben wie sie schreiben* (1987) heißt es passend dazu: „Ein Generationswechsel steht an. Und mehr noch. Die Verhältnisse haben sich geändert. Heute weiß jeder, woher der Wind weht."[54] Im Gedicht bezeichnet der Wind zudem das konkret physikalische Problem der Verbreitung von Radioaktivität. Mit dem sprechenden Namen des nordenglischen Kernreaktors in Windscale, bei dem durch einen Brand am

---

52 Hahm (1987, 50).
53 Hölter (2016², 103).
54 Lüdke, Schmidt (1987, 8).

10. Oktober 1957 radioaktives Material freigesetzt und bis auf das europäische Festland getragen wurde, fallen der faktenbasiert-dokumentarische und der literarisch-metaphorische Darstellungsanspruch sogar in einem Begriff zusammen.

Das Aufzählen der Ortsnamen schafft Kohärenz, die im Falle des österreichischen Zwentendorf und des bayerischen Wackersdorf über die morphologische Ähnlichkeit hergestellt wird. Zwentendorf steht für einen wichtigen Erfolg der Anti-Atomkraft-Bewegung, seitdem eine Volksabstimmung am 5. November 1978 die Inbetriebnahme des Kraftwerks mit knapper Mehrheit verhinderte und kurz darauf das Atomsperrgesetz in Österreich in Kraft tritt. Begleitet oder initiiert wird der Protest nicht zuletzt von einer kritischen Liedkultur, an die sich auch das Gedicht mit seiner Wiederholungsstruktur („Der Wind weht von denen her") anlehnt, um so eine imaginäre, bei der Lektüre nicht anwesende Gemeinschaft der Atomkraftgegner zu adressieren.[55]

Ebendiese kulturpolitische Widerstandskraft versuchen die Gedichte immer wieder heraufzubeschwören. Dabei gelingt die Homogenisierung der Schreib- und Wirkungsintentionen auch und vor allem wegen der Selektionsleistungen der Sammlung. Mitunter – und zumal außerhalb der Anthologien – kann das rhetorische Überzeugungspotential der Lyrik selbst zur Disposition stehen. Erich Frieds *Am Rand unserer Zeit* (1987) etwa enthält einen Text, der die Formel ‚nach Tschernobyl' entsprechend variiert:

Fragen nach Tschernobyl

Wenn so viel geschehen mußte
damit die Angst
der Menschen
sich selbst erkennt

wieviel müßte geschehen
damit auch der Widerstand
der Menschen
so groß wird und allgemein
wie jetzt ihre Angst?

---

55 Vgl. etwa die Protestlieder auf der *1. Österreichischen Anti-AKW-Platte* (1978), online unter: <https://www.youtube.com/watch?v=1uquIQ4Nvg4>, zuletzt: 24.3.2021. Die formale und gattungstypologische „Nähe zur politischen Lyrik des 19. Jahrhunderts" und zur „Tradition der Vormärz-Ära" betont GSTEIGER (1987, 102).

Aber wenn soviel geschähe
wären dann nachher
noch Menschen da
um Widerstand zu leisten?[56]

Hier dominiert nicht der offensive Publikumsappell, sondern die analytische Befragung dessen, was Luhmann fast zeitgleich als systemimmanente ‚Rhetorik der Angst' beschreibt. Das Gedicht artikuliert eine Skepsis gegenüber dem gesellschaftlichen „Widerstand", der nicht hinreichend groß sei und von dem nur im Konjunktiv die Rede ist. Die Aktualität von Tschernobyl löst demzufolge noch keine breite Gegenwehr aus. Insoweit konzipiert der Text den Reaktorunfall weniger als eine historische Zäsur oder einen radikalen Umschlagspunkt, der alles verändert, sondern eher als eine erneute Stufe zur nächsten Eskalation. In der dritten Strophe führt die durchaus denkmögliche Überwindung menschlicher Handlungsohnmacht dann jedoch in eine Aporie. Denn die hinreichende Bedingung für den Widerstand ergibt sich womöglich erst in dem Augenblick, in dem die atomare Katastrophe den Totalverlust menschlicher Existenz schon herbeigeführt haben wird. Im Umkehrschluss lässt sich aus dieser Potentialität des Zukünftigen eine Notwendigkeit zur politischen Mitsprache in der eigenen Gegenwart ableiten. Eine klare Zukunftsprognose und eine nachdrückliche Mobilisierung und Emotionalisierung des Publikums, die statt der beiden Fragesätze auch einer anderen Syntax bedürfte, strebt das Gedicht allerdings nicht an.

Ganz anders positioniert sich die Anthologie *Sind es noch die alten Farben?* (1987), die im Kinder-, Jugend- und Sachbuchverlag Beltz erscheint und vom freien Schriftsteller Harry Böseke und dem Bielefelder Studenten Bernhard Wagner herausgegeben wird. Der Untertitel distanziert sich ausdrücklich vom kanonischen Höhenkamm: *Nach Tschernobyl: Jugendliche und Erwachsene schreiben.* Diese Zielsetzung wird einer germanistischen Einschätzung zufolge durchaus gelobt: „Der phantasievolle Widerstand in den Texten der sogenannten Laienschriftsteller macht klar, daß eine ästhetisch verarbeitete Krisenwahrnehmung nicht auf empfindsame Künstlernaturen beschränkt ist."[57] Ein Jahr nach dem Unglück soll der Band „das Verdrängte, Vergessene in Erinnerung

---

56 FRIED (1987b, 31).
57 RUDLOFF (1990, 11).

rufen", und er enthält darum „keine technischen Daten oder wissenschaftlichen Analysen, sondern die ‚kleinen' Katastrophen des Alltags nach Tschernobyl."[58]

Neben Gedichten werden Briefe, Tagebucheinträge, Berichte, Erzählungen und Fotos von Demonstrationen und Spruchbannern gesammelt. Mit diesem Material soll eine induktive, alltagsorientierte Perspektive ‚von unten' auf das Ereignis gewonnen werden, die sich nicht darauf beschränkt, nur einer „Sensation von gestern"[59] zu folgen, wie es das im Vorwort zitierte Diktum des Wissenschaftspublizisten Robert Jungk anmahnt. Zu dieser Absicht passt auch das Autorenverzeichnis, das Auskunft über Wohnort, Alter und Tätigkeit der Beiträger*innen gibt und mitunter sogar eine kurze Begründung für das Abfassen des jeweiligen Textes zitiert.

In dem so ausgewählten Korpus findet sich der von Erich Frieds Gedichten bekannte Klagegestus ebenso wieder wie – im Falle der Lyrik – die Nähe zur sentenziösen Kurzprosa der Demonstrationsplakate. Das Gedicht der 17-jährigen Schülerin Ina Saal kann diesen Befund exemplarisch belegen:

Nach Tschernobyl

Das „minimale" Restrisiko
hat uns jetzt
eingeholt und –
überholt

Kein blauäugiger
Sicherheitsglaube mehr
sondern
hartes & haarsträubendes
Wissen
um die Gefahr
die uns umgibt
allüberall
unfaßbar –

Wie lange noch?[60]

Dieser Text operiert mit einer Gleichzahl oder Gleichverteilung von Worten und außerdem mit Assonanzen und Lautähnlichkeiten („blauäugiger

---

58 BÖSEKE, WAGNER (1987, 5).

59 BÖSEKE, WAGNER (1987, 5).

60 SAAL (1987, 18).

Sicherheitsglaube", „hartes & haarsträubendes"), um Bedeutungseinheiten zu markieren. Die syntaktische Einteilung – feststellender Deklarativsatz in der ersten, elliptischer Imperativsatz mit verlängerndem Relativsatz in der zweiten und kurzer Fragesatz mit dem schließenden Temporaladverb „noch" in der dritten Strophe – unterstützt die appellative Funktion des Gedichts. Die verwendeten Substantive bedienen wechselweise jene semantischen Oppositionen, die die Ordnung des ökologischen Diskurses insgesamt dominieren: Risiko und Sicherheit, unwissenschaftlicher Glaube und „hartes" Wissen, minimierte und omnipräsente Gefährdungslage, politisch-offiziöse Rede und gesellschaftlich-kulturelle Wahrnehmung – das sind die Leitvokalen und Topoi, die auch das Gedicht abschreitet.

Doch so eindeutig der Anlassbezug dieses und ähnlicher Gedichte ausgestellt wird, so ungewiss ist die zielgenaue Entfaltung seines rhetorisch und stilistisch aufgebauten Wirkpotentials. Gerade weil die atomare Gefahr „allüberall" und physikalisch wie auch moralisch „unfaßbar" ist, findet der Text viele oder alle denkmöglichen Adressat*innen, aber wendet sich an keinen konkreten Empfänger. Die Ökolyrik ‚nach Tschernobyl' kann einen klaren Bezug zu einem historischen Vorfall herstellen und mit ihm eine Zäsur definieren, die ein gesamtgesellschaftliches Umdenken zwingend notwendig macht. Allein, dieses literarisch vorgetragene Anliegen steht – unabhängig von seiner womöglich publizistisch eingeschränkten Reichweite und von etwaiger Abwertung oder Nichtbeachtung – vor dem diskursinhärenten Problem, dass die populären und appellativen Adressierungsverfahren insbesondere von Lyrik auf begriffliche Verdichtung und auf die Verschlagwortung ihrer Gegenstände angewiesen sind. Wo aber mit der Evidenz unwiderlegbarer Tatsachen und mit harten Fakten, die die Existenz aller betreffen, argumentiert wird, fällt die Artikulation des Gegenteils umso leichter. Wird das Ereignis ‚Tschernobyl' von einem Gedicht – und damit von einem dezidiert literarischen Kommunikationsangebot – als Gelegenheit für semantische Zuspitzungen, historische Einschnitte und politische Forderungen genutzt, ist eine Positionierung der möglichen Adressat*innen im anderen Extrem des Bedeutungsspektrums eher zu erwarten als die erhofft sachgerechte und umweltethische Reaktion auf das Gesamt der Ökolyrik oder gar auf den einzelnen Text.

Wo sich die Ökolyrik direkt als Gelegenheitslyrik versteht und nicht nur auf das metonymische Tschernobyl abhebt, ergibt sich die Möglichkeit, aus der literarisch bemerkten Konfrontation von kulturpolitischem Anspruch und realpolitischer Umsetzung herauszutreten. Robert Wohlleben etwa, ein Hamburger

Lehrer für Deutsch als Fremdsprache, schreibt ein formvollendetes Sonett, in dem die dokumentarische die appellative Funktion verdrängt:

Bei Kleve (Kreis Steinburg) am 7. Juni 1986

An rauchend abgebrannten Himmelsrändern
ziehn Helikopter hin und kurven ein.
Wo fern ein Wald schweigt, gellt Kommandoschrein,
und Wolken drüber hin in Tarngewändern.

Ein Regen fällt. Wie sich die Schatten ändern,
tapp ich durch Kraut und Gras, in Pfützen rein.
Ein Flackerbild: Da blutet wie ein Schwein
ein Kopf mit Schrei im Blick und Tränenbändern.

Und Achselschweiß rinnt ab mit kaltem Stechen,
schon stockt die Luft, wie's auch der Atem tut,
die Haut wird eisig starr und gleich zerbrechen.

Mit ruhig-festem Tritt – sonst nix am Hut –
umstellt mich Polizei, verschlägt mir's Sprechen –
und aus dem Schweigen, weiß ich, wächst nur Wut.[61]

Wie der Titel unmissverständlich anzeigt, rekurriert das Gedicht auf eine weitere Großdemonstration, dieses Mal vom 7. Juni 1986 gegen die Inbetriebnahme des Atomkraftwerks Brokdorf, an der rund dreißigtausend Menschen teilnahmen und die nicht nur die Presse, sondern im Nachhinein auch den Niedersächsischen Landtag beschäftigt. Eine Kleine Anfrage des Grünen-Abgeordneten Johannes Kempmann wird mit den „zahlreichen gewalttätigen Auseinandersetzungen" und mehreren „Pkw" begründet, die im nahegelegenen Kleve „an einer Straßensperre der Polizei" durch die Beamten „zerstört oder erheblich beschädigt" wurden.[62] In Kleve werden zudem rund zehntausend Hamburger Demonstranten auf ihrem Weg nach Brokdorf gestoppt. Gegen den gewaltsamen Polizeieinsatz findet am Tag darauf eine weitere Demonstration auf dem Hamburger Heiliggeistfeld statt, bei der mehr als 800 Personen für mehrere Stunden innerhalb der Absperrungen festgehalten werden. Das Ereignis prägt die Wendung vom ‚Hamburger Kessel', woraufhin der Innensenator

---

61 WOHLLEBEN (1987, 81).
62 KEMPMANN (24.6.1986).

Rolf Lange zurücktreten muss. Trotz alledem geht das Kraftwerk am 8. Oktober 1986 als weltweit erste Anlage ‚nach Tschernobyl' in Betrieb.[63]

Anders als bei Fienhold, in dessen 1981er Variation von „Wandrers Nachtlied" ein Überblick zu verschiedenen Anlässen gegeben wird und Brokdorf nur eines von mehreren Umweltproblemen thematisiert, ist das sprechende Ich bei Wohlleben teilnehmender Beobachter und aktiver Demonstrant zugleich. Dabei ist die einseitige physische Gewalt der Polizei auf der Inhaltsebene dominant. Das Gedicht kann das Geschehen auch deshalb so gut dokumentieren, weil sich hier der Protest bereits mit aller Härte vollzieht – die damalige Berichterstattung spricht von bürgerkriegsähnlichen Zuständen –, so dass ein literarischer Aufruf zum politischen Widerstand nicht mehr nötig ist.

Viel eher ist die strenge Form des Sonetts (fünfhebiger Jambus, festes Reimschema), die für die sonst prosanahe Ökolyrik vollkommen untypisch ist, darum bemüht, zumindest literarische Ordnung zu stiften und den Gewaltexzess zu versprachlichen. Das brutale „Flackerbild" der Demonstration entsteht aus den polizeilichen Maßnahmen wie den „Helikopter", das „Kommandoschrein", den „ruhig-feste[n] Tritt" und das ‚Umstellen', deren Stupidität auch mit der umgangssprachlichen Wendung „sonst nix am Hut" angezeigt werden. Sie unterbinden sowohl den friedlichen Dialog mit den Protestierenden als auch jedwedes kultivierte „Sprechen" oder einen kontrollierten Sprechakt des Ich. „Luft" und „Atem" stocken ihm, ‚verschlagen' sich selbst und werden gleichermaßen von außen ‚verschlagen'. Bedeutsam ist in diesem Zusammenhang die intertextuelle Anspielung auf das „Horst-Wessel-Lied", ein Kampflied der SA und spätere Hymne der NSDAP, das oft in Kombination mit der ersten Strophe des „Deutschlandliedes" gesungen wurde und in dem die „SA" mit „ruhig festem Schritt" marschiert.[64] Bei Wohlleben ist aus diesem „Schritt" ein „Tritt" geworden, so dass die Polizisten der BRD unausweichlich in eine Traditionslinie mit dem nationalsozialistischen Gewaltregime gerückt und die Atomkraft-Gegner zu politischen Opfern stilisiert werden.

Ohnehin ist der Text von einer massiven Körperlichkeit geprägt. Statt Worten werden allenfalls Schreie und vor allem Blut, Schweiß und Tränen

---

63 Vgl. hierzu die „Chronik der Bau- und Protestgeschichte" des NDR unter <https://www.ndr.de/geschichte/AKW-Brokdorf-Chronik-der-Bau-und-Protestgeschichte,brokdorf chronik2.html>, zuletzt: 27.3.2021.

64 Wessel (o. J.).

abgesetzt. Die letzte stabreimende Zeile, die die bedeutungstragenden Worte mit einer Alliteration versieht, überschreitet denn auch die Dokumentations- und Erinnerungsfunktion und warnt das Publikum mit einer Selbstaussage des Sprechers. Er „weiß", dass aus dem „Schweigen" lediglich „Wut" entsteht. Insofern unterbreitet das Gedicht mit seiner Perspektive aus dem konkreten Ereignis heraus ein kulturpolitisches Gesprächs- und Versöhnungsangebot an die zivilen und staatlichen Konfliktparteien.

Allerdings schweigt bereits der Wald im ersten Quartett. Versteht man dies als eine intertextuelle Referenz auf Goethes „Ein gleiches", dann wird dessen harmonisierende Beruhigungsgeste in ein apokalyptisches Endzeitszenario mit „rauchend abgebrannten Himmelsrändern" und dem womöglich nach Tschernobyl verseuchten „Regen" verkehrt. Das „Schweigen" bei Wohlleben ist mit der ‚Ruhe' bei Goethe keinesfalls identisch, weil dort die Gelegenheit zur dialogischen (und demokratischen) Einigung nicht ergriffen wird und hier die monologische Anrede sämtliches äußere Bedrohungspotential von dem angesprochenen Du fernhalten kann. Der politische oder pragmatische Anlass, auf den sich die Ökolyrik typischerweise beziehen muss, um Kritik, Warnungen, Angst, Trost oder Bedauern zu artikulieren, hat für die traditionelle Naturlyrik keine besondere Relevanz. Und obwohl sich beide Gattungen – wie das Sonett belegt – häufig komplementär zueinander verhalten, führt die literarische Wertungspraxis meist dazu, die Okkasionalität der gegenwarts- und ereignisorientierten Ökolyrik gegenüber der Universalität einer überzeitlich gültigen Naturlyrik herabzusetzen.

IV. 11. März 2011 – Fukushima als reaktualisierte Katastrophe

Die literatur-, medien- und zeithistorische „Chiffre Tschernobyl"[65] wird unmittelbar bemüht, sobald es gilt, die sich fast auf den Tag genau ein Vierteljahrhundert später ereignende Zerstörung des Kernkraftwerks von Fukushima am 11. März 2011 „als katastrophale[n] Dreiklang von Erdbeben, Tsunami und atomarer Havarie"[66] sprachlich zu erfassen und zu deuten. Die Gegenwartsliteraturwissenschaft der letzten Jahre hat versucht, den Status der Textproduktion

---

65 ARNDT (2016, 14).
66 GEBHARDT (2016, 16).

‚nach Fukushima' anhand der Ereignischronologie zu ermitteln, wobei anders als in den 1980er Jahren eine komparatistische Perspektive stärker berücksichtigt wird, die nun das Verhältnis zwischen deutschsprachiger und japanischer Literatur und ihren jeweiligen Anlassbezügen untersucht.[67]

Eine anlassbezogene Reaktualisierung lässt sich auch in der popkulturellen Verarbeitung bemerken. Die Düsseldorfer Band Kraftwerk etwa spielt ihren alten Titelsong aus dem Album *Radio-Aktivität* (1975) mit dem erweiterten Intro „Geigerzähler" bei Konzerten und unter dem Slogan „No Nukes 2012" als Fukushima-Version auf Japanisch und erweitert entsprechend die Aufzählung der Ortsnamen seit Hiroshima.[68]

Die Erste Allgemeine Verunsicherung legt ihren Protestsong „Burli" aus dem Album *Liebe, Tod und Teufel* (1987) wieder auf, in dem ein kleinbürgerliches Paar einen körperlich deformierten Sohn, „ihr'n Remutantenwastl" zeugt und die Familiengenealogie als grotesk überzeichnetes „Andenken von Tschernobyl" in der Hochzeit mit der ebenfalls fehlentwickelten Nachbarstochter Amalie mündet.[69] Knapp fünfzehn Jahre nach der Erstveröffentlichung folgt mit „Burli 2000" eine aktualisierte Version, die – ohne ein ganz neues Unglück – an die „Havarie" erinnert und dem Publikum „[a]us Tschernobyl an schenen Gruaß" ausrichtet.[70] Die vorerst letzte Fortsetzung liefert die Band 2015 mit dem Song „Mrs. Fuckushima", dessen Titel durch das zusätzliche C im Ortsnamen ein politisches Statement ist und in dem sich Burli von Amalia scheiden lässt, weil er „seit Japans Supergauli" nun „ein neues Frauli", „Fukush-Irmi", gefunden hat.[71]

Dass es im Gegensatz zur japanischen Literatur – etwa zu den Twitter-Gedichten Ryôichi Wagôs – dennoch keine größere deutsche gelegenheitslyrische Textproduktion ‚nach Fukushima' gibt – jedenfalls im Verhältnis zur Erzählprosa wie Gudrun Pausewangs Jugendbuch *Noch lange danach* (2012) –,

---

67 Vgl. etwa HESELHAUS (2017). Doch auch hier stellen sich Kanonisierungseffekte ein, zumal für Yoko Tawada und Elfriede Jelinek bei GERSTENBERGER (2014) und VON MALTZAN (2018).

68 So beim Konzertauftritt von KRAFTWERK (7.7.2012).

69 ERSTE ALLGEMEINE VERUNSICHERUNG (1987). Zur politischen Stellungnahme der Band vgl. auch das Interview bei einem ZDF-Auftritt 1988 unter <https://www.youtube.com/watch?v=gIbXDlyKHiE>, zuletzt: 28.3.2021.

70 ERSTE ALLGEMEINE VERUNSICHERUNG (2000).

71 ERSTE ALLGEMEINE VERUNSICHERUNG (2015).

hat zwei offensichtliche Gründe: Zum einen hat die deutsche Bundesregierung die „Reaktorkatastrophe in Fukushima 2011" zum Anlass genommen, „den Ausstieg aus der Kernkraft" zu beschleunigen und bis „spätestens Ende 2022" alle Anlagen abzuschalten.[72] Der Gelegenheits- und Ökolyrik ist sozusagen ein zentraler gesellschaftspolitischer Anlass entzogen. Die Entscheidung zum Atomausstieg hat das öffentliche Agenda Setting nachhaltig verschoben, auch wenn die Frage nach einer Endlagerung des Atommülls immer noch ungeklärt ist. Zum anderen konzentrieren sich ökologische Protestbewegungen wie Fridays for Future ohnehin auf andere Probleme wie den globalen Klimawandel und verlagern hierzu ihre rhetorisch zugerichteten, sentenziösen Forderungen und politischen Mobilisierungskampagnen vorzugsweise in die Neuen Medien und sozialen Netzwerke.[73] In diesen Formaten finden gelegenheitslyrische Texte offenbar keinen Platz.

Ein dritter Grund, der eine eigene Studie wert und als literaturgeschichtliches Narrativ zu prüfen wäre, ließe sich im gesellschaftlichen und kulturpolitischen Bedeutungsverlust der Lyrik als Alltagskunst und Massenphänomen bemerken. Zumindest wenn man aktuellen literaturwissenschaftlichen Einschätzungen folgt, dann ist die Gattungskonjunktur der Gelegenheits- als Ökolyrik vorüber: „Themen wie Artenschwund und industrielle Naturzerstörung", schreibt Axel Goodbody in Anlehnung an Heinrich Detering, „werden nicht mehr einsinnig-appellativ formuliert, sondern in unterschiedlichsten Formen (von neuer visueller Poesie über die Ode bis zum Prosagedicht) vermittelt."[74] Autor*innen wie Silke Scheuermann, Nico Bleutge oder Jan Wagner stünden für einen Wechsel von der Umwelt- oder Ökolyrik hin zu einer ‚Lyrik im Anthropozän', die wieder stärker auf formalästhetische Komplexion als auf unmittelbare Publikumsadressierung setze. Die Valorisierungs- und Kanonisierungseffekte, die sich momentan in der Lyrikforschung und im Zuge der anthropozentrischen Wende abzeichnen, sprechen für eine nicht unliebsame Rückkehr zur oder Erneuerung der traditionsbewussten Naturlyrik. Zu bedenken wäre dabei allerdings, dass sich der offensive kulturpolitische Protest unter den Bedingungen netzbasierter Medienformate der klassischen Buchförmigkeit und Materialität von Anthologie und Gedichtband längst entledigt hat,

---

72 DIE BUNDESREGIERUNG (o. J.).

73 Vgl. dazu MERGENTHALER, BURNETT (2021).

74 GOODBODY (2016, 303).

weil sie den veränderten Anforderungen einer instantanen, verzugslosen Teilhabe und Gemeinschaftsbildung nicht mehr gerecht werden.

Wo dennoch gelegenheitslyrische Adaptionen entstehen, haben sie weniger eine plakativ kulturpolitische und gegenwartssteuernde als vielmehr eine historisierend-erinnernde und selbst- oder metareflexive Funktion. Der auf der Plattform lyrikline.org veröffentlichte Zyklus „re:aktor poems" (2018) des – noch gänzlich unerforschten – deutsch-amerikanischen Dichters Paul-Henri Campbell macht diesen Funktionswandel abschließend kenntlich. Der fünfteilige Zyklus ruft noch einmal die bekannten Ortsnamen auf und widmet Tschernobyl, Tihange, Fukushima, Three Mile Island und Windscale je ein Gedicht. Fukushima wird als jüngster Anlass von den anderen Ereignissen gerahmt, sofern man von neueren Vorfällen, wiederkehrenden Störungen und Baumängeln wie in Tihange absieht, gegen die beispielsweise am 25. Juni 2017 eine symbolische Menschenkette über knapp neunzig Kilometer von Aachen über Maastricht bis zum maroden Kraftwerk am Zielort gebildet wurde.

Die „re:aktor poems" benennen aber nicht nur die Standorte der einzelnen Reaktoren, sondern verweisen auch auf die Langzeitwirkungen der Atomkraft, ohne dabei explizit zum Protest aufzurufen. Die Gedichte sind – der Schreibweise des Titels zufolge – eher dezente literarisierte Re-Aktionen. Sie kombinieren gattungsspezifische Topoi der Naturlyrik mit diversen kultur- und wissensgeschichtlichen Elementen, wie man sie mit anderem Akzent etwa bei Durs Grünbein beobachten kann und die der Literaturwissenschaft die Aufgabe zukommen lassen, die vielfältigen Bezüge zu ordnen. Dieser Art von lyrischen Gedächtnisstützen ist es nicht um eine schnelle Politisierung zu tun. Im Vordergrund steht eher eine ästhetisierte Wahrnehmungs- und Imaginationsfähigkeit der Sprecherinstanz: „strahle anemone am ufer des kühlsees / dort läppt noch frisches",[75] heißt es im ersten Text zu Tschernobyl. Etwas deutlicher ist das nächste Gedicht zu Tihange 2, das am Ende eine mögliche neue Katastrophe einkalkuliert: „ist noch zeit bis dein kern vom überdruck zerspringt / in kraftlosen substanzen das netzwerk der risse löst". Der letzte Text zu Windscale verweist in den beiden Schlusszeilen auf „die spätentdeckten lecke / die labyrinthischen risse" und somit auf das nach wie vor bestehende atomare Gefährdungspotential.

---

75 CAMPBELL (2018). Alle weiteren Zitate beziehen sich auf diese Angabe.

Das mittlere Gedicht zu Fukushima unterscheidet sich von den anderen Teilen des Zyklus insofern, als ein Sprecher-Ich die Katastrophe live am Bildschirm verfolgt. Die unmittelbare Telepräsenz und Medialität des Ereignisses verdrängt hier den Willen des Einzelnen zum politischen Aktivismus:

ich auf dem sofa / streame die katastrophe / beim cappuccino
live laufen sie ein / fukushima bei youtube / *as it happened full*
posttraumatische / automatisierte bildflut / auch 911
as it happened full / oder *complete* "8:10:12 / rohe wirklichkeit

rohe abdrücke / staub und gestein am vesuv / überlagert hang
zum suchleisten stich / probebohrungen wortkern / gemovete bilder
zufällige per- / spektiven oft verwackelt / auf rauch auf asche
das video *first* / *draft of history* steht / : siehst du die unschuld

das fassungslose / simultan übersetzte / bildtondokument
atomisiert *save* / kontinuum zeit zäsur / *lots of weighing in*
bei studios live / rom new york berlin cairo / peking perth lima
alle screens leuchten / stopp aller spaltungen welt / eins im ereignis

fohlen statt walfleisch / sushi meiden sake vor- / jahr *kanpai* trinke
oder was ist sonst / *shin gojira* für mich hier / ich auf dem sofa
entrückte alpwelt / schock bis ich sie wegklicke / und plinius lese

Das Gedicht reaktualisiert Fukushima als ein globales Medienereignis, eine ,Sensation von gestern', die ins kollektive Gedächtnis übergegangen ist und jederzeit aus dem Archiv, „bei youtube" wieder abgerufen werden kann. Der einzelne Vorfall ist dort unter dem Rubrum des Katastrophischen verfügbar. Fukushima rückt neben 9/11, Plinius oder *„shin gojira"*, eine japanische Godzilla-Filmvariante von 2016, ohne dass die synchrone oder asynchrone Rezeption dieser Medienangebote, der „gemovete[n] bilder" zu einer emotiven oder moralischen Reaktion (im Sinne des rhetorischen *movere*) führt. Insofern problematisiert der Text die apolitische Konsumhaltung des „ich auf dem sofa […] beim cappuccino", das Unterhaltungsbedürfnis und die volatil-selektive Wahrnehmung des modernen Subjekts. Das Sprecher-Ich ist, mit Vilém Flusser gesprochen, „,politisch desengagiert', weil der öffentliche Raum, das Forum nutzlos wird."[76] Relevanz haben die dargebotenen Themen nur, „bis ich sie wegklicke".

76   FLUSSER (2005[4] [1990], 137).

Darüber hinaus jedoch wird eine indirekte Erklärung für das gattungsge-schichtliche Ende der Ökolyrik geboten. Die mit Schrägstrichen versehenen Verse deuten nicht nur telegrammartige Sinneinheiten oder eine zerstreute, ato-misierte Medienwirklichkeit an. Sie sorgen insbesondere für die typographische Einteilung der Wortgruppen zu fünf, sieben und fünf Silben, also der traditio-nellen Form des japanischen Haiku, die spätestens seit Jan Wagners *Regenton-nenvariationen* (2014) und dem titelgebenden Zyklus wieder Beachtung finden. Bei Campbell weichen einzig die Elemente „*draft of history* steht" sowie „und plinius lese" mit jeweils sechs Silben von diesem Schema ab. Dieser literatur- und kulturgeschichtliche Rückbezug auf Plinius und das mit ihm assoziierte „staub und gestein am vesuv" belegen das Traditionsbewusstsein des Gedichts.

Der von Plinius dem Jüngeren beschriebene Ausbruch des Vesuvs, der sich recht sicher auf den 24. August 79 datieren lässt, bildet – gewissermaßen als antike Urkatastrophe – einen historischen Kontrapunkt zu Fukushima, an dem sich das Sprecher-Ich innerhalb seiner kontingenten, auszugswei-sen Medienwirklichkeit zurückbesinnen kann. Das Gedicht favorisiert statt einem telegenen ‚Entwurf von Geschichte', einem „*draft of history*" doch wie-der den kanonischen antiken Text, statt der Virtualität der Netzangebote lie-ber die Materialität des Buchkörpers, der den „hang | zum suchleisten stich" wortgemäß „überlagert". Dieser Akt der Komplexitätsreduktion sorgt für eine Abgrenzung von jener „welt", die zumindest kurzzeitig „eins im ereignis" ist, und bietet dem Sprecher-Ich eine verlässliche Orientierung innerhalb eines dif-fusen Modernediskurses. Liest man das Gedicht dagegen auf seine kulturpo-litische Funktionalität hin, dann bedeutet die Rettung vor der „entrückte[n] alpwelt" und die Hinwendung zu Plinius nicht weniger als ein Ringen um ästhetische Anerkennung und literaturbetriebliche Aufwertung – mithin um jene vermeintlich gegenwartsenthobenen Gütekriterien, an denen der gegen-wartsbezogenen Ökolyrik der 1980er Jahre nicht gelegen war.[77]

---

77 Gefördert durch die Deutsche Forschungsgemeinschaft (DFG) – Projektnummern 420559716; 392948579.

Literaturverzeichnis

ANONYM (24.2.1980, 44–50): „Ein tiefer Schluck, und Sie sind tot …". Wie Gift von Amts wegen in den Main gelangt – Hessens neuer Umwelt-Skandal. In: Der Spiegel, Nr. 9.

APPEN, Kai von, Fritz STORIM, Uwe ZABEL (28.10.2006, 27): Das Symbol Brokdorf. In: taz, <https://taz.de/!359399/>, zuletzt: 21.3.2021.

ARNDT, Melanie (2016, 10–24): Einleitung: Ökologie und Zivilgesellschaft. In: Dies. (Hrsg.): Politik und Gesellschaft nach Tschernobyl. (Ost-)Europäische Perspektiven. Berlin.

BECK, Ulrich (1986): Risikogesellschaft. Auf dem Weg in eine andere Moderne. Frankfurt a. M.

BORMANN, Alexander von (1984, 463–474): Nachwort. In: Ders. (Hrsg.): Die Erde will ein freies Geleit. Deutsche Naturlyrik aus sechs Jahrhunderten. Frankfurt a. M.

– (1986, 5–23): „Ein Dichter, den Worte zusammenfügen". Versöhnung von Rhetorik und Poesie bei Erich Fried. In: H. L. Arnold (Hrsg.): Text + Kritik, H. 91: Erich Fried. München.

BÖSEKE, Harry, Bernhard WAGNER (1987, 5–6): Vorwort. In: Dies. (Hrsg.): Sind es noch die alten Farben? Nach Tschernobyl: Jugendliche und Erwachsene schreiben. Weinheim, Basel.

BUCH, Hans Christoph (1977, 7–12): Einleitung. In: Ders. (Hrsg.): Tintenfisch, Bd. 12: Natur Oder: Warum ein Gespräch über Bäume heute kein Verbrechen mehr ist.

– (1981 [1977], 145–146): Kein Gedicht für Barry Commoner. In: P. C. Mayer-Tasch (Hrsg.): Im Gewitter der Geraden. Deutsche Ökolyrik. München.

CAMPBELL, Paul-Henri (2018): re:actor poems, <https://www.lyrikline.org/de/gedichte/reactor-poems-i-tschernobyl-14807> [und Folgeseiten], zuletzt: 29.3.2021.

COMMONER, Barry (2020 [1971]): The Closing Circle. Nature, Man, and Technology. Mineola, New York.

DIE BUNDESREGIERUNG (o. J.): Ausstieg aus der Kernkraft, <https://www.bundesregierung.de/breg-de/themen/energiewende/energie-erzeugen/ausstieg-aus-der-kernkraft-394280>, zuletzt: 28.3.2021.

EGYPTIEN, Jürgen (1998, 41–67): Die Naturlyrik im Zeichen der Krise. Themen und Formen des ökologischen Gedichts seit 1970. In: A. Goodbody (Hrsg.): Literatur und Ökologie. Amsterdam, Atlanta.

ENGELS, Jens Ivo (2006): Naturpolitik in der Bundesrepublik. Ideenwelt und politische Verhaltensstile in Naturschutz und Umweltbewegung 1950–1980. Paderborn.

ERSTE ALLGEMEINE VERUNSICHERUNG (1987): Burli, <http://www.eav.at/texte/burli>, zuletzt: 28.3.2021.

– (2000): Burli 2000, <http://www.eav.at/texte/burli-2000>, zuletzt: 28.3.2021.

– (2015): Mrs. Fuckushima, <http://www.eav.at/texte/mrs-fuckushima>, zuletzt: 28.3.2021.

FIENHOLD, Ludwig (1981, 69): Ewige Ruh'. In: P. C. Mayer-Tasch (Hrsg.): Im Gewitter der Geraden. Deutsche Ökolyrik. München.

FLUSSER, Vilém (2005⁴ [1990], 134–140): Das Politische im Zeitalter der technischen Bilder. In: Ders.: Medienkultur. Hrsg. v. S. Bollmann. Frankfurt a. M.

FRIED, Erich (1987a, 46): Sicherheit. Unsicherheit. In: W. Jens (Hrsg.): Leben im Atomzeitalter. Schriftsteller und Dichter zum Thema unserer Zeit. Gräfelfing v. München.

– (1987b): Am Rand unserer Lebenszeit. Gedichte. Berlin.

GEBHARDT, Lisette (2016, 11–20): „Im dunklen Grenzbezirk" – Literatur und das Atomare. Zur Einführung in den Themenschwerpunkt. In: Rezensionsforum literaturkritik.de, dies. (Hrsg.): Nukleare Narrationen – Erkundungen der Endzeit fünf Jahre nach Fukushima. Rezensionen und Essays. Berlin.

GEITNER, Ursula (2016, 19–58): Stand der Dinge: Engagement-Semantik und Gegenwartsliteratur-Forschung. In: J. Brokoff, dies., K. Stüssel (Hrsg.): Engagement. Konzepte von Gegenwart und Gegenwartsliteratur. Göttingen.

GERSTENBERGER, Katharina (2014, 131–148): *Störfälle*: Literary Accounts from Chernobyl to Fukushima. In: German Studies Review, Vol. 37, Nr. 1.

–, Tanja NUSSER (2015, 1–16): Introduction. In: Dies. (Hrsg.): Catastrophe and Catharsis. Perspectives on Disaster and Redemption in German Culture and Beyond. Rochester.

GOODBODY, Axel (1984): Natursprache. Ein dichtungstheoretisches Konzept der Romantik und seine Wiederaufnahme in der modernen Naturlyrik (Novalis – Eichendorff – Lehmann – Eich). Neumünster.

– (2016, 287–305): Naturlyrik – Umweltlyrik – Lyrik im Anthropozän. Herausforderungen, Kontinuitäten und Unterschiede. In: A. Bayer, D. Seel (Hrsg.): All dies hier, Majestät, ist deins. Lyrik im Anthropozän. Anthologie. Berlin, München.

GSTEIGER, Manfred (1987, 101–112): Zeitgenössische Schriftsteller im Kampf für die Umwelt. In: M. Schmeling (Hrsg.): Jahrbuch für Internationale Germanistik, Reihe A, Bd. 26: Funktion und Funktionswandel der Literatur im Geistes- und Gesellschaftsleben. Akten des Internationalen Symposiums Saarbrücken 1987.

HÄNTZSCHEL, Günter (2000, 691–693): Art.: Naturlyrik. In: H. Fricke u. a. (Hrsg.): Reallexikon der deutschen Literaturwissenschaft, Bd. 2. Berlin, New York.

HAHM, Claudia (1987, 50): Nach Tschernobyl. In: N. Jens (Hrsg.): Leben im Atomzeitalter. Schriftsteller und Dichter zum Thema unserer Zeit. Gräfelfing v. München.

HAUPT, Caroline (2021): Kontingenz und Risiko. Mythisierungen des Unfalls in der literarischen Moderne. Baden-Baden.

HAUPT, Jürgen (1983): Natur und Lyrik. Naturbeziehungen im 20. Jahrhundert. Stuttgart.

HECKMANN, Herbert (1986, 9–14): Darf man den unbequem nennen, der den Wahnsinn anprangert? Rede anläßlich der Verleihung des Bremer Literaturpreises an Erich Fried (1983). In: R. Wolff (Hrsg.): Erich Fried. Gespräche und Kritiken. Bonn.

HEISE, Hans-Jürgen (17.4.1981): Die grünen Poeten kommen. In: Die Zeit, Nr. 17.

HEISE, Ursula K. (2006, 177–207): Afterglow: Chernobyl and the everyday. In: C. Gersdorf, S. Mayer (Hrsg.): Nature in Literary and Cultural Studies. Transatlantic Conversations on Ecocriticism. Amsterdam, New York.

HESELHAUS, Herrad (2017, 469–482): Literature after Fukushima. A Comparison of Approaches in German and Japanese Literature. In: A. Tomiche (Hrsg.): Le Comparatisme comme approche critique / Comparative Literature as a Critical Approach, Bd. 5. Paris.

HEYDEBRAND, Renate von, Simone WINKO (1996): Einführung in die Wertung von Literatur. Systematik – Geschichte – Legitimation. Paderborn u. a.

HÖLTER, Achim (2016[2], 103–110): Art.: Kontexte der Lyrik. In: D. Lamping (Hrsg.): Handbuch Lyrik. Theorie, Analyse, Geschichte. Stuttgart.

JENS, Walter (1987, 9–16): Einführung. In: Ders. (Hrsg.): Leben im Atom-zeitalter. Schriftsteller und Dichter zum Thema unserer Zeit. Gräfelfing v. München.

KEMPMANN, Johannes (24.6.1986): Einsatz niedersächsischer Polizei am 7. und 8. 6. 1986 in Brokdorf bzw. Hamburg. In: Niedersächsischer Land-tag – Elfte Wahlperiode: Drucksache 11/125, <https://www.landtag-nie-dersachsen.de/drucksachen/drucksachen_11_2500/0001-0500/11-0125.pdf>, zuletzt: 27.3.2021.

KESSLER, Julius (1872, 656–658): Ein deutsches Heiligthum und sein Unter-gang. In: Die Gartenlaube, H. 40.

KIM, Yong-Min (1991): Vom Naturgedicht zur Ökolyrik in der Gegenwarts-poesie. Zur Politisierung der Natur in der Lyrik Erich Frieds. Frankfurt a. M. u. a.

KLING, Alexander (2018, 27–39): „…und wozu Dichter in dürftiger Zeit?" Lyrikanthologien in Zeiten der ökologischen Krise und des Anthropozäns. In: J. Ullrich (Hrsg.): Tierstudien, 18. Jg.: Ökologie.

–, Christian MEIERHOFER (2021, 7–30): Das ökologische Sachbuch – zur Ein-leitung. In: Dies. (Hrsg.): Non Fiktion, 16. Jg., H. 1: Ökologie.

KOPISCH, Wendy Anne (2012): Naturlyrik im Zeichen der ökologischen Krise. Begrifflichkeiten, Rezeption, Kontexte. Kassel.

KRAFTWERK (7.7.2012): Radioactivity (Fukushima Version), <https://www.youtube.com/watch?v=gg7CSMFpwao>, zuletzt: 28.3.2021.

KRÜGER, Jonas Torsten (2001): „unter sterbenden bäumen". Ökologische Texte in Prosa, Lyrik und Theater. Eine Grüne Literaturgeschichte von 1945 bis 2000. Marburg.

LEHMANN, Johannes F., Hubert THÜRING (2015, 7–17): Einleitung. In: Dies. (Hrsg.): Rettung und Erlösung. Politisches und religiöses Heil in der Moderne. Paderborn.

LÜDKE, Martin, Delf SCHMIDT (1987, 7–8): Editorische Notiz. In: Dies. (Hrsg.): Rowohlt Literaturmagazin 19: Warum sie schreiben wie sie schrei-ben.

LUHMANN, Niklas (2004[4] [1986]): Ökologische Kommunikation. Kann die moderne Gesellschaft sich auf ökologische Gefährdungen einstellen? Wies-baden.

MALTZAN, Carlotta von (2018, 203–217): „Die Illusion der Überlegenheit". Yoko Tawada über Fukushima in den Hamburger Poetikvorlesungen. In: G. Dürbeck, C. Kanz, R. Zschachlitz (Hrsg.): Ökologischer Wandel in der deutschsprachigen Literatur des 20. und 21. Jahrhunderts. Neue Perspektiven und Ansätze. Berlin.

MARSCH, Edgar (1980, 267–307): Moderne deutsche Naturlyrik. Eine Einführung. In: Ders. (Hrsg.): Moderne deutsche Naturlyrik. Stuttgart.

MAYER-TASCH, Peter Cornelius (1981, 9–26): Einführung: Ökologische Lyrik als Dokument der Politischen Kultur. In: Ders. (Hrsg.): Im Gewitter der Geraden. Deutsche Ökolyrik. München.

MERGENTHALER, May, Kassi BURNETT (2021, 321–360): Fridays for Future zwischen Ökologie und Gerechtigkeit. Eine Instagram-Fallstudie. In: A. Kling, C. Meierhofer (Hrsg.): Non Fiktion, 16. Jg., H. 1: Ökologie.

RADKAU, Joachim (1983): Aufstieg und Krise der deutschen Atomwirtschaft 1945–1975. Verdrängte Alternativen in der Kerntechnik und der Ursprung der nuklearen Kontroverse. Reinbek b. Hamburg.

REED, Terence James (1996, 187–194): Art.: Wandrers Nachtlied / Ein gleiches. In: R. Otto, B. Witte (Hrsg.): Goethe-Handbuch, Bd. 1: Gedichte. Stuttgart, Weimar.

ROTHSCHILD, Thomas (1977, 198–214): Durchgearbeitete Landschaft. Die Auseinandersetzung mit dem Naturgedicht in einer Gegenwart der zerstörten Natur. In: N. Mecklenburg (Hrsg.): Naturlyrik und Gesellschaft. Stuttgart.

RUDLOFF, Holger (1990, 11–19): Literatur nach Tschernobyl. In: Mitteilungen des Deutschen Germanistenverbandes, 37. Jg., H. 2.

SAAL, Ina: (1987, 18): Nach Tschernobyl. In: H. Böseke, B. Wagner (Hrsg.): Sind es noch die alten Farben? Nach Tschernobyl: Jugendliche und Erwachsene schreiben. Weinheim, Basel.

SCHEUER, Helmut (1989, 48–73): Die entzauberte Natur – Vom Naturgedicht zur Ökolyrik. In: literatur für leser, 12. Jg., H. 1: Literarischer Kanon.

SCHMIDT, Siegfried J. (1971): ästhetizität. philosophische beiträge zu einer theorie des ästhetischen. München.

SEGEBRECHT, Wulf (1978): Johann Wolfgang Goethes Gedicht „Über allen Gipfeln ist Ruh" und seine Folgen. Zum Gebrauchswert klassischer Lyrik. Text, Materialien, Kommentar. München, Wien.

– (1997, 688–691): Art.: Gelegenheitsgedicht. In: K. Weimar u. a. (Hrsg.): Reallexikon der deutschen Literaturwissenschaft, Bd. 1. Berlin, New York.

WAGENKNECHT, Christian (2003, 842–845): Art.: Widmung. In: J.-D. Müller u. a. (Hrsg.): Reallexikon der deutschen Literaturwissenschaft, Bd. 3. Berlin, New York.

WESSEL, Horst (o. J.): Horst-Wessel-Lied. Nationalsozialistisches Sturmlied [Postkarte mit Liedtext, Druck ca. 1940–45], https://classic.
europeana.eu/portal/de/record/2021657/resource_document_mu
seon_162139.html?utm_source=new-website&utm_medium=button,
zuletzt: 28.3.2021.

WOHLLEBEN, Robert (1987, 81): Bei Kleve (Kreis Steinburg) am 7. Juni 1986.
In: H. Böseke, B. Wagner (Hrsg.): Sind es noch die alten Farben? Nach
Tschernobyl: Jugendliche und Erwachsene schreiben. Weinheim, Basel.

ZEMANEK, Evi, Anna RAUSCHER (2018, 91–118): Das ökologische Potenzial
der Naturlyrik. Diskursive, figurative und formsemantische Innovationen.
In: E. Zemanek (Hrsg.): Ökologische Genres. Naturästhetik – Umwelt-
ethik – Wissenspoetik. Göttingen.

ZYMNER, Rüdiger (2013): Funktionen der Lyrik. Münster.

STEFANIE STOCKHORST

Panegyrik und Post-Patronage. Gelegenheitslyrik im 21. Jahrhundert am Beispiel der Auftragsdichtungen zur Frankfurter Buchmesse im Jahr 2008

I. Ein Zeitungsprojekt zur Aufwertung der Gelegenheitslyrik

Im Rahmen der Frankfurter Buchmesse des Jahres 2008 initiierte die *Frankfurter Allgemeine Zeitung* (*FAZ*) ein Projekt, in dem namhafte Lyrikerinnen und Lyriker der Gegenwart um Gedanken zu diesem Literaturereignis in Versform gebeten wurden. Beteiligt haben sich, geordnet nach der Chronologie der Geburtsjahre, Hans Magnus Enzensberger (*1929), Harald Hartung (*1932), Doris Runge (*1943), Michael Krüger (*1943), Thomas Gsella (*1958), Lutz Seiler (*1963), Mirko Bonné (*1965), Sabine Schiffner (*1965), Dirk von Petersdorff (*1966), Hendrik Rost (*1969), Matthias Göritz (*1969), Marion Poschmann (*1969) und Silke Scheuermann (*1973). Eine deutliche Mehrheit der Beteiligten gehört den 1960er-Jahrgängen an, oder, anders gesagt, neun Autorinnen und Autoren befanden sich zum Zeitpunkt des Projekts im Alter zwischen 35 und 50 Jahren, so dass sie hinsichtlich ihrer künstlerischen Karriere im Wesentlichen als etabliert gelten durften. Es handelte sich um Angehörige der Generation, die lyrikgeschichtlich den „Generationenwechsel" der 1990er Jahre verantwortete – die neuen Interessenlagen richteten sich paradigmatisch, wie Evi Zemanek zusammenfasste, insbesondere auf die Wissenspoetik sowie auf den Komplex von „Medienreflexion und -geschichte, (Inter-)Medialität und (Inter-)Materialität".[1] Mit Enzensberger, Hartung, Runge und Krüger kam gleichsam lyrisches Urgestein hinzu, während umgekehrt keine echten Newcomer mit von der Partie waren. Wer den Dichtungsauftrag der *FAZ* abgelehnt

---

1 Vgl. ZEMANEK (2016², 472 u. 474).

hat, erfährt man wohlweislich nicht, doch fällt auf, dass wichtige Namen wie etwa Ulrike Draesner oder Durs Grünbein fehlen.

Die Texte wurden in der *Zeitung zur Buchmesse* als Beilage zur *FAZ* und parallel auch online auf www.faz.net veröffentlicht.[2] Die Online-Publikation krankt inzwischen an der Ephemeralität des Mediums, denn die Funktionen zur Bewertung und Kommentierung wurden abgestellt, alle ‚Lesermeinungen‘ sind verschwunden, desgleichen die Audiodateien zu den Gedichten von Scheuermann und Gsella, die zwar noch verlinkt, aber nicht mehr abrufbar sind.[3] In einem begleitend auf beiden Kanälen veröffentlichten Artikel erläutert Oliver Jungen unter dem titelgebenden Fanal *Bekennt euch zur Gelegenheit!*[4] die Absichten hinter diesem Experiment. Erstens sollte die gattungsgeschichtliche Frage „Ist das Gelegenheitsgedicht tot?" beantwortet werden mit: „Keineswegs."[5] Reichlich polemisch und literaturgeschichtlich in den Details differenzierungsbedürftig, aber im Großen und Ganzen zutreffend, galt es zweitens, den schlechten Ruf der Gattung zurückzuführen auf „Novalis und seine Romantikerbande", die „Occasio dann endgültig in die Flucht schlugen", sei doch die „Anlasslosigkeit" bei ihnen „zum ehernen Gesetz, Radikalautonomie zur Existenzbedingung des lyrischen Ichs"[6] geworden; auch die Sammlungspolitik von Bibliotheken und Archiven sei mit Kasualpoesien stiefmütterlich verfahren. Drittens zeichne sich in der Forschung zum europäischen Gelegenheitsschrifttum der Frühen Neuzeit eine Trendwende ab: „Überall steigen Germanisten und Historiker in das Thema ein."[7] Viertens sei es darum gegangen,

---

2   Vgl. KRÜGER (15.10.2008); RUNGE (15.10.2008); PETERSDORFF (15.10.2008); ROST (15.10.2008); SEILER (16.10.2008); HARTUNG (17.10.2008); ENZENSBERGER (18.10.2008); SCHEUERMANN (19.10.2008); BONNÉ (19.10.2008); POSCHMANN (19.10.2008); GSELLA (19.10.2008); GÖRITZ (19.10.2008); SCHIFFNER (19.10.2008). – In leicht abweichender Reihenfolge auch online unter: <https://www.faz.net/-g7u-10mnl>, zuletzt: 30.3.2020. Der Nachweis von Zitaten daraus erfolgt hier im laufenden Text unter Angabe der Initialen der Verfasserin bzw. des Verfassers und der Verszahl.

3   Vgl. <https://www.faz.net/-g7u-10mnl>, zuletzt: 18.2.2020.

4   Vgl. JUNGEN (15.10.2008).

5   JUNGEN (15.10.2008, 12).

6   JUNGEN (15.10.2008, 12).

7   JUNGEN (15.10.2008, 12); genannt wird exemplarisch Klaus Garber. – Vgl. GARBER (2000) sowie GARBER ([2002]–[2016]).

die Gelegenheit einmal mehr als das Eigentliche der Poesie und damit zugleich als Feuerprobe für das poetische Talent herauszustellen:

> Und wir wollen zeigen mit der [...] Auftragsdichtung aus Anlass der Frankfurter Buchmesse: Sie können es doch, die deutschen Lyriker: anlassgebundene Auftragsdichtung verfassen, die so aktuell wie überzeitlich ist, so subjektiv wie politisch.[8]

Bei dem Korpus, das aus dieser provokativen Einladung hervorgegangen ist, handelt es sich mithin um anlassgebundene Auftragsdichtung, doch ihr Entstehungs- und Wirkungsgefüge unterscheidet sich von dem des frühneuzeitlich geprägten Genres ,Kasualpoesie' erheblich. Das einstmalige literarische Massenphänomen in der gehobenen Gesellschaft der Frühen Neuzeit, das im besten Sinne bei jeder Gelegenheit zahlreich benötigt und produziert wurde, begegnet heutzutage fast nur noch auf Familienfeiern, im Anzeigenteil lokaler Tageszeitungen und als diskreter Schubladenfund im Werk hochkarätiger Lyrikerinnen und Lyriker. Auf dem Höhenkamm und zumal in einschlägigen Werkausgaben sind Gelegenheitsgedichte selten geworden. Das hat nicht nur ästhetische Gründe, steht doch die kasualpoetische Okkasionalität als engste Form der Historizität (in der Transitorisches und Typisches bzw. Topisches konvergieren[9]) dem genuin künstlerischen Streben nach transhistorischer Reichweite zumindest vordergründig entgegen, sondern auch ökonomische: Über das Haushaltseinkommen von Autorinnen und Autoren entscheidet im 21. Jahrhundert nicht mehr die (kasualpoetisch stimulierungsbedürftige) Gunst von Mäzenen, sondern die Zahlungsbereitschaft eines allgemeinen Publikums und mithin die Bedingungen des Marktes. Ferner gehört der Anlass ,Buchmesse' nicht zu den kanonischen *casus* – das waren vor allem Hochzeiten und Todesfälle, Geburten und Geburtstage, außerdem auch An- und Abreisen, politische, militärische oder akademische Leistungen, Erkrankungen und Genesungen, Namenstage, Jahreswechsel oder Feste des Kirchenjahres.[10] Immerhin ist der Anlass klar erkennbar, eben die Buchmesse. Doch wer ist der Adressat? Die Texte verzichten allesamt auf eine explizite Adressierung – an wen auch? An die

---

8 JUNGEN (15.10.2008, 13).

9 Vgl. dazu DUNSCH (2014, bes. 278).

10 Systematisierend bündelte Omeis die gängigsten Anlässe seiner Zeit in zwölf Sammelkategorien: Geburtstag, Namenstag, Neujahr, Ehrengedichte, Lob, Dank, Sieg, Hochzeit, Leichgedicht, Genesung, Abreise und Willkommen. – Vgl. OMEIS (1704, 151–182).

Person des Buchmesse-Leiters Juergen Boos richtet sich die Initiative offensichtlich nicht, ebenso wenig wohl an den Börsenverein des Deutschen Buchhandels als Veranstalter der Frankfurter Buchmesse. Also vielleicht an Verlegerinnen und Verleger, Literaturagentinnen und -agenten, an Kritikerinnen und Kritiker, womöglich an Mitglieder der Buchpreisjurys? An das Publikum? Oder gar an die Institution ‚Buchmesse‘ selbst?

Zum Bedingungsgefüge gehören außerdem Altlasten: Fast immer wird Gelegenheitsdichtung von jeher mit Qualitätsmängeln in Verbindung gebracht, doch gehören diese, das sei der guten Ordnung halber betont, keineswegs zu ihren gattungskonstituierenden Merkmalen, auch wenn die gängigen Herstellungspraktiken „auß geschwinder anregung vnnd hitze ohne arbeit von der hand weg"[11] allzu leicht diesen Eindruck entstehen lassen. Wo es an Inspiration und Können fehlte, half die rhetorisch grundierte Anweisungsliteratur.[12] Infolgedessen evoziert Gelegenheitslyrik meist stereotype Vorstellungen vom groben Metier des Reimeschmiedens: Die unvorteilhafte Stellung der Gattung in der resultierenden Kunstwerk-Machwerk-Opposition und die allzu oft berechtigte Dilettantismuskritik ziehen sich wie ein roter Faden durch die Gattungsgeschichte.

Häufige ästhetische Defizite und die Spannung zwischen kasualpoetischer Massenproduktion und aufklärerischem Streben nach Geschmacksdistinktion haben in der Forschung bereits für die Mitte des 18. Jahrhunderts zur Diagnose von „Funktionsverlust", „Delegitimierung" und „Krise" der Gelegenheitsdichtung geführt.[13] Mit dem kontingenten Geschichtsdenken der ‚Sattelzeit‘[14] entkoppelte sich die Okkasionalität von der Providenz, die vormals als Allegorie der *occasio* die Gunst des poetischen Augenblicks in einen göttlichen Heilsplan zu übersetzen vermochte.[15] Die einstige rhetorische Gewissheit der Kongruenz von *res* und *verba* war ohnehin bestenfalls nur noch Erinnerung. Die zweite Hälfte des 18. Jahrhunderts bot dann zwar einerseits „größere soziale Akzeptanz für private Gefühlsäußerungen im öffentlichen Raum",[16] missbilligte

---

11 OPITZ (1991, 30).

12 Vgl. dazu ausführlich STOCKHORST (2008, 85–93) sowie STOCKHORST (2010).

13 Vgl. zusammenfassend SIEBERS (2010, bes. 427–431, die Zitate 427).

14 Vgl. zum Begriff KOSELLECK (1972, XIV–XVII).

15 Vgl. in diesem Sinne pointiert DEMBECK (2007, 144 f.) und ausführlich dazu MOOG-GRÜNEWALD (2018).

16 ZIMMERMANN (2004, 63).

aber andererseits leerlaufende Pathosformeln, in denen der literarische Freund-schaftskult schwerlich seinen angemessenen Ausdruck finden konnte, weil er Aufrichtigkeit verlangte – und dementsprechend eigene Gemeinplätze her-vorbrachte. Nicht zuletzt steht der Kasuallyrik seit dem ausgehenden 18. Jahr-hundert eine Kunstauffassung entgegen, die Originalität statt Okkasionalität, Freiheit statt Zweckbindung, Selbstbestimmung statt Käuflichkeit sowie ästhe-tizistische Exklusivität statt unterhaltsamer Popularität forderte.

Trotz vielfältiger Stigmatisierungen besitzt die Kasuallyrik eine erstaunli-che Persistenz. Goethe betrieb in seiner Gelegenheitsdichtung über Jahrzehnte hinweg eine „Ästhetisierung der Okkasionalität"[17] durch die Reduktion anlass- und adressatenbezogener Äußerungen einerseits und das Einbringen einer künstlerischen Agenda andererseits. Dies ermöglichte eine Funktionsumkehr im Gelegenheitsgedicht, so dass nicht mehr nur der Adressat oder die Adres-satin, sondern auch der Autor zur Geltung gebracht werden konnte. Auch „Autoren des 19. und 20. J[ahrhunderts] nutzten das Gelegenheitsgedicht", wie Segebrecht beobachtete, „sowohl als private als auch als appellative Mitteilungs-form".[18] Rudolf Drux konstatierte zudem, dass bei Günter Grass und Helmut Heißenbüttel als Exponenten der deutschsprachigen Gelegenheitsdichtung nach 1945 der „doppelsinnige Begriff des Gelegenheitsgedichtes" trotz gegen-sätzlicher Positionierungen gegenüber der frühneuzeitlichen Gattungstradi-tion insofern innovativ genutzt werde, als er die „Gestaltung eines persönlichen Erlebnisses ebenso wie die Reflexion auf das sprachliche Material" umfasse.[19]

Ziel dieses Beitrages ist es, angesichts einer schwierigen Wertungsgeschichte und eines gewandelten Sozialgefüges der Kasualpoesie darzustellen, wie sich die Auftragsgedichte für die Frankfurter Buchmesse im Licht der Gattungst-radition ausnehmen: Lässt sich im 21. Jahrhundert überhaupt noch von einer lebendigen, vielleicht gar von einer schöpferisch ergiebigen Gelegenheitsdich-tung sprechen? Um ermessen zu können, wie die Autorinnen und Autoren die Gattung womöglich neu funktionalisieren, sollen ihre Texte unter verschie-denen Aspekten durchleuchtet werden: Erstens gilt es zu ermitteln, wie die Texte mit dem Anlass umgehen. Zweitens soll festgestellt werden, ob in den verwendeten bildlichen Sphären und intertextuellen Verweiszusammenhängen

---

17 STOCKHORST (2006, 360).

18 SEGEBRECHT (1997, 690).

19 DRUX (1993, 412). Vgl. auch SEGEBRECHT (1997, 690).

wiederkehrende Muster bestehen. Drittens geht es um den künstlerischen Eigensinn, den die Texte nicht nur dem Anlass, sondern auch der Gattungstradition entgegensetzen.

II. *Anlass und* loci e circumstantiis

Vom 15. bis 19. Oktober 2008 fand zum 60. Mal nach dem Ende des Zweiten Weltkrieges die Frankfurter Buchmesse statt. Ein paar Eckdaten zu dieser Gelegenheit, die in der *FAZ* durch Auftragscarmina besungen wurde: Unter dem Motto *faszinierend farbig* war die Türkei das Gastland der Veranstaltung. Der Deutsche Buchpreis des Jahres 2008 ging an Uwe Tellkamp für *Der Turm* (2008), der Friedenspreis des Deutschen Buchhandels an den Maler und Bildhauer Anselm Kiefer. Im Börsenverein als Veranstalter herrschte im Großen und Ganzen eine optimistische Stimmung – so resümiert Gottfried Honnefelder als Vorsteher in seinem Grußwort:

> Das vergangene Jahr war für die Buchbranche ein gutes Jahr. Der spürbare Aufwärtstrend gibt uns Zuversicht und motiviert. […] Allerdings müssen wir auch Einiges dafür tun, denn die medialen Entwicklungen, die Lesegewohnheiten und das Käuferverhalten ändern sich.[20]

Der Hauptgeschäftsführer Alexander Skipis bestätigt: „Das Prinzip Buch ist ungebrochen aktuell und erfolgreich."[21] Allerdings schränkt er unter den Vorzeichen zunehmender Kommerzialisierung und Digitalisierung des Literaturmarktes ein: „Die gefühlte Lage ist eine andere. Die fortlaufende Ökonomisierung der Branche, diktierte oder geforderte Rabatte, Konzentrationsprozesse und die kaum abzusehende Entwicklung im elektronischen Bereich drücken auf die Stimmung."[22] Besonderes Augenmerk legt er auf das „zweite Gesetz zur Regelung des Urheberrechts in der Informationsgesellschaft", das am 1. Januar 2008 in Kraft trat und „tragfähige Kompromisse" zwischen den teilweise gegensätzlichen Interessenlagen der Verlage, der Autorinnen und Autoren sowie der Nutzerinnen und Nutzer herzustellen versuchte.[23] Im Zusammenhang mit dem

---

20 Honnefelder (2008, 3).
21 Skipis (2008a, 5).
22 Skipis (2008a, 5).
23 Skipis (2008b, 9).

Problem des geistigen Eigentums im Internetzeitalter berichtet er zudem über die Enforcement-Richtlinie und das Telekommunikationsgesetz; weitere aktuelle Themen sind das Urhebervertragsrecht, die Buchpreisbindung, geplante Neuregelungen der Gewerbesteuer sowie Änderungen in der Künstlersozialversicherung.

Als Kommissarische Leiterin der Abteilung Kommunikation, PR und Marketing fasst Claudia Paul das Leitbild des Börsenvereins zusammen. Sie betont den Erfolg als kultur- und bildungspolitischer Akteur mit weitreichender Sichtbarkeit und Wirkung:

> In der Öffentlichkeit wird der Börsenverein als kultur- und gesellschaftspolitische Institution von Rang wahrgenommen. Für die Branche und ihre Mitglieder ist das im Wettbewerb der Branchen von wesentlicher Bedeutung. Deshalb definiert sich der Börsenverein nicht nur als Wirtschaftsverband, der seinen Mitgliedern ein zeitgemäßes und umfassendes Dienstleistungsangebot bietet, sonders entfaltet kultur- und verstärkt seit vergangenem Jahr auch bildungspolitische Aktivitäten, mit denen er das geistige, kulturelle und gesellschaftliche Leben des Landes mitgestaltet.[24]

Frühneuzeitliche Kasualcarmina hätten sich dieser Fülle von konkreten *circumstantiae* der Gelegenheit dankbar bedient, um daraus poetisch ergiebige *loci* zu gewinnen und ihre *laudationes* zu veranschaulichen. Auf Lobhudeleien verzichten die Buchmesse-Gedichte allerdings komplett, und mehrheitlich auch auf Einmischungen in die aktuellen Themen der Messe. Keines der Gedichte lässt auch nur ansatzweise Sympathien für den Anlass erkennen, vielmehr liegt der Tenor zwischen kritischer Distanzierung und freimütiger Ablehnung. Oliver Jungen spricht von „Opposition" und einem „Aufstand der Ware gegen ihren Markt, der selten so deutlich zur Sprache gefunden" habe.[25] Eine kurze Bestandsaufnahme möge das im Folgenden präzisieren.

In vereinzelten Texten kommt die Buchmesse als Anlass gar nicht erst vor. Michael Krüger legt den Fokus stattdessen auf das Hotelzimmer und überschreibt seinen Text auch mit *Hotelzimmer*. Noch deutlicher kehrt Lutz Seiler der Veranstaltung den Rücken zu, indem er seinen Beitrag *abfahrt* nennt. Die Messe kommt darin nicht vor, sondern allenfalls die zunehmende Entfernung davon, „das bett am fenster, die fahrt / ins holz immer leiser" (LS, 1 f.).

---

24 Paul (2008, 15).
25 Jungen (15.10.2008, 13).

Auch Enzensberger nennt die Messe weder direkt noch indirekt, setzt sich jedoch immerhin mit einem ihrer zentralen Themen auseinander. In seinem Text dominieren Schlüsselwörter wie „Datenbank" (HME, 1), „ISBN" (HME, 2), „Strichcode" (HME, 3) und „Cyberspace" (HME, 8). Sie greifen den Anbruch des digitalen Zeitalters als *locus circumstantis* auf, um ihn mit sorgenvoller Ironie einzuhegen: „Verbesserungen, wohin man blickt, / bis uns die Augen zufallen" (HME, 6 f.). Allerdings wird mit diesen Beobachtungen das tatsächliche Ausmaß des Digitalisierungsschubes am Beginn des 21. Jahrhunderts nicht erfasst – Datenbanken gibt es seit den 1960er Jahren, die Internationale Standard-Buchnummer (ISBN) wurde 1972 eingeführt, Strichcodes verbreiteten sich ebenfalls in den 1970er Jahren, die Rede vom Cyberspace kam in den 1980er Jahren auf, und über Betriebssysteme verfügten strenggenommen schon die frühen Lochkartensteuerungen in der Textilindustrie des 18. Jahrhunderts. Wogegen Enzensberger mit der ironischen Medienskepsis eines gestandenen Buchmenschen zu Felde zieht, ist also digitalisierungsgeschichtliches Paläolithikum, was seinem Carmen ein Moment von Altbackenheit der gestandenen Arrièregarde verleiht.

Alle anderen Gedichte beziehen den Anlass ausdrücklich mit ein, viele von ihnen sogar im Titel. So verknüpft Dirk von Petersdorff den Anlass zu dem ratlos anmutenden Kompositum *Buchmessenverlorenheit*, und auch im Text selbst heißt es noch einmal „Messe" (DvP, 15). Außerdem sorgt eine Emse des Literaturbetriebs für kasualdeiktisches Kolorit, „die Rowohlt-Dame hat es eiliger" (DvP, 2 u. 18), desgleichen kommen „gute Zahlen" und die Kritik zur Sprache – „und hoffst du wie verrückt auf Rezensionen" (DvP, 14).

Doris Runge wählt den Anlass ebenfalls offensiv als Titel: *buchmesse*. Sie findet dafür keine schmückenden Epitheta, sondern bezeichnet die Messe als „windigen ort" (DR, 6). Ihre *loci* sind die Zeit („im oktober"; DR, 8) sowie die als fabrikmäßig wahrgenommene Infrastruktur des Ortes: „auf dem / laufsteg über / rolltreppen / von lauf / bandzulauf / band gedichte" (DR, 9–14). Diesen Akzent setzt auch Sabine Schiffner, verschärft ihn aber durch die Reibung zwischen überwundener oder verdrängter Agoraphobie des lyrischen Ichs, das sich „jeden herbst / ganz selbstverständlich auf rolltrepp / fahrstuhl laufband" (SaS, 10–12), in der „menschenmenge" (SaS, 16) und wieder „auf rolltrepp fahrstuhl laufband" (SaS, 46) bewegt. Marion Poschmann zieht ebenfalls Parallelen zwischen der Buchmesse und industriellen Produktionsweisen, und zwar mit Bildangeboten aus der massenhaften Geflügelhaltung. Sie apostrophiert die Messe im Titel als *die bücherbatterie*, um später das Problem einer passenden

Bezeichnung für den sichtlich ungeliebten Anlass zu thematisieren: „wie also nennen? fabrik? mästerei?" (MP, 16). Prägend für den Anlass ist die „erwartung der masse" (MP, 8), die ebenso sinnlos erscheint wie die Expertenmeinung – „zuckender gang der kritik, rot umrandete augen" (MP, 6).

Wie ein Fußballgedicht betitelt Hendrik Rost seinen Beitrag, der *Elf Egos* heißt. Im ersten Vers fällt dann „Buchmesse" (HR, 1), doch ansonsten vergleicht er den Anlass mit einem Sportwettkampf, in dem es für das lyrische Ich auf ganzer Linie glücklos zugeht: „kein Fernschuss fand sein Ziel, ich verlor / jeden Zweikampf" (HR, 10 f.). Ob dies nur an der Unerfahrenheit beim Messeauftritt lag, es war schließlich „[d]as erste Mal Buchmesse" (HR, 1) oder ob es auch an den Wettkampfbedingungen, also am Anlass selbst, gelegen hat, bleibt vage: „Ein Spiel, das man vermeintlich beherrscht." (HR, 18)

Matthias Göritz bringt den Anlass mit Krankheitserregern in Verbindung, wenn die Überschrift lautet: *Buchmesseviren*. Im Text, der gedankliche Brücken zur jährlichen Grippewelle schlägt, heißt es dann: „Wir gehen in eine Buch-Messe" (MG, 9). Durch die Bindestrich-Konstruktion erinnert dies an andere Bedeutungen von Messe, vielleicht an den Gottesdienstbesuch, allerdings erfolgt sogleich eine Profanation durch das Reimwort „Presse" (MG, 16 u. 17). Von „Presse" zu sprechen, wenn es um Druckerzeugnisse geht, liegt nahe, doch Göritz nutzt den *locus* gleich im Eingangsvers für ein kritisches Wortspiel: „Wieder wird Druck erzeugt" (MG, 1). Das klingt nicht nur nach Printmedien, sondern vor allem auch nach Belastungsstress.

Bei Mirko Bonné kommt der Anlass zwar im Titel vor, jedoch nicht unmittelbar, sondern kasualpoetisch verklausuliert durch Ort und Zeit: *Frankfurt, Oktober*. Im Text heißt es dann unmissverständlich „Buchmessezeit" (MB, 8). Außerdem ist zweimal die Rede von einem „weißen Winkel" (MB, 4 u. 20), was auf die Buchmesse bezogen eher an Sterilität denn an symbolische Unschuld denken lässt, dazu „Halle" (MB, 5) als *locus loci* und „Herbst" (MB, 6) als *locus temporis*.

Thomas Gsella lässt in seinem Gedicht einen Taxifahrer zu Wort kommen, für den die Buchmesse im Jahreslauf des Frankfurter Messebetriebs „Rekordverkehr" (TG, 15) und damit gute Geschäfte bedeutet – „Ihre da", so nennt er die Buchmesse, „und die der Fleischer!" (TG, 12). Inhaltlich ist die Messe für den Taxifahrer allerdings völlig belanglos – „Geh ich besser doch / was essen." (TG, 13 f.).

Einen abstrakten Zugriff lässt Silke Scheuermanns Überschrift *Theorie zur Buchmesse* erwarten, doch mit seinen defektiven Satz- und Sinnkonstruktionen,

die auf eine als brüchig wahrgenommene Realität verweisen, gibt der Text vielmehr Raum für publikumsseitige Einfälle und Ergänzungen. Sie entwirft ein
recht unheimliches Szenario, in dem es „Bücher / wie fette Säuglinge" (SiS, 1 f.)
und „wahnwitzige Energie" (SiS, 21) gibt, in dem sich Vorgänge „mit stürmischer Geste" (SiS, 12) oder „trotz durchschossener Schläfe" (SiS, 23) ereignen
und das Büchern schon Höllenqualen im Diesseits bereitet: „Dann gibt es noch
so ein Buch / Leichter Wie festklammert / an Nelken / auf keiner Longlist /
unerklärlich und ewig / ist es da / wartet" (SiS, 27–33).

Traditionell vergegenwärtigte Kasualpoesie eine sozial oder situativ
bedingte Vorrangstellung des Adressaten. Sie enthielt typischerweise Hul-
digungsgesten – manchmal durchschaubare Schmeicheleien, manchmal
aufrichtig wirkende Bekundungen von Sym- oder Empathie. Nun fehlt den
Buchmesse-Gedichten der (personale) Adressat, so dass ihnen als kasualpoeti-
sches Substrat der Anlass bleibt. Alle dreizehn Gedichte arbeiten sich an der
Gelegenheit ab, zwei von ihnen durch ostentative Abkehr. Elf der Texte gehen
auf *loci e circumstantiis* (Herbst, Messegelände und Infrastruktur, ‚Masse' als
Kehrseite von ‚Messe') ein, und immerhin zehn von ihnen nennen den Anlass
beim Namen, einmal oder auch mehrmals. Das Schema *casus – dispositio – ela-
boratio* hat demnach Bestand, doch nach abgegriffenen Topoi der Kasualpoesie
sucht man vergeblich.

III. Bildliche und intertextuelle Assoziationsräume

Neben den *loci* des Anlasses nutzen die Buchmesse-Gedichte auch frei gewählte
Bildbereiche, von denen einzelne traditionell verbürgt sind, so beispielsweise
„der ungerührte Spiegel / der mich nicht erkennen will" (MK, 14 f.) bei Krüger.
Für das Verhältnis von Gedicht und Gelegenheit erscheint es besonders aufschlussreich, wenn einzelne Figurationen in mehreren Texten auftauchen. Vor
allem fallen in den Texten drei wiederkehrende Bildbereiche ins Auge.

An erster Stelle handelt es sich dabei um den Komplex von Schrift und
Zeichen, die allemal merkwürdig und schwer verständlich wirken. So heißt es
in Runges Text: „immer den zeichen nach" (DR, 19), freilich ohne dass klar
würde, wer oder was den Zeichen folgt, um was für Zeichen es sich handelt
(vordergründig vielleicht um Beschilderungen des Messegeländes) und ob die
Verszeile deskriptiv oder exhortativ aufgefasst werden soll. Bei Enzensberger
trifft man auf schwierige Zeichen in Form einer „Flammenschrift" (HME, 4),

und bei Bonné findet sich zweimal eine (markiert von Celan entlehnte) „Tränenspur" (MB, 1 u. 13).[26] Ferner spielt in diesem Zusammenhang die Medialität des Schreibens eine Rolle, was jedoch keineswegs nur auf allfällige Gegebenheiten des seinerzeit mit Macht angebrochenen digitalen Zeitalters abzielt, sondern auch auf die Grundlagen des sprachkünstlerischen Schaffens verweist. Bei Petersdorff lautet die entscheidende *conditio*: „Und ist dein Buch mit Blut geschrieben, tief" (DvP, 13). Desgleichen geht Scheuermann von der Metapher des poetischen Schreibens mit Blut aus, setzt jedoch eine Stufenfolge an, die bereits mit einer Dilution des Lebenssaftes einsetzt und in die mediale Entfremdung des Schreibprozesses führt: „geschrieben mit verdünntem Blut / mit Kuli oder / Computer" (SiS, 4–6).

Ein zweiter Vorstellungsbereich, der in den Gedichten mehrfach angesprochen wird, ist der des Wartens. Symbolisch steht das Warten, so fasst das *Metzler Lexikon literarischer Symbole* zusammen, für die Liebe, für Krankheit und Hoffnung „auf Genesung oder auf Erlösung durch den Tod", für die „Verzweiflung des Heimatlosen", es kann als „produktiver Lebenszustand" gelten, birgt aber auch „eine Ambivalenz des W[artens] auf dichter[ische] Inspiration" in sich.[27] Von Liebe ist in den Buchmesse-Gedichten nirgends die Rede, wohl aber vom entlastenden Tod. So schreibt Krüger: „Vor der Tür stehen die Toten. / Sie tun nichts. Sie warten. / Sei nur ruhig, flüstern sie, / bald ist auch dieses / Leben ausgestanden." (MK, 16–20) Bei Göritz ist zu lesen: „Eigentlich warten sie auf / niemanden bis auf den Tod" (MG, 15–17), wobei sich ‚sie' nicht auf Menschen, sondern auf ‚die Wörter' bezieht. Eine unproduktive Perspektivierung auf die Ewigkeit nimmt auch Scheuermann vor – bei ihr sind die Wartenden Bücher: „Sind sie da Warten / dass ihnen noch einer seine / Zeit anträgt / kleine Opfer verstohlen Minuten / des Tags" (SiS, 7–11). Daneben erwähnt sie „noch so ein Buch" (SiS, 27), „unerklärlich und ewig / ist es da / wartet" (SiS, 31–33). Weniger düster, aber doch auch als uneingelöste Verheißung wird das Warten bei Bonné zur Hauptaktivität der Messe: „während vor der Halle / Fluss, Brücken, Herbst, / die ganze Stadt wartete, / es war Buchmessezeit" (MB, 5–8).

Drittens schließlich bringen gleich zwei Texte Eier aufs bildliche Tapet. Auf den ersten Blick mag das erstaunen, aber wenn man sich die Symboltradition vergegenwärtigt, nach der das Ei als „Symbol des Ursprungs" sowie der

---

26 Vgl. CELAN (2017[6]a, 483, V. 5): „vertrau der Tränenspur".
27 KERSCHER (2012[2], 475).

„Erfindung(sgabe), Entdeckung und Autorschaft"[28] belegt ist, wird das Bild sinnfällig. Mit der kreativen Energie der Eier ist es allerdings nicht weit her in den Buchmesse-Gedichten. Bei Poschmann, die ihre Überlegungen insgesamt in die Bildsphäre der Geflügelproduktion transponiert, gerät der Umgang mit Sinn-Eiern zur Schaumschlägerei – „man nehme ein sinngelb, ein sinnweiß, kann letzteres schaumig schlagen" (MP, 21). Göritz hingegen zieht den Vergleich: „Wir schlagen ein Buch auf / wie wir ein Ei aufschlagen // etwas zu lange gekocht" (MG, 11–13) – dies evoziert nicht nur schlechten Geschmack, sondern insofern auch ein Moment katachrestischer Verstörung, als durch ‚Aufschlagen' gemeinhin eher rohe Eier bearbeitet werden als gekochte.

Zur weitergehenden Sinnkonstitution bauen einige der Texte intertextuelle Referenzen auf, und auch dabei findet sich zumindest eine Doublette – das *liber librorum*, aufgerufen als das Buch schlechthin. Indes verliert die Heilige Schrift im Messekontext rasch ihre Aura. Krüger schreibt: „Die lustlose Bibel, gebunden / in Kunststoff, mit Eselsohren / an den schweren Stellen." (MK, 11–13) Auch Enzensberger führt „die Bibel" ins Feld – sie „trägt ihren Strichcode" (HME, 3). Zudem ist sie die Quelle (Dan 5) für die bereits erwähnte „Flammenschrift, the ultimate special effect" (HME, 4), für das Unheil verkündende Menetekel, das in Enzensbergers Formulierung auch an Heines Bearbeitung erinnert („Die Magier kamen, doch keiner verstand / Zu deuten die Flammenschrift an der Wand."[29]) – das unbekannte Medium erscheint mithin ebenso bedrohlich wie unverständlich.

Als Auftragsdichter für die Buchmesse zollt Enzensberger übrigens auf der Ebene der Intertextualität auch der kasualpoetischen Tradition eine Reverenz, indem er Catull als Gewährsmann der Poesie aufruft, der sich nicht zuletzt durch seine Gelegenheitspoesien einen Namen gemacht hat. In *Unbekanntes Medium* wird er allerdings maschinenlesbar: „Catull singt nicht mehr ohne ISBN" (HME, 2). Ein ähnliches, aber weniger plakativ umgesetztes Traditionsverhalten legt Bonné an den Tag, indem er seinen Beitrag durchgängig mit Versen von Celan verschränkt – vorsorglich setzt er bei dem ersten davon den Urheber hinzu: „*komm auf gegen der Bedeutungen Vielfalt (Paul Celan)*" (MB, Motto). Desgleichen rekurriert auch der Titel *Frankfurt, Oktober* vor diesem Hintergrund unübersehbar auf Celans Hölderlin-Verse *Tübingen, Jänner*

---

28 STENZEL (2012², 83).
29 HEINE (1997 [1820], VV. 39 f.).

(1963).[30] Der unübersehbare Umgang mit Celan signalisiert jedenfalls einen hohen ästhetischen Anspruch. Zudem mag man darin eine Selbstverortung in einem post-barocken Strang der Gattungsgeschichte sehen, da Celan durchaus Kasual-‚Verse' verfasste, die von Goethes doppeltem Gelegenheitsbegriff getragen waren.[31]

Ansonsten dienen intertextuelle Bezüge in den Buchmesse-Gedichten zur Andeutung von meist negativ belegten Positionen im literarischen Feld. Die genannten Namen stehen dabei metonymisch für bestimmte Arten von literarischer Produktion. Bei Scheuermann kann man sich beispielsweise „dem Grisham oder King oder / der Fröhlich" (SiS, 17 f.) hingeben. Bekanntlich sind das Bestsellerautoren; mehr wird nicht gesagt, mehr zählt offenbar nicht. Petersdorff führt ebenfalls einen Publikumsliebling an: „Der Kehlmann bringt so richtig gute Zahlen" (DvP, 1). Weitere literarische Bezüge werden hergestellt, um plumpe Kennerschaft unter den Messebesuchern zu entlarven. Er lauscht ihnen ab: „‚Ich finde den Ulysses gar nicht schwer', ‚war das nicht eben Mutter Christa Wolfen?'" (DvP, 5 f.) Gesehen wird im Trubel auch „Dietmar Hopp, der Milliardär" (DvP, 6), der als SAP-Gründer zwar das digitale Zeitalter verkörpern kann, sich jedoch nicht als Literatur-, sondern als Sportmäzen hervortat. Genauso vergegenwärtigt ein namenloser „Schwimmstar, von den Mikros eingekreist" (DvP, 9) eine fast beliebig weite Peripherie des kommerziellen Literaturbetriebs. Im Kontrast dazu nimmt das lyrische Ich spielerisch die Walther'sche Denkerpose ein: „ich sitz auf einem Stein",[32] allerdings im Unterschied zu seinem mittelalterlichen Vorbild nicht mit philosophischen Gedanken, sondern „mit Bratwurst-Cola" (DvP, 12), was die Banalität der Situation und ihre kommerzielle Grundierung hervortreten lässt. Eine letzte Namensnennung lässt sich zugleich als kasualpoetische Geste auffassen, die jedoch nichts mit dem Anlass zu tun hat, sondern sozusagen *privatissime* stattfindet. Es ist das Gedenken an den vier Monate zuvor, am 8. Juni 2008, verstorbenen Kollegen Peter Rühmkorf: „was Rühmkorf heute wohl im Himmel treibt" (DvP, 19).

---

30 CELAN (2017[6]b, 133).

31 Vgl. AMTHOR (2012[2], 136).

32 Vgl. im Original WALTHER VON DER VOGELWEIDE (2005[2], 74, V. 1): „Ich saz ûf einem steine".

IV. Jenseits der Kasualdeixis

Für die Lyrikerinnen und Lyriker barg die Beteiligung an dem Projekt gewisse Risiken. Leicht hätte der Verdacht aufkommen können, als ‚Liebling' der Mächtigen im Literaturbetrieb protegiert zu werden – oder, beinahe schlimmer noch, dies womöglich sogar selbst anzustreben. Anbiederung, Indienstnahme, am Ende gar Verrat am schöpferischen Eigensinn der Kunst – solche Wahrnehmungen durften keinesfalls aufkommen. Dagegen lässt sich allerdings schon mit Gottsched einwenden:

> Da die Dichter auch Mitglieder der menschlichen Gesellschaft sind, so kann ihnen niemand verbiethen, die Pflichten derselben zu erfüllen, und an Begebenheiten ihrer Freunde Theil zu nehmen, zumal da sie solches auf eine edlere Art thun können, als andre Leute.[33]

Umgekehrt war es natürlich eine Auszeichnung, für dieses Projekt ausgewählt zu werden, wurde man doch als führende lyrische Stimme der Zeit angesprochen. Zugleich bot das Projekt eine wohlfeile Möglichkeit, sich im Rahmen eines weithin beachteten Forums ins Gespräch zu bringen, der Lyrik in bewährter *FAZ*-Manier eine Gasse zu bahnen, Impulse zu geben, Kritik zu üben und sich gegebenenfalls auch dezidiert von der Sache abzuwenden.

Der Anlass war gesetzt, ein Adressat nicht greifbar, und von den früheren Motivationen zur Gelegenheitsdichtung hatte seit dem Wegfall ständischer Patronageverhältnisse keine mehr Bestand – Segebrecht nannte „Pflicht und Schuldigkeit", eigene „Recommendation", das „Prinzip der Wechselseitigkeit", die Stellvertretung bei „persönlicher Abwesenheit" und den Auftragsdienst im Namen eines anderen.[34] Auch die ehemals pflichtschuldige Huldigung dürfte sich für das Gelegenheitsgedicht längst erübrigt haben, jedenfalls, wenn es ernsthafte künstlerische Absichten verfolgen – und nicht etwa nur als rein private Nettigkeit unter Verwandten und Freunden zur allgemeinen Rührung beitragen wollte. Kurz gesagt, man hätte ohne weiteres ablehnen können, war aber bei einer Zusage gestalterisch weitgehend frei. Indessen verhielt man sich mit der Erfüllung des Auftrags notwendigerweise zur Gattungstradition – tunlichst

---

33 GOTTSCHED (1760, 750 f.).
34 Vgl. SEGEBRECHT (1977, 175–185, die Zitate 175, 177 u. 180).

nicht allzu affirmativ, besser subversiv, am besten natürlich in unverkennbarer Eigenart.

In frühneuzeitlichen Gelegenheitsgedichten waren Anlass und Adressat in aller Regel nicht nur im Kontext, sondern auch im Text präsent, was in ästhetischer Hinsicht mitunter schon damals eine Herausforderung darstellte, in sozialer Hinsicht aber nötig war. Das Ausmaß von textuellen Hinweisen auf Anlass (und Adressat) habe ich vor Jahren einmal als ‚Kasualdeixis'[35] bezeichnet. Diese Kasualdeixis kann als Gradmesser dienen, um über die Nähe bzw. Distanz eines Gedichtes zur Gelegenheit eine etwaige Loslösung von Zweckbindung und abgegriffenen Formeln zu erfassen. Dies vorausgeschickt, erscheint es lohnend, einen Blick darauf zu werfen, wie sich die Buchmesse-Gedichte womöglich ästhetisch positionieren, vielleicht eine künstlerische Agenda zum Ausdruck bringen.

Abgesehen von der klaren Frontstellung gegenüber der Buchmesse deuten sich in einigen Gedichten inhaltliche *propositiones* zum Verständnis von Kunst bzw. Künstlertum an. Bei Petersdorff beispielsweise heißt es zweimal „und an der Ecke steht ein Heiliger" (DvP, 4 u. 20). Über diese Figur lässt sich nachdenken: Das Eckenstehen verstattet einerseits einen privilegierten Blick in zwei Richtungen, klingt jedoch andererseits auch ein wenig nach einem sinnlosen Bestellt-und-nicht-abgeholt-Sein. Zudem fragt sich, wer dieser Heilige überhaupt ist – ein vergessener *poeta vates*, der auf seine Wiederentdeckung wartet, oder vielleicht ein Relikt des frühen Feuilleton-Katholizismus?[36]

Doris Runge macht sich den Doppelsinn des ‚Windigen' zunutze, wenn sie schreibt: „ich bin / wenn ich kann / nicht dort / bin gern / an anderem / windigen ort" (DR, 1–6). Das richtet sich gegen die Buchmesse, enthält aber zugleich ein positives Votum für anderen Wind, vielleicht am Meer, der jedenfalls der ostseeaffinen Lyrikerin besser behagt als die Buchmesse und möglicherweise die Natur als Inspirationstopos aufrufen soll. Ganz deutlich auf den *furor poeticus* durch Rauschmittel spielt Seiler an, wenngleich der gewünschte Effekt ausbleibt. So liest man bei ihm: „feuchter mohn mit seinen / kapseln auf den ohren klebt / wo oben / schon ergraute ränder an // den blüten… blatt / für blatt wird eingelegt & unbeschrieben abgeweht." (LS, 7–12) Die unbeschriebenen Blätter verheißen produktiv nichts Gutes, so dass es nur folgerichtig erscheint, wenn der

---

35 Vgl. STOCKHORST (2002, 7), dort als „Casualdeixis".
36 Der Terminus war damals schon präsent; vgl. z. B. HARTWIG (30.11.2005).

Text in völligen Stimmverlust mündet: „ohne ton so / sangen wir, und haben noch im dunkeln / die augen zugemacht" (LS, 13–15).

Bei Rost finden sich vier programmatische Verse über das Dichten, aber nur *ex negativo*, in Abgrenzung gegen die Bedingungen der Buchmesse: „Damals ahnte ich, Dichten hat zu tun mit / nichts – weder Büchern noch Turnieren. / Ein Spiel, das man vermeintlich beherrscht. / Gib ab. Mit Glück verwandelt einer den Pass." (HR, 16–19). Womit Dichten nach Rosts Ansicht stattdessen zu tun hat, bleibt offen. Eine – wenn auch wenig ermutigende – Antwort versucht Hartung zu geben. Er führt das Problem der Kreativität zwar nicht wörtlich, aber der Sache nach auf das biblische *nihil novum sub sole* (Pred 1, 9) zurück, indem er die menschliche Kunstschöpfung in die Grenzen der Permutation verweist: „Vertausche nur die Wörter: / Alles steht schon da / vollständig in Silben und Sätzen // Wenn er schon alles / geschrieben hat / was Menschen schreiben – / wann soll Gott es wohl lesen?" (HH, 8–11) Wenigstens ein kleiner Hoffnungsschimmer für die künstlerische Produktivität bleibt bei Bonné zurück: „Nur das Lesen will nicht / genügen, das Schreiben / nicht enden." (MB, 17–19)

Als Brennpunkte ästhetischer Debatten um das Jahr 2000 herum identifizierte Carsten Rohde ‚Literaturpolitik' (als Politik der Literatur und Politik in der Literatur), ‚Realismus', ‚Pop', ‚Medien', ‚Tradition' sowie die ‚Ästhetik der Existenz', seien doch ästhetische Debatten „stets auch ein Spiegel des allgemeinen Lebensgefühls der denkenden und künstlerischen Teile der Nation".[37] Speziell mit Blick auf die deutschsprachige Lyrik in der ersten Dekade des 21. Jahrhunderts verzeichnete Evi Zemanek eine Tendenz zur Beschäftigung mit dem „Hier und Jetzt"; die „Kultur der Gegenwart" werde dabei „meist gleichgültig registriert, bisweilen aber auch kritisiert".[38]

In diesem Rahmen bewegen sich die Gedichte zur Buchmesse des Jahres 2008 durchaus, auch wenn sie nicht alle Punkte aufgreifen und nicht alle aufgegriffenen Punkte bis ins Letzte ausbuchstabieren – schließlich folgen sie ja einem besonderen Auftrag. Die Texte bieten unaufgeregte, allemal subjektiv gehaltene Momentaufnahmen, die freilich so gewählt sind, dass sich Generalisierbares daraus ablesen lässt: eine tiefe Skepsis gegenüber der kommerziellen Seite des literarischen Lebens.

---

37 ROHDE (2019, 82).
38 ZEMANEK (2016², 475).

Auf der formalen Ebene knüpft keines der Gedichte an frühneuzeitliche Konventionen der Kasualpoesie an. Niemand löste die Aufgabe unter Verwendung etwa des Alexandrinersonetts oder alternierender Odenmaße, obgleich es in dieser Zeit durchaus *en vogue* war, die Ausdrucksmöglichkeiten von Sonetten und (freilich antikisierender, nicht barocker) Oden wieder einmal zu erproben. Einzige Ausnahme: Der als Schlussvers aus der sapphischen Odenstrophe bekannte Adoneus mit seinem markanten Klangprofil (– ◡◡ | – ◡) begegnet gleich mehrmals. Schon in der freirhythmischen Lyrik etwa bei Goethe und Hölderlin wurde der Adoneus als strukturgebendes Element genutzt.[39] Gleiches ist auch in den freien Versen der Buchmesse-Gedichte der Fall, jedoch nutzen die Autorinnen und Autoren darüber hinaus die Möglichkeit, mit der hohen Form ein Gefälle zum Inhalt herzustellen, um konkrete Detailaspekte der Buchmesse oder den Anlass insgesamt in die Belanglosigkeit zu überführen: „Zimmer betrete" (MK, 2), „bald ist auch dieses" (MK, 19), „mein schwarzer trolley" (DR, 17), „fußvolk im schatten" (DR, 25), „ich auf zehn Mänteln" (MB, 10), „zwischen die Welten" (MB, 12), „Sind sie da Warten" (SiS, 7) sowie mit kasualdeiktischem Bezug „auf keiner Longlist" (SiS, 30).

Nur eines der Gedichte (Petersdorff) arbeitet mit Endreimbindungen, während konventionelle Definitionen von Versmaß (als einheitlich regulierendes System), Strophe (als durchgängig gleiche Bauweise aller Versgruppen im Gedicht) und Rhythmus (als Spannung zwischen Prosodie und Versmaß) in der Faktur der Texte wenig Halt finden.[40] Gleichwohl sind die Gedichte, jedes auf seine Weise, über Sprachfluss, Klangverdichtungen und Sinnspiele deutlich rhythmisiert. Sie besitzen gliedernde Strukturen, die ihre Semantik stützen und erweitern. Sie verwenden Lyrikmarker wie (teils stark) verkürzte Zeilenfüllung, Enjambements und assoziative bzw. elliptische Syntax sowie allgemeine Wortkunstmarker wie durchgängige Kleinschreibung (Runge, Schiffner, Seiler) und Bildersprache.[41]

---

39 Vgl. WAGENKNECHT (2007[5], 120).

40 Vgl. WAGENKNECHT (2007[5], 17, 23, 166, 169 u. 171) sowie FELSNER, HELBIG, MANZ (2009, 47–49 u. 81).

41 ZEMANEK (2016[2], 475) konstatiert für die Lyrik des beginnenden 21. Jahrhunderts, dass sie „fast durchweg Kleinschreibung" verwende, was im vorliegenden Korpus jedoch eher die Ausnahme darstellt; alle übrigen Befunde zur Form der Texte decken sich mit dem von ihr für typisch Befundenen. Vgl. ZEMANEK (2016[2], 475 f.).

V. Zur Poetologie der Kasuallyrik im 21. Jahrhundert

Bevor abschließend der vorsichtige Versuch unternommen werden soll, eine
‚implizite Poetik' der Gelegenheitslyrik am Beginn des 21. Jahrhunderts aus
den Buchmesse-Gedichten abzuleiten, gilt es noch einmal kritisch zu beleuchten, ob es sich bei diesen Texten überhaupt um Gelegenheitsgedichte handelt.
Im *Historischen Wörterbuch der Rhetorik* findet sich eine Gattungsdefinition
der Kasuallyrik, die sich vorderhand konsensfähig ausnimmt, jedoch so eng
gehalten ist, dass sie die Buchmesse-Gedichte nicht erfasst: „Im G[elegen-
heitsgedicht] wendet sich ein Autor an einen bestimmten Adressaten zu einem
Ereignis in dessen Leben."[42] Da in den Buchmesse-Gedichten kein Adressat
(oder eine Adressatin) greifbar wird, kann man indes schwerlich von einem biographischen Ereignis sprechen, auch wenn die Buchmesse als solches denkbar
wäre, etwa bei einem besonderen Auftritt oder der Auszeichnung einer Person
in diesem Rahmen – in der Frühen Neuzeit wurden schließlich auch etliche
Gelegenheitspoesien zu Dichterkrönungen verfertigt. Wenn es im *Reallexikon* heißt, Gelegenheitsdichtungen seien „auf herausgehobene Gelegenheiten
(casus) des menschlichen Lebens [...] von öffentlicher Relevanz"[43] verwiesen, so
könnte man immerhin das menschliche Leben weit auffassen und neben individuellen Ereignissen auch Ereignisse des gesellschaftlichen Lebens einschließen,
wenngleich es umgekehrt fraglich ist, ob etwa familiäre Feste, zu denen gedichtet wird, regelmäßig das Kriterium der öffentlichen Relevanz erfüllen.

Um die Buchmesse-Gedichte poetologisch adäquat als Gelegenheitsgedichte
verhandelbar machen zu können, sind offenbar flexible Zugänge erforderlich.
Denkanstöße dazu kann die älteste Definition in der deutschsprachigen Dich-
tungslehre geben, denn ihr Reiz besteht darin, dass sie viele Akzidentien offen
lässt. So nennt Martin Opitz 1624 lediglich die Verwiesenheit auf bestimmte
Gelegenheiten (er nennt Hochzeit, Geburt, Genesung, An- und Abreise „vnd
dergleichen") sowie die Versatilität, die ihn bewog, für die Kasualpoesie das
„gleichniß eines Waldes" aufzurufen, „in dem vieler art vnd sorten Bäwme zue
finden" seien.[44]

---

42 DRUX (1996, 653).
43 SEGEBRECHT (1997, 688).
44 OPITZ (1991, 30).

Da der Adressat weder bei Opitz noch in den Buchmesse-Gedichten eine Rolle spielt, so verdient die Gelegenheit als letztes obligates Unterscheidungskriterium der Gattung umso größere Aufmerksamkeit. Goethes Ansatz, alle seine Gedichte als Gelegenheitsgedichte zu begreifen,[45] ist lyriktheoretisch stimulierend – man denke an Paul de Mans Überlegungen zur Anlassgebundenheit jeglicher Lyrik aufgrund ihrer Referentialisierung auf außersprachliche Wirklichkeit –,[46] trägt aber aufgrund allzu großer Beliebigkeit zu einer wissenschaftlich belastbaren Bestimmung von Kasuallyrik wenig aus. Überdies gründet die alte Dichotomie von Erlebnis und Gelegenheit auf Goethes Äußerung. In diesem Licht hat einzig das Erlebnisgedicht als das „echte poetische Werk"[47] (so wörtlich bei Dilthey) Bestand, während das vorgängig verfasste Gelegenheitsgedicht als bloßes Machwerk erscheint. Diese Denkfigur erscheint für ein gattungssystematisches Interesse an der Gelegenheitsdichtung nach wie vor aporetisch.

Notwendig für eine gegenwartstaugliche Definition bleibt sicherlich die Datierbarkeit des Anlasses, um das Gelegenheitsgedicht als Text für den einmaligen Gebrauch von iterativ verwendbaren Texten (z. B. von Weihnachtsgedichten) unterscheiden zu können. Man könnte fernerhin versuchen, die kasualpoetische Gelegenheit etwa durch die Herausgehobenheit aus dem Alltag näher zu bestimmen – darunter fielen dann allerdings auch ein Autokauf, eine Operation oder ein Friseurbesuch. Schränkt man weiter ein, indem man dem *casus* Festlichkeit abverlangt, fallen die Buchmesse-Gedichte aus der Definition heraus. Da zwei der Buchmesse-Gedichte (Krüger und Seiler) die gattungsgeschichtliche Tendenz zur Emanzipation von der Gelegenheit so weit treiben, dass sie ohne textexterne Zusatzinformationen nicht als Gelegenheitsgedichte erkennbar wären, bleibt für die Buchmesse-Gedichte letztlich nur ein verlässliches Erkennungsmerkmal übrig: ihre programmatische Rahmung als Gelegenheitsgedichte durch die *FAZ* als Auftraggeberin. Demnach dürfte man diese Gedichte als Gelegenheitsgedichte lesen, weil sie als Gelegenheitsgedichte gelesen werden sollen.

Was die Praxis der Gelegenheitsdichtung im frühen 21. Jahrhundert angeht, kann ein Seitenblick auf ein verwandtes Projekt die Befunde schärfen: Zwei

---

45 Vgl. ECKERMANN (1999, 48 f.).
46 Vgl. dazu AUER (2017).
47 DILTHEY (1985[16], 139).

Jahre vor dem *FAZ*-Projekt hatte *Die Zeit* eine kasualpoetische Offensive unter
Federführung von Raoul Schrott in Gang gesetzt, in der prominente Lyrikerinnen und Lyriker Auftragsdichtungen für die in Deutschland ausgetragene
Fußball-Weltmeisterschaft des Jahres 2006 verfassten.[48] Sabine Roßbach stellte
für dieses Korpus fest, dass „die FIFA den fürstlichen oder großbürgerlichen
Mäzen ersetzt"[49] habe, dass „kein Dichtergesang mehr zur Leier ertönt, sondern
über Feuilleton, Radio und Internet in alle Welt getragen wird",[50] und dass der
„besungene Held" nicht mehr „göttergleich" verehrt werde. Vielmehr erscheine
die „(post-)moderne Anverwandlung der barocken Casualpoetik [!]" in pun-
cto Lobpreis „durch die kritische Durchleuchtung und Brechung der Vorbilder
charakterisiert".[51] Sie registriert einen „absichtlich schmucklosen Stil".[52] Von
„oftmals hochartifiziellen, nach antiken Mustern geformten Versfüßen"[53] entdeckt sie keine Spur, wobei sie freilich ein schiefes Barockbild als Vergleichsfolie
heranzieht, denn in der barocken Dichtung gab es dergleichen auch nicht –
hier galt die alternierende Versnorm, die manchmal daktylisch durchbrochen
wurde; antikisierende Versmaße wurden erst Mitte des 18. Jahrhunderts im
Deutschen erfolgreich nachgebildet. Was folgt daraus für die Gattung der
Gelegenheitsdichtung im 21. Jahrhundert? Für Roßbach: „Die Luft ist raus!"[54]
Das ist jedoch etwas zu vorschnell geurteilt. Bei genauerem Hinsehen bedeuten
Roßbachs Befunde für die Aktualität der Gattung eigentlich nur, dass Gelegen-
heitsgedichte im 21. Jahrhundert soziologisch, ästhetisch und medial anderen
Bedingungen unterliegen als im 17. Jahrhundert, was aber doch wenig über-
rascht, weil es für sämtliche Literatur gilt.

---

48 Spuren des Projekts lassen sich über Suchmaschinen im Internet finden; die Verlinkungen
    zu den Projektseiten, die bei Roßbach angegeben sind, führen inzwischen ins Leere. Vgl.
    ROSSBACH (2007, 220, Fn. 1, 3 u. 6). – Dieselbe Aufgabe übernahm flankierend auch
    ein durch Enzensberger und André Heller inspirierter, von Christian Bauer technisch
    umgesetzter „Poesie-Automat", der zu allen 64 Spielen Gedichte erzeugte. Eine Kurz-
    darstellung findet sich online unter: <https://www.zeit.de/fussball/wm/poesieautomat/
    idee/komplettansicht>, zuletzt: 30.3.2020.
49 ROSSBACH (2007, 220).
50 ROSSBACH (2007, 220).
51 ROSSBACH (2007, 223).
52 ROSSBACH (2007, 223).
53 ROSSBACH (2007, 224).
54 Vgl. ROSSBACH (2007, Titel, 1).

Bei den Buchmesse-Gedichten handelt es sich dennoch um Abgesänge, aber weniger auf die Gattung als auf den konkreten Anlass. Das wiederum spricht für die Leistungsfähigkeit der Gattung, die unter gewandelten Bedingungen neue Effekte erzielen kann. In Bezug auf den Anlass übernimmt sie nunmehr eine weitgehend autonome Kommentarfunktion, die nicht trotz, sondern gerade wegen ihrer starken Ressentiments dem Anlass zur Zierde gereicht – in der sozialen Logik der Gelegenheitsdichtung im 21. Jahrhundert gehört die Aufgeschlossenheit für Kritik zum guten Ton. In diesem Fall unterbleibt die personale Panegyrik infolge der Abwesenheit entsprechender Adressierungen, während in Bezug auf den Anlass das *lamentum* die *laus* ersetzt. Die gegenüber dem kommerziellen Epizentrum des literarischen Lebens zum Ausdruck gebrachten Haltungen erweisen sich durchweg als reserviert: Die Messe ist nicht Freudenfest oder gar Musenhain, sondern industrialisierter Umschlagplatz von literarischer Massenware, durch den alle Beteiligten auf Fließbändern hindurchgeschleust werden. Kein Verfasser, keine Verfasserin der Buchmesse-Gedichte geriert sich als Mietpoet, im Gegenteil, die ‚Gelegenheit‘, so ungeliebt ihre kasuallyrischen Projektionen durchweg ausfallen, wirkt sich hier keineswegs als lähmende Zweckbindung aus, sondern als fruchtbarer Augenblick.

Die Buchmesse-Gedichte verfahren künstlerisch im Prinzip nicht anders als nicht-gelegenheitsgebundene Lyrik in dieser Zeit, nur, dass sie eben einen vorgegebenen Gegenstand bearbeiten. Gerade das macht die Texte auch als Ensemble interessant, das sich vielstimmig mit dem literarischen Leben seiner Gegenwart befasst. Sämtliche Texte aus dem Projekt bedienen sich einer zeitgemäßen Formensprache, wobei keiner von ihnen ein Interesse erkennen lässt, sich mit der schwierigen Gattungstradition der Kasuallyrik zu beschäftigen, nicht einmal durch Abgrenzungsmanöver. Als Leuchttürme dienen von dieser Problematik unbelastete *auctoritates*: Catull und Celan. Der Vollständigkeit halber sei erwähnt, dass keines der Buchmesse-Gedichte durch die vermeintlich gattungskonstituierenden Mängel in der handwerklichen Ausführung ins Auge sticht, wenngleich sich fallweise über Fragen von Geschmack und Wertung wie üblich streiten lässt. Damit bestätigt sich, dass die Qualität von Gedichten nicht daran hängt, ob eine Gelegenheitsbindung vorliegt, sondern an den künstlerischen Fähigkeiten ihrer Verfasser und Verfasserinnen. In diesem Sinne gab Gottsched bereits 1746 in der kleinen *Untersuchung, ob es einer Nation schimpflich sey, wenn ihre Poeten kleine und sogenannte Gelegenheitsgedichte verfertigen* zu bedenken:

> Gute Poeten machen auch dann nichts ganz schlechtes, wenn sie ein flüchtiges Gedichte von der Faust wegschreiben; schlechte aber, würden dennoch nichts Gutes zu wege bringen, wenn sie gleich niemals ein Hochzeit- oder Leichengedichte machten.[55]

Die vorgängigen Beobachtungen zu den Buchmesse-Gedichten zeigen einerseits aufs Ganze gesehen, dass sich die Schreibweisen okkasionaler Lyrik den Zeitläuften offenbar geschmeidig anpassen können. Die Verschiedenartigkeit der Herangehensweisen belegt andererseits im Einzelfall, dass keine allgemein gültigen Schemata, sondern individuelle Handschriften wirksam werden. Was also kann Gelegenheitslyrik im 21. Jahrhundert leisten? Mehr als je zuvor, denn von Pflicht und Schuldigkeit ebenso wie von Formkonventionen entbunden, kann sie – wie eigentlich jede Lyrik, immer und überall – aus gegebenem Anlass ein Innehalten im Alltag modellieren, Fernes, Verlorenes und schwer Fassbares vergegenwärtigen sowie mit sprachschöpferischer Individualität auf Schlüsselsituationen der menschlichen und zumal der künstlerischen Existenz reagieren.

Literaturverzeichnis

AMTHOR, Wiebke (2012², 132–140): Art.: Nachlass. In: M. May, P. Goßens, J. Lehmann (Hrsg.): Celan Handbuch. Leben – Werk – Wirkung. Stuttgart, Weimar.

AUER, Michael (2017, 189–208): Anlass und Deutung. Gelegenheitsdichtung bei Paul de Man. In: S. Lüdemann, T. Vesting (Hrsg.): Was heißt Deutung? Verhandlungen zwischen Recht, Philosophie und Psychoanalyse. Paderborn.

BONNÉ, Mirko (19.10.2008, 11): Frankfurt, Oktober. In: Frankfurter Allgemeine Zeitung zur Buchmesse [auch online unter: <https://www.faz.net/-g7u-10mnl>, zuletzt: 30.3.2020]. [Sigle MB].

CELAN, Paul (2017⁶a, 483): Schreib dich nicht. In: Ders.: Die Gedichte. Kommentierte Gesamtausgabe in einem Band. Hrsg. u. komm. v. B. Wiedemann. Frankfurt a. M.

– (2017⁶b, 133): Tübingen, Jänner. In: Ders.: Die Gedichte. Kommentierte Gesamtausgabe in einem Band. Hrsg. u. komm. v. B. Wiedemann. Frankfurt a. M.

---

55 GOTTSCHED (1746, 472).

DEMBECK, Till (2007): Texte Rahmen. Grenzregionen literarischer Werke im 18. Jahrhundert (Gottsched, Wieland, Moritz, Jean Paul). Berlin, New York.

DILTHEY, Wilhelm (1985[16]): Das Erlebnis und die Dichtung. Lessing. Goethe. Novalis. Hölderlin. Göttingen.

DRUX, Rudolf (1993, 402–414): Das Gelegenheitsgedicht bei Grass und Heißenbüttel. Aktualität und Tradition einer poetologischen Kontroverse. In: L. Jordan, W. Woesler (Hrsg.): Lyrikertreffen in Münster. Gedichte und Aufsätze. 1987 – 1989 – 1991. Bielefeld.

– (1996, 653–667): Art.: Gelegenheitsgedicht. In: G. Ueding (Hrsg.): Historisches Wörterbuch der Rhetorik, Bd. 3. Tübingen.

DUNSCH, Boris (2014, 243–282): Topisch (oder) ephemer? Zur Ambivalenz der Gelegenheit in der Gelegenheitsdichtung. In: C. Uhlig, W. Keller (Hrsg.): Europa zwischen Antike und Moderne. Beiträge zur Philosophie, Literaturwissenschaft und Philologie. Heidelberg.

ECKERMANN, Johann Peter (1999): Gespräche mit Goethe in den letzten Jahren seines Lebens. Mit einer Einführung hrsg. v. E. Beutler. München (am 17., notiert am 18. September 1823).

ENZENSBERGER, Hans Magnus (18.10.2008, 20): Unbekanntes Medium. In: Frankfurter Allgemeine Zeitung zur Buchmesse [auch online unter: <https://www.faz.net/-g7u-10mnl>, zuletzt: 30.3.2020]. [Sigle HME].

–, André HELLER in Zusammenarb. m. Christian BAUER: Poesie-Automat, <https://www.zeit.de/fussball/wm/poesieautomat/idee/komplettansicht>, zuletzt: 30.3.2020.

FELSNER, Kristin, Holger HELBIG, Therese MANZ (2009): Arbeitsbuch Lyrik. Berlin.

GARBER, Klaus ([2002]–[2016]): Handbuch des personalen Gelegenheitsschrifttums in europäischen Bibliotheken und Archiven, 31 Bde. [Katalogbände]. Hrsg. im Zusammenwirken mit der Forschungsstelle „Literatur der Frühen Neuzeit" und dem Institut für Kulturgeschichte der Frühen Neuzeit der Universität Osnabrück. Hildesheim.

– (2000): Göttin Gelegenheit. Das Personalschrifttums-Projekt der Forschungsstelle „Literatur der Frühen Neuzeit" der Universität Osnabrück. Hrsg. v. der Forschungsstelle „Literatur der Frühen Neuzeit" der Univ. Osnabrück. Unter red. Bearb. v. S. Anders, M. Klöker. Osnabrück.

GÖRITZ, Matthias (19.10.2008, 18): Buchmesseviren. In: Frankfurter Allgemeine Zeitung zur Buchmesse [auch online unter: <https://www.faz.net/-g7u-10mnl>, zuletzt: 30.3.2020]. [Sigle MG].

GOTTSCHED, Johann Christoph (1746, 463–480): Untersuchung, ob es einer Nation schimpflich sey, wenn ihre Poeten kleine und sogenannte Gelegenheitsgedichte verfertigen. In: Ders.: Neuer Büchersaal der schönen Wissenschaften und freyen Künste. Des II. Bandes I. Stück.

– (1760, 750 f.): Art.: Gelegenheitsgedichte. In: Ders.: Handlexicon oder Kurzgefaßtes Wörterbuch der schönen Wissenschaften und freyen Künste. Zum Gebrauche der Liebhaber derselben. Leipzig.

GSELLA, Thomas (19.10.2008, 11): Fleischergeist, Geisterfleisch. In: Frankfurter Allgemeine Zeitung zur Buchmesse [auch online unter: <https://www.faz.net/-g7u-10mnl>, zuletzt: 30.3.2020]. [Sigle TG].

HARTUNG, Harald (17.10.2008, 14): Erbarmen mit dem Leser. In: Frankfurter Allgemeine Zeitung zur Buchmesse [auch online unter: <https://www.faz.net/-g7u-10mnl>, zuletzt: 30.3.2020]. [Sigle HH].

HARTWIG, Ina (30.11.2005, 15): Keuch. In: Frankfurter Rundschau, Nr. 279.

HEINE, Heinrich (1997 [1820], 54–56): Belsatzar. In: Ders.: Sämtliche Schriften, Bd. 1. Hrsg. v. K. Briegleb. München.

HONNEFELDER, Gottfried (2008, 3): Grußwort. In: Börsenverein des Deutschen Buchhandels e. V. (Hrsg.): Jahresbericht 07/08. Frankfurt a. M.

JUNGEN, Oliver (15.10.2008, 12 f.): Hallo, Naturpoeten? Bekennt euch zur Göttin Gelegenheit! Genug der Blütenstaubwolken: Die Poesie ist ein Spross der Kausalliteratur. Führende deutsche Lyriker kommentieren die Buchmesse. In: Frankfurter Allgemeine Zeitung zur Buchmesse; online unter dem Titel: Bekennt euch zur Gelegenheit! Genug der Blütenstaubwolken: Die Poesie ist ein Spross der Kasualliteratur. Führende deutsche Lyriker fassten ihre Erfahrungen auf der Buchmesse in Verse, <https://www.faz.net/-g7u-10mnl>, zuletzt: 30.3.2020.

KERSCHER, Julia (2012², 474 f.): Art.: Warten. In: G. Butzer, J. Jacob (Hrsg.): Metzler Lexikon literarischer Symbole. Stuttgart.

KOSELLECK, Reinhart (1972, XIII–XXVII): Einleitung. In: Ders., O. Brunner, W. Conze (Hrsg.): Geschichtliche Grundbegriffe. Historisches Lexikon zur politisch-sozialen Sprache in Deutschland, Bd. 1. Stuttgart.

KRÜGER, Michael (15.10.2008, 13): Hotelzimmer. In: Frankfurter Allgemeine Zeitung zur Buchmesse [auch online unter: <https://www.faz.net/-g7u-10mnl>, zuletzt: 30.3.2020]. [Sigle MK].

MOOG-GRÜNEWALD, Maria (2018, 15–38): Kairos – Occasio – Gelegenheit. In: J. Küpper, P. Oster, C. Rivoletti (Hrsg.): Gelegenheit macht Dichter. L'occasione fa il poeta. Bausteine zu einer Theorie des Gelegenheitsgedichts. Heidelberg.

OMEIS, Magnus Daniel (1704): Gründliche Anleitung zur Teutschen accuraten Reim- und Dichtkunst/ durch richtige Lehr-Art/ deutliche Reguln und reine Exempel vorgestellet. Nürnberg.

OPITZ, Martin (1991): Buch von der Deutschen Poeterey (1624). Hrsg. v. C. Sommer. Bibliogr. erg. Ausg., Stuttgart.

PAUL, Claudia (2008, 15 f.): [o. T.]. In: Jahresbericht 07/08. Hrsg. v. Börsenverein des Deutschen Buchhandels e. V. Frankfurt a. M.

PETERSDORFF, Dirk von (15.10.2008, 13): Buchmessenverlorenheit. In: Frankfurter Allgemeine Zeitung zur Buchmesse [auch online unter: <https://www.faz.net/-g7u-10mnl>, zuletzt: 30.3.2020]. [Sigle DvP].

POSCHMANN, Marion (19.10.2008, 11): die bücherbatterie. In: Frankfurter Allgemeine Zeitung zur Buchmesse [auch online unter: <https://www.faz.net/-g7u-10mnl>, zuletzt: 30.3.2020]. [Sigle MP].

ROHDE, Carsten (2019, 71–83): Ästhetische Debatten im literaturpolitischen Feld der Gegenwart. Ein Überblick in acht Schlaglichtern. In: V. Di Rosa, J. Röhnert (Hrsg.): Im Hier und Jetzt. Konstellationen der Gegenwart in der deutschsprachigen Literatur seit 2000. Wien u. a.

ROSSBACH, Sabine (2007, 219–229): Die Luft ist raus! Zur Poetik neu-deutscher Casualcarmina. In: G. Reifarth (Hrsg.): Das Innerste von außen. Zur deutschsprachigen Lyrik des 21. Jahrhunderts. Würzburg.

ROST, Hendrik (15.10.2008, 13): Elf Egos. In: Frankfurter Allgemeine Zeitung zur Buchmesse [auch online unter: <https://www.faz.net/-g7u-10mnl>, zuletzt: 30.3.2020]. [Sigle HR].

RUNGE, Doris (15.10.2008, 13): buchmesse. In: Frankfurter Allgemeine Zeitung zur Buchmesse [auch online unter: <https://www.faz.net/-g7u-10mnl>, zuletzt: 30.3.2020]. [Sigle DR].

SCHEUERMANN, Silke (19.10.2008, 8): Theorie zur Buchmesse. In: Frankfurter Allgemeine Zeitung zur Buchmesse [auch online unter: <https://www.faz.net/-g7u-10mnl>, zuletzt: 30.3.2020]. [Sigle SiS].

SCHIFFNER, Sabine (19.10.2008, 19): schöne worte. In: Frankfurter Allgemeine Zeitung zur Buchmesse [auch online unter: <https://www.faz.net/-g7u-10mnl>, zuletzt: 30.3.2020]. [Sigle SaS].

SEGEBRECHT, Wulf (1977): Das Gelegenheitsgedicht. Ein Beitrag zur Geschichte und Poetik der deutschen Lyrik. Stuttgart.

– (1997, 688–691): Art.: Gelegenheitsgedicht. In: K. Weimar u. a. (Hrsg.): Reallexikon der deutschenLiteraturwissenschaft, Bd. 1. Berlin, New York.

SEILER, Lutz (16.10.2008, 14): abfahrt. In: Frankfurter Allgemeine Zeitung zur Buchmesse [auch online unter: <https://www.faz.net/-g7u-10mnl>, zuletzt: 30.3.2020]. [Sigle LS].

SIEBERS, Winfried (2010, 427–438): Die aufklärerische Kritik an der Gelegenheitsdichtung in Gottlieb Wilhelm Rabeners Satiren. In: A. Keller u. a. (Hrsg.): Theorie und Praxis der Kasualdichtung in der Frühen Neuzeit. Amsterdam, New York.

SKIPIS, Alexander (2008a, 5–8): Zukunft gestalten – die Arbeit des Vorstands. In: Börsenverein des Deutschen Buchhandels e. V. (Hrsg.): Jahresbericht 07/08. Frankfurt a. M.

SKIPIS, Alexander (2008b, 9–12): Entwicklung der Rahmenbedingungen. In: Börsenverein des Deutschen Buchhandels e. V. (Hrsg.): Jahresbericht 07/08. Frankfurt a. M.

STENZEL, Julia (2012^2, 83 f.): Art.: Ei. In: G. Butzer, J. Jacob (Hrsg.): Metzler Lexikon literarischer Symbole. Stuttgart.

STOCKHORST Stefanie (2010, 97–127): Fehlende Vorschriften. Zur Normierung der Kasualpoesie in der barocken Reformpoetik und ihrer Verschränkung mit traditionellen Regelkorpora. In: A. Keller u. a. (Hrsg.): Theorie und Praxis der Kasualdichtung in der Frühen Neuzeit. Amsterdam, New York.

– (2002): Fürstenpreis und Kunstprogramm. Sozial- und gattungsgeschichtliche Studien zu Goethes Gelegenheitsdichtungen für den Weimarer Hof. Tübingen.

– (2006, 354–362): Art.: Gelegenheitsdichtung. In: F. Jaeger (Hrsg.): Enzyklopädie der Neuzeit, Bd. 4. Stuttgart.

– (2008): Reformpoetik. Kodifizierte Genustheorie des Barock und alternative Normenbildung in poetologischen Paratexten. Tübingen.

WAGENKNECHT, Christian (2007^5): Deutsche Metrik. Eine historische Einführung. München.

WALTHER VON DER VOGELWEIDE (2005^2, 74 f.): Reichsklage. In: Ders.: Werke, Bd. 1: Spruchlyrik. Mittelhochdeutsch. Neuhochdeutsch. Hrsg., übers. u. komm. v. G. Schweikle. Stuttgart.

ZEMANEK, Evi (2016^2, 472–482): Art.: Gegenwart (seit 1989). In: D. Lamping (Hrsg.): Handbuch Lyrik. Theorie, Analyse, Geschichte. Stuttgart.

ZIMMERMANN, Christian von (2004, 47–74): Verinnerlichung der Trauer – Publizität des Leids. Gefühlskultur, Privatheit und Öffentlichkeit in Trauertexten der bürgerlichen Aufklärung. In: A. Aurnhammer, D. Martin, R. Seidel (Hrsg.): Gefühlskultur in der bürgerlichen Aufklärung. Tübingen.

CLAUDIA HILLEBRANDT

Gelegenheitslyrik und Lyrikfunktionen. Überlegungen zu einer funktionstheoretischen Beschreibung mit Blick auf die Gelegenheitslyrik der Moderne

Ein dreiteiliger Gedichtzyklus Thomas Klings aus *brennstabm* beginnt und endet mit einem fiktiven Epicedion:

5.1

vanitas. gletscheraugn

(exitus 1941)
sein lebn und strebn/ver
bandn sich nur,/den liebn
der heimat berg akker und
flur/darum war es so hart/
als zerriß dieses band,/durch
den krieg und sein/sterbn
im feindesland.

[…]

5.3

(exitus 1942)
innixt verbundn/mit
herzhund hant,/ den
liebn-der-heimat dem
bauernstant/ zog er als
einziger/ schwer in den krieg,
bis er als lezzter-des-stammes
gefallen!/ betrauert von vielen
geehrt von uns allen.[1]

Auf den ersten Blick könnte man beide Gedichte für ein treffendes Beispiel für die Distanz der Moderne zur Gelegenheitslyrik halten. Denn beide offenbaren

1 KLING Bd. 1 (2020, 313–315).

wortreich die Formelhaftigkeit und damit die Sprachohnmacht ihrer fiktiven
Verfasser im Umgang mit dem Tod und den Opfern des Zweiten Weltkrieges.
Auf den zweiten Blick ergeben sich allerdings Zweifel: Durchzieht das Motiv
der Sprachlosigkeit nicht Klings gesamte Auseinandersetzung mit dem Krieg?
Und sollen diese Gedichte dementsprechend nicht mehr sein als eine gelehrte
Parodie auf die überkommene Form des formelhaften Totengedichts?[2] In Kombination mit dem zweiten Teil des Zyklus, einem Auszug aus Meyers Lexikon
von 1926, das das Grauen des Krieges in sachlicher Sprache lediglich beschreibt,
veranschaulichen die beiden rahmenden Gedichte doch weniger das Defizit
einer bestimmten Gedichtform im Umgang mit dem Thema Krieg, als vielmehr
die Schwierigkeiten von Sprache und Dichtung mit diesem ganz allgemein:

5.2

> wobei sich eine derartige
> hizze entwikkelt daß di g
> troffenen sofort
> zu kohle verbrennen
> meyerslexikon 1926[3]

Beide Gedichte sind weniger als Parodie, vielmehr als relativierende Bestätigung
für die Relevanz des Gelegenheitsgedichts auch in der Moderne anzusehen.
Gerade die naiv-formelhafte Hilflosigkeit der beiden Totengedichte im Kontrast zur nüchternen Beschreibung des Lexikoneintrags wird dazu eingesetzt,
den Schrecken des Krieges deutlich werden zu lassen. Die Zweckorientierung
der Gattung Gelegenheitslyrik wird hier also durchaus nicht oder jedenfalls
nicht nur kritisch kommentiert.

Dass die Idee der Autonomieästhetik, die Idee einer zweckfreien Kunst,
die dennoch durch diese Zweckfreiheit kunstinternen Zwecken dient, in sich
paradox ist, wurde schon häufiger betont. Besonders nachdrücklich hat für
die Literaturwissenschaft auf diese Paradoxie Gerhard Plumpe hingewiesen.[4]
Nachhaltig wirksam ist das autonomieästhetische Paradigma unter anderem
in der Gattungspoetik und Gattungstheorie der Lyrik geworden und bis heute

---

2   Vgl. z. B. KORTE (2000).
3   KLING Bd. 1 (2020, 314).
4   Vgl. PLUMPE (1995a, 166–171) sowie PLUMPE (1995b, 80 u. 96–104).

auch geblieben.[5] Die Aporien einer Gattungsgeschichtsschreibung der Lyrik der Moderne, die sich aus dieser Theoriebildung ergibt, wird an den Schwierigkeiten einer Einordnung der Gelegenheitslyrik, wie sie der vorliegende Band unternimmt, deutlich sichtbar: Vor dem Hintergrund einer programmatisch auf Autonomie abzielenden gattungsgeschichtlichen Entwicklung ist das Fortleben einer klar funktional bestimmten Subgattung wie der Gelegenheitslyrik schwer zu fassen. Für dieses Fortleben aber bieten die Beiträge dieses Bandes zahlreiche eindrucksvolle Beispiele.

Parallel zu dieser, die Autonomie bzw. die relative Funktionslosigkeit der Lyrik betonenden gattungspoesiologischen Tendenz lässt sich auch feststellen, dass eine Debatte über Funktionen von Lyrik in der Lyrikforschung bzw. Lyrikologie bisher kaum stattgefunden hat. Es lassen sich überhaupt nur wenige Anknüpfungspunkte finden, von der eine solche Debatte ausgehen könnte. So haben zuletzt Fabian Lampart und Dieter Burdorf gezeigt, wie etwa Gattungspoetiken und literaturwissenschaftliche Beiträge zur Gattungstheorie und -geschichte der 1950er und 1960er Jahre bis in die 1990er Jahre hinein einerseits programmatisch vom Postulat der Funktionslosigkeit geprägt sind, andererseits Ansätze zu einer Funktionsbeschreibung der Lyrik aus diesen nicht oder nur sehr rudimentär ableitbar sind.[6] Häufig steht hier weniger die Frage im Zentrum, welche *Funktionen* Lyrik habe, sondern vielmehr diejenige, ob sie überhaupt Funktionen erfülle bzw. welche *Funktion* (im Singular) Lyrik zukommt. Diese zu eng gefasste Problemstellung, die sich der Wirkmächtigkeit

---

5   Zu Gattungspoetik und -theorie der 1950er und 1960er Jahre vgl. Lampart (2021) sowie für die Geschichte der Gelegenheitslyrik exemplarisch den knappen Forschungsüberblick bei Segebrecht (2007 [1997], 690) und die einleitenden Bemerkungen von Johannes Franzen und Christian Meierhofer in diesem Band.

6   Vgl. Burdorf (2021) und Lampart (2021): Lampart rekonstruiert, welchen diskursiven Zweck die Negierung von Funktionalität in Lyrikdebatten der 1950er und 1960er Jahre hatte. Burdorf unterzieht einige gesellschaftskritische Lyriktheorien der letzten drei Jahrzehnte einer Relektüre. Dabei zeigt sich, dass in diesen Theorien weniger die Frage nach dem Funktionsspektrum der Lyrik im Zentrum steht, sondern eher einzelne gesellschaftskritische Funktionen fokussiert werden oder aber die These von der sozialen Funktionalität der Lyrik überhaupt zur Disposition steht und gegen Kritik verteidigt und neu profiliert werden muss. So wichtig die von Lampart und Burdorf rekonstruierten Debatten für die Lyriktheorie waren und sind, so wenig Anknüpfungspunkte – dies machen beide in ihren Ausführungen deutlich – bieten sie daher doch für eine Diskussion der Frage nach den Funktion*en* von Lyrik.

autonomieästhetischer Positionen in der Gattungspoetik der Lyrik verdankt, hat in der Lyrikforschung bis heute eine nicht zu unterschätzende Verbreitung gefunden.

Diese gattungspoesiologisch begründete Beharrungskraft autonomieästhetischer Positionen verstellt auch den Blick auf eine angemessene literaturtheoretische und literaturgeschichtliche Würdigung der Gelegenheitslyrik in der Moderne, der von den Herausgebern dieses Bandes zu Recht beklagt wird: Die Scheinopposition funktional – nicht-funktional bzw. heteronom – autonom, die die Gelegenheitslyrik von anderen lyrischen Subgattungen unterscheide, führt zu einer impliziten Abwertung der Gelegenheitslyrik unter den Vorzeichen der Autonomieästhetik.[7] Die Rede von einer ‚Scheinopposition' ist bewusst gewählt, denn wie im Folgenden gezeigt werden soll, ist dieser Versuch einer Unterscheidung von Gelegenheitslyrik und ‚Lyrik im engeren Sinne' wenig überzeugend.

Wichtige Einsichten in die spezifische Funktionalität der Gelegenheitslyrik lassen sich besser vor dem Hintergrund eines differenzierteren Verständnisses dessen gewinnen, was Lyrikfunktionen sein können. Um dies zu verdeutlichen, wird zunächst knapp ein neuerer lyrikologischer Vorschlag vorgestellt, dessen Ziel es ist, ein möglichst breites Spektrum an Lyrikfunktionen zu beschreiben. Dieser soll im Anschluss als Ausgangspunkt für eine genauere Charakterisierung der Gelegenheitslyrik unter funktionalem Aspekt dienen. Es soll deutlich werden, dass nicht die Unterscheidung funktional – nicht-funktional (bzw. im Sinne der Autonomieästhetik noch differenzierter: funktional auch im Hinblick auf kunstexterne Zwecke und funktional im Hinblick nur auf kunstinterne Zwecke) hilfreich zum besseren Verständnis der Gelegenheitslyrik in Abgrenzung zu anderen lyrischen Subgattungen ist, sondern die Betrachtung unterschiedlicher Funktion*en* bzw. von Funktionsbündeln verschiedener lyrischer Genres. Die detaillierte deskriptive Charakterisierung der Gelegenheitslyrik unter funktionalem Aspekt, ihre Situierung im Feld lyrischer Subgattungen und ihre funktionsgeschichtliche Beschreibung bis in die Moderne hinein werden damit als Desiderate der Forschung noch deutlicher sichtbar.

---

7   Vgl. die Ausführungen zu den evaluativen Komponenten der Heteronomie-Autonomie-Unterscheidung von Franzen und Meierhofer in der Einleitung des vorliegenden Bandes.

I. Funktionsbegriff und Lyrikfunktionen

Mit Robert Stecker wird der Funktionsbegriff hier folgendermaßen gefasst: „[A]n artifact has a function F if, relative to a context, it has the present ability or capacity to fulfill a purpose, with which it is made or used, of F-ing or fulfills such a purpose."[8] In Steckers sehr weiter Bestimmung kommt es für eine Funktionszuschreibung an ein Kunstwerk oder Kunst allgemein, einen literarischen Text oder Literatur allgemein darauf an, dass diese tatsächlich eine bestimmte Wirkung haben, oder aber, dass eine geteilte Praxis vorliegt, bei der die Teilnehmer dem jeweiligen Artefakt das Potenzial zuschreiben, eine bestimmte Wirkung zu entfalten. Diese Differenzierung erscheint durchaus sinnvoll, um auch solche Funktionen in den Blick nehmen zu können, die ein Text tatsächlich nicht erfüllt hat, bspw. weil er zu seiner Zeit nicht publiziert wurde oder der Autor sie zwar intendiert hat, sie sich aber nicht als solche entfaltet haben. Thomas Klings oben zitierter Gedichtzyklus mag aufrütteln oder sich in die Tradition der lyrischen Totenklage stellen oder aber nach Meinung von Lesern lediglich dazu angetan oder von Kling mit der Absicht verfertigt worden sein, diese Wirkung zu entfalten und dieser Traditionslinie zu folgen. In allen diesen Fällen lassen sich dem Zyklus, Stecker zufolge, emotionale und traditionserhaltende Funktionen zuschreiben.

Literaturtheoretische Modelle enthalten, wie zuletzt Jan Borkowski gezeigt hat,[9] nahezu immer explizite oder implizite Annahmen dazu, welche Funktion bzw. Funktionen Literatur erfüllt. Um nur ein neueres Beispiel aus der Lyriktheorie zu nennen: Die evolutionsbiologisch informierte Literaturtheorie, wie Karl Eibl sie im deutschsprachigen Raum geprägt hat, geht davon aus, dass Lyrik ursprünglich eine gruppenkoordinierende Funktion hatte, ähnlich wie Religionen.[10] Allerdings stehen solche Funktionszuschreibungen, anders als bei Eibl, nicht immer im Zentrum der Theoriebildung und es werden in der

---

8 STECKER (1997, 31). Für eine Übersicht über verschiedene Verwendungsweisen des Funktionsbegriffs in der Literaturwissenschaft vgl. zuletzt BORKOWSKI (2021, 121–125).

9 Vgl. BORKOWSKI (2021, 118–121).

10 Vgl. EIBL (2013). Eibl führt dabei Überlegungen von Heinz Schlaffer weiter. Vgl. SCHLAFFER (2012). Neuerdings hat Katja Mellmann weitere Überlegungen zu einer evolutionstheoretisch informierten Lyriktheorie vorgelegt. Vgl. MELLMANN (2021).

Regel nur bestimmte, theoriespezifische Funktionen in den Blick genommen. Seltener reflektiert wurde dagegen, welches *Spektrum* an Funktionen Literatur zuzuschreiben wäre. Dies gilt insbesondere für die Theoriebildung im Bereich der Lyrikforschung, was angesichts ihrer oben konstatierten autonomieästhetischen Prägung nicht verwunderlich ist.[11] Eine ausgearbeitete Funktionstypologie der Lyrik liegt einzig mit Rüdiger Zymners Monographie *Funktionen der Lyrik* vor, deren Konzeptionsvorschläge als Bezugsrahmen für die folgenden Überlegungen dienen sollen.[12]

Zymner greift für seine Beschreibung von Lyrikfunktionen auf eine Typologie von Kunstfunktionen zurück, die der Philosoph Reinold Schmücker vorgelegt hat[13] und die anders als bspw. die Typologie von Kunstfunktionen von Siegfried J. Schmidt[14] den Vorzug hat, viele verschiedene Kunstfunktionen zu benennen. Gerade für eine differenzierte Beschreibung von Funktionsspektren einzelner Subgattungen der Lyrik erweist sich diese typologische Differenziertheit als vorteilhaft. Zymner übernimmt Schmückers Typologie mit minimalen Änderungen. Er unterscheidet zunächst generelle von speziellen Lyrikfunktionen. Diese beiden Hauptgruppen werden im Anschluss noch feiner unterteilt. Einen ersten Überblick über das angenommene Funktionsspektrum bietet die folgende Auflistung:

1. Generelle Funktionen
    1.1 konstitutiv
    1.2 nicht-konstitutiv
2. Spezielle Funktionen
    2.1 Interne Funktionen
        2.1.1 Traditionsbildung
        2.1.2 Innovation

---

11 Eine funktionstheoretische Beschreibung lyrischer Motti schlage ich vor in HILLE-BRANDT (2021b).

12 Vgl. ZYMNER (2013).

13 Vgl. SCHMÜCKER (2001).

14 Schmidt nennt die Grundtypen der kognitiv-reflexiven, der moralisch-sozialen und der hedonistisch-individuellen Funktionen von Literatur. Seine Typologie zielt weniger auf Mannigfaltigkeit, sondern eher auf einen hohen Allgemeinheitsgrad, was in anderen argumentativen Zusammenhängen durchaus vorteilhaft sein kann. Vgl. SCHMIDT (1980, 120–123).

2.1.3 Reflexion

2.1.4 Überlieferung

2.2 Externe Funktionen

2.2.1 kommunikativ

2.2.2 dispositiv

2.2.3 sozial

2.2.4 kognitiv

2.2.5 mimetisch-mnestisch

2.2.6 dekorativ

Für den hier verfolgten Zusammenhang ist es nicht notwendig, alle Funktionen im Detail zu erläutern. Vielmehr mag es genügen, auf die Grundunterscheidungen von generellen und speziellen sowie von internen und externen Funktionen einzugehen: So gibt es Funktionen, die alle Lyrik erfüllt, eben die generellen Funktionen. Hierbei ist zu unterscheiden zwischen solchen, die sowohl alle Lyrik als auch Nicht-Lyrik erfüllen, und solchen, die konstitutiv für die Gattung Lyrik oder einzelne Subgattungen sind. Beispiele für konstitutive Lyrikfunktionen zu geben erweist sich beim gegenwärtigen Forschungsstand erwartungsgemäß als schwierig, denn die Zuschreibung konstitutiver Funktionen der Lyrik hängt direkt vom vorausgesetzten Lyrikbegriff ab. Und hierüber gibt es, trotz wichtiger neuerer Forschungsbeiträge von Jonathan Culler, Klaus W. Hempfer oder Rüdiger Zymner u. a. bisher weiterhin keinen Konsens.[15] Ein Beispiel für eine generelle nicht-konstitutive Funktion der Lyrik wäre etwa, eine ästhetische Erfahrung zu ermöglichen – ganz analog zu anderen Artefakten.

Die internen Funktionen beziehen sich alle auf kunst- bzw. literaturimmanente Zwecke wie die Herausbildung von Traditionslinien, die Einführung neuer Motive, Themen oder Verfahren, die Beschäftigung mit den eigenen Mitteln, Bedingungen und Möglichkeiten und die Weitergabe von Bewahrenswertem; die externen hingegen auf solche, die die Beziehungen zwischen der Literatur und ihrer kontextuellen Außenseite betreffen, wie die Übermittlung von Informationen, das Hervorrufen von Erkenntnis oder die Anregung zu emotionaler Anteilnahme u. a. m.

15 Vgl. CULLER (2015), HEMPFER (2014), ZYMNER (2009). Einen eigenen, form- und praxistheoretisch informierten Vorschlag mache ich in HILLEBRANDT (2021a).

Dies sind nur Beispiele für Typen von Lyrikfunktionen, die jeweils auch anders unterschieden werden könnten. Wie Schmücker und Zymner selbst betonen, hat ihre Typologie einen „tentativen, dabei dezisionistischen und überdies exemplarischen Charakter."[16] Oder mit Brecht gesagt: „Es geht auch anders, doch so geht es auch." Mit dieser einschränkenden Bemerkung versehen, sind entsprechende Typologisierungsversuche durchaus heuristisch wertvoll, selbst wenn ihnen das Manko des Dezisionistischen anhaftet.[17]

Vor dem Hintergrund eines weiten Verständnisses des Funktionsbegriffs im Sinne Steckers und des von Schmücker und Zymner anhand zahlreicher Beispiele entwickelten breiten Spektrums an Funktionstypen der Lyrik dürfte deutlich sein, dass es nicht nur aus historischer, sondern auch aus systematischer Sicht wenig vielversprechend ist, der Unterscheidung lyrischer Subgattungen anhand der Opposition funktional – funktionslos zu folgen, wie sie die autonomieästhetisch grundierte Gattungspoetik und -theorie der Lyrik häufig vertreten hat. Vielmehr erfüllen in dieser Sicht alle lyrischen Gebilde in irgendeiner Weise Funktionen. Lyrische Genres wie Gelegenheits- oder Erlebnislyrik lassen sich dementsprechend besser anhand der (konstitutiven und nicht-konstitutiven) generellen Funktionsbündel, die sie erfüllen, charakterisieren, als über eine schlichte Opposition von funktional – funktionslos. Weiterhin scheint es auch wenig vielversprechend, der Gelegenheitslyrik als *einziger* lyrischer Subgattung kunstexterne Funktionen zuzuschreiben und sie auf diese Weise von allen anderen lyrischen Subgattungen zu unterscheiden. Dies gilt jedenfalls dann, wenn man darunter auch Funktionen fasst wie die Vermittlung von Wissen, die Hervorbringung von Erkenntnis oder die Erregung von Emotionen. Auch viele dezidiert nicht der Gelegenheitslyrik zugerechnete Lyrik erfüllt solche kognitiven und dispositiven Funktionen.[18] Das Feld der lyrischen Subgattungen ist offenkundig zu vielfältig, um über Oppositionen wie funktional – nichtfunktional (oder differenzierter: nur bzw. auch kunstextern funktional – nur kunstintern funktional) erfasst werden zu können.

Geht man von dieser Voraussetzung aus, so folgt daraus einerseits, dass sich lyrische Gebilde und Subgattungen gewinnbringend anhand ihres jeweiligen Funktions*spektrums* beschreiben lassen müssten. Andererseits lässt sich

---

16 ZYMNER (2013, 111).

17 Vgl. hierzu auch BORKOWSKI (2021, 126).

18 Vgl. exemplarisch zum Zusammenhang von Lyrik und Erkenntnis neuerdings MÜLLER, REENTS (2019).

die Frage anschließen, aus welchen Gründen und zu welchen Zeiten es in der Geschichte der Gattungspoetik zu einer Negierung der Funktionalität von Lyrik gekommen ist – eine für die Geschichte der Gattungspoetik anregende und wichtige Frage. Und wissenschaftsgeschichtlich gewendet, warum die Lyriktheorie diesem gattungspoetischen Paradigma – jedenfalls der Programmatik nach – so häufig gefolgt ist.

Die letztgenannten Fragen können im vorliegenden Beitrag leider nicht weiterverfolgt werden. Stattdessen soll nun die Frage nach den Funktion*en* der Gelegenheitslyrik angesprochen werden. Ausgangspunkt der Überlegungen soll ein neuerer Definitionsvorschlag von Gelegenheitslyrik sein, den Hempfer 2018 in der *Zeitschrift für französische Sprache und Literatur* vorgestellt hat.[19] Seine Überlegungen bieten hilfreiche Ansatzpunkte für eine informative Charakterisierung der Gelegenheitslyrik mit Hilfe der oben vorgestellten Funktionstypologie.

II. Funktionen der Gelegenheitslyrik

Hempfers Konzeption stellt einen so scharfsinnigen wie überspitzten Vorschlag dar, die Subgattung Gelegenheitsgedicht in Abgrenzung zu Wulf Segebrechts weiter Formulierung enger zu fassen und sie damit klar von einem Verständnis des Dichtens bei Gelegenheit im Sinne der Erlebnislyrik abzugrenzen. Beispielhaft entwickelt er seine Überlegungen an Mallarmés *Toast* und damit also an einem Gedicht, dessen Autor zum Kernbestand der modernen Lyrik gehört. Segebrecht hatte „Gelegenheitsgedicht" synthetisierend expliziert als „ein für bzw. auf ein bestimmtes Ereignis geschriebenes oder aus einer bestimmten Veranlassung heraus entstandenes Gedicht."[20] Hempfer kritisiert Segebrecht dafür, dass er letztlich versuche, die Goethe'sche Bestimmung von Gelegenheitslyrik mit der vorgoethezeitlichen der Casuallyrik zu versöhnen und damit zwei Subgattungen der Lyrik zu vermengen, die besser getrennt betrachtet werden sollten.[21] Hempfers Plädoyer für eine enge Orientierung der Begriffsbildung am

---

19 Vgl. HEMPFER (2018). Stark einzeltextbezogen und wenig systematisierend verfährt hingegen der im selben Jahr erschienene Sammelband von Joachim Küpper, Patricia Oster und Christian Rivoletti, der erklärtermaßen „Bausteine zu einer Theorie des Gelegenheitsgedichts" bereitstellen will. Vgl. KÜPPER, OSTER, RIVOLETTI (2018).

20 SEGEBRECHT (1997, 688).

21 Segebrecht unterscheidet diese verschiedenen Verwendungsweisen von ‚Gelegenheitsgedicht' in der Folge allerdings sehr wohl und plädiert ähnlich wie Hempfer dafür,

Prototyp der Casuallyrik, die letztlich auch Segebrecht teilt, soll hier gefolgt werden, um die von Hempfer mit Recht beklagte Aufweichung des betrachteten Gegenstandsbereichs zu vermeiden.

Vor dem Hintergrund der von ihm selbst entwickelten Lyriktheorie charakterisiert Hempfer Gelegenheitsgedichte in Anlehnung an die Casuallyrik in der Folge sehr pointiert als „Ge- und Verbrauchstexte":

> Gelegenheitsgedichte sind prototypische Gebrauchs- und keine Wiedergebrauchstexte, sie werden durch das Vortragen bzw. das (Vor-)Lesen sozusagen ‚verbraucht'. Jede Mutter wäre höchst verstört, wenn sie zu jedem Muttertag das immer gleiche Gedicht bekäme.
>
> Gelegenheitsgedichte sind des Weiteren prototypisch dadurch gekennzeichnet, dass die Situation, für die sie verfasst und/oder in der sie vorgetragen werden, eine eher privat-persönliche und keine öffentliche ist: eine Geburtstags- oder Muttertagsfeier, das Abendessen einer Literatengruppe oder ein anderes geselliges Beisammensein usw. [...] Ge- und Verbrauch scheinen damit die entscheidenden Charakteristika für ‚Gelegenheitsdichtung' zu sein, deren spezifisch okkasioneller Charakter noch durch die Bindung des Textes an bestimmte Gegenstände verstärkt sein kann.[22]

Die Charakterisierung von Gelegenheitslyrik als Gebrauchstexte muss unter der hier gemachten Voraussetzung, dass letztlich alle Lyrik funktional ist und damit einen wie auch immer gearteten Gebrauchswert hat, weiter eingegrenzt werden, als Hempfer dies tut, der nur Gebrauch und Wiedergebrauch unterscheidet.

Die Setzung, dass Gelegenheitsgedichte mit der Situation, für die sie verfasst sind, verbraucht werden, ist hingegen weniger klar, als es auf den ersten Blick scheinen mag. Geht Hempfer davon aus, dass Gelegenheitsgedichte einen anderen ontischen Status haben als ihr Gegenpart, nämlich die lyrischen Gedichte im von ihm formulierten engeren Sinne? Oder will er in einer Art Reformulierung des Anlasskriteriums lediglich betonen, dass Gelegenheitslyrik stets auf eine singuläre, nicht wiederholbare Situation bezogen ist, um sie

---

vornehmlich solche Texte unter den Begriff zu fassen, die dem gattungsgeschichtlichen Prototyp der Casuallyrik folgen. Seine Explikation ist wohl auch der Notwendigkeit nach einer knappen, möglichst weiten und damit für die Literaturwissenschaft breit anschlussfähigen Begriffsbildung geschuldet, die das Format des *Reallexikons* vorgibt. Hempfers Kritik an Segebrecht ist insofern etwas einseitig. Es ist vor diesem Hintergrund allerdings auch interessant, dass keine zwei Lemmata ‚Gelegenheitsgedicht' vergeben wurden. Diskussionswürdig erscheint daher insbesondere die lemmatisierte Amalgamierung beider Verwendungsweisen. Vgl. SEGEBRECHT (1997, 688).

22 HEMPFER (2018, 194).

z. B. von Gebetslyrik oder anderen Formen ritualisierter Lyrik mit deutlichem Situationsbezug abzugrenzen? Dies wird nicht explizit gemacht, sondern muss aus Hempfers Beispielen geschlossen werden. Mindestens zwei Deutungsmöglichkeiten bieten sich an:

1. Exemplarisch für Verbrauchstexte führt Hempfer Werbeslogans an. Hier heißt es: „[D]er Werbeslogan ist gerade durch seine Wiederholung nach einer bestimmten Zeit ‚verbraucht' und muss durch einen neuen ersetzt werden."[23] Damit liegt der Eindruck nahe, dass mit ‚Verbrauch' gemeint ist, dass Gelegenheitsgedichte nach und nach ihre Wirkung einbüßen. Ein Kriterium, das so vermutlich auf fast alle literarischen Texte zutreffen dürfte, zu denen der zeitliche Abstand wächst, und das demgemäß wenig geeignet erscheint, einzelne Textgruppen bzw. Subgattungen voneinander abzugrenzen.

2. Wenn Hempfer auf deiktische Elemente der Gelegenheitslyrik zu sprechen kommt und in diesem Zusammenhang den oft auch sprachlich markierten singulären Situationsbezug der Texte selbst betont, lässt sich seine Formulierung vom Verbrauch aber auch so verstehen, dass der deiktisch markierte Situationsbezug enge funktionale Restriktionen nach sich zieht, und zwar in der Weise, dass der Text nur in der dafür vorgesehenen Situation vollumfänglich ‚funktionieren' bzw. seine volle Wirkung entfalten kann. Diese zweite Auslegung des Ge- und Verbrauchskriteriums erscheint mit Blick auf die Casuallyrik durchaus einleuchtend. Hempfer macht dies zwar nicht explizit, seine Analysen lassen sich aber entsprechend auslegen.

Als Zwischenfazit lässt sich festhalten: So sehr Hempfers Kritik an Segebrechts sehr weiter Explikation der Gelegenheitslyrik einleuchten mag, so diskussionswürdig erscheint insgesamt doch auch sein Definitionsvorschlag: zum einen wegen der Verknüpfung von Hempfers Konzeption mit seinem eigenen Lyrikbegriff, dessen fiktionstheoretische Implikationen nicht unumstritten sind;[24] zum anderen wegen der nicht einfach nachvollziehbaren, nur

---

23 HEMPFER (2018, 194).

24 Dies sei hier nur knapp angedeutet: So geht Hempfer davon aus, dass Lyrik im von ihm explizierten Sinne eine Performativitätsfiktion inszeniere, also die Simultaneität von Sprech- und besprochener Situation fingiere. Eine solche Simultaneität fingieren aber nicht nur viele lyrische Gedichte, sondern diese findet sich auch in vielen Formen der Alltagskommunikation in Briefen etc. Ob sich aus der Fingierung von Simultaneität die Fiktionalität eines Textes ableiten lässt, ist fiktionstheoretisch durchaus fraglich. Vgl. zur Kritik an Hempfers Fiktionstheorie zuletzt HILLEBRANDT u. a. (2018, 5 f.).

angedeuteten und daher vagen Verbrauchsthese, die sie voraussetzt. Dieser zweite Kritikpunkt wiegt allerdings weniger schwer, wenn man Hempfers Bestimmung mit Blick auf seine Ausführungen zur Textdeixis in dem Sinne auslegt, dass ein Gelegenheitsgedicht für eine spezifische, singuläre Situation verfasst ist, und hierin eine Reformulierung des Anlasskriteriums erblickt.

Auch wenn Hempfers Bestimmung in ihrer Zuspitzung also nicht vollständig überzeugen mag, liefert sie aber doch wichtige Anhaltspunkte für eine Bestimmung konstitutiver Funktionen der Gelegenheitslyrik. Bedenkenswert für ein besseres Verständnis der spezifischen Funktionsweise der Gattung erscheint die Kopplung an eine spezifische, singuläre Rezeptionssituation. Dies wird weiter unten noch ausgeführt werden. Bedenkenswert erscheint weiterhin, dass Hempfer nicht davon ausgeht, dass Gelegenheitslyrik medial festgelegt sei, also ausschließlich mündlich dargebracht werde.[25] Dies ist gerade für den im vorliegenden Band fokussierten historischen Abschnitt wichtig, da für die Moderne wohl von einer zunehmenden Verschriftlichung einer so stark von Mündlichkeit geprägten lyrischen Gattung wie der Gelegenheitslyrik ausgegangen werden muss.[26] Um nur ein Beispiel zu geben: In der *FAZ*-online-Ausgabe vom 15.10.2008 wurde eine Reihe von Lyrikerinnen und Lyrikern aufgefordert, ein Gedicht auf die Buchmesse zu verfassen.[27] Diese wurden anschließend in einer Sonderbeilage zum Beginn der Messe veröffentlicht. Primär wurden die Gedichte damit also als Leselyrik verfasst, nicht für den mündlichen Vortrag.

Für die Frage nach konstitutiven Funktionen der Gelegenheitslyrik führt nun die These, dass Gelegenheitslyrik für eine singuläre Rezeptionssituation geschaffen wird, auf die sich Bezüge im Text wiederfinden lassen müssen, weiter. Es ist demnach ein spezifischer Situationsbezug, der die Gattung prägt und diese funktional festlegt. Dieses Kriterium bildet den Kern von Hempfers Definition und es erscheint tatsächlich sinnvoll, anhand dieses noch näher zu charakterisierenden Kriteriums Gelegenheitslyrik genauer zu profilieren, z. B. im Unterschied zur Erlebnislyrik. Beispielhaft sei dies anhand eines der erwähnten

---

25 Vgl. HEMPFER (2018, 193).

26 Allerdings sind solche mediengeschichtlich eindimensional operierenden Großthesen natürlich mit Vorsicht zu genießen und jeweils auszudifferenzieren, ebenso wie die problematische, weil vieldeutige Dichotomie von Mündlichkeit und Schriftlichkeit.

27 Vgl. JUNGEN (15.10.2008) sowie den Beitrag von Stefanie Stockhorst in diesem Band.

Buchmessengedichte dargelegt. So notiert Thomas Gsella in *Fleischergeist, Geisterfleisch*:

> Nicht Heimtextil,
> nicht Christmasworld
> Nicht Light+Sound, nicht Optatex
> Nicht Light+Building
> noch Texcare
> Nicht Viscom, nicht E.B.I.F
> Nicht Fur+Fashion,
> Tendence nicht
> Nicht Ambiente, IAA
> Und nicht Automechanika
> nahein:
> Ihre da und die der Fleischer!
> Rief der alte Taxifahrer
> Sorgten jedes Jahr aufs neue
> Für Rekordverkehr ins Viertel
> Bis sich Geist und Fleisch
> vermischten
> Wer die Fleischer, wer die Geister Und dann beide weltvergessen
> Einfach dort: im Viertel blieben
> So der Alte, nun verträumt
> Und die Huren: fort, vertrieben
> Feld geräumt –
> „Geh ich besser doch
> was essen"[28]

Gsellas Gedicht lassen sich eine Reihe von Funktionen zuschreiben: Es übermittelt Wissen, ggf. sogar Erkenntnisse über die Buchmesse, etwa, dass diese zusammen mit der Messe der Fleischerinnung den höchsten Publikumsverkehr erzeugt. Es belustigt dadurch in der Engführung der Worte „Geist" und „Fleisch". Im Konzert mit den anderen Buchmessengedichten kann es als mehr oder weniger innovativ eingeschätzt werden, eine Tradition des Buchmessengedichts mit etablieren usw. Es erfüllt also als Gelegenheitsgedicht eine Reihe interner und externer spezieller Funktionen.

Konstitutiv dafür, dass es sich um ein Gelegenheitsgedicht handelt, ist aber wohl offenkundig nicht, dass die Buchmesse im Text geschildert wird, sondern

---

28 Thomas Gsella, zit. n. JUNGEN (15.10.2008).

dass das Gedicht anhand der im Text beschriebenen Situation und im Kontext der Veröffentlichung des Textes in der Buchmessenausgabe auf *FAZ-Net* auch in bestimmter Weise an der Situation Buchmesse partizipiert, für die es beauftragt wurde. Es kann auf der Messe rezipiert werden, ggf. kann dort mit dem Autor über seinen Text gesprochen werden. Es kann als Ausgangspunkt für Diskussionen über Sinn und Zweck der Buchmesse fungieren – auf der Messe selbst, in Leserbriefen oder Posts etc. Ohne den Situationsbezug und den Veröffentlichungskontext jedenfalls spräche man wohl kaum davon, dass es sich um ein Gelegenheitsgedicht im prototypischen Sinne handelt.

Konstitutiv für die Zuordnung zu den Gelegenheitsgedichten sind also eine Reihe sozialer Funktionen, die Gsellas Text zugeschrieben werden können. Leichter lässt sich dieses Bündel von Funktionen der Gemeinschaftsbildung zwar im Rahmen einer nicht-zerdehnten Sprachhandlungssituation beobachten, bei der Produzenten und Rezipienten ko-präsent sind und eine unmittelbare Reaktion auf das Gedicht möglich ist, etwa in Form von Applaus, Gegenrede, Fortschreibung oder Kritik. Dies muss aber keineswegs so sein. Die relativ geringere Relevanz der Gelegenheitslyrik in der Moderne steht – setzt man deren konstitutive soziale Funktionalität voraus – dementsprechend wohl mit geänderten Medien und Formen öffentlicher Kommunikation in Zusammenhang.

In Bezug auf das soziale Ereignis Buchmesse erfüllt das Gedicht also eine Reihe von Funktionen der Gemeinschaftsbildung. Vordergründig dient es weiterhin natürlich auch dazu, dieses Ereignis zu rahmen. Es ließe sich ihm also, anders gesagt, mit Schmücker und Zymner eine dekorative Funktion zuweisen. Zymner nennt als Beispiele für dekorative Lyrikfunktionen sogar ausschließlich solche aus dem Bereich der „Anlasslyrik", wie er sie nennt, d. h. solcher Lyrik, die sich *grosso modo* der Gelegenheitslyrik zuordnen ließe.[29] Allerdings ist diese Funktion wohl eher den sozialen Funktionen zu subsumieren, denn der Schmuck ist ja offenbar kein Selbstzweck, sondern dient den beteiligten Akteuren – den Autoren, der *FAZ*-Redaktion, den Messebetreibern – bei der Erreichung sozial relevanter Ziele wie der Aufmerksamkeitssteigerung, dem Prestigegewinn oder der Initiation von Anschlusskommunikation. Ob es daher sinnvoll ist, dekorative Funktionen den anderen vorgeschlagenen Funktionstypen beizuordnen, wie Schmücker und Zymner dies tun, oder ob es sich nicht

---

29 Vgl. ZYMNER (2013, 284).

vielmehr um eine untergeordnete Funktion handelt, wäre zu diskutieren. Im hier verfolgten Zusammenhang jedenfalls scheint es sinnvoll, die dekorative als eine der sozialen Funktionen der Gelegenheitslyrik zu konzipieren.

III. Resümee

Ein Bündel sozialer Funktionen, das hier nur grob umrissen werden konnte und das für eine differenzierte funktionsgeschichtliche Darstellung der Gelegenheitslyrik präziser zu fassen wäre, ist für diese lyrische Subgattung konstitutiv. Ein Gelegenheitsgedicht wird, anders gesagt, eben dadurch konstituiert, dass es sozial-funktional auf eine singuläre Situation bezogen ist. Dazu gehört auch eine diese Situation schmückende Funktion. Hempfers Feststellung, dass das Gelegenheitsgedicht für den ‚Verbrauch' konzipiert ist, hat vermutlich hierin ihren Grund. Aus einer funktionstheoretischen Perspektive lässt sich Hempfer reformulierend festhalten, dass die sozial-handlungsinitiierenden Funktionen der Gelegenheitslyrik sich nur in der Situation, auf die sie bezogen ist, erfüllen können. Endet diese, können diese konstitutiven Funktionen nicht mehr realisiert werden und sind nur noch als in der Vergangenheit realisierte oder realisierbare erkennbar.[30] Dies beschreibt Hempfer beispielhaft an der späteren Publikation von Mallarmés Gelegenheitsgedichten.

Der Gewinn einer solchen funktionstheoretischen Perspektive auf die Gelegenheitslyrik liegt darin, dass sie die stark wertende Entgegensetzung von Autonomie – Heteronomie, die in der Geschichte und Theorie der Gelegenheitslyrik eine so große Rolle gespielt hat, zugunsten einer stärker deskriptiv vorgehenden und differenzierteren Funktionsbeschreibung auflöst und damit einen genaueren Blick auf die Funktionsspektren von Subgattungen ermöglicht. Hiermit lässt sich besser sehen, wo funktionale Unterschiede zwischen verschiedenen lyrischen Genres zu suchen wären. So kann etwa auch Erlebnislyrik soziale Funktionen der Gemeinschaftsbildung erfüllen, allerdings handelt es sich im Fall der Erlebnislyrik anders als im Falle der Gelegenheitslyrik eben nicht um konstitutive Funktionen. Umgekehrt können auch der Gelegenheitslyrik zugeordneten Texten, wie das Beispiel *Fleischergeist, Geisterfleisch* gezeigt hat, kunstinterne Funktionen zugeschrieben werden, sodass eine Unterscheidung von

---

30 Denkbar ist aber natürlich eine spätere Refunktionalisierung in einem ähnlichen situativen Zusammenhang.

Erlebnis- und Gelegenheitslyrik allein anhand der Zuschreibung interner und externer Funktionen oder gar der Zuschreibung von Funktionslosigkeit und Funktionalität wenig überzeugend ist.

Für eine Rekonstruktion der Geschichte der Gelegenheitslyrik in der Moderne wäre nun nachzuzeichnen, wie sich der spezifische soziale Situationsbezug der Gelegenheitslyrik und damit auch ihre sozial-handlungsinitiierende Funktionalität historisch ausgeprägt und dann durch Medienwandlungsprozesse und geänderte Bedingungen öffentlicher Kommunikation sowie sozioökonomische Transformationen des Dichter- bzw. Schriftstellerberufs, ggf. auch durch ein geändertes Zeitbewusstsein gewandelt hat. Die Annahme eines geänderten Zeitbewusstseins *allein* ist wohl nicht ausreichend, um die Entwicklung der Gelegenheitslyrik in der Moderne differenziert zu beschreiben und zu erklären.[31] Die schlichte These einer Abwanderung der Gelegenheitslyrik in den Bereich der Nicht-Kunstlyrik[32] erscheint, das machen etwa das Beispiel Mallarmé, aber auch viele der anderen, in diesem Band verhandelten Texte klar, nicht überzeugend – auch wenn sozial-handlungsinitiierende und schmückende Lyrikfunktionen sicherlich nicht im Zentrum einer Poetik der Lyrik der Moderne stehen und damit im Zuge des Modernisierungsprozesses programmatisch in den Hintergrund getreten sind. So lässt sich vermuten, dass insgesamt von einem relativen Bedeutungsverlust der Gelegenheitslyrik (im Sinne des Prototyps der Casuallyrik) auszugehen ist, begründet durch Medienwandlungsprozesse, sozialen Wandel, aber auch die gattungspoesiologische Entwicklung: Die sozialen Funktionen der Gelegenheitslyrik wurden weniger nachgefragt, konnten sich weniger gut entfalten oder wurden z. T. durch andere Medienformate und Kunstformen ersetzt. Dies wäre aber natürlich erst einmal auf breiter empirischer Basis nachzuverfolgen und zu überprüfen.[33]

Am Rande erwähnt sei abschließend noch, dass die Auseinandersetzung mit Theorie und Geschichte der Gelegenheitslyrik exemplarisch deutlich werden lässt, wie vielgestaltig und mitunter schwer zu ‚kartieren' das Feld der

---

31 Vgl. hierzu die einleitenden Ausführungen von Franzen und Meierhofer zum Konnex von Gegenwart und Okkasionalität.

32 So argumentiert etwa Zymner in Bezug auf die von ihm so benannte „Anlasslyrik". Vgl. ZYMNER (2013, 284 f.).

33 Um zu vermeiden, dass dabei von vornherein das Muster der Verfallsgeschichte zugrunde gelegt wird, wäre auch zu überprüfen, inwiefern nicht auch neue soziale Funktionen im Laufe der Gattungsgeschichte hinzutreten.

lyrischen Subgattungen ist. ‚Gelegenheitslyrik' firmiert in der lyriktheoretischen Forschung immer wieder als Gegenbegriff zu ganz unterschiedlichen Begriffsprägungen wie ‚Erlebnislyrik', aber auch – wie etwa bei Hempfer – zu ‚Lyrik' ganz allgemein. Auf diese Weise werden automatisch unausgesprochene Vorentscheidungen darüber getroffen, wie das Feld der lyrischen Subgattungen strukturiert sei. Diese unausgesprochenen, vagen und einander z. T. widersprechenden Vorentscheidungen sind einerseits Ausdruck grundlegender Probleme gattungstheoretischer Forschung. Andererseits wird an ihnen auch deutlich, dass gerade das Problem einer Beschreibung von Subgattungen der *Lyrik* weitere literaturwissenschaftliche Aufmerksamkeit verdient.

Literaturverzeichnis

BORKOWSKI, Jan (2021, 115–136): ‚Funktion' und Funktionen von Literatur. Einige systematische Überlegungen (unter besonderer Berücksichtigung der Lyrik). In: C. Hillebrandt u. a. (Hrsg.): Grundfragen der Lyrikologie, Bd. 2: Begriffe, Methoden und Analysedimensionen. Berlin, Boston.

BURDORF, Dieter (2021, 137–158): Das Gedicht als Protest und Selbstverständigung. Eine Relektüre gesellschaftskritischer Lyriktheorien. In: C. Hillebrandt u. a. (Hrsg.): Grundfragen der Lyrikologie, Bd. 2: Begriffe, Methoden und Analysedimensionen. Berlin, Boston.

CULLER, Jonathan (2015): Theory of the Lyric. Cambridge (MA).

EIBL, Karl (2013, 5–25 u. 157–175): Von der Unwahrscheinlichkeit der Lyrik und weshalb es sie trotzdem gibt. In: KulturPoetik, 13. Jg., H. 1/2.

HEMPFER, Klaus W. (2018, 187–211): Zur Differenz von ‚Lyrik' und ‚Gelegenheitsdichtung': Das Beispiel Mallarmé. In: Zeitschrift für französische Sprache und Literatur, H. 128.

HEMPFER, Klaus W. (2014): Lyrik. Skizze einer systematischen Theorie. Stuttgart.

HILLEBRANDT, Claudia u. a. (2018, 1–21): Einleitung: Wer spricht das Gedicht? Adressantenmarkierung in Lyrik. In: Dies. u. a. (Hrsg.): Grundfragen der Lyrikologie, Bd. 1: Lyrisches Ich, Textsubjekt, Sprecher? Berlin, Boston.

– (2021a, 49–65): Form-, Pakt- und Sprachtheorie revisited? Zum lyrikologischen Potenzial neuerer Bestimmungsversuche von Lyrik in der analytischen Kunstphilosophie. In: Dies. u. a. (Hrsg.): Grundfragen der Lyrikologie, Bd. 2: Begriffe, Methoden und Analysedimensionen. Berlin, Boston.

– (2021b, 159–176): In der Motto-Kiste. Zum Funktionsspektrum von Lyrik im Umfeld von Erzähltexten mit einer Analyse zu Theodor Fontanes Wanderungen durch die Mark Brandenburg. In: Dies. u. a. (Hrsg.): Grundfragen der Lyrikologie, Bd. 2: Begriffe, Methoden und Analysedimensionen. Berlin, Boston.

– u. a. (Hrsg.) (2021): Grundfragen der Lyrikologie, Bd. 2: Begriffe, Methoden und Analysedimensionen. Berlin, Boston.

JUNGEN, Oliver (15.10.2008): Gelegenheitsdichtung. Bekennt euch zur Gelegenheit! In: FAZ.NET, <https://m.faz.net/aktuell/feuilleton/buchmesse-2008/gelegenheitsdichtung-bekennt-euch-zur-gelegenheit-1708977.html>, zuletzt: 25.9.2020.

KLING, Thomas (2020): Werke in vier Bänden. Hrsg. v. M. Beyer u. a. Berlin.

KORTE, Hermann (2000, 99–115): „Bildbeil", „Restnachrichten" und „CNN Verdun". Thomas Klings Erster Weltkrieg. In: H. L. Arnold (Hrsg.): Text + Kritik, H. 147: Thomas Kling. München.

KÜPPER, Joachim, Patricia OSTER, Christian RIVOLETTI (Hrsg.) (2018): Gelegenheit macht Dichter. L'Occasione fa il poeta. Bausteine zu einer Theorie des Gelegenheitsgedichts. Heidelberg.

LAMPART, Fabian (2021, 177–195): Anmerkungen zum Konzept der Funktionslosigkeit in Lyrikdebatten der 1950er und 1960er Jahre. In: C. Hillebrandt u. a. (Hrsg.): Grundfragen der Lyrikologie, Bd. 2: Begriffe, Methoden und Analysedimensionen. Berlin, Boston.

MELLMANN, Katja (2021, 219–231): Zur biologischen Funktion protolyrischen Verhaltens. Mit Anmerkungen zur frühen Lyrik Paul Celans und Ingeborg Bachmanns. In: C. Hillebrandt u. a. (Hrsg.): Grundfragen der Lyrikologie, Bd. 2: Begriffe, Methoden und Analysedimensionen. Berlin, Boston.

MÜLLER, Ralph, Friederike REENTS (Hrsg.) (2019): Lyrik und Erkenntnis. Internationale Zeitschrift für Kulturkomparatistik, H. 1.

PLUMPE, Gerhard (1995a, 165–181): Die Literatur der Philosophie. In: Ders., N. Werber (Hrsg.): Beobachtungen der Literatur. Aspekte einer polykontexturalen Literaturwissenschaft. Opladen.

– (1995b): Epochen moderner Literatur. Ein systemtheoretischer Entwurf. Opladen.

SCHLAFFER, Heinz (2012): Geistersprache. Zweck und Mittel der Lyrik. München.

SCHMIDT, Siegfried J. (1980): Grundriß der empirischen Literaturwissenschaft, Bd. 1: Der gesellschaftliche Handlungsbereich Literatur. Braunschweig, Wiesbaden.

SCHMÜCKER, Reinold (2001, 13–33): Funktionen von Kunst. In: B. Kleimann, ders. (Hrsg.): Wozu Kunst? Die Frage nach ihrer Funktion. Darmstadt.

SEGEBRECHT, Wulf (1997, 688–691): Art.: Gelegenheitsdichtung. In: K. Weimar u. a. (Hrsg.): Reallexikon der deutschen Literaturwissenschaft, Bd. 1. Berlin, New York.

STECKER, Robert (1997): Artworks. Definition, Meaning, Value. University Park.

ZYMNER, Rüdiger (2009): Lyrik. Umriss und Begriff. Paderborn.

– (2013): Funktionen der Lyrik. Münster.

Ohne festen Grund. Das Gelegenheitsgedicht in der modernen Lyrik

„Gelegenheitsverse, ein wenig schmuddelig, und sicher nichts für die Ewigkeit."

Marcel Beyer

Zu den Vorarbeiten für die 2020 erschienene Ausgabe der *Werke* Thomas Klings *in vier Bänden* gehörte die Sichtung von Klings Nachlass, der sich im Thomas Kling-Archiv auf der Raketenstation Hombroich befindet, dem ehemaligen Arbeits- und Wohnort des Autors. Bei dieser Arbeit konnte man einige Überraschungen erleben, vor allem in Gestalt von Texten, mit denen man nicht gerechnet hätte. Ein Beispiel ist das folgende Gedicht:

FRANK KÖLLGES, fünfzig

F reund: aufgehört zu staunen – hab ich nie.
R atinger Hof: und nur dort hätte man in düsseldorf
A nfangen können: aufzumischen; zusammen zu lachen:
N ö-nö-nö-nö-nö-nö-nö!
K onzerte, klimatechnik, und
K abuki-pfeiferl – sagen wir in
Ö sterreich. sah jung in wien („jazz-gitti")
L egendäres bandplakat: Padlt Noidlt, jung schon
L egendenreich der performer an den drums!
G raz: im hotel mitte kissen im fenster: abfahrend – aber hallo!
E inmalig: klassisches experiment, anstiftung – aura!
S a-gen-haft: ja so bleibst du, Frank.[1]

Einige Erläuterungen sind hier wahrscheinlich nicht überflüssig: Frank Köllges (1952–2012) war ein bedeutender Jazz-Schlagzeuger und Performer, der in vielen verschiedenen Bands und Ensembles gespielt hat und häufig auch – sehr

---

1 KLING Bd. 3 (2020, 662).

erfolgreich – gemeinsam mit Thomas Kling aufgetreten ist.[2] Seinen 50. Geburtstag feierte er am 18. November 2002. Es ist anzunehmen, dass Kling das
Gedicht für diesen Anlass geschrieben und es möglicherweise auch im Rahmen
einer Feier an diesem Tag vorgetragen hat; vielleicht hat er das Gedicht Köllges
bei dieser Gelegenheit aber auch überreicht oder beides (das konnte bisher leider nicht eruiert werden). In jedem Fall ehrt Kling Köllges in diesem Gedicht,
indem er ihn als „Freund" anspricht, ihn als Drummer und Performer lobt, eine
seiner Bands (*Padlt Noidlt*) nennt, seine Bedeutung im Allgemeinen und für
ihn im Besonderen hervorhebt, und an gemeinsame Aktivitäten in der Vergangenheit erinnert (wobei Insiderwissen eine große Rolle spielt) – all dies hätte zu
einer Geburtstagsfeier im Freundeskreis bestens gepasst.

Demnach hat man es hier mit einem Geburtstags- und also einem Gelegenheitsgedicht zu tun, und zwar einem Exemplar dieser Gattung, in dem von deren
alten, aus der Vormoderne stammenden Traditionen nicht wenige aufgegriffen
werden: so etwa – um nur zwei markante herauszugreifen – der Kunstgriff, den
Inhalt des Gedichts aus dem Namen des Adressaten abzuleiten (die rhetorische
Technik des *locus ex nomine*), und so – eng damit zusammenhängend – der
Kunstgriff, dem Gedicht diesen Namen in Gestalt eines Akrostichons auch formal einzuschreiben. Für beides gibt es Beispiele schon in der Antike, ebenso für
die Subgattung des Gelegenheitsgedichts, dem dieses Gedicht angehört: dem
Geburtstagsgedicht bzw. – mit dem antiken Begriff – dem Genethliakon.

Dass Kling ein solches Gedicht geschrieben hat, war nun aber eine Überraschung, denn man hätte das nicht erwartet bei einem Autor wie ihm, der seine
Autonomie als Lyriker genauso wie die Autonomie der Lyrik generell immer
vehement vertreten, verteidigt und auch gelebt hat (schon allein durch die Wahl
seines Wohnorts im sogenannten Turm auf der erwähnten Raketenstation, in
dem die Autonomie dieses Autors in gewisser Weise sogar topographisch
Gestalt angenommen hat). Doch er *hat* ein solches Gedicht geschrieben. Und
das Gelegenheitsgedicht auf den 50. Geburtstag von Frank Köllges ist – wie
sich bei der Durchsicht des Nachlasses zeigte – nur einer von nicht wenigen
solchen Texten. Kling hat ein ähnliches Gelegenheitsgedicht etwa auch zum 70.
Geburtstag seines (zeitweiligen) Verlegers Siegfried Unseld beigesteuert, ebenso
zum 65. Geburtstag Gotthard Graubners (wie der letzte Name zeigt, stammen
die Adressaten solcher Gedichte also nicht nur aus dem Literatur-, sondern auch

---

2   Zu Köllges und seinen Kooperation mit Kling vgl. STAHL (2016).

aus dem Kunstbetrieb); eine Besonderheit ist des Weiteren ein an Ernst Jandl gerichtetes Genesungsgedicht.[3]

Dieser Befund verdeutlicht zweierlei. Erstens: Das Gelegenheitsgedicht im Sinn der Casuallyrik[4] existiert heute noch. Zumindest hat es zu Beginn dieses Jahrhunderts noch existiert, und zwar in nur teilweise modernisierter, in vieler Hinsicht hingegen durchaus traditioneller Form, und dies eben nicht nur (wie oft vorschnell angenommen wird) im subliterarischen Bereich, sondern auch in der ‚Höhenkamm-Lyrik‘, selbst bei einem Lyriker wie Thomas Kling, der Zeit seines Lebens als Hohepriester des Modernismus aufgetreten ist – so etwa, als er in einem Gespräch mit Hans-Jürgen Balmes verlauten ließ: „Die Hochmoderne muß verteidigt werden, unbedingt.“[5]

Zweitens macht dieser Befund deutlich, dass es auch heute noch ein Problem mit dem Gelegenheitsgedicht gibt (oder zumindest zu Beginn des 21. Jahrhunderts noch gegeben hat): ein Statusproblem, wie man etwas salopp vielleicht sagen könnte, das damit zusammenhängt, dass das Gelegenheitsgedicht weiterhin als Inbegriff einer vormodern-heteronomen Literatur gilt. Bei Kling hat dieses Problem dazu geführt, dass er kein einziges der erwähnten Gelegenheitsgedichte in einen seiner Gedichtbände aufgenommen hat und sie auch nirgendwo in seinem umfangreichen essayistischen Werk erwähnt, in dem er ansonsten ausführlich über seine lyrische Praxis reflektiert. Seine Praxis, Gelegenheitsgedichte zu schreiben, bildet – wie alles, was mit dieser Gattung zu tun hat – in diesen Reflexionen aber eine auffällige Leerstelle.

Offenbar hätte dies in den Augen Klings wie ein Fremdkörper in seinem Werk gewirkt, was auch heißt, dass ihm die Überlieferung dieser Gedichte an die Nachwelt nicht wichtig war; denn damit, dass man sie einmal aus seinem Nachlass bergen und dann auch noch veröffentlichen würde, dürfte er bei allem Nachlass-, Selbst- und Sendungsbewusstsein nicht gerechnet haben. Was in der Literaturgeschichte häufig das Problem von Editoren war, die Gelegenheitsgedichte nicht in Werkausgaben aufgenommen haben, weil sie sie für ästhetisch

---

3 Vgl. Kling Bd. 2 (2020, 390) u. Bd. 3 (2020, 621 u. 498).

4 Zur Begriffs-, Gattungs- und Forschungsgeschichte des Gelegenheitsgedichts vgl. die einschlägigen Überblicksdarstellungen von Drux (1996), Segebrecht (1997) und Stockhorst (2006).

5 Kling Bd. 4 (2020, 278).

minderwertig hielten, manchmal auch gegen den Willen des Autors, der Autorin – in diesem Fall hatte offensichtlich der Autor selbst das Problem.

Dieser widersprüchliche Doppelbefund aber – das untergründige Weiterleben des Gelegenheitsgedichts auch in der avancierten Gegenwartslyrik, seinem Statusproblem zum Trotz – ist symptomatisch: Er markiert den Stand der Dinge in Sachen Gelegenheitsgedicht, und dies nicht nur im Hinblick auf die Gegenwartslyrik, sondern *grosso modo* auch im Hinblick auf die moderne Lyrik insgesamt (die hier verstanden wird als die seit Beginn der Makroepoche Moderne im späten 18. Jahrhundert entstandene Lyrik). Anders als es die großen Erzählungen der Lyrikgeschichtsschreibung suggerieren, gibt es auch in der modernen Lyrik noch eine kontinuierliche Beschäftigung mit dem Gelegenheitsgedicht, wenn sie auch in der Regel nicht im Rampenlicht stattfindet, sondern eher im Schatten, oder, mit einer anderen Metapher gesprochen: im Unterholz der jeweiligen Werke. Im Umgang der Lyrikerinnen und Lyriker mit dem Gelegenheitsgedicht sind jedoch ganz unterschiedliche Strategien zu beobachten: Nicht alle sind so vorgegangen wie Kling, der das Statusproblem der Gattung offenbar so sehr internalisiert hatte, dass er seine Beiträge dazu nur abseits der Öffentlichkeit und gleichsam mit schlechtem Gewissen leistete. Von einer ‚Überwindung' des Gelegenheitsgedichts in der Moderne kann jedenfalls keine Rede sein.

Aus diesem Grund soll das vielgestaltige Weiterleben dieser Gattung in der modernen Lyrik im vorliegenden Beitrag in den Blick genommen werden, und zwar – um nicht in der Fülle des Materials unterzugehen – anhand derjenigen Subgattung des Gelegenheitsgedichts, die auch am Anfang dieser Ausführungen stand: also des Geburtstagsgedichts, das sich, wie es scheint, hartnäckiger gehalten hat als andere Subgattungen wie etwa das Hochzeits- oder das Begräbnisgedicht. Allerdings ist Vollständigkeit auch hier nicht zu erreichen, was einerseits daran liegt, dass es zu viel Material gibt (außerdem zeigt das Beispiel Kling, dass das, was man kennt, nur die Spitze des Eisbergs ist), andererseits aber auch daran, dass auf diesem Gebiet – im Gegensatz zum Gelegenheitsgedicht in der vormodernen Lyrik[6] – bisher viel zu wenig geforscht wurde, selbst bei kanonischen Autorinnen und Autoren, sodass es noch erhebliche blinde

---

6   Zur vormodernen Gelegenheitslyrik vgl. SEGEBRECHT (1977), ADAM (1988), STOCKINGER (1999) sowie KELLER u. a. (2010).

Flecken zu verzeichnen gibt, im Hinblick auf die Praxis des modernen Gelegenheitsgedichts genauso wie im Hinblick auf seine Poetik und Theorie.[7]

Im Folgenden kann deshalb nur ein kleines Spektrum von – im besten Fall – exemplarischen Möglichkeiten aufgezeigt werden. Dies wird in Form von vier Fallbeispielen aus dem Zeitraum vom Ende des 18. Jahrhunderts bis in die Gegenwart geschehen.

I. Irritationen: Hölderlin

Das erste Fallbeispiel stammt aus dem Jahr 1799, verfasst hat es Friedrich Hölderlin. Über die Entstehungsumstände informiert ein Brief, den er „im Jan. 1799" aus Homburg an seine Mutter geschrieben hat:

> Ich muß mich schämen, daß ich Ihren l. Brief, der mir indessen so viele innigglückliche Stunden und Augenblicke gemacht hat, so lange nicht beantwortet habe. Noch denselben Abend, da ich ihn erhalten hatte, schrieb ich größtenteils das nieder, was ich Ihnen für meine teure ehrwürdige Großmutter beilege, und ich habe es Ihnen recht von Herzen bei mir selber gedankt, daß Sie mich von diesem mir heiligen Geburtstage benachrichtigt haben.

Und am Ende des Briefes heißt es: „bitten Sie die liebe Frau Großmamma, das Blatt als einen kleinen Teil von den frohen und ernsten Empfindungen zu nehmen, mit denen ich im Herzen den ehrwürdigen Geburtstag gefeiert habe."[8]

Der Fall scheint zunächst also ganz klar zu sein: Hölderlins Mutter hatte ihren Sohn brieflich an den Geburtstag ihrer Mutter (die seit dem Tod ihres Mannes bei ihrer Tochter in Nürtingen lebte) erinnert und ihm nahegelegt, für diesen Anlass ein Gedicht zu schreiben. Wenn ihr Sohn sich schon mit Lyrik beschäftigte – so dürfte sie gedacht haben, die es bekanntlich lieber gesehen hätte, wenn er, wie sein Großvater mütterlicherseits, ein Pfarrer geworden

---

7   Symptomatisch ist der Sammelband von KÜPPER, OSTER, RIVOLETTI (2018), der eine Festschrift und insofern selbst einer Gelegenheit verpflichtet ist, den im Titel erhobenen Anspruch, ‚Bausteine zu einer Theorie des Gelegenheitsgedichts' zu liefern, aber nicht einlöst. Vgl. dazu ZYMNER (2019). Die jüngste Publikation zum Thema ist anlässlich des 85. Geburtstags des Gelegenheitsgedicht-Forschers Wulf Segebrecht erschienen, also ebenfalls eine Festschrift, allerdings ohne den Anspruch, ein Beitrag zur Theoriebildung zu sein: BIRGFELD u. a. (2021).

8   HÖLDERLIN Bd. 3 (1992–1994, 335 u. 342 [Nr. 174]).

wäre –, dann sollte er sich auch bei einem solchen familiären Anlass bewähren und nach der ehrwürdigen, sowohl in Württemberg im Allgemeinen[9] als auch in der Familie Hölderlin im Besonderen[10] gepflegten Tradition der Casuallyrik zum Geburtstag der Großmutter ein Gedicht beisteuern. Die Großmutter dürfte ähnliche Erwartungen an ihren Enkel gehabt haben.

Die Gelegenheit war in diesem Fall also der Geburtstag der Großmutter, Auftraggeberin war die Mutter. Und der Sohn hat seinen Auftrag pflichtschuldig erfüllt, indem er tatsächlich ein Geburtstagsgedicht geschrieben und nach Hause geschickt hat, damit es der Großmutter dort überreicht werden konnte – ein Vorgang, wie er sich so auch im 16. und 17. Jahrhundert hätte abspielen können (und sicher häufig abgespielt hat). Bei näherem Hinsehen werden dann allerdings doch Abweichungen von den Konventionen der Gattung erkennbar, die zeigen, dass das Gedicht nicht in der Frühen Neuzeit, sondern an der Schwelle zur Moderne entstanden ist. Erstens: Das Gedicht kam zu spät. Die Großmutter feierte ihren Geburtstag am 30. Dezember 1798, Hölderlin aber schickte es – obwohl seine Mutter ihn rechtzeitig daran erinnert hatte – erst im Lauf des Januar 1799, sodass es der Großmutter *nicht* im Rahmen ihrer Geburtstagsfeier überreicht werden konnte. Zweitens irrte er sich im Alter der Großmutter, die bereits ihren 73. Geburtstag feierte; im Titel seines Gedichts gratulierte er ihr aber zu ihrem 72. Ein verzeihlicher Lapsus, gewiss (der möglicherweise auch schon seiner Mutter unterlaufen war), aber das waren beileibe noch nicht alle Irritationen, die dieses Gedicht auslöst:

9   Einblicke in diese Tradition vermittelt die in der Württembergischen Landesbibliothek Stuttgart befindliche ‚Sammlung Keller‘, die an die 3000 württembergische Casualcarmina umfasst, deren älteste aus dem 16. Jahrhundert stammen. Vgl. dazu BREYMAYER (1978). Vgl. auch die Edition der Tübinger Epicedien auf den Tübinger Reformator Johannes Brenz von SEGEBRECHT (1999a).

10   In der ‚Sammlung Keller‘ sind mehrere Casualcarmina aus der Familie Hölderlin überliefert, so ein Epithalamium von Hölderlins Vater Heinrich Friedrich Hölderlin sowie Epicedien auf seinen Urgroßvater Johann Wolfgang Sutor und seinen Onkel Wolfgang Friedrich Heyn; vgl. dazu BREYMAYER (1978, 92–98). In einer anderen Sammlung ist auch ein Epicedium auf Hölderlins Stiefvater enthalten; vgl. dazu BREYMAYER (1979). Breymayers Zuschreibungen zweier Casualcarmina aus diesen Sammlungen an Hölderlin wurden von der Forschung nicht übernommen.

Meiner verehrungswürdigen Großmutter
Zu ihrem 72sten Geburtstag

Vieles hast du erlebt, du teure Mutter! und ruhst nun
  Glücklich, von Fernen und Nah'n liebend beim Namen genannt,
Mir auch herzlich geehrt in des Alters silberner Krone
  Unter den Kindern, die dir reifen und wachsen und blühn.
Langes Leben hat dir die sanfte Seele gewonnen
  Und die Hoffnung, die dich freundlich in Leiden geführt.
Denn zufrieden bist du und fromm, wie die Mutter, die einst den
  Besten der Menschen, den Freund unserer Erde gebar.
Ach! sie wissen es nicht, wie der Hohe wandelt im Volke,
  Und vergessen ist fast, was der Lebendige war.
Wenige kennen ihn doch und oft erscheinet erheiternd
  Mitten in stürmischer Zeit ihnen das himmlische Bild.
Allversöhnend und still mit den armen Sterblichen ging er,
  Dieser einzige Mann, göttlich im Geiste, dahin.
Keines der Lebenden war aus seiner Seele geschlossen
  Und die Leiden der Welt trug er an liebender Brust.
Mit dem Tode befreundet er sich, im Namen der andern
  Ging er aus Schmerzen und Müh' siegend zum Vater zurück.
Und du kennest ihn auch, du teure Mutter! und wandelst
  Glaubend und duldend und still ihm, dem Erhabenen, nach.
Sieh! es haben mich selbst verjüngt die kindlichen Worte,
  Und es rinnen, wie einst, Tränen vom Auge mir noch;
Und ich denke zurück an längst vergangene Tage,
  Und die Heimat erfreut wieder mein einsam Gemüt,
Und das Haus, wo ich einst bei deinen Segnungen aufwuchs,
  Wo, von Liebe genährt, schneller der Knabe gedieh.
Ach! wie dacht' ich dann oft, du solltest meiner dich freuen,
  Wann ich ferne mich sah wirkend in offener Welt.
Manches hab' ich versucht und geträumt und habe die Brust mir
  Wund gerungen indes, aber ihr heilet sie mir,
O ihr Lieben! und lange, wie du, o Mutter! zu leben
  Will ich lernen; es ist ruhig das Alter und fromm.
Kommen will ich zu dir; dann segne den Enkel noch Einmal,
  Daß dir halte der Mann, was er, als Knabe, gelobt.[11]

Im Hinblick auf die literarische Qualität geht dieses Geburtstagsgedicht sicherlich weit über das hinaus, was man in dieser Gattung in Württemberg damals erwarten konnte – allein schon die Perfektion, mit der Hölderlin hier

---

11 HÖLDERLIN Bd. 1 (1992–1994, 214 f.).

das elegische Distichon behandelt, ist herausragend (in dieser Hinsicht wäre das Gedicht eher mit der humanistischen Casuallyrik in neulateinischer Sprache zu vergleichen als mit der deutschsprachigen Tradition). Auch rhetorisch ist das Gedicht alles andere als ungeschickt gemacht: Hölderlin schmeichelt seiner Großmutter, indem er sie mit der Mutter Gottes vergleicht, er bekundet ihr seine unverbrüchliche Liebe, bestätigt sie in ihren Glaubensvorstellungen, beschreibt – auf, wie es sich in einem solchen Zusammenhang gehört, beschönigende Weise – ihr hohes Alter, beschwört seine Kindheit und lobt Familie und Heimat.

Doch auch hier gibt es Irritationen. Sie zeigen sich vor allem dann, wenn man die im Gedicht formulierten Hoffnungen Hölderlins mit der Wirklichkeit vergleicht. Als er dieses Gedicht schrieb, befand er sich, wie erwähnt, in Homburg, wohin er nach dem Eklat im Haus der Gontards in Frankfurt mehr oder weniger geflohen war und wo er sich, von seinem Freund Isaac von Sinclair unterstützt, mühsam über Wasser hielt. Mit anderen Worten: Er, der als vielversprechender junger Mann träumend in die „offene[ ] Welt" gezogen war, kam mit ihr nicht zurande, war vielmehr krachend gescheitert an ihr. Auch seiner Großmutter dürfte diese Diskrepanz nicht entgangen sein, und sie dürfte ähnlich unglücklich darüber gewesen sein wie Hölderlins Mutter. Anders als es in der Gattung eigentlich zu erwarten gewesen wäre, wird die Diskrepanz im Gedicht aber auch gar nicht verborgen, sondern so offen ausgesprochen, dass man schon fast von einem Eingeständnis des Gescheitert-Seins sprechen muss – und dies in einem Geburtstagsgedicht für die Großmutter. Eine solche Bekenntnishaftigkeit aber ist ganz und gar untypisch für das Gelegenheitsgedicht im Allgemeinen und für das Geburtstagsgedicht im Besonderen; schon dass der Verfasser eines solchen in ihm überhaupt so viel von sich spricht, entspricht nicht den Konventionen dieser Gattung.

Am gravierendsten sind aber die Irritationen, die sich bei Hölderlin selbst ergeben haben. Man übertreibt nicht, wenn man sagt, dass ihn das Verfassen dieses Gedichts in eine existenzielle Krise gestürzt hat. Dies macht der Brief deutlich, den er in dieser Situation an seinen Halbbruder schrieb:

> Auch hat mich dieser Tage ein Brief von unserer lieben Mutter, wo sie ihre Freude über meine Religiosität äußerte, und mich unter anderem bat, unserer teuern 72jährigen Großmutter ein Gedicht zu ihrem Geburtstage zu machen, und noch manches andere, in dem unaussprechlich rührenden Briefe so ergriffen, daß ich die Zeit, wo ich vielleicht an Dich geschrieben hätte, meist mit Gedanken an sie und euch Lieben überhaupt zubrachte. Ich habe auch denselben Abend noch, da ich den Brief bekommen, ein Gedicht für die l. Großmutter angefangen, und bin in der Nacht beinahe damit fertig geworden. Ich dachte, es müßte die guten Mütter freuen, wenn ich gleich den Tag darauf einen Brief und das Gedicht abschickte. Aber die Töne, die ich da berührte, klangen so

mächtig in mir wider, die Verwandlungen meines Gemüts und Geistes, die ich seit meiner Jugend erfuhr, die Vergangenheit und Gegenwart meines Lebens wurde mir dabei
so fühlbar, daß ich den Schlaf nachher nicht finden konnte, und den andern Tag Mühe
hatte, mich wieder zu sammeln. So bin ich. Du wirst Dich wundern, wenn Du die poë-
tisch so unbedeutenden Verse zu Gesicht bekommst, wie mir dabei so wunderbar zu
Mute sein konnte. Aber ich habe gar wenig von dem gesagt, was ich dabei empfunden
habe. Es geht mir überhaupt manchmal so, daß ich meine lebendigste Seele in sehr fla-
chen Worten hingebe, daß kein Mensch weiß, was sie eigentlich sagen wollen, als ich.[12]

Ein bemerkenswertes Dokument ist dieser Brief, nicht nur im vorliegenden
Zusammenhang, denn es zeigt einen Lyriker, den das Verfassen eines Gelegenheitsgedichts an seine Grenzen gebracht hat, und das in mehrerer Hinsicht: zum
einen deshalb, weil ihm beim Schreiben seine verzweifelte Situation offenbar
so bewusst wurde, dass er darüber seine Arbeitsfähigkeit verlor. Zum anderen
deshalb, weil er sich nicht mehr dazu in der Lage sah, das von ihm in dieser Situation Gefühlte formulieren zu können. Das freilich ist nicht nur ein individuelles, sondern auch ein epochales Problem, das exemplarisch schon in Goethes
Werther artikuliert wird. Eine weitere kanonische Formulierung stammt von
Schiller: *„Spricht* die Seele, so spricht ach! schon die *Seele* nicht mehr.“[13] Bereits
in der Kombination dieser beiden Problemlagen zeigt sich demnach die Kluft,
die Hölderlin von den Gelegenheitslyrikern der Vormoderne trennt, mit großer
Deutlichkeit. Aber das war noch nicht alles. Folgendermaßen fuhr er fort:

Ich will nun sehen, ob ich noch etwas von dem, was ich Dir neulich über Poësie sagen
wollte, herausbringen kann. Nicht, wie das Spiel, vereinige die Poësie die Menschen,
sagt' ich; sie vereinigt sie nämlich, wenn sie echt ist und echt wirkt, mit all dem mannig-
fachen Leid und Glück und Streben und Hoffen und Fürchten, mit all ihren Meinungen
und Fehlern, all ihren Tugenden und Ideen, mit allem Großen und Kleinen, das unter
ihnen ist, immer mehr, zu einem lebendigen tausendfach gegliederten innigen Ganzen,
denn eben dies soll die Poësie selber sein, und wie die Ursache, so die Wirkung.[14]

Es muss wohl kaum betont werden, dass diese Vorstellungen von einer „echt[en]“
und „innigen“ Poesie, die sich durch eine geradezu universelle humane Integrati-
onskraft auszeichnet, mit den traditionellen Vorstellungen von Gelegenheitslyrik nicht zusammen passen. Mit der Art von Lyrik, die Hölderlin hier entwirft,
kann eines gewiss nicht gemeint sein, und das ist das Gelegenheitsgedicht im

---

12 HÖLDERLIN Bd. 3 (1992–1994, 332 f. [Nr. 173]).

13 SCHILLER Bd. 1 (2004, 313).

14 HÖLDERLIN Bd. 3 (1992–1994, 333 [Nr. 173]).

vormodernen Sinn.[15] Es folgt ein Absatz, der hier unbedingt noch zitiert werden muss:

> Aber die Besten unter den Deutschen meinen meist noch immer, wenn nur erst die Welt hübsch symmetrisch wäre, so wäre alles geschehen. O Griechenland, mit deiner Genialität und deiner Frömmigkeit, wo bist du hingekommen? Auch ich mit allem guten Willen, tappe mit meinem Tun und Denken diesen einzigen Menschen in der Welt nur nach, und bin in dem, was ich treibe und sage, oft nur umso ungeschickter und ungereimter, weil ich, wie die Gänse mit platten Füßen im modernen Wasser stehe, und unmächtig zum griechischen Himmel emporflügle.[16]

Unter Rückbezug auf die *Querelle des anciens et des modernes* fällt hier das entscheidende Stichwort: „modern[ ]", als Gegensatz zu „griechisch[ ]". In dem unvorteilhaften Bild einer Gans – und nicht, wie an prominenter anderer Stelle, eines holden Schwans – beschreibt Hölderlin sich hier als einen modernen Lyriker, dem es, so sehr er es auch versucht, tragischerweise nicht gelingen will, das Ideal der antiken griechischen Lyrik zu erreichen, der mithin am Boden zu verharren verdammt ist, wo er doch unbedingt zum Himmel emporfliegen möchte. Noch einmal sei hervorgehoben, dass es das Verfassen eines Gelegenheitsgedichts war, das ihn zu dieser Einsicht gebracht hatte, nicht etwa die Arbeit an einer seiner großen Oden oder Elegien.

Dass die existenzielle Krise, in die er geraten war, damit aber noch immer nicht in ihrem ganzen Ausmaß beschrieben ist, zeigt der bereits zitierte Brief an die Mutter, der mehrere Seiten lang ist, und an dessen Ende Hölderlin auf die Frage eingeht, wie er künftig seinen Lebensunterhalt verdienen könnte – indirekt ist er damit also auch wieder bei der Gelegenheitslyrik angelangt:

> Ich mag Ihnen nur gerne mit voller Wahrheit schreiben, und da müssen Sie mich eben haben, wie ich bin. Ich wollte eigentlich sagen, daß ich auch aus dem Grunde wohl tun würde, ein recht einfaches Amt ins Künftige zu suchen, weil sich ein anderes nicht wohl mit meinen Lieblingsbeschäftigungen reimen ließe. Es hat es mancher, der wohl stärker war, als ich, versucht, ein großer Geschäftsmann oder Gelehrter im Amt, und dabei Dichter zu sein. Aber immer hat er am Ende eines dem andern aufgeopfert und das war in keinem Falle gut, er mochte das Amt um seiner Kunst willen, oder seine Kunst um seines Amts willen vernachlässigen; denn wenn er sein Amt aufopferte, so handelte er unehrlich an andern, und wenn er seine Kunst aufopferte, so sündigte er gegen seine

---

15 Es ist hier nicht der Ort, um den komplexen Problemzusammenhang von Hölderlins Poetik zu rekapitulieren, stattdessen sei an dieser Stelle auf eine perspektivenreiche neuere Untersuchung verwiesen: STROHSCHNEIDER (2019).

16 HÖLDERLIN Bd. 3 (1992–1994, 334 [Nr. 173]).

von Gott gegebene natürliche Gabe, und das ist so gut Sünde und noch mehr, als wenn man gegen seinen Körper sündigt. Der gute Gellert, von dem Sie in Ihrem lieben Briefe sprechen, hätte sehr wohl getan, nicht Professor in Leipzig zu werden. Wenn er es nicht an seiner Kunst gebüßt hat, so hat er es doch an seinem Körper gebüßt.[17]

In diesem Sinn geht es noch länger weiter – doch es dürfte bereits zur Genüge deutlich geworden sein, dass Hölderlin, indem er eine strikte Abkoppelung des Lyrikers von allen anderen Berufen fordert, der Praxis der Gelegenheitslyrik, wie sie bis dahin geübt wurde, den Boden entzieht. In der Geschichte der Gelegenheitslyrik waren die typischen Verfasser von Gelegenheitsgedichten bis zu diesem Zeitpunkt ja gerade die Gelehrten und Geschäftsmänner gewesen, also diejenigen, die laut Hölderlin versucht hätten, „im Amt" „Dichter zu sein".

(Nicht nur) in vorliegendem Zusammenhang ist dieses Fallbeispiel also sehr aussagekräftig. Es zeigt – erstens – dass ein Lyriker um 1800 selbst schon in einem eigentlich so harmlosen Fall, wie es, sollte man meinen, das Verfassen eines Gedichts auf den Geburtstag einer Großmutter ist, in eine tiefe Krise geraten konnte. Zweitens zeigt es, welche weitreichenden Implikationen diese Krise hatte, die teilweise in der individuellen Biographie des Lyrikers begründet war, mindestens zu gleichen Teilen aber auch in epochenspezifischen poetologischen Problemlagen. Und drittens zeigt es, dass der widersprüchliche Doppelbefund, von dem dieser Beitrag ausgegangen ist, bereits hier, an der Schwelle zur Moderne, voll zutrifft: Zwar wird die Gattung des Gelegenheitsgedichts weiter gepflegt, doch hat sie unter den neuen poetologischen Rahmenbedingungen einen nachgerade prekären Status erlangt.

Dieser konnte sich aber auch produktiv auswirken: Wenige Monate nach dem Geburtstagsgedicht für seine Großmutter schrieb Hölderlin anlässlich des 23. Geburtstags der Prinzessin Auguste von Homburg am 28. November 1799 ein weiteres Geburtstagsgedicht, das er der Prinzessin auch rechtzeitig überreichte, wofür diese ihm ehrlich ergriffen dankte. Am Ende dieses Gedichts, einer formvollendeten Ode, wird das Schreiben von Gelegenheitsgedichten in einer metapoetischen Passage mit Bezug auf die antike Lyrik enthusiastisch überhöht:

Geringe dünkt der träumende Sänger sich,
    Und Kindern gleich am müßigen Saitenspiel,
        Wenn ihn der Edlen Glück, wenn ihn die
            Tat und der Ernst der Gewalt'gen aufweckt.

---

17 HÖLDERLIN Bd. 3 (1992–1994, 339 [Nr. 174]).

> Doch herrlicht mir dein Name das Lied; dein Fest
> Augusta! durft' ich feiern; Beruf ist mirs,
>   Zu rühmen Höhers, darum gab die
>   Sprache der Gott und den Dank ins Herz mir.[18]

Angesichts der unübersehbaren Diskrepanz zwischen Hölderlins poetologi-schem Ideal und der Realität der Gattung, die sich damals schon längst eben-falls in der Krise befand, ergeben sich allerdings auch hier Irritationen.

II. Transokkasionalität und Nobilitierung: Goethe

Dass Goethe in der Geschichte des Gelegenheitsgedichts einen prominenten Platz einnimmt, im Positiven (weil er versucht hat, der Diskreditierung der Gattung entgegenzuwirken) wie im Negativen (weil sich seine Entgrenzung des Gattungsbegriffs bis heute ungünstig auf die Forschung auswirkt), ist bekannt. Wulf Segebrecht und Stefanie Stockhorst haben das Wesentliche dazu gesagt, hier gibt es im Grunde nichts mehr hinzuzufügen.[19] Was aber nach wie vor zu den – so hat es vor einiger Zeit Ernst Osterkamp formuliert – „Rarissima der Goethe-Philologie" gehört,[20] sind detaillierte Untersuchungen der Goethe-schen Gelegenheitsgedichte selbst, denn das Korpus von Goethes Gelegen-heitsgedichten ist immer noch weitgehend unerschlossen. Seit Stockhorsts Dissertation, in der mit den Gelegenheitsgedichten für den Weimarer Hof immerhin ein umfangreicher Teilbereich dieses Korpus aufgearbeitet wurde, haben einzig Osterkamp und nach ihm Roland Galle[21] einige wenige dieser Gedichte einer genaueren Analyse unterzogen und dabei herausgearbeitet, wie komplex sie sein können und welcher Aufwand erforderlich ist, um zu dieser Einsicht zu gelangen.

An dieser Stelle soll auf ein weiteres dieser Gedichte eingegangen und dabei ein besonderes Augenmerk darauf gerichtet werden, wie Goethe selbst mit ihm umgegangen ist. Denn sein Umgang mit der Gattung ist, in diesem Fall, wie generell, ein völlig anderer als der Hölderlins oder Klings: Ihn hat das Verfassen

---

18 HÖLDERLIN Bd. 1 (1992–1994, 227).
19 Vgl. SEGEBRECHT (1991) und STOCKHORST (2002).
20 OSTERKAMP (2008, 187).
21 Vgl. GALLE (2017).

des entsprechenden Gedichts weder in eine Krise gestürzt noch hat er versucht, es im Unterholz seines Werks verschwinden zu lassen. Vielmehr hat er gerade im Gegenteil versucht, ihm maximale Aufmerksamkeit zu verschaffen.

Geschrieben hat er das hier in Rede stehende Gedicht am 26. März 1820 anlässlich des bevorstehenden 70. Geburtstags eines prominenten Politikers: des Fürsten Karl August von Hardenberg, der damals Preußischer Staatskanzler, also oberster Minister des Königreichs Preußen war. Das Gedicht wurde zum ersten Mal auf einem Großfolioblatt mit dem Porträt des Fürsten gedruckt, das diesem zu seinem Geburtstag am 31. Mai wohl zugeschickt wurde – was sich, wie leider so oft bei Gelegenheitsgedichten, jedoch nicht ohne Weiteres verifizieren lässt, genauso wenig wie geklärt werden kann, um welches Bild es sich handelte. Überliefert aber ist das Gedicht – und schon das ist bezeichnend, weil es im Kontext der Gelegenheitslyrik nicht selbstverständlich ist:

DEM FÜRSTEN HARDENBERG
Zum 70sten Geburtstag

Wer die Körner wollte zählen,
Die dem Stundenglas entrinnen,
Würde Zeit und Ziel verfehlen
Solchem Strome nachzusinnen.

Auch vergehn uns die Gedanken
Wenn wir in Dein Leben schauen,
Freien Geist in Erdeschranken,
Festes Handeln und Vertrauen.

So entrinnen jeder Stunde
Fügsam glückliche Geschäfte.
Segen dir von Mund zu Munde!
Neuen Mut und frische Kräfte![22]

Zu dem berühmten Adressaten dieses Gedichts soll an dieser Stelle ebenso wenig gesagt werden wie zu dem Gedicht selbst, das im Hinblick auf seine ästhetische Qualität zweifellos bemerkenswert ist, nicht nur weil es in Goethes charakteristischem Altersstil verfasst ist, der sich von den stilistischen Konventionen der Gelegenheitslyrik weit entfernt hatte, und weil es mit seinem Bezug auf das Bild des Adressaten ältere intermediale Konventionen der Gattung

---

22 GOETHE Bd. 2 (1985–2013, 582 f.).

erneuerte. Ohne jeden Zweifel hat das Gedicht auch seine primäre Funktion –
den Fürsten anlässlich seines runden Geburtstags zu ehren – bestens erfüllt. In
diesem Zusammenhang interessiert jedoch vor allem die Art und Weise, wie
Goethe mit dem Gedicht umgegangen ist, nachdem es diese Funktion erfüllt
hatte. Denn er hat es noch einmal veröffentlicht, und zwar acht Jahre später im
Rahmen der ‚Ausgabe letzter Hand‘, genauer: in Band 4 dieser Ausgabe, also
an einem durchaus prominenten Ort. Der Band enthält neben dem ‚Helena-
Akt‘ (noch als „Zwischenspiel zu Faust") und einigen *Zahmen Xenien* in erster
Linie Gelegenheitsdichtung, darunter Maskenzüge und andere theatralische
Gattungen, vor allem aber den umfangreichen Zyklus der *Inschriften, Denk-
und Sendeblätter*, der in der ‚Ausgabe letzter Hand‘ mehr als 100 Seiten füllt.
Er besteht ausschließlich aus Gelegenheitsgedichten verschiedener Art, die
über einen längeren Zeitraum hinweg entstanden waren und die Goethe bei
der Zusammenstellung des Bandes dann zu einem der quantitativ wie qualitativ
gewichtigsten Zyklen von Gelegenheitsgedichten in der Geschichte dieser Gattung zusammengefügt hat. Bereits dieser Vorgang ist bemerkenswert.

Entscheidend ist, wie Goethe bei der Zusammenstellung im Detail vorgegangen ist: Er hat dem Zyklus – und das ist, wenn man vom *West-östlichen
Divan* absieht, singulär in seinem Gesamtwerk – einen Anhang beigegeben, der
den Titel *Aufklärende Bemerkungen* trägt. Dahinter verbirgt sich ein veritab-
ler (Selbst-)Kommentar, in dem die Anlässe, für die die Gedichte geschrieben
worden waren, in Form von Endnoten vom Autor selbst erläutert werden, zum
Teil knapp, zum Teil aber auch recht ausführlich. Goethe hat damit eine Konsequenz aus der spezifischen ‚Okkasionalität‘[23] der Gelegenheitslyrik gezogen: Er
kommentiert seine eigenen Gedichte, um auf diese Weise das für das Verständnis nötige, mit den jeweiligen Anlässen aber in Vergessenheit geratene Kontextwissen zu supplementieren. Damit stellte er die ursprüngliche Okkasionalität
der Gedichte nicht nur paratextuell aus, sondern wertete die Gedichte – indem
er sie wie kommentarwürdige, also klassische Texte behandelte – schon rein
äußerlich auf eine gattungsgeschichtlich einmalige Weise auf.

Doch die Funktion des Kommentars zu diesem Gedicht erschöpft sich nicht
in der Nobilitierung der Gattung und der Supplementierung des vergessenen
Kontextwissens. Die Endnote lautet wie folgt:

---

23 Zu diesem von Hans-Georg Gadamer geprägten Begriff vgl. SEGEBRECHT (1977, 55–
    59).

16) Dem Fürsten Hardenberg Durchlaucht zum siebzigsten Geburtstag unter dessen Bildnis, auf Anregung der Gebrüder Henschel, der ich mich umso lieber fügte als der Fürst im Jahre 1813 sich, bei seiner Anwesenheit in Weimar, der frühsten akademischem Jahre in Leipzig erinnerte, wo wir zusammen bei Oesern Zeichenstunde genommen hatten.[24]

Hier werden neben Adressaten und Anlass also die Auftraggeber bzw. Anreger des Gedichts genannt und dessen ursprüngliche Form als Bildunterschrift beschrieben. Des Weiteren legt Goethe dar, dass es für ihn auch einen persönlichen Grund gegeben hatte, der Anregung der Gebrüder Henschel zu folgen, nämlich die Tatsache, dass Hardenberg und er einst (vor rund einem halben Jahrhundert) zusammen bei Adam Friedrich Oeser an der Zeichenakademie in Leipzig studiert hatten, worauf Hardenberg offenbar zu sprechen gekommen war, als er Goethe sieben Jahre zuvor in Weimar besucht hatte.

In seinem Kommentar stellt Goethe den Adressaten des Gedichts wie auch dieses selbst also in den Zusammenhang seiner Biographie. Damit aber veränderte sich die Funktion des Gedichts: Was ursprünglich ein Geburtstagsgruß für einen anderen gewesen war, wurde nun zu einem Dokument des eigenen Lebens, und so ergab sich insgesamt eine Art Parallelbiographie im Plutarch'schen Sinn, allerdings in der stark verknappten Form eines dreistrophigen Gedichts mit einer Endnote. Dennoch werden Hardenberg und Goethe, der preußische Staatskanzler und der Weimarer Geheime Rat, der Fürst und der Dichterfürst, die einst gemeinsam begonnen hatten, auf diese Weise als zwei herausragende Repräsentanten ihres Zeitalters erkennbar, die beide – und beide äußerst erfolgreich – dem im Gedicht beschworenen Strom der Zeit ihre jeweilige Lebensleistung entgegengesetzt haben und dies auch weiterhin tun. Das aber heißt: Goethe hat dieses Gelegenheitsgedicht zu einem Medium der Geschichtsschreibung umfunktioniert, und zwar einer Geschichte, in der er selbst eine der beiden Hauptrollen spielte. Das Geburtstagsgedicht für Fürst Hardenberg wurde nunmehr also zu einem Teil von Goethes autobiographischem Projekt.

Das Fallbeispiel zeigt demnach eine Form des Umgangs mit dem Gelegenheitsgedicht, die dem Fall Hölderlin diametral entgegengesetzt ist: Während Hölderlin wahrscheinlich niemals daran gedacht hätte, das Geburtstagsgedicht auf seine Großmutter zu veröffentlichen (tatsächlich geschah dies erst 1827,

---

24 GOETHE Bd. 2 (1985–2013, 582 f., Anm. 16).

als er bereits im Tübinger Turm lebte), tat Goethe dies ganz bewusst, wobei
er die neuen Möglichkeiten nutzte, die bei der Veröffentlichung im Rahmen
der ‚Ausgabe letzter Hand' entstanden. Insgesamt kann man davon sprechen,
dass Goethe die ursprüngliche Okkasionalität des Gedichts paratextuell gewissermaßen dokumentiert, dass er sie zugleich aber in etwas Neues, Spezifisches
transformiert hat, das man – weil es über die Okkasionalität entschieden hin-
ausführt – als ‚Transokkasionalität' bezeichnen könnte.

Worin zeigt sich in diesem Fall aber der prekäre Status des Gelegenheitsgedichts in der Moderne? Er ist hier nicht auf der Seite der Produktion zu finden – es sei denn, man wollte Goethes Strategie der Nobilitierung der Gattung
als eine Reaktion darauf verstehen –, sondern auf der der Rezeption: in der Tatsache, dass „Dem Fürsten Hardenberg" (das darin stellvertretend für das ganze
Korpus von Goethes Gelegenheitslyrik steht) von der Goethe-Forschung, der
ansonsten nichts zu uninteressant scheint, bis heute weitgehend ignoriert, also
de facto marginalisiert wurde – allen Bemühungen Goethes um die ‚Rettung'
des Gelegenheitsgedichts zum Trotz.

III. Entokkasionalisierung und Camouflage: Jan Wagner

Ein zeitlicher Sprung um gut 200 Jahre in die Gegenwart führt zu dem dritten
Geburtstagsgedicht, das hier untersucht werden soll und das wiederum einen
anderen Umgang mit dem Gelegenheitsgedicht zu erkennen gibt. Erschienen
ist es im Jahr 2018:

ein festgedicht auf die unvergleichlichen geburtstagskinder johanna und heinz

laßt uns, ihr lieben, sobald die dochte
entzündet sind, die salve von korken
den mondgong dröhnen läßt, auch an die wesen,
die wirklich alt sind, denken: abgetaucht
in dicken mänteln aus speck, zwischen kraken
und krill in ewig dunklen arktiswassern,

groß wie kathedralen – die grönlandwale,
mit den harpunenspitzen eingewachsen
im fleisch wie äxte aus der bronzezeit
ins schlachtfeld, durch ihr walhalla
aus eisbergen schwebend, noch immer das ächzen
von franklins mannschaft im ohr. oder seht

auf seiner stange churchills papagei,
den rauch von längst erloschenen zigarren
im brustgefieder, der mit schnarren und scheppern
auf deutschland flucht und flucht; mit moos bepack-
te riesenschildkröten, sperrig wie sackkarren,
die sich als kontinente aufeinanderschieben,

als *ein* gebirge steigen. ganz zu schweigen –
konfetti! feuerwerk, das nie vergeht! –
vom pando, riesig, rhizomatisch: ruht da,
um silberpappelwäldchen auszutreiben,
die stets nur er selbst sind, schwer wie ein planet
und stumm unter der erde, unter utah,

derweil die nylonarabesken all der fliegenfischer langhin über seen und flüsse wehen,
und parkt man den wagen, steigt aus, so entfacht sich
das laubwerk über einem, wird wind und licht,
und die decke ist ausgebreitet, mit brot und mit wein,
und es ist keine junge pappel, es sind achtzig-
tausend jahre, und man ahnt es nicht.[25]

Wenn man dieses Gedicht als ein langjähriger Leser der Lyrik und Essayistik Jan Wagners zum ersten Mal liest,[26] geht man wie selbstverständlich davon aus, dass es sich dabei um ein fingiertes oder – wie man vielleicht auch sagen könnte – simuliertes Gelegenheitsgedicht handeln müsse. Denn so wie das Spiel mit älteren, oft abseitigen Gattungen einen Grundzug von Wagners Poetik bildet,[27] lässt er in seinen Gedichten immer wieder Figuren auftreten, die man auf den ersten Blick für reale Menschen halten könnte, so, allen voran, die drei Lyriker, deren Biographien und Gedichte in dem Band *Die Eulenhasser in den Hallenhäusern* von 2012 präsentiert werden.[28]

Man begegnet aber auch Figuren, die man zunächst für Familienmitglieder des Autors zu halten geneigt sein könnte, verschiedenen Tanten etwa (in den Gedichten „hononanz" und „tante trudel"[29]), oder einem Onkel (in „ein

25 WAGNER (2018, 78 f.)
26 Für die beginnende Forschungsdiskussion zu Wagner vgl. VON AMMON (2016), KLI-
    MEK, JÜRGENSEN (2017) sowie METZ (2018, 157–228).
27 Vgl. dazu METZ (2018, 174 f.).
28 Vgl. dazu OSTERKAMP (2016).
29 Vgl. WAGNER (2010, 83) und WAGNER (2018, 80).

onkel"[30]). In verschiedenen Selbstkommentaren – darunter ein programmatischer Vortrag im Rahmen der Mainzer Poetikdozentur – hat Wagner jedoch nachdrücklich auf seine Vorliebe für Maskierungen und imaginäre Figuren aller Art hingewiesen (und diese Vorliebe gleichzeitig in einer großen Tradition von James Macpherson bis zu Fernando Pessoa verortet),[31] sodass auch die naivsten Leserinnen und Leser gewarnt waren, bei der Lektüre seiner Gedichte in die Biographismus-Falle zu gehen.

Derart vom Autor konditioniert, musste man demnach davon ausgehen, dass es sich auch bei den im Titel des Gedichts genannten „unvergleichlichen geburtstagskinder[n] johanna und heinz" um imaginäre Figuren und bei dem „festgedicht" entsprechend um ein simuliertes Gelegenheitsgedicht handelt, das mit dem Kindergeburtstag einen externen Anlass nur vortäuscht, um die Autonomie der Lyrik auf diese Weise umso wirkungsvoller unter Beweis stellen zu können: Ein avancierter Lyriker im 21. Jahrhundert – so konnte man das verstehen – kann sich bei seinem Spiel mit den literarischen Traditionen alles erlauben, und wenn er es für richtig hält, kann er sogar auf eine (scheinbar) so veraltete Gattung wie das Gelegenheitsgedicht zurückgreifen und es für die Gegenwart wiederzugewinnen versuchen. Nur aus freien Stücken muss das eben geschehen, nicht als Erfüllung einer äußeren Vorgabe.

In diesem Fall war jedoch alles anders: Auf Nachfrage hat Wagner die Auskunft gegeben,[32] dass es sich bei Johanna und Heinz nicht um fiktive Kinderfiguren handelt, sondern um seine realen Eltern, und dass er das Gedicht anlässlich ihrer beider 80. Geburtstag im Jahr 2017 verfasst und im Rahmen einer Geburtstagsfeier vorgetragen hat. Das scheinbar simulierte ist in Wahrheit also ein echtes Gelegenheitsgedicht, das durch die Aufnahme in den Gedichtband, wodurch es in einen gänzlich anderen Rahmen geriet, und durch die unvollständige Nennung der Namen im Titel gewissermaßen entokkasionalisiert und damit autonomisiert wurde. Wagner hat ja, anders als Goethe, auf *Aufklärende Bemerkungen* verzichtet, die das im neuen Rahmen nicht mehr gegebene Kontextwissen paratextuell supplementiert und dadurch auch die ursprüngliche Okkasionalität des Gedichts dokumentiert hätten. Nicht um einen Fall von Simulation handelt es sich hier demnach, sondern um Camouflage: Das echte Gelegenheitsgedicht wird gleichsam als Pseudo-Gelegenheitsgedicht getarnt.

---

30 Vgl. WAGNER (2018, 27).

31 Vgl. WAGNER (2017).

32 In einer E-Mail an den Verfasser vom 5. Januar 2020.

Auch das ist aber eine Strategie, mit seinem prekären Status umzugehen, der so gewissermaßen neutralisiert wird. Und auch in diesem Fall kann man davon sprechen, dass die ursprüngliche Okkasionalität des Gedichts programmatisch in eine diese übersteigende Transokkasionalität überführt wurde.

Viel wäre noch zu sagen über diesen Text, der die Konventionen des Geburtstagsgedichts auf originelle Weise variiert, so etwa über den so witzigen wie charmanten – und durch ein markantes Enjambement stark hervorgehobenen – Kunstgriff, die 80 Lebensjahre der Eltern mit den 80.000 Lebensjahren des Pandos zu konfrontieren (und die Eltern auf diese Weise jung erscheinen zu lassen), wofür es in der Geschichte der Gattung nicht viele Vorläufer geben dürfte. An dieser Stelle sei jedoch lediglich ein Aspekt hervorgehoben, und zwar die selbstreflexive Pointe, die in diesem Gedicht steckt und die darin besteht, dass der Pando und seine „silberpappelwäldchen" auf die poetologische Metaphorik der *Silvae* und damit auf die vormoderne Casuallyrik verweisen.[33] Damit wird zugleich gesagt, dass die Gattung, der Wagners „festgedicht" angehört, also das Gelegenheitsgedicht, ebenfalls „wirklich alt" ist, nicht ganz so alt wie der Pando, sicherlich aber älter als die Eltern des Autors und auch als die „mit moos bepack- / te[n] riesenschildkröten". Zwar wird die Gattung nur metaphorisch (und im Titel) aufgerufen, doch implizit ist sie gleichwohl durchgängig präsent.

IV. Inokkasionalität: Ernst Jandl

Obwohl es aus dem Jahr 1979 stammt, wurde das vierte Fallbeispiel entgegen der Chronologie an den Schluss gestellt, weil es den vielleicht radikalsten Umgang mit dem Gelegenheitsgedicht in der modernen Lyrik zeigt. Auch ihm liegt eine – allerdings anders geartete – Strategie der Entokkasionalisierung zugrunde:

> 30. juni 1979
>
> diesen tag
> begehen
> wie einen grund
> oder wie ein fest
> ohne grund zu einem fest
> ohne festen grund[34]

---

33 Diesen Hinweis verdanke ich Christian Meierhofer. Zu den *Silvae* vgl. ADAM (1988).
34 JANDL Bd. 3 (2016, 336).

Der ein konkretes Datum nennende Titel dieses Gedichts nimmt eine Titeltra-
dition auf, die man in der Gelegenheitslyrik häufig findet, und bei einem pro-
movierten Germanisten wie Jandl wird man auch annehmen dürfen, dass ihm
dies bewusst war. Doch auch ohne diesen Bezug wird durch das Wort „fest"
hier – ähnlich wie bei Wagner – die Gattung des Gelegenheitsgedichts aufgerufen. Wie geht Jandl mit ihr um? Radikal, denn was er hier bietet, ist gewissermaßen eine Abstraktion der Gattung: ein Gelegenheitsgedicht, das sich von
jeder Okkasionalität emanzipiert hat. Okkasionalität wird hier ja nicht (wie bei
Goethe) paratextuell ausgestellt oder (wie bei Wagner) durch den Verzicht auf
entsprechende Paratexte zum Verschwinden gebracht, sie wird im Text selbst
konterkariert, indem – anstelle beispielsweise eines Geburtstags – ein beliebi-
ger Tag des Jahres zum Anlass genommen wird, um „ohne Grund" ein Fest zu
feiern, eine Feier des Am Leben-Seins schlechthin, und dazu ein Gelegenheitsgedicht beizusteuern, das so freilich zu einer spezifischen, paradoxen Variante
dieser Gattung wird: zu einem Gelegenheitsgedicht ohne Gelegenheit.

    An die Stelle der für die Gelegenheitslyrik konstitutiven Okkasionalität
bzw. Transokkasionalität tritt hier somit eine weitere Kategorie, die man als
‚Inokkasionalität' im Sinne einer bewussten Verabschiedung von Okkasionalität bezeichnen könnte. Implizit wird auf diese Weise die Befreiung des
Gedichts aus jeder Form von äußerer Zweckbestimmung gefordert. Oder,
anders gesagt: Postuliert und zugleich praktiziert wird seine absolute Autonomie. Inokkasionalität wird so gleichsam zur Chiffre einer im programmatischen Sinn modernen Lyrik. Dass Jandl zumal in seinem Spätwerk auch ‚echte'
(wenn auch alles andere als konventionelle) Gelegenheitsgedichte geschrieben
hat, darunter auch Geburtstagsgedichte, so etwa anlässlich der 75. Geburtstage Helmut Heißenbüttels und H. C. Artmanns,[35] ändert nichts an diesem
Befund: Vielmehr bringt das Nebeneinander von Gelegenheitsgedichten mit
und ohne Gelegenheit, von Okkasionalität, Trans- und Inokkasionalität den
prekären, aber produktiven Status des Gelegenheitsgedichts in der modernen
Lyrik ein weiteres Mal mit großer Deutlichkeit zum Ausdruck.

---

35 Vgl. JANDL Bd. 4 (2016, 415 u. 418).

Literaturverzeichnis

ADAM, Wolfgang (1988): Poetische und kritische Wälder. Untersuchungen zu Geschichte Formen des Schreibens ‚bei Gelegenheit'. Heidelberg.

AMMON, Frieder von (Hrsg.) (2016): Text + Kritik, H. 210: Jan Wagner. München.

BIRGFELD, Johannes u. a. (Hrsg.) (2021): Widmungsgedichte und Gedichte bei Gelegenheit. Hannover.

BREYMAYER, Reinhard (1978, 73–145): Ein unbekanntes Gedicht Friedrich Hölderlins in einer Sammlung württembergischer Familiengedichte. Mit dem wiedergefundenen Reußschen Abschiedsgedicht auf Jakob Friedrich Abel vom Oktober 1790. In: Blätter für württembergische Kirchengeschichte, Bd. 78.

– (1979, 246–283): Neuentdeckte Dokumente zu Hölderlins Leben und Umkreis. In: Hölderlin-Jahrbuch, Bd. 21, Jg. 1978/79.

DRUX, Rudolf (1996, 653–667): Art.: Gelegenheitsgedicht. In: G. Ueding (Hrsg.): Historisches Wörterbuch der Rhetorik, Bd. 3. Tübingen.

GALLE, Roland (2018, 119–141): Ein ungleiches Geburtstagsduett. Weimar 1826. In: J. Küpper, P. Oster, C. Rivoletti (Hrsg.): Gelegenheit macht Dichter. L'Occasione fa il poeta. Bausteine zu einer Theorie des Gelegenheitsgedichts. Heidelberg.

GOETHE, Johann Wolfgang (1985–2013): Sämtliche Werke, Briefe, Tagebücher und Gespräche, 40 Bde. Hrsg. v. F. Apel u. a. Frankfurt a. M., Berlin.

HÖLDERLIN, Friedrich (1992–1994): Sämtliche Werke und Briefe. Hrsg. v. J. Schmidt. Frankfurt a. M.

JANDL, Ernst (2016): Werke in 6 Bänden. Hrsg. v. K. Siblewski. München.

KELLER, Andreas u. a. (Hrsg.) (2010): Theorie und Praxis der Kasualdichtung in der Frühen Neuzeit. Amsterdam, New York.

KLIMEK, Sonja, Christoph JÜRGENSEN (Hrsg.) (2017): Gedichte von Jan Wagner. Interpretationen. Paderborn.

KLING, Thomas (2020): Werke in vier Bänden. Hrsg. v. M. Beyer in Verb. mit F. v. Ammon, P. Trilcke u. G. Wix. Berlin.

KÜPPER, Joachim, Patricia OSTER, Christian RIVOLETTI (Hrsg.) (2018): Gelegenheit macht Dichter. L'Occasione fa il poeta. Bausteine zu einer Theorie des Gelegenheitsgedichts. Heidelberg.

METZ, Christian (2018): Poetisch denken. Die Lyrik der Gegenwart. Frankfurt a. M.

OSTERKAMP, Ernst (2008, 185–207): Maria, Auguste und die Madonna. Die Bedeutung Raffaels für Goethe, erläutert am Beispiel von zwei Gedichten *An Personen*. In: G. Neumann, D. E. Wellbery (Hrsg.): Die Gabe des Gedichts. Goethes Lyrik im Wechsel der Töne. Freiburg i. Br. u. a.

– (2016, 15–27): Die stillen Helden der Kunstautonomie. Über Jan Wagners „Die Eulenhasser in den Hallenhäusern". In: F. v. Ammon (Hrsg.): Text + Kritik, H. 210: Jan Wagner. München.

SCHILLER, Friedrich (2004): Sämtliche Werke in 5 Bänden. Auf der Grundlage der Textedition v. H. G. Göpfert hrsg. v. P.-A. Alt, A. Meier, W. Riedel. München, Wien.

SEGEBRECHT, Wulf (1977): Das Gelegenheitsgedicht. Ein Beitrag zur Geschichte und Poetik der deutschen Lyrik. Stuttgart.

– (1991, 129–136): Goethes Erneuerung des Gelegenheitsgedichtes. In: Goethe-Jahrbuch, Bd. 108.

– (1997, 688–691): Art.: Gelegenheitsgedicht. In: K. Weimar u. a. (Hrsg.): Reallexikon der deutschen Literaturwissenschaft, Bd. 1. Berlin, New York.

– (Hrsg.) (1999a): Tübinger Epicedien zum Tod des Reformators Johannes Brenz (1570). Berlin u. a.

STAHL, Enno (Hrsg.) (2016): Duo-Kreationen. Thomas Kling, Frank Köllges, gemeinsam und mit anderen. Düsseldorf.

STOCKHORST, Stefanie (2002): Fürstenpreis und Kunstprogramm. Sozial- und gattungsgeschichtliche Studien zu Goethes Gelegenheitsdichtung für den Weimarer Hof. Tübingen.

– (2006, 354–362): Art.: Gelegenheitsdichtung. In: F. Jaeger (Hrsg.): Enzyklopädie der Neuzeit, Bd. 4. Stuttgart.

STOCKINGER, Claudia (1999, 436–452 u. 653–657): Art.: Kasuallyrik. In: A. Meier (Hrsg.): Hansers Sozialgeschichte der deutschen Literatur vom 16. Jahrhundert bis zur Gegenwart, Bd. 2: Die Literatur des 17. Jahrhunderts. München, Wien.

STROHSCHNEIDER, Moritz (2019): Neue Religion in Friedrich Hölderlins später Lyrik. Berlin, Boston.

WAGNER, Jan (2010): Australien. Gedichte. Berlin.

– (2012): Die Eulenhasser in den Hallenhäusern. Drei Verborgene. Gedichte. Berlin.

– (2017, 181–209): Der Poet als Maskenball. Über imaginäre Dichter. In: Ders. (Hrsg.): Der verschlossene Raum. Beiläufige Prosa. Berlin.

– (2018): Die Live Butterfly Show. Gedichte. Berlin.

ZYMNER, Rüdiger (2019, 303–305). Rezension zu J. Küpper, P. Oster, C. Rivoletti (Hrsg.) (2018): Gelegenheit macht Dichter. L'Occasione fa il poeta. Bausteine zu einer Theorie des Gelegenheitsgedichts. Heidelberg. In: Arbitrium, Jg. 37, H. 3.

„Lie still, lie silent, utter no cries". Das Schlaf- und Wiegenlied als Provokation

I. Einleitung

„Endlich ein Konzert, bei dem man einschlafen darf",[1] betitelte Ivo Ligeti 2016 in der *Welt* die Konzertkritik von Max Richters achtstündigem Werk *Sleep*, einem – so der Komponist – „Wiegenlied für eine überdrehte Welt".[2] Richter komponierte das Werk in Zusammenarbeit mit Schlafforscher*innen, um die Tiefschlafphase der Hörer*innen zu stimulieren und einen anderen Zugang zu Erinnerungen zu befördern.

Was die Rezensent*innen an dem Werk als innovativ wahrnahmen, war weniger dessen Länge als der Versuch Richters, Gebrauch und Kunst zu verknüpfen und sich wechselseitig bestärken zu lassen. Diese Verknüpfung zeigt sich nicht nur an dem aufgrund der wissenschaftlichen Beteiligung eher unkonventionellen Produktionsprozess, sondern auch in der Aufführungssituation: Die Zuschauer*innen lagen nebeneinander auf Feldbetten, wodurch die Privatheit des Schlafens mit der geteilten Anwesenheit des Konzerterlebnisses zusammengeführt und die Aufmerksamkeit auf die Rezeptionssituation gelenkt wurde. Die Aufführungen in London und Berlin wurden als Ausdruck einer musikalischen Avantgarde weitgehend positiv besprochen. Und das, obwohl sich der Rezensent der *Welt* während der Nacht auf dem Feldbett offenbar einen Nerv eingeklemmt hatte und der praktischen Ausführung des Konzepts etwas skeptisch gegenüberstand.

Hätte Franz Magnus Böhme das Konzert rezensiert, wäre das unbequeme Feldbett vermutlich sein geringstes Problem gewesen. In seiner Sammlung

---

1 LIGETI (16.3.2016).
2 EGGEBRECHT (16.9.2015).

volkstümlicher Lieder von 1895 geht er in einer langen Fußnote mit konzertan-
ten Wiegenliedern ins Gericht:

> Das Wiegenlied kam erst in Aufnahme und machte Aufsehen im Mozart-Jubeljahr
> 1887 und wurde damals wie noch jetzt zuweilen in *Concerten* – wohin das Wiegen-
> lied doch nicht gehört – gesungen und zwar nicht blos von Theaterkünstlerinnen, die
> wohl alle froh sind, wenn sie nicht eigene Kinder zu wiegen brauchen, sondern sogar
> von Männergesangvereinen, also von Herren in schwarzem Rock, weißer Halsbinde
> und weißen Handschuhen auf dem Podium im glänzend erleuchteten Saale! [...] Sind
> Schlummerarien und Wiegenlieder in Opern, sonst sogar dem Christkinde in Kir-
> chen gesungen worden, so gehören sie zur Scenerie und haben Sinn; im Concertsaal,
> mit Bouquet in der Hand vorgetragen, bleiben sie Unsinn. Ich kann nicht umhin, bei
> dieser Gelegenheit solches Gebaren als Unnatur, Geschmacklosigkeit und Künstlerver-
> irrung zu bezeichnen, und wenn alle Prima- und Sekunda-Donnen, die mit Wiegenlie-
> dern kokettieren, und Männergesangvereinsmitglieder, die sich bei dem „Schlafe, mein
> Prinzchen" und „Eia popeia!" nichts dachten, mir darob zürnen. Hilft nicht ein ernstes
> Wort, so führt vielleicht bald die Mode dahin, daß im *Concertsaale* das Vortragen von
> Wiegenliedern unterbleibt.[3]

Das Wiegenlied kann nach Böhme durchaus ‚Kunst' sein, wenn der Gebrauchszusammenhang künstlerisch nachgebildet, also durch eine situative Einbettung
ersetzt wird, die den Kontext mitliefert und sinnstiftend wirkt. Ohne seine
Kontextbindung, ohne ein zu wiegendes Kind, die familiale Intimität und
die Zielsetzung des Einschlafens, ist es hingegen „Unsinn" und entbehrt eines
künstlerischen Werts. Um als Kunst zu funktionieren, wird das Lied somit
nicht von seinem Gebrauchskontext losgelöst, sondern wie im Falle der Einbettung in eine Oper oder einen Gottesdient künstlich in ein Netz aus konventionalisierten Praktiken eingewoben, das den Gebrauch plausibilisiert.

Ein achtstündiges Konzert, bei dem Schlafen und Wiegenmusik im Zentrum stehen und eben nur durch den Kontext des Künstlerischen gerahmt
sind – und nicht durch eine den Gebrauch nachahmende Situation, die dem
Ganzen Sinn verleiht –, stellt für Böhmes Anspruch also einen groben Verstoß
dar. Der Kontext des Wiegenliedes wird in *Sleep* nicht auf der Bühne nach-
geahmt, sondern durch das Lied aufgerufen und durch das Publikum hergestellt. Der normative Einsatz Böhmes zieht eine klare Differenz zwischen dem
Wiegenlied als Strukturmoment innerhalb eines situativen Ganzen *mit* Kunststatus und seiner isolierten Aufführung *ohne*. Die Avantgardekunst Richters
hingegen generiert Bedeutung gerade daraus, dass das Einschlafen zum Ganzen

---

3   BÖHME (1895, 467).

wird, und schöpft ihr Innovationspotenzial aus der Kombination von Intimität und Öffentlichkeit in der geteilten Anwesenheit der Konzertgäste.

Um das Narrativ der gelegenheitsbefreiten modernen Lyrik herauszufordern, die sich nach dem Ansatz dieses Bandes von den heteronomen Faktoren *Anlass*, *Auftrag* und *Adressat* lossagen konnte, gilt es zu untersuchen, ob, in welcher Form und zu welchem Ende diese heteronomen Faktoren in der Gattung des Wiegenliedes jenseits der strikten Trennung von Gebrauchskontext und autonomer Kunst in der Moderne aufgenommen und transformiert werden. Anlass, Auftrag und Adressat werden, so unser Befund, auch jenseits eines möglichen Gebrauchszusammenhangs mitgeführt. Diese Kategorien sind die Quelle für das Irritations- und Provokationspotenzial des Wiegenliedes und machen diese Gattung zu einer Form, die keinen Konjunkturen unterliegt, sondern immer wieder neu erkundet, parodiert und reflektiert wird.

Im Folgenden untersuchen wir verschiedene Transformationen des Schlaf- und Wiegenliedes an Beispielen aus dem 19., 20. und 21. Jahrhundert. Bei diesen Beispielen handelt es sich überwiegend um Stücke, Gedichte und Lieder, die nicht tatsächlich zum Einschlafen gedacht sind, aber in irgendeiner Form an das Schlaf- und Wiegenlied anknüpfen, sei es durch Gattungszitate, Referenzen im Titel, die Inszenierung von Gebrauchszusammenhängen oder eine retrospektive Zuordnung. Anlass, Auftrag und Adressat werden, so unsere Hypothese, als provokative Elemente in der jeweiligen Kommunikationssituation und durch die situative und retrospektive Einbettung der Lieder mitgeführt und ästhetisch produktiv gemacht. Nach einigen theoretischen Überlegungen zur Definition des Schlaf- und Wiegenliedes wird diese Hypothese durch eine Reihe von Fällen aus Literatur, Popmusik und Computerspielen überprüft, um dann mit dem umgekehrten Versuch zu schließen, das Provokationspotenzial der tatsächlich ‚gebrauchten' Lieder zu skizzieren.

II. *Kind, Singen, Schlaf und Schutz – Muster des Schlaf- und Wiegenliedes*

Das Konzept „Schlaflied" hat sich seit der Definition in Campes Wörterbuch von 1810 nicht verändert: „Das Schlaflied, [...] ein Lied beim Schlafengehen zu singen; oder auch ein Lied, womit man Jemand in den Schlaf singet."[4] Das

---

4 Campe (1810, 155).

Schlaf- und Wiegenlied[5] ist also primär durch seine situationsbezogene Funktion definiert, der bestimmte formale Aspekte zuträglich sind: Die Lieder sind metrisch gleichförmig, es gibt klar erkennbare Strophen, und oft werden die Eingangsverse wiederholt. Inhaltlich hingegen ist das Wiegenlied kaum auf einen spezifischen Gegenstand festgelegt. Dort habe, so Gerstner-Hirzel in der einschlägigen Einleitung ihrer 1984 herausgegebenen Sammlung volkstümlicher Wiegenlieder, „viel Gegensätzliches nebeneinander Platz":

> Puppenliedchen und Verlassensklage, zärtliche Liebe und sadistische Mordgelüste, die Vorliebe für Verkleinerungsformen und die Lust am Derb-Unflätigen, unmittelbare Gebrauchsbezogenheit und Schreibtischatmosphäre, anspruchslose Vollendung und ambitiöse Geschmacklosigkeit und eben Hergebrachtes und Neuerworbenes. Die Vielschichtigkeit beruht teilweise auf sozialen und geographischen Gegebenheiten, ist aber nicht zuletzt eine historische. Neues knüpfte immer wieder an Altes an und liess es neben sich bestehen, vom Mittelalter bis in unsere Zeit.[6]

Neben dem Einsingen listet ihre Textsammlung weitere pragmatische Impulse des Wiegensingens auf: „Beruhigung und Ermahnung", „Verheißung und Zärtlichkeit", „Überdruss und Drohung", „Die Wiegenklage", „Dramatik im Wiegenlied", „Spotten, lästern, plaudern, erzählen".[7] Damit werden zahlreiche Funktionen erfüllt: Zusätzlich zur Beruhigung des Kindes stehe das Anrufen über- und außersinnlicher Mächte und die Bitte um Schutz bzw. um den Bann schädlicher Einflüsse im Zentrum. Außerdem identifiziert die Autorin auf Basis ihres Materials den Drang zur Äußerung von positiven und negativen Gefühlen sowie den Unterhaltungsaspekt für den oder die Sorgende, ein Aspekt, der ausgeprägter sei, je weniger das Kind zu verstehen in der Lage ist.[8]

Aus dieser Vielgestalt von Motiven und Funktionen lässt sich auch schließen, dass die Grenzen zwischen Vorlage und Parodie oft schwer zu ziehen sind. Eine Reihe von Motiven, die sich zur parodistischen Übernahme eignen – wie die Bedrohung durch böse Mächte oder die Reflexion über den Tod –, ist im

---

5 Zwar finden sich in der Forschung Versuche, die Begriffe voneinander abzugrenzen und das Wiegenlied beispielsweise als „künstlerische, häufig mehrstrophige Überhöhung des ‚Schlafliedes'" zu definieren (Franz [2007, 845]) – die hier ausgewählten deutschsprachigen Beispiele weisen sich jedoch meist selbst als „Schlaflied" aus. Deshalb werden Schlaf- und Wiegenlied sowie *Lullaby* in diesem Aufsatz synonym verwendet.

6 Gerstner-Hirzel (1984, 88).

7 Gerstner-Hirzel (1984, 10–46).

8 Vgl. Gerstner-Hirzel (1984, 10).

sinnbildlichen Arsenal des Wiegenliedes bereits vorgesehen. Die in der Gattung angelegte Ambiguität von Kunst und Gebrauch mache auch eine klare Zuordnung zum Kunst- oder Volkswiegenlied schwierig. Beide Kategorien seien nur schwer voneinander abgrenzbar, denn das Wiegenlied sei früh belegt und

> bald ins Kunstmäßige gesteigert. Kunstwiegenlied und Volkswiegenlied, in ihren typischen Ausprägungen bis zur Gegensätzlichkeit verschieden, haben sich doch immer wieder wechselseitig beeinflusst, so dass man sie nicht ohne weiteres gegeneinander abgrenzen kann. Das mündliche Repertoire enthält manches nachweisbar Literarische und viel literarisch Anmutendes, das sich nicht einfach eliminieren lässt.[9]

Eine literaturwissenschaftliche Auseinandersetzung ist mit der Herausforderung konfrontiert, keinen originären Prototyp des Schlafliedes entwerfen zu können, von dem sich Parodien und literarische Überformungen trennscharf abgrenzen lassen. Im Gattungsmuster sind Kunst- und Gebrauchswert durchmischt, so dass eine Unterscheidung von ursprünglichem Anlassbezug und nachträglichem literarischem Zitat nicht aufgeht.[10] Bei unserem Korpus und Ansatz scheint es sinnvoller, die Zuordnung von Gebrauch und Kunst als Spektrum zu denken, auf dem pragmatische Faktoren wie Wiedererkennbarkeit und Sangbarkeit eine bessere Verortung ermöglichen als die Abgrenzung von einem Prototyp oder der Entwurf einer Typologie. Um Wiegenlieder und Wiegenliedparodien zu untersuchen, konzentrieren wir uns auf drei Kategorien, mit denen die Kontinuitäten über Gattungsgrenzen hinaus sichtbar werden: die im Wiegenlied angelegte Kommunikationssituation (1), die situative Einbettung als Transformation des Gebrauchskontextes (2) und die mit dem Lied verbundenen Sprechakte (3).

Die Kommunikationssituation im Wiegenlied (1) ist die Kategorie, die bisher am umfassendsten untersucht wurde. Sowohl Gerstner-Hirzel als auch Sina gehen auf diesen Aspekt ein, wenn sie den Anrufungscharakter hervorheben und von einer Dreierkonstellation ausgehen, in der eine Sängerin ein Kind

---

9 Gerstner-Hirzel (1984, 9).

10 Einen anderen Ansatz wählt Kai Sina in seinem Aufsatz zur Systematik des Wiegenliedes, in dem er Heinz Schlaffers Studie *Geistersprache* für die Gattung des Wiegenliedes fruchtbar macht: Die das Wiegenlied konstituierenden Kategorien seien der Anrufungscharakter, seine performative Gestalt als Gabentausch, der Aspekt der Wiederholung, die Aneignung einer Ich-Formel und der Gesang. Vgl. Sina (2019, 236 f.). Während sich Sina auf das deutschsprachige, kanonische Kunstwiegenlied bezieht, untersuchen wir ein breites Spektrum literarischer Überformungen und Parodien.

adressiert und eine höhere Instanz anruft, um beispielsweise um Schutz zu bitten.[11] Diese Konstellation ist die Basis des Wiegenliedes und wird mit zahlreichen Gattungstransformationen aufgerufen und variiert. Besonders der Blick auf Transformationen zeigt, dass der Gebrauchskontext und die mit ihm verbundenen Rollen im Wiegenlied selbst aufgegriffen werden, selbst wenn weder Kontext noch Personen an der Äußerungssituation beteiligt sind bzw. sein sollen. Der Kontext schlägt sich im Text nieder und erscheint als konventionalisiertes Abendritual selbst in solchen Aufführungen, die den Text nicht eigens kontextuell aufbereiten.

Die Spezifik der Gattungstransformationen des Wiegenliedes lässt sich mit der performativitätstheoretischen Differenz zwischen Austin und Derrida fassen, zeigt sich daran doch, dass das Ritual, wie Derrida gegen Austin anführt, „keine [situative] Eventualität, sondern als Iterierbarkeit ein strukturelles Merkmal jedes Zeichens" ist.[12] Von Gerstner-Hirzel und Sina abweichend ist die Pragmatik des Wiegenliedes mit Derrida nicht primär in seinem Kontext, sondern in seinen textuellen Mustern zu verorten. Der Kontext ist dem Liedtext und der immer schon wiederholenden Zitation seines Gebrauchs eingeschrieben – nur so kann der Liedgebrauch im Lied überhaupt verstanden werden. Die Konzentration auf den realweltlichen Gebrauch der Gattung verschiebt sich mit Derridas Performativitätsargument also in ihre textuelle Transformation, die den Kontext des Wiedergebrauchs offenlässt.

Das Einsingen ist als ästhetische Praxis im Alltag verankert und an die performative Wirkung des Liedes gebunden. Auch wenn sie von der primären Funktion des Wiegenliedes gelöst und vom konkreten Gebrauch enthoben sind, bleiben zahlreiche Schlaflieder und Schlafliedparodien situativ eingebettet, indem sie die Gattungsnorm zitieren (2). Insofern das Wiegenlied selbst in transformierter oder parodierter Fassung den Kontext mitträgt, dem es entstammt, wird auch noch im 21. Jahrhundert der eingangs zitierten Forderung Böhmes nach einem narrativ konstruierten Funktionszusammenhang Folge geleistet, wenn auch nur im weitesten Sinne: Weniger geht es darum, den Kontext künstlerisch zu reproduzieren – etwa durch Theater- oder Opernszenen des abendlichen Einsingens –, als vielmehr darum, den Gebrauch aufzurufen und ihn zur Grundlage innovativer Umdeutungen zu machen. Die

---

11 Vgl. SINA (2019, 227) und GERSTNER-HIRZEL (1984, 14).
12 DERRIDA (1999², 343).

Wiederholbarkeit der topischen Struktur des Wiegenliedes lässt es wiedererkennbar auftreten, jedoch einen Bruch mit seinem Kontext herbeiführen.[13] Die Verschiebbarkeit des Kontextes durch Wiederholung der Muster verfügt demnach über ein gattungstransformatives Potenzial. Die widerständige Zitation des Wiegenliedes bringt kontextuelle Kontingenz und Veränderbarkeit – Performativität per definitionem[14] – auf der Ebene der Textpragmatik zusammen.

Die Sprechakttheorie Austins und Searles (3) schließt bekanntlich metalinguistische Verwendungsweisen aus und unterscheidet „normal real world talk" von „parasitic forms of discourse such as fiction, play acting, etc.", da diese Formen eigenen Regeln der Referenz folgen.[15] Das ‚prototypische' Wiegenlied gehört in die erste Kategorie, da es darauf zielt, realweltlich etwas zu bewirken, und zwar das Einschlafen des besungenen Kindes. Dabei besteht zwar kein notwendiger Zusammenhang zwischen der Semantik des Liedes und dem Einschlafen des Kindes, denn das Kind schläft nicht ein, weil ihm jemand argumentativ nahelegt, einzuschlafen, sondern weil es von Schlaf übermannt wird. Die Musterhaftigkeit des Wiegenliedes, die mit ihm verbundene intime Kommunikationssituation sowie der standardisierte rhythmische und melodische Klang bedingen jedoch die Ermattung, die zum Schlaf führt. Auf die transformierenden Reproduktionen des Wiegenliedes angewandt, wird die perlokutionäre Frage des „Gelingens" ins Hypothetische verschoben, da die realweltliche Wirkungsabsicht hier ästhetisch überformt ist.[16] Die Gelingensabsicht wird in der stereotypen Musterhaftigkeit des Wiegenliedes jedoch wiederholt, selbst wenn eine parasitäre Umformung vorliegt. Das parasitäre Zitat verschließt sich nicht der Wirklichkeit, sondern kann die transformative Kraft des Performativen zeichenhaft aufrufen. Die nachfolgenden Analysen zeigen, dass gerade in der Wiederholung der Gelingensabsicht durch parasitäre Formen des Wiegenliedes großes Potenzial für parodistische Übersteigerungen und kontextuelle Veränderungen liegt. Gerade ihre Iterierbarkeit, ihre Lesbarkeit als Zitat einer konventionalisierten Handlung,[17] gibt den Parodien den Nährboden für Gattungstransformationen.

---

13 Vgl. BUTLER (2016⁵, 71).
14 Vgl. FISCHER-LICHTE (2012, 71).
15 SEARLE (1969, 78).
16 MOENNIGHOFF (2010, 59).
17 Vgl. DERRIDA (1999², 346).

Weil es sich beim Wiegenlied als Gattung also gewissermaßen um ein Hybrid aus „normal real world talk" und „parasitic forms of discourse" handelt, ist zwischen der Illokution als Struktur der sprachlichen Äußerung und der Perlokution als deren Effekt zu unterscheiden. Nach Schlaffer enthält das Schlaflied immer den Sprechakt des Beschwörens, und „[w]er beschwört, sucht einen Zustand mit Zauberworten zu verändern und einen gewünschten neuen Zustand zu etablieren".[18] Hinzufügen lässt sich eine Vielzahl von illokutionären Akten, die das Schlaflied enthalten kann (z. B. bitten und beten, preisen und rühmen, fluchen und schelten, Weisheit lehren, beschwören, segnen oder voraussagen). Jenseits des immergleichen perlokutionären Akts, dem Einschlafen des Kindes, transportiert die Äußerung ‚Schlaflied' in der illokutionären Dimension der Sprachhandlung die Wirkungsabsicht des Gebrauchs, selbst in der parasitären Form.

Stellt man nicht die realweltliche Wiegenliedfunktion, sondern die durch den Text transportierte Kommunikationssituation, Sprechakte und situative Einbettung in den Fokus, umfasst die Gattung solche Texte, die sich formal und inhaltlich als Schlaf- und Wiegenlied präsentieren und auch als solche verwendet werden, Formen der Hommage oder Persiflage, die auf unterschiedliche Art und aus verschiedenen Gründen auf das Wiegenlied verweisen, sowie solche Formen, die als Wiegenlied ‚genutzt' werden, ohne sich selbst in diese Gattungstradition einzuordnen.

III. Heine und Kästner – semantische Funktionalisierung

Im Oktober 1846 erschien eine Anthologie mit sozialkritischen Dichtungen von Georg Weerth, Ferdinand Freiligrath, Anastasius Grün und Heinrich Heine, in der sich auch Heines Gedicht „Carl I." findet.[19] Generell parodierten die Dichter des Jungen Deutschland die in der Goethezeit beliebte Wiegenlyrik als „Ausdruck von Weltflucht und politischer Schlafmützigkeit"[20] mit Hingabe. Das bekannteste Beispiel sind vermutlich die von Hoffmann von Fallersleben und Georg Herwegh verfassten Parodien auf Goethes „Nachtgesang"

---

18 SCHLAFFER (2008, 28). Vgl. auch MOENNIGHOFF (2010, 59).
19 Vgl. SINGH (2011, 115).
20 STEIN (2006, 82, Fn. 38).

(1804), und auch Heine bemerkte den „quietisirenden Einfluß"[21] der mit Goethe endenden Epoche. Mit der ersten Strophe des Gedichtes „Carl I.", das Sikander Singh zwischen Wiegenlied und Ballade verortet,[22] wird der Wiegengesang situativ eingebettet:

> Im Wald in der Köhlerhütte sitzt
> Trübsinnig allein der König;
> Er sitzt an der Wiege des Köhlerkinds
> Und wiegt und singt eintönig:[23]

Bei dem König, der paradoxerweise in einer Köhlerhütte sitzt, handelt es sich um Charles Stuart, der seine Hinrichtung im Zuge der englischen Revolution antizipiert und auf Ludwig XVI., die Französische Revolution und das Ende des absolutistischen Zeitalters verweist.[24] Die folgenden acht Strophen sind durch typische Lautfolgen und Motive – wie das „Eyapopeya"[25] und das Tierensemble Katze/Schaf – als Wiegenlied markiert. Während die Kommunikationssituation unauffällig ist, zeichnet sich das Wiegenlied durch die vollständige Abwesenheit von schlafliedspezifischen illokutionären Sprechakten aus. Auch wenn durch das wiederholte „Eyapopeya" die Anrede an das Kind präsent gehalten wird, kaschiert sie nur punktuell, dass es sich um eine Reflexion des Königs handelt, der nicht das Köhlerkind, sondern die Leser*innen adressiert.

Die zyklische Struktur des Wiegenliedes, die auf den Alltag verweist, wird hier mit dem Ende von Dynastien zusammengebracht, die durch die Altersstruktur von Sänger und Adressat im Sinne der alten und neuen Zeit wieder aufgegriffen wird. Der politischen Dimension des Umsturzes als ‚einmaligem Anlass' steht der tägliche Anlass und die Repetition entgegen, die im Wiegengesang transportiert wird. Das Schlaflied verweist auf eine zyklische Zeitstruktur, die durch den Tagesverlauf getaktet ist – es ist jeden Tag aktuell und wird mit dem Schlaf überflüssig. Gelegenheit und Verbrauch sind dabei vorhergesehen, weshalb sich das Schlaflied also potenziell täglich erneuert.

---

21 HEINE (1979, 156).

22 Vgl. SINGH (2011, 116).

23 HEINE (1992, 26). Für eine umfassende geschichtsphilosophische Analyse und eine Aufarbeitung der historischen Kontexte vgl. SINGH (2011, 118–120).

24 Vgl. SINGH (2011, 118).

25 HEINE (1992, 26).

Die Repetition ist bei Heine nicht nur Baustein der Provokation, sondern auch Grundlage der Sozialkritik. Sie wird als bekanntes formales Muster des Wiegenliedes aufgegriffen, um die Eintönigkeit und fehlende Entwicklung der Zeit zu parodieren. Dass wiegenliedspezifische illokutionäre Sprechakte gänzlich ausbleiben, verweist auf die schwindende Handlungsmacht des Königs: Reflexion neutralisiert hier Performanz. Semantische Topoi des Schlafliedes werden mit sozialen Rollenmustern – König, Henker, Köhlerkind – beschrieben, die als parasitäres Figurenensemble die tradierte familiale Konstellation ersetzen. Die eintönige Wiederholung ist hier nicht nur eine Ermöglichungsbedingung der politischen Aussage, sondern zugleich ein offenkundiger Missstand der eigenen Zeit. Indem das Wiegenlied die Kategorie des ‚Anlasses' transformiert und ihr Alltäglichkeit entgegensetzt, kann seine Grundform wiederum Anlass für andere Zielsetzungen werden. Das Schlaflied büßt zwar seine realweltliche Funktion des Einsingens ein, erhält durch den parasitären Gebrauch mit der Sozialkritik jedoch eine neue Funktion.[26]

Bei Erich Kästners „Wiegenlied (Ein Vater singt)" (1927) und „Wiegenlied für sich selber" (1929) sind es vor allem die Kategorien Adressat*in und Auftrag, die subvertiert werden und damit die Gattungsgrenzen verschieben. Im zweiten Gedicht wird die formelhafte Adressierung des Kindes mit dem Eingang „Schlafe, alter Knabe, schlafe!" ad absurdum geführt, adressiert das singende – erwachsene – Ich sich hier doch selbst.[27] Das Schlafen ist dabei nicht an einfühlsame Beruhigung, sondern an die Ratio gekoppelt:

> Denn du kannst nichts Klügres tun,
> als dich dann und wann auf brave
> Art und Weise auszuruhn.[28]

Die Naturelemente werden mit Alterungserscheinungen anthropomorphisiert („Wenn du schläfst, kann nichts passieren… / Auf der Straße, vor dem

---

26　Eine ähnliche Verknüpfung von alltäglichem Anlass und dem Verlauf der Geschichte findet sich in Richard Beer-Hoffmanns „Schlaflied für Mirjam" (1897). Hier ist, und darauf wurde in der Forschung vielfach hingewiesen, der Blick – untypisch für das Wiegenlied – in die Vergangenheit gerichtet. Auch hier wird die erwartete lineare bzw. zyklische, am alltäglichen Einschlafen orientierte Zeitstruktur unterlaufen und das individuelle Menschenleben mit dem Weltlauf und den politischen Dimensionen kurzgeschlossen.

27　Kästner (1998, 74).

28　Kästner (1998, 74).

Haus, / gehn den Bäumen, die dort frieren, / nach und nach die Haare aus."[29]),
bevor in der zweiten und dritten Strophe das Schlafen in der Kindheit erinnert
und vermisst wird. Nach dem zeitlichen Rückblick in die Kindheit folgt die
Erinnerung an die nahe Vergangenheit und die Aussicht in die nahe Zukunft,
die das Schlafen mit dem ‚Miteinanderschlafen' in Beziehung setzen:

> Mit Pauline schliefst du gestern.
> Denn mitunter muß das sein.
> Morgen kommen gar zwei Schwestern!
> Heute schläfst du ganz allein.[30]

In den nächsten Strophen werden Bildbereiche, die üblicherweise angstbesetzt
sind, mit verschiedenen überwiegend imaginären Verteidigungsmechanismen
abgewehrt: Gegen Gespenster helfen Doppelfenster, den Geräuschen der Nacht
begegnet das Unverständnis des Sprechers, und die durch intertextuelle Referenzen eingeladenen Sorgen, die um das Bett herumstehen, werden bis auf weiteres ignoriert.

Der Gebrauchscharakter des Wiegenliedes wird mit der Anrufung des
Selbst im Oxymoron „alter Knabe" aufgegriffen, dann aber nicht in eine intime
Zweiersituation überführt, sondern zum frustrierten Gedankengang eines in
die Jahre gekommenen Schlaflosen transformiert. Die Kontextbindung wird
zugleich erinnert und unterlaufen – Einschlafen/Miteinanderschlafen –, wobei
sich die Komik gerade aus der Diskrepanz in der sexuellen Reife des eigentlich
vom Schlaflied adressierten Knaben und des hier alten Knaben ergibt. Kästners
Parodie transportiert die primäre Funktion des Wiegenliedes über Sprechakte
des Befehls und ergänzt sie um die narrative Funktion der Selbstvergewisserung
über das nicht lang vergangene und sich bald wiederholende Schlafen in weib-
licher Begleitung.

In „Wiegenlied (Ein Vater singt)" ist die situative Einbettung durch die
Figurenkonstellation ebenfalls zentral. Hier adressiert der Sprecher tatsächlich
ein Kind, das einschlafen soll. Die alltägliche Situation wird jedoch mit den
kritischen Kommentaren des Sprechers zur brüchigen gesellschaftlichen und
familiären Situation innerhalb der Weimarer Jahre erneut subvertiert. Bereits

29 KÄSTNER (1998, 74).
30 KÄSTNER (1998, 74).

in der ersten Strophe wird die Tetrade aus Sprecher, Mutter und Gesellschaft eingeführt:

> Schlaf ein, mein Kind! Schlaf ein, mein Kind!
> Man hält uns für Verwandte.
> Doch ob wir es auch wirklich sind?
> Ich weiß es nicht. Schlaf ein, mein Kind!
> Mama ist bei der Tante...[31]

Hier sind unklare Verhältnisse überall zu finden. Die Beziehung zwischen dem Sprecher und dem Kind ist nicht geklärt, die Mutter ist abwesend und die Gesellschaft („Man") bietet die Bühne, auf der das familiäre Durcheinander stattfindet. Das Schlafen wird in den folgenden Strophen als Gegenmodell zum Alltag inszeniert – als Zustand, in dem Glück möglich ist. Das Ich stellt sich dabei immer wieder in Konkurrenz zum Kind, reflektiert über die mutmaßliche Untreue der Mutter und formuliert seine Wut und Frustration:

> Man schuftet, liebt und lebt und frißt
> und kann sich nicht erklären,
> wozu das alles nötig ist!
> Sie sagt, daß du mir ähnlich bist.
> Mag sich zum Teufel scheren![32]

Die letzte Strophe setzt das Einschlafen mit dem Vergessen in Beziehung – auch mit dem Vergessen desjenigen, der das Lied singt:

> Vergiß auch mich! Vergiß den Wind!
> Nun gute Nacht! Schlaf ein, mein Kind!
> Und, bitte, laß das Weinen...[33]

Beide Wiegenliedtransformationen Kästners führen Anlass, Auftrag und Adressat der prototypischen Gebrauchsform mit und nutzen diese Wiedererkennbarkeit für ihr parodistisches Wirkpotenzial. Sei es, weil Sänger und Adressat zusammenfallen, sei es, weil der Anlass des Singens von Unsicherheitsbekundungen des mutmaßlich gehörnten Vaters überschattet wird. Der

---

31 Kästner (1998, 14).
32 Kästner (1998, 14).
33 Kästner (1998, 15).

parasitäre Gebrauch kulminiert in dem Provokationspotenzial eines subvertierten Auftrags, den die Texte so gar nicht annehmen, geschweige denn ausführen
wollen: die gesellschaftliche Konvention des Einsingens in familialer Intimität
als pädagogisch wertvolles Abendritual, dem als Negativfolie das Verstummen
der Sorgenden und die Vernachlässigung des mitunter angstgeplagten Kindes
anhaftet.[34]

Dass weder Heines noch Kästners Texte dem anthropologischen Auftrag
nachkommen, sondern die Situation des Einsingens für ihre jeweiligen Zwecke umfunktionieren, kommt somit einem gesellschaftsaversiven Verstoß
gegen Kommunikationsnormen gleich. Die Differenz zwischen realweltlichem
Anspruch und parasitärer Wiederholung innerhalb der Gattung wird an diesem
Aspekt sehr deutlich, insofern gewiegte Kinder entweder gar nicht vorkommen
oder in der Darstellungslogik der Texte nicht die eigentlichen Adressat*innen
sind und keine gelingende familiale Intimität hergestellt werden kann, wenn
keine angestrebt wird.

IV. Die Ärzte, Billie Eilish, The Witcher 3 – Ermächtigung des Monströsen

Die Fähigkeit zu seiner allabendlichen Wiederholung ist möglich, weil das
Schlaflied thematisch im Jetzt verankert ist und durch die Kommunikationssituation eine konzentrierte Gegenwartserfahrung in der Steigerung der All-
tagserfahrung vermittelt. Inhaltlich hat es hingegen in allen Ausprägungen
einen deutlichen Zukunftsbezug: Dinge geschehen morgen, später, bald, und
imaginäre Ausflüge in die Zukunft des Kindes im Kontext von Verheißung
(und auch Drohung) gehören zu den konstituierenden Bestandteilen, die auch
in Parodien und Persiflagen nur selten angetastet werden. Das Wiegenlied ist

---

34 Auch noch im 21. Jahrhundert häufen sich Indizien und Mahnungen von Musikpädago-
    g*innen, dass das Singen an der Wiege in Deutschland immer seltener praktiziert wird.
    Vgl. KOPITZKE (28.11.2009). Zu den Initiativen, die dagegenwirken wollen, gehört das
    2009 gegründete Benefizunternehmen „Liederprojekt", in dem sich, so die Website, bis-
    lang „über 100 herausragende Konzert- und Opernsänger*innen, Instrumentalist*innen
    sowie über 40 Vokalensembles und Chöre, darunter 300 Kinder" engagiert und unter
    anderem Wiegenlieder gagenfrei eingespielt haben. Die Gewinne, die durch Spenden
    und den Verkauf von Liederbüchern erzielt werden, kommen einer Reihe von Initiativen
    zugute, die das Singen von und mit Kindern fördern (<https://liederprojekt.org/projekt.
    html>, zuletzt: 23.3.2021).

fest in der Gegenwart verankert und weist in die Zukunft, es stellt Verbindungen zwischen dem Jetzt und Morgen her, während die Vergangenheit meist wenig Raum einnimmt. Dass die politische Lyrik Heines und Kästners in die Vergangenheit blickt, ist in diesem Sinne als Provokation zu verstehen. Das Anzweifeln der zukunftsweisenden Kraft des Schlafliedes durch die ausgesetzte Sprachhandlungsdimension in den erwähnten Transformationen ist ein weiterer Beleg für die politische Funktionalisierung der Formvorlage.

Sina bringt diese Zeitstruktur mit einem dem Wiegenlied eigenen Zug ins Transzendente in Verbindung: Durch den Wiederholungscharakter erzeuge das Wiegenlied analog zu Schlaffers Argument „die Illusion, [...] an der Zeitenthobenheit eines anderen, übernatürlichen Daseins teilzuhaben".[35] Im Folgenden möchten wir an einer Reihe von Beispielen seit den 1990er Jahren zeigen, inwiefern Kommunikationssituation und Gebrauchszusammenhang in Transformationen des Schlafliedes aufgerufen werden, um aus der Umkehr seiner Wirkungsabsicht Innovation zu generieren. Der Einfall des Dritten in Form einer metaphysischen Instanz, die laut Sina im Schlaflied angelegt ist, konkretisiert sich in den Beispielen an den Variationen des Monster-Motivs. Monster tauchen – nicht unähnlich ihrer Präsenz in den volkstümlichen Wiegenliedern – in der Anrede an das Kind im Sinne einer Drohung auf oder werden, wie im Falle von Billie Eilishs „Bury a friend" und „Lullaby of Woe", selbst zu Protagonisten.

1984 veröffentlichte die Band Die Ärzte ihr erstes Studioalbum mit dem Titel *Debil*, das sich drei Jahre später auf dem Index fand. „Claudia hat 'nen Schäferhund" und „Schlaflied" seien, so die Begründung der Behörde, „geeignet, Kinder und Jugendliche sozialethisch zu desorientieren", übten eine „verrohende Wirkung" aus und bewirkten einen „Zustand angespannter, latenter Aggressivität".[36] „Schlaflied"[37] beginnt mit den Einschlafformeln eines konventionellen Schlafliedes und leitet mit dem letzten Vers der ersten Strophe („Bald bist du im Paradies") über zu einer Beschreibung des ‚Einbruchs' des Monsters, das das Kind attackiert, verstümmelt und schließlich tötet. Das Aufwachen wird explizit mit dem Tod des Kindes verknüpft („Dein kleines Bettchen vom Blut ganz rot / Die Sonne geht auf und du bist tot"). In der letzten Strophe wird

---

35 SCHLAFFER (2008, 85). Vgl. auch SINA (2019, 232).

36 KARG (2008, 117).

37 DIE ÄRZTE (1984).

die Formel „Schlaf, mein Kindchen, schlaf' jetzt ein" durch die jeweils folgenden Sätze zu verschiedenen Sprechakten, von der Beschwörung zur Drohung und Bedingung für den Auftritt des Monsters:

> Schlaf, mein Kindchen, schlaf' jetzt ein
> Am Himmel stehen die Sternelein
> Schlaf, mein Kindchen, schlafe schnell
> Dein Bettchen ist ein Karussell
> Schlaf, mein Kindchen, schlafe jetzt ein
> Sonst kann das Monster nicht hinein

Musikalisch wird die sanfte Melodie mit akustischen Effekten (einer Art saugendes Geräusch, dem Knarzen einer Türe, dem Heulen eines Tieres) kontrastiert, die Stimme wandelt sich und wird mit einem gruseligen Chor dramatisiert. Hier wird also nicht primär die familiale Einbettung und Adressierung oder die semantische Oberfläche des Wiegenliedes transformiert, sondern die Konstellation der Singenden und Sprechenden: War das Böse in der Gattungstradition vornehmlich eine diffuse Anwesenheit, vor der Schutz erbeten wurde, so tritt das Monster hier aus seinem Objektstatus heraus und erhält die Agency der todbringenden Handlung. Konventionalisierte illokutionäre Akte wie das Flehen um Schutz werden in der Ärzte-Version transformiert und ausgehöhlt. Das Scheitern potenziell schützender Instanzen – Gott, Engel usw. – avanciert zum Ausgangspunkt der folgenden Konfrontation des Kindes mit der Gefahr.

2004, also 20 Jahre nach der Veröffentlichung des Albums, wurde *Debil* aus der Liste jugendgefährdender Medien herausgenommen. In der Begründung heißt es, dass die „satirische Form" der Lieder von „heutigen Jugendlichen aufgrund deren Medienerfahrung ohne Schwierigkeit als Fiktion eingeordnet werden" könne und deshalb „Verrohungseffekte" unwahrscheinlich seien.[38] Diese Entwicklung zeigt sehr deutlich, wie parasitäre Formen von Gattungskonventionen auf ihre Entstehungskontexte zurückwirken. Die innovative Transformation führt zunächst zur Indizierung und ist dann selbst Teil eines umfassenden und mehrere Jahrzehnte andauernden Wandels in der Medienkultur, so dass sie schließlich ihr bedrohliches Potenzial – damit allerdings auch ihre performative Wirkung – verliert.[39]

---

38 KARG (2008, 117).

39 Das Phänomen findet sich auch im angloamerikanischen Kontext: Ähnlich wie das „Schlaflied" der Ärzte funktionieren beispielsweise „Enter Sandman" von METALLICA

Ein anderes Schlaflied, das durch die situative Einbettung Elemente des Horrors mit einer säuselnden Melodie kontrastiert, ist „Lullaby of Woe", welches als Soundtrack für den Trailer *A night to remember* zum Spiel *The Witcher 3* bekannt wurde. Das Lied untermalt die im Trailer erzählte Kurzgeschichte, in der ein Kampf zwischen dem Protagonisten der Spiele, Geralt von Rivia, und einer Bruxa, einem weiblichen Vampir, gezeigt wird. In dem Lied, das die Bruxa in ihrer menschlichen Gestalt singt, warnt die Sängerin ein nicht näher beschriebenes Wesen vor dem Witcher und dessen Brutalität:

> My dear dolly, Polly, shut your eyes,
> Lie still, lie silent, utter no cries.
> As the witcher, brave and bold,
> Paid in coin of gold.
> He'll chop and slice you,
> Cut and dice you,
> Eat you up whole.
> Eat you whole.[40]

Die Wiegenlied-Formeln „Lie still, lie silent, utter no cries" sind hier keine Beschwörungsformeln, sondern Warnungen, um dem Tod durch einen

(1991) („Sleep with one eye open / Gripping your pillow tight", „Hush little baby, don't say a word / And never mind that noise you heard / It's just the beasts under your bed / In your closet, in your head") und „Abigail's Lullaby" aus der Metal-Oper *Metalocalypse: The Doomstar Requiem – A Klok Opera* mit Musik der fiktiven Band *Dethklok* von 2013. Die Melodie von „Enter Sandman" folgt dem üblichen Metallica-Sound, während in „Abigail's Lullaby", ähnlich dem „Schlaflied" der Ärzte, eine lieblich-säuselnde Melodie mit Horrormotiven kontrastiert wird. Tröstend ist hier nur, dass Besungener (hier ein Erwachsener) und Sängerin (die nach Maria Theresia modelliert ist) den befürchteten variationsreichen Sterbeprozess gemeinsam antreten: „Don't be scared, my little friend. / I am here with you. / Things have gotten so bad / but I am here with you / We'll most likely die / They'll pull of our skin / They'll pluck out our eyes / They'll play in our blood / We'll be cannibalized / They'll bathe us in acid / They'll chew through our brains / They'll chop up our guts / and cut up our veins / but close your eyes / Drift away / Dream into your happy place." (METALOCALYPSE [2013]) Dieses Lied ist, ungleich des „Schlaflieds", in den situativen Zusammenhang der Oper eingebettet. Bezüge auf den Gebrauchskontext werden auch bei „Enter Sandman" auf verschiedenen Ebenen hergestellt. Das Lied erschien als Single-Auskopplung mit einem Musikvideo, das auch visuell eine Einschlafsituation zeichnet. Außerdem wird im Refrain ein Nachtgebet zitiert, das in dieser Variante 1750 im *New England Primer* abgedruckt wurde.

40　THE WITCHER 3 (2015).

Auftragsmörder zu entgehen. Der Witcher, der in der ersten Strophe von der Sprechinstanz noch als „heartless cold" bezeichnet wird, ist in der zweiten Strophe „brave and bold", was die moralische Ambiguität des Charakters vermittelt. Das Mikronarrativ des Trailers wird durch einen Dialog zwischen Geralt und der Bruxa eröffnet, die ihn daran erinnert, dass Witcher in früheren Zeiten keine Aufträge zum Töten höherer Vampire angenommen hätten. Auch dieser Dialog lässt die Grenzen zwischen Gut und Böse, Opfer, Täter und Rächer verschwimmen – denn der Witcher, so das Lied, hinterlässt nichts außer „heartache and woe".

Der Kampf zwischen Geralt und der Bruxa wird erst im Laufe der Quests des Erweiterungspacks *Blood and Wine* in die Storyline des Spiels eingebettet: Orianna, eine Aristokratin und Mäzenin, die in der Hauptstadt des Herzogtums Toussaint residiert, besitzt ein Waisenhaus. Im Laufe des Spiels zeigt sich, dass es sich bei Orianna um eine Bruxa handelt, die die dort wohnenden Kinder als unauffällige Blutquelle nutzt und sie mit Süßigkeiten und Liedern beruhigt. Die Umkehr der Sprechakte, die nicht mehr flehen, sondern warnen, markiert die Desillusionierung als neue vorrangige Gattungsfunktion. Auf der Fläche der musterhaften Wiegenlied-Konstellationen können Grenzziehungen zwischen Gut und Böse eindrucksvoll scheitern. Die Transformation der Akteurskonstellation wird in Variationen auf die Spitze getrieben, in denen Sänger*in und monsterhafte*r Antagonist*in des Kindes zusammenfallen.

Billie Eilish inszeniert sich in dem Video zu ihrer Single „Bury a friend" (2019) als ‚das Monster unter dem Bett', aus dessen Perspektive das Lied geschrieben ist. Das Video beginnt mit einer Einstellung, die einen Mann zeigt, der aus dem Schlaf hochschreckt, woraufhin Billie Eilish zu singen beginnt. Die Kommunikationssituation ist hier insofern markant, als im Lied ein Perspektivwechsel vollzogen wird. Das Monster stellt eine Reihe von Fragen, die in ihrer Struktur ‚nicht enden wollende Kinderfragen' evozieren. In der Sprechinstanz fallen durch das Video damit Sängerin, Monster und Kind zusammen:

> What do you want from me?
> Why don't you run from me?
> What are you wondering?
> What do you know?
> Why aren't you scared of me?

Why do you care for me?
When we all fall asleep, where do we go?[41]

Der Song bedient sich aus dem typischen Motivarsenal von Schlafliedern, die Horror evozieren, und ist über die Parallele von Schlaf und Tod strukturiert. Die Beschreibung autoaggressiver Handlungen, die durch die imperativische Form auch an die Hörer*in adressiert sind („Step on the glass, staple your tongue") werden durch zersplitterndes Glas und das Geräusch eines Zahnarztbohrers unterlegt. Diese sich wiederholende Strophe endet mit dem Satz „I wanna end me".[42] Die Gefahr wird in dieser Schlafliedtransformation nicht angedroht, sondern durch Thematisierung von Selbstverletzung und suizidalen Gedanken zur Gewalt der Sprechinstanz gegen sich selbst. Sprechakte und Adressat*in bleiben unbestimmt – Eindeutigkeit wird nur punktuell durch das Video produziert.

An Stelle von Kritik oder Komik ist in diesen Beispielen also eine Ästhetik des unterhaltsamen Horrors zentrale Funktion der Wiegenliedtransformation. Die zyklische Struktur des alltäglichen Anlasses wird zur Voraussetzung einer ständigen Wiederkehr des metaphysischen Schreckens, die nicht durch Sprechakte gebannt, sondern in ihrer fatalen Konsequenz für die adressierte Person weitergedacht wird. Die genannten Beispiele rufen in der destruktiven Umkehr der Sprachhandlungen tradierte Kontexte des Wiegenliedes auf, bannen allerdings sowohl die Schutzfunktion des Liedes als auch die behütete Atmosphäre des Singens, die nun vielmehr bedrohlich wirkt. Die textinternen Adressat*innen des Einsingens werden nicht in eine angenehme Nachtruhe, sondern meist in den Tod gesungen; die Performanz des Liedes spielt dabei mit der Analogie von (endlosem) Schlaf und Sterben.

Der anthropologische Auftrag wird auf extreme Weise negiert. Das Verstummen zeigt hier nicht etwa nur Vernachlässigung an, sondern ist das Ziel des Singens. Ihre subvertierende Wirkung auf die Gattungstradition erzielen diese Wiegenliedtransformationen zum einen dadurch, dass die ursprüngliche Fürsorge des Einsingens mit ihrem Gegenteil, der todbringenden Performanz beschrieben wird; zum anderen dadurch, dass die vormals klaren Rolleneinteilungen zwischen Gut und Böse, Schutz und Bedrohung durch die Neuordnung der personellen Konstellation unterlaufen werden – etwa dann, wenn singende

41 EILISH (2019).
42 EILISH (2019).

und bedrohliche Instanz zusammenfallen. Anstatt die Muster des Wiegenliedes semantisch neu zu beschreiben, geht es den Monsternarrationen, die sich der Gattung bedienen, vor allem um die Wirkung des lustvollen Schocks, die sich in der Kombination von absoluter Unschuld und absolutem Grauen einstellt.

V. Der (alltägliche) Anlass, die (wache) Adressat*in und der (anthropologische) Auftrag – Gebrauch und Gattungspermanenz

Wie steht es insgesamt gesehen um die transformierten Rollen von Anlassverhaftung, Adressat*innenbezug und Auftragsstruktur im Wiegenlied als moderne Gattung? Wie die Analysen zeigen, ist das Schlaf- und Wiegenlied mit Wiegenliedfunktion als Bestandteil eines Kommunikationsrituals in die Zeitstrukturen des Alltags eingebettet. Parret leitet aus der Idee von „Schlaf und Traum als eine Abkehr vom Alltag" folgende Merkmale ab:

> Das Alltägliche wimmelt von Aktivitäten, die nur bei Tageslicht erkennbar sind. Es ist schon schwieriger, die Nachtruhe, das Fehlen von Aktivitäten während der Nacht, als alltägliche Praxis anzuerkennen. Dort, wo [...] ‚Nachtleben' stattfindet, verläßt man übrigens das Gewöhnliche der Alltäglichkeit oder gibt zumindest vor, dies zu tun.[43]

Diese Qualität des Wiegenliedes machen sich insbesondere die Wiegenliedtransformationen zunutze, die mit Monsternarrationen arbeiten. Alle Transformationen operieren mit der Alltäglichkeit des Anlasses und artikulieren damit ihre Kritik an zeitlicher Stagnation, sorgen für Reflexionen über die familiale Situation oder die schaurige Inszenierung angstbesetzter Schwellensituationen zwischen Tag und Nacht. Der Alltag dient als gattungskonstitutive Grundlage, um die Zeitstrukturen des Gewohnten und Repetitiven auf die Spitze zu treiben oder aber durch Ausflüchte in „Gegenwelten des Alltäglichen", „in das Reich des Fiktiven und Imaginären" vorzudringen.[44]

Die Opposition zwischen dem Alltäglichen und dem Nicht-Alltäglichen (in unserem Fall dem Einmaligen und dem Ästhetischen) steht im Zentrum des Schlafliedes. Dabei werden Konnotationen aus der einen Sphäre in die andere übertragen und die Gattung der Wiegenlieder mit realweltlichem Bezug um parasitäre ästhetische Umformungen erweitert. Die ästhetische Distanz der

---

43 PARRET (1988, 17 f.), dt. Übers. zit. n. NÖTH (1998, 1765).
44 NÖTH (2000², 520).

parasitären Formen ist den Schlafliedern durch die enge textuelle Bindung an ihre Funktion eingeschrieben: Wenn kein Kind vorhanden ist, das in den Schlaf gesungen werden soll, verändert sich automatisch die Wahrnehmung des Schlafliedes. Auch wenn sich das Gedicht nicht singen lässt, wird die situative Einbettung in das allabendliche Einsingen sowohl im gebrauchsgebundenen Wiegenlied als auch im Kunstwiegenlied und in der Wiegenliedparodie nicht als singuläres, sondern als sich wiederholendes Ereignis mitgedacht, weil sich der bekannte Gebrauchszusammenhang bei der Variation der Gattungsmuster wiedererkennen lässt und sich in der Reproduktion der Muster wiedererkennbar fortsetzt.

Dabei hat das Wiegenlied für Erst- und Zweitadressat*innen offensichtlich verschiedene Funktionen. Während der oder die Erstadressat*in – das Kind – in den Schlaf gesungen wird, ist bereits die schriftliche Fixierung und das ‚Lesen‘, also die Trennung von Melodie und Text, ein Hinweis auf einen Funktionswandel. Zur üblichen Mehrfachadressierung gesellt sich eine Unterscheidung zweier typischer Rezeptionsmodi. Während das eigentliche Ziel des Wiegenliedes der Akt des Einschlafens, also ein Kommunikationsabbruch ist, nimmt die Leser*in oder die Zweitadressat*in potenziell verschiedene Positionen ein: Die Leser*in wohnt der Intimität der Zweierbeziehung voyeuristisch bei, singt selbst oder lässt sich einsingen. Das, was ein Wiegenlied meist als eindeutig ausweist und auf den Gebrauchskontext verweist, ist die Gesprächssituation im Text. Der semantische Bedeutungsgehalt ist zweitrangig. Einerseits markieren reflektierende Passagen im Wiegenlied deshalb die Ablösung vom Gebrauch, andererseits wird der – potenziell vorhandene – semantische Gehalt neutralisiert, weil er – zumindest für die sehr junge Erstadressat*in – gleichgültig ist. Mit Blick auf das Wiegenlied besteht also zwischen Autonomie und Brauchbarkeit der Gattung, so lassen die Beispiele vermuten, vielleicht weniger ein Konflikt als vielmehr eine Symbiose: Das Vorwissen über die gattungstypischen Muster wird aufgerufen und gleichzeitig mit semantischen und kontextuellen Neuerungen konfrontiert, woraus ästhetischer Wert entsteht. Die Deixis des Gebrauchs und die Assoziationen, die diese Verweise bei den Leser*innen anregen, etablieren ein Zusammenspiel der kontextlosen Kontexterkennung, zu dem sich die Leser*in verhalten muss bzw. aus dem das ästhetisch Anregende resultiert.

Neben ästhetischer Gratifikation tragen die transformierten Wiegenlieder jedoch auch die Provokation geänderter Auftragsbedingungen in sich: Ihre künstlerische Umformung, durch die sie von realweltlichem Kontext und perlokutionärer Wirkung gelöst werden, birgt die anthropologische Gefahr des Verstummens. Da das Einsingen des kleinen Kindes als überhistorische Verpflichtung in die Gattung eingelassen ist, bedeutet die entpragmatisierte Transformation der Gattung einen Verstoß gegen den gesellschaftlichen Auftrag. Stockhorst führt den Aspekt des Auftrags als typisches Merkmal gelegenheitsgebundener Lyrik an, weil diese „zumeist auf Bestellung oder aus Verpflichtung"[45] geschrieben wurde. Weiter bestehe die gesellschaftliche Funktion der Gelegenheitslyrik in der „statuserzeugenden Öffentlichkeitsarbeit", weshalb sie wenig Raum für Individuelles und Privates biete. Als „öffentliche Repräsentationsform" lasse sich die Gattung nur bedingt mit dem im frühen 18. Jahrhundert „aufkommenden bürgerlichen Selbstverständnis, mit Individualität und Privatsphäre, vereinbaren".[46] Durch die gesellschaftliche Erwünschtheit und die positive Konnotation des Wiegensingens, auf denen die hier behandelten Variationen basieren, wird der private Akt insofern öffentlich, als das Nicht-Singen der Parodien als Normverstoß wahrgenommen wird. Die künstlerische Aneignung des Gebrauchskontextes bewegt sich hier also auf dünnem Eis, bedient sie sich doch einer familiären Intimität, die in parodistischen Formen ausbleibt und durch kein pädagogisches Äquivalent ersetzt wird. In diesem Sinn ist das Wiegensingen auch Arbeit am Status, wodurch es sich aus dem Bereich des Privaten in die Öffentlichkeit schiebt. Die Transformation des Auftrages bezieht sich dabei auf die Auftraggeber*innen: Die Verpflichtung zum Wiegensingen besteht sowohl gegenüber der Gesellschaft als auch gegenüber dem Kind.

VI. Schluss

Abschließen möchten wir mit einem kursorischen Blick in die Kinderzimmer bzw. die individuellen Erfahrungsbereiche von Eltern.[47] Fragt man nach der Praxis des Wiegensingens heute, werden zum einen eine Reihe von Liedern genannt, die nicht auf das Wiegenlied verweisen, aber mit Wiegenliedfunktion versehen werden. Das Spektrum reicht von klassischen und zeitgenössischen

---

45 STOCKHORST (2002, 2).
46 STOCKHORST (2002, 11).
47 Vgl. die Abfrage von Elisabeth Tilmann unter <https://twitter.com/seequenz/status/1234131277579579392>, zuletzt: 10.3.2021.

Kinderliedern, russischen, französischen und deutschen Volksliedern, Tier-
liedern, Arbeiterliedern, Bachchorälen, Passionen, Popsongs (Ton Steine
Scherben), Jazzsongs, Disneyliedern bis zu Opernarien. Der tradierte
Gebrauchskontext der Wiegenlieder zeigt sich hier auch auf Lieder übertrag-
bar, die nicht den Anspruch erheben, sich in Gattungskonventionen einzuschreiben. Anything goes, so der übergreifende Eindruck, solange es den Zweck
erfüllt und man sich auch im Zustand chronischer Übermüdung an den Text
erinnert. Häufiger werden allerdings die Klassiker genannt: „Schlaf, Kindlein,
Schlaf", „Der Mond ist aufgegangen" und „Lalelu" sind nach wie vor verbreitet.

Vier sich wiederholende Aspekte der kleinen Stichprobe sollen kurz heraus-
gestellt werden: 1. der Kommentar, dass diese ‚Klassiker' weltanschaulich ange-
passt werden, 2. der Verweis darauf, dass bei Liedern, die Namen enthalten, die
Namen- oder Spitznamen der eigenen Kinder eingesetzt werden (zum Beispiel
bei Frederik Vahles „Schlaflied für Anne"), 3. der Verweis auf das ‚unendliche
Wiederholen' des Liedes, bis das Kind eingeschlafen ist, und 4. der Hinweis
auf die ‚klassischen' Schlaflieder als Sprungbrett für die eigene Imagination –
das Ausdenken neuer Strophen und das Singen neuer Wiegenlieder aus dem
Stegreif. Alle vier Aspekte beschreiben die Individualisierung des Schlafliedes
und eine Anpassung an die Situation, wobei sich die Intensität der Eingriffe
unterscheidet: Während das Einsetzen des Kindernamens durch eine punktuelle Änderung einen individuellen Adressat*innenbezug hinzufügt, aber
Form und Inhalt des Liedes intakt lässt, opfert das Wiederholen das Liedes ‚ins
Unendliche' die Form des Schlafliedes zugunsten seiner Funktion. Die Ad-hoc-
Schöpfungen, die sich (zumindest partiell) als Kontrafakturen und damit als
neue Kunstwerke verstehen lassen, verbinden die Ausdehnung des Textes mit
der Rückkehr zu einem (nun singulären) Anlass und einer (mutmaßlich einzigen) Adressat*in.

Die Beobachtung, dass auch das einzelne Schlaflied eine Affinität zur
Transformation mitbringt, ist nicht ganz neu: Schon Georg Schläger schrieb
1911 in einem Aufsatz zur Entwicklungsgeschichte des Volks- und Kinderliedes, dass das „Schlummerlied wie kein anderes auch der bewussten Umgestaltung freigegeben ist. Jede Mutter und Schwester, selbst die Amme ist mit ihrem
eigensten Innenleben beteiligt, fühlt sich gedrungen, für das geliebte Kindchen ihre Sache recht gut zu machen und das Beste zu bringen, was Gedächtnis und Phantasie nur hergeben mögen", und auch die „vielen Parodien" seien

„Zeugnisse eines gesteigerten Schaffenstriebes".[48] Der Grund für die Stabilität der Gattung besteht also in dem anthropologischen Auftrag, dem Kind beim Einschlafen beizustehen, worin die zyklische Struktur der Transformationen begründet liegt, die immer wieder zum alltäglichen Anlass, dem grundsätzlichen Auftrag und der wachen Adressat*in zurückkehren.

Das Schlaflied ist offen gegenüber Neuschöpfungen. Diese Offenheit liegt in der gesanglichen Darbietung, der Affinität zum Gebrauch und der Wiederholung begründet, wobei die ‚Neuschöpfungen' parodistische Texte, Kontrafakturen, im autonomieästhetischen Sinne ‚zweckfreie' Texte, die sich auf das Wiegenlied beziehen, Texte, die durch ihre situative Einbettung einen Gebrauchskontext evozieren, und multimediale Kunstwerke, die sich in einen Traditionszusammenhang mit dem Wiegenlied stellen, umfassen. Die Offenheit begründet sich einerseits aus der Kontextbindung des Liedes, das selbst ohne passende Einschlafsituation die situative Einbettung mittransportiert und in die (parasitäre) Wiederholung einspeist. Der Kunstcharakter, den Böhme lediglich dem kontextverhafteten Schlaflied attestieren wollte, das in Opern oder im Krippenspiel „zur Scenerie"[49] passt, autonom im Konzert aber fehl am Platz sei, liegt also eher in seinem textinhärenten Kontextbezug: Insofern das Wiegenlied seinen Kontext textintern evoziert und sich gleichzeitig von seinem intimen Gebrauch befreit, liegt sein ästhetisches Potenzial in der zur Stereotypie neigenden Musterhaftigkeit, die nach Transformationen ruft und aus Wiedererkennbarkeit Neues schafft.

Andererseits ermöglicht auch der historisch konstante Auftrag des Einsingens die Offenheit zur Transformation. So wird die Form konventioneller Schlaflieder im Gebrauch oft gänzlich unterlaufen und dem Ziel der kindlichen Nachtruhe untergeordnet. In solchen Fällen dominiert der Kontext den Text, der austauschbar wird. Die Kehrseite der gattungskonstitutiven Transformation von Auftrag, Anlass und Adressat ist demnach die heteronome Spur, die parasitär stets mitläuft und die vermeintlich kontextautonome Kunst von Heine bis Billie Eilish an die gebrauchsgebundenen Gattungsmuster fesselt, ohne die weder Variation noch Subversion funktionieren könnten.

---

48 SCHLÄGER (1911, 368).
49 BÖHME (1895, 467).

Literaturverzeichnis

BÖHME, Franz Magnus (1895): Volksthümliche Lieder der Deutschen im 18. und 19. Jahrhundert. Nach Wort und Weise aus alten Drucken und Handschriften, sowie aus Volksmund zusammengebracht, mit kritisch-historischen Anmerkungen versehen. Leipzig.

BUTLER, Judith (2016^5): Hass spricht. Zur Politik des Performativen. Aus dem Amerik. v. Katharina, Markus Krist. Berlin.

CAMPE, Joachim Heinrich (1810): Wörterbuch der deutschen Sprache, Bd. 4. Braunschweig.

DERRIDA, Jacques (1999^2, 325–351): Signatur Ereignis Kontext. In: Ders.: Randgänge der Philosophie. Hrsg. v. P. Engelmann. Übers. v. G. Ahrens. Wien.

DIE ÄRZTE (1984): Schlaflied, <https://www.bademeister.com/songs/schlafl ied/>, zuletzt: 20.1.2021.

EILISH, Billie (2019): bury a friend, <https://www.youtube.com/watch?v= HUHC9tYz8ik>, zuletzt: 20.1.2021.

EGGEBRECHT, Harald (16.9.2015): „Sleep" von Max Richter: Achtstündiges Schlaflied. In: Süddeutsche Zeitung, <https://www.sueddeutsche. de/kultur/sleep-von-max-richter-achtstuendiges-schlaflied-1.2648567>, zuletzt: 10.1.2021.

FISCHER-LICHTE, Erika (2012): Performativität. Eine Einführung. Bielefeld.

FRANZ, KURT (2003, 845–847): Art.: Wiegenlied. In: J.-D. Müller u. a. (Hrsg.): Reallexikon der deutschen Literaturwissenschaft, Bd. 3. Berlin, New York.

GERSTNER-HIRZEL, Emily (1984): Das volkstümliche deutsche Wiegenlied. Versuch einer Typologie der Texte. Basel.

HEINE, Heinrich (1992): Sämtliche Werke (= Düsseldorfer Ausgabe), Bd. 3.1. Hrsg. v. M. Windfuhr. Hamburg.

– (1979): Sämtliche Werke (= Düsseldorfer Ausgabe), Bd. 8.1. Hrsg. v. M. Windfuhr. Hamburg.

KARG, Markus (2008): Die Ärzte. Ein überdimensionales Meerschwein frisst die Erde auf. Eine Biographie über die beste Band der Welt. Berlin.

KÄSTNER, Erich (1998): Werke, Bd. 1. Hrsg. v. F. J. Görtz. München, Wien.

KOPITZKE, Oliver (28.11.2009): „Erziehung beginnt mit dem Abendritual". Interview mit Hans Bäßler. In: Zeit Online, <https://www.zeit.de/kul tur/musik/2009-11/hans-baessler-wiegenlieder/komplettansicht>, zuletzt: 20.3.2021.

LIGETI, Ivo (16.3.2016): Endlich ein Konzert, bei dem man einschlafen darf. In: Die Welt, <https://www.welt.de/kultur/buehne-konzert/article15 3363775/Endlich-ein-Konzert-bei-dem-man-einschlafen-darf.html>, zuletzt: 10.1.2021.

METALLICA (1991): Enter Sandman, <https://www.metallica.com/songs/ song-25920.html>, zuletzt: 26.3.2021.

METALOCALYPSE (2013): Abigail's Lullaby. In: The Doomstar Requiem: A Klok Opera Soundtrack.

MOENNIGHOFF, Burkhard (2010): Grundkurs Lyrik. Stuttgart.

NÖTH, Winfried (1998, 1761–1784): Art.: Zeichenkonzeptionen im Alltagsleben vom 19. Jahrhundert bis zur Gegenwart. In: R. Posner, K. Robering, T. A. Sebeok (Hrsg.): Semiotik. Ein Handbuch zu den zeichentheoretischen Grundlagen von Natur und Kultur, 2. Teilbd. Berlin, New York.

– (2000[2]): Handbuch der Semiotik. Stuttgart, Weimar.

PARRET, Herman (1988): Le sublime du quotidien. Paris, Amsterdam, Philadelphia.

SEARLE, John R. (1969): Speech Acts. An Essay in the Philosophy of Language. Cambridge.

SINGH, Sikander (2011, 114–122): Heinrich Heine (1797–1856): Carl I. In: A. Geier, J. Strobel (Hrsg.): Deutsche Lyrik in 30 Beispielen. Paderborn.

SINA, Kai (2019, 223–241): Geistersprache im Kinderzimmer. Zu einer Systematik des Wiegenlieds. In: F. v. Ammon, D. v. Petersdorff (Hrsg.): Lyrik/ Lyrics. Songtexte als Gegenstand der Literaturwissenschaft. Göttingen.

SCHLAFFER, Heinz (2008, 21–42): Sprechakte der Lyrik. In: Poetica, 40. Jg.

SCHLÄGER, Georg (1911, 368–377): Zur Entwicklungsgeschichte des Volks- und Kinderliedes. In: Zeitschrift des Vereins für Volkskunde, 21. Jg.

STEIN, Malte (2006): „Sein Geliebtestes zu töten". Literaturpsychologische Studien zum Geschlechter- und Generationenkonflikt im erzählerischen Werk Theodor Storms. Berlin.

STOCKHORST, Stefanie (2002): Fürstenpreis und Kunstprogramm. Sozial- und gattungsgeschichtliche Studien zu Goethes Gelegenheitsdichtungen für den Weimarer Hof. Tübingen.

THE WITCHER 3: WILD HUNT – BLOOD AND WINE (2016). Entwickler: CD Projekt RED. Publisher: Bandai Namco Games. PC, Xbox One, PlayStation 4, Nintendo Switch. Version 1.31.

ANTONIUS WEIXLER

„Mario, Du bist ein Fußball-Götze!" Hip-Hop zwischen Authentizität und Okkasionalität: Blumentopfs instantane WM-Raportagen

Der Zeitraum zwischen 2006 und 2014 stellt ohne Zweifel einen der bedeutendsten Entwicklungszyklen der jüngeren deutschen Geschichte dar. Als 2006 die ‚Welt zu Gast bei Freunden' war und die Deutschen vielleicht einen entspannten Patriotismus entdeckten, spielte die Nationalmannschaft nach Jahren des Rumpelfußballs endlich wieder überraschend mitreißenden und erfolgreichen Fußball. Auch in den folgenden Turnieren sollte zwar immer das Halbfinale erreicht werden, aber ganz bei sich und auf der Höhe ihrer Kunst war die Mannschaft dann erst acht Jahre später in Brasilien. Nach 1954, 1974, 1990 wurde 2014 zu einem Geschichtszeichen, das viele Deutsche sicherer einordnen können als die Gründung ihres Staates – was aber nicht so wichtig erscheinen mag, da diese Gründung im emphatischen Sinne ohnehin erst 1954 erfolgte, schließlich hängen in Deutschland Nationalmythen und Fußball bekanntlich besonders eng zusammen.

Jeder Mythos braucht aber jemanden, der ihn erzählt, oder auf unser Erkenntnisinteresse bezogen, der ihn gelegenheitsdichterisch in Worte fasst: In dieser Hinsicht bieten die Jahre 2006 bis 2014 noch einen weiteren, freilich nicht ganz so bekannten Zyklus. Denn in dieser Zeit wurden die Spiele der deutschen Nationalmannschaft in der ARD von der Freisinger Band Blumentopf in instantan vertonten Rap-Songs, den sogenannten „Raportagen", nacherzählt und kommentiert. Ähnlich wie Zusammenfassungen von Fußballspielen schon wenige Minuten nach dem Ende eines Spiels gezeigt werden, ging es auch bei diesen Raportagen vor allem um eine schnelle Produktion. Zumeist wurden sie am Ende der Nachberichterstattung, die jedem Fußballspiel folgt, ausgestrahlt.

Bei den Raportagen handelt es sich um Gelegenheitsgedichte in einem doppelten Wortsinn: Sie sind eindeutig auf bestimmte Ereignisse, das jeweils vorangegangene Fußballspiel der deutschen Nationalmannschaft, geschriebene und adressatenorientierte Texte, aber ebenso Erlebnisgedichte im Goethe'schen Sinne der Gelegenheitsdichtung. Insofern vereinen sich in diesen

Hip-Hop-Gedichten die beiden eigentlich „geradezu gegensätzlichen" Begriffs-
bestimmungen zur Gelegenheitsdichtung.[1]

Was im Folgenden besonders interessieren soll, ist der Zusammenhang der
spezifischen Okkasionalität dieser Gelegenheits-Raps, die als Mischung aus
Spontanität, instantaner Produktion und zeitnaher Rezeption erscheinen und
die in der Produktion und Ästhetik der Raportagen als fingierte Spontaneität
zu beobachten ist. Zu untersuchen ist folglich, wie die zeitliche Nähe von Produktion und Rezeption einen Authentizitätseffekt auslöst, der wiederum auf
der spezifischen Mischung aus der Okkasionalität als Gelegenheitslieder mit
der äußeren Form des Hip-Hop basiert. Bei beiden Phänomenen, Authentizität
und Gelegenheitslyrik, scheinen strukturanaloge Rezeptionseffekte wirksam zu
werden. So wird mit dem Signum der Casuallyrik, in einer verbreiteten Konnotation, „oft die unprofessionelle Machart und anspruchslose Erscheinungsform
von Gedichten signalisiert."[2]

Die ausgestellte Abgrenzung zur professionellen Kunstfertigkeit – so die
erkenntnisleitende These – ist eine im Hip-Hop schon immer zentrale Ästhetik, die in der schnellen Produktion der WM-Raportagen von Blumentopf in
ihrer unmittelbaren Anlassbezogenheit noch einmal gesteigert wird. In einem
ersten Abschnitt wird entsprechend zunächst der Zusammenhang von instantaner Produktion und Authentizität theoretisch-systematisch kontextualisiert,
bevor in einem zweiten Abschnitt die WM-Raportagen von Blumentopf im
Allgemeinen und die zur WM 2014 im Besonderen betrachtet werden.

I. Authentizität und der Phantomschmerz der Moderne

Wenn sich in der fingierten Spontanität von Blumentopfs Raportagen eine
Spannung zwischen Form und Freiheit, zwischen Stereotypik und Aleatorik,
zwischen Planung und Instantanität, zwischen Okkasionalität und Repetition und zwischen Kunstfertigkeit und Dilettantismus offenbart, dann sind
wir damit schon mitten in einem der wohl wichtigsten Kunstdiskurse der
Moderne: letztlich in der Debatte um Autonomie und Heteronomie. Es ist vielleicht einer der Grundphantomschmerzen der Kunst, dass sie sich nur in einem

---

1   SEGEBRECHT (1997, 688).
2   SEGEBRECHT (1997, 688).

Medium und nur in bestimmten Formen ausdrücken kann und beides doch am liebsten verneinen oder doch zumindest kaschieren möchte.[3] Und dieser Phantomschmerz führt unter anderem zu einer wachsenden Sehnsucht nach Authentizität.[4]

Der Begriff des Authentischen steht dabei für Originalität und Wahrhaftigkeit sowie für Unmittelbarkeit und Direktheit, eben für das (im Schiller'schen Sinne) ‚naive' Ideal, etwas ohne Mittelbarkeit, d. h. ohne mediale Vermittlung ausdrücken zu können. Die Wahrheit des Authentischen ist naturgemäß komplizierter und letztlich vor allem ein Rezeptionsphänomen, das demgegenüber wiederum sentimentalisch ist. Authentizität erscheint damit vor allem als eine Differenzfigur zu einem vormedialen, vormodernen Kommunikationszustand, der nicht mehr ohne weiteres erreicht werden kann. Nach Helmut Lethen zeigt sich etwa „immer die gleiche Topographie des Authentischen, immer liegt es *unter* einem modernen Konstrukt, das als Oberfläche begriffen wird, die durchdrungen werden muss."[5]

Da eine unmittelbare, medienlose Kommunikation nicht möglich ist, kann es Authentizität im essentialistischen Sinne nicht geben – eine Einsicht, die in der Forschung inzwischen mehrfach vorgetragen wurde.[6] Keine Person, kein Dokument, kein Objekt, keine Erzählung oder Beschreibung ist per se authentisch. Um dennoch genau diesen Eindruck des eigentlich nicht Möglichen zu erzeugen, müssen narrative oder diskursive Strategien verwendet werden, die beim Rezipienten die Bereitschaft erzeugen, einer Person, einem Dokument, einer Erzählung etc. den Wirkungseffekt des Authentischen zuzuschreiben. Authentizität ist folglich ein Rezeptionseffekt und ein Zuschreibungsphänomen.[7]

---

3   Es gibt auch die gegenteilige Sehnsucht – namentlich die in den Historischen Avantgarden und der ‚Hochkunst' des 20. Jahrhunderts – den eigenen Zeichenträger nicht zu verneinen, sondern im Gegenteil gerade besonders deutlich auszustellen und (fast) nur noch Zeichen zu sein, und dies entweder in Abstraktion oder Konkretion zeigen zu wollen.

4   Vgl. zuletzt SCHILLING (2020).

5   LETHEN (1996, 229).

6   Vgl. WEIXLER (2012); LETHEN (1996); SCHILLING (2020, 31–43).

7   Vgl. WEIXLER (2012) und KNALLER (2007, 10–21). Ein Aspekt, der sich bis in die Begriffsgeschichte verfolgen lässt: Als der Begriff im deutschen Sprachgebrauch im theologischen und juristischen Kontext auftauchte, ging es darum, wie Handschriften, Schuldscheine, Testamente, Verträge, Briefe etc. als authentische Texte autorisiert werden können; vgl. KALISCH (2000, 32). Daher sind auch die Begriffe von Autorschaft und

Wenn man Authentizität als Rezeptionsphänomen versteht, dann ist damit einerseits ausgedrückt, dass es ‚naive' Unmittelbarkeit nicht geben kann, sondern stets eine mediale Vermittlung vorliegt. Andererseits steckt dahinter ebenso die Einsicht, dass es neben der Autorisierung durch die Autorinstanz – der sogenannten „Autorauthentizität" oder „Subjektauthentizität"[8] – vor allem an der narrativen (relationalen) Konstruktion liegt, ob in der Rezeption eine mediale Kommunikation als Erschreibung oder Zuschreibung wahrgenommen wird. Eine wirksame Technik einer solchen Evokation besteht in der Differenzkonstruktion, sprich darin, eine Abweichung von der Norm explizit auszustellen. Diese Abweichung kann die Differenz zur Norm massenmedialen Erzählens meinen, sie kann die Norm referentiell authentischen Darstellens z. B. in selbstreflexiven Formen meinen, sie kann nicht zuletzt aber auch als die Abweichung von der Norm professioneller Kunstproduktion und des Hochkulturellen erscheinen.

Mit Christian Huck lässt sich die Rezeptionswirkung solcher Normabweichungen mit dem Prinzip eines „falschen Umkehrschlusses" beschreiben. Huck führt dieses Prinzip am Dokumentarfilm aus, der sich von der Norm des massenmedialen Erzählens abzugrenzen versucht, um so einen Authentizitätseffekt zu generieren:

> Indem diese Differenz zu den als verfälschend angesehenen Massenmedien hervorgehoben wird, soll dem Zuschauer folgender Umkehrschluss nahegelegt werden: Wenn die Verfahren der Massenmedien angewendet werden, dann wird verfälscht und verstellt. Ergo: Wenn die Verfahren der Massenmedien *nicht* angewendet werden, dann wird *nicht* verfälscht und *nicht* verstellt.[9]

Mit anderen Worten: Wenn in einem Dokumentarfilm zu sehen ist, was sonst nicht gezeigt wird, dann wird scheinbar ‚alles gezeigt' was in der Rezeption

---

Autorität etymologisch eng mit dem der Authentizität verbunden: lat. *auctor* bezeichnet denjenigen, der *auctoritas* besitzt, d. h. eine Person oder Institution, die etwas autorisieren und/oder authentisieren kann; vgl. RÖTTGERS, FABIAN (1971, 691 f.); MARTÍNEZ (2004, 12). Hier zeigt sich also bereits, dass Authentizität keine ontologische Qualität besitzt, sondern mittels einer diskursiven oder narrativen Konstellation oder mittels eines autoritativen Aktes erzeugt werden muss.

8   KNALLER (2007, 10–16); WEIXLER (2012, 12).

9   HUCK (2012, 251).

dazu führt, dass man dies dann für ein authentischeres Erzählen hält als die vermeintlich verfälschenden massenmedialen, populären Erzählformen.[10]

II. Authentizität durch Differenz und Übertreibung

Um das spezifische Wirkungspotential von Blumentopfs Raportage verstehen zu können, ist indes nicht so sehr die Differenzfigur zum massenmedialen Erzählen von Bedeutung – wie sollte die in einem Hip-Hip-Song auch aussehen? –, sondern vielmehr die Abweichung von der Norm popmusikalischer Kunstfertigkeit. Die Differenzfigur von professioneller Kunstfertigkeit und laien-ästhetischen, alltagskünstlerischen Ausdrucksformen hat eine sehr lange Geschichte, die hier nur grob nachgezeichnet werden soll. In der deutschen Literaturgeschichte etwa haben Schiller und Goethe diese Differenzfigur prominent am Begriff des ‚Dilettantismus' ausgefochten. Schiller bringt dies während seiner Mannheimer Zeit in *Über das Gegenwärtige Deutsche Theater* auf den Punkt, dass beim Schauspiel der Dilettant dem professionellen Schauspieler vorzuziehen sei, da dieser nicht nur vorgebe, bestimmte Gefühle auf der Bühne zu haben, sondern sie tatsächlich habe.[11]

Mit der Hinwendung zur Klassik änderte sich um 1800 auch Schillers Position, was sich namentlich an seinem negativen Verständnis des Begriffs zeigt. Fortan dient ihm der Dilettantismus vor allem als Unterscheidungskriterium zwischen einer hohen und niedrigen, einer guten und schlechten Kunstpraxis. Zusammen mit Goethe beginnen die beiden ab 1799 eine breit angelegte und kategorische Kunsttheorie für die Zeitschrift *Propyläen* mit dem Titel *Über den Dilettantismus* auszuarbeiten, in der die Differenz prägnant auf den Punkt gebracht wird: „Begriff des Künstlers im Gegensatz des Dilettanten."[12] Die

---

10 Dieser Effekt kann durch meta-authentische Erzählformen noch verstärkt werden, d. h. wenn die Unmöglichkeit einer referentiellen Authentizität explizit ausgestellt wird, um damit einen relationalen Authentizitätseffekt zu generieren. Oder erneut mit HUCK (2012, 261): „Authentifizierung [kann] jetzt nur noch durch den selbstreflexiven Bruch mit Authentifizierungsregeln erreicht werden".

11 Vgl. SCHILLER (1962 [1784], 85).

12 GOETHE (1998, 739). Wenn das Fragment beendet worden wäre, hätte es nach VAGET (1971, 10) das Potenzial gehabt, zu einem Hauptwerk des Weimarer Klassizismus zu werden.

beiden argumentieren hier durchaus auch sozial, heute würde man sagen: identitätspolitisch. Denn mit der sozialen Ausdifferenzierung der Gesellschaft, der Etablierung des Bürgertums und Autonomisierung des Künstlers von seiner Abhängigkeit von Adel und Kirche verlor die Kunst ihren althergebrachten Kontext und damit ihre produktionspragmatische und theorieästhetische Begründung.

Mit den Konzepten der Genieästhetik und der Kunstautonomie galt es entsprechend, eine Hochwertkunst gegen die Produktion *von unten* und damit gegen die Populärkultur zu verteidigen. Bedeutsam erscheint in diesem Zusammenhang vor allem die Wertung, dass dilettantische Kunst von Subjektivität und Übertreibung in Wahrnehmung und ästhetischer Darstellung geprägt sei, während der Künstler als Genie sein Talent durch hartes Studium entdecke und so die Fähigkeit entwickle, die Subjektivität der Wahrnehmung in die Objektivität der Produktion eines Kunstwerks umzuwandeln. Beim Dilettanten gebe es immer, in den Worten Uwe Wirths, „[z]u viel Gefühl, zu wenig Werk".[13]

Diese Differenzfigur macht danach eine erstaunliche Karriere: Um 1900 nimmt der Diskurs um den Dilettantismus erneut an Fahrt auf,[14] allerdings mit positiver Konnotation. Das Geschichtszeichen 1900 firmiert unter anderem deshalb unter dem Signum des ‚Neuen Sehens', weil sich die zentralen Neuerungen in der Kunst in einer Veränderung der Wahrnehmung manifestieren. In diesem Zusammenhang wird dann der Dilettant zu einer positiv besetzten Figur, personifiziert sich in ihm doch eine alternative Art des Wahrnehmens,

---

13 WIRTH (2007, 30). Während in der italienischen Renaissance der Dilettantismus Kern eines Bildungsideals war, machten Goethe und Schiller klar, dass die Ausübung von Kunst das Residuum des Künstlers ist und dass ein normaler Bürger folglich niemals in der Lage sein könne, ein kunstadäquates Bildungsideal zu erreichen, Letzterer also dazu verdammt sei, ein Dilettant in Kunst und Leben zu sein. Vgl. dazu WIELER (1996, 31).

14 Dass dies gerade zu dieser Zeit wieder virulent ist, ist freilich kein Zufall: Die Klassik in ‚Epochenunion' mit der Romantik zum einen wie die Zeiten der historischen Avantgarden zum anderen gehören nicht umsonst zu den in ästhetischer Hinsicht dynamischen Hochwertphasen der deutschen Kunst- und Literaturgeschichte; beide Phasen markieren überdies, mit GUMBRECHT (1998, 17–43), die wesentlichen „Kaskaden der Modernisierung", als Phase der ‚epistemologischen Moderne' (23–29) die eine, als ‚Hochmoderne' (29–33) die andere. Hochwertphasen der Ästhetik stellen 1800 und 1900 auch deshalb dar, weil zu diesen Zeiten das Verhältnis von Realität und Kunst sowie, damit fast immer zusammenhängend, das von Kunst und Künstlertum bzw. Autorschaft neu verhandelt wird.

Erkennens und Denkens. Zusammen mit dem Dandy, dem Snob und dem
Dekadenten – Figurationen, die um und nach 1900 nahezu als Synonyme auftreten – wird der Dilettant damit zum inszenatorischen Prototypen für den
Künstler des Fin de Siècle und der Avantgarde, gerade weil es ihm an Reflexion
und Angemessenheit der emotionalen Verarbeitung fehlt. Dilettant und Dandy
werden in dieser Lesart dann zu Idealtypen einer avantgardistischen Weltwahr-
nehmung, da sich in ihnen eine Transzendierung der Realität manifestiert, eine
Transzendierung mittels des exaltiert Artifiziellen.[15]

Um die Zeit des Zweiten Weltkriegs verschwindet der Begriff des Dilet-
tantismus dann aus dem Diskurs und wird, um Michael Wieler zu folgen,
weitgehend durch den des Kitsches ersetzt.[16] Und die hier in Rede stehenden
Differenzstrukturen finden sich wenig später dann in vergleichbarer Weise in
Susan Sontags *Notes on Camp* wieder, in denen sie diese Abweichungen als Systematik der populären Kultur produktiv umdeuten wird.[17] Was Dilettantismus,
Kitsch und Camp gemeinsam haben, ist die Übertreibung des Subjektiven im
Wunsch nach alternativen und außergewöhnlichen Eindrücken und Reizen.
Generell wird mit diesen Begriffen eigentlich eine abwertende Normativität
verbunden: Ein Werk oder Objekt ist dann Kitsch oder dilettantisch, wenn es
sich gerade nicht um wahre Kunst handelt, und diese Differenz von professioneller Kunstfertigkeit ist in einer Übertreibung des Ausdrucks erkennbar. In
einem (vielleicht gar nicht immer so ‚falschen') Umkehrschluss glauben wir in
der Rezeption aber oft, dass uns diese Abweichung von der glatten, objektiven
Oberfläche der kunstfertigen Professionalität einen Blick auf die unter/hinter
dieser Oberfläche liegende, raue und ungeschliffene Realität zu liefern vermag.

III. Das Punctum der Popmusik

Noch eine weitere Differenzfigur, die als Residuum des Authentischen beschrieben worden ist, sei abschließend hier genannt. In *Die helle Kammer* erkennt
Roland Barthes das Authentische, mit Helmut Lethen gesprochen, hinter oder
unter der Oberfläche des rein fotografischen Bildausdrucks, das im *studium*

---

15 Vgl. Leistner (2001, 81 u. 86).
16 Vgl. Wieler (1996, 30–33).
17 Vgl. Sontag (1982).

zu erkennen und zu beschreiben ist.[18] Das Authentische manifestiert sich für
Barthes in zufälligen Details, im kontingenten und nicht planbaren Mehrwert
von Fotografien in einem Bestandteil des Bildes, das über das bloße „Es-ist-so-
gewesen"[19] hinausgeht. In Barthes' Worten zeigt sich das Authentische also in
der „blinde[n] und gleichsam unbedarfte[n] Kontingenz", im „Zufall", in der
„Emanation", im „gespenstische[n] Grauen", in dem „Intensitätswert", der sich
im Detail einer zufälligen Geste oder Pose zeige und zu einer „Suspendierung
des Referenten" führe.[20] Dieses Authentische nennt Barthes das *punctum*.
Letztlich handelt es sich um ein Rezeptionsphänomen, das nicht beschreibbar
ist, das zumindest nicht durch die im *studium* gewonnenen Begriffe eingeholt
werden kann.[21]

Diedrich Diederichsen wiederum beschreibt die Popmusik als eine indexi-
kalische Kunst, in der sich analog zu Barthes' Beschreibung der Fotografie das
Authentische in einem Punctum zeige. Für Diederichsen ist die „Pop-Musik"
ebenfalls wesentlich ein Rezeptionsphänomen, da sie sich – anders als andere
Kunstformen, die grundsätzlich an einem bestimmten Medienträger hängen –
nur aus dem Zusammenspiel von Musik, Texten, realen Personen, Performances,
Bildern, Kleidungsstilen und Posen verstehen lässt, wobei sich dieses Zusammenspiel erst in der intimen Rezeption im Kinderzimmer (oder Kopfhörer)
vollzieht. Popmusik ist demnach das Ausleben von Individualität im überindi-
viduellen Gemeinschaftsgefühl, ist die „Möglichkeit, allein zu sein, muttersee-
lenallein mit der Gesellschaft."[22] Als individuell-kollektives Rezeptionsereignis
ist Popmusik darüber hinaus sozial-politisch bedeutsam, da sie Affirmation und
Dissidenz integriert, indem sie „Ja" sagt, und doch „Nein sagen" will.[23] Sie ist
aber auch sozial, insofern sie „*gemeinsame* Erfahrungen kulturell [überformt],
die aber im Hinblick auf die Umgebung, in der die leben, die diese Erfahrung
machen, *besondere* Erfahrungen sind."[24]

---

18 Vgl. zu dieser Interpretation LETHEN (1996, 211–218).
19 BARTHES (2016 [1980], 87, i. Orig. kursiv).
20 BARTHES (2016 [1980], 12–14 u. 37, i. Orig. mit Hervorhebungen).
21 Vgl. LETHEN (1996, 217).
22 DIEDERICHSEN (2014, XIX).
23 DIEDERICHSEN (2014, XIII).
24 DIEDERICHSEN (2014, XIV).

Während das Punctum ein zufälliger, nicht planbarer Mehrwert von Fotografien ist, ist in der Popmusik Diederichsen zufolge die „Konzentration auf unwillkürliche Effekte (der Stimme, des Sound etc.) [...] zentral", d. h. Popmusik versucht etwas, „das nach Barthes eigentlich unmöglich ist, nämlich eine *Beherrschung* des Punctums."[25] Diederichsen beschreibt damit erneut eine Differenzfigur, genauer die „kleine Abweichung vom Ideal, die Überraschung, die ihren Grund in der Individualität der aufgezeichneten Person"[26] hat:

> Sie will den Zufall, die Alltagskontingenz, die Lebendigkeit an sich zu einem neuen musikalischen Material machen. Sie will es gezielt produzieren, ihm gerecht werden. Von der institutionell und kulturell sicheren und eindeutigen Position des Komponisten aus sollte die phonographische Singularität innerhalb der oder als Komposition eine Rolle spielen. In der Pop-Musik geht es beim phonographisch Besonderen aber nicht um einen phonographischen Zufall an sich und dessen Aufzeichnung und Bearbeitung, sondern um ein technisch wiederholbares Unwiederholbares, das einem ganz bestimmten, vorher eingeführten oder generell vorstellbaren Menschen, Ort, einer Gruppe oder Situation begegnet. Es ist kostbar zufällig und unvorhersehbar lebendig nur *in Bezug auf.* Nur im Zusammenhang mit Konstanten und Konventionen kann also das phonographisch Besondere gegeben werden. Pop-Musik versucht, dies zu organisieren.[27]

Das phonographisch Besondere, das eine Wirkung der (authentischen) Unmittelbarkeit und Intensität zu erzeugen vermag, verortet Diederichsen somit in einem Dritten zwischen den beiden Polen der Komposition und der Improvisation, zwischen der Musik eines „planenden Komponisten oder Textautor[en] [...] (klassische Musik)" und „der eine Echtzeitsituation kollektiv bewältigenden Combo (Jazz)".[28] Und er verortet es zudem in einem Dritten zwischen einem ‚naiven' Glauben an oder der Verabsolutierung der phonographischen Zeichenrelation, die er „Authentizismus" nennt, einerseits und dem Projekt einer Verkunstung der Popmusik andererseits: „Den Sturz in den nackten Authentizismus muss die Pop-Musik genauso verhindern wie den Übertritt zur Kunst (wenn sie sie selbst bleiben und das Format erfüllen will, das sie von anderen unterscheidet)."[29] Das, was hier als phonographischer Zufall, als das phonographisch Besondere, die „unbedarfte

---

25 DIEDERICHSEN (2014, XX).

26 DIEDERICHSEN (2014, XXI).

27 DIEDERICHSEN (2014, 20 f.).

28 DIEDERICHSEN (2014, XX).

29 DIEDERICHSEN (2014, 22).

Kontingenz",[30] die einen Intensitätswert darstellt, kurz, das Punctum der Popmusik bezeichnet wird – und das anders als in der Fotografie nicht ein aleato-
rischer Mehrwert ist, sondern in der Popmusik beherrscht und damit bewusst
erzeugt werden soll –, erscheint in unserem Beispiel der Raportage von Blumentopf als die fingierte Spontanität der Songs.

IV. „The Message" of Hip-Hop

Hip-Hop (oder Rap) ist ein Subgenre der Popmusik (im Sinne Diederichsen),
für das Authentizität eine zentrale Rolle spielt.[31] Erste Bürgerpflicht für Rapper
ist bekanntlich ihre Street Credibility, die aber freilich nichts anderes ist als eine
Hip-Hop-spezifische Authentizität.[32] Street Credibility umfasst dabei deutlich
mehr, als sich ‚nur' durch extrovertierte ‚Hypermaskulinität'[33] im gefährli-
chen Ghetto-Alltag und im Kampf eher gegen als mit staatlichen Normen und
Gesetzen zu behaupten. Das Phänomen umfasst eine komplexe soziale, politische und sowohl text- als auch musikästhetische Mischung. Sozial-politisch
hat Rap seinen Ursprung in der afroamerikanischen Jugend- und Protestkul-
tur, und ist dadurch über die ‚Long History' gleichsam mit der Geschichte der
Sklaverei und der jahrhundertelangen Unterdrückung der People of Color in
Amerika verbunden. Konkreter entstand in den 1970er Jahren im Zuge der
postindustriellen Verelendung und Verslumung des New Yorker Stadtteils
Bronx eine Jugendkultur, in der die – sozial gesprochen – Ermächtigung und
Selbstbehauptung der abgehängten Jugendlichen eine ideale Mischung mit –
ästhetisch und kunstsoziologisch – dezentraler und antihierarchischer Produktion einging.
　　Während es durch das Distributionssystem der Plattenfirmen und Radiosta-
tionen nicht einfach ist, in den Rock- und Popmainstream zu kommen, Popmusik also wie jede professionelle, nicht-dilettantische Kunst vor allem eine Kunst
von oben ist (trotz aller oft gegenteiliger Selbstinszenierung in den Lyrics), ist
Hip-Hop eine Jugend- und Popkultur *von unten*. Die Bronx wurde dabei zum

---

30　Barthes (2016 [1980], 12, i. Orig. mit Hervorhebung).
31　Vgl. Wolbring (2015, 155–167 u. 364–368). Bielefeldt (2006, 147) spricht von
　　einem „strapazierten Authentizitätsdiskurs" beim Hip-Hop.
32　Vgl. Blümer (1999, 254–265); Hörner (2009, 89); Gruber (2017, 176–179).
33　Vgl. Wolbring (2015, 368–380).

Sinnbild für Massenarbeits- und Perspektivlosigkeit ethnischer Minderheiten, für Slums an der Peripherie von US-amerikanischen Ballungsräumen, in denen Banden- und Drogenkriege herrschen. Dieses Sinnbild gerann durch zahlreiche Filme und Romane schnell zu einem eigenen amerikanischen Mythos.

Inhaltlich geht es im Hip-Hop darum, die Ghetto-Realität mit all ihrer Gewalt und Brutalität möglichst direkt wiederzugeben, dadurch aber zugleich kreativ zu kanalisieren:

> War die HipHop-Kultur in den 70er-Jahren eigentlich nur eine alternative Partyform jugendlicher Ghettokids, preiswert selbstorganisiert und fernab vom langweiligen Rock- und Disco-Mainstream der weißen Jugendlichen, so begannen DJs und MCs nun damit, Rap als Darstellungsform für die brutale Ghetto-Realität zu nutzen. Ihr Ziel: die sinnlose, selbstzerstörerische Gewalt und Drogenflut einzudämmen und kreativ umzulenken. Statt sich gegenseitig umzubringen, motivierten sie die Gangs, ihre Rivalitäten in Verbal Contests und DJ-Battles auszutragen, sprühten ihre erfahrungsgesättigten Warnungen vor exzessivem Drogenkonsum an die Wände, verkehrten das verächtliche ‚Nigger'-Dasein im Rap zum selbstbewussten ‚black & proud'.[34]

Damit war die Hip-Hop-Formel gefunden, wie sie sich erstmals – wenn auch zu Beginn noch in wenig aggressiver und eher spielerischer Ausprägung – zum Beispiel idealtypisch vorgeführt findet in „Rapper's Delight" (1979) von Sugarhill Gang oder in „The Message" (1982) von Grandmaster Flash & The Furious Five. An dieser Formel mussten sich entsprechend alle Nachfolger orientieren oder anders gesagt: Ursprünglich war die Kanalisierung des Ghetto-Bandenkrieges in DJ- und MC-Battles – als Battle-Rap in den Verbal Contests entwickelte sich daraus eine eigene Subgattung des Hip-Hop – ebenso wie die Thematisierung der Ghetto-Realität und die Umdeutung des Außenseiterdaseins in eine vor allem männlich konnotierte Geste der Überlegenheit – dem „boasting"[35] – mit den Elementen Macht, Härte und Stolz durchaus noch eine naiv-authentische Äußerung desillusionierter Jugendlicher. In späteren Songs firmiert diese Formel dann eher als sentimentalische Inszenierungsstrategie, um sich in die Hip-Hop-Genealogie einzuschreiben, aber auch, um durch diese Genealogisierung – die immer eine Selbstautorisierung ist – die eigene Street Credibility zu konstruieren. Sozialdarwinismus und Sexismus bleiben für diese Selbstinszenierung bis heute zentrale Elemente.[36] Wie wichtig das als Inszenierungsstrategie

---

34 FARIN (2010).

35 Vgl. GRUBER (2017, 133–158).

36 Vgl. BLÜMER (1999, 260) und SAIED (2012, 45–47).

und als genealogische Selbsteinschreibung in die Gattungstradition ist, zeigt sich gut am deutschsprachigen Hip-Hop, wenn sogar das Frankfurter (eher groß- als kleinbürgerliche) Rödelheim rappend zur deutschen Bronx gemacht wird oder generell die deutschen Vorstädte zu regelrechten Slums heruntergedichtet werden, wie etwa von Haftbefehl, Kollegah und vielen anderen mehr. Diese Art der Street-Authentizität ist im Hip-Hop meist eher Behauptung als Realität; als Selbstinszenierung aber ist sie ein zentraler Topos der Gattung.[37]

Dieses *von unten* und *von der Straße*-Kommen der Street Credibility ist aber nicht nur kunstsoziologisch als Inszenierungsstrategie wichtig, sie trifft im Hip-Hop zudem auf die perfekte musikalische und lyrische Ausdrucksästhetik. Anders als Rock- und Popmusik braucht es für den Rap keine Band, man muss nicht erst jahrelang ein Instrument lernen, bevor man Musik machen kann, es genügt ein DJ, der sampelnd oder scratchend Melodien verfremdend neu interpretiert. Hip-Hop ist darin dem Punk strukturell nicht unähnlich bzw. darin sogar noch konsequenter und radikaler, denn bei Punk geht es ja gerade darum, das nicht-professionelle Spielen der Musikinstrumente zum ästhetischen Kernmerkmal zu machen. Die Differenz, die oben vor allem als eine zwischen Professionalität und Dilettantismus und zwischen Hochkultur und Laien(pop)-kultur beschrieben wurde, ist hier somit innerhalb der Popmusik wirksam: Pop braucht Musiker, die die Instrumente mehr oder minder beherrschen, und braucht Sänger, die außergewöhnliche, wiederkennbare und meist ‚schöne' Stimmen haben. Punk und Hip-Hop sind sich auch darin ähnlich, dass man kein guter Sänger sein muss, um die Songs zu singen/sprechen. Hier ist gerade die Differenz zu den schönen Stimmen des Rock- und Popmainstream zentral und wichtiges Authentizitätsmerkmal. Zur Abgrenzung von stimmlicher Brillanz kommt inhaltlich und rhetorisch dann noch die Distanzierung von der Hochsprache mit dazu. Die Straße spricht nun einmal anders, der Soziolekt ist ein weiteres, vielleicht sogar das wichtigste Merkmal für Street Credibility.

Kann Hip-Hop also schon musikalisch wie lyrisch als eine authentische Kunstform gelten, steigert sich dieses Authentizitätspotential im Battle oder Freestyle Rap noch einmal. Denn bei aller soziolektalen Abgrenzung von der Hochsprache lebt der Hip-Hop auch vom wohlkomponierten Punt als Pointe, von „Wortspiel und Punchline",[38] die wiederum nur durch eine wohldosierte

---

37 Vgl. WOLBRING (2015, 155–160 u. 364–368) sowie GRUBER (2017, 176–179).
38 WOLBRING (2015, 314).

Mischung aus Form und Inhalt entsteht – darin strukturell zum Beispiel dem Witz oder noch eher vielleicht dem Limerick verwandt. Dieser Punt der Pointe ist aber Ausdruck einer langwierigen und professionellen Produktion eines Rap *poeta doctus*, d. h. darin offenbart sich eine Hip-Hop-spezifische Meisterschaft, die gründlich erlernt werden will und die in der Produktion wiederum Zeit braucht.

Doch wenn durch solche Dichtungsübung die Straße zum Sprechen gebracht wird, spricht, um Schiller zu beleihen, die Straße eigentlich schon nicht mehr. In der Spontanität des Freestyle oder Battle Rap der Verbal Contests ist diese Kunsthaftigkeit des Ausdrucks ausgesetzt. Freestyle ist der ungekünstelte, direkte und unmittelbare Ausdruck im instantanen Moment des Battles, im lyrischen Kampf wird nicht lange an Pointen gefeilt, sondern spontan gereimt, so der hier wirkende (falsche) Umkehrschluss. Dass einerseits Spontanität auch eine und eine ganz eigene Kunstfertigkeit ist, dass gerade der Battle Rap andererseits von einer hochgradigen Formelhaftigkeit und Stereotypik geprägt ist – indem es beim Dissen eigentlich kaum je um mehr als zwei, drei Themen geht, nämlich dem Gegner Homosexualität zu unterstellen, ihm damit die Männlichkeit abzusprechen oder seine Mutter zu beleidigen – tut der grundsätzlichen Wirkung keinen Abbruch. Hip-Hop ist im Kern folglich eine popmusikalische Gattung, die ihre spezifische Authentizität der Street Credibility durch fingierte Spontanität, fingierte Instantaneität und fingierte Okkasionalität (idealtypisch: produziert im Battle für den Battle) erreicht.

Damit wird Hip-Hop im Allgemeinen und der aus festen Konventionen und Formkonstanten bestehende Freestyle Rap im Besonderen aber zu einer Musik, in der noch einmal kategorial gesteigert vorliegt, was Diederichsen für die Pop-Musik generell beschreibt: Besteht Pop-Musik für Diederichsen immer schon daraus, das Punctum gezielt zu produzieren und festzuhalten, liegt in der fingierten Spontanität des Freestyle Rap eine Gattungskonvention vor, in der versucht wird, die Alltagskontingenz und die Lebendigkeit der Form gezielt zu produzieren und auszustellen.

Darüber hinaus lebt der Hip-Hop wesentlich von Übertreibungen jeglicher Art. Markiert schon der Soziolekt eine Abgrenzung der Straße vom Mainstream und des Ghettos von der Hochsprache, entsteht ebenfalls bereits in der Frühphase des Ghetto-Rap die damit zusammenhängende spezifische Ästhetik des *Signifying*.[39] Damit sind Übertreibungen gemeint, die nur in bestimmten Straßenzügen und Vierteln überhaupt verstanden werden:[40] „Diese spezielle Sprachkunst [des *Signifying*] bricht mit den Gepflogenheiten der herrschenden, weißen Sprache. Sie verdreht, übertreibt und unterläuft die standardisierten Sprachcodes und wirkt dadurch subversiv."[41] Das ist im Battle Rap noch einmal gesteigert, geht es dabei doch nicht nur darum, spontan originelle Lyrics zu dichten, sondern darum, in diesen Lyrics den Gegner härter zu beleidigen, als man selbst beleidigt wird. Die Tendenz der Übertreibung in Emotionalität und Subjektivität auf der textlichen Ebene spiegelt sich in der Hip-Hop-Kultur auch in den übertriebenen (man könnte sagen: kitschigen oder ‚camp'-igen) Klamotten. Am deutlichsten kann man diese Hip-Hop-spezifische Ästhetik in der Bildsprache der Videos sehen, in denen sich die Rapper gegenseitig mit immer noch dickeren Autos, um die immer noch mehr Frauen tanzen, zu übertreffen versuchen.

V. Der „öffentlich-rechtliche" Hip-Hop von Blumentopf

Auch wenn sich die deutschen Gangsta Rapper größte Mühe geben, sich als ganz böse Jungs zu inszenieren, ist Deutschland freilich nicht Amerika – und schon gar nicht ist Freising die Bronx. Dem zeitgenössischen deutschen Hip-Hop mag man immerhin noch eine sozial-politische Komponente zuschreiben, wenn die Rapper aus abgehängten (sogenannten Sinus-)Milieus stammen, doch in dieser Logik müsste den weißen Mittelstandskindern von den Fantastischen Vier ebenso wie den Freisinger Vorzeige-Gymnasiasten von Blumentopf eigentlich jegliche Art der Street Credibility abgehen. Aber Pop ist gerade deshalb Pop, weil sich solche Subgenres leicht neu codieren lassen, ohne dabei ihre urständische Ästhetik und feldinterne Wirkungslogik einzubüßen, solange zumindest die Kernaspekte der Inszenierung als Hip-Hop erfolgreich aufgerufen werden. Davon abgesehen wird auch der Gangster-Rap aus dem Ghetto vor allem von weißen Kindern und Jugendlichen konsumiert,[42] insofern kommt die

---

39 Vgl. Wolbring (2015, 348–350).
40 Vgl. Farin (2010).
41 Blümer (1999, 260 f.).
42 Vgl. Saied (2012, 42).

eigentlich subversive Kunst über Protagonisten wie die Fantastischen Vier oder Blumentopf gleichsam ,zu ihrer Zielgruppe'. In diesem Fall wie in jedem pop-musikalischen Subgenre hängt die Inszenierungsleistung einerseits wesentlich an den Personen und ihrem Auftreten. Neben den Klamotten und Posen sind dabei etwa die Rapper- und DJ-Spitznamen zu nennen, die Gattungsspezifik ausstrahlen müssen. Entsprechend setzt sich Blumentopf nicht aus den Rappern Cajus Heinzmann, Bernhard Wunderlich, Florian Schuster und Roger Mang-lus und dem DJ Sebastian Weiss, sondern aus Master P, Holundermann, Kung Schuh, Specht und Sepalot zusammen.

Darüber hinaus versuchen Blumentopf aber gar nicht erst, sich als Gangsta zu inszenieren und eine Ghetto-Herkunft zu fingieren, vielmehr können sie als eine Diskurspop-Variante innerhalb des Hip-Hop verstanden werden. Sie sind insofern mehr Freisinger Schule als Kollegah oder Haftbefehl aus dem Block. Diese Appropriation funktioniert in diesem Fall auch deshalb sehr gut, weil Rap per se eine *message music* ist, bei der die Texte im Vordergrund stehen, eine Musik mithin, bei der es „so viel Text pro Zeiteinheit" wie „nie zuvor" gibt.[43] Diese „Lust an Kommunikation", am „endlose[n] Reden und Argumentieren"[44] und nicht zuletzt an der möglichst originellen sprachspielerischen Pointe lässt sich somit mit Ghetto-spezifischen Themen wie Kriminalität, Drogen und Armut im Soziolekt ebenso ausdrücken wie mit anderen und dann eher ,nur' jugendsprachlich vorgetragenen Themen.[45] Letztlich entscheidet die Form (die Geste, die Pose, die Klamotten etc.) dann eher als der Inhalt über die Einschrei-bung in den Hip-Hop-Kontext, auch wenn die Zielgruppen sich je nach sozialer Zusammensetzung der Bands und inhaltlichen Themen der Songs freilich dif-ferenzieren. In beiden Fällen entsteht die authentische Wirkung des Hip-Hop zum einen aus einer Sprachkunst, die stets eine subversive ist, und zum anderen aus einer Sprachkunst, die bei aller Graduierung zwischen Gangsta Rap und Spaß-Hip-Hop von Übertreibungen geprägt ist.

Die Themen, die Blumentopf in ihren Liedern verarbeiten, decken dabei so ziemlich das gesamte Feld mittelständischer europäischer Jugendlichkeit ab. Alltags- und Beziehungsthemen stehen im Vordergrund, es wird aber auch Kri-tik an politischen Ereignissen wie dem Irak-Krieg geübt, allerdings auf einem

---

43 Jacob (1993, 183).

44 Jacob (1993, 183). Vgl. auch Farin (2010).

45 Vgl. Diederichsen (2014, XIV).

Niveau, auf das sich der jugendliche Mainstream in breiter sozialer Basis ver-
ständigen kann – eine popmusiktypische Form der „Dissidenz",[46] bei der ein
politisches „Nein für sein Publikum als Ja rüberkommt."[47] Dieser Aspekt ist
für die Identifikation einer breiten jugendlichen Fußballfanbasis bedeutsam.
Denn gerade mit einer Band wie Blumentopf können sich die allermeisten
jugendlichen und junggebliebenen deutschen Fußballfans identifizieren, was
mit richtigen Gangsta-Rappern sicherlich etwas schwieriger geworden wäre.
Der Blumentopf-Hip-Hop erzeugt damit die Coolness und Ästhetik der Dissidenz der Gattung, ohne vom Boden der gleichen ethnisch-sozialen Außensei-
terposition aus zu ‚argumentieren'. Blumentopf strahlt als Band innerhalb des
Hip-Hop also idealtypisch das aus, was nach Diederichsen Popmusik immer
schon ausmacht: das Ja (Fußball-Fantum) im Nein (Coolness und Dissidenz
gegenüber dem spröden Mainstream).

Nur so ist zu verstehen, warum sich die ARD für Blumentopf und Blumentopf für die ARD ‚entscheiden' konnten. Die ARD kann ihre Fußballbericht-
erstattung auffrischen und sich durch diese Hip-Hop-Raportage jugendlich
präsentierten und somit popkulturell nobilitieren. Blumentopf hingegen müssten eigentlich durch ihre Zusammenarbeit mit der „Arbeitsgemeinschaft
der öffentlich-rechtlichen Rundfunkanstalten" um ihr wichtigstes Gut, ihre
Coolness und Street Credibility, bangen. Doch Blumentopfs Position im pop-
musikalischen Feld ist eben diejenige, weiße, mehrheitsgesellschaftliche, mit-
telständische Jugendlichkeit zu repräsentieren und gerade nicht eine irgendwie
geartete Ghetto-Dissidenz: „Wir sind schon eher die öffentlich-rechtlichen
Typen", bringt Cajus Heinzmann die eigene Feldposition im Interview mit dem
Magazin *11 Freunde* entsprechend prägnant auf den Punkt.[48]

Die Wirkung der Blumentopf-Raportage ist aber nur dann vollgültig zu verstehen, wenn man sie als Mischung aus Rap und Gelegenheitsdichtung betrachtet. Die einzelnen Songs der Raportage berichten von konkreten Ereignissen,
hier den einzelnen Spielen der deutschen Nationalmannschaft bei den Europa-
und Weltmeisterschaften von 2006 bis 2014. Die Ereignishaftigkeit und *tel-
lability*, die durch die Spiele ohnehin schon gegeben ist, wird in den Songs
noch einmal dadurch gesteigert, dass darin vor allem das Ungewöhnliche und

---

46 Blümer (1999, 262); Diederichsen (2014, XIII).

47 Diederichsen (2014, XIII).

48 11 Freunde (30.5.2008).

Skurrile herausgehoben wird, das sozusagen bisher in der medialen Berichterstattung Überhörte und Übersehene, oder ereignisterminologisch und narrativ gesprochen, das ‚Unerhörte'. Darüber hinaus ist die Okkasionalität dieser Gelegenheitssongs in einem zweifachen Sinn zu verstehen: Die zeitliche und thematische Gebundenheit prägt hier nicht nur den Inhalt, die *histoire* der Lieder; es handelt sich zudem um okkasionelle Produktionen, die in großer zeitlicher Nähe, unmittelbar nach Ende der Spiele, entstehen, und diese fast spontane Produktion spiegelt sich wiederum im *discours* oder in der musikalischen und textlichen Ästhetik der Lieder.

Der Rap bietet mit Battle und Freestyle Rap genau für diese kaum überbietbar rasche Produktion aber einübbare Formen und feste Konventionen an. Mit anderen Worten, Gelegenheitsdichtung und Hip-Hop gehen in diesen Raportagen eine Symbiose ein. Ja mehr noch, es ist gerade diese Symbiose aus der Okkasionalität der Gelegenheitslyrics und den Konventionen des Freestyle Rap, die in der instantanen Situation der fingiert-spontanen Textproduktion eine ‚Beherrschung' (oder Produktion) des Punctum im Sinne Diederichsens sicherstellt. Die Raportagen wirken durch dieses Punctum der fingierten Spontanität lebendig, sie wirken wie eigentlich nicht planbar – obwohl sie das ja gerade in ausgeprägtem Maße sind –, und sie wirken nicht zuletzt dadurch besonders, mit einem Wort, authentisch.

Die Mischung aus fingierter Spontanität und festen Formkonventionen lässt sich auch in den Songstrukturen beobachten, die alle sehr einfach gebaut sind und lediglich aus einer langen Strophe, in der die kompletten Spiele mit den jeweils wichtigsten Szenen zusammenfasst werden, und einem abschließenden Refrain bestehen. Musiksample und Refrain sind dabei ebenso vorproduziert und nicht spontan okkasionell wie die Bilder im Video, die den Auftakt und den Refrain begleiten. Da es sich um Produktionen für Fernsehsendungen handelt und das Fernsehen seine Texte bebildern muss, existieren diese Raportagen also – anders als Popmusik sonst – immer aus Lied und Video zugleich.

Von 2006 bis 2014 werden diese Raportagen zunehmend komplexer und die Songs komplizierter, was an den Samples der Musik, den Versstrukturen und den Videos zu erkennen ist. Mussten Blumentopf zunächst also erst einmal die neue Form des fast im Freestyle gerappten Gelegenheitsgedichts einüben, ist mit den Jahren eine zunehmende Professionalisierung und Verkunstung zu erkennen. Bietet das Sample 2006 noch ein sehr ruhiges und gleichförmiges Rhythmusbett, ist es 2014 nicht nur deutlich schneller, sondern überdies synkopisch binnengetaktet. Lieferten Blumentopf dazu in der ersten Raportage

gleichmäßige und tendenziell volksliedstrophenhafte vier- bis fünfhebige Paar-
reimverse, wird diese Grundstruktur 2014 zwar grundlegend beibehalten, aber
doch wesentlich freier und kunstfertiger gehandhabt, etwa mit freierer Rhyth-
misierung der Verse (der Füllungsfreiheit in der Volksliedstrophe nicht unähnlich), mehr unreinen Reimen und regelmäßig auftretenden Waisen.

    2006 musste dem Publikum zunächst noch erklärt werden, was da jetzt pas-
sieren wird. Entsprechend werden sämtliche Raportagen eingeleitet mit: „Das
Blumentopf-Expertenteam fasst für Sie zusammen".[49] Und was danach dann in
den meist ca. 90 Sekunden langen Liedern kommt, ist wenig mehr, als was die
Zuschauer*innen sonst von solchen Fußballberichten etwa aus der Sportschau
kennen: Nacherzählt werden lediglich die wichtigsten Spielszenen und die Tore,
gefolgt von einigen wenigen Interviewausschnitten von Spielern oder Trainern.
Die Einleitungsfloskel entfällt in den Folgejahren, vor allem lösen sich Blumentopf aber mehr und mehr von der bloß berichtenden Nacherzählung. Zwar werden die Tore weiterhin erwähnt, ansonsten werden in den Turnier-Raportagen
jedoch zunehmend die eher skurrilen Nebensächlichkeiten im Spiel oder auch
Versprecher von Sportreportern, Spielern und Betreuern ausgewählt. Etwa mit
Mehmet Scholls Erfolgsrezept zum Auftaktspiel gegen Portugal 2014: „Ein frühes Tor schießen, egal wann."[50] Sprich, die Pointe wird zunehmend wichtiger
gegenüber der bloßen Nacherzählung.

    Inhaltlich ist die Entwicklung der Raportagen an den Refrains nachzuvoll-
ziehen, die sloganartig zudem die jeweilige Erwartungshaltung der Fans an die
Nationalmannschaft ausdrücken. Anders formuliert, die Lyrics inszenieren
sich stets als Texte aus der Fanperspektive. So ging es 2006 bei der Heim-WM
nach Jahren des Misserfolgs vor allem darum, sich erst einmal nicht zu blamie-
ren. Beschworen wird von Blumentopf daher kaum mehr, als dass die Fans Tore
sehen wollen: „Die ganze Welt ist zu Gast bei uns, / Der Platz ist grün und der
Ball ist rund, / Ob Hacke, Kopf oder reingeschlenzt, / Wir wollen Tore, denn
wir sind Fans."[51] Bei der nachfolgenden EM darf schon ein wenig geträumt werden, aber richtig konkret und mutig ist das dann doch auch noch nicht: „EM
08, ein Traum, ein Ziel / Wir lieben dieses Spiel".[52] 2010 steigert sich der Ton

---

49 BLUMENTOPF (2006, 00:00:10–00:00:13).
50 BLUMENTOPF (2014, 00:01:48–00:01:50).
51 BLUMENTOPF (2006, 00:01:04–00:01:25).
52 BLUMENTOPF (2008, 00:01:04–00:01:18).

der Erwartungshaltung dann doch erkennbar: „eins, zwei, drei, vier / Holt den Titel Nummer Vier".[53] Es wird nicht nur die Schönheit der Chance und des Spiels betont, es werden erstmals konkrete Titelerwartungen formuliert. Eine Tonhöhe, die 2012 gehalten wird: „Wir sind wie? Wir sind was? Wir sind fuß-ballverrückt / 2012 – Jungs schießt uns ins Glück".[54] 2014 ist mit dem zuneh-menden Erfolg der letzten Jahre die Erwartungshaltung so weit gestiegen, dass es dieses Mal einfach wieder klappen muss(te):

> Es ist soweit, ey wir rasten aus / wir fiebern mit durch die Ups and Downs / Der Ball muss rein und die Arme rauf / bitte bitte bitte bringt uns den Pokal nach Haus / Fußball-WM. Leute was ein Traum / wir gehen mit euch durch die Ups and Downs / es ist Sommerzeit, tanzt sie aus / bitte bitte bitte bringt uns den Pokal nach Haus.[55]

Was die ‚Jungs' dann bekanntlich ja auch geschafft haben, oder mit Blumentopf in ihrer letzten Raportage: „Es ist soweit, ey wir rasten aus / Wir sind Weltmeis-ter, was ein Traum / das ganze Land ist im Fußballrausch / denn unser Team kommt mit dem Pokal nach Haus".[56]

Die ästhetische Entwicklung zur zunehmenden Verkunstung von 2006 bis 2014 ist darüber hinaus in den Videos zu den Liedern zu erkennen, genauer gesagt in der Bebilderung des Refrains. Offenkundig war für die ARD die jugendkulturell-popmusikalische Nobilitierung durch die Raportagen so erfolgreich, dass sie die Videos dazu mit den Jahren zunehmend aufwendiger produziert hat. Während man Blumentopf 2006 lediglich in einem Fernsehstu-dio sieht, sind die Szenen zum Refrain in den Jahren danach zwar zunehmend aufwendiger inszeniert, aber zeigen meist kaum mehr als die Bandmitglieder in wechselnden Kulissen (etwa im Fußballstadion oder in einem Oldtimer). 2014 hingegen sind die Refraineinstellungen aufwendig mit Bluescreentechnik vorproduziert. Die einzelnen Raportagen beginnen mit einem eigenen Logo im Retrostil, um das herum die ikonischen Zahlen 1954, 1974 und 1990 kreisen. Im Refrain sind die einzelnen Bandmitglieder dann in berühmte ikonische Filmausschnitte der deutschen Fußballgeschichte mit der Bluescreentechnik montiert.

---

53 BLUMENTOPF (2010, 00:02:45–00:02:51).
54 BLUMENTOPF (2012, 00:01:10–00:01:18).
55 BLUMENTOPF (2014, 00:01:09–00:01:29).
56 BLUMENTOPF (2014, 00:11:13–00:11:24).

So fährt die Band mit dem berühmten Weltmeisterzug von 1954 durch schwarz-weiß-jubelnde Menschenmengen und Bernhard Wunderlich alias Holunder hält danach beim VW-Käfer-Autokorso ein Schild mit „macht's nochmal"[57] hoch. Als 1974 Franz Beckenbauer den Weltmeisterpokal in den Münchner Himmel reckt, steht Roger Manglus alias Specht neben ihm, und Cajus Heinzmann alias Master P läuft beim selben Turnier als Bildreporter verkleidet hinter Paul Breitner ins Stadion ein. Als Lothar Matthäus 1990 mit dem WM-Pokal den Flieger verlässt, wartet die gesamte Band schon auf der Rolltreppe auf ihn. Und Oliver Kahn muss nach dem verlorenen WM-Finale 2002 nicht mehr alleine in Gedanken versunken am Torpfosten von Yokohama lehnen, sondern wird von Florian Schuster alias Kung Schuh getröstet („durch die Ups and Downs" eben).

Mit diesen Montagen wird eine doppelte Genealogisierung vorgenommen: Zum einen schreibt sich die Band in die deutsche Fußballgeschichte ein. Zum anderen wird aber auch das Turnier 2014 in diese Geschichte eingeschrieben, mit einem zeitgebundenen Rezeptionseffekt freilich. Denn während die Band ja nicht wissen konnte, dass sich 2014 als vierte Jahreszahl in die Liste von 1954, 1974, 1990 einreihen wird, bekommt die gesammelte Raportage aus diesem Jahr im Nachhinein einen prophetischen historischen Wert. Mit anderen Worten, der Zeitpunkt der Rezeption entscheidet dann über die Wahrnehmung, ob hier eine historische Genealogie nacherzählt wird, oder – mit dem Blick der zeitgenössischen Zuschauer – nur die prospektive Hoffnung der Fans ausgedrückt wird.

VI. „Denn wir sind Fans!"

Der letztgenannte Aspekt ist auch wichtig für die Beantwortung der Frage, ob die Raportagen trotz zunehmender Verkunstung immer noch gleichbleibend authentisch auf die Zuschauer wirken. Die vielleicht wichtigste Differenz zu den üblichen Fußballberichten nach Fußballspielen, die von Journalisten kommentiert werden, ist die konsequente Fanperspektive, die durch die wiederkehrende und inkludierende Rede in der dritten Person Plural beständig markiert wird: „Wir wollen Tore, denn wir sind Fans", „wir sind fußballverrückt", und

---

57 BLUMENTOPF (2014, 00:01:15).

wem sollen die Jungs den Pokal nach Hause holen? Natürlich: „uns". Während Fußballjournalismus eine Berichterstattung von professionellen Akteuren liefert und damit eine Berichterstattung *von oben*, inszenieren Blumentopf ihre Raportage als einen Bericht *von unten*, gleichsam als von Fans für Fans gemacht. Die Nobilitierung, die die öffentlich-rechtliche Berichterstattung hierdurch erfährt, ist damit nicht nur eine jugend- und pop-, sondern auch eine fankulturelle.

Blumentopf kann mit dieser Differenzfigur an die strukturanaloge Ästhetik des Hip-Hop generell andocken. Diese Differenz zum Journalistisch-Professionellen zeigt sich ebenfalls in den subjektiven Übertreibungen, selbst wenn diese nicht so extrem ausfallen wie im stereotypen Gangsta Rap, dem Blumentopf ohnehin nicht angehören, aber hier soll ja auch kein Drogenkauf nacherzählt, sondern eine konsequente Fanperspektive vermittelt werden: „Manuel Neuer, was ein krasser Typ!"[58] Und ähnlich wie im Battle Rap geht es in den Raportagen zu einem Großteil darum, die Gegner der deutschen Mannschaft zu dissen, auch wenn das hier erneut nicht so extrem wie im Gattungsvorbild ausfällt, sondern der unterhaltsame Spaß-Diss im Vordergrund steht.

Die gemeinschaftsstiftende Fanperspektive erzeugt darüber hinaus noch einen weiteren Effekt, der mit der Gelegenheitsbezogenheit der Blumentopf'schen Casualraportage zusammenhängt. Weil die Lieder instantan auf die Ereignisse der einzelnen Fußballspiele bezogen sind, wirken sie auf die Zuschauer authentisch – deutlich authentischer überdies, als wenn man sich diese Raportagen heute aus der historischen Distanz noch einmal ansieht. Diese Art der Okkasionalität, die damit evoziert ist, wird durch eine besondere Art der Verschneidung von Bild und Text in den einzelnen Liedern erzeugt. Auf den ersten Blick ist damit zunächst die relativ banale Beobachtung gemeint, dass im Text nicht immer alles ausbuchstabiert werden muss, weil die wichtigsten Szenen des Spiels immer auch noch als kurze Filmeinspieler gezeigt werden, es reichen daher deiktische Verweise auf die Bildebene. Das entlastet die Lyrics von narrativen Erfordernissen. Ironie und Wortwitz können somit gegenüber dem Storytelling in den Vordergrund treten.

Außerdem dürfte dies die Textproduktion vereinfacht haben, die Lyrics mussten von den Bandmitgliedern schließlich unter Zeitdruck geschrieben werden. Diese Technik wird an zahlreichen Stellen und ebenfalls in gradueller

---

58 BLUMENTOPF (2014, 00:09:33–00:09:35).

Entwicklung zwischen den Raportagen von 2006 bis 2014 noch ausgebaut, bis hin zu elliptischen Verweisen, die man nur verstehen kann, wenn man die unmittelbar vorangehende Live-Berichterstattung gesehen hat (und die entsprechend aus der heutigen historischen Betrachtung heraus nur noch schwer aufzulösen sind).[59] Hier wird ein Rezeptionseffekt noch einmal gesteigert, der bei dieser Art der Fußball-Raportage stets vorhanden ist, der durch diese elliptische Technik, gepaart mit dem gemeinschaftsstiftenden Effekt der Wir-Anrede, aber erst seine vollumfängliche Wirkung erreicht: als Effekt der gemeinschaftlichen Augenzeugenschaft.[60]

Die Okkasionalität dieser Gelegenheitslieder ist damit eine doppelte: Sie ist zeitlich und thematisch auf ein bestimmtes Ereignis hin und aus einer (Fan-) Augenzeugenschaft heraus produziert, sie muss aber auch in zeitlich unmittelbarer Nähe von (Fan-)Augenzeugen der medialen Berichterstattung dieses Ereignisses rezipiert werden, um vollumfänglich verstanden werden zu können. Diese doppelte Okkasionalität wiederum findet in den Raportagen eine fast schon ideale Form. Im Freestyle und Battle Rap ist die fingiert spontane und nach festen Schemata improvisierte oder extemporierte Textproduktion konventionalisiert, aber auf eine Art, die in der fingierten Spontanität der freien Formen mit einem relativ überschaubaren Repertoire – man könnte hier folglich vom ‚Rapertoire' sprechen – von stereotypen Formulierungen die Momenthaftigkeit, Zeitgebundenheit und Schnelligkeit, sprich die Okkasionalität in Produktion und Rezeption, ästhetisch erkennbar hält.

---

59 Um für dieses Phänomen nur ein Beispiel zu nennen. Nach dem Auftaktsieg gegen Australien bei der WM 2010 dichten Blumentopf, dass wenn die Mannschaft so weiterspiele, „die WM ein inneres Oktoberfest" werde (wie Anm. 47, 00:01:13–00:01:15). Damit spielt die Band auf eine rhetorische Entgleisung der ZDF-Moderatorin Katrin Müller-Hohenstein an, die in der Halbzeit des Australien-Spiels Miroslav Kloses Tor damit kommentiert hatte, dass sich dies für den Stürmer „wie ein innerer Reichsparteitag" angefühlt haben müsse; ein Kommentar, der in den folgenden Tagen sehr kontrovers diskutiert wurde.

60 Ein strukturell ähnlicher Effekt entsteht heute durch die synchrone Kommentierung von Fußballspielen (oder anderen Ereignissen) auf Twitter. Viele Anspielungen und Wortwitze sind nur aus der kollektiven Augenzeugenschaft sowie aus dem Moment der Gelegenheit des Ereignisses heraus zu verstehen. Wenn man diese Tweets Wochen später liest, sind manche Anspielungen dann oft nur noch schwer zu rekonstruieren. In diesem Sinne sind auch Tweets Gelegenheitsdichtung.

Diese Erkennbarkeit der Differenz zu langwierigen und perfekt-professionellen ästhetischen Formen zusammen mit der inkludierenden Wir-Perspektive einer Fan-gemeinschaftsstiftenden Augenzeugenschaft ebenso wie die zeitliche Gelegenheitsgebundenheit erzeugt den Wirkungseffekt einer großen Unmittelbarkeit und Authentizität. Und genau darin ist das Punctum in diesem Beispiel zu erkennen: Die Raportagen sind weder langwierig und perfekt komponierte Musikstücke, noch reiner Freestyle Rap, ihre Wirkung entsteht aus der instantanen Produktion und darin zudem im Zusammenspiel von Bild und Text einerseits mit der instantanen Rezeption andererseits.

Literaturverzeichnis

11 FREUNDE (30.5.2008): „Wenig Glück… Aber Talent!". In: 11 Freunde, <https://11freunde.de/artikel/wenig-glück-aber-talent/568541>, zuletzt: 15.3.2021.

BARTHES, Roland (2016 [1980]): Die helle Kammer. Bemerkung zur Photographie. Übers. v. Dietrich Leube. Frankfurt a. M.

BIELEFELDT, Christian (2006, 135–152): HipHop im Candy Shop. Überlegungen zur populären Stimme. In: D. Helms, T. Phleps (Hrsg.): Cut and Paste. Schnittmuster populärer Musik der Gegenwart. Bielefeld.

BLUMENTOPF (2006): Gesamte Blumentopf RAPortage (WM 2006), <https://www.youtube.com/watch?v=hAIp8PRR3YM>, zuletzt: 15.3.2021.

– (2008): Blumentopf Em RAPortage (alle spiele), <https://www.youtube.com/watch?v=RpQ4mC3dcQA>, zuletzt: 15.3.2021.

– (2010): Blumentopf WM 2010 – Alle Spiele, <https://www.youtube.com/watch?v=WMf_1IOL_04>, zuletzt: 15.3.2021.

– (2012): Blumentopf RAPortage EM 2012 (alle Spiele), <https://www.youtube.com/watch?v=FNN-2lM8Jqk>, zuletzt: 15.3.2021.

– (2014): Blumentopf Raportage WM 2014 Alle Spiele <https://www.youtube.com/watch?v=dAXAdVd65AM>, zuletzt: 15.3.2021.

BLÜMER, Heike (1999, 254–265): Street Credibility. HipHop und Rap. In: P. Kemper (Hrsg.): „alles so schön bunt hier". Die Geschichte der Popkultur von den Fünfzigern bis heute. Stuttgart.

DIEDERICHSEN, Diedrich (2014): Über Pop-Musik. Köln.

FARIN, Klaus (2010): Jugendkulturen in Deutschland. HipHop. Einführung, <https://www.bpb.de/geschichte/zeitgeschichte/jugendkulturen-in-deut schland/36294/einfuehrung>, zuletzt: 15.3.2021.

GOETHE, Johann Wolfgang von (1998, 739–785): Über den Dilettantismus. In: Ders.: Sämtliche Werke, Briefe, Tagebücher und Gespräche (= Frankfurter Ausgabe), Bd. I,18: Ästhetische Schriften 1771–1805. Hrsg. v. F. Apel. Frankfurt a. M.

GRUBER, Johannes (2017): Performative Lyrik und lyrische Performance. Profilbildung im deutschen Rap. Bielefeld.

GUMBRECHT, Hans Ulrich (1998, 17–43): Kaskaden der Modernisierung. In: J. Weiss (Hrsg.): Mehrdeutigkeiten der Moderne. Kassel.

HÖRNER, Fernand (2009, 89–120): *Je suis authentique*. Die Rolle der Stimme für die Behauptung von Authentizität. In: Ders., O. Kautny (Hrsg.): Die Stimme im HipHop. Untersuchungen eines intermedialen Phänomens. Bielefeld.

HUCK, Christian (2012, 239–264): Authentizität im Dokumentarfilm. Das Prinzip des falschen Umkehrschlusses als Erzählstrategie zur Beglaubigung massenmedialen Wissens. In: A. Weixler (Hrsg.): Authentisches Erzählen. Produktion, Narration, Rezeption. Berlin, Boston.

JACOB, Günther (1993): Agit-Pop. Schwarze Musik und weiße Hörer. Berlin.

KALISCH, Eleonore (2000, 31–44): Aspekte einer Begriffs- und Problemgeschichte von Authentizität und Darstellung. In: E. Fischer-Lichte (Hrsg.): Inszenierung von Authentizität. Tübingen.

KNALLER, Susanne (2007): Ein Wort aus der Fremde. Geschichte und Theorie des Begriffs Authentizität. Heidelberg.

LETHEN, Helmut (1996, 205–231): Versionen des Authentischen: sechs Gemeinplätze. In: H. Böhme, K. R. Scherpe (Hrsg.): Literatur und Kulturwissenschaften. Positionen, Theorien, Modelle. Reinbek b. Hamburg.

MARTÍNEZ, Matías (2004, 7–21): Zur Einführung. Authentizität und Medialität in künstlerischen Darstellungen des Holocaust. In: Ders. (Hrsg.): Der Holocaust und die Künste. Medialität und Authentizität von Holocaust-Darstellungen in Literatur, Film, Video, Malerei, Denkmälern, Comic und Musik. Bielefeld.

RÖTTGERS, Kurt, Reinhard FABIAN (1971, 691–692): Art.: Authentisch. In: J. Ritter (Hrsg.): Historisches Wörterbuch der Philosophie, Bd. 1. Darmstadt.

SAIED, Ayla Güler (2012): Rap in Deutschland. Musik als Interaktionsmedium zwischen Partykultur und urbanen Anerkennungskämpfen. Bielefeld.

SCHILLER, Friedrich (1962 [1784], 79–85): Ueber das Gegenwärtige Teutsche Theater. In: Schillers Werke (= Nationalausgabe), Bd. 20: Philosophische Schriften. Erster Teil. Hrsg. v. B. von Wiese. Weimar.

SCHILLING, Erik (2020): Authentizität. Karriere einer Sehnsucht. München.

SEGEBRECHT, Wulf (1997, 688–691): Art.: Gelegenheitsgedicht. In: K. Weimar u. a. (Hrsg.): Reallexikon der deutschen Literaturwissenschaft, Bd. 1. Berlin, New York.

SONTAG, Susan (1982 [1964], 105–119): Notes on Camp. In: E. Hardwick (Hrsg.): A Susan Sontag Reader. New York.

VAGET, Hans Rudolf (1971): Dilettantismus und Meisterschaft. Zum Problem des Dilettantismus bei Goethe: Praxis, Theorie, Zeitkritik. München.

WEIXLER, Antonius (2012, 1–32): Authentisches erzählen – authentisches Erzählen. Über Authentizität als Zuschreibungsphänomen und Pakt. In: Ders. (Hrsg.): Authentisches Erzählen. Produktion, Narration und Rezeption. Berlin, Boston.

WIELER, Michael (1996): Dilettantismus – Wesen und Geschichte. Am Beispiel von Heinrich und Thomas Mann. Würzburg.

WIRTH, Uwe (2007, 25–33): Der Dilettantismus-Begriff um 1800 im Spannungsfeld psychologischer und prozeduraler Argumentation. In: S. Blechschmidt, A. Heinz (Hrsg.): Dilettantismus um 1800. Heidelberg.

WOLBRING, Fabian (2015): Die Poetik des deutschsprachigen Rap. Göttingen.

Frieder von Ammon
Professor für Neuere deutsche Literatur an der Universität Leipzig; Forschungsschwerpunkte: Theorie und Geschichte der Lyrik, Literatur und Musik, Satire und literarisches Streiten, Weimarer Klassik, Gegenwartsliteratur; zuletzt erschienen: *Thomas Kling: Werke in vier Bänden* (hrsg. m. M. Beyer, P. Trilcke, G. Wix, 2020), *Gegenwartsliteraturforschung. Probleme – Positionen – Perspektiven* (hrsg. m. L. Herrmann, Schwerpunktheft der *Mitteilungen des Deutschen Germanistenverbandes* 67, H. 3, 2020), *Lehrerfiguren in der deutschen Literatur. Literaturwissenschaftliche Perspektiven auf Szenarien personaler Didaxe vom Mittelalter bis zur Gegenwart* (hrsg. m. M. Waltenberger, 2020).

Michael Auer
Privatdozent am Department für Germanistik, Komparatistik, Nordistik, DaF der LMU München; Forschungsschwerpunkte: Politik, Recht und Literatur, Lyrik, Medien der Stimme, Mauerschau und Botenbericht, Globalisierungstheorien und Figurationen Europas in der Welt; zuletzt erschienen: *Wege zu einer planetarischen Linientreue? Meridiane zwischen Jünger, Schmitt, Heidegger und Celan* (2013), *Kriegstheater. Darstellungen von Krieg, Kampf und Schlacht in Drama und Theater seit der Antike* (hrsg. m. C. Haas, 2018).

Nicolas Detering
Assistenzprofessor für Neuere deutsche Literaturwissenschaft und Komparatistik an der Universität Bern; Forschungsschwerpunkte: Literatur der Frühen Neuzeit, des 19. Jahrhunderts und des Ersten Weltkriegs; zuletzt erschienen: *Deutsche Literatur der Frühen Neuzeit* (2019, mit A. Aurnhammer), *Krise und Kontinent. Die Entstehung der deutschen Europa-Literatur in der Frühen Neuzeit* (2017).

Rudolf Drux
Professor (em.) für Neuere deutsche Literaturgeschichte und Allgemeine Literaturwissenschaft an der Universität zu Köln; Forschungsschwerpunkte: Deutsche Literatur von der Frühen Neuzeit bis zum Vormärz (1618–1848) und im 20. Jahrhundert; Gattungspoetik, Metaphorologie und Motivforschung, bes. im Kontext der Wechselbeziehungen von Literatur- und Technikgeschichte, Dichtung und Musik, Poetik und Rhetorik; zuletzt erschienen: Vom Leben aus der Retorte. Die Reproduktionsmedizin in der Literatur unter motivgeschichtlichen, gattungspoetischen und rhetorischen Aspekten. In: Rhetorik 37 (2018), 52–67; „Hier wird dein Lauf vollbracht". Zu einem allegorischen Kasualpoem aus Hunolds *Auserlesenen Gedichten* und seinem gattungs- und kulturgeschichtlichen Kontext. In: D. Niefanger, D. Rose (Hrsg.): „Gesammlet und ans Licht gestellet". Poesie, Theologie und Musik in Anthologien des frühen 18. Jahrhunderts. Hildesheim u. a. 2019, 57–74; Wirksame Topik oder hilfreiches Netzwerk? Zur Aufnahme des Bürgers Martin Opitz in die Fruchtbringende Gesellschaft. In: S. Arend, J. A. Steiger (Hrsg.): Martin Opitz (1597–1639). Autorschaft, Konstellationen, Netzwerke. Berlin, Boston 2020, 77–90.

Johannes Franzen
Postdoc am DFG-Graduiertenkolleg „Gegenwart/Literatur. Geschichte, Theorie und Praxeologie eines Verhältnisses" an der Rheinischen Friedrich-Wilhelms-Universität Bonn; Forschungsschwerpunkte: Fiktionstheorie, Literatur und Ethik, Gegenwartsliteratur; zuletzt erschienen: *Indiskrete Fiktionen. Theorie und Praxis des Schlüsselromans 1960–2015* (2018), *Geschichte der Fiktionalität. Diachrone Perspektiven auf ein kulturelles Konzept* (hrsg. m. F. Janzen u. a., 2018).

Claudia Hillebrandt
Privatdozentin und wissenschaftliche Mitarbeiterin am Institut für Germanistische Literaturwissenschaft der Friedrich-Schiller-Universität Jena; Forschungsschwerpunkte: Literaturtheorie, Emotions- und Erzählforschung, Lyriktheorie und -geschichte, Literatur der Moderne, Gegenwartsliteratur; zuletzt erschienen: *Grundfragen der Lyrikologie 1: Lyrisches Ich, Textsubjekt, Sprecher?* (hrsg. m. S. Klimek, R. Müller, R. Zymner, 2018), Schema L? Zur wissensvermittelnden und

erkenntnisgenerierenden Funktion von Schemata in Lyrik am Beispiel einiger Altersgedichte von Harald Hartung. In: Internationale Zeitschrift für Kulturkomparatistik 1 (2019), 343–361; *Grundfragen der Lyrikologie 2: Begriffe, Methoden und Analysedimensionen* (hrsg. m. S. Klimek, R. Müller, R. Zymner, 2021).

CHRISTOPH JÜRGENSEN
Professor für Neuere deutsche Literaturwissenschaft/Literaturvermittlung an der Otto-Friedrich-Universität Bamberg; Forschungsschwerpunkte: Autorinszenierungen, literarische Gewaltgeschichte, Popkultur; zuletzt erschienen: *Federkrieger – Autorschaft im Zeichen der Befreiungskriege* (2018), *Eduard von Keyserling und die Klassische Moderne* (hrsg. m. M. Scheffel, 2020), *Gedichte von Ulrike Draesner. Interpretationen* (hrsg. m. E. Schilling, R. Zymner, 2020).

STEPHAN KRAFT
Professor für Neuere deutsche Literaturgeschichte an der Julius-Maximilians-Universität Würzburg; Forschungsschwerpunkte: Literatur der Frühen Neuzeit, Komödientheorie und -praxis, Gottfried Benn; zuletzt erschienen: Gottfried Benn – Friedrich Wilhelm Oelze: *Briefwechsel 1932–1956*, 4 Bde. (hrsg. m. H. Hof, H. Steinhagen, 2016), *Benn Forum 6: Beiträge des Benn-Symposiums zum Briefwechsel mit F. W. Oelze* (hrsg. m. H. Hof, 2019).

OLAV KRÄMER
Professor für Neue Deutsche Literaturwissenschaft an der Universität Osnabrück; Forschungsschwerpunkte: Literatur des 18. Jahrhunderts und der Klassischen Moderne, Literatur- und Wissensgeschichte, Komparatistik, Interpretationstheorie; zuletzt erschienen: *Poesie der Aufklärung. Studien zum europäischen Lehrgedicht des 18. Jahrhunderts* (2019), *Theorien, Methoden und Praktiken des Interpretierens* (hrsg. m. A. Albrecht, L. Danneberg, C. Spoerhase, 2015), *Das Wissen der Poesie. Lyrik, Versepik und die Wissenschaften im 19. Jahrhundert* (hrsg. m. H. Hufnagel, 2015).

FABIAN LAMPART
Professor für Neuere deutsche Literatur (19.–21. Jahrhundert) an der Universität Potsdam; Forschungsschwerpunkte: Literatur und Zeitkonzepte; Medienkomparatistik; Lyrik und Lyriktheorie; zuletzt erschienen: *Nachkriegsmoderne. Transformationen der deutschsprachigen Lyrik 1945–1960* (2013), *Der Zweite Dreißigjährige Krieg. Deutungskämpfe in der Literatur der Moderne* (hrsg. m. D. Martin, C. Schmitt-Maaß, 2019), *Daniel Kehlmann und die Gegenwartsliteratur. Dialogische Poetik, Werkpolitik und Populäres Schreiben* (hrsg. m. N. Moser u. a., 2020).

CHRISTIAN MEIERHOFER
Privatdozent mit einer Heisenberg-Stelle der DFG an der Rheinischen Friedrich-Wilhelms-Universität Bonn und an der Herzog August Bibliothek Wolfenbüttel; Forschungsschwerpunkte: Literatur-, Wissens- und Mediengeschichte seit 1500; zuletzt erschienen: *Formen der Evidenz. Populäre Wissenschaftsprosa zwischen Liebig und Haeckel* (2019), *Weltanschauung und Textproduktion. Beiträge zu einem Verhältnis in der Moderne* (hrsg. m. A. S. Brasch, 2020), *Ökologie* (hrsg. m. A. Kling, *Non Fiktion* 16, H. 1, 2021).

ANTJE SCHMIDT
Wissenschaftliche Mitarbeiterin an der Universität Hamburg im interdisziplinären Forschungsprojekt „Vanitas in den Künsten der Gegenwart"; Forschungsschwerpunkte: barocke Vanitas und ihre Transformation in der Gegenwartslyrik (Dissertationsprojekt), poetologische Lyrik, Lyrik und Religion/Bildende Künste; zuletzt erschienen: Zwischen Sinn(en)fülle und Widerstand – Bienen und Wespen als poetologische Symbole in der Lyrik Jan Wagners und Thomas Klings. In: Germanica 64 (2019), 57–72.

STEFANIE STOCKHORST
Professorin für Neuere deutsche Literatur (16.–18. Jahrhundert) an der Universität Potsdam; Forschungsschwerpunkte: Poetologie, Ästhetik und Rhetorik der Neueren deutschen Literatur, Literaturkritik, Praxeologie der Aufklärung, Kulturtransfer; zuletzt erschienen: *Essen, töten, heilen. Praktiken literaturkritischen Schreibens im 18. Jahrhundert* (hrsg.

m. B. Murnane, R. Robertson, C. Schmitt-Maaß, 2019), *Deutsch-dänische Kulturbeziehungen im 18. Jahrhundert/German-Danish Cultural Relations in the 18th Century* (hrsg. m. S. P. Hansen, 2019), *Ars Equitandi. Eine Kulturgeschichte der Reitlehre in der Frühen Neuzeit* (2020).

CLAUDIA STOCKINGER
Professorin für Neuere deutsche Literatur an der Humboldt-Universität zu Berlin; Forschungsschwerpunkte: deutsche Literatur des 17. bis 21. Jahrhunderts, insbesondere das Verhältnis von Literatur und Religion, Ästhetik und Praxis populärer Serialität, Literatur- und Kulturzeitschriften, Dorfgeschichte, Lebenszeitordnungen und Medizin im deutschen Fernsehen, Autor- und Werktheorien; zuletzt erschienen: *Literatur und Digitalisierung* (hrsg. m. M. Beilein, Schwerpunktheft der *Zeitschrift für Germanistik*, 2017), *An den Ursprüngen populärer Serialität. Das Familienblatt* Die Gartenlaube (2018), *Provinz erzählen* (hrsg., Schwerpunktheft der *Zeitschrift für Germanistik*, 2020).

EVA STUBENRAUCH
Wissenschaftliche Mitarbeiterin im Programmbereich „Theoriegeschichte" am Leibniz-Zentrum für Literatur- und Kulturforschung Berlin; Forschungsschwerpunkte: Zeitästhetik und -semantik seit dem 18. Jahrhundert, Verhältnisbestimmungen von Theorie- und Wissenschaftsgeschichte im 20. Jahrhundert, politische Gegenwartsliteratur; zuletzt erschienen: Vom Street Battle zum Endkampf. Politische Ambiguität bei Kollegah. In: I. Nover, K. Wilhelms (Hrsg.): Textpraxis, Sonderausg. 5 (2.2021): The Sound of Germany. DOI: https://dx.doi.org/10.17879/36029761873; Die eigene Zeit hassen. Zeitdiagnostik als Maßstab kollaborativer Wertung zwischen Gegenwart und Zukunft (Der Fall Tellkamp/*Eisvogel*). In: S. Bordach u. a. (Hrsg.): Zwischen Halbwertszeit und Überzeitlichkeit. Stationen einer Wertungsgeschichte literarischer Gegenwartsbezüge. Hannover 2021, 41–64.

Kerstin Stüssel
Professorin für Neuere deutsche Literatur an der Rheinischen Friedrich-
Wilhelms-Universität Bonn; Forschungsschwerpunkte: Gegenwartsliteratur, Literatur der DDR, Realismus (Epoche/Schreibweise),
Philologie und Praxistheorie; zuletzt erschienen: *Gegenwart denken.
Diskurse, Medien, Praktiken* (hrsg. m. J. F. Lehmann, 2020), Gegenwartsliteraturforschung zwischen Praxisfaszination und *content
management*-Analyse. In: F. von Ammon, L. Herrmann (Hrsg.): Gegenwartsliteraturforschung. Positionen – Probleme – Perspektiven. Mitteilungen des Deutschen Germanistenverbandes 67, H. 3 (2020), 289–299;
Praxisfaszination. Realistische Gegenwarten. In: S. Geyer, J. Lehmann
(Hrsg.): Aktualität. Zur Geschichte literarischer Gegenwartsbezüge vom
17. bis zum 21. Jahrhundert. Hannover 2018, 127–154.

Elisabeth Tilmann
Wissenschaftliche Mitarbeiterin am DFG-Graduiertenkolleg „Gegen-
wart/Literatur. Geschichte, Theorie und Praxeologie eines Verhältnisses"
an der Rheinischen Friedrich-Wilhelms-Universität Bonn; Forschungsschwerpunkte: Geschichte der Theaterkritik – Ludwig Speidel, Daniel
Spitzer, Peter Altenberg, Alfred Polgar, Robert Musil (Dissertationsprojekt), deutsche Literatur um 1900, Literatur und Journalismus, Medienkomparatistik; zuletzt erschienen: Gegenwartsbezüge in der Krise.
Über die Ausrichtung der Literatur am Nützlichkeitsparadigma. In: S.
Bordach u. a. (Hrsg.): Zwischen Halbwertszeit und Überzeitlichkeit. Stationen einer Wertungsgeschichte literarischer Gegenwartsbezüge. Hannover 2021, 229–253.

Antonius Weixler
Lehrkraft für besondere Aufgaben an der Bergischen Universität Wup-
pertal; Forschungsschwerpunkte: Erzählforschung, Authentizität, Historische Avantgarden, Popmusik/Popkultur; zuletzt erschienen: *Literatur-
preise. Geschichte und Kontexte* (hrsg. m. C. Jürgensen, 2021), *Post-
faktisches Erzählen? Post-Truth – Fake News – Narration* (hrsg. m. M.
Chihaia u. a., 2021), *Tradition (er)finden. Erhalten und Erneuern im
Spannungsfeld von Romantik und Realismus* (hrsg. m. C. Gardian, 2019).

JÖRG WESCHE
Professor für Neuere deutsche Literatur und Digital Humanities an der Georg-August-Universität Göttingen; Forschungsschwerpunkte: Literatur der Frühen Neuzeit, Poetik und Versgeschichte, Übersetzungskultur, Literatur und Wissenschaft; zuletzt erschienen: *Übersetzen in der Frühen Neuzeit – Konzepte und Methoden* (hrsg. m. R. Toepfer, P. Burschel, 2021), *Der Vers im Drama. Studien zur Theorie und Verwendung im deutschsprachigen Sprechtheater des 20. und 21. Jahrhunderts* (2018), *Lose Leute. Figuren, Schauplätze und Künste des Vaganten in der Frühen Neuzeit* (hrsg. m. J. Amslinger, F. Fromholzer, 2018).

In der Reihe *Publikationen zur Zeitschrift für Germanistik* sind bereits erschienen:

Band 9
INSTITUT FÜR DEUTSCHE LITERATUR DER HUMBOLDT-UNIVERSITÄT ZU BERLIN (Hrsg.):
„lasst uns, da es uns vergönnt ist, vernünftig seyn! –" Ludwig Tieck (1773–1853), Bern 2004,
407 S., 5 Abb, 1 Tab., 2 Notenbeispiele, ISBN 3-03910-419-5, br.

Band 10
INGE STEPHAN, BARBARA BECKER-CANTARINO (Hrsg.):
„Von der Unzerstörbarkeit des Menschen". Ingeborg Drewitz im literarischen und politischen
Feld der 50er bis 80er Jahre, Bern 2004, 441 S., zahlr. Abb.,
ISBN 3-03910-429-2, br.

Band 11
STEFFEN MARTUS, STEFAN SCHERER, CLAUDIA STOCKINGER (Hrsg.):
Lyrik im 19. Jahrhundert. Gattungspoetik als Reflexionsmedium der Kultur, Bern 2005,
486 S., ISBN 3-03910-608-2, br.

Band 12
THOMAS WEGMANN (Hrsg.):
MARKT. Literarisch, Bern 2005, 258 S., zahlr. Abb., ISBN 3-03910-693-7, br.

Band 13
STEFFEN MARTUS, ANDREA POLASCHEGG (Hrsg.):
Das Buch der Bücher – gelesen. Lesarten der Bibel in den Wissenschaften und Künsten,
Bern 2006, 490 S., zahl. Abb., ISBN 3-03910-839-5, br.

Band 14
INGE STEPHAN, HANS-GERD WINTER (Hrsg.):
Jakob Michael Reinhold Lenz. Zwischen Kunst und Wissenschaft, Bern 2006, 307 S.,
zahlr. Abb., ISBN 3-03910-885-9, br.

Band 15
MANUEL KÖPPEN, ERHARD SCHÜTZ (Hrsg.):
Kunst der Propaganda. Der Film im Dritten Reich, Bern 2007, 300 S., zahlr. Abb.,
ISBN 978-03911-179-4, br., 2. überarb. Aufl. 2008.

Band 16
JOACHIM RICKES, VOLKER LADENTHIN, MICHAEL BAUM (Hrsg.):
1955–2005: Emil Staiger und *Die Kunst der Interpretation* heute, Bern 2007,
288 S., zahlr. Abb., ISBN 978-3-03911-171-8, br.

Band 17
CARSTEN WÜRMANN, ANSGAR WARNER (Hrsg.):
Im Pausenraum des Dritten Reiches. Zur Populärkultur im nationalsozialistischen
Deutschland, Bern 2008, 273 S., zahlr. Abb., ISBN 978-3-03911-443-6, br.

Band 18
CHRISTINA LECHTERMANN, HAIKO WANDHOFF (Hrsg.):
unter Mitarbeit von CHRISTOF L. DIEDRICHS, KATHRIN KIESELE, CARSTEN MORSCH,
JÖRN MÜNKNER, JULIA PLAPPERT, MORITZ WEDELL:
Licht, Glanz, Blendung. Beiträge zu einer Kulturgeschichte des Scheinens, Bern 2007,
253 S., zahlr. Abb., ISBN 978-3-03911-309-5, br.

Band 19
RALF KLAUSNITZER, CARLOS SPOERHASE (Hrsg.):
Kontroversen in der Literaturtheorie/Literaturtheorie in der Kontroverse, Bern 2007, 516 S.,
ISBN 978-3-03911-247-0, br.

Band 20
KATJA GVOZDEVA, WERNER RÖCKE (Hrsg.):
„risus sacer – sacrum risibile". Interaktionsfelder von Sakralität und Gelächter im kulturellen
und historischen Wandel, Bern 2009, 339 S., ISBN 978-3-03911-520-4, br.

Band 21
MARINA MÜNKLER (Hrsg.):
Aspekte einer Sprache der Liebe. Formen des Dialogischen im Minnesang, Bern 2010, 342 S.,
ISBN 978-3-03911-783-3, br.

Band 22
MARK-GEORG DEHRMANN, ALEXANDER NEBRIG (Hrsg.):
Poeta philologus. Eine Schwellenfigur im 19. Jahrhundert, Bern 2010, 288 S.,
ISBN 978-3-0343-0009-4, br.

Band 23
BRIGITTE PETERS, ERHARD SCHÜTZ (Hrsg.):
200 Jahre Berliner Universität. 200 Jahre Berliner Germanistik. 1810–2010 (Teil III),
Bern 2011, 391 S., ISBN 978-3-0343-0622-5, br.

Band 24
NORDVERBUND GERMANISTIK (Hrsg.):
Frühe Neuzeit – Späte Neuzeit. Phänomene der Wiederkehr in Literaturen und Künsten
ab 1970, Bern 2011, 239 S., zahlr. Abb., ISBN 978-3-03943-0469-6, br.

Band 25
ALEXANDER NEBRIG, CARLOS SPOERHASE (Hrsg.):
Die Poesie der Zeichensetzung. Studien zur Stilistik der Interpunktion, Bern 2012, 455 S.
zahlr. Abb., ISBN 978-3-0343-1000-0, br.

Band 26
PETER UWE HOHENDAHL, ERHARD SCHÜTZ (Hrsg.):
Perspektiven konservativen Denkens. Deutschland und die Vereinigten Staaten nach 1945,
Bern 2012, 362 S., ISBN 978-3-0343-1139-7, br.

Band 27
ELISABETH STROWICK, ULRIKE VEDDER (Hrsg.):
Wirklichkeit und Wahrnehmung. Neue Perspektiven auf Theodor Storm, Bern 2013, 240 S., ISBN 978-3-0343-1404-6 pb., ISBN 978-3-0351-0644-2 eBook.

Band 28
TANJA VAN HOORN, ALEXANDER KOŠENINA (Hrsg.):
Naturkunde im Wochentakt. Zeitschriftenwissen der Aufklärung, Bern 2014, 274 S., ISBN 978-3-0343-1513-5 pb., ISBN 978-3-0351-0753-1 eBook.

Band 29
HANS JÜRGEN SCHEUER, ULRIKE VEDDER (Hrsg.):
Tier im Text. Exemplarität und Allegorizität literarischer Lebewesen, Bern 2015, 338 S., zahlr. Abb., ISBN 978-3-0343-1652-1 pb., ISBN 978-3-0351-0875-0 eBook.

Band 30
ANNIKA HILDEBRANDT, CHARLOTTE KURBJUHN, STEFFEN MARTUS (Hrsg.):
Topographien der Antike in der literarischen Aufklärung, Bern 2016, 373 S., zahlr. Abb., ISBN 978-3-0343-2116-7 pb., ISBN 978-3-0343-2731-2 eBook.

Band 31
BERNHARD JAHN, ALEXANDER KOŠENINA (Hrsg.):
Friedrich Ludwig Schröders Hamburgische Dramaturgie, Bern 2017, 239 S., zahlr. Abb., ISBN 978-3-0343-2759-6 pb., ISBN 978-3-0343-2933-0 eBook.

Band 32
MARK-GEORG DEHRMANN, FRIEDERIKE FELICITAS GÜNTHER (Hrsg.):
Brockes-Lektüren. Ästhetik – Religion – Politik, Bern 2020, 326 S., zahlr. Abb. ISBN 978-3-0343-3682-6 pb., ISBN 978-3-0343-3923-0 eBook.

Band 33
JOHANNES FRANZEN, CHRISTIAN MEIERHOFER (Hrsg.):
Gelegenheitslyrik in der Moderne. Tradition und Transformation einer Gattung, Bern 2022, 452 S.
ISBN 978-3-0343-4203-2 pb., ISBN 978-3-0343-4436-4 eBook.

Printed by
CPI books GmbH, Leck